Robert Neumann
Sintflut

Robert Neumann

Sintflut

Verlag Antaios

Dieses Buch, geschrieben in den Jahren 1926 bis 1928, mit Rat und Ermunterung gefördert durch meinen Freund Ernst Lissauer, stellt die in sich geschlossene erste Hälfte eines geplanten Gesamtwerkes vor, dessen anderer Teil, nach dem Ende der Sintflut, von der neuen Besiedelung der Erde handeln soll.

Impressum
Bibliographische Informationen der Deutschen Nationalbibliothek, abrufbar unter http://dnb.ddb.de

Buchgestaltung und Satz: Verlag Antaios

Titelbild: picture-alliance / akg-images

Robert Neumann: Sintflut
448 Seiten, 1. Auflage, Schnellroda 2023

ISBN: 978-3-949041-44-0

Gedruckt in Deutschland

DEM ANDENKEN MEINES VATERS

SAMUEL NEUMANN

1859 – 1927

Vorspiel
Das Haus

Kinder

Aufgerissen aus dem Abgrund der Nacht, hergeschleift auf toter Straße durch die verfallene Zeit, so tritt es mich an – Leichenmasken und Kindergesichter.

Das kleine Eisenbett rechts an der Wand war weiß emailliert und trug an Kopf- und Fußteil Engelantlitze – Schlafhüter, Friedenswächter. Waren die Gitter hochgezogen, so hatte man eine Stube für sich, umfriedeten Raum, in den nur der Zimmerhimmel mit einem langen Sprung im Mörtel von sehr ferne hereinsah. Darunter war der Strich der Bordüre, blau wie Sommerluft, und darunter stürzten wahllos-planvoll durcheinander in ewiger Schwebe und Strebung die Wunderblumen des Malermusters. Aber streckte man rechts durch den Riß im Gitter die Hand nach der Wand hin, so war ein tiefes Wundmal der Mächtigen zu erreichen, Spur eines großen Eisenhakens, der dort gesteckt hatte. Nun griff man darein, durch die zerrissene Bläue der Malschicht in die zackige Abenteuerlichkeit der weißlichen Höhle, brach kleine Stücke Kalkes los mit unkundigen Fingern und führte sie in den Mund. So aß man von der großen, kühlen Mauer, bis Agnes kam und die Höhle verkleisterte.

Vater war oft fern. Kehrte er heim, mit kühler Luft um Gewand und Gesicht, ward das weiße Tuch auf den Tisch gelegt und man aß. Auch die Schwester war jeden Vormittag außer Hauses. Sie war unerreichbar groß und erwachsen – ging schon zur Schule, da man selber noch in jenem behüteten Bett lag. Morgens, wenn man noch frühstückte, trat sie ans Fenster – sie durfte es! – und blickte auf die Gasse hinunter. Dann rief sie: »Dort gehen schon Kinder!«, nahm in Hast den schwarzen Schulranzen, in dem es geheimnisvoll klapperte, und lief davon. Die Mutter sagte dann: »Sie trinkt ihre Milch nicht zu Ende. Sie hat schwache Nerven.«

Dann ziehen wieder Jahrnebel um die Insel Erinnerung, und da sie zum zweitenmal sich lichten, ist man schon ein kleiner Knabe, der die Klinke erreichen kann, der allein in die Küche geht, wo Agnes die roten, nackten Arme ins Spülwasser taucht, aus dem die harten Riffe von Gabeln und die flacheren von

Schüsseln und noch ungereinigten Tellern aufragen. Wenn das Abendgrau einfällt, singt Agnes lange Lieder in einer Sprache, die man nicht kennt, und die so traurig sind, daß man manchmal in die leere Stube mit den Plüschmöbeln schleichen und weinen muß – man weiß nicht, warum.

Dann einmal ist man ein wenig krank und liegt tagsüber im Bette des Vaters. Und fragt: »Wie lang werd ich leben?« »Das weiß ich nicht,« antwortet die Schwester. »Fünfzig Jahre?« fragt man. »Ja.« »Und noch zwanzig?« »Ja,« »Und dann noch zwanzig?« »Ja.« »Und noch zehn?« »Ja,« sagt sie ungeduldig. »Und dann?« Man fühlt die Angst so schwer in der Kehle, daß man kaum sprechen kann. »Dann,« ruft sie und springt auf und wird rot im Gesicht vor Ärger und Ungeduld, »dann wirst du sterben!« So muß man wieder einmal weinen, lange Stunden lang, bis die Mutter kommt und bis an ihren leisen Worten und Händen man einschläft.

Nebel ziehen, da und dort gelichtet von kleinem Erlebnis. Sommertag leuchtet. O Heugeruch! Zu Mittag aß man Birnenkompott. Aber Stechmücken stachen. Einmal fuhr man in einem Kahn. Und in der Eisenbahn schlief man und aß so lange, bis man erbrach. Und der Großvater, weißbärtig, gestützt auf den Stock, brachte Nüsse und trank ein Glas Wein. Und einmal durfte man allein über die Gasse gehen und für die Mutter Nähnadeln kaufen. Ein Päckchen Nummer zwei. Dann nähte Mutter ein ganzes Jahr lang mit diesen Nadeln, und man konnte immer wieder fragen, ob es die rechten seien. Und einmal wurde man krank und Ärzte kamen und man lag dann lang im Spital. Und man hatte damals eine Scheibe, nach der man schoß, und einen Löwenkopf, der sperrte das Maul auf. Doch traf man mit einem Ball darein, so schnappte es zu. Wüstenluft wehte darum und der Geruch von Kleister und Lack.

Die Vorstadtgasse, in der das Haus lag, war damals noch wenig verbaut, und vor allem nach links hin, gegen die Allee junger, staubiger Bäume an der Lände des Flusses, war ein großer Lagerplatz für Holz und behauene Steine; das Tor war verschlossen, an den Planken klebten Plakate. Über diese Planke konnte einer klettern, wenn er Mut hatte wie Gutjahr. Man selber schaute nur sehnsüchtig durch die Ritzen ins verbotene Land. Dieser Gutjahr – ich ging mit ihm zur Schule – war klein, kräftig, sommersprossig und trug einen grauen Anzug aus männlicher Sackleinwand. Er war ein halbes Jahr älter, kannte die Welt und ging abends bisweilen mit seiner Mutter ins Wirtshaus. Sie war Aufwartefrau im vorderen Haus, und er durfte sie manchmal sogar in die Wohnung des Herrn Abel begleiten, die als einzige an der Vorderfront lag. Aber da er einmal mit Ulrich Abel, dem blassen, im Hausflur zusammenstand, riß sein Vater, der eben vorüberkam, den Knaben mit sich, und die Flurtür fiel hinter ihnen krachend ins Schloß. Dann kam Gutjahrs Mutter, eine große, starkknochige Frau mit schwarzen Flechten, und führte den Verdutzten wortlos hinüber ins Hinterhaus, wo sie wohnten.

Auch mir war damals die Freundschaft mit Ulrich Abel verwehrt, und das mochte – so fühlte ich – damit zusammenhängen, daß mein Vater dem Herrn Abel nicht gut war und ihn als einziger im Hause nicht grüßte. (Die Wohnung meiner Eltern lag in einer Art Mitteltrakt, der Vorder- und Hinterhaus seitlich des Hofes verband und mit seiner Front nach der Quergasse schaute.) So war der kleine Abel, der ein Jahr jünger war als ich und noch nicht zur Schule ging, viele Stunden allein, und ich sah ihn vom Fenster der Küche aus oft im Hofe stehen. Er hatte ein Steckenpferd mit silbergrauer Mähne und roten Lackrädern hinten, aber er nahm es nicht zwischen die Beine, wie man das tun muß, sondern zog es am Zügel, trübselig umgekehrt, daß es am Boden schleifte, hinter sich her. Einmal sah ich ihn an der angelehnten Tür stehen, die in den Warenkeller hinunterführte. Ich ging hin; er starrte in eine Ecke. Da er mich bemerkte, drückte er sich davon. Im Winkel lag eine verendete Maus.

Zu der Zeit mag es auch gewesen sein, daß Mirjam ins Haus zog. Sie war gleich mir bald siebenjährig, sie trug straffe Zöpfe, und ihr Vater, der Feuerbach hieß, hatte die leeren Zimmer über den unsern gemietet. Diese Wohnung hatte er übrigens – so hieß es – durch Vermittlung des alten Abel bekommen, der es sich viel Mühe hatte kosten lassen, jede Schwierigkeit aus dem Wege zu räumen. Angeblich kannte er Mann und Frau seit geraumer Zeit und hatte mit ihnen früher freundschaftlich verkehrt. Sie kamen angefahren mit zwei Streifwagen, von denen der erste spärliches Hausgerät trug. Der zweite war fast völlig beladen mit Kisten, großen und kleinen, und Feuerbach selber – ich sah ihn damals zum erstenmal – ging daneben her. Da den Trägern einer dieser Verschläge entglitt und zu Boden fiel, lagen plötzlich zahllose Bücher auf dem Pflaster des Hofes, bunte, altmodisch gebundene, dicke und schmale, und Feuerbach bückte sich stumm und legte sie einzeln in die Kiste zurück, indes die Werkleute schon anderes abluden. Später erst, da solcher Einzug fast schon beendet war, fuhr ein einspänniger Mietwagen vor und brachte, unter einem Berg von Körben, Ballen, Hutschachteln, eine üppige junge Frau mit rotblondem Haar und sehr weit geöffneten wasserblauen Augen. Neben ihr saß Mirjam. Auch sie war rötlich blond und ihre Augen glichen denen der Mutter. Sie gingen an mir, der ich schauend im Flur stand, eilig vorüber und verschwanden im Haus.

Ich sah sie dann lange Zeit nicht, obgleich ich seit jenem ersten Tage manche freie Stunde daran wendete, vor Tür und Fenstern auf und nieder zu gehn. Das mag darauf zurückzuführen sein, daß Feuerbach, wie ich später erfuhr, den kleinen Obstgarten gepachtet hatte, der, streng abgeschieden, sich ans Hinterhaus schloß und nur von dessen Fenstern aus sichtbar war. Dort brachte der neue Mieter mit Frau und Tochter den Tag hin, aber das erfuhr ich, wie gesagt, erst später und auf absonderliche und verstörende Weise.

Da mich nämlich die neuen Hausgenossen eben durch ihre mir damals rätselhafte Unsichtbarkeit immer stärker beschäftigten, redete ich von ihnen mit Schul- und Spielgefährten, und da zeigte es sich, daß jener Gutjahr, der Sohn der Aufwartefrau, von allem Bescheid wußte, was Mirjam und ihre Eltern betraf. Ich hing mit einer rätselhaften, zitternden Anteilnahme an seinen Mitteilungen. Er wußte, daß Feuerbach in jenem Garten Obstbäume veredelte und Spalierfrüchte zog, daß er pfropfte, harkte, band, goß. Er berichtete, daß die Frau, die offenbar krank war, tagsüber auf einem Strecksessel ruhte, der mit dem Schreiten der Stunden, dem Wanderschatten des Hauses auszuweichen, vom einen Ende des streng umfriedeten Platzes allmählich in das andre gerückt ward. Von Mirjam selber erzählte er im Grunde genommen nichts. Auf meine zahllosen Fragen fand er ausweichende, ausschweifende Antworten, die nichts besagten, ja er erfand, mich zu quälen, ungeheuerliche Berichte, die er im nächsten Augenblick widerrief.

Ich weiß nicht mehr, wie der Handel zustande kam, aber ich brachte ihm damals ein Wettrennspiel, bei dem nur ein Würfel fehlte, und da nahm er mich, nachdem er es mit Sorgfalt geprüft hatte, stumm bei der Hand und führte mich über den Hof nach dem hinteren Haus, das ich bis dahin nicht betreten hatte. Die Stiege war schmutzig. Es roch nach Kohl und Feuchtigkeit. Droben stieß Gutjahr die Tür auf – ich sah mich in einer kleinen, verwahrlosten Küche. Neben dem Herd saß seine Mutter auf einer Kiste und schlief. Ihr magerer Körper war hintübergesunken und lehnte halb an der Wand. Der Kopf lag ein wenig seitlich, schwarzgraue Strähnen Haares fielen ihr ins Gesicht. Der Mund stand ihr offen. Sie schnarchte. Ein geleertes Bierglas, umgestürzt, lag neben ihr auf der Anrichte. Gutjahr bedeutete mir durch eine Bewegung, leise zu sein, und wir schlichen quer durch den engen Raum hinüber in eine Kammer. Er schloß die Tür hinter uns und sagte: »Sie hat wieder gesoffen.« Die Decke des kleinen Nebengelasses war abgeschrägt, durch den grauen Mörtel schaute da und dort die rohe Ziegelmauer. Sessel, Tisch und ein hohes Bett atmeten eine ernüchterte Stickluft. Dieses Bett war vor das Fenster geschoben, Gutjahr schwang sich darauf, trat mit Stiefeln auf Decken, schmutzig graue und farbige Polster und winkte mir, ihm zu folgen. So standen wir nebeneinander an die Scheiben gedrückt und schauten hinunter.

Da lag Feuerbachs Garten. Der Mann war nicht sichtbar. Die Frau ruhte auf ihrem Sessel weit rechts im äußersten Winkel des Sonnenfeldes, denn es war spät am Nachmittag, und sie mochte schlafen. Auf Stirn und Augen lag ihr ein weißes Tuch,

Lichtschutz oder Kompresse. Sie war allein. Ich wollte schon in einer zarten Enttäuschung mich wenden, aber Gutjahr hielt mich leise kichernd am Arm fest und deutete auf einen Stachelbeerstrauch unter uns. Der bewegte sich, als böge dahinter jemand im Spiel einzelne Zweige nieder und ließe sie aufschnellen. Und plötzlich kroch ein Nacktes, Lebendiges unter dem Blattwerk hervor. Es war Mirjam. Gleich einer Katze, gleich einem räuberischen Tier an den Boden gedrückt, so schob sie ihren völlig hüllenlosen, braun gelenkigen Körper spielerisch und dennoch planvoll behutsam durchs Gras. Es hatte den Anschein, als schliche sie auf einen Punkt zu, einen Schmetterling vielleicht, den ich auf solche Entfernung nicht ausnehmen konnte. Unversehens schnellte sie vor, griff weit aus und hatte ein Weißes erfaßt, das dort auf der Erde lag. Es war ein Stein. Sie ließ ihn achtlos fallen und warf sich in ihrer braunen Nacktheit rücklings ins Gras. Gutjahr kicherte.

Da ward hinter uns die Tür aufgerissen, die Aufwartefrau faßte mit einem rauhen Laut des Zornes nach ihrem Sohn, riß ihn vom Bett und hieb unter einer Flut böser Worte mit einem Stock auf ihn los. Er stolperte, fiel, aber indes ich selbst in Scham und Schrecken zu Boden glitt und mich durch die Türe drückte, sah ich, daß Gutjahr einen Schemel erfaßt hatte und damit in Wut sich zur Wehre setzte. Geschrei und Poltern verfolgte mich über die Stiege hinunter und hinaus auf den Hof. Ich lief heim, in großer Verwirrung, sagte, ich fühlte mich krank, und ward zu Bette gebracht. Ich mag damals zwei Wochen gefiebert haben. Der Arzt kam, untersuchte mich, ohne aus meinem Zustande klug zu werden, verordnete neben allgemeinen und unschädlichen Mitteln vornehmlich Ruhe, und so konnte ich ungestört meinen erregten Gedanken und krausen Träumen nachhängen, in denen die Bilder Mirjams, Gutjahrs und der betrunkenen Frau in leidenschaftlicher Verkettung lähmend beharrlich sich wiederholten. Es dauerte lange, bis ich das Erlebnis verwand.

Dennoch erinnere ich mich jener Zeit als einer friedlichen und glückhaften. Meine Kränklichkeit verwies mich inniger auf die über Unterricht und Kameraden fast schon mir entglittene

Gemeinschaft mit Mutter und Vater, ich sah mich, ein bald Achtjähriger, neu und ausschließlich in die umfriedete Welt der Wohnung gestellt und erblickte manches mit anderen Augen. Es war hoher Sommer, die Schule geschlossen, meine Schwester, die die mittleren Unterrichtsklassen vollendet hatte, ward zu hauswirtschaftlicher Fortbildung bei Verwandten des Vaters in ländlicher Gelegenheit untergebracht, und auch der Dienstbote Agnes verließ unter viel Tränen das Haus. Fragte ich nach dem Grund solcher Maßnahmen, so erhielt ich keine oder ausweichende Antwort. Als ich einmal, nachts aufwachend, meinen guten Vater in jenem Zimmer mit den Plüschmöbeln ruhelos auf- und niedergehn hörte – Licht fiel durch Türritzen herein in den Speiseraum, in dem ich meine Schlafstelle hatte – da glitt ich aus den Decken und horchte. Lange Zeit hörte ich nichts als den rastlosen Schritt und von Weile zu Weile einen sehr tiefen Atemzug. Dann mochte die Tür geöffnet worden sein, die drüben aus dem guten Zimmer in die Schlafstube der Eltern führte, und die Stimme meiner Mutter ward hörbar. »Komm,« sagte sie, »komm schlafen, Eduard,« und in ihrem Ton war mehr an Hoffnungslosigkeit, als ich damals begreifen konnte. Das Licht verlosch, mein armer Vater seufzte, und es ward still.

Erst viel später erfuhr ich, daß er, der Buchhalter in einer großen Fabrik gewesen war, damals aus nichtigen Gründen seine Stelle verloren hatte. Die Mahlzeiten wurden karg, der Vater schrieb viele Briefe, ging allmorgendlich in seinem besten Anzug fort und kam mittags oder auch erst abends sehr still, blaß und müde nach Hause. Man saß schweigsam beisammen, und ich weiß, daß meine gute Mutter zu der Zeit heimlich Näharbeit annahm, um Brot zu schaffen. Sie blieb über all dem ruhig und nicht ohne Heiterkeit, und ich schloß mich ihr also damals in großer Innigkeit an. Sie war hochgewachsen, schlank, arbeitsam, gütig, aber von einer gewissen Kargheit der Phantasie, und die Geschichte »vom Bäumlein, das andere Blätter hat gewollt« – eine Geschichte, die mich, ich weiß nicht warum, zu Tränen rührte – erzählte sie mir wohl hundertmal. Doch mußte in jenem Jahr trotz der Bedrängnis der Eltern unsre Großmutter aus mir unbekannten Gründen zu uns ziehen – meiner Mutter Mutter – und die konnte sich gar nicht genug daran tun, mich mit Märchen und wahrhaftigen Schnurren aus ihrem Leben zu unterhalten. Sie war eine Frau, wenn nicht gebildet, so doch von großer Erfahrung und Klugheit des Herzens, sie hatte neben einem fähigen, aber von geschäftlichem Unstern verfolgten Mann ein wechselvolles und beschwerliches Leben verbracht, sie hatte eine große Zahl Kinder geboren, aufgezogen und in die Welt geschickt, sie hatte ihren Mann begraben, sie hatte als alte Frau allein ihren Sohn in Amerika aufgesucht und war heimgekehrt, ungebrochen, lachlustig, lebenszäh, um schließlich, da ein äußerer Anlaß sich bot, ihre Dürftigkeit mit der meiner Eltern zusammenzulegen. War sie gut gelaunt – und das war sie fast immer – so mischte sie ihre Rede mit einem englischen Kauderwelsch, das mir eine Welt von Abenteuerlichkeit zu erschließen schien.

So ward mir dieser stille Sommer reich an kleinem Erlebnis, und als ich, aus Stubenhaft entlassen, Haus, Hof und Gasse neu auf meine Weise für mich in Besitz nahm, hatte auch schon die Schule wieder angefangen. Dem Knaben Gutjahr wich ich geflissentlich aus, aber man begann eben damals mit Versuchen zu Koedukation, und so sah ich, da zwei Klassen zusammengezogen wurden, eines Tages nicht ohne Herzklopfen Mirjam Feuerbach auf der Schulbank vor mir. Der gemeinsame Morgen- und Mittagweg führte uns bald zusammen, und es war Mirjam, die mich Schüchternen ansprach – unbefangen, da ich ihr ja ein kaum jemals wahrgenommener Hausgenosse und neuer Bekannter war und sie nicht ahnen konnte, wie tief sie schon in mein Leben gegriffen hatte. War ich schweigsam, so war sie um so gesprächiger, und so erfuhr ich, daß ihr Vater einer sei, »der Bücher macht« – Schriftsteller, vielleicht auch Gelehrter –, ich erfuhr, daß sie lange Jahre auf dem Lande gelebt hätten, daß ihre Mutter nun schon seit Monaten krank sei, und viel anderes. Gutjahrs tat ich niemals Erwähnung, – sie schien ihn nicht zu kennen. Dagegen standen ihre Eltern offenbar mit Abel vom Vorderhaus im Verkehr, und eine kleine Szene, wohl hier einzureihen, ist mir im Gedächtnis geblieben.

Mirjam und ich waren nachmittags gemeinsam aus der Schule gegangen – es war früh im Winter, trübe, traurige Tage, jäh dunkelnd – wir standen noch eine Weile im Dämmer der Hauseinfahrt, und Ulrich Abel, immer in lichtlosen Winkeln zu finden, war aus dem Stiegenschatten hervor auf uns zugetreten, von Mirjam zutraulich und zugleich behutsam begrüßt; er war zart, blaß, trug langes braunes Haar und hatte braune, verschattete Augen. Wir begannen zu reden, halblaut, von der Düsternis des Ortes bedrückt – da sah ich, daß der Herr Abel in der gegenüberliegenden Türe des Hausflurs auftauchte. Ich erschrak, und in Gedenken jenes Vorfalls, da er Ulrich in so schroffer Weise von Gutjahr ferngehalten hatte, trat ich zurück und drückte mich in den Schatten. Abel war inzwischen näher herangekommen, aber zu meinem großen Erstaunen war in seinem Gesichte von Zorn oder Strenge nichts zu bemerken. Er trat neben Mirjam, und es schien mir, als wären seine Züge in einem verbindlichen Lächeln erstarrt. Er sprach sie an, er legte ihr seine schmale und doch schwere Hand auf das Haar, er fuhr ihr, die ihn befangen unverwandt ansah, liebkosend in einer beklemmenden Milde über Wange und Kinn, und dazu redete er, sagte vielerlei, redete in halb bedachten, abirrenden Sätzen Weitschweifiges über gemeinsames Spielen mit Abel, sprach von Einladung, sprach von Geschenken und lachte seine künstliche Lustigkeit auf sie nieder.

Etwas zwang mich, von Mirjam mich abzukehren und nach Ulrich zu blicken. Auch er war zurückgetreten, stand wieder im Stiegenschatten, und nur der Schimmer tief erschrockener Augen war sichtbar. Abel hatte das Mädchen am Arm gefaßt und zog es unter plappernden Worten zur Stiege. Mirjam, die bis dahin sittsam und ländlich vor ihm gestanden hatte, ward über dieser jähen Bewegung von Angst gefaßt und suchte seinem Griffe sich zu entwinden. Ihm stieg eine fleckige Röte in das Gesicht. Er verstummte, doch ließ er sie nicht und riß sie über die untersten Stufen gegen seine Wohnungstüre hinauf. Der erste kleine Schrei brach auf aus ihrer Verstörung. In diesem Augenblick verdunkelte sich das Tor und Mirjams Mutter trat vom Hof herein in den Flur. Ich hatte sie seit jenem Tag in Gutjahrs Kammer nicht mehr gesehen, ihr Gesicht schien mir breiter geworden zu sein, sie trug einen weiten Mantel und bewegte sich schwer. Da der Mann sie bemerkte, ließ er den Arm des Kindes fahren, verbeugte sich grüßend, schwenkte den Hut. Frau Feuerbach schwieg, und obgleich Abel vielfältig zu reden und zu lachen begann, blieb sie ohne Wort und Bewegung. Dann nickte sie. »Komm, Mirjam,« sagte sie leise und ging, von dem verwirrten Mädchen begleitet. Abel wandte sich, plötzlich verstummend, schaute entspannten und erschlafften Gesichts um sich und stürzte über die Treppe davon. Nur Ulrich blieb, in den Schatten der Stiege gedrückt; seine Augen schimmerten. Ich schlich mich auf die Gasse hinaus.

Von diesem Abel – sein Taufname war Johannes – ist noch manches zu sagen. Er war etwa vierzigjährig, ein mächtiger Mann mit breiter Stirn, er hatte damals einen braunen, gepflegten Bart, und man hätte sein Gesicht schön nennen können, wäre nicht die Fähigkeit eines jähen Wechsels leidenschaftlicher Stimmungen mit zuckenden Fältchen und Rillen darein gegraben gewesen. So war sein Ausdruck leicht verwischt und entwertet, sein Zorn nicht ohne einen Zug hilfsbedürftiger Schwäche, seine Strenge nicht ohne Milde – und diese Milde doch wieder nicht ohne Starrheit. Die Augen, starkäderig und ein wenig vortretend, irrten oft ab, trugen geheime Lichter und hatten geheime Verschattungen. Er hatte, wie ich später erfuhr, nach dem frühen Hinscheiden seiner ersten Frau ein sehr junges Mädchen geheiratet, eine Nichte der Toten, und es hieß, nur die absonderliche Ähnlichkeit des Mädchens mit jener andern hätte ihn zu dieser Ehe bestimmt. Aber auch diese neue Gemeinschaft – eine wenig glückliche übrigens – war nur von kurzer Dauer, denn Abels zweite Frau starb bei Ulrichs Geburt. Der Mann blieb mit dem Kinde allein in der großen, wohl ausgestatteten, aber sehr düsteren Wohnung, die, mit Ausnahme der alten, unfreundlichen Köchin, nur von der Aufwartefrau aus dem Hinterhause betreten ward. Köchin und Aufwartefrau waren, so hieß es, schon seit vielen Jahren im Haus, und Ulrich, mischte sich der Vater auch oft mit jäher Hand in seine Erziehung, war doch im wesentlichen auf diese beiden Frauen zu Belehrung und Gesellschaft verwiesen. Für Abel selbst, für seine Lebensführung und seinen Charakter mag im übrigen diese Zeit innerer Kargheit nach dem Tode von Ulrichs Mutter in entscheidender und gefährlicher Weise bildend und richtunggebend geworden sein.

Solches Mißgeschick in Familiendingen wurde – soweit es das geben kann – dem Vereinsamten durch einen kurz nach dem Hinscheiden seiner ersten Gattin einsetzenden, ganz ungewöhnlichen Erfolg in geschäftlichen Unternehmungen aufgewogen. Es war durch Erbschaft eine kleine Marmeladenfabrik an ihn gefallen, die, an sich veraltet und nicht gut beleumundet, eben zur Zeit der Übertragung des Besitzes auf Abel durch eine ungekannt günstige Ernte lagerfähigen Spätobstes alle Absatzmöglichkeiten verloren hatte. Der neue Inhaber entschloß sich kurzweg, die Marmeladefabrikation zu lassen. Mischer und Kessel übernahm er von der früheren Art des Betriebes, und nun fehlte ihm, eine Schokoladenerzeugung einzurichten, nur mehr weniges an maschinellen Behelfen. Eine Vorrichtung zum Brechen und Rösten der Kakaobohnen, ein granitenes Walzwerk, wie man es braucht, die halb breiige Masse zu schleifen und zu zerreiben, waren bald angeschafft. Das Unternehmen blühte, Abel gliederte ihm noch einen Werkraum zur Herstellung einfacher Pralinen und leichten Konfekts an, er kaufte aus den ersten Gewinnen kreisende Kupferkessel, geeignet, nach englischem Muster billige Süßigkeit herzustellen – und hatte innerhalb eines Jahres in bescheidenem Rahmen eine Fabrik völlig andern Antlitzes ins Leben gerufen, die, damals fast ohne Konkurrenz, binnen kurzem es ihm ermöglichte, sehr beträchtliche Summen zurückzulegen. Er kaufte Häuser und Grundstücke in jener Vorstadt, zog auch hier aus gelegentlicher Veräußerung seinen Nutzen und sah so allmählich einen Reichtum anwachsen, der es ihm möglich machte, auch die Erfüllung kostspieligster Wünsche sich zu gestatten. Das wissend, und ernsthaften Gefühlen durch das traurige Schicksal seiner Frühmannesjahre entfremdet, begann er eben damals, sein arbeitsames Leben mit Pausen und Abschweifungen einer planvollen Abenteuerlichkeit zu durchsetzen. Er spielte wachen Sinnes das Instrument seines Daseins – und er griff hart in die Saiten.

Es war kurz nach jenem Vorfall im Hausflur, und zwar an einem Sonnabend; das weiß ich daher, daß meine Eltern schon früh zu einem ihrer Besuche bei meiner Schwester aufgebrochen waren – umständliche Unternehmung, die mit zweiwöchentlichem Abstand regelmäßig sich wiederholte. Ich war mit Großmutter allein zu Hause geblieben, sie machte sich in ihrer Stube zu schaffen, trat dann unversehens zu mir ins Zimmer, und ich sah mit Verwunderung, daß sie – was sehr selten vorkam – zum Ausgehen angekleidet war. Sie sagte mir in einer unsicheren Fröhlichkeit und ohne jene spielerische Derbheit des Ausdrucks, die ihr sonst eignete, sie gedenke zum Arzt zu gehn, »um sich einmal gründlich untersuchen zu lassen«. Diese Mitteilung brachte sie mit einem Lachen vor, das mich aufmerken ließ, aber sie war sichtlich nicht geneigt, darüber weiter zu reden, bedeutete mir mit einem kameradschaftlichen Schlag auf die Schulter, ich solle mich durch zwei Stunden anderswo umtun, und schob mich zur Türe hinaus. Im Hofe traf ich Mirjam, wir gingen hinauf in ihr Zimmer, unsere Rechenaufgabe zusammen zu machen, dann spielten wir und verspielten uns, und so mochten aus den zwei Stunden ihrer drei und eine halbe geworden sein, ehe ich wieder hinunterging.

Es war früh abends, ich war zerstreut und ein wenig schläfrig; so fiel es mir nicht sogleich auf, daß die Klinke der Flurtür unsrer Wohnung dem zufälligen Drucke nachgab. Ich trat in den Vorraum, trat in das dunkle Speisezimmer, zündete Licht an.

Auf dem Sofa saß, steif aufgerichtet, meine arme Großmutter. Sie schrak auf, da es hell ward, doch erhob sie sich nicht und nickte nur mit einem mühseligen Lächeln. Ihre knapp sitzende, heitere und fast hoffärtige Straßenkleidung hatte sie anbehalten, doch war die straffe Jacke über der Brust leicht geöffnet und ich sah, daß der kleine Hut schräg lächerlich auf dem grauen Haar sich verschoben hatte. Darunter schauten aus einem völlig weißen Gesichte sehr geweitete, von einer tiefen Verstörung überschattete Augen. Sie mochte schon lang so gesessen haben, allein mit sich, in gesunkener Dunkelheit. Sie lächelte mir also zu und rief mich mit einer matten Handbewegung zu sich. »Du darfst nichts sagen,« sprach sie leise, »du darfst nicht sagen, wo ich –« Sie brach ab, sie erhob sich, sie küßte mich aufs Haar und ging langsamen, wankenden und doch beherrschten Schrittes aus dem Zimmer.

Es war seltsamerweise in diesem Zusammenhang, daß eine alte Schwäche nach mehrjähriger Pause mich wieder befiel: ich fürchtete mich. Doch war das damals nicht unmittelbar eine Wiederkehr jener Todesangst, die mich ehemals beherrscht hatte und später noch so eindringlich, zäh und entscheidend beherrschen sollte, sondern eine Angst vor Gesichtern, vor Fratzen, vor aller Verzerrung. Anknüpfend vielleicht an den Ausdruck der Großmutter an jenem Abend – ich schwieg, wie sie es befohlen hatte – anknüpfend vielleicht auch an ein berühmtes, die Ahndung kindlicher Verfehlungen auf eine schreckhafte Weise darstellendes Bilderbuch, das mir zu der Zeit in die Hand fiel, begann mein nächtlicher Traum und bald auch der kindliche Wachtraum des Tages mit abenteuerlichen Gestalten sich zu beleben. Dabei verloren diese Gespinste niemals die Beziehung zur Wirklichkeit: es war Mirjam, deren Haare sich in Würmer verwandelten, es war die Großmutter, der das rote blinde Aug eines Huhns im Gesicht saß, es war der Milchmann, der plötzlich mit einem Totenkopf die lange, gewundene Treppe heraufkam und an die Türe klopfte – achtmal, so leise, daß nur ich auf meinem Schlafdivan im Speisezimmer es hören konnte. Ich sprach kein Wort über diese Erscheinungen, die mir zu größerer Qual wurden, als sich mitteilen ließe, doch versuchte ich es unter hundert Vorwänden, die Türe zum Zimmer mit den Plüschmöbeln und jene andre, die von dort in den Schlafraum der Eltern führte, nachtüber offenzuhalten. Da das mißlang und ich wegen solcher Feigheit von meinem guten Vater derb angepackt wurde, fiel ich in Fieber und durfte drei oder vier glückselige Nächte lang zwischen Mutter und Vater in deren Doppelbette schlafen, geborgen und in herrlicher Sicherheit. Aber dann ward ich wieder in die

Speisestube mit den knackenden Möbeln verwiesen, und so verfiel ich darauf, aus dem Kleiderschrank im Vorraum einen Offizierssäbel, Andenken an einen verschollenen Bruder der Mutter, in aller Heimlichkeit allabendlich zu entwenden und in mein Bett zu nehmen. So lag ich lange Jahre Nacht für Nacht an die vernickelte Zierwaffe gedrückt, zwischen Angst und der undeutlich maßlosen Vorstellung mannhafter Abwehr.

Dieses Geheimnis teilte mit mir ein Mensch: Mirjam – und das durch einen Zufall. Eines Nachts im Vorfrühling – ich fuhr aus dem Schlaf – ward draußen an die Wohnungstüre geklopft. Mein Vater erhob sich, öffnete, ich hörte Feuerbachs Stimme im Vorraum und das Reden zog sich ins gute Zimmer hinüber. Ich konnte verstehen, daß von Ärzten die Rede war, das Wort »Droschkenhalteplatz« fiel klar in mein Ohr; mein Vater ging eilig ins Schlafzimmer hinüber, wohl um sich anzukleiden, und ich vernahm, wie Feuerbach mit den Fingerknöcheln inzwischen ans Fenster trommelte und mit sich selber redete, halblaute Worte, in großer Erregung. Nach einer Weile trat mein Vater wieder ins Nebenzimmer zu Feuerbach und sagte: »Beruhigen Sie sich.« Auch meine Mutter hatte offenbar sich erhoben. Sie sagte: »Gott wird helfen.« Ich hörte ein Schluchzen. Dann entfernten sich alle drei in großer Hast; ihr Schritt verging auf der Treppe. Es mochte noch keine Viertelstunde verstrichen sein, da ward die Flurtür wieder geöffnet, meine Mutter kam herein, gefolgt von Mirjam, die, leise weinend, verstört, ein großes gestricktes Tuch um den Körper geschlagen hatte, darunter an Brust und nacktem Schenkel das lange Schlafhemd hervorsah; unverschnürtes Schuhwerk lag an den baren Füßen. Sie zitterte. Meine Mutter hieß sie mir zu Häupten auf den sehr langen Schlafdivan sich setzen, holte noch Polster und Decke für die Frierende aus ihrem Zimmer, streichelte ihr mit ein paar beruhigenden Worten die tränennassen Wangen und eilte wieder fort, mich allein mit Mirjam zurücklassend.

Es war dunkel, das verirrte Licht einer Straßenlaterne malte Kreuz und Scheiben des Fensters abenteuerlich schräg verzerrt an die Decke. Wind tastete stöhnend ums Haus und aufs

Blech vor dem Fenster klatschte und klopfte eintönig in schweren Tropfen aus der Dachtraufe niederfallend der zerronnene Schnee. Da Mirjam noch immer fröstelte, richtete ich mich auf und schob mein Federbett halb über sie. Aber das war zu kurz, und so streifte sie plötzlich die Schuhe ab und glitt neben mich. Wir lagen, atmeten, schwiegen. Mein Blut pochte schwer und ich wußte nicht, wie es kam, daß plötzlich auch ich zu zittern begann, obgleich mich die gute Wärme des Kissens und des nahen Körpers durchdrang. Mirjam lag nun ruhig, und ihre Tränen waren versiegt. Schlief sie? »Mirjam,« sagte ich leise. Sie war wach. Sie flüsterte: »Meine Mutter ist sehr krank.« »Wird sie sterben?« »Das weiß man noch nicht. Vater wollte den Arzt holen.« Ich zögerte. »Glaubst du, daß man nie wieder lebt, wenn man gestorben ist?« »Das weiß niemand,« flüsterte sie, »ich habe Vater gefragt.« »Den Lehrer fragen –?« sagte ich. »Der weiß es auch nicht. Niemand weiß es.« Wir schwiegen. Plötzlich kicherte Mirjam. »Jetzt ist es so,« sagte sie, »als wären wir miteinander verheiratet.« Sie dehnte sich unter der Decke, und da ihr warmer Körper den meinen berührte, kam große Scheu über mich. Ich rückte seitab an die äußerste Kante des Lagers und stammelte: »Wollen wir aufstehn?«

Sie lag und dehnte sich, und ich glaubte wahrzunehmen, daß auch ihr Atem sehr rasch ging. Plötzlich aber schrak sie zusammen, faßte in den Spalt zwischen Lager und Lehne und zog also behutsam meinen nackten Säbel hervor. »Was ist das?« fragte sie betroffen und neugierig. »Das ist ein Schwert.« »Wozu?« Ich sagte geheimnisvoll: »Manchmal gibt es Feinde. Man muß ein Schwert haben.« Sie rückte wieder nahe zu mir. »Feinde?« fragte sie mit unsicherer Stimme. »Hier im Haus? In der Wohnung?« Ich rückte noch weiter seitwärts und sagte abermals in großer Bedrängnis: »Wollen wir aufstehn?« Sie glitt aus den Decken und sagte rasch: »Wir ziehen uns an und gehen hinauf. Komm, schnell. Aber leise!«

Es war ein Beginnen, verwegen und nicht ohne Fröhlichkeit. Wir erhoben uns übermäßig behutsam, wir sprachen im Flüsterton, wir schlichen über den Flur, vorüber an Großmutters Türe, hinter der ein gleichmäßig schwerer Schlafatem zu hören war, und tasteten uns die lichtlose Treppe hinauf. Droben fiel Weiße aus einem schmalen Spalt der offengelassenen Flurtür. Mirjam – sie war in meinen Mantel geschlüpft – drückte sie vollends auf. Wir standen im leeren, erleuchteten Vorraum. An einer erhellten Glastüre links seitlich malte sich übergroß der Schattenriß meines Vaters ab. Er bewegte sich nicht. Mirjam blickte mit viel Vorsicht durchs Schlüsselloch. Sie kam wieder, legte ihren Mund an mein Ohr. »Er ist allein im Zimmer. Er sitzt im Lehnsessel und schläft.« Sie zog mich nach einem kleinen dunklen Raum weiter rechts, den ich nie hatte betreten dürfen und von dem ich nur wußte, daß Mirjams Vater abends und oft auch über Tag sich dort aufhielt. Ich ertastete einen gepolsterten Sessel. Mirjam zwängte sich neben mich auf den breiten Sitz. Wir blieben im Dunkel. »Es riecht hier so sonderbar,« sagte ich leise. »Nach Staub und altem Holz.« »Das sind Bücher. Vater hat hunderttausend Bücher. An allen Wänden.« Ich schwieg ergriffen. Aus dem Nebenzimmer, dem Schlafraum, drang sehr gedämpft die Stimme meiner Mutter und dann die eines fremden Mannes. »Vorsichtig,« sagte er. Dann wieder Stille.

Da schwoll drüben im Zimmer ein Laut auf, dunkel tönend zuerst, dann wachsend, hell, höher, schrill, tierhaft, toll zackig abgerissen. Und Stille. Ein leises Schluchzen jetzt – Feuerbachs Stimme. Der Fremde: »Sie sollten aus dem Zimmer gehn. Sie verlieren die Nerven.« Stille. Mirjam zitterte. »Weißt du,« flüsterte sie, »daß man ganz grün wird, wenn man gestorben ist?«

Da ging die Tür auf – Feuerbach. Er bemerkte uns nicht, wankte zum Tisch neben unserem Sessel. Als er ein Streichholz aufflammen ließ, den Hahn der Gaslampe suchend, trat im zwiespältigen Flackerlicht sein unbewachtes Gesicht so aufgewühlt und leidzerrissen uns an, daß Mirjam einen Laut des Schreckens nicht unterdrückte. Da leuchtete auch schon die Lampe und Feuerbach hatte sich aus seiner Gelöstheit zurückgeholt. Er stand vor uns, und ich habe nie nachher sein Gesicht betrachten können, ohne mich jenes Augenblicks zu erinnern. Er lächelte aus den zerknitterten Falten seiner strengen und durchgeistigten

Magerkeit auf uns nieder. Das sonst sehr ruhige Antlitz des sichtlich um Beherrschtheit Ringenden war unter einer künstlichen Heiterkeit von fessellosen Ängsten durchzuckt. Er begann zu reden. »Ihr seid da,« sagte er, »und ich dachte, ich hätte Mirjam hinuntergeführt! Warum sitzt ihr im Dunkeln? Auch kalt ist es hier. Das sind meine Bücher. Auch viele mit Bildern. Wenn ich einmal Zeit habe, werde ich –.« Indes er redete, tasteten seine Augen die Wand entlang, als suchten sie Halt, und es schien mir, daß er seine eigenen Worte nicht hörte. Er horchte sprechend, stammelnd, plappernd nach dem Zimmer hinüber, darin jener Tierlaut von neuem langgezogen auftönte und grauenhaft hochschwoll. Hatte Feuerbach anfänglich, lauter redend, den dämonischen Schrei zu übertönen getrachtet – nun brach jeder Versuch, an sich zu halten, plötzlich zusammen. Es war, als wollte er zur Türe stürzen, aber die Knie versagten ihm und er taumelte auf einen Sessel. Wir saßen tränenlos, lautlos, erstarrt. Aus dem Nebenzimmer waren hastige Schritte zu hören, hin und wider, halblaute Worte, Wasser plätscherte, Sessel wurden gerückt, und indes jenes Schreien in ein leises Wimmern verglitt, ward uns jählings bewußt, daß dort drinnen neben den andern eine neue Stimme lebendig war, zart klagend. Mein Blick fiel auf Feuerbach. Er hatte blassen Gesichtes den Kopf hintübergeneigt und horchte. Dann richtete er sich mit einem verirrten Lächeln empor und ging auf den Zehenspitzen hinüber.

Wir beide blieben in unserem Sessel zurück, in großer Ratlosigkeit, und da man nebenan schon lauter und gleichgültiger zu reden begann, fiel der Bann auch von uns, wir fühlten unsere Schläfrigkeit und begannen zu frieren. Dann kam meine Mutter herüber, erhitzt und müde, nahm mich still an der Hand und führte mich über die dunkle Stiege in mein Zimmer zurück. Die Augen wollten mir zufallen, und halb schon im Schlafe hörte ich meine Mutter sagen: »Mirjam hat einen Bruder bekommen.«

Es ward Frühling und Sommer, viel kleines Erlebnis zog mir vorüber, leidvoll und fröhlich, und vermochte doch nicht, Mirjams Bruder – man nannte ihn Ruben – aus dem Bezirk meiner

Anteilnahme zu verdrängen. Ja es war etwas an dem Kinde, das nicht nur mich, sondern auch alle anderen Inwohner des Hauses aufmerken ließ; und das schien nicht so sehr auf der besonderen Kränklichkeit des Frühgeborenen zu beruhen – durch lange Wochen kam Tag für Tag ein berühmter Arzt aus der Stadt – als vielmehr auf einer ganz ungewöhnlichen, süß schmerzlichen Schönheit des überzarten Geschöpfes, wie man sie kaum je an einem menschlichen Wesen so geringen Alters gesehn haben wollte. Es hatte ein schmales, durchsichtiges Antlitz, blickte aus alten, ernsten Augen und lag ohne Laut. Besucher kamen, Freunde, Nachbarn – nicht zuletzt Abel, der, feierlich gekleidet, mit einem Blumenstrauße sich einstellte. Mirjams Mutter – Feuerbach und das Mädchen waren abwesend – empfing ihn inmitten des Zimmers stehend; ich selber saß unbeachtet auf einem Schemel neben dem Ofen und wartete. Abel sprach, so schien es mir, seinen Glückwunsch mit ungewöhnlich herzlicher Stimme, aber die Frau blieb schweigsam, nahm seine Blumen mit einer eckigen Bewegung und war sehr bleich. Da er auf die Wiege zutreten wollte, stellte sie sich ihm ohne Wort in den Weg und wich auch nicht, als er noch näher herankam. Er wollte ihr, mit einem Lächeln, nah in die Augen blicken, aber sie neigte sich, ohne von der Stelle sich zu bewegen, weit rückwärts, und auf ihrem Gesicht, das ich nun im vollen Lampenlichte unverstellt sehen konnte, lag ein unbeschreiblicher Ausdruck von Schmerz, Beschämung und Abscheu. Abels Lächeln zerfloß, er hatte plötzlich ein anderes Antlitz, aufgeschlossen in Groll und einem rätselhaften Triumph, er wandte sich kurz auf den Fersen und ging ohne Gruß.

Da er die Tür hinter sich geschlossen hatte, kam eine große Ermattung die Frau an, sie wankte, setzte sich neben dem schlafenden Kinde auf einen Sessel und vergrub das Gesicht in den Händen. Die Krone rotblonden Haares löste sich, daß sie darein verstrickt war wie in ein wirres, engmaschiges Netz von Leidenschaft und Verirrung, und der Rücken zitterte ihr unter Stößen verhaltenen Weinens. Meine Anwesenheit hatte sie vergessen, ich wagte es nicht, mich bemerkbar zu machen, und so saß ich wohl eine Stunde lang ohne Regung in meiner Ecke, bis Feuerbach und Mirjam kamen und die Frau mit rasch getrockneten Tränen, allgemeine Ermüdung vorgebend, sich eilig zurückzog. Feuerbach seufzte und auch Mirjam schien bedrückt.

Damals schon empfand ich, daß das Mädchen sich von mir abwandte. Nicht daß sie Grund gehabt hätte, sich mir zu entfremden, aber aus dem, was in ihrer Familie vorging, erwuchs ihr häusliche Verpflichtung in Menge. Sie half in der Küche aus, wartete des kleinen Buben, arbeitete in jenem Fruchtgarten und unterzog sich, noch nicht neunjährig, solchen Obliegenheiten mit Freude und Stolz. Da ich ihr einmal im Hausflur aufpaßte und, an Gemeinsames in scheuer und dennoch plumper Vertraulichkeit streifend, sie aufforderte, mich zu besuchen, achtete sie meiner in kindlichem Trotz überhaupt nicht mehr, und wir maßen einander von da ab grußlos in stiller Feindseligkeit.

Das verwies mich auf anderen Umgang. Ich beobachtete Ulrich Abel, der nun auch schon zur Schule ging, und ich fand ihn in einer besonderen Weise verändert. Seine große Scheu und Empfindlichkeit hatte ihn nicht abgehalten, mit jenem Knaben Gutjahr sich zu befreunden, und so war er bald in manches üble Abenteuer verstrickt. Der Schwächliche balgte sich weißen Gesichtes in gefährlicher Entschlossenheit mit älteren und weitaus stärkeren Zöglingen einer benachbarten Schule, und gelang es ihm auch, manchen Lässigeren oder Gutmütigen einzuschüchtern, so zog er doch letzten Endes bei solchen Zusammenstößen immer den kürzeren und ward dann von Gutjahr mit blutenden Schrammen und mühsam zurechtgerichteter Kleidung in sinkendem Abend nach Hause gebracht. War es der Beratung des Kindes durch jenen Erfahreneren zu danken, war es Folge anderweitiger Sorge und Ablenkung – jedenfalls merkte Abel durch Jahr und Tag nicht das mindeste von seines Sohnes Veränderung. Einmal traf ich Gutjahr mit Ulrich im Winkel hinter der Kellertür. Da ich zu ihnen trat, bemerkte mich der Ältere im Augenblick, unterbrach einen Satz und begann gleichgültig zu pfeifen. Aber der junge Abel, der, zu ungewitzt, solchen Zeichens nicht achtete und mich nicht wahrnahm, sagte; »Im

Gartenhaus?« In seiner Stimme war ein Klang furchtsamer Gier. Gutjahr schwieg, und nun erst wandte sich Ulrich und sah mich. »Er hat gehorcht,« sagte Gutjahr. Der Kleine ward sehr rot und sagte: »Er ist ein Schuft.« Er senkte den Kopf und rückte auf mich zu. Der andre hielt ihn zurück. »Er war auch schon bei mir. Aber er ist stolz geworden. Er geht mit Mirjam.« Sie lachten beide, und ich trat eingeschüchtert zurück. »Er soll schwören,« sagte Ulrich Abel. »Er soll schwören, daß er nicht reden wird.« Gutjahr grinste. »Es ist besser, er kommt mit uns.«

Sie beratschlagten sich flüsternd, und schließlich ward ich in aller Form in ihre Gemeinschaft aufgenommen. Was das zu bedeuten hatte, ward mir durch geraume Zeit nicht bewußt, und die Obliegenheiten des neuen Bündnisses beschränkten sich zunächst darauf, daß ich mit Gutjahr und Ulrich am verbotenen Flußufer spielte und stille Gassen entlangstrich, wobei man Türen aufstieß, Klingeln zog, Namenschilder abriß oder beschmutzte – jäher und sinnloser Unfug, dem in jedem Fall ohne Rücksicht auf etwaige Verfolgung eine tolle Flucht um Ecken und in das Abenteuer dämmernder Hausflure folgte. Was mich an die andern band, war nicht so sehr, daß ich Gefallen an solchen Streichen gefunden hätte, als vielmehr die Geschicklichkeit, mit der Gutjahr, wie schon ehemals bei anderm Anlaß, meinen Fragen nach jenem Gartenhause und dem, was dort zu sehen sei, auszuweichen verstand. Als ich überdies durch Zufall eben damals wieder von einer fiebrigen Krankheit befallen ward, wurden mir Gutjahr, Ulrich, das Gartenhaus vollends zum Gegenstand leidenschaftlich verworrener Träumereien.

Meine guten Eltern merkten von all dem nicht viel, und das mochte damit zusammenhängen, daß es ihnen von Tag zu Tage schwerer wurde, das tägliche Brot zu beschaffen. Es war eine üble Zeit, sinnlose Zollkriege richteten die Wirtschaft zugrunde, Fabriken sperrten, Arbeitslosigkeit wuchs, und so bot sich bald auch dem Befähigten, hatte er einmal seine Stelle verloren, kaum eine weitere Möglichkeit des Erwerbes. Kein Wunder, daß bei Tische von nichts anderm als davon die Rede war – eine ewig wiederkehrende und bedrückende Rede, auf die ich bald nicht mehr hinhorchte. Nur einmal ließ mich eine kleine Pause inmitten solchen Gespräches aufmerken. In einen der langen Berichte des Vaters hinein hatte plötzlich meine Mutter gesagt: »Ich wüßte schon, wer in diesem Hause Geld hat und mitunter auch eine offene Hand.« Sie sagte es mit leichter Stimme und einem künstlichen Lächeln, dann schwieg sie. Im Gesicht meines Vaters war gebrochener Stolz und zornige Trauer. Es war ein Augenblick stürmischer Stille.

Als ich Gutjahr davon erzählte, lachte er lange. Aber er wollte nicht weiterreden. »Du wirst es schon merken,« sagte er. Er wußte, kannte, konnte alles. Er trug damals – sommers – einen sehr schweren Winterrock, den man seiner Mutter auf einem ihrer Dienstplätze geschenkt haben mochte, und freute sich hingebungsvoll und wortreich seiner besonderen Wärme. In der Schule pfiff er, meckerte, stank und lernte nichts. Dennoch hatte er offenbar genug an angeborenem Witz, um, jeweils knapp vor Torschluß, durch einen Anfall Lerneifers und geheuchelter Reue den Aufstieg in die höhere Klasse sich zu erschleichen. Geheime Freundschaft verband ihn einem um fünf Jahre älteren Drechslerlehrling, einem schwerfälligen Burschen, der mir nur unter dem befremdlichen Namen »der blöde Anton« bekannt war. Offene Feindschaft war zwischen ihm und der Obsthändlerin schräg gegenüber – eine verwirrte und verwegene Angelegenheit, in der ein angeblicher Gelddiebstahl, eine polizeiliche Vorladung und zwei aus Rache umgestürzte Apfelsinenkörbe eine gewisse Rolle spielten. Auch von einer wüsten Raufszene zwischen Gutjahrs Mutter und jener Händlerin wußte man in diesem Zusammenhang zu berichten.

Vollen Einblick in Gutjahrs Fähigkeiten gewann ich aber erst ein paar Monate später, und auch da wieder nur durch einen Zufall. Eines Tages erfuhr man, Herr Abel habe das Wohnhaus, Vor-, Seiten- und Hintergebäude von der Witwe des früheren Besitzers um einen Spottpreis erstanden, und zwar, wie es hieß, durch eine dunkle Machenschaft mit Wechseln, die ihm der Verstorbene in blanco zur Deckung seines Anteils an einem undurchsichtigen Grundstückgeschäft übergeben hatte und die

Abel kurz nach dem Tode des Partners unter Anrechnung nicht nachweisbarer Verluste auf eine übermäßig hohe Summe ausgestellt und in Umlauf gesetzt hatte. Wie dem auch sei – das Ergebnis war, daß Abel, nunmehr Inhaber des Hauses, die großen leeren Räume des Hintertraktes als Feinbäckerei herrichtete, um seiner nahen Fabrik so eine Abteilung für billige Backwaren anzugliedern. Unrat, Gestank, Lärm, Fuhrwerk und fremdes Volk kam dadurch ins Haus – Arbeiter, vornehmlich aber Fabrikmädchen, blasse, abgehärmte und billig geputzte Geschöpfe, wie man sie in solchem Betrieb zum Sortieren, Wägen, Packen, Expedieren verwendet. Stand man im Hofe, so sah man diese Frauen hinter tiefen, schachtartigen Fenstern halb unterirdisch an ihren Tischen stehn. Sie arbeiteten unter Schwatzen, Lachen und viel abirrenden Blicken in die Freiheit hinauf.

Vor diesen Fenstern traf ich also eines Tages Gutjahr. Er hockte auf dem Boden, hatte eine lange Weidengerte quer über die Knie gelegt, glotzte zu den werkenden Mädchen hinunter und winkte ihnen mit sinnlos verrenkten Gebärden. Man ward auf ihn aufmerksam, man lachte. Nun begann er, unter eindringlichem Deuten nach seinem Magen und Mund und dann wieder nach dem Backwerk, mit dem auf den Tischen drunten gewirtschaftet ward, so wild und wahrhaftig die Rolle eines Verhungernden darzustellen, daß schließlich eines der Mädchen zwischen Gelächter und Abscheu für einen Augenblick das Fenster aufstieß und ihm ein kleines rundes Gemächte aus Teig und Kokosnuß zuwarf. Er fing die Gabe und hatte gleichzeitig seine Gerte derart zwischen die Fensterflügel geschoben, daß die, zugeworfen und leichtfertig verriegelt, noch immer mit einem schmalen Spalt offen standen. Dann zog er die Rute vorsichtig zurück, verneigte sich nochmals und wandte sich ab. Sein Gesicht fiel aus der beflissenen Fröhlichkeit unvermittelt in Hohn. Er sagte: »Dumme Luder dort drunten. Das Fenster steht offen.«

Ich verstand nicht, was er bezweckte. Anderen Tages holte er aus den Taschen jenes Winterrocks großmütig eine Menge Zuckerwerkes hervor und gab mir davon.

Solch beklemmend sichere Art, die Welt sich zu eigen zu machen, blieb auf mich nicht ohne nachhaltige Wirkung. Eines Nachmittags ging ich über den Hof, betrat den zufällig leeren Flur des verbotenen Hinterhauses, öffnete eines der engen Milchglasfenster, die nach Feuerbachs Garten schauten, stieg auf das Brett, sprang wohl zwei Meter tief hinunter in ein Gemüsebeet – alles ohne eigentliche Überlegung, fast ohne Absicht, mit der gleichen kranken Entschlossenheit, die Ulrich Abel mitunter befiel. Ich stapfte durchs weiche Erdreich geraden Weges auf einen Pflaumenbaum zu, der in frühherbstlicher Fruchtreife stand, und begann mit zitternden, raffenden Händen meine Taschen zu füllen.

Nun erst schaute ich wilden Blickes um mich, und da sah ich zu meinem Schrecken, daß Feuerbach in der offenen Laube saß, die ganz links an die Hauswand geduckt stand. Er saß mir abgewandt auf einem Gartensessel und bewegte sich nicht. Ich war in einer lähmenden Weise ernüchtert und schlich schwer klopfenden Herzens durch das Gemüsebeet nach meinem Fenster zurück, immer seitlich auslugend, ob Feuerbach mich nicht bemerkte. Er verharrte ohne Regung und blickte offenbar gedankenbekümmert irgendwohin durch Baumwipfel aufwärts, aber da ich schon das Fenster erreicht hatte und über einen Mauervorsprung klimmend mich hochschwang, rief er mich, abgewandt noch immer, und beschied mich zu sich. Ich ging zitternd und doch voll Trotzes hinüber zur Laube und wartete. Er schwieg, er schaute an mir vorbei. Dann sagte er leise: »Nimm den Korb, der dort drüben steht.« Ich tat es. »Füll ihn mit Obst und bring ihn deiner Mutter mit einem Gruß von mir.« Er erhob sich, er nickte mir zu und ging, indes seine Blicke mein Gesicht noch immer vermieden, unsicheren Schrittes und ein wenig vorgeneigt durch die Gartenpforte davon. Ich stand lange still. Hinter seinem Fenster droben, durch die verschlißenen Scheiben schräg verzerrt, lag Gutjahr und grinste.

Ich legte die Pflaumen aus meinen Taschen in den Korb; den Korb ließ ich inmitten der Laube stehen, kletterte unbeschwingt und mühselig durchs Fenster in den Hausflur zurück und ging heim. Ich mag sehr verstört gewesen sein, denn als ich in die Stube trat, schaute mir meine Großmutter still forschend in die Augen. Sie schwieg, und dann sagte sie in heiterem Ernst: »Du kommst zu mir? Du willst mit mir reden?« »Nein,« sagte ich mühsam. Aber ich ging nah zu ihr hin, und da tat sie die müden Füße von dem Kindersesselchen, das mir ehemals gehört hatte und das sie nun als Schemel verwendete. Sie hieß mich das kleine Möbel an ihre Seite rücken und mich darauf setzen. Das tat ich, und war doch schon viel zu groß für das unscheinbar gewordene Ding. Dann sagte sie in unser Schweigen: »Hier tut dir keiner etwas.« Da ging ich hinüber und legte mich auf den Divan und weinte.

Großmutter machte Licht im Zimmer, denn die Tage wurden schon kurz, sie setzte sich an den Tisch und fragte: »Willst du etwas aufschreiben für mich?« Ich richtete mich auf aus meinem Schmerz und schaute zu ihr hinüber. Sie saß dort, blaß und hager geworden, mit weißen Haaren im Licht. Die Gaslampe sang, wir waren allein in der Wohnung. Ich erhob mich schweigsam, holte aus meinem Pulte Papier, Tinte, Federstiel und machte mich zum Schreiben bereit. Ich wartete. Da hatte sie die Hand auf meinen Scheitel gelegt und sagte noch einmal: »Willst du etwas aufschreiben für mich?« Ich nickte stumm, und sie fuhr fort mit sehr leiser Stimme: »Es ist über mich gekommen, daß ich es bewahrt wissen will. Wenn ein alter Mensch auslischt, das ist nicht traurig. Aber da wohnt noch ein Kind in einem Winkel der Seele, und das ist kleinmütig und weint und will leben.« Ich verstand nichts von dem, was sie sagte, und ich hörte es auch nur mit halbem Ohr, denn ich dachte des Fruchtgartens drunten und der Pflaumen im zurückgelassenen Korb. Sie aber hieß mich aufschreiben, was sie sprach, und sie sprach von einem Kindlein, das irgendwo in verfallener Zeit geboren war, aufgewachsen unter Menschen, deren Namen mir niemals im Ohre geklungen hatten und die doch meiner Großmutter Eltern waren, ehe sie müde wurden irgendwann. Sie sprach sehr leise und mit viel Zärtlichkeit von dem und jenem kleinen Erlebnis, das wie ein Totenflämmchen zaghaft herüberzitterte durch den Nachtwind der Jahre.

Ich schwieg, denn über all dem war es spät geworden und ich war müde. Ich schwieg und ich hatte es allmählich aufgegeben, das niederzuschreiben, was meine Großmutter sagte. Meine Gedanken irrten auf maßlosen Abwegen, indes ich in die stillen Augen der Redenden schaute, und meine Hand malte weit ausladende Buchstaben und dann immer die gleiche, gräßlich vereinfachte Fratze an den Rand des Papiers. Meine Großmutter merkte nichts von all dem. In ihren Augen war Licht und auf ihren Wangen stand zarte Röte. Sie redete weiter und sie lächelte oft. Wovon redete sie? Ich dachte Gutjahrs und des Gartenhauses und der Pflaumen im Korb.

Da war mit einemmal der Klang ihrer Worte abgebrochen. Sie sagte: »Bist du noch nicht müde, all das zu schreiben?« und sie beugte sich zu mir herüber und schaute mir über die Schulter. Sie schwieg, und als ich wieder aufblickte zu ihr, da saß sie verstummt und alt und einsam mit ihrem weißen Scheitel im Licht.

Ein Steinchen tickte von draußen her an das Fenster – ein zweites – ein drittes. Da sagte sie: »Man ruft dich, mein Kind.« Ich ging still aus dem Zimmer.

Gutjahr stand drunten. Er sagte: »Heute ist Vollmond. Willst du nachts mit zum Gartenhaus?« Mein Herz klopfte. Wenn es elf Uhr schlüge, wollte er unten am Tor stehn. Ich ging sehr zeitig zu Bett und lag wach in großer Erregung. Nebenan war es still geworden, und hob ich den Kopf und horchte ich aufmerksam, so konnte ich Vaters und Mutters gleichmäßig schweren Schlafatem durch die Türe vernehmen. Als es halb elf schlug, erhob ich mich lautlos und schlüpfte zitternd in mein Gewand. Auf vorsichtigen Sohlen glitt ich durch den Vorraum und klinkte die Tür auf. Ich stand auf dem Stiegenabsatz. Ich drückte mich an Großmutters Zimmer vorbei. Meine Hände tasteten das Geländer entlang hinunter – fünf, sechs, sieben, acht. Ich zählte. Schon war drunten die stumpf belichtete Öffnung des Fensters am Hausflur zu ebener Erde zu sehen.

Da fiel mitten in das hallende Schweigen der kühlen Stiegenwindung herein ein heller, hoher, langgezogener, einsamer Laut. Es war Großmutters Stimme. Sie war wach und sie sang. Nicht eigentlich wirklich, nicht wie Menschen zu singen pflegen. Es war ein Summen mehr, kindlich und heiter klagend, ein feinstimmiges Lied, das mir, auf eine beklemmend traurige Weise wesenlos und ferne gerückt, nicht aus der Kammer der alten Frau herüberzutönen schien, sondern aus der Vergangenheit wie die blassen Töne eines Spinetts. Da wandte ich mich, da raste ich, ohne mich umzusehen, die Treppe hinunter und schwang mich durch das ebenerdige Fenster auf die Gasse hinaus.

Das Pflaster war kahlgefegt in Nachteinsamkeit. Von den Giebeln troff Mondlicht. Ich drückte mich in den Schatten des versperrten Haustors und wartete. Die Häuserfront drüben hatte ein Schlafantlitz, das ich nicht kannte. In Drähten klirrte eine zarte Windmelodie durch die herbstliche Nachthelle. Ich zog klopfenden Herzens das Abenteuer dieser kalten Sternenluft in die Lungen und zitterte. Mit einemmal war Ulrich an meine Seite geglitten. Wir standen und schwiegen. »Es ist leicht gegangen,« sagte er leise, »er war nicht in seinem Zimmer. Er ist nachts unterwegs.« Ich fragte unsicher: »Von wem sprichst du?« »Vom Alten.« Er zerbiß das Wort.

Gutjahr kam um die Ecke. »Woher?« »War noch nicht zu Haus.« Er grinste. »Kommt.« Wir gingen hintereinander – Gutjahr, Ulrich, dann ich. Über eine Planke führte der Weg – ein Hund knurrte, aber er schien Gutjahr zu kennen und bellte nicht. Weiter durch ein Fenster, einen schmalen Korridor und ein andres Fenster: wir standen im Hof unsres eigenen Hauses. Ringsum Scheiben, nachtblind, mondüberglitzert. Nur aus dem Zimmer meiner Großmutter kam unstetes Licht. Stille lastete. Wasser tropfte von einem undichten Leitungshahn auf das Hofpflaster. Von der Dachrinne droben fiel ein Katzenschrei zu uns nieder. Wir traten in den Schatten des Hinterhauses und stiegen durch eine jener Schachtöffnungen hinunter in den Fabrikraum. Es roch schwer nach erkaltetem Dunst und klebriger Süßigkeit. Wir tappten zwischen langen Tischen nach hinten. Gutjahr wies auf einen hohen schwärzlichen Haufen neben dem Ofen. »Nehmt euch.« Es war Backwerk, mit Schokolade überzogen. Er selber berührte es nicht. Wir glitten weiter, immer hintereinander. In einer Ecke raschelte es; das Blut stand mir still. »Ratten,« sagte Gutjahr und summte. Eine knarrende Holztreppe – wir standen außen an der Mauer, die Feuerbachs Garten von einem verwilderten Bauplatze schied, der, ebenfalls dem Grundbezirk der Liegenschaft angehörend, mit Kehricht, Ziegeln und Balkenwerk übersät war. Ganz hinten, schon von der nächsten Quergasse her, war ein leichtes Haus aus Holz und Scheiben, vorspringende Ecke, in dieses wüste Landstück hineingebaut, ein Gartenpavillon, zu Wirtshauszwecken ehemals angelegt und damals schon unverwendet seit Jahren. Gleich Platz und Garten gehörte auch dieses fragwürdige Bauwerk zu unserm Wohnhaus. Gutjahr bedeutete uns, nun zu schweigen, und wir schlichen im Mondschatten der Mauer auf jenes Gebäude zu. Wir erreichten es, wir drückten uns an den hohen, mörtelbeworfenen Sockel des leichten Baues und horchten.

Stille. Auf einer Gasse weit drüben hinter den Planken johlten Betrunkene. Auch diese fernen Laute versickerten. Plötzlich hörten wir ganz nah hinter Brettern eine flüsternde Stimme: »Es waren Schritte draußen. Das waren Schritte!« Ein andres Flüstern: »Nichts, nichts.« Ich schwieg wie erstarrt. Ulrichs Hand umklammerte meinen Arm, daß er schmerzte. Drinnen knarrte ein Möbel. »Komm,« war ein Flüstern. Eine Stimme flatterte: »Was wollen Sie? Was tun Sie mit mir?« Es war, als legte sich eine Hand vor den redenden Mund. Ein Möbel knarrte. Etwas riß sich los, klagte flüsternd: »Nein! Nein!« Und gejagt: »Es waren Schritte draußen! Lassen Sie mich!« Aufsteigende Angst rann aus jeder Silbe des breiten Vorstadtidioms. Ein tiefer Laut war die Antwort, ein ungewisser, murrender Ton. Dann ein Tappen und Keuchen, als rängen zwei Menschen. Ein Möbel knarrte unter hingeworfener Last. Eine Stimme, jene Flüsterstimme, aber verändert, ein Flämmchen, ganz zurückgezogen in den letzten Winkel seiner Verstörung, hoch, einsam, ein armseliges Weinen, klagte: »Was tust du mit mir?« Und verlor sich an einen Seufzer.

Da hatten Gutjahr und Ulrich lautlos sich aufgerichtet und schoben sich am Steinsockel hoch, schoben sich hoch bis zu einer leicht klaffenden Fuge im Holz und drückten ihre Gesichter daran. Gutjahr winkte mit übermäßig verzerrten, toll geschwenkten Gebärden einer widerlichen Erfreutheit zu mir zurück, als riefe er mich an seine Seite. Ich lag in Erstarrung. Da rang sich drinnen jenes Weinen abermals hoch, und dawider lallte die tiefere Stimme ein Unverständliches wie zur Beruhigung. Dann war es, als richtete sich hinter der Holzwand einer neu auf, und ein Zündholz ward angestrichen.

Im Augenblick, als jene unsichere Helle aufzuckte, taumelte Ulrich von seinem erhöhten Standplatz zurück neben mich, und da er einen Schritt weit aus dem Mauerschatten in die Mondhelle hinaustrat, sah ich sein Gesicht. Seine wilden Augen, abirrend, hatten plötzlich nach Gutjahr gegriffen, dessen Lustigkeit, nun er offenbar bei Lichte sah, was dort drinnen vor sich ging, zu einem maßlosen Taumel der rufenden, winkenden, deutenden Arme sich erhitzte. Ulrich keuchte: »Zurück! Nicht schauen! Nicht!« und dann sprang er vor und riß ihn fort von der Fuge. Beide stolperten, stürzten, lagen keuchend, eng in Umklammerung. Drinnen war das Streichholz verlöscht, ein leichter Aufschrei erstickte. In bleierne Stille, außen und innen, fiel nur Sandknirschen und der Atem der Ringenden. Ich sah, daß Ulrich die Gurgel Gutjahrs gepreßt hielt. Der stemmte ihm das Knie an den Bauch. Da war Ulrichs Arm frei, tastete, griff und zog aus dem Kehrichthaufen daneben ein Stück rostigen Eisens hervor, altes Werkzeug, Bruchstück einer Säge vielleicht. Er holte irrsinnigen Blicks zum Schlag aus. Gutjahr riß sich in der letzten Sekunde aus seiner Umarmung, schnellte jäh auf und zwei, drei, vier Sätze ins Mondlicht hinaus. Er stand vorgebückt, eine große Katze, und keuchte. Sein hängender Arm griff zur Erde nieder und faßte nach einem zerbrochenen Ziegel. Ulrich, aufgerichtet, hob die Hand vors Gesicht. Da schleuderte der Geduckte in plötzlich geänderter Absicht den schweren Stein nach dem Fenster des Gartenhauses. Scheiben klirrten uns vor die Füße, indes Gutjahr drüben ins Dunkel der Planke sprang und einen Augenblick später darüber hochschnellend auf die Gasse hinausglitt. Sein Laufschritt verhallte.

Da tauchte nah über uns ein mondblasses Männergesicht durch das zackige Glas vor ins Licht. Es war Johannes Abel.

Ich lief; ich wandte mich nicht mehr. Ich weiß nicht, wie ich in Haus und Zimmer zurückfand. Andern Tages fehlte Ulrich in der Schule. Er fehlte auch weiter. Nach einer Woche erfuhr man, Abel habe ihn auf dem flachen Lande in einer Erziehungsanstalt untergebracht. Ich sah ihn acht Jahre später. Davon wird zu berichten sein.

Hier muß ich die Mitteilung einer unerklärlichen Verirrung einfügen, deren ich nicht ohne tiefe Beschämung gedenken kann. Das nächtliche Abenteuer am Gartenhaus hatte meine Einbildungskraft in um so höherem Grade entfacht, als ich, seit jeher aller Maßlosigkeit fast ohne Willen erliegend, in dem Falle noch überdies in eine Welt von Leidenschaft mich verstrickt sah, die ich trotz mancher halben Ahnung in ihrem Kern und Wesen durchaus nicht verstand. An meine Eltern mit Fragen mich zu wenden, schien mir unmöglich, und Gutjahr, der mir leicht hätte Bescheid geben können, sprach wohl gern und mit Ausführlichkeit von Dingen der Menschwerdung, verfiel aber offenbar nicht darauf, ich könnte so unwissend sein, ihn glattweg nicht zu verstehn. Da ich andererseits aus einer Keuschheit des Herzens und vielleicht noch mehr aus Angst vor seinem Hohn es sorgsam vermied, meine Unschuld ihm preiszugeben, ergab es sich, daß seine wohl durchaus eindeutigen Reden erhitzte Vorstellungen in mir zurückließen, die um so ausschweifender waren, je weniger ich das Vernommene mir zusammenzureimen vermochte. Ich sah jeden Menschen und fast jedes Ding nur mehr in Beziehung zu jenem abenteuerlichen Rätsel, davon ich besessen war. Und so kam es, daß sich unvermittelt, jäh, über Nacht die Überzeugung in mich hineinfraß, daß meine gute Mutter auf eine nichtswürdige und beschämende Weise heimlich mit Johannes Abel verbunden sei. Heute, da ich rückblickend solchen kindlichen Verdachtes lächle, ist es mir selber kaum mehr vorstellbar und verständlich, wie sehr, wie unsäglich bitter ich damals dieses stille Erlebnis erlitt. Ging sie allein aus dem Haus, so schlich ich ihr nach bis zur Ecke der Gasse. Kam sie heim, so sogen sich meine Augen forschend an ihrem Gesicht fest. Für meinen Vater

– er sah nichts, er ahnte nichts! – hegte ich brennendes Mitleid. Hundertmal trug ich mich mit dem Plan, ihn aufzuklären über die verbrecherische Schande, in der er lebte. Als meine Mutter einmal vor aller Augen im Hofe drunten auf Abel zutrat – sie bat ihn, den Mietzins noch eine Zeitlang zu stunden – da wich mir alles Blut aus dem Herzen und ich wußte mich nicht zu fassen vor Gram. An jenem Tage legte ich mich vor der Zeit zu Bette. Die Mutter kam, froh gelaunt, leise trällernd, um mich zu fragen, was mir denn fehle. Ich schwieg. Sie entfernte sich schmerzlich verwundert. Ich verachtete sie in inbrünstiger Liebe. Halbe Nächte lang wachte und weinte ich.

So war alle Zuflucht und alle Ordnung der Welt für mich zusammengebrochen. Die nächste Folge war, daß ich die Schule haßte und mied. Ein paarmal half ich mir, indem ich die Großmutter bat, die Entschuldigungsbriefe zu schreiben; ich sagte, ich wollte Vater damit nicht behelligen. Sie schaute mich ernst an und sie willfahrte mir, ohne weiter zu fragen. Dann erlernte ich es, ihre sehr einfachen und mühseligen Schriftzüge nachzuahmen.

Die freie Zeit, die ich auf solche Weise gewann, verbrachte ich – denn daheim zu bleiben, verbot sich der Eltern wegen von selbst – in abgelegenen Gassen oder auch an der Lände des Flusses, eines trägeströmenden, grauen, übelriechenden Wassers, das allerlei Kehricht und Abfall, aus Kanälen geschwemmt, mit sich hintrug. Da waren in sorgsamer Schichtung große Mengen granitener Würfel gelagert, wie man sie damals zur Pflasterung der Straßen verwendete. Dort trieb ich mich lange Tage mit Gutjahr umher. Auch sein Freund, jener Anton, kam häufig, hockte sich in seinem Werkkittel zu uns nieder, rauchte unter viel Aufhebens einen Zigarrenrest und sprach mit Gutjahr, ohne meiner zu achten, von irgendwelchen Mädchen, die beide kannten, in einer beklemmenden Eindeutigkeit und Entschiedenheit. Auch andre stellten sich ein, halbwüchsige Kerle, Lehrlinge großenteils, viele aber auch, obgleich der Schule entwachsen, ohne jede feste Beschäftigung, lichtscheues Gesindel in Lumpen, das mich, den besser Gekleideten, mißtrauisch spürend umstrich.

Einmal – sie hatten mich eben ein unflätiges Spiel gelehrt, »Hutbrummen« genannt, bei dem ich, der Jüngste, gefoppt und der freien Sicht beraubt, mit einem Male wahrnehmen mußte, daß mein Partner, solche Schwäche ausnutzend, wider mich seine Notdurft verrichtete – da kam Mirjam das Flußufer entlang auf uns zu. Sie trug ein rotes, steif abstehendes Kleidchen, das ich nicht kannte – ich sehe es heute noch vor meinen Augen – und an der Hand führte sie den kleinen Knaben Ruben, der mit der glückseligen Unbeherrschtheit seiner Beinchen neben ihr trippelte. Einen Augenblick lang schien es, als wollte sie seitlich abbiegen vor unsrer Gruppe, aber dann trat Hochmut und Trotz in ihr helles Gesicht und sie ging geraden Weges zwischen uns durch. Ich grüßte sie nicht ohne Verlegenheit, sie aber schaute mir fest in die Augen und antwortete nicht. Erst da sie vorübergegangen war, löste sich eine gewisse Beklemmung von mir und meinen Kumpanen, Gutjahr erklärte ihnen unter viel schmutzigem Lachen, sie »ginge mit mir«, und so sah ich mit einemmal mich in ein Ansehn versetzt, das ich mir gerne gefallen ließ. Ja ich kam so sehr auf den Geschmack, unter jenen Kerlen eine Rolle zu spielen, daß ich beschloß, Mirjam nun wirklich bei guter Gelegenheit mich wieder zu nähern. Vorläufig war ich darauf bedacht, mich durch Reichtum und abgeschmacktes Gehaben hervorzutun. Ich log in sinnloser Weise, mein armer Vater sei Direktor einer Fabrik, und ich entwendete zur Bekräftigung solchen Vorgebens daheim bald diesen, bald jenen kleinen Gegenstand, um ihn dem einen und andern meiner Gesellen zu schenken. So gelang es mir auf Kosten meiner guten Eltern allmählich, in jener Bande trotz meiner Jugend eine Art Sonderstellung und Führerschaft zu erreichen.

Dazu kam, daß ich über kurz durch einen Zufall tatsächlich wieder mit Mirjam zu verkehren begann. Eines Tages lud Frau Feuerbach uns alle (die Eltern, Großmutter und mich) zu einer häuslichen Festlichkeit, deren Anlaß uns zunächst unbekannt blieb – ich erinnere mich, daß bei Tische davon die Rede war. Zu sagen ist übrigens, daß Feuerbach oft und gerne Gäste bei sich sah – wie er damals ganz allgemein ein ihm unerwartet zugefallenes bescheidenes Erbteil ohne viel Rechenkunst zur festlichen Erhöhung seiner Lebenshaltung verwandte. Andern Nachmittags gingen wir also hinauf und trafen droben schon zwei feierlich gekleidete Herren, deren Anwesenheit – nach umständlicher Vorstellung und Nennung der Namen – auf meine Eltern von offenbar einschüchternder Wirkung war. Erst da sie mit steifer Freundlichkeit sich empfohlen hatten, erfuhr man, daß Feuerbach an jenem Vormittag für ein von ihm verfaßtes Schriftwerk Gegenstand einer besonderen amtlichen Ehrung gewesen war – für ein Buch, das ich übrigens später in Händen hatte und das in dichterisch getragener und dennoch leicht faßlicher Weise an die jungen Menschen sich wandte. Es erschien alsbald eine mäßige Zahl anderer Gäste, Freunde, Verwandte des Hauses, Gesichter grau in grau, deren ich mich nicht mehr entsinnen kann. Nur dies weiß ich noch, daß bei der bescheiden festlichen Tafel, an die man sich setzte, Gutjahrs Mutter aufwartete, mit weißer, frisch geplätteter Schürze, mit einem freundlichen Häubchen im Haar, doch mit unbewegten und, so schien es mir, feindselig undurchdringlichen Zügen – ich fürchtete sie noch seit jenem Vorfall in ihrer Kammer. Feuerbach saß sehr roten Gesichtes auf dem Ehrenplatz des Tisches und erwiderte auf den beiläufigen Glückwunsch eines der Herren in einer wohlgesetzten, längeren Dankantwort, deren Plan und Gewicht den Eindruck erweckte, als wäre sie lang vorausbedacht und in Erwartung eines würdigeren Anlasses bisher aufgespart worden. So löste sie denn auch in der Tischrunde, die allenfalls ein launiges Wort und keine Rede solchen Maßes erwartet hatte, einen lauen und ein wenig befremdeten Beifall aus; man blickte aneinander vorbei, man rückte seine Kleider zurecht und ward einsilbig. Aber Feuerbach merkte nichts von all dem und saß erhitzt und glücklich auf seinem Platz. Mirjams Mutter, am andern Ende der Tafel, blickte unruhig um sich, indes der Mann alsbald wieder zu reden anhub und quer über den Tisch mit etwas zu lauter Stimme Gewichtiges über Heimat und Jugenderziehung zu sagen begann.

Was Mirjam anlangt – das Kind Ruben hatte man frühzeitig zu Bette gebracht – so saß sie nicht neben mir. Erst da man von

Tisch sich erhob und in gelockerten Gruppen sich ins andere Zimmer hinüberzog, umstehend, sitzend zu zwangloser Unterhaltung vielfältig sich zusammenzufinden, geriet sie unversehens in meine Nähe. Wir schauten einander an und fanden kein Wort. Endlich sagte sie gepreßt: »Willst du Bilder sehen?« Ich nickte glücklich und folgte ihr in einen Winkel, wo auf einem Tischchen ein dickes Album mit Photographien lag. Wir fanden uns da in einer stillen Bucht des Getriebes, das hinter dem Wellenbrecher einer uns abgewandten Sesselreihe das Zimmer erfüllte. In unsere Zweisamkeit brandete das verwirrte Rauschen von Gelächter und Rede. Wir standen nebeneinander, den Raum hinter uns, einträchtig wandten wir Blatt um Blatt und schauten den Bildern gleichgültiger Menschen ins Angesicht, indes unsre Finger einander berührten. »Kennst du den?« sagte ich glücklich, und: »Diese Frau hat einen Hut wie ein Kind!«

In jenem Sesseldamm dicht neben uns saß meine Großmutter unter jungen Leuten, Männern und Mädchen, und es mochte mehr als fröhlich sein, wovon sie sprach, denn immer wieder knatterte um sie Gelächter auf. Da sie sich halb zu uns kehrte, sah ich ihr schelmisch verjüngtes Gesicht. Ihre Augen leuchteten, ihre schmale Gestalt war durchpulst von Bewegung. Sie lachte für einen kurzen Zeitteil in fast verwegener Daseinsfreude selbstvergessen herüber. Dann wandte sie sich wieder und flüsterte in das Gekicher der andern.

Mirjam griff im Eifer des Schauens nach meiner Hand und vergaß, sie wieder zu lassen. Wir blätterten weiter – ich war berauscht und hellhörig zugleich. Links drüben in einer Ecke saßen Vater und Mutter mit Feuerbach. Mein Vater, festlich angeregt, sprach eindringlich und seiner Klugheit froh auf Feuerbach ein, und Mutter hing mit hellen, liebevollen Blicken an seinem Munde. Man sprach von Gesichten und von Hellsichtigkeit, und allmählich zog dieses Gespräch die Aufmerksamkeit des ganzen Raumes auf sich – nicht zuletzt, weil Feuerbach vom Kinde Ruben zu reden begann, das, zartesten Alters, eine ungewöhnliche, ja ganz außerordentliche Fähigkeit aufwies. Er stehe nicht an, so erklärte der besonnene Mann, dem Kinde schon heute die Gabe hellen

Gesichtes zuzubilligen. Nicht nur, daß es die sorgsamst verborgen getragene Freude, den leisesten Schmerz in den Seelen seiner Umwelt zu ertasten und innig mitzuerleben begabt sei – es sei auch imstande, fernes Geschehen, natürliche Umwälzung oder menschliche Untat gleich einer Krankheit schmerzhaft in sich zu erleiden. Das rief Widerspruch wach, man bedeutete ihm, an dem unschuldigen Geschöpf durch Zuerkennung solch schwerer Lebensmitgift sich nicht zu versündigen; das Gespräch erhitzte sich, man suchte einander kaum mehr ernsthaft zu überzeugen, man sprach lauter, man erwiderte quer durch den Raum hin, man redete gleichzeitig, aus verschiedenen Ecken. Zigarrenrauch hing in der warmen Luft.

Inzwischen war auch meine und Mirjams Beschäftigung eingeschlafen. Nicht daß wir ernsthaft dem zugehört hätten, was die anderen sprachen, aber jenes Gefühl beglückenden Alleinseins inmitten der vielen und lauten Menschen war so stark, daß wir darüber des Spiels mit den Bildern und allen anderen Vorwands vergaßen. Wir standen ohne Wort und ohne Bewegung; unsre Hände berührten einander.

Plötzlich fiel um uns das Stimmenlärmen in sich zusammen. Ich wandte mich und blickte gleich allen anderen im Raume nach der gegenüberliegenden Tür. Die war aufgegangen, und inmitten des Zimmers stand unversehens das Kind Ruben und schaute mit schlafweiten Augen um sich. Ein überlanges Nachthemd floß an ihm nieder und lag hinter ihm gleich einer Schleppe. Es war tödlich still. Der Knabe zitterte wie von einem inneren Frost und schaute wie suchend von Gesicht zu Gesicht. Keiner der eben noch so erregten Menschen bewegte sich. Da hatte das Auge des Kindes meine Großmutter gefaßt und ging nicht weiter. Mitten durch die widerstreitenden Kräfte überkreuzter Willen und Wünsche war es, als stürzten in diesem Wechselblick zwei Welten stumm ineinander. Ich sah, daß meine arme Großmutter, plötzlich durch unsichtbare Wände geschieden von der Jugend ringsum, sich langsam erhob. Das Kind war noch immer ohne Bewegung, nur die Mundwinkel zitterten in dem schmalen, weißen Gesicht, sie zogen sieh nieder, und plötzlich brachen schwere, tropfende Tränen aus seinen Augen. Der ganze zarte Körper war durchtobt von einer lautlosen Traurigkeit. Noch immer lag der Bann eines bleiernen Schweigens über den Menschen. Das Kind setzte langsam Fuß vor Fuß und ging und wankte, mit ausgestreckten Armen deutend, weinend auf meine Großmutter zu. Da hatte Frau Feuerbach endlich mit einem Ruf des Schreckens sich aus ihrer Erstarrung gerissen, sie lief, sie hob den Knaben Ruben auf ihren Arm und trug ihn hastig in den Schlafraum zurück.

Die Wirkung dieser sehr kurzen und durchaus wortlosen Szene läßt sich nicht mitteilen. Ich sehe noch meine arme Großmutter, wie sie inmitten eines Kreises schauriger Einsamkeit stillstand und lächelte. Ihre Lippen bebten vor Selbstzucht, Angst und künstlicher Heiterkeit, Das Blut war aus ihren Wangen gewichen. Mit einemmal wankte sie. Mein Vater faßte sie unterm Arm und führte sie fort. Die Mutter folgte, das Taschentuch vor den Augen. Leise Gespräche begannen zu schwirren. Man rückte Sessel, brach auf. Gutjahrs Mutter kam stumm aus der Küche und klapperte mit gebrauchten Tellern. Licht losch. Ich ging als Letzter.

Es war eine Zeit außerordentlichen, gedrängten, erhitzten Erlebens für mich – und nicht nur für mich. Auch Mirjams hatte sich der Taumel eines plötzlichen Aufgewachtseins bemächtigt. Eines Tages traf ich sie – es war darüber wieder Sommer geworden – wie sie inmitten des Hofes, zwischen einem Lastwagen, der eben unter viel Lärmen bepackt ward, und dem Strom heimkehrender Arbeiterinnen aus der Fabrik, tief selbstvergessen und fast wie verzaubert auf dem dreckigen Pflaster stillstand und sich selber betrachtete. Ihr lag ein hauchleichtes Kleidchen um die kindlichen Glieder, und eben indes ein paar weitausschreitende Fuhrknechte an ihr vorüberpolterten, Unflat in Blick und Stimme, strich sie mit braunen, ungegliederten Kinderhänden langsam und nachdenklich an sich nieder, über die unerblühten Brüste und seitlich die Lenden hinab. Dazu lächelte sie sehr zart und ihr schwarzer Blick war in sich selber gekehrt. Da sie mich kommen sah, nickte sie ernsthaft, und wir sprachen Nüchternes von Schularbeiten und dergleichen mehr.

Ein andermal sah ich sie an der Flußlände drunten, und da hatte sich quer über die Haufen und Hügel von aufgestapeltem Baugerät ein Jagen entfacht, ein tolles Klettern, Sprung, Schritt und Sprung – voran sie, immer sie, straff rotblonde Zöpfe im Wind, Wind im Kleid, Wind auf Wangen, Wind um die ganze schnellende, herbe Gestrafftheit – und hinter ihr, geil, tierisch keuchend, mit glimmendem Hundeblick, jener Anton, der Drechslerlehrling, aufgerüttelt aus seiner Stumpfheit, jappend wie eine Dogge. Er tappte nach ihr – sie wich aus – Sprung, Schwenkung, Schritt, Sprung. Als ich nähertrat, kam sie dicht an mich heran und schaute mir kühl in die Augen. Nur ihr Atem flog noch. Ihr Verfolger, im letzten Anlauf plötzlich abbiegend, wandte sich und trottete, zurückgesunken in seine Dumpfheit, geneigten Kopfes davon. »Du kennst ihn?« fragte ich. »Nein,« lachte sie, »er war da – ich war da –« Wir gingen miteinander nach Hause.

Im Hofe trennte ich mich von ihr, denn mich zog es zu Gutjahr, den ich drüben im Flur des Hinterhauses stehen sah, an die halb offene Kellertüre gelehnt, in einer gewollten Lässigkeit, die ich kannte. Es erwies sich, daß er aus einer Falle im Keller eine lebende Ratte genommen hatte, ein langes, schlankes, widerlich grauschwarzes Tier mit bösen Augen und einem gesträubten Katerbart; um das linke Hinterbein hatte er ihr einen derben Bindfaden geknotet, dessen anderes Ende in seiner spielerisch wachsamen Hand lag. Das Trachten des Tieres ging danach, herumzufahren und jene Schnur zu durchbeißen. Aber sobald es sich dazu anschickte, ward es von Gutjahr durch ein jähes Anziehn der Fessel zurückgerissen und kratzte mit abgleitenden Füßen rasend in aussichtsloser Anstrengung den schmutzigen Steinboden, von dem eine Wolke aufgescheuchten Staubes sich träg in die Luft hob. Dieses Spiel mochte übrigens damals geraume Zeit gedauert haben, denn die Ratte hatte offenbar ihre Scheu fast völlig schon an eine schwere Ermattung verloren. Versuchte Flucht und Entsetzen waren nur mehr flackernde Flamme. Als wir so diese Freude müde werden und fast sich endigen sahen, stand plötzlich Mirjam bei uns. Ihre Augen schimmerten zwiespältig. »Holt eine Katze,« sagte sie leise. Gutjahr war sofort bereit, auf die Suche zu gehen, und legte die Schnur in Mirjams Hand. Sie lachte überlaut und erregt und hetzte das Tier mit jähem Anruf und Aufjagen dahin und dorthin. Mit einemmal fuhr die Ratte herum, auf sie zu, und schnappte nach ihrer Hand. Sie schrie auf, griff in die Luft. Das Tier verraschelte hinter Gerümpel.

Gutjahr kam mit einer jungen Katze auf dem Arm, »Sie gehört Abel,« sagte er. »Ich habe sie aus der Küche gelockt. Die Ratte ist fort? Komm, wir fangen uns eine andere,« Er ging die Kellertreppe hinunter, und Mirjam schickte sich an, ihm zu folgen.

Von irgendwoher ward mein Name gerufen. Ich trat auf den Hof hinaus. Droben im Fenster lehnte meine Großmutter und winkte. Ich ging hinauf. Sie war allein in der Wohnung, und da ich eintrat, hatte sie sich wieder auf ihr Bett gesetzt, das seit jenem Vorfall bei Feuerbachs Fest im Zimmer mit den Plüschmöbeln stand. Mir fiel auf, daß ihr um die Augen abenteuerliche Schatten gelagert waren. Mit einer Hand, die sehr zitterte – ihr ganzer Körper war erfaßt und geworfen von einem Schauer innerer Kälte – griff sie in ihre Tasche, holte ein Rezept hervor, ertastete einen Geldschein auf der Platte des Tisches und sagte mit schlagenden Kiefern: »Schnell. Aus der Apotheke.«

Ich lief. Auf der Gasse Anton und ein paar jener jungen Strolche unsrer Kumpanschaft. »Komm mit!« »Ich muß etwas holen. Wartet.« Heimkehrend auf der Stiege der Vater. »Mutter ist oben. Hilf ihr. Ich hole den Arzt.« Im Vorraum die Mutter, noch mit Straßenmantel und Hut, in den Augen Tränen: »Geh in dein Zimmer hinüber.« Ich setzte mich drinnen auf meinen Schlafdivan. Nebenan bei der Großmutter Stille, Mutter ging auf und nieder.

Draußen lag hellster Tag, pralle Sonne auf allen Mauern. Die Luft war schwer und verwirrend. Vor dem Fenster pfiff Anton. Auch Gutjahr stand bei den andern. Ich bedeutete ihnen, ich könne nicht kommen. Einer von den Zerlumpten hatte eine Zigarette im Mund, suchte in seinen Taschen, rief herauf zu mir: »Zündholz!« Ich warf eine Schachtel, die er einhändig mit taschenspielerischer Geschicklichkeit aus der Luft fing. Ein andrer: »Mir auch!« Eine dritte Schachtel hatte ich nicht. Nebenan der Schritt meiner Mutter. Dann, sehr hell und ruhig, die Großmutter: »Das Tuch aus der unteren Lade.«

Drunten pfiffen sie. »Gib etwas anderes!« Ein leeres Zigarrenkistchen wollte Gutjahr fangen und stieß einen, der danach greifen wollte, beiseite. Es war ein Zigarrenkistchen, auf dem eine Insellandschaft und ein fliegender Engel zu sehen war und das ich seines feinen, duftenden Holzes wegen geliebt hatte. Es zerbrach, da einer darauf trat. »Weiter!« Da war ein Apfel, ein Federstiel und eine Schachtel mit Briefklammern. Sie hatten sich nahe unter dem Fenster zusammengedrängt, und jeder neue Wurf rief Prügelei und Gezänk wach. Sonnenstaub flirrte. Eine Wolke schweren Speisengeruches hing in der Schwüle. Nebenan waren Schritte – der Vater, der Arzt. Drunten pfiffen sie. Ich hatte nichts mehr. Eine große leere Hutschachtel holte ich aus dem Vorraum und warf sie hinunter. Sie hatte meine Hand noch nicht verlassen, da befiel mich die Angst, es könnte aus diesem Wurf Unheil geschehen. Ich schloß die Augen und horchte. Geheul und Kreischen. Weiter! Drunten pfiffen sie. Ich hatte nichts mehr. Eine leere Sparbüchse aus Holz, die hatte ich zum Geburtstag bekommen und die durfte ich nicht verlieren. Ich band sie an eine Schnur und ließ sie nieder, eben so weit, daß sie keiner erreichen konnte. Sie sprangen hoch. Einer fluchte. Nebenan war ein Stöhnen. Ich zog das Spielzeug wieder zurück und schloß das Fenster. Sie pfiffen. Es war eine wilde Wut, die sich ihrer bemächtigt hatte. Nebenan waren Stimmen, und die Stimme meiner armen Großmutter war darunter. Sie sagte: »Ich habe Angst.« Drunten pfiffen sie. Ich tat das Fenster auf, nur einen Spalt, und ließ eine grüne Gardinenschnur nieder, von der eine ganze Rolle unter dem Divan lag. Griff einer danach, so zog ich sie höher. Sie hüpften, sie kletterten in ihrer Wut an der Hausmauer hoch. Sie faßten eben das Ende – ich entriß es ihnen, angespannt, wild klopfenden Herzens. Es war ein Spiel, berauschend und voll heimlichen Abenteuers.

Die Tür des Nebenzimmers ging auf. Die Mutter, mit tränenleeren Augen, kam herein und schloß behutsam hinter sich zu. »Es ist zu viel Lärm auf der Gasse,« sagte sie matt. »Geh hinunter, mein Kind, sag ihnen – jemand schläft.« Und nach einer Pause, mit dem singenden Tone heimlichen Weinens, sehr leise: »Großmutter wird sterben.« Sie wandte sich rasch und ging auf den Zehenspitzen ins andere Zimmer zurück.

Wie soll ich es sagen? Ich ging nicht hinunter. Ich trieb weiter das Spiel mit der grünen Gardinenschnur, durch den Fensterspalt, lauernd, und nur eine leichte Unachtsamkeit und Verwirrung mag damals über den Worten der Mutter sich meiner bemächtigt haben, denn plötzlich nahm ich wahr, daß die drunten mich überlistet hatten. Aus der Nische eines Marienbildes, das nahe über dem Gassenspiegel in die Mauer gelassen war, sprang einer vor und hing an der Schnur. Es war Anton. Ich stemmte mich dawider – ich war zu schwach. Gutjahr hatte hinter dem andern die Leine ergriffen; sie zerriß nicht, sie lief mir durch die Hände und brannte. Alle warfen sie sich, ein wirrer Haufen, auf den erbeuteten Strick. Und plötzlich hatte ihn einer zusammengerafft und lief. Man schrie, man verfolgte ihn. Er raste, halb umgewandt, mit seiner Beute voraus. Füße trappten. Die Gasse war leer.

Ich zog leise das Fenster zu und stahl mich hinaus. Im Vorraum blieb ich noch einen Augenblick stehen und horchte. Ein schwerer Atem war irgendwo in der Wohnung. Drunten im Stiegenhaus war Mirjam über das Geländer gebeugt. »Die Katze ist fort.« Ich sagte: »Meine Großmutter wird sterben.« Sie kam näher. »Wird sie sterben? Die Katze hat gesiegt, aber sie blutet am Halse. Schade, daß du nicht dabei warst.« Sie war erhitzt. Dann: »Die Katze ist über die Stiege hinaufgelaufen. Hilfst du mir suchen?« Wir stiegen höher, an unserer Flurtür, an Mirjams Flurtür vorüber. Da war das oberste Stockwerk. »Die Dachbodentür wird versperrt sein.« Sie war nur angelehnt, und so standen wir mit einemmal in dem dämmrigen Raum.

Da war ein Kinderbett, umgekehrt, Füße nach oben, über einen Koffer gelegt. Bildrahmen. Ein Trog. Zwei Eimer aus Blech.

Ein Kasten mit aufgebrochener Flanke. Ein großer Blumentopf mit dem Stumpf einer Palme. Drei Kisten. Waschtisch aus Eisen. Darauf eine offene Schachtel mit Dominosteinen, einem Blechleuchter und dem Kopf einer Puppe. Spinngewebe, grau, dichte Fetzen. Quer durch, schräg durch Schwärze und über den Boden kriechend das Gespärre des Daches. Erschreckter Staub, aufflirrend im Lukenlicht. Hoch, hart, rotziegelig zwei Schächte: Kamin. Dahinter hockte das Dunkel. Mirjam drückte sich an meine Seite und flüsterte: »Siehst du die Katze?« Ich sah nichts. Es war ein lebendiges Schweigen um uns. Wir horchten.

Im Hause waren Laute. Schritte, Türschlagen, unentwirrbarer Ton von Stimmen fiel in unsere Stille. Bretter knackten. »Dort ist sie,« flüsterte Mirjam und umklammerte meinen Arm. Es war nichts. Wir gingen langsam, schrittweise zur verschlossenen Dachluke hinüber. Ich hob sie. Draußen brütete Sonne. Da ich mich wandte, hatte Mirjam sich in die Weiße des einfallenden Lichtes gestellt und blinzelte. Ich sagte: »Dein Kleid ist blutig.« »Das ist von der Katze,« flüsterte sie, »wir müssen sie finden.« Plötzlich zuckte sie auf und horchte. »Man spricht.« Nun hörte auch ich es: zwei Stimmen, Frauenstimmen, aber durch das Filter der Mauern klanglos geworden – entmenschlicht. Es war unter uns. »Meine Mutter,« sagte Mirjam. Wir schwiegen. Dann: »Die andere ist die Aufwartefrau.« »Frau Gutjahr?« Mirjam: »Sie kommt jetzt oft.« Und sehr leise: »Sie verlangt Geld von der Mutter.« Drunten wurden die Stimmen lauter, stürzten ineinander, verstrickten sich. Mirjam stand geduckt, ganz hingegeben an eine Gebärde des Lauschens. Drunten war ein Schrei, eine Stimme, Mirjams Mutter: »Nichts, nichts, nichts!« Eine Tür fiel ins Schloß. Wir schwiegen. Dann wieder Mirjam: »Es läuft jemand über den Hof.« Ich schob den Kopf durch die Luke hinaus. »Die Gutjahr.« Sie hastete drunten in einer zackigen Taumellinie quer über den freien Platz und fiel in die Dunkelheit des hinteren Hausflurs.

»Jetzt ist es ganz still,« sagte Mirjam. Sie war knapp hinter mich getreten. Ich wagte es nicht, mich zu rühren, und schaute noch immer gradaus durch die Luke in die Bläue hinauf. Die satte Röte der Sonnenscheibe wurde drüben schon von einem hohen Dachfirst zersägt. Mirjam flüsterte: »Weißt du, wie das Spiel heißt, das ich heute am Fluß mit Anton gespielt habe?« Ich schwieg erregt und traurig. Sie begann wieder: »Es war das Spiel mit den sieben Leben. Es ist mein Geheimnis.« Und nach einer Pause: »Sechs darf man verlieren. Nur das siebente nicht.« Ihr Atem flog. Ich spürte ihn an Nacken und Haar. Doch ich wandte mich nicht. Sie sagte unvermittelt: »Du hattest damals einen Säbel bei dir im Bett.« Mir stieg das Blut ins Gesicht, ich schämte mich, ich schloß jähe die Fensterluke und wir sahen einander nicht mehr. »Glaubst du, ich merkte nicht, wie du zittertest?« klang es aus der Dunkelheit. Und noch einmal: »Hattest du Angst?«

»Mirjam,« rief es draußen im Stiegenhaus, »Mirjam!« »Wir müssen hinunter.« Wir tappten stolpernd zurück, gerieten darüber inmitten der Lichtlosigkeit in ein erregtes Spiel von Flucht und Verfolgung, ertasteten endlich die Dachbodentür und liefen die Stiege hinab. Frau Feuerbach trat uns entgegen, ein Tuch um die Schultern wie zu flüchtigem Ausgang. Die ungeordneten Haare fielen ihr fast vor den wilden und erschrockenen Blick. An Mirjam wandte sie sich mit heftig wortreichem Vorwurf. Sie habe sie gesucht. Man habe eine Katze vermißt. Ob sie davon wisse? Sie, Mirjam, solle bei Ruben bleiben, denn sie selber habe einen wichtigen Weg zu machen. Warum man sie suchen müsse? Ihre Stimme schrillte. Mirjam antwortete kaum.

Ich lief weiter und trat in den Vorraum unserer Wohnung. Vater kam heraus und sagte: »Großmutter hat zweimal nach dir verlangt.« Ich folgte ihm auf den Zehenspitzen ins Zimmer. Es war eine herbe, säuerliche Stickluft im Raum. Eine Hand schob mich nah an das Bett. Die alte Frau lag steif und reglos auf dem Rücken, geordneten Gesichtes, und hatte die Augen geschlossen. Meine Mutter flüsterte in einem Winkel: »Sie schläft.« Da schauten plötzlich sehr klare Greisenaugen mich an. Mir war beklommen zu Mut und sehr feierlich. Ich war eines bedeutend traurigen, eines abschließenden Wortes gewärtig. Die Kranke horchte in sich, in die letzten, geheimsten Geheimnisse ihres

Leibes, und stöhnte leise. Sie sagte: »Hast du deine Schulaufgaben gemacht?« Und dann: »Es ist zu heiß. Es muß bald kühleres Wetter kommen.« Sie sagte es leichthin, und in ihren Augen lag etwas, das bat und bettelte um Alltäglichkeit. An den Vater wandte sie sich und fragte beiläufig: »Wieder nichts, heute?« Ich sah, daß in ihm ein Entschluß sich hochrang. Er kämpfte noch einen Augenblick, dann sagte er: »Ich wollte es dir nicht mitteilen, indes du nicht wohl bist. Dich überraschen. Nun sag ich dirs doch. Ich habe eine Stelle gefunden. Als erster Buchhalter. Sehr auskömmlich und mit langem Vertrag.« Er nannte Ziffern und Namen. Seine Stimme war ein wenig zu laut. Meine Mutter schaute ihm erschreckt ins Gesicht. Ich sah, daß er log.

Großmutter antwortete nicht und lächelte. Sie hatte die Augen wieder geschlossen und lag auf ihrem Bett in strenger Heiterkeit. Wir saßen auf unseren Sesseln und schwiegen. Stunden rannen. Nur einmal sagte die Kranke aus ihrem Halbschlaf heraus: »Angst habe ich, Angst!« Die Lampe summte. Draußen war Nacht.

Plötzlich fuhr ich aus tollem Traum hoch. Ich war sitzend eingeschlafen. Nachtkälte ließ mich schauern. Mein Gaumen war trocken. Die Frau saß steil aufgerichtet im Bett, die grauenvoll verschatteten Augen flammten ihr im ausgehöhlten Gesicht. »Meine Kleider,« schrie sie mit einer zerklirrten Stimme, »die Schuhe!« Sie schickte sich an, vom Lager zu steigen. Ihre hageren, schwer geäderten Beine ragten schon, ein lebendig Totes, aus den Decken hervor. Meine Mutter, das gerötete Gesicht in Tränen zerflossen, hielt diesen bebenden Körper umklammert und zwang ihn auf die Kissen zurück. Vater stand abgewandt neben dem Ofen. Ich trat zu ihm, sagte leise: »Soll ich den Arzt holen?« Er flüsterte: »Sie braucht keinen Arzt mehr.« Drüben hatte die Kranke sich an eine neue Schwäche ergeben und sagte nur immer wieder: »Holt den alten Kaufmann von nebenan. Holt die Feuerbach. Holt die Frau Gutjahr. Holt die Frau des Wächters aus der Fabrik. Holt den Wächter.« Man suchte sie zu beruhigen. Aber mit einem Male hatte sie sich neu aufgerissen und war aus dem Bett gesprungen und stand inmitten des

Zimmers mit flatterndem Hemde in ihrer tödlichen Nacktheit und schrie: »Holt sie, holt, wen ihr trefft! Holt alle! Alle sollen sie kommen!« Vater trug sie auf das Lager zurück. Sie sagte mit einer einsamen, kleinen, tief verängstigten Stimme: »Holt sie! Ich bitte euch, Kinder. Ich bitte euch auf Leben und Tod!« Da ging mein Vater stumm aus dem Zimmer, und ich stellte mich draußen neben die Flurtür und hörte, wie er über die Treppe ging und pochte und ging und pochte und redete. Drinnen im Zimmer war es still geworden.

Dann kamen Menschen. Halb bekleidet, blinzelnd, aus dem Schlummer gerissen. Mit Lichtern kamen sie die dunkle Stiege herauf und gingen grußlos an mir vorüber, durch den Vorraum ins Zimmer. Ich erkannte sie kaum. Einen Augenblick lang sah ich Frau Feuerbach und die Obsthändlerin und einen Greis, der im Haus gegenüber wohnte. Dann wollte ich ihnen folgen und konnte das Zimmer der Großmutter kaum mehr betreten, so war es von Menschen erfüllt. Alle standen sie da in kleinen Gruppen, hüstelnd und raunend. Alle redeten hastig. Dann fand ich mich doch wieder am Fußende des Bettes. Die Frau horchte mit allen Sinnen in das Stimmengewirr. »Lauter,« sagte sie, »lauter!« »Lauter,« sagte sie immer wieder. Dann legte sie sich lang hin. Ihr Gesicht veränderte sich ganz plötzlich, wurde kalkweiß und spitz. Noch einmal lebte es auf in einem großen Erstaunen, und eine Stimme, die schon von fernher kam, sagte hoch und Idar und doch voll weinender Angst vor der Einsamkeit: »Es stirbt sich sehr leicht!« Dann fiel sie ausgelöscht in den Abgrund.

Da ich mich wandte, drängten eben auf den Zehenspitzen die letzten Menschen aus dem Zimmer hinaus. Ich folgte.

Draußen in der Küche stand meine gute Mutter tränennassen Gesichtes neben dem Gasrechaud und kochte Kaffee für die Gäste. Denn es war darüber Morgen geworden.

Der Axthieb

Es ist über mich gekommen, daß ich es bewahrt wissen will. Da wohnt noch ein Kind in einem Winkel der Seele und das ist kleinmütig und weint und will leben.

Wohin gleite ich? Wohin entgleit ich mir? Ich, heute – darüber werde nichts ausgesagt. Diesem Schauspiel »Ich« ist der Vorhang gefallen und die eiserne Courtine ist niedergerasselt. Wer bist du, Mensch, der das schreibt? Es ist über dich gekommen, daß du es bewahrt wissen willst. Doch mit jenem Zartesten, Frühesten, darum es dir zu tun war, bist du zu Ende – bist fast schon darüber hinaus. Und webst doch weiter? Berichtest doch weiter? Du willst es bewahrt wissen – auch all jenes andre, spätere und verwirrte: Erlebtes, aber auch solches, das man dir zutrug. Dir Zugetragenes, aber auch solches, das du dir erschleichen mußtest mit List. Erschlichenes, aber auch solches, das nur die grauenvolle Sehkraft des geblendeten Auges durch Stein, durch alle Mauern, hinter allen Mauern vorzerrt ans Licht.

Das lebendige Leben: Da wird der Mensch einmal angetreten von einem vielfältigen Sturmwind – und dann regt sich wieder durch zäh schleppende Jahre kein Hauch. Die Zeit von meinem zwölften bis nahe an die Vollendung meines siebzehnten Jahres war tatenlos, lebensarm, grau verschwimmend im Nebel vor dem zurückgewendeten Blick, und das hatte neben jener Wandelbarkeit des Taktes der Lebensuhr seinen Grund in einer Stummheit des Herzens, die, Fluch und Gnade, mir schon damals zuteil wurde. Damals schon war es mir bisweilen, als stände neben dem in Tat und Erleiden hinausgestellten Menschen ich selbst als ein Zweiter, ein davon durchaus Geschiedener, den das Tun und Lassen jenes anderen Wesens, das meine Hände bewegte und mein Gesicht trug, in einem tiefsten Grunde nichts anging. Das ward mir zum erstenmal in einer erschreckenden Weise bewußt, als am offenen Grabe meiner armen Großmutter über dem dumpfen Pochen der ersten Schollen auf dem Sargdeckel all meine Anverwandten – und nicht nur sie – eine ungebändigte Traurigkeit, ein unbezähmbar klagender Weltjammer antrat, indes ich selber mit wachen Sinnen meine tränenlose Stummheit belauerte und schlechten Gewissens aus meinem Schmerze allzu unvermittelt hinüberfand in Alltäglichkeit. Ich blieb stumm.

Ich blieb stumm, als meine Eltern wenig nachher ihre Koffer packten und in eine mährische Kleinstadt verzogen, wo mein Vater in einer Zuckerfabrik als Aufsichtsbeamter eine Stellung gefunden hatte. Ich blieb stumm, als mir, den sie zum Besuch des Gymnasiums in der großen Stadt zurückließen, Mirjams Mutter liebevoll tröstend solch neue Einsamkeit zu überbrücken versuchte. Es wäre übrigens beinahe dazu gekommen, daß ich bei ihr Quartier genommen hätte – sie war eben damals auf der Suche nach einem Untermieter – doch führte ein dahin zielendes Gespräch meines Vaters mit Frau Feuerbach aus mir unbekannten Gründen, vielleicht der Höhe des geforderten Entgeltes wegen, zu keinem Ergebnis. Ich ward vielmehr in unserer eigenen alten Wohnung untergebracht, bei dem neuen Mieter, der sie bezog, und so bestand mein Umzug lediglich in einer Übersiedelung aus dem Speisezimmer in die kleinere hofseitige Kammer, die die Großmutter bewohnt hatte. Was diesen neuen Mieter anlangt: er hieß Birkmeier und war ein wuchtiger, blond vollbärtiger Mann in den besten Jahren. Er sprach mit markiger Stimme, und ich erinnere mich, daß er damals sommers und winters, auch zu städtischer Kleidung, einen grünen, gemsbartgeschmückten Lodenhut trug. Er hatte ein sehr rotes Gesicht und Züge von aufdringlichem Biedersinn, doch blickten seine großen, stark geäderten Augen abwegig in durchsichtiger Verschlagenheit. Die Wohnung hatte er über Anweisung Johannes Abels bezogen, in dessen Fabrik er eine wichtige Stellung einnahm, die eines stellvertretenden Chefs und technischen Leiters – eine Stellung übrigens, deren Schaffung erst kürzlich durch ein unerwartet jähes Aufblühn des Unternehmens nötig geworden war.

Abel hatte nämlich in Wahrnehmung günstiger Zeitumstände einen Teil seines Grundbesitzes zu Geld gemacht und die so flüssig gewordenen Summen daran gewendet, nun auch schon in entlegeneren Stadtteilen dieses und jenes schwächeren Betriebes sich zu bemächtigen, derart allmählich ein Netz kleiner Fabriksunternehmungen schaffend, denen er durch Belassung der alten Firmenmarken ihren Kundenkreis wahrte und die er, die finanzielle Gebarung in seinen Händen vereinend, ertragreicher zu gestalten bestrebt war. Er unterband die umständliche und wenig lohnende Erzeugung von Kleinkram – Backwerk, Konfekt und Christbaumbehängen –, er ordnete an, daß nur mehr einheitlich Schokolade in Tafeln zu fabrizieren sei, erzielte damit eine starke Vereinfachung und Durchsichtigkeit des Gesamtbetriebes, die es ihm, weiterer Vorteil, ermöglichte, den nun noch benötigten Rohstoff – javanischen Zucker und jene überseeischen Bohnen – unter Umgehung des kontinentalen Zwischenhandels in großen Mengen unmittelbar heim Ablader zu kaufen.

Dieses internationale Einkaufsgeschäft brachte viele Reisen mit sich, und so hielt Abel sich bald mehr in den Kontoren und Bars von Hamburg und Amsterdam, von Genua und Triest auf, als in seinen Fabriken, in denen Birkmeier die Abwesenheit des ersten Chefs und Besitzers jeweils benützte, tyrannisch in hundert kleinen Befehlen jedermann seine stellvertretende Allmacht fühlen zu lassen. Der Mann war dann zu Hause wortreich und umgänglich, tätschelte Helga, der Tochter, die dicken, ein wenig käsigen Wangen– sie nahm die Liebkosung mit einer anschmieggsamen Bewegung langweilig zugekniffenen Auges entgegen – oder er führte Reinhard, den Sohn – er war drei Jahre älter als ich und von unaufrichtiger Kindlichkeit – unter viel technischer Aufklärung durch die Betriebe und ordnete an, daß die Gattin, Frau Birkmeier, eine große, dürre, gedrückte und geschlechtslose Frau, ihn im Sonntagsstaat abends aus dem Bureau abhole und nach Hause begleite. War derlei seinen Familienangehörigen auch nicht eben angenehm, so freuten sie sich doch seiner guten Laune, die unversehens ins Gegenteil umschlagen konnte, wenn Abel von seinen Reisen zurückkam. Birkmeier wurde dann mürrisch, jähzornig, wortkarg, schrie auf, wenn die Suppe zu kalt war, ohrfeigte den Sohn, belegte die Tochter – sie verkroch sich käsigen Gesichtes im Abtritt – mit unflätigen Schimpfworten und schmetterte die Türe hinter sich zu.

Ich selber, wider Willen Zeuge solcher Szenen, hätte mich aus dieser häuslichen Gemeinschaft gern in häufigeren Umgang mit Mirjam und den Ihren gerettet, aber auch dort hatte sich mit den Jahren manches zum Schlimmen gekehrt. Ein leichtes Erkalten der mir ursprünglich zugewendeten Teilnahme – Folge wohl jener Ablehnung von Frau Feuerbachs Mietvorschlägen – brachte mit sich, daß ich eines Tages völlig unvorbereitet erfahren mußte, Mirjam habe Stadt und Verwandte verlassen, um bei einer gräflichen Familie in ländlicher Abgeschiedenheit, nahe der Schweizer Grenze, als besoldete Gespielin der Tochter des Hauses Aufnahme zu finden. Das war etwa zwei Jahre nach dem Tode meiner Großmutter, und ich gehe wohl nicht fehl, wenn ich annehme, daß die Vierzehnjährige damals diesen Entschluß nicht zuletzt zur Entlastung der elterlichen Wirtschaft gefaßt hat, in der offensichtlich eine gewisse Kümmerlichkeit überhand zu nehmen begann.

Es mußte aber auch noch einen andern Grund geben, denn Frau Feuerbach, in dann folgenden Jahren mir gegenüber zeitweilig von großer Mitteilsamkeit, sprach eben von dieser Abwanderung Mirjams in einer Art nicht durchaus aufrichtiger Trauer, die mich aufmerken ließ. Von festlicher Gastfreundschaft war in der Wohnung im oberen Stockwerk nichts mehr zu hören, durch eine zufällige Äußerung Birkmeiers erfuhr ich, daß für jenen Fruchtgarten hinter dem Hinterhaus der Pachtschilling nicht mehr bezahlt ward, und volle Klarheit brachte mir ein Gespräch mit Frau Feuerbach, die eines Tages unvermittelt davon zu reden begann, daß das ererbte kleine Vermögen durch Rubens Geburt, durch Krankheiten, durch geselliges Leben längst aufgezehrt war und die spärlichen Einkünfte des Mannes aus Büchern und Schriften nicht reichten, auch nur das nackte Leben zu fristen. Sie brachte das vor in einer ungehemmten und fast maßlosen Weise, ausführlich und erregten Gesichtes, so daß es den Anschein hatte, als wendete sie sich mit diesen Bekenntnissen letzten Endes an sich selber und nicht an mich, der ich damals kaum fünfzehn Jahre alt war. Ja sie ging noch weiter, sie erhitzte sich am eigenen Wort und sie bedauerte sich anklagenden Tones, an die Seite eines kummervoll weltabgewandten, eines alternden Menschen gebannt zu sein.

Dabei sagte sie all das nicht etwa in übler Art, und es brach so leidenschaftlich und ohne Leichtfertigkeit aus ihr vor, daß es auf mich nachhaltiger wirkte, als mir damals bewußt ward. Ihr Bild aus jener Zeit steht mir als das einer reifen Schönheit vor Augen, erhobenen Kopfes trug sie die stolze Last des reichen rotblonden Haars, und der stattlich blühende Körper war in weite, phantasiereiche Gewänder gehüllt. Daneben verblaßte Feuerbachs graue, gebückte Hagerkeit in der Tat, und nur der Knabe Ruben wollte mir zu dem Bilde seiner Mutter sich fügen, ein edel gebildetes, hoch gewachsenes Kind, braunlockig, ebenmäßigen Leibes und mit ernsten, tief blickenden Augen, denen kein Mensch es anmerken mochte, daß sie nicht Zeugnis waren eines hellen und gleich ebenmäßigen Geistes. Denn was das anlangt, so muß gesagt werden, daß Ruben Feuerbach den Dingen der Welt mit einer erschreckenden Hilflosigkeit gegenüberstand, mit einer stummen Teilnahmslosigkeit des Gehirns, die ihn nach zwei traurig fehlgeschlagenen Bemühungen auch der Pflicht des Schulbesuchs überhoben hatte. Er wuchs auf in der Stille, er stand schweigend an Zimmerfenstern und auf Korridoren und seine schönen Augen schauten irgendwohin.

Das war ein trauriges Wirtschaften, und es ward nicht fröhlicher dadurch, daß Frau Gutjahr, die Aufwartefrau, ihre Beschäftigung im Vorderhaus aufgebend, zu ständiger Dienstleistung einzog – eine Maßnahme, die in unverständlichem Gegensatz stand zur überhandnehmenden Geldnot des Haushalts. Es hatte sich eine Art ingrimmiger Kameradschaft zwischen Frau Feuerbach und der Gutjahr herausgebildet, über alle Gegensätzlichkeiten von Herkunft und Erziehung hinweg, eine lauernde Gemeinsamkeit, die anmutete, als wäre sie mit Sprengstoff gekittet. Ihre eigene Wohnung hatte Frau Gutjahr um so leichter aufgeben können, als ihr Sohn kurz nach einem unaufgeklärten Einbruch in einem Tuchgeschäfte der Nachbarschaft zugleich mit jenem Anton, dem Drechslerlehrling, spurlos verschwunden war – ein

Ereignis, das zu viel einander widersprechende Gerüchte gebar, als daß ihrer hier ausführlicher gedacht werden könnte.

Frau Gutjahrs leerstehende Wohnung fand ihrer ungünstigen Lage wegen zunächst keinen Mieter. Aber eines Tages – kurz nach jenem bekenntnisreichen Gespräch mit Frau Feuerbach – traf ich Birkmeier in erregter Auseinandersetzung mit einem kleinen, sehr schwächlichen, langnasigen Menschen, der eindringlich versicherte, jene Küche und Kammer im Hinterhause gemietet zu haben. Da er, die Bescheinigung der vorgeblich an Abel geleisteten Anzahlung vorzuweisen, in Erregung und Ärger die Taschen seines dürftigen Anzugs zu durchsuchen begann, entfiel ihm ein loses Päckchen verschiedenartiger Schriftstücke, wie sie sich ihm in der Brusttasche mochten gesammelt haben, und auf dem schmutzigen Hofpflaster lagen verstreut Geschäftsbriefe, Rechnungen, Reklamezettel und desgleichen mehr. Indes der Kleine sich danach bückte, hatte auch Birkmeier, aufmerksam geworden, nach einem der Papiere gegriffen und las trotz wortreichen Protestes des andern mit seiner markigen Stimme ein kurzes Gerichtsstück, besagend, ein sicherer Samuel Klein sei rechtskräftig verhalten, eine gewisse Wohnung zu räumen – bei sonstiger Exekution. Doch ehe die Szene weiter ausarten konnte, kam Abel von der Gasse herein und wies in knappen Worten den plötzlich sehr höflich gewordenen Vollbart an, dem neuen Mieter die Schlüssel zu übergeben.

Eine Stunde später bog ein hoch mit ärmlichstem Hausrat bepackter zweirädriger Karren zum Tor herein, gezogen von einer schwarzhaarigen, sehr schmutzigen und verwahrlosten Frau und einem schwächlichen, unscheinbaren Knaben mit altem Gesicht, einer Brille und einem steifen Männerhut auf dem Kopfe. Neben, hinter, vor dem Gefährte trotteten Hand anlegend, helfend, redend, gestikulierend vier oder fünf andere Kinder, in ständiger Bewegung durcheinandergeschoben und erschreckend leicht in ihrer Häßlichkeit zu verwechseln – armselige Menschenbrut, der die nackte Not aus den Augen schaute.

Als die andern schon über die Hinterstiege verschwunden waren und nur jener Knabe, der mit der Brille, den Handwagen bewachend im Hofe stand, gesellte sich Reinhard Birkmeier zu ihm. Er umkreiste ihn zweimal, wies dann zu Feuerbachs Fenstern hinauf und sagte mit einem mehr törichten als feindseligen Grinsen: »Dort oben wohnen auch Juden.« Der Angeredete schaute ihm nüchtern und unerregt ins Gesicht, es war, als wollte er etwas erwidern, aber da trat ein Mädchen, das dreizehnjährig und das älteste der Kinder sein mochte, heraus auf den Hof und sagte früh lebensgehärteten Gesichtes: »Nicht antworten, Ignaz.« Die beiden begannen stumm den Karren abzuladen und trugen Stück um Stück die Stiege hinauf, indes Reinhard Birkmeier breit in der Türe stand. Als ich, der ich dem Vorfall von meinem Fenster aus Zeuge gewesen war, später hinunterging in den Hof, trat er zu mir und erklärte wortreich, er sei beauftragt gewesen, den Einzug jener zu überwachen. »Sie sind wie die Wanzen,« sagte er mit markiger Stimme.

Ich selber lernte Samuel Klein und die Seinen etwa einen Monat nachher unter nicht gewöhnlichen Umständen kennen. Ich hatte, vom Gymnasium heimkehrend, Feuerbach nahe dem Hause getroffen und war mit ihm, der trübselig und wenig mitteilsam an meiner Seite ging, in den Hof getreten, als wir beide – und beide gleichzeitig – wahrnahmen, daß aus dem Flurfenster im ersten Stockwerk des Hinterhauses graugelblicher, gefährlich aussehender Rauch quoll. »Es brennt,« sagte Feuerbach. Wir liefen hinüber, stießen im qualmerfüllten Stiegenhause die Fenster auf, drangen vor. Einige jener Fabrikmädchen schlossen sich uns an und stiegen hinter uns die Treppe hinauf. Der Rauch kam offenbar aus Kleins Küche. Wir öffneten die Tür.

Auf dem Herd stand ein großer Blechkessel mit einer schwarzen, widrig riechenden, träg quirlenden und Blasen werfenden Masse. Im Raum hing der beizende Qualm so dicht, daß man kaum die gegenüberliegende Wand sah. Hiinten in der Kammer – die Verbindungstüre stand offen – hockten die kleineren Kinder gleichmütig und stumm beim offenen Fenster und atmeten. Klein selber und die Frau waren abwesend. Jener Knabe mit der Brille trat uns entgegen. »Wir kochen Schuhcreme,« hustete er. Er wies auf eine Reihe blankgeputzter Blechdosen auf dem

Fensterbrett. Von den Fabrikmädchen sagte eines: »Die Alten hausieren damit auf der Gasse.« Es lachte und hustete in den Rauch.

Inzwischen war Feuerbach in die Kammer hinübergegangen und musterte angegriffen das Elend, das aus allen Winkeln des Raumes schrie. Ich trat zu ihm. Mit einer kleinen Bewegung der Hand wies er auf das einzige Bett und wandte sich jenem Kinde zu, dem ältesten, und fragte mit unsicherer Stimme: »Hier schlaft ihr?« Es lag viel Erschütterung in seiner kargen Frage, viel eines ungelenken Mitleidens, aber das Mädchen schaute aus leidharten Augen zu ihm auf, ging dann ohne Antwort zum Fenster hinüber und blickte hinaus. Ich kehrte mich ab, um der schreckhaften Beschämung und schmerzlichen Selbstanklage in Feuerbachs Gesicht nicht Zeuge zu sein, aber da ich wenig später – ich war in die Küche gegangen – nach dem Manne zurückblickte, war auch er ans Fenster getreten und schaute über die Köpfe der Kinder hinweg mit einem unbeschreiblich zwiespältigen, ja zerrissenen Ausdruck hinunter in seinen ehemaligen Garten, der, nun schon seit zwei Jahren verwildernd, von der Fabrik als Lagerstätte benützt ward. Seine Lippen bewegten sich in einem lautlosen Wort.

Da klang ein Tappen und Poltern vom Flur herein, da stolperte, da sprang, da hüpfte etwas die Treppe herauf. Aus dem Türrahmen fiel Samuel Kleins verrenkte Gestalt uns an. Durch die gaffenden Weiber warf er sich vorwärts. »Was ist geschehen?« fragte er tonlos, und immer wieder: »Was ist geschehen?« Seine Blicke, rasende Angst, irrten, jagten im Kreis. Tasteten von Kind zu Kind, besannen sich, zählten. »Blanka!« Ein irrer Aufschrei. »Blanka!« Es war lächerlich anzusehen, wie sein schiefer Körper geworfen ward, ganz aufgewühlt von Bitternis und Entsetzen. Da drängte sich jene Älteste an Feuerbach vorüber vom Fenster her und sagte mißmutig: »Was schreist du? Ich höre.«

Als er sie erblickte, fiel ohne jeden Übergang eine völlige Ruhe auf die Züge des Mannes. Er holte sich zurück, er fand sich, verhärtete. Auf den Fersen wandte er sich und sagte: »Wenn ich den Herrschaften mit etwas dienen kann –« Die Fabrikmädchen verließen eingeschüchtert die Küche. Klein schloß hinter ihnen die Tür, und indes ich Ignaz half, den Kessel vom Herde zu heben, trat er neben Feuerbach, der noch immer hinunterschaute in seinen Garten, und beobachtete ihn wohl eine volle Minute lang sehr aufmerksam von der Seite her. Endlich ward der noch immer in Gedanken Versunkene seiner gewahr und schrak auf. Er tastete unsicher nach der abgegriffenen Brieftasche, entnahm ihr eine kleinere Note und hielt sie in halb ausgestreckter Hand vor sich hin. »Ich wollte Sie bitten,« sagte er, »daß Sie dieses kleine Darlehen –« Er legte das Geld auf das Bett und ward tief rot. »Ich bin Jude,« fügte er leise hinzu. »Verzeihen Sie,« schloß er, plötzlich sehr verwirrt, und ging hastig. Ich folgte ihm. Samuel Klein stand noch einen Augenblick oben auf der Treppe, argwöhnisch und nüchtern.

Andern Tages, da er mich auf der Stiege traf, lud Feuerbach mich zu sich in sein Zimmer und gab mir eins seiner Bücher, das ich aber leider kurz darauf ungelesen verlor. Doch entsinne ich mich noch des Namens; es hieß: »Aus deutscher Vergangenheit«. Da ich damals das unerwartete Geschenk nicht ohne eine gewisse Verlegenheit in Händen gehalten haben mochte, sagte Feuerbach bedeutsam und in schmerzlichem Ernst: »Sind wir nicht Deutsche?« Und konnte ich auch zu der Zeit den Zusammenhang noch nicht recht begreifen, so war es mir doch, als hingen Wort und Gabe mit der Szene in Kleins Wohnung zusammen. Zu einem weiteren Gespräche von Erheblichkeit kam es bei diesem Anlasse nicht, denn Frau Feuerbach trat ins Zimmer, wortreich und freundschaftlich mich einladend zu häufigerem Besuch, und schließlich stellte auch der Knabe Ruben sich ein, ging still hinüber zu den Blumentöpfen, die die volle Breite des Fensterbrettes einnahmen, und hauchte behutsam auf eine halb entfaltete Pelargonienblüte. »Das ist mein Garten,« sagte Feuerbach mit einem Lächeln.

An Birkmeiers Tische war von Klein und den Seinen vielfach die Rede. Der massige Mann war gegen Abel fast nicht minder erbittert als gegen den neuen Mieter selbst wegen solcher Einquartierung – »die ägyptische Plage« nannte er sie – und von ihm erfuhr ich auch, daß jene schmutzige Frau nicht Kleins Gattin war, sondern seine Schwester. Er sei verwitwet, wußte Birkmeier, der die Meldescheine entgegengenommen hatte. Übrigens ließ es Samuel Klein nicht an Bemühungen fehlen, sich Birkmeiers Wohlwollen zu sichern – Bemühungen, die allerdings fehlschlugen, denn der Vollbart, wollte man ihm glauben, wies jeden dieser unentwegten Annäherungsversuche mit Schimpf und Schande zurück. »Ich habe den Juden über die Stiege geworfen,« erzählte er, und: »Der Jude macht Vorschläge für die Fabrik. Er will mich bestechen.«

Es war in der Tat nicht unglaubwürdig, daß Klein etwas dergleichen im Schilde führte, denn mit seinem eigenen Handel litt er immer wieder jämmerlich Schiffbruch. »Ihm fehlt das Betriebskapital,« sagte einmal der Knabe Ignaz mit ernsten Augen. Nach jenen Versuchen mit der Schuhcreme hatte der Mann es mit besonders geschnittenen Putzlappen für Auslagenfenster versucht, dann mit Gummiabsätzen, wie man sie eben damals zu tragen begann, dann mit Ansichtskarten, auf denen nackte Frauen zu sehen waren – alles schlug fehl. Aus den Augen des Gewimmels im Hinterhause schaute das Elend. Einmal traf ich den Bedrängten in der Nähe des Bahnhofs. Er hatte eine Schirmkappe auf dem Kopfe und schleppte einen an sich wohl nicht übermäßig gewichtigen Koffer unter unsäglicher Anstrengung auf seiner schiefen Schulter zu einem Wagen. Als er seine Münze erhalten hatte, stützte er sich an eine Laterne und ließ sich ganz langsam niedergleiten auf die Stufe des Gehsteigs. So saß er schwer keuchend geraume Zeit zwischen rollenden Rädern und scharrenden Füßen. Dann erhob er sich und kehrte ein wenig torkelnd auf den Perron zurück. Anderen Monats ging er von Tür zu Tür als Versicherungsagent. Doch verkannte man ihn und gab ihm Almosen, so nahm er auch die. »Gott schlägt ihn,« sagte der Zwölfjährige mit der Brille. Blanka, die neben ihm stand, flüsterte unvermittelt: »Ich möchte älter sein.« Sie hatte ein scharfkantiges, weißes Frauengesicht.

Die Zeit glitt – sie glitt an mir ab. Unversehens war ich ein plumper, schwergliedriger Mensch geworden, mit Haarflaum an Lippe und Kinn. Kurz vor meinem siebzehnten Geburtstag besuchte ich meine Eltern in jener mährischen Stadt. Ich fuhr zu Menschen, deren Gesichter sich in meinem Gedächtnis verwischt hatten, und ich fand Menschen, deren Gesichter tatsächlich verwischt waren von Kleinstadtleben und Kümmerlichkeit. In den wenigen Jahren, da wir einander nicht gesehen hatten – immer wieder plante man und immer wieder verschob man aus Geldgründen den geplanten Besuch – war meine arme Mutter rundhüftig und schwer beweglich geworden, und ihre tränenreiche Liebe machte mich eher traurig als froh. Mein lieber Vater, verbittert und früh gealtert, ging menschenfeindlich und wortkarg jedem Gespräch aus dem Wege. So ist mir von dieser Reise schließlich kaum mehr im Gedächtnis geblieben als das Bild einer langen, breiten, unwegsamen, kotigen Gasse, von niederen, eintönig weiß getünchten Dorfhäusern gesäumt. Dann trat alles für mich zurück hinter der Notwendigkeit, meine lässigen Kenntnisse gymnasialer Lehrgegenstände binnen Jahresfrist so weit auf Glanz herzurichten, daß es möglich wäre, die Reifeprüfung zu bestehen.

Doch war ich darin nicht eben allzu weit vorgeschritten, als neue Ereignisse diesen mißliebigen Lernzwang auflockerten und seitlich abdrängten – Ereignisse, deren letzter Urgrund weit außerhalb lag, außer Stadt und Landes, außerhalb der Menschheit vielleicht: ein Fürst ward ermordet, Genugtuung forderte ein Staat und ein anderer verweigerte sie. Irgendwo unterirdisch reckte ein Koloß die Glieder und wollte aufstehn. Und darüber vergaß man, wie billig, aller Ernsthaftigkeit bei der vorzunehmenden Prüfung. Ich bestand mit meinem halben Wissen ohne viel Schwierigkeit vor den flüchtigen Fragen der innerlich abwesenden Lehrer und zog so unbeschleunigten Pulses, unbeklommenen Herzens meinen ersten Vorteil aus der aufziehenden Nacht. Unbeklommenen Herzens blieb ich, als ich, von der Prüfung heimkehrend, Birkmeier in festlicher Erregtheit bei Tische traf. Er wußte Ausführliches von der mannhaften Sprache einer diplomatischen Note zu sagen, die eine andre diplomatische Note beantwortet hatte – in einer Stunde, die des deutschen Volkes Schicksalsstunde zu nennen er keinen Anstand nahm. Das Schwert sei geschmiedet. Alle gingen wir feiertäglichen Gemütes von dieser Mahlzeit, und dem konnte es letzten Endes nicht Abbruch tun, daß ich kaum eine Viertelstunde später einer durchaus anders gearteten Szene anwohnte, die, an sich geringfügig, dennoch wert ist, berichtet zu werden.

Da hatte sich eine Kameradschaft ergeben zwischen Ruben Feuerbach und Samuel Kleins Kindern, eine seltsame Beziehung, die einer gewissen einseitigen Überschwänglichkeit nicht entbehrte. Vor allem war es Ignaz, der dem stillen Kinde sich anschloß. Er war oft durch Stunden in der Nähe des Knaben, der kaum auf ihn achtete und unbeirrt seinen verschwiegenen kleinen Spielen und Beschäftigungen nachging – einem Nicken da, einem Lächeln dort, einem scheuen Streifen um Kehricht und Kistenwerk – und nur lebendiger wurde, heller und angespannt, wenn Blanka, das Mädchen, sich zu solcher Gemeinschaft gesellte. Ihr war Ruben heiß und bedingungslos zugetan. Er streichelte ihr mit ungelenken Händen unter keuschen, zärtlichen Kinderworten über Wangen und Haar, aufleuchtend hängte er sich an ihren Arm, und es bedurfte mancher List der frühe mit häuslicher Sorge Beladenen, seiner zu gutem Ende sich zu entledigen. Bald war es so weit, daß sie durch seine Anwesenheit von dem, was sie eben zu tun hatte, sich nicht mehr abhalten ließ, und so nahm sie schließlich auch keinen Anstand, ihn Zeuge sein zu lassen für eine unversehens ihr zugewachsene Liebhaberei: sie hatte ihren Körper entdeckt und sie pflegte ihn. Einmal sah ich sie, da hatte sie einen billigen Spiegel vor sich, der aus einer von Kleins fehlgeschlagenen geschäftlichen Unternehmungen stammen mochte, und prüfte darin ihr eckig weißes Gesicht, durchaus ohne jene Eitelkeit und selbstverzückte Verrenkung, die man bei Kindern wohl antrifft, sondern kühl abwägend, wie man eine Ware in Händen drehen und wenden mag. Dabei verfiel sie, ungeleitet, weniger auf die naheliegende Reinhaltung von Leib und Kleidern, als vielmehr darauf, ihre straffen, schwarzen Haare kunstvoll zu schlichten und den Schwung der schmalen Brauen – wie sie das wohl irgendwo gesehen hatte – durch kluge Verschattung mit Ruß oder Kohle aufzuhöhen und in Wirkung zu setzen.

Da war ihr also Ruben mit seinem Staunen und Lächeln kein unlieber Gefährte, und auf eine Unternehmung der Art ging auch jener damalige Vorfall zurück. Noch im Vorraume stehend und im Begriff, nach dem neuigkeitsträchtigen Mittagsgespräch mit Birkmeier in mein Zimmer hinüberzugehen, hörte ich sehr hastige Schritte die Treppe herunterkommen. Ich trat vor die Wohnungstüre, und da lief auch schon Feuerbach barhäuptig, mehrere Stufen auf einmal nehmend, an mir vorbei, gefolgt von Ignaz Klein, dem Knaben, der ihn geholt haben mochte und der ihm nun nachrief: »Beim hintern Fabrikfenster!« Neugierig schloß ich mich an, doch verlohnte es im Grunde genommen kaum der Mühe, denn in dem bezeichneten Winkel war nicht mehr zu sehen als dieses: Blanka hatte einer Blechkanne, die dort bereit stand, ein wenig roter Lackfarbe entnommen, um die Nägel ihrer langgegliederten Finger damit zu röten, und da war Ruben, nähertretend, offenbar über die Kanne gestolpert und hatte sie zu Falle gebracht. Die rote Flüssigkeit hatte sich über Beine und Strümpfe des Kindes ergossen, und nun stand es und starrte auf die grelle Verfärbung. Nicht mehr war zu sehen als dieser gelähmte Ausdruck unbändigen Grauens in den Zügen des töricht schönen Geschöpfes, und um so unverständlicher, ja unheimlicher mußte es wirken, wie Feuerbach solchen Anblick in sich sog. Seine Augen traten vor, die Knie versagten ihm, er lehnte sich an die Mauer, und indes seine Linke zum Herzen griff, hob sich seine Rechte deutend, weisend nach den roten Flecken an Rubens Gewand. »Was sieht er?« fragte er mit entstellter Stimme, und noch einmal: »Was sieht er?« Dann hatte er den noch immer in einem dunklen Entsetzen erstarrten Knaben endlich gefaßt und führte ihn, der leise zu weinen begann, in die Wohnung hinauf. Ignaz Klein hatte wachen Blickes die Szene beobachtet und sein blasses Gesicht war darüber noch blasser geworden. Was Blanka anlangt, so wandte sie sich jäh ab und verschwand im Hause.

Ich aber merkte nichts und mich focht es nicht an. Leichten Herzens, in sonntäglichen Kleidern, mit Geld in der Tasche, mischte ich mich unters Volk, das in großen Gruppen auf Gassen und Plätzen war, laut singend, redend, Zeitungsnachrichten tauschend, und wenn überhaupt etwas imstande gewesen wäre, mir solch gehobene Stimmung ganz zu verderben, so hätte es eine peinliche Begegnung mit Samuel Klein an der Ecke der Hauptstraße sein müssen. Inmitten einer Ansammlung Horchender hatte ein dicker, gut gekleideter Herr den Inhalt einer Extraausgabe der Zeitung mit lauter Stimme verlesen – von einer letzten, einer allerletzten vierundzwanzigstündigen Frist war darin die Rede – und es hatte über der neuen Nachricht eben ein allgemeines Durcheinanderschwirren von aufrechten Äußerungen kraftbewußter Nachdrücklichkeit sich erhoben, als plötzlich jene schiefe Gestalt inmitten der Menge auftauchte und der Jude, bar aller Scheu, aller Ruhe verlustig, aufgescheucht, eine Ratte, fragend, unwürdig zudringlich gestikulierend von einem zum andern glitt. Ob es wahr sei, wollte er wissen. Ob es denn wirklich Krieg geben solle – er sagte es mit anklagender Stimme und blickte um sich, als läge die Entscheidung darüber bei diesem und jenem. Ein Mann sagte laut: »Sie werden nicht schießen müssen.« Aber Klein jammerte weiter. Man lachte: »Ein Held!« Der Verhöhnte ward plötzlich rot im Gesicht und kreischte: »Ich bin kein Held!« Da fand sich endlich einer, der wies ihn mit scharfen Worten zurecht. Klein, aufgewacht zu seiner Jämmerlichkeit und plötzlich nüchtern geworden, drückte sich ohne Antwort rasch um die Ecke. Man vergaß den Vorfall alsbald, aber ich selber verwand ihn an jenem Abend nicht ganz und trieb mich unbeschwingt auf den Gassen umher.

Doch ging solcher Mißton unter in den rauschenden Akkorden der großen Musik, die heraufzog, und auch heute noch, nach Jahren bitteren Lebens, muß ich von jenen Tagen berichten und muß Rechenschaft ablegen in ernstestem Ernst von jenen Augenblicken großartig tragischer Blindheit: Ein Volk stand auf. Auf den Gassen lachten sie einander zu: Krieg, Krieg! Was geschah und gemeldet ward, war ein hohes Lied deutscher

Furchtlosigkeit. Umdräut von Feindschaft, von Verrat umlauert hatte, so ward es gemeldet, ein kaiserlicher Kaiser das alte Schwert gezogen; es flammte. Aus den Fenstern neigten sich Frauen und winkten mit Tüchern: Krieg, Krieg! Was geschah und gemeldet ward, war Hieb wider Hieb, war ein Brand, vor dem alle Feuer ringsum verblaßten, war Aufjauchzen einer, so ward es gemeldet, durch vier Jahrzehnte gesparten und gebändigten Volkskraft in dem einen Schrei: Krieg! Was geschah und gemeldet ward, war deutschestes Deutschtum. Ihre goldenen Münzen und Ringe brachten sie und gaben sie hin. Ihre Stuben wandelten sie in Lazarette. Ihre Kinder, so ward es gemeldet, hießen sie fortziehen und riefen: sieg, stirb! Schlag folgte auf Schlag. Schon stand man jenseits der Grenze. Lüttich erobert! Durch die Gassen zog man und sang. In einem Haufen blonder Burschen, singender Mädchen ging Feuerbach. Sein Gesicht war gerötet. In seinen Augen leuchtete die ernste Freude des Schicksals. Rüstig schritt er aus mit den andern. »Deutschland,« rief er, »Deutschland!« Da er mich wahrnahm, schrie er mir etwas zu durch den Lärm. Ich verstand nicht, drängte näher. »Mirjam ist nach Hause gekommen,« rief er und winkte. Dann sangen sie wieder, trappten weiter im Marschtakt, beschwingten Herzens, lichten Blicks und unter Gelächter.

Da war sie selber. Ich warf mich zu ihr in den Menschenstrom. »Mirjam!« Arm in Arm, so trieben wir weiter, um uns Gesang. Wir konnten nicht hören, was der andere sagte; so lachten wir einander stumm ins Gesicht. Sie war schlank und schön geworden und trug das Haar nach Art ihrer Mutter in einem hohen Knoten geschürzt. »Deutschland,« sangen sie, »Deutschland«, und wir ließen uns dem Strome dieser Gemeinsamkeit. Erst da er nah unserm Haus uns vorübertrug, drängten wir, wortlos eines Willens noch immer, seitab und fanden uns unversehens in der Stille der Nebengasse. Hinter uns verebbte das Rufen. Da fiel der Mantel der Festlichkeit von mir ab, ich wußte ihr nichts zu sagen, und als sie nun endlich mit warmen Worten mich ansprach, schaute ich über ihrem kräftigen Händedruck und unverstellten Blick errötend an ihr vorüber. »Wir müssen heimgehen,«

sagte ich ungelenk. Nun war es mir mit einemmal, als hätte dieser fremde, rätselhaft entfaltete Mensch trotz Haar und Blick und Schritt mit dem heißen Kinde meiner Erinnerung nichts mehr gemein. Aber davon wußte sie nichts und nahm sie nichts wahr – sie redete von dem, was sie anging. Sie war heimgekehrt, einen jener Krankenpflegekurse zu besuchen, wie man sie damals von einem Tag auf den andern allenthalben ins Leben rief. »Und dann?« Sie blickte mir verwundert ins Gesicht und sagte selbstverständlichen Tonfalls: »Ich gehe ins Feld.« Und nicht ohne ein leises Mißtrauen in der Stimme: »Und du? Du bist achtzehn!« All das sprach sie mit einem maßvollen Ernst, den ich an ihr nicht kannte, und diese Unvertrautheit war einschüchternd und verlockend zugleich.

Der Antwort auf Mirjams Frage enthob mich Frau Feuerbach, die – wir waren heimkehrend eben im Hausflur angelangt – wortreich die Stiege herunterkam und mir die Freude des unerwarteten, vor wenigen Stunden erst stattgehabten Wiedersehens mit der Tochter eindringlich schilderte. Sie war erregt und schaute, indes sie berichtete, mit ihren aufgestörten Augen immer wieder zu dem schlanken Mädchen hinüber, das sie so unversehens überwachsen hatte und, selbst schon süß fraulich, leuchtender das rotblonde Haar über einer unbeschwerten und reinerschimmernden Stirne trug. Es war, als suchten diese Blicke in heimlicher Angst nach den Zügen eines Kindes, ihres Kindes, das sie geboren und gewartet hatte, und als verzweifelten sie daran, das verlorene in diesem fremden Gesichte wiederzufinden. In ihrer wortreichen Rede klagte etwas um die eigene Jugend und schämte sich dieser Klage zu gleicher Zeit. »Mirjam,« rief sie, unvermittelt sich unterbrechend, und zog den Kopf der Tochter zu sich. Als sie von ihr abließ, standen Tränen in ihren Augen. Sie hätte weiter zu uns und zu sich selber gesprochen, aber da Johannes Abel eben von fernher grüßte und zögernd erst, dann raschen Schrittes herantrat, strich sie sich hastig das vorgefallene Haar aus der Stirne, raffte dann, sich besinnend, mit einem kleinen Schrei das blumige Hauskleid am Halse und eilte die Treppe hinauf.

Was Mirjam anlangt, so war sie vor dem Überschwang ihrer Mutter lächelnd und ohne viel inneren Aufmerkens stehen geblieben, lässig hingelehnt an die Flurwand – es war mir, als horchte sie weniger nach den Worten der jugendlich Gealterten hin, als nach der reinen Lust geheimen Wachsens in den eigenen Gliedern. So stand sie und in ihrem geneigten schönen Gesichte war ein Ausdruck des Lauschens. Da war aber auch schon Abel näher gekommen, er schwenkte den Hut, er rief der über die Stiege Enteilenden ein Wort der Entschuldigung nach, er wandte sich in sicherem Schwung auf den Fersen zu Mirjam, und ich, der ich in alter Scheu beiseite getreten und dennoch zu trotzig und ungelenk war, um Abschied zu nehmen, stand wartend und sah mit Erstaunen, wie die Weltgewandtheit des Mannes, der mit rastlosen Händen den ergrauenden Bart strich, der lachte und lächelte, der eindringliche Worte wirkungsvoll durch bedeutsame Blicke zu unterstützen verstand, der dröhnend redete oder auch leise oder gurrend für einen Augenblick zum Ohre des Mädchens geneigt, um im nächsten federnden Gelenkes zierlich zurück zu schnellen – wie also diese Weltgewandtheit an Mirjam abglitt und, gläsern buntes Gespinst, mit einem leichten und ein wenig kläglichen Klirren zerbrach. Ja es wollte mir scheinen, als wäre auch in Mirjams abgewogenen Worten etwas von diesem werbenden und fliehenden Spiel, als lauerte hinter der wachsamen Schweigsamkeit ihrer Rede ein Kobold des Gelächters und der Gefahr, eines keusch verwegenen Auskostens halb noch schlafender Kräfte, und da endlich Abel – abgewiesen, doch angeregt verbindlichen Ausdrucks – in mühsamer Haltung und verblaßt sich verzog, stand ich abermals in Verlegenheit und stummer Betrübnis neben der so beklemmend gereiften und mir entglittenen Jugendgespielin. Sie verharrte, an die Mauer des Hausflurs gelehnt, gesenkten Gesichtes, und mit einemmal hob sie die Hände und strich langsam die Brüste nieder und seitlich über die Lenden hinab. Ich stand, plump aufgewachsener Knabe, in großer Verwirrung, mir war, als hätte sie meiner vergessen, und wirklich löste sie sich wenig Augenblicke später grußlos von meiner Seite und ging nachdenklich und ohne den

Kopf zu wenden die Treppe hinauf. Ich blickte ihr nach, bis die Stiegenwindung sie aufnahm, ich ging heim, ich legte mich auf den Divan und schaute mit klopfendem Herzen zur Decke stundenlang. Draußen sangen sie.

Andern Tages trat in mein Zimmer ein armseliger Mensch, sorgfältig gekleidet, ein Jüngling mit gelichtetem Scheitel, mit einem blassen, unreinen Gesicht, aus dem krank wuchernd ein brauner Schnurrbart breit vorsprang. »Du erkennst mich nicht,« sagte er, und nach einer Pause: »Ich bin Ulrich Abel.« Ich war ungelenk und unverbindlich genug, ihm zu gestehen, daß ich in diesem blutlos hochgeschossenen Leibe niemals den zarten Knaben von ehemals hätte erkennen können. Er nahm das scheinbar gleichmütig auf als ein Selbstverständliches, und wenn er kurz darauf zuckenden Mundes seine Brieftasche mit Papieren und Legitimationen hervorzog, so tat er das mit der befriedigten Umständlichkeit dürftiger Existenzen, die sich im Rechte wissen, und nicht in Spott oder Selbsthohn. Ich konnte mich davor eines gewissen Gefühles der Peinlichkeit nicht erwehren, und ablenkend fragte ich ihn, ob er unangesagt gekommen sei und wie sein Vater ihn aufgenommen habe. »Der Alte weiß noch nicht, daß ich da bin,« antwortete er. »Er war nicht zu Hause, die Wohnung versperrt. Den Handkoffer habe ich hier vor die Tür gestellt.« Und was den Zweck seines Kommens anlange – der sei nicht schwer zu erraten. »Krieg! Musterung,« lachte er. »Das Vaterland ruft!« Er begann darüber zu husten und verstummte unvermittelt. Wir schwiegen.

Da klopfte es an der Tür und Birkmeier trat ein, den kleinen Raum mit Lärm und männlichem Geruche erfüllend. Von der Köchin habe er gehört, der Sohn des Chefs sei gekommen. Er sei herbeigeeilt. Als erster ihn begrüßen zu können, sei ihm Ehre und Freude. »Wir werden Freunde werden,« sagte er heftig und umfaßte mit beiden Händen die schmale, krank weiße Rechte des jungen Abel. Er eilte hinaus, sofortige Rückkunft versprechend. Es bedurfte meiner aufklärenden Worte, um Ulrich über die Person des so wortreich Erhitzten ins Bild zu setzen. Dann erschien der auch schon wieder, gefolgt von Reinhard und Helga, den Kindern, von denen er versicherte, sie würden Ulrich stets Kameraden sein. Die beiden grinsten frech neugierig. Helga, hinter dem Rücken des Vaters, schnitt schülerhaft eine Fratze. Doch Reinhard, unter dem Blick des Erziehers, trat treuherzig vor und sagte zu Ulrich mit markiger Stimme: »Willkommen und Heil!« Seine Gattin – so rundete Birkmeier die kraftvolle Szene – sei leider im Augenblicke nicht in gesellschaftsfähiger Kleidung; man müsse ihrer für heute entraten.

Was Ulrich anlangt, so war er diesem Auftritte nicht gewachsen. Mehr noch – er versagte durchaus. Er stand verlegen und linkisch auf seinem Platze und stotterte einen kaum verständlichen Dank. Dann gab er vor, seinen Vater suchen zu wollen, und verließ seitlich ausschreitend, nickend, grüßend in großer Hast meine Stube – ein Verhalten, das tadelnd anzumerken Birkmeier denn auch nicht ermangelte. Zu denken, daß dieser minderwertige Jüngling dereinst Johannes Abels einziger Erbe sein sollte – das erfüllte ihn mit Schmerz und Besorgnis. Andere Väter hätten glücklicherweise bessere Aufzucht. Reinhard lächelte bekümmert und selbstbewußt. Helga kicherte blöde. Dann blieb ich in meinem Zimmer allein.

Von diesem Vorfall war an Birkmeiers Tische noch mehrfach in gleichem Sinn die Rede – wie ich ja überhaupt während der gemeinsamen Mahlzeiten an einem unversieglichen Born aller Nachrichten saß: politisch-kriegerischer sowohl – ein Vetter Birkmeiers war Oberst im Generalstab – als solcher, die Haus und Gegend betrafen. So erfuhr ich auch von neuem Unfrieden im Hause Feuerbach, von einem schweren Zwist Frau Feuerbachs mit der Gutjahr, hervorgerufen dadurch, daß die Aufwartefrau ersucht, ja gefordert hatte, man solle die Hinterkammer der Wohnung ihrem Sohne einräumen – jenem Gutjahr, dem unter bedenklichen Umständen Verschollenen, der unbekannt woher eines Tages wieder gekommen war. Nun stand er auf den Korridoren und lungerte im Hofe umher, ein ungeschlachter Mensch mit einer militärischen Kokarde am Hut. Er sei ausgemustert, sagte er mir, und er warte nur mehr auf die Einkleidung, um zur Truppe zu gehen. Sein Wesen war von scheuer Geducktheit, die mit den nüchtern wägenden Augen wenig zusammenstimmte. Über seinen kahl geschorenen Schädel lief eine Narbe. Er habe sich freiwillig zum Felddienst gemeldet, erklärte er. Damit hatte es auch seine Richtigkeit, doch hieß es später, er habe so die Freilassung aus einer Jugendstrafanstalt sich erkauft.

Wie dem auch sei – er ließ offenbar während seiner Wartezeit es sich nicht eben übel ergehen, er schlief und er aß bei seiner Mutter, die ihren Willen schließlich durchgesetzt hatte, und während der Mittagspause, vornehmlich aber nach Feierabend, stand er bei den Mädchen aus der Fabrik. Ihrer gab es nicht weniger als fünf oder sechs, die ihm zulachten, und es schien mir, als versicherte er sich ihrer Freundschaft planvoll und mit großer Geschicklichkeit. Als ich einmal jener schwatzenden und kichernden Gruppe mich näherte, brachen die Mädchen ihr Gespräch nicht ohne Verlegenheit ab. Aber Gutjahr sagte: »Keine Angst,« und auf mich deutend: »Der ist mein Freund,« und zu mir gewendet, mit einem Grinsen: »Wir reden vom Alten.« Dabei ergab es sich, daß von jenen sechsen zwei oder drei von Johannes Abel vertrauter zu sprechen wußten, als sich ohne Nebengedanken erklären ließ. Als ich Gutjahr gegenüber später dergleichen bemerkte, wollte er sich ausschütten vor Lachen. »Er kennt den Hurentreiber noch immer nicht!« Aus der Tasche seines Rockes zog er eine Tafel Schokolade, riß das Papier ab und biß in die schwarzbraune Masse wie in ein Stück Brot.

Etwa zwei Wochen später kam die Nachricht von jenem großen und, so hoffte man damals, entscheidenden Kampfe, in dem die feindliche Front in einer Breite von fast dreihundert Kilometern geworfen ward und in dem mehr an lebendem und totem Kriegsmaterial in die Hände der Sieger fiel, als sich aufzählen ließ. Zuversichtlich – doch ernst, siegtrunken – doch in zurückhaltend würdiger Sprache war diese amtliche Nachricht verfaßt, denn neben den übergroßen fremden war von nicht unerheblichen eigenen Menschenverlusten die Rede. Und so kam es nun keinem mehr unerwartet, daß man eine nachdrücklichere, eine schlechtweg endgültige Ausmusterung der waffenfähigen Mannschaft anordnete, verbunden mit einem Austausch des Sitzes der Hausregimenter mit denen einer Stadt im Nordosten des Reiches – einer Maßnahme also, die die Notwendigkeit sofortigen Abtransportes der tauglich Befundenen in den neuen Kaderbezirk mit sich brachte. Und sickerte auch ein Gerücht durch, dieses ungewöhnliche Vorgehen gründe sich darauf, daß in jener vorwiegend slawisch besiedelten Stadt ein ungebührliches, ein hochverräterisches Fraternisieren des Militärs mit der Einwohnerschaft sich bemerkbar gemacht habe, so mußte doch dergleichen verblassen vor dem Glanz jenes kriegerischen Erfolges. Siegesfreude überwuchs, überwuchtete alle Bedenken. »Dreihundert Kilometer Front,« ging ein Ruf durch die Gassen. »Hundertachtunddreißigtausend Gefangene!« Man jubelte. Vor den Zeitungskontoren standen sie Kopf an Kopf und lasen die druckfeuchten Extrablätter.

Eines Frühabends sah ich Feuerbach inmitten einer solchen Ansammlung. Vor einer volkstümlichen Gastwirtschaft war er auf ein leeres Bierfaß gestiegen, und, ein Zeitungsblatt schwenkend in der weit ausholenden Hand, übertönte er mit seiner Stimme den Lärm. Man verstummte. Er stand abgelöst und hochgehoben über die aufwärtsgewandten Gesichter, stand dort und redete. Mir fiel auf, daß er ohne Hut war, und auch seine Kleidung schien – soweit das aus der immerhin nicht geringen Entfernung sich wahrnehmen ließ – verschoben, verbeult und vernachlässigt wie die eines Übernächtigen. »Freunde,« rief er, und »Deutsche!« Er sprach mit einer abgenützten, heiseren Stimme, und was er sagte, war eine sorgsam gefügte, schriftmäßig gesteigerte Rede, die den Eindruck erweckte, als wäre sie lange vorher bedacht und für diesen Augenblick aufgespart worden. Man klatschte, rief Heil. Die Röte eines kindlichen Glückes kämpfte in seinem Gesichte mit der Kahlheit seiner Ermattung. Und da eine Trambahn vorüberlärmte und er, sich verständlich zu machen, laut schreiend vortragen mußte die letzte Steigerung seiner kunstvollen Ansprache, sah ich plötzlich, daß eine große, mühsam nur mehr niedergekämpfte Schwäche ihn überkam. Ich eilte zu ihm und half ihm, fing ihn fast in meinen vorgehobenen Armen. Er dankte, er nickte ringsum in den Beifall, und indes er schwer auf meine Schulter sich stützte, mit einem sich entschuldigenden Lächeln für seine Hinfälligkeit, sagte er leise: »Es war die elfte Ansprache heute!« Er war müde und glücklich. »Ich werde schlafen,« flüsterte er. Seine Augen glitzerten. Ich brachte ihn heim.

Wir traten durchs Tor in den Hausflur, und hier schon schlug uns der Lärm einer scheltenden Stimme ins Ohr. Auf dem ersten Absatz der Treppe stand Samuel Klein, und von oben her, aus der Tür seiner Wohnung, schrie Birkmeier ihm einen Schwall eindringlich verweisender Worte zu, die, wie ich vermutete, Antwort waren auf eine neuerliche Bemühung des Juden, mit irgendwelchen Vorschlägen sich ihm zu nähern. Klein stand stumm, blaß, zäh und rührte sich nicht von der Stelle. Da mochte aus der Tiefe der Zimmer her Frau Birkmeier den Erbitterten droben etwas gefragt haben, denn er wandte sich nach seiner Türe zurück und schrie: »Was er will? Bestechen will er mich! Ich soll Viktor bitten, daß er ihn bei der Musterung freigehen läßt!« Und dann wieder heruntergewandt: »Judas im Augenblick der Gefahr! Dort steht er! Das verkriecht sich noch immer nicht!« Und wohl durch ein beschwichtigendes Wort der Gattin in noch wildere Wut versetzt, fast kreischend: »Judas! Die Herren Juden! Der Herr Klein, der Herr Feuerbach. Ein Held wie der andre. An die Front,« schrie er, »an die Front!«

Es war so, daß Feuerbach und ich, der Szene zu lauschen, drunten stehengeblieben waren, für Birkmeier durch die Stiegenwindung verdeckt. Als nun Feuerbach, zufällig vortretend, eben in jenem Augenblicke dem Tobenden sichtbar ward, der nicht daran zweifeln konnte, daß sein letzter Ausruf gehört worden sei – und da also Birkmeier mit eins sich davor gestellt sah, den bis dahin geflissentlich mit einer vorsichtigen Freundlichkeit behandelten Mieter des oberen Stockwerkes gröblich angegriffen zu haben, fiel er, jeder Möglichkeit eines Rückzugs beraubt, aus seinem Wüten unversehens wieder in eine längere, kraftvolle Rede, die darzutun sich bemühte, daß Deutsch sein und Mann sein – daß die Verpflichtung, Schulter an Schulter dem Feind sich zu stellen – und daß auf der anderen Seite der zersetzende Einfluß volksfremder Elemente –

Inzwischen stieg Feuerbach, mühsam beherrschten Leibes, langsam am Geländer sich weiter tastend, die Treppe empor, indes die Worte des Beredten um ihn prasselten gleich einem plötzlichen Regen. Sein Gesicht war abgespannt von einer schweren Ermattung und nichts ließ erkennen, daß das, was Birkmeier sagte, vordrang bis zu seinem Bewußtsein. Er mochte noch zehn Stufen entfernt sein von dem beredten Ankläger unvölkischer Art, als der im Angesicht des unbeirrt Näherkommenden leiser ward und plötzlich verstummte. Und als der andre schweren Atems den Stiegenabsatz erreicht hatte und ausrastend vor ihm stand, war Birkmeiers Ausdruck nicht ohne Versöhnlichkeit. Feuerbach blickte ihm ins Gesicht und sagte mit schwacher Stimme: »Sie tun mir unrecht, Herr Birkmeier.« Er wandte sich wieder der Treppe zu und stieg langsam weiter nach seiner Wohnung hinauf. Da hatte aber auch der Vollbärtige die Rede wieder gefunden und sprach hinter ihm drein, nicht eben unfreundlichen Tonfalles, doch mit der Unbestechlichkeit und dem sittlichen Ernst eines Menschen, dem es um die Wahrheit und um nichts als die Wahrheit zu tun ist. Was der geehrte Herr Feuerbach andeute, so meinte er, leuchte denn doch nicht ganz ein. Gleich dem geehrten Herrn Feuerbach sei auch er gewiß nicht mehr im Alter, da man Felddienst tue, aber seine Überzeugungen seien doch zum mindesten getragen von dem Bewußtsein, einer freiwilligen Meldung erst nach schwerem Gewissenskampfe entsagt zu haben – der bürgerlichen Arbeit, der Kinderaufzucht und damit letzten Endes doch wieder dem Vaterlande zulieb.

Während dieser Ausführungen sah ich, der ich inzwischen langsam höher gestiegen war, zu Feuerbach auf. Abgewandt noch immer, vornübergebückt, die Hand am Geländer, stand er und horchte. Er zögerte, wollte reden und horchte. Dann ging er wortlos weiter, schleppenden Schrittes, sperrte seine Wohnungstür auf und verschwand. Ich blickte hinunter; auch Samuel Klein war nicht mehr zu sehen. Birkmeier kehrte sehr aufrecht in seine

Zimmer zurück. Als ich zum Abendbrote hinüberging, fand eben ein Gespräch über Feuerbach seinen Abschluß. »Und das gnädige Fräulein Tochter geht mit dem Gutjahr,« sagte Reinhard Birkmeier dröhnend mit männlich sich überschlagender Stimme. Er bekam eine Ohrfeige für den ungebührlichen Ausdruck.

Als man sich von Tische erhoben hatte, trat ich noch auf den Hof, den schon tiefer Spätabend verschattete, und ging auf und nieder. Ich war erregt und bedrückt. Da beugte sich Mirjam droben aus einem erhellten Fenster heraus in die Dunkelheit und rief: »Ruben!« Aus einem lichtlosen Winkel des weitläufigen Platzes antwortete Ignaz Kleins Stimme: »Er sitzt bei uns.« »Er soll heimkommen.« Drüben im Dunkel war leises Reden und dann wieder die Stimme des Knaben: »Er hört nicht auf uns. Er antwortet nicht. Er weint.« Das Fenster ward geschlossen, und um ein weniges später trat Mirjam aus der Halle des Flurs in den Hof. »Wo?« rief sie ins Dunkel. »Hier!« Sie überquerte tastenden Schrittes den Platz und kam nahe an mir vorüber, ohne mich wahrzunehmen. Ich hörte, wie sie irgendwo drüben dem stillen Bruder zusprach. Zwei Kinderschatten glitten ins Hinterhaus. Mirjam kam wieder, den Knaben an der Hand. Da sie nahe war, trat ich ihr in den Weg. »Du bist das?« sagte sie ohne Verwunderung. Ich zitterte, und meine Blicke suchten ihr Gesicht in der Finsternis, »Ich habe etwas gehört – von dir und Gutjahr,« sagte ich leise. Einen Augenblick lang blieb sie stumm. Dann lachte sie leise. »Narr,« sagte sie. Ich sagte: »Du darfst nicht« und zitterte. Einen Augenblick blieb sie stumm. Dann fühlte ich plötzlich ihre heißen, herben Lippen auf meinem Mund. Da hatte sie sich auch schon von mir gelöst und flüsterte: »Gute Nacht!« Sie ging, sie verschwand mit Ruben im Hause. Ich blieb drunten im Hofe, berauscht und beklommen, und schaute nach den sich bewegenden Schatten an Feuerbachs Fenstern, bis alle Lichter verloschen waren.

Andern Tags bei Tische fiel mir Birkmeiers jähzornige Schweigsamkeit auf. Er lief, den letzten Bissen im Munde, in die Fabrik zurück. So blieb es die Woche über. Reinhard drückte sich aus dem Zimmer, wenn er erschien, und sogar Helga wurde geohrfeigt. Sie fügte sich gleich der Hausmutter wortlos in den unerforschlichen Ratschluß. Mir gegenüber war Birkmeier von einer grollend eindringlichen Mitteilsamkeit, doch sprach er nur, wie zur Ablenkung, von Belangen völkischer und kriegerischer Natur, wobei er den Wert einer unentwegt aufrechten Gesinnung immer wieder betonte. Von volksfremden Elementen dürfe man derlei allerdings nicht erwarten. Im übrigen sei Undank bekanntermaßen der Welt Lohn. Wie aber einer sich bette, so werde er liegen. Das gelte im Großen wie im Kleinen. Das Bewußtsein, die Fahne der Redlichkeit immer hochgehalten zu haben, bleibe da als einziges erhebend und tröstlich. Man konnte ihm zustimmen, ohne ihn im Grund zu verstehen.

Doch ließ die Aufklärung nicht allzulang auf sich warten. Es sickerte durch, daß eine neue Verbindung im Werden war: Samuel Klein war täglich durch Stunden bei Abel, saß und arbeitete Undurchsichtiges in dessen versperrtem Privatkontor, und eines Tages waren die beiden gar gemeinsam verreist. Der Jude hatte es aufgegeben, Birkmeiers Vermittlung zu suchen, und hatte sich nach jenem Auftritt im Stiegenhause geradenwegs an Abel gewandt, um ihn für seine Absichten zu gewinnen. Das war ihm noch selben Abends im Verlaufe eines leidenschaftlich, ja rüde geführten Zehnminutengespräches so sehr gelungen, daß Abel ihn in gleicher Nacht nach erbitterten Vertragsverhandlungen zum Prokuristen bestellte. Der Fabriksherr bedang sich, diese Prokura jederzeit widerrufen zu können. »Einverstanden,« sagte Samuel Klein nach kurzem Bedenken. »Sie werden nicht widerrufen.« So war man handelseins.

Was diese Anstellung aber letzten Endes bezweckte, war nicht zu erfahren. Selbst Birkmeier – das war seinen Reden glaubhaft zu entnehmen – blieb uninformiert, und wenn ihm wider die Prüfung, die da über ihn verhängt war, etwas zu Gebote stand, so war es Demut, Beharrlichkeit und Geduld. Er bezeugte einen ungeheuerlichen Tätigkeitsdrang in Fabrik und Kontor, er quälte Arbeiter und Beamte, er saß halbe Nächte lang über Geschäftsbüchern und Rechnungen – aber Johannes Abel schien von all dem nichts zu merken. In Wirklichkeit war es so, daß er aus dieser Nebenbuhlerschaft und der übermäßigen Anspannung aller Menschenkraft in seiner Fabrik großen Vorteil zog und eben deshalb den Kampf zwischen dem kleinen Juden und dem vollbärtigen Biedermann nach Kräften zu schüren bemüht war. »Er kauft,« sagte Birkmeier eines Abends bei Tische abgehetzt und wischte sich den Schweiß von der Stirn, »er kauft Riesenmengen wertloser Waren, und ich bekomme täglich die Lagerscheine der Spediteure. Häuser, Berge von Abfall! Er kauft ranziges Pflanzenfett. Er kauft Talg. Er kauft Kakaobohnenschalen – die Schalen, die man fortwirft! Heute hat er einen Waggon nassen, gärenden, stinkenden Grießzucker gekauft – oder vielleicht auch nur Melasse, was weiß ich!« Er ging, spät abends, noch einmal in die Fabrik.

Was Klein anlangt, so blieb die glückliche Wendung in seinem Schicksal auf ihn und seine Familie ohne sichtbare Wirkung – es sei denn, daß man den Umzug des bebrillten Knaben von der gemeinen Schule auf das Gymnasium als eine solche bezeichnen will. Aber sonst blieben Schmutz und Armseligkeit unangetastet, die Schwester ungekämmt, das Gewimmel der Kinder unentwirrbar wie je, und er selber, der endlich Erfolgreiche, war hinter einer wortkargen Nüchternheit von jämmerlichen Ängsten besessen. Als ich einmal, von einer festlichen Demonstration heimkehrend, zu ihm trat und des Rühmens der gesehenen Siegesfreude kein Ende fand, schaute er mich eine Weile stumm aus geröteten Augen von der Seite her an und sagte dann: »Wissen Sie, wovon Sie reden, junger Mensch?« Plötzlich schreiend: »Sie reden von Krieg!« Und ruhigen Tones, sehr trocken: »Vor drei Jahren ist meine Frau gestorben bei einem Pogrom in Kischinew. Vor den Kindern haben sie sie erschlagen mit einem Hammer.« Er fuhr sich über die Stirn. Dann holte er einen blauen Zettel aus der Brieftasche hervor. »Da ist schon die Einladung.« Es war eine Aufforderung, der Musterungskommission sich zu stellen. Er wandte sich und ging, ohne meiner weiter zu achten, einem Fuhrwerk entgegen, das, schwer beladen, mit Lärm um die Ecke bog.

Aber auch damals fiel noch kein Licht in mich. Zu Stumpfheit verdammt, mit Blindheit geschlagen, verlebte ich die Tage in einem hingefristeten Taumel. Der Tanz hundert halber Geschehnisse und voreinander geschobener Bilder entwirrt sich heute kaum mehr dem rückgewendeten Blicke.

Da sehe ich Johannes Abel, den Jäger. Im Winkel eines fast lichtlosen Vorraums der Fabrikskontore sitze ich – es ist nach Bureauschluß – und warte auf Ulrich. Plötzlich bricht der Alte durch eine Tür in den Raum und reißt aus dem hellen Nebenzimmer ein kicherndes, plump sich sträubendes Etwas herüber ins Zwielicht – Helga Birkmeier. Sie ergibt sich, blickt blöd und beklommen bald auf ihn und bald in die Leere, indes seine Hand an ihrem Hals hintastend den jämmerlich nüchternen Schwung der Schlüsselbeine unter der ungesund ländlichen Haut fühlt. Langsam, schrittweise, stumm atmend ziehen sie sich durch den Raum nach einer anderen Tür. Da flammt Licht auf: Birkmeier. Er schrickt zurück, wird tief rot. Abel schaut ihm, ohne sich von der Stelle zu rühren, mit leidenschaftlich unbewegtem Gesicht in die Augen. Und nun kommt langsam eine widerliche Freundlichkeit den vollblütigen Mann an, seine Züge zerfließen zu einem verzeihenden, zu einem sich entschuldigenden Lächeln – mit einer beiläufigen Schwenkung des ungeschlachten Leibes ist er, als hätte er nichts gesehen, in der Türe eines Bureauraumes verschwunden. Einen Augenblick später hört man seine volltönende Stimme. Die Buchhaltung arbeitet. Helga, mit einem Male täppisch anschmiegsam, lehnt sich an Abel. Der, angewidert, läßt seine Hand von der Verdutzten und geht. –

Ich warte Ulrichs nicht länger, ich schlendere auf und nieder die Gasse entlang. Mirjam wird kommen. Eine Stunde rinnt träge. Es ist spät abends, da erblicke ich sie. »Mirjam!« Sie schrickt auf, erkennt mich, nickt mir zu mit einem kleinen Lächeln und will flüchtigen Grußes an mir vorüber. »Mirjam.« Ich habe sie erreicht und fasse nach ihrer Hand. Da sie ein erschrecktes und angespanntes Gesicht mir zuwendet, sehe ich Tränen in ihren Augen, und wie ich ihre Finger an meine Lippen führe, entzieht sie sich mir und sagt leise: »Laß mich. Ich kann nicht. Ich kann nicht mehr!« Und noch leiser, fast flüsternd: »Ich komme aus dem Spital.« Das Wort streicht zwischen uns hin wie ein kalter Luftzug. Erst da wir Seit an Seite nach Hause gehen, hat sie sich zurückgeholt aus ihrer Schwäche. Die jungen Pflegerinnen auf ihre Brauchbarkeit im Lazarettdienst zu prüfen, hatte der Chefarzt angeordnet, daß jede von ihnen bei einer Amputation als Operationsschwester Beihilfe leiste. So hatte Mirjam wohl eine Stunde lang das Bein eines bresthaften Menschen mit ihren Händen niedergehalten, indes der Chirurg, die Maske vor Nase und Mund, mit Messer und Säge hantierte, indes Blut floß in Bächen auf Hände, Arm, Schürze und Boden, und indes jener Kranke unter Stöhnen, Aufbrüllen und vielfältigem Schrei in den schweren Rauschträumen seiner künstlichen Ohnmacht sich wand. – All das berichtet mir Mirjam gleichmäßigen Tonfalls: von beherrschtem Weinen schwingt und singt ihr die Stimme. Ich schweige. Ich schweige, da sie schon gegangen und im Hausflur verschwunden ist. –

Andern Tages lehne ich mich müßig aus einem Korridorfenster des Hinterhauses und sehe schräg unter mir inmitten des verwilderten Bezirkes, der ehemals Feuerbachs Garten war, den jüngst bestallten Prokuristen Samuel Klein. Er hat Auftrag gegeben, Abfälle von Stanniol und farbigen Papieren, wie man sie zum Verpacken von Konfekt und Schokolade verwendet, in großen Massen zusammenzukaufen, und Arbeiter haben Stapel verschiedenartiger Kisten und Kistchen mit diesem Kehricht nachlässig und unübersichtlich übereinandergetürmt. Klein, die Menge zu berechnen, ungelenk hastig, klettert, hüpft, steigt nieder, und da ein Windstoß Staub und Fetzen Papiers hochwirbelt, unterbricht er seine Arbeit mit einer Verwünschung und hustet.

Da ist ganz hinten irgendwo in einem Winkel der Knabe Ruben durch eine lose Latte der stacheldrahtverwahrten Umplankung unbeachtet in den alten Garten geraten und schlendert, das schöne Haupt tief zur Erde geneigt, an harte Halme streifend die verwilderte Wiese entlang auf den Mann zu. Nun liegt dem Kind ein kleiner Berg Kehrichts im Weg, es schaut nieder zu seinen Füßen, mit einem frohen Laute bückt es sich und faßt in einen hergewehten Haufen bunt bedruckten Papiers. Dann blickt es suchend um sich, und plötzlich haben seine Augen den Mann bei den Kisten gefaßt und lassen ihn nicht mehr. Langsam ausschreitend zuerst, dann rascher, bunte Papiere unbeirrt in der vorgehobenen Hand, geht, läuft Ruben Feuerbach auf den ihm entgegenstarrenden Mann zu und bietet ihm sein Geschenk an ohne Wort. Samuel Klein tritt zurück, läßt sich nieder auf einer Kiste und verharrt regungslos. Dann fährt er mit dem Rücken seiner häßlichen Hand sich über die Stirn, und dann faßt er mit einer langsam ungelenken Bewegung nach der Gabe des Kindes. So verharren die beiden einen Augenblick lang. Aber dann hat der Geschäftige zurückgefunden aus seinem Staunen, und auch Ruben ist lässig ausschreitend seitlich an den Kistenhügeln vorüber durch eine Tür im Hause verschwunden. Klein zählt weiter. Dann entfernt sich auch er. Ich bleibe im Fenster liegen und blicke hinaus. Eine Viertelstunde später keucht der Mann hinter mir die Treppe herauf. Ich wende mich ihm zu. Mit großer Mühe zieht er einen Sack die Stiegen hoch nach der Tür seiner Wohnung. »Was ist das?« Klein wendet mir sein Gesicht zu, das von jener Aufgeschlossenheit keinen Schatten mehr trägt, keines Schattens Schatten, und flüstert: »Vorrat«. Und grauenvoll schelmisch in verzerrter Verschmitztheit: »Kartoffel, Kartoffel, Kartoffel!« –

Gleichen Nachmittags auf der Gasse. In einem Trupp laufender, rufender Menschen – ein Heerführer ist in einem Wagen vorübergefahren – sehe ich das blasse Gesicht Ulrich Abels. Er schreit. Dann ist er hinter Karren, Pferden, Fahnen wieder verschwunden. Aber eine andere Welle der Menschenflut hat ihn mit einemmal seitlich an den Strand der Straße gespült und er steht neben mir. Er hat seinen Mund aufgerissen, und mit der ganzen Kraft seiner kranken Entschlossenheit brüllt er sein »Hoch! Heil! Hurra!« in die Luft. Ich lege meine Hand auf seine Schulter, er wendet sich, sieht mich und lacht. »Warum bist du nicht mehr gekommen?« frage ich ihn durch das Tosen. Er hört mich nicht, liest die Worte von meinen Lippen. »Das Vaterland,« schreit er mir auf einen Meter Entfernung zu, »das Vaterland!«

Und wieder in die Straße gewandt: »Heil, Heil, Heil!« Wieder kehrt er sich zu mir und schreit, schrillt mir ins Ohr: »Wir alle, alle werden wir zertrappt und zertreten.« Fahnen schwenkten sie, Ulrich hob seine Arme, eine neue Welle riß ihn vom Strand und spülte ihn aufbrandend dem Gesang marschierender Truppen entgegen. Er war verschwunden. –

Anderen Abends. Ich liege lässig auf meinem Divan. An der Türe ein zögerndes Pochen – ich, traumträge, antworte nicht sogleich. Da klinkt auch schon jemand auf und Frau Feuerbach tritt herein in die Dämmerung. Sie flüstert: »Sind Sie da?« Ich erhebe mich, grüße. Sie ist scheu, schweigsam, und ihr lärmendes Taggesicht hat sie verloren. Mir ist, als fröre sie unter dem wollenen Tuch. »Ich habe Angst,« sagte sie leise. »Ich war droben allein in der Wohnung. Die Gutjahr ist ausgegangen. Mirjam ist im Spital.– Ich will mich ein wenig setzen, wenn Sie es erlauben – Auch Ruben verschwindet immer wieder. Ich glaube, er geht eben nur auf den Korridor – und mit einemmal ist er fort. Kommt er heim – wo warst du? Er weiß es nicht.« Sie trat ans Fenster und ihr Schattenriß, gegen den helleren Himmel gezeichnet, glich dem Mirjams. »Das ist ihre Mutter,« dachte ich mit einer jähen Innigkeit. Sie wandte sich plötzlich und sagte mit verhärteter Stimme: »Mein Mann ist seit gestern mittags nicht nach Hause gekommen. Ich wollte Sie bitten, mit mir zur Polizeiwache zu gehen. Ich muß die Abgängigkeitsanzeige erstatten.« Ich fuhr auf: »Herr Feuerbach?« »Wissen Sie etwas von ihm?« Sie trat nah auf mich zu und unsere Augen suchten einander in der gesunkenen Dunkelheit. »Wissen Sie etwas von ihm?« Ihr warmer Atem war auf meinem Gesicht. Da griff ich nach dem Lichtschalter, wir standen blinzelnd in Helle, ich nahm meinen Überrock und wir gingen die Stiege hinunter.

Im Hof war Lärm. Samuel Klein, verfolgt von einer Horde lachender, johlender Kinder. Auch er lachte, und ich sah, daß er immer wieder sich wandte, daß er in die Taschen griff, in klingende Münzen, und da und dorthin Kupfer unter den Troß warf. Das Balgen, das darob sich entfachte, schürte er noch durch hetzende Worte, und prügelten die Straßenjungen endlich wild aufeinander los, so bog er sich und schlug sich die Schenkel in einem tollen und erhitzten Gelächter. Drüben im Hinterhaus wurde ein Fenster aufgestoßen und ein struppiger Frauenkopf zeichnete sich in die Lampenhelle. »Sami?« rief es fragend. Er hob den Arm hoch und warf zweimal eine gespreizte Hand in die Luft und schrie: »Untauglich! Untauglich!« Dann lief er in lächerlich hüpfenden Sätzen und verschwand in der Finsternis.

Ich ging mit Frau Feuerbach auf die Polizeiwache, wir mußten warten, dann gaben wir einem gleichgültig schläfrigen Beamten – er hatte den Uniformrock aufgeknöpft und unterbrach sich, das Feuer im kleinen Eisenofen neu zu entfachen – unsere Angaben zu Protokoll. »Anzug?« fragte er. »Monogramm auf der Unterkleidung?« Dann: »Trinkt er? Ist er krank? Glauben Sie, daß er Selbstmord begangen hat?« Er war sehr müde, und man mußte es ihm deutlich und langsam sagen, was er mit deutlichen, langsamen Buchstaben zu Papier bringen sollte. Als wir aus dem überheizten Raum ins Freie hinaustraten, war Feuerbach uns ein Toter. Die Frau schwieg, und da wir an einer Laterne vorüberkamen, sah ich, daß spärliche Tränen niederrannen über ihr unbewegtes Gesicht. Wir gingen stumm weiter.

Unter der nächsten Laterne stand Feuerbach. Er hielt den stählernen Mast mit der Rechten umklammert. Die Linke nestelte tastend am Rock und suchte das Herz. Seine Augen blickten weit geöffnet in die Leere der nahen Hauswand; er sah uns nicht. Ich trat auf ihn zu und stützte ihn. »Herr Feuerbach,« sagte ich, und nochmals eindringlicher: »Herr Feuerbach!« Er schrak auf, erkannte mich, grüßte mit einem mühsamen Lächeln zur Frau hinüber. »Guten Abend, guten Abend,« sagte er leise. Mit einem zitternden Finger wies er langsam auf eine bunte Kokarde an seinem verschobenen Hut. »Soldat! Ich habe mich freiwillig gemeldet.« Er ging mit uns; an der Schulter fühlte ich seine leichte Last.

Andern Morgens bekam auch ich die Ladung zur Musterung, und Reinhard Birkmeier zeigte mir die seine bei Tische. Ulrich, an dem ich vorüberkam, rief mir von ferne zu: »Ich auch! Für morgen früh! Kommst du heute abend mit mir?«

Der Tag verging mir rasch, denn Birkmeiers Haus war über der Ladung des Sohnes in festliche Erregung geraten. Der Vater nahm – unerhörtes Vorkommnis, seit Klein auf der Bildfläche erschienen war – Urlaub in der Fabrik und ging mit frisch geplättetem Hemde und reinen Röllchen ins Kriegsministerium, um, wie er vorgab, bei seinem Vetter Verläßliches bezüglich der Sitzverlegung des Hausregiments nach jener slawischen Stadt zu erfahren. Er, der Sohn, lümmelte inzwischen neben Helga am großen Tische des Speisezimmers und schrieb mit seiner sorgfältig schwungvollen Schrift zahlreiche Ansichtskarten, und das mutete an, als schriebe er sein Testament. Dann bestellte er bei seiner Mutter käsigen Gesichts ein warmes Bad für den Abend.

Mittags kam Birkmeier wieder und war mit Neuigkeiten bepackt. Habe man auch unzweifelhaft mit endgültigem Siege der Unsern bis Jahresende zu rechnen, so könne doch nicht verschwiegen werden, daß zunächst noch Schulter an Schulter durchzuhalten vornehmste Pflicht sei. Und wenn, vom Monarchen gerufen, die Jugend des Landes freudigen Herzens ausziehen wolle zur Wacht für die Scholle und wider den Erbfeind, so sei, ihrem Drängen Folge zu leisten, keine Stunde zu früh. Man habe sich also nach reiflicher Erwägung höheren Ortes entschlossen, schon zweitnächsten Tages von da ab, übermorgen, die bis dahin hierorts Gemusterten in ihrer Gesamtheit nach jenem neuen nordöstlichen Kaderorte zunächst zu kurzer Ausbildung im Felddienst abreisen zu lassen. Helga blickte blöde, Reinhard lächelte käsig, Frau Birkmeier weinte. Der Herr des Hauses verbat sich das mit energischen Worten. Höheren Ortes sei man ernst, doch gefaßt.

Ich, tagsüber ziellos beschäftigt, wachte kaum auf aus einer ungewissen Erregtheit. Und als ich abends mit Ulrich Abel ein vorstädtisches Kaffeehaus betrat – es war fast leer zu der Stunde – hatte ich der Hintergründe dieses letzten nächtlichen Ausflugs beinahe vergessen. An einem Billard waren gesichtlose Menschen in langsamer Kühnheit der Bewegungen um öde klappernde Kugeln bemüht. Wir setzten uns an einen Tisch, wir blätterten in illustrierten Zeitungen, schwiegen. »Ich habe Gutjahr herbestellt,« sagte Ulrich unvermittelt, »Wozu?« Da erschien der Erwartete schon in der Tür. Er trug eine steife Uniform, die ihm zu weit war, hatte die Kappe schräg nach hinten geschoben und eine Zigarre im Mund. Er winkte, trat näher, Ulrich erhob sich, zahlte in Eile und sagte: »Wir nehmen ein Auto.« Draußen wartete noch ein anderer, ein plumper Mensch mit einem steten Grinsen um die wulstigen Lippen. »Kennt ihr ihn nicht mehr?« sagte Gutjahr und stieß den Ungeschlachten mit der Faust in die Seite. »Das ist Anton!« Der gurgelte etwas wie einen Gruß.

Wir stiegen in ein Mietauto. »Du bist schläfrig,« sagte ich zu Ulrich, dem der Kopf einen Augenblick lang vornüberfiel. »Das wird dann besser,« antwortete er und blickte zum Fenster hinaus. Wir fuhren durch eine lange Vorstadtstraße, dann seitlich abbiegend durch eine kümmerliche Allee. Auf ein Zeichen Gutjahrs bremste der Wagen scharf ab, wir sprangen hinaus in den Straßenkot – es hatte geregnet – und sahen uns an der Hinterfront einer jener verlogen ländlichen Gastwirtschaften, wie sie, am Rande der Stadt, zur Zeit des jungen Weines viel Zuspruch haben. Durch eine Gitterpforte gelangten wir in einen Garten mit Tischen und Bänken – Windlichter brannten – und durch eine Türe links seitlich über hölzerne Stufen in einen einfachen, doch geräumigen Saal, dessen Hintergrund durch Kulissen, Vorhang und Podium offenbar für Zwecke eines Dilettantentheaters oder anderer anspruchsloser Belustigung hergerichtet war.

Sah man in jenem Garten Arbeiter, Kleinbürger, die neben Weib und Kind in Ruhe bei einem Glase Weines ihr Abendbrot aßen, so waren die vorläufig noch spärlichen Insassen des Saales durchaus anderer Art. Neben gleichartig modisch gekleideten Männern jeglichen Alters, neben aufgestutzten Knaben und jugendlich alten, hager beweglichen Herren waren lärmende, unscheinbare und aufdringlich billig geputzte Mädchen zu sehen, die auf einen Wink Gutjahrs sich unser annahmen und uns in die Tiefe des Saales geleiteten, zu einem abgelegenen Tisch, der durch eine sogenannte spanische Wand den Blicken der im Raume Sitzenden durchaus entzogen war. Auffallen mußte mir, daß Gutjahr nicht nur mit unseren neuen Nachbarinnen, sondern auch noch mit andern der zwinkernden und hüftendrehenden Frauen im Saale – in zweien erkannte ich Arbeiterinnen aus Abels Fabrik – in einer beklemmenden Weise vertraut war. Auch Ulrich, der, müde, schlafnahe, für einen Augenblick sich entfernt hatte, lebte auf von Minute zu Minute und legte jenen Mädchen gegenüber, war er auch offenbar zum erstenmal in ihrer Gesellschaft, in Wort und Gebärde eine außerordentliche Vertraulichkeit an den Tag. Was schließlich mich selber anlangt – Anton hatte sich verzogen – so war jener Abend für mich der erste, den ich, aus der Schule entlassen, in der vollen Freiheit meines jungen Erwachsenseins zu verleben gedachte, und, die Wahrheit zu sagen, was mir da an neuen Eindrücken ward, hatte wenig mit dem erträumten Abenteuer gemein und war nur von einer erregenden und doch zugleich sehr nüchternen Eindeutigkeit. Gutjahr, vielfältig beschäftigt mit Wink und Geflüster, saß immer nur für Augenblicke an unserem Tisch, und seine Abwesenheiten gewannen so sehr an Ausdehnung, daß das Mädchen seiner Gunst, nachdem es ihm geraume Zeit vergeblich nachgespürt hatte, in einer plötzlichen Anwandlung eifersüchtigen Trotzes den Sessel an Ulrich Abels andere Seite schob, und er, der mit seiner Partnerin unversehens in einen gurrenden Zwist voll handgreiflichen Kicherns geraten war, hatte die Gabe, trotzdem und andererseits und in einer verwirrten Gleichzeitigkeit auch der neuen Gefährtin gerecht zu werden.

Die Möglichkeit zu solch eindringlicher Beobachtung war mir dadurch gegeben, daß meine Nachbarin, ein dickes und doch unscheinbares Mädchen mit einer Warze am Kinn, meiner mangelnden Tatkraft und offenbaren Unerfahrenheit froh, sich damit begnügte, stumm hingegeben große Mengen Wurst und Käse zu sich zu nehmen – eine Tätigkeit, die sie von fünf zu fünf Minuten leidenschaftslos unterbrach, um mir mit gleichmütig schwungloser Geste und leer verliebtem Blick ein Glas Weines zuzutrinken. Das hatte zur Folge, daß sie und ich, der ich ihr jedesmal sorgfältig Bescheid tat, schließlich in einem Nebel freudloser Trunkenheit immer tiefer versanken. Durch dichtere Schleier schon sah ich nah gegenüber Ulrich Abels schwankenden Kopf. Rote

Flecken standen in seinem kranken Gesicht. Die Augen brannten. Das Hemd an der Brust, der Kragen waren ihm aufgesprungen und über seine Hände rann Wein. Indes seiner Nachbarin zur Linken in einem Anfalle plötzlichen Übelbefindens die Stirn an die Tischkante fiel – sie schlief ein und schnarchte – erlustigte er sich damit, dem anderen Frauenzimmer den Sessel unter dem Leib fortzuziehn – ein Versuch, der, solang er Versuch blieb, kreischende Heiterkeit wachrief. Da es ihm aber nach einer Weile wirklich gelang, das Mädchen hintenüber zu Fall zu bringen, spie sie ihm, halb entblößt auf dem Boden liegend, eine Flut schmutziger Schimpfworte ins Gesicht. Er ward weiß, stand vornübergebeugt, und ich sah, wie in seinen Augen ein Gefährliches hochstieg. Er trat auf die Liegende zu, er bückte sich, sie hob, eines Hiebes oder Trittes gewärtig, verstummend den Arm vor die Augen.

Im gleichen Moment geschah dieses: Ein schon während der letzten Minuten draußen im Saale aufgestandenes Lärmen sammelte sich zu einem Schrei: »Hoch, Hurra!« und nicht allzu ferne ward, aufragend über die obere Kante der spanischen Wand, die uns noch immer den freien Ausblick verstellte, der Körper eines Mannes in Uniform sichtbar. Es war ein Mensch sehr dicken Leibes, seines bürgerlichen Zeichens ein Bäcker vielleicht, der uns abgewandt auf einen Tisch gestiegen war, um eine Ansprache zu halten. Der Inhalt seiner vom knatternden Beifall des Raumes zugleich getragenen und zerfetzten Rede war wenig bemerkenswert und mir aus Birkmeiers Tischgesprächen geläufig. Daß er, betrunken oder aus anderer Ursache schwankend, nur durch Knüffe hochgereckter und uns so sichtbar werdender Fäuste aufrecht gehalten ward, konnte in Ansehung von Ort und Stunde auch nicht weiter befremden. Und dennoch war es ein Wie seines Vortrages, das mich aufmerken ließ – und nicht nur mich: auch Ulrich hatte plötzlich von seinem Opfer abgelassen und war an meine Seite getreten.

Was wir sahen, war noch immer nur der Oberkörper des Mannes und die ihn haltenden Hände, aber mit einemmal hatte er im Wanken und Aufgerichtetwerden eine Schwenkung vollzogen, und so blickten wir in sein Gesicht. Es erwies sich, daß er noch weitaus dicker war, als sich hatte vermuten lassen, und über einer vielfach gespaltenen Wamme von Kinn, die aus dem Uniformkragen sich zwängte, und unter gequält und angstvoll abirrenden Äuglein, die im Fett der Backen ersticken wollten – inmitten also dieses durchaus unberauschten, hilflos verwulsteten und von Gott in seinem Zorne geschaffenen Menschenantlitzes sprudelte, plapperte ein zuckender Mund mit jämmerlich niedergezogenen Winkeln jene kraftvollen, markigen Worte, die in einem unfaßbar grausigen Gegensatz standen zu Art und Haltung dieses ganzen uniformierten Popanzes. Ulrich Abel, dessen Augen sich festsogen an diesem würdelosen und beschämenden Auftritt, schrie plötzlich wilder und toller in die Tollheit und Verwilderung draußen sein »Heil« und »Hurra« und faßte mit beiden Händen die Wand aus Rohrgeflecht, die uns barg, und warf sie nieder. Der Saal lag unverstellt vor uns.

Links hinten an einem langen Tische saßen etwa zwanzig Rekruten offenbar ländlicher Herkunft und schauten eingeschüchtert und ohne Verständnis auf den Redner inmitten des Raumes. Der war von einer großen Gruppe anderer Menschen umringt – ich sah Anton, Gutjahr und eine ganze Anzahl lachender, rufender, klatschender Dirnen, die den Dicken nicht von seinem erhöhten Posten zu lassen anscheinend die Aufgabe hatten, und die ihre Anweisungen empfingen von einer andern Tafel, die, uns nahe, links im Vordergrund aufgestellt war. Dort hatte unter einem Schwarm geputzter Mädchen ein junger Offizier seinen Sitz, ein Knabe fast noch, dessen ausdruckslos gutmütige Züge rot im Rausche schwammen. Er hatte, schwankend auf seinem Sessel, den Säbel mit Scheide und Gehenk vor sich hingelegt, und indes er immer wieder hinüberschrie: »Weiter reden!« oder »Hopp! Schneller!«, hieb er die flache Waffe krachend auf die hölzerne Platte, daß die Gläser tanzten und Wein über den Tisch lief. Drüben, droben stand der dicke Soldat und zuckte zusammen bei jedem neuen Hieb oder Anruf und plapperte immer wieder die gleichen, dämonisch markigen Sätze. Plötzlich verschleierten sich seine Äuglein. Er weinte.

Im gleichen Augenblick flog, von Ulrich geschleudert, eine leere Flasche quer durch den Raum und zersplitterte auf der Tafel des Offiziers. Der erhob sich torkelnd, und indes von seiner Stirne Blut sickerte – er merkte es nicht – kam er mit unbeirrbar zielsicherem Schwanken sehr langsamen Schritts auf uns zu. Die Augen traten ihm vor und seine Linke nestelte an der Revolvertasche. Im Saal war es tätlich still. Ulrich schaute dem Näherkommenden glimmenden Blickes aus völlig blutleerem Antlitz entgegen. Der andere, wankend, mochte noch drei Meter von uns entfernt sein, da stolperten seine trunken schleppenden Füße über die gestürzte spanische Wand, er taumelte, schlug schwer hin und lag, das Gesicht zur Diele, ohne Bewegung.

Was nun geschah, war in gleichem Maße unvorhergesehen, abstoßend und furchtbar. Der Saal tobte. Der Dicke war mit tierhafter Gelenkigkeit seinen Peinigern entwischt und verschwand im Tumult. Aber andere, vier, sechs, zehn jener bäurischen Rekruten, die hinten gesessen hatten, warfen sich plötzlich in der Wut ihres Rausches nach vorne und hieben mit Gläsern, Stühlen, Stöcken in das Getümmel. Kreischen flatterte. Einer, ein Riese, kniete auf dem gestürzten Offizier. Er hatte den uniformierten Leib auf den Rücken gewandt – das knabenhafte Gesicht, in Ohnmacht entspannt und blutüberronnen, war nun zu sehen – und schüttelte ihn wild, daß der Kopf des Opfers gleichmäßig dumpf auf die Bretter des Bodens schlug. Dazu heulte er unflätige Worte und in seinen trunkenen Augen stand Mordlust. Zwei, drei Mädchen versuchten vergebens, ihn fortzuzerren.

Ulrich Abel hatte sich schwer an meine Schulter gelehnt. Als hätte mit dem Wurf jener Flasche seine Tatkraft völlig sich wieder vergeben, so war er ausgebrannt und erschlafft. Nur die Augen glommen. Er wandte sich und ging langsamen Schrittes nach hinten. Ich folgte ihm von ferne und fand ihn hinter einer jener Kulissen seitlich des Podiums – ich entsinne mich, daß in grober Malart der Prospekt eines Lustschlosses darauf dargestellt war. Er stand mir abgewandt in einem Winkel und hörte mich nicht. Ich schaute ihm über die Schulter und sah, daß er sich die Spitze einer Injektionsspritze unter die Haut des Armes gebohrt hatte. Ich rief ihn an. Er wandte sich ohne Erschrecken und sagte: »Es wird gleich besser.«

Unversehens stand Gutjahr neben uns und flüsterte: »Polizei kommt.« Wir liefen durch ein leeres Schankzimmer – Glas klirrte – und stiegen über die Brüstung eines niederen Fensters auf das Pflaster einer sehr stillen Nebengasse hinaus. Wir rannten weiter, um Ecken und wieder um Ecken. Hinter uns starb der Lärm. Gutjahr war plötzlich verschwunden, »Ich glaube, er ist zurückgegangen,« sagte Ulrich. An einer Ecke blieb er stehen und verabschiedete sich. »Ich habe noch einen Weg.« Seine Lippen zuckten. Und: »Morgen um sieben!« Da ich schon weitergegangen war, rief er hinter mir drein: »Vaterland! Vaterland!« Es gellte wie Gelächter wider von der schlafenden Hauswand. Seine Schritte verhallten in einer kleinen Nebengasse. Ein graues, nebelnasses, frierendes Taggrau kroch im Osten über die Dächer herauf. Ich setzte mich in die stinkende Luft einer überheizten Kaffeeschenke unter Markthelfer und früh beschäftigte Weiber und schlief sitzend ein. Da ich auffuhr aus Träumen, war es bald sieben. Ich sprang auf eine Straßenbahn und fuhr zur Musterung.

Ein großer Saal – in friedlichen Zeitläuften mochte hier ein Wirtshaus gewesen sein. Um schmutzige Tische, hockend auf Stühlen, Männer jeglichen Alters. Vermummt in Nässe atmende Überröcke – Frühschnee klatschte zerrinnend an Scheiben – saß man in sich brütend und trank Bier. Zeit rinnt langsam – sehr langsam – acht Uhr – halb neun – neun Uhr – halb zehn. Um elf Uhr zweiundzwanzig Minuten wird eine Tür aufgestoßen und über eine Holztreppe poltern zwanzig, dreißig Burschen nieder in den kalten Zigarrenrauch und schalen Bierdunst des Raumes. An ihren Hüten fröhliche Kokarden mit Sträußchen und Federn. Sie sind stumm, sie formen sich zu einem Zug, werden fortgeführt. Ein hagerer, kleiner Mann mit grauem Schnurrbart dreht sich zu mir und sagt: »Zur Vereidigung!« Auf jener Holztreppe ein Mensch in Uniform schreit heiser: »Gruppe vierzehn, alle Nummern über dreitausendachthundertfünfzig!« Da, dort erhebt sich einer – auch ich. Über jene Holztreppe geht es und hallende, amtlich kahle Korridore entlang. Nicht weit vor mir

Reinhard Birkmeier. Plötzlich Ulrich an meiner Seite, übernächtig. Er nickt, schweigt. Korridore, Zimmer und Korridore. Man geht sehr rasch. Ein geräumiger Saalschlauch endlich, Bänke an Wänden, tolle Hitze um einen rot glühenden Eisenofen. Man legt Kleider ab, hastig, sitzt nackt, stumm frierend in der brennenden Luft.

Hinter einem Vorhang eine Stimme knarrt Ziffern. Der Ofen atmet Feuer. Man hockt, blickt sich um nach den Nachbarn. Die haben, des Wartens müde, langsam wieder sich zu bekleiden begonnen – nur so weit, daß die Lappen gleich wieder vom Leibe zu reißen sind, wenn der Befehl kommt – Unterkleider, lange blaue oder grauweiße Gemächte, aus denen krank nackte oder tierisch zottige Rümpfe sich heben bis hinauf zu dem und jenem plumpen, stumpfen oder blassen Gesicht. Schlaffe Tierarme, Affenhände hängen diesen ungekannten Lebewesen zur Seite nieder, Tierfüße mit verbildeten Zehen, Greifklauen kriechen wie abgehackt allenthalben unter den Rändern der jämmerlich bunten Zwilchkleidung hervor, und aus den unverwahrt klaffenden Schlitzen leuchtet, abgelöst hingesetzt, weiß in Schwärze und irgendwie bedrohlich, das nackte Geschlecht. Ich blicke auf Ulrich, der Hemd und Hose am Leibe behalten hat und zittert. »Menschenmarkt,« sage ich leise. »Tiermarkt,« antwortet er, und seine Zähne klappern wie im Fieber. Sein Nachbar zur Linken merkt das und beginnt blechern zu lachen. Andere wenden erstaunt den Kopf herüber wie Rinder im Stall, doch stirbt jenes Lachen stumpf in der Stumpfheit. Die Stimme hinter dem Vorhang knarrt Ziffern. Ganz vorne Reinhard Birkmeier, blondbrüstig und männisch. Die Zeit rinnt.

Endlich tritt einer aus dem Vorhang, ein Mensch mit Sternen am Kragen, und sagt: »Schnell jetzt hinein. Eins – zwei – drei – vier – fünf. Die nächsten nachrücken.« Fünf Gestalten, völlig nackt nun, taumeln auf und hinein. Nach einer Minute speit die Türe sie wieder heraus. Ich sehe nur mehr Gesichter, aufgerissen vom Erlebnis der Sekunden. »Alle tauglich,« sagt einer. Inzwischen hat die Türe fünf andere eingesogen – speit sie zurück, immer weiter. Wir andern rücken nach, dem Vorhang näher.

Birkmeier stolpert heraus. Grünen Gesichtes nickt er sieghaft. Dreißig – zwanzig – zehn Kreaturen hocken noch zwischen uns und der Türe.

Da erfährt der Vorgang unversehns eine Störung. Von Wächtern geführt, von Krankenwärtern in Kitteln, werden sechs Gestalten hereingebracht. Der Führer, zu dem Uniformierten am Vorhang: »Zur Musterung. Sechs Leichte. Von der Landesirrenanstalt.« »Warten.« Er verschwindet im Nebenraum. Inzwischen gehen die Wärter daran, die Pfleglinge zu entkleiden. Die sind stumm, verstummt offenbar ob dem neuartigen Anblick, der sich ihnen bietet, und einer, der mir am nächsten ist, ein gelbhäutiger Mensch mit breit ausladenden Backenknochen und den tiefliegenden Augen eines Verfolgten, fährt sich, unter ruckartigen Bewegungen des Halses umherblickend, über die Stirn und immer wieder über die Stirn, als wollte er, halb wach, einen Wahntraum verscheuchen. Drei andere, stämmige Menschen grau in grau mit zuckenden Mienen, blicken vorgebeugt auf ihre Knie und regen sich nicht. Ein fünfter, übermäßig hager und hochgewachsen, mit fliehenden Schultern, ohne Brustkorb und ohne Stirn, tritt nach einem unsteten Blick im Kreis an die Wand und beginnt, seine Notdurft zu verrichten. Ein Wächter reißt ihn zurück. Man lacht nicht. Nur der sechste der Pfleglinge kichert. Der ist ein mittelgroßer Mensch mit roten Backen in einem lustigen Kindergesicht. Er schaut neugierig und erfreut nach rechts und nach links, er hebt immer wieder die weisende Hand nach dem und jenem in unserer Reihe, und plötzlich, eben als er Ulrichs gewahr wird, der brennenden Blicks neben mir hockt, bricht der Irre aus in ein prustendes Lachen, schlägt sich die Schenkel, schnappt nach Luft und windet sich in einer dämonischen Heiterkeit. Im Raume blieb es so still, daß man hören konnte, wie einem in unserer Reihe die Zähne aneinanderschlugen. Ulrich, in einem Anfall plötzlicher Schwäche, lehnte geschlossenen Auges den Körper hintenüber an die weiß kalkige Wand. Eine Stimme im Nebenraum hinter dem Vorhang knarrte Ziffern.

In diesem Augenblick ward jener Uniformierte wieder sichtbar und sagte: »Alle hinein.« Und der Vorhang verschluckte Wärter und Kranke. Unser aber, die wir weiter wartend zurückblieben, bemächtigte sich mit einem Schlage eine überhitzte Lebendigkeit. Alle, die wir da auf Bänken zusammensaßen – wir begannen uns zu bewegen. Kichern, Flüstern, Gelächter flatterte. Der mit dem Fettbauch wandte sich und sagte: »Warum wird hier kein Bier verkauft?« Der mit dem Adamsapfel mekkerte grundlos. Der Magere sagte nur immer wieder leise zu sich selber: »Alle nehmen sie. Alle nehmen sie.« Aber der mit dem Feuerfleck am linken Schenkel ahmte plötzlich ein Huhn nach, und darüber ging ein Aufatmen durch die Reihen der Nackten. Einer hatte die Gabe, mit den Ohren zu wackeln, und ein anderer konnte den Bauch in Falten legen, daß er aussah wie ein Gesicht. Der Dicke lachte darob und begann zu stinken.

So wäre dieses Warten nicht ohne Munterkeit uns verstrichen, wäre nicht plötzlich aus dem Nebenraum durch den Vorhang ein langanhaltendes Schreien zu uns herübergefallen, ein so grausig abgelöster und aufpeitschender Laut, daß unsre Tierfröhlichkeit mit eins in tausend Fetzen zerriß und erstarrte. Der Vorhang flog auf und zehn Wärter, von soldatischer Kreatur unterstützt, zogen, zerrten, schleppten, schleiften über den Boden hin jene sechs, die Wahnsinnigen, deren sich eine schlagende, tollende, geifernde Tobsucht bemächtigt hatte. Unter Kreischen, Schmerzrufen und einem gräßlich einsamen Gelächter wälzte sich das handgreifliche Spukbild hinaus auf den Korridor. Eine Türe ward zugeschlagen. Wir blieben weißgesichtig in unserer Starrheit zurück.

Die Stimme am Vorhang: »Die nächsten fünf!« Es geht weiter. Ich – Ulrich. Ich sehe ihn lachen. Mein Schwanken ist ohne Schwere. »Tauglich.« Kleider. Eine Treppe hinunter. Ein Hof – ein Offizier verliest lange Sätze von einem Blatt. Was sagt er? »– für Kaiser und Vaterland,« wiederholt Ulrich Abel an meiner Seite. Morgen also, morgen auf dem Bahnhof! Über eine Schwelle – wie taumelt es sich leicht die Gasse entlang!

Ein nüchterner Wind ging. Über Tag war naß klebriger Tauschnee gefallen. Und nun war es schon wieder Frühabend geworden. Ulrich stolperte ohne Wort neben mir – es fiel uns nicht ein, die Straßenbahn zu besteigen. »Morgen um acht auf dem Bahnhof,« sagte ich in das Schweigen. Er antwortete nicht. An seinem Schnurrbart, in seinen Augenwinkeln setzte sich Schnee fest – er schob den Hut nicht tiefer in das Gesicht. Sein Mantel stand offen; Wind fing sich darin. Im Hause gingen wir grußlos auseinander, ich gelangte ungesehn in mein Zimmer, saß auf einem Sessel, ohne Gedanken, eine Stunde und noch eine. Draußen sank Nacht. Ich blieb im Dunkeln. Dann erhob ich mich, nahm Flut und Rock, ging die Stiege hinunter, »Morgen,« dachte ich. Wir waren nicht eingekleidet worden. Es gab keine Uniformen; die sollten wir später bekommen. »Morgen,« dachte ich.

Im Hausflur die Gutjahr, schneenaß die Haare in die Stirne geklebt. »Ruben ist seit Mittag verschwunden. Alle haben wir ihn schon gesucht. Man muß noch einmal in den Hof gehn.« Sie griff nach einer Schaufel, die im Winkel hinter der Stiege stand. Johannes Abel kam eben herunter und winkte mir zu. »Herbstwetter,« lachte er, »oder richtiger: Winterwetter!« Und mir auf die Schulter schlagend: »Junger Held! Ihr Kriegskamerad droben macht sich schon zur Reise bereit. Na – wohl bekomms! Wie, Frau Gutjahr?« Er war von besonderer Leutseligkeit. Aber das Weib antwortete nicht und schaute ihm finster in die lachenden Augen. »Ruben ist fortgelaufen, sagte sie hart. Abel wurde unsicher. »Helfen Sie,« sagte die Gutjahr. Sie blickten einander wortlos in die Augen, dann duckte er sich und holte eine Laterne. Ulrich kam mit ihm herunter und schloß sich schweigsam uns an. So traten wir zu viert hinaus auf den verschneiten Hof.

Im Winkel neben den Fabrikfenstern fanden wir ihn. Dort saß er im Schnee der Steinbrüstung ohne Bewegung. Doch da in sein Dunkel das Licht der Laterne fiel, wandte er den Kopf nach uns her. Wir mochten noch zwanzig Schritte von ihm entfernt sein, da erhob er sich langsam, wollte zulaufen auf uns und wankte doch nur, ein schneeigtes Menschlein, weiße Flocken in Haar und Gesicht, und wankte näher und hielt in der Hand ein weißes Gebilde. Das war ein Stück zerknüllten, bunten Papieres, unkenntlich und eingeschneit. Mit einem erfrorenen Traumlächeln reichte er es Ulrich. Der nahm es und nahm das Kind und hob es und trug es ins Haus. Johannes Abel verschwand am Tor mit hastigem Gruß. Frau Feuerbach kam uns entgegen. »Da ist er,« rief sie und küßte den Knaben. Sie lachte. Spärliche Tränen rannen ihr über die Wangen. Da wir die Stiege höhersteigend zu meiner Türe kamen und ich mich empfahl, neigte die Frau sich zu meinem Ohr und lachte leise. »Ich komme, heute nacht komme ich,« flüsterte sie und wandte sich hinauf, wo Ulrich ihrer schon wartete, das eingeschlafene Kind auf den Armen. Ich zog die Türe hinter mir zu, ich stand lang ohne Regung in meinem dunklen Zimmer und hörte den raschen Takt meines Herzens.

Ich habe zu berichten von jener letzten Nacht, daß die Frau kam und mit mir zu Bette lag. Die Weltfinsternis war zwischen meinem Gesicht und der Frau Gesicht, so daß ich ihre Züge nicht tasten konnte über den Abgrund. Da war es eine andre, die unter mir sich wand, und indes ich meinen Mund in der Frau Mund grub, schrie mein aufgewecktes Blut nach einer andern. Mirjam, Mirjam! An dich, in dich verströmte ich meine Ohnmacht.

Als sie aus dem Schlaf mich weckte mit vorsichtigen Händen, lag schmutzig grau ein verhängter Himmel im Fenster. Angekleidet saß sie am Rand meines Bettes und sagte: »Ich gehe.« Ihre Züge waren zerstört von Übernächtigkeit. In ein blumiges, allzu phantasievolles Hausgewand war die reife Schönheit ihres Körpers gekleidet. An den Schläfen gilbte ihr die trockene Haut. »Ich gehe,« sagte sie noch einmal. Ich schloß die Augen und sagte: »Leb wohl« und regte mich nicht, bis die Türe hinter ihr behutsam sich schloß.

Eine halbe Stunde später pochte Feuerbach. »Es ist Zeit, Kamerad.« Ich trat zu ihm hinaus auf den Flur. Graue Bartstoppel standen ihm um das Kinn, ein schwarzes Köfferchen trug er in der Hand und hatte den Mantelkragen hochgeschlagen. »Ich bin ohne Abschied gegangen,« sagte er leise. »Ich wollte niemand wecken. Es ist besser so. Meine Frau schläft noch. Und Mirjam schläft noch. Und das Kind schläft.« Eine große Bitternis krampfte sich mir ums Herz. Ich schämte mich. Er fuhr fort, mit unsichrer Stimme: »Sie kommen wohl noch auf den Bahnhof.« Wir gingen. Im Hofe wartete Gutjahr, in Uniform, und schloß sich uns an. Er grinste. »Wir haben den gleichen Weg,« lallte er. Er schwankte und begann zu singen. Ich blieb stehen. »Ich hole Ulrich.« Auf mein Pochen an der Wohnungstür blieb es still. Dann die Köchin, verwahrlost und mürrisch. »Ulrich? Habe ihn heute noch nicht gesehn. Dort die Tür.«

Pochen. Stille. »Ulrich!« Stille. Von innen verriegelt. Da Gutjahr sein Bajonett in die Fuge schob, das Schloß aufzubrechen, schrie drinnen eine Stimme auf, schrie eine fremde Stimme dort drinnen, eine Stimme aus einer andern Welt schrie auf: »Nein! Nein! Nein! Nein!« Und da ich selber neben Gutjahr mich gegen das Holz warf und da es zu ächzen und krachend nachzugeben begann, kreischte es dort drinnen: »Verflucht, wer hereinkommt!«

Der große Raum lag fast völlig in Lichtlosigkeit, denn die Fensterladen waren geschlossen. Ich trat ein. Stille, Finsternis. Unbekümmert in der Küche draußen klapperte die Köchin mit Tellern. Gutjahr ging ihr nach und ich hörte über den Korridor her durch die offenen Türen, daß er Kaffee verlangte. Feuerbach war auf der Treppe geblieben.

Meinen Augen löste sich die Dunkelheit im Zimmer allmählich zu einem unwahren Zwielicht, das aus Ritzen und Fensterfugen genährt ward. Das breite Bett. Es war leer. Ich wandte mich – niemand. »Ulrich,« sagte ich leise. Das Schweigen kroch an mir hoch. Draußen redete die Köchin.

Da schaute aus dem Spiegel der Kastentür ein Gesicht mich an. Schräg hinter mir, im Winkel zwischen Mauer und Bett, in sich gekrümmt und niedergekauert wie einer, der sich verbergen will, hockte der Mensch. Ich stand gelähmt, ich wandte mich nicht und starrte diesem Spiegelgesicht in die Augen. Der Mensch war in Unterbeinkleidern und hatte den Oberleib nackt. Da ich mich bewegte, wimmerte es: »Gleich!« Und noch einmal, kaum mehr hörbar: »Sogleich!« Ich blieb ohne Regung.

Da – Gutjahr stolpert über die Schwelle herein, tappt vor bis zum Tisch. Er dreht die Lampe an. Licht flammt. In seiner Uniform steht er, taghell beleuchtet die rauschverquollenen Züge, steht da torkelnd und lacht ein glucksendes Lachen zu dem Nackten hinüber. Der heult plötzlich auf, schreit einen einzigen, langgezogenen Laut: »Aaah –!« Und wie ich mich endlich herumreiße und auf ihn zu will, hebt er den Arm und schießt sich eine Kugel durch den Mund ins Gehirn. Er sinkt nicht, bleibt halb aufgerichtet in hockender Stellung zwischen Bett und Mauer geklemmt. Zerstört und doch noch lächerlich hoffärtig springt der breit sprossende Schnurrbart aus dem weißen Gesicht.

Wir hatten keine Zeit mehr, ihn auf sein Lager hinüber zu tragen. »Zum Bahnhof!« Ich lief mit Feuerbach. Nur Gutjahr, den die Trunkenheit neuerlich übermannt hatte, blieb hinter uns. Er hatte sich an eine Hauswand gelehnt und winkte mit seiner Kappe hinter uns drein. »Erschossen,« lallte er, »erschossen!« Dann begann er zu singen.

Bahnhof. Menschen, Vergatterung! In Viehwaggons wurden wir eingeteilt. Der Zug fuhr noch nicht ab. Auf dem Perron Gesichter. Frau Gutjahr brachte ihren Sohn. Er legte sich in einen Winkel unseres Wagens und schlief. Ein großer Handkarren, von zwei Arbeitern gezogen, fuhr draußen langsam den Zug ab, und Samuel Klein ließ Schokolade verteilen. Er winkte uns, trat an unsern Waggon und reichte uns selber eine Handvoll Tafeln herauf. »Abel-Schokolade,« rief er, »Sieges-Schokolade in Feldpackung! Versuchen Sie – gut?« Er stellte sich auf die Zehenspitzen und lächelte mir glücklich, gelbzähnig und heiß ins Gesicht. »Gut – wie? Schokolade ohne Schokolade! Zucker ohne Zucker!« Er blinzelte, er wandte sich zum nächsten Waggon. »Der junge Birkmeier ist enthoben! Unentbehrlich!« rief er noch einmal herüber. »Man braucht ihn als Kanzleikraft im Kriegsministerium!«

Das Abfahrtsignal. Immer mehr Gesichter drunten, immer dichter gedrängt. Frau Feuerbach. Gutjahrs Mutter begann plötzlich zu weinen. Aufbrechend aus jahrzehntelanger Verhärtung kam Schreien aus ihrer Brust. »Kind,« rief sie, »mein Kind!«

Gutjahr schlief. Die Haare lösten sich der Frau, fielen vor, graue Strähnen. Die knöcherne Jämmerlichkeit ihres Leibes ward geworfen von Weinen, Frau Feuerbach brachte sie fort.

Da schon die Räder rollten, da wir schon glitten aus der Halle hinaus in die eingeschneite Landschaft, bog ich mich noch einmal hinüber und schaute zurück. Ganz fern, ganz hinten unter winkenden Tüchern war Mirjam auf den Perron getreten. Aber da hatte der Zug schon volle Fahrt gewonnen und ratterte, ratterte.

Erstes Buch
Der Sturz nach oben

Die Gezeichneten

Ratterte, ratterte. Pfiffen da nicht schon wieder draußen die heimatlichen Dezemberwinde um den Waggon? Drück dich tiefer ins stinkende Stroh, Bruder. Schlaf. Aber da steht schon in zerstörtem Anger der erste Hausblock. Vorposten, lichtgrell, verschieft – und dreht sich vorüber. Andere liegen drüben im Felddunkel – Hunde, an Laternenketten geschmiedet. Und dann ist das Gelbe am Horizont schon nahe gekrochen, Brücken donnern, Metall klirrt, mit kreisenden Sonnen, mit Flammenschriften ist der schwarze Himmel beflaggt. Bis Stahl an Stahl Rast kreischt. Bis das Eisengerüst des Bahnhofs durch das Fenster dich anfällt. Bis du auftaumelst aus verwildertem Traumschlaf und auf schwanken Beinen torkelnd hintrittst, aus dem Schacht der Finsternis rückgespien hintrittst, hintrittst nach acht schwarzen Jahrhundert-Jahren auf den Boden der Kinderstadt.

Ich hatte den Fahrschein vom Roten Kreuz in Stockholm, und so hätten sie mich ohne Anstand durch die Bahnsteigsperre gelassen. Aber es war nahe an Mitternacht, und durch hohe, kalte, dreckige Scheiben glitzerten draußen die Pfützen zerronnenen Schnees auf dem Asphalt. So trat ich in die Restauration, einen kahlen, hallend weiten, unwirtlichen Raum. Ein Eisenofen in einer Ecke, rotes Gespenst, spie Hitze. Wartende hatten sich darum an Tischen gelagert, schalen Bierrest in Gläsern vor sich, die Arme über die Möbelplatte geworfen, schräg fortgebogen die Köpfe, wie abgehackt. Da, dort der Abgrund eines schlafweiten Maules, aus dem Schnarchen aufbrach wie ein Laut aus der Unterwelt. Mach Platz, Bruder, rück zur Seite, Bruder, auf deiner Bank.

Neben mir, zur Linken, saß einer, ein schmächtiger Mann in städtischer Kleidung, mit hohem Kragen und einer rotgeblumten Krawatte. Der hatte einen kleinen, grün gestrichenen Holzkoffer unter sich vor der Bank und hielt ihn im Halbschlaf zwischen die Beine gepreßt. Mitunter schaute er auf und stierte ins Bierglas. Bis mitten in Wachheit wieder ein Nicken den kleinen Vogelkopf überkam und der hintübergesunkene Leib zurückfiel an die graugelbe Wand. Er mochte ein Handlungsreisender sein. Neben ihm eine Frau in mittleren Jahren, in einen weiten Lodenmantel gehüllt, saß da und trank mit kleinen Schlucken aus einem hohen, schmalbrüstigen Weinkelch. Sie sah aus wie eine Hebamme, die über Land kam. Neben ihr lag über den Tisch gelehnt eine Bauerndirne, riechend nach Stalluft, feuchten Kleidern und derb straffer Haut, rotgesichtig zwischen Wachen und Schlaf. Dann waren da noch ihrer fünf oder sieben, Nachtgesichter, Fäuste in die Taschen geschoben. Einer sprach laut und hallend mit einem dunkelhäutigen Weib, dem wirres Haar in die Stirn hing. Er nannte die Namen von Dörfern und sie nickte dazu; sie mochte dorther gekommen sein.

Ein schmaler, hochgewachsener Mensch ohne Überrock glitt hinter einer Säule hervor und setzte sich hastig auf einen der Stühle. Aber der Kellner, der Müde in rostfleckiger Schürze, hatte ihn wahrgenommen und kam und packte ihn an der Schulter: »Das von gestern bezahlen,« sagte er, »oder hinaus.« Der schmale Mensch begann zu reden, plappernd, fremdstimmig, mit kurzen, ruckartigen Bewegungen seiner gelb schlanken Hände, deren Finger wie Tiere waren, wie Molche, blind lebend. Über die zuckenden Lippen sprudelten ihm die Worte. Die Hebamme schaute auf und lachte langsam. Der Kellner versuchte, den Menschen von seinem Sessel hochzuzerren. »Die dritte Nacht,« keuchte er, »die dritte Nacht! Ich kann meinem Geld nachlaufen!« Der Handlungsreisende fuhr auf, mit rotem Kopf, und hieb grundlos erbittert die Faust auf den Tisch. Den Schmalen überkam unversehens eine schwere Erregung, er kreischte, Speichel trat ihm vor die blutlosen Lippen, er faßte den müden Kellner vor der Brust und schrie sinnlos, schrie »Mörder«, »Mörder« immer wieder, bis der Verdutzte zurücktrat. Stille war einen Augenblick. Die Hebamme lachte langsam, legte die fleischigen Arme vor sich auf den Tisch und rückte sich zum Schauen zurecht.

Da kam behutsam behäbigen Schrittes ein breitschultriger Mann auf den Tisch zu, kraftvoll und verfettet zugleich, stiernackig, kahl geschorenen Kopfs, militärisch irgendwie in Kleidung und Schritt. Der Schmale zuckte auf, verstummte, glitt fort, hinter Säulen. Der Handlungsreisende flüsterte: »Ein Detektiv.« Da schaute der Neue zu mir herüber. »Anton,« sagte ich. Er musterte mich, er lachte auf und deutete mit einer Neigung des Kopfes nach einem andern Tisch. Dort setzten wir uns. »Ich hab gedacht, du bist gehängt und verscharrt,« sagte ich in die Stille. Es war, als müßte er sich besinnen. »Erst Wein,« sagte er und machte dem Kellner ein Zeichen. Dann nickte er nach der Richtung, in die der Schmächtige sich verzogen hatte. »Er ist abgefahren, der Narr,« sagte er. Und langsam, als wär er des Sprechens entwöhnt und müßte die Worte zusammensuchen: »War Schauspieler. Ist ein Freund.« »Ich hab gedacht, du bist gehängt und verscharrt,« sagte ich in die Stille. Der Mann blickte langsam auf. »Wegen Strij?« fragte er. Und schon wieder an mir vorüberschauend in einen Winkel. »So wär der Pope auch nicht lebendig geworden.« Ich fragte: »Begnadigt?« Da kam über ihn mit einemmal eine plumpe Gesprächigkeit. Sie seien ausgebrochen, achtzehn, nach der Revolution. Er habe sich Verdienste erworben. Da stockte er wieder. »Bahnhofsdienst mach ich,« sagte er unvermittelt. Dann verstummte er jäh. Nach den Kameraden fragte ich ihn und nannte sie einzeln bei Namen. Er nickte bei jedem und sagte nur: »Tot.« – »Tot,« sagte er. Gutjahr? Ja, der lebte. »Er ist mein Freund,« sagte er. Dann wollte er wissen, warum ich so lang in Rußland geblieben sei – vier Jahre nach Kriegsende. Und dann, plötzlich auflebend wieder, schlug er mir die Hand auf die Schulter und sagte: »Komm mit. Bei mir schlafen.« Ich zögerte. »Viele schlafen dort,« sagte er, und nach einer Weile: »Kostet nichts. Für dich nichts.« Wir gingen.

Am Bahnhofsausgang standen zwei halbwüchsige Burschen, sechzehn-, achtzehnjährig. Wortlos trotteten sie neben uns. »Freunde,« sagte Anton. »Übernachten bei mir.« Stille war. Dann sagte einer: »Ist es noch weit?« Keine Antwort. Wir gingen rascher, ohne zu reden. Dann war mir die Gasse bekannt. Und die Quergasse war mir vertraut. Und dann stieß Anton den Schlüssel ins Schloß des breiten Haustors und sagte: »Hier. Das hast du nicht gedacht, daß du hier schlafen wirst.« Und da war es auch schon der Flur und der weite Hof, auf dessen Pflaster der

Nachtschatten des Hinterhauses genagelt war wie ein schwarzes Brett und über dem auf den toten Scheiben des Seitentraktes das Regenlicht glitzerte. Dort droben lag es, Fenster an Fenster, Fenster über Fenster gebaut, blind blickende Schlafräume, Kammern, Kinderstubengespenster.

Ich stand stumm, stumm. Ich blickte dahin und dorthin. Kahl, kalt, hart stand der First des alten Daches vor dem verhangenen Himmel. Nach meinem Herzen griff es und krampfte sich zusammen wie eine Faust.

Anton rief nach mir. Ich mochte taumeln, als ich ihm folgte. Er war mit den beiden Burschen nach dem Fabrikstrakt hinübergegangen. Aber da hatte man den halb unterirdischen Raum in kleine Wohnungen abgeteilt. Die hatten jede ihre besondere Stiege durch einen Fensterschacht zum Hofplatz hinauf. Ein Schuh, aus Blech geschnitten, an einer Stange, ragte irgendwoher schräg in die Luft. Durch die Tür und über die Stiege daneben ging es zu Anton. Einer drehte das Licht an.

Da war ein niederer Raum, in dem Schlafstätten standen. Sechs, sieben Pritschen, eng beieinander. Ihrer vier wurden von Gestalten eingenommen, die in Pferdedecken vermummt ihren Schlaf schliefen. Schweißdunst legte sich auf die Lungen. An den kahlen Wänden stand in schweren Flecken die Feuchtigkeit. Anton, der als erster eingetreten war, wandte sich zu uns zurück und sagte: »Türe zu. Es ist kalt.« Über zwei der Betten steigend erreichte er den hinteren Winkel des Zimmers, wo eine andere Holztreppe, wenige Stufen hoch, zur Tür einer Kammer hinaufführte. Der eine der beiden Burschen, die mit uns gekommen waren – nun erst, bei Lichte, sah ich, daß er geschminkt war – folgte ihm, weibisch die Hüften drehend, in offenbarer Vertrautheit. Der andere, dörfisch, rosig, Gewerbeschüler oder Handwerksgesell auf der ersten Reise, blinzelte unschlüssig und verschüchtert zum Eingang zurück. Da winkten sie ihm, er zögerte noch einen Augenblick, er entschloß sich, und mit tappenden Schritten schwerschuhig ging er hinüber und verschwand mit Anton und dem Geschminkten in jener Kammer. Ich blieb mit den Schlafenden allein. Aus der zugezogenen Tür fiel Gekicher.

Da hob einer von seiner Pritsche den Kopf und wandte mir das Gesicht zu. Es war ein rotes, fröhliches, fast ein schönes Männergesicht mit unverstellten slawischen Augen. »Leg dich,« sagte er leise. Ich streckte mich auf die Pritsche an seiner Seite. »Woher?« fragte er. »Bahnhof,« sagte ich. Er, leiser, mit einer Geste nach der hinteren Kammer: »Bist du von denen dort?« Und da ich nicht sogleich antwortete: »Er bringt sonst nur solche, die unter zwanzig sind.« Ich: »Und ihr?« »Wir sind hier Bettgeher. Ihm gehört nur das obere Zimmer.« Ich fragte: »Er ist Detektiv?« Der Mann lachte: »Er ist Spitzel. Läßt sich schmieren. Von der Staatspolizei.« Da ein Laut an der Türe war, unterbrach er sich.

Diese Kammertüre ging auf und Anton kam mit den beiden wieder herunter. Er und jener Geschminkte staken in schmierigen Schlafanzügen. Der dritte, hemdärmelig, setzte sich scheu auf die Stufen, indes die beiden eine Pfanne mit rohem Fleisch auf den eisernen Herd stellten und Feuer anmachten. Prasseln und der brenzlige Geruch von Rindstalg stieg auf. Der Slawe schlief oder tat wieder so, als schliefe er. Ein anderer der Vermummten, auf den der beizende Gestank vom Herde zustrich, murrte einen unverständlichen Fluch. Anton, gut gelaunt, sagte: »Alle mitfressen. Es ist genug da.« Wir warteten.

Darüber mochte ich eingeschlafen sein, denn als einer mich in die Seite stieß und ich auffuhr, hatte das Bild des Raums sich verschoben. Da stand jener Mensch, der Slawe, der neben mir auf der Pritsche gelegen hatte, wach und aufrecht bei den zweien am Herd, hatte ein großes Stück gebratenen Fleisches in der Hand und riß davon mit den Zähnen Stück um Stück, nicht ohne drollige Bemühung und indes er vom einen Fuß auf den anderen trat. Er war ein großer, breiter Mann sehr gutmütigen Aussehens – gutmütig fast bis über den Grad des Glaubhaften hinaus. Seine fröhliche Wachheit mochte unschwer umschlagen können in Jähzorn und eine schlimme Entschlossenheit. Nun aber war er froh gelaunt – ein kindischer Riese.

Was die anderen anlangt: Der Geschminkte war nicht zu sehen. Der junge Mensch in Hemdärmeln saß auf der Stufe. Er mochte lang nichts gegessen haben; mit einer scheuen Gier ergab er sich der unerwarteten Mahlzeit, helle Röte stand ihm auf Wangen und Stirn, und darüber der breit blonde Haarschopf, vorfallend, schlafwirr, ließ ihn noch knabenhafter erscheinen, als seinem Alter entsprechen mochte. Anton hatte spielerisch seine rote Hand in diese Haare vergraben, hatte, neben dem Sitzenden kauernd, den Arm um seine Schulter gelegt und beobachtete ihn mit einem aufmerksamen, dunkel erregten, schwimmend abwegigen Blick, der in seine breit lächelnden Züge nicht passen wollte. Diesen Blick, der von einer kaum mitteilbaren stummen Gefährlichkeit war, mochte auch der Essende fühlen, denn schaute er auch nicht auf von der Mahlzeit, wandte er sich auch halb ab, so war doch aus der Hast seiner Hände steigende Verstörtheit zu lesen.

Dann war da noch einer neu angekommen: neben der Eingangstür auf der Stiege saß der Hagere, der ohne Rock, der vom Bahnhof. Er hatte ein Stück Papier über die Knie gebreitet, als Tischtuch und Teller, Fleisch lag darauf, ein Fetzen jenes dampfenden Bratfleischs, und der Mensch saß da und zerteilte es in lächerlicher Umständlichkeit mit spitzen Fingern und führte Stück um Stück in den Mund. Sein Blick war nach innen gekehrt, er lächelte, als lächelte er sich zu, er nickte, er verbeugte sich leicht, als säße er an einer Tafel und führte Gespräche.

Der Slawe, den sie Jablonski nannten, begann mit vollem Munde ein Lied zu singen, irgend ein trauriges, lang tönendes Polenlied, aber dann setzte er sich mit lustigen Augen neben mich auf die Pritsche und sagte: »Gefressen ist, gesungen ist. Fehlt noch eine, zu der man sich ins Bett legen kann.« Er nickte zu Anton hinüber, und ein weißer Haarschopf, der ihm inmitten schwarzen Gekräusels über der Stirn saß, gab ihm einen Augenblick lang das Ansehen eines über Gebühr in die Höhe und Breite gegangenen Clowns. Der Angeredete nahm den Arm von der Schulter des Knaben und schwieg. Nach einer Weile erhob er sich langsam, dehnte sich, sagte zu seinem Nachbarn: »Schlafenszeit. Wir gehen hinein.«

Der andre zuckte auf und bat ihn, noch ein wenig bleiben zu dürfen. »Ich bin noch nicht schläfrig,« sagte er mit einem ängstlichen Lächeln. Ich erhob mich, ging langsam zu ihm hinüber und setzte mich an seine Seite. Anton, in beherrschter Wut, blieb stehen und lehnte sich hinter uns an den Türstock. Keiner redete. Nach einer Weile sagte ich leise: »Du bist in Kärnten zu Hause.« Der Knabe blickte jäh auf. »Man hört das,« sagte ich. Keiner redete. Nach einer Weile kam es leise herüber: »Seit einem Monat bald unterwegs. Ich will weiter nach Böhmen. Glasbläser werden. Verwandte sind dort. Ich muß hierbleiben, wegen dem Visum.« »Und« – ich nickte nach Anton hinüber – »der dort?« Es blieb still. »Ich bin ohne Geld,« kam es dann noch leiser zurück. Der Mann hinter uns, unruhig, bückte sich und zog den Sitzenden hoch. »Spät,« sagte er mit einem plumpen Lachen und schob ihn vor sich in die Kammer. Er wandte sich noch einmal, suchte mit einem schwimmenden Blick die Augen Jablonskis, der sich gleichgültig pfeifend zur Seite kehrte, schaute über die Schläfer hin, schaute nach mir, stand still, blieb haften auf dem Schmalen neben dem Eingang. Er sagte: »Wurmbrand. Wieder auf dem Bahnhof. Noch einmal, so geb ich dich der Polizei.« Damit ging er und schloß die Tür hinter sich.

Der Hagere aber war aufgesprungen – Papier und Fleisch fielen neben ihm auf die Stufen – und stand da, Hände an die Schenkel gelegt, in militärischer Haltung, stand da nickend, empfing den Verweis, und erst als Anton längst schon verschwunden war und von drinnen her das Knarren der Bettstatt und Gekicher herüberschlug, löste er sich auf in Bewegung und jähe Erregtheit. Er wandte sich zu mir und sagte mit gerundeten und beteuernden Gesten: »Ich kann nicht schlafen! Nachts gehe ich. Darf man mich hindern?« Da Jablonski langsam und gutmütig zu lachen begann, stieg ihm Blut in die Wangen. »Er gibt mir manchmal zu essen,« sagte er laut, »es ist richtig.« Er setzte sich, legte Papier und Fleisch auf die spitzen Knie und versank. Jablonski lachte und nickte nach dem Schmalen. »Er hat wieder getrunken oder geschnupft,« sagte er mir, und erklärend, ohne die Stimme zu senken: »Er war Schauspieler.« Plötzlich schreiend, wieder zu dem Schmalen hinüber: »Wer hat dir das Kokain gegeben?« Der zuckte, antwortete nicht und hob nicht den Kopf und aß weiter. Tränen tropften aus seinen Augen auf das fette Papier.

Stille war. Es mochte drei Uhr geworden sein. Jablonski drehte das Licht ab. Im Ofen war noch ein wenig Glut – genug, den Umriß von Möbel und Mensch nicht ganz versinken zu lassen. Wir saßen wach, zu dritt, ohne Schläfrigkeit. Einer auf seiner Pritsche murrte, lallte im Traum, Der Pole beugte sich zu ihm nieder, horchte harten Gesichts. »Er hat etwas ausgefressen,« zischelte er. Dann wieder lachend: »Er läßt nichts springen.« Der Schläfer wandte sich auf die andre Seite, lallte noch ein paar Worte. Dann war wieder Stille. Irgendwo ein Rascheln; das mochten Ratten sein – ich entsann mich, daß ich sie hier im alten Fabriksraum nachts als Knabe einmal gehört hatte. Stille war. Vom Ofen her roch es nach erkaltetem Rindstalg. Der Slawe beugte sich zu mir her. Er deutete nach der Kammer hinauf und sagte leise: »Er schenkt uns Fleisch. Jede Nacht.« »Woher?« »Er handelt damit. Hat wahrscheinlich Freunde im Schlachthaus. Hier tut er groß. Verschenkt.« Und nach einer Pause: »Selbst frißt er nichts.«

Wir saßen still. Die Zeit strich. Es stank. Ich sagte: »Einmal haben wir in Uminsk in der Krankenbaracke Fleisch bekommen, da waren schon die Würmer darin. Die Pflegerin hat das frische verkauft und das alte uns fressen lassen. Das frische hat sie verkauft, an ein Bordell. Dort hat man es haben können, wenn Geld da war.«

Jablonski sagte: »Kennst du Saratow?« Ich sagte: »Ich war verheiratet in Saratow, zwei Jahre lang, ehe ich nach Odessa ging.« Er sagte: »Hast du das Bordell am Lenin-Prospekt gekannt?« »Ich hab es nicht gekannt.« »In diesem Bordell am Lenin-Prospekt, das du nicht gekannt hast, weil es nur für die Leute mit viel Geld war, nicht einmal Gruppe Eins, sondern ein Extra – in diesem Bordell bin ich jeden Abend gewesen, im Salon mit den Plüschsesseln und dem goldenen Spiegel, und wenn sie den Klavierspieler nicht mehr hören wollten, hab ich meine Puppen tanzen lassen. Du mußt wissen, ich mache Puppen. Die Herren haben es gerne gesehen, und die Mädel: Jablonski hin und Jablonski her und Jablonski, Goldherz, laß noch einmal den polnischen Bischof spielen mit der Bauerntochter. Ich bin aus Polen, mußt du wissen. Die Frau sagt: Komm wieder morgen abend, Genosse. Kannst Geld haben, zwei Tscherwonzen die Woche, oder Abendbrot, immer Braten und Wein, oder kannst schlafen mit einer, die dir gefällt.

»Ich war dort vier Monat. Da komm ich einmal, sagt die Frau: Heute sind drei Neue. Geh ich hinauf in den Salon. Sitzen zwei dort, eine dicke und eine ganz junge. Sprech ich mit ihnen – sind es Polinnen aus der Heimat. Kommt auch schon die dritte mit einem Herrn vom Zimmer zurück. Ist es Manja. Die von zu Hause, mit der ich verlobt bin.«

Er hatte Schweiß auf der Stirn; den wischte er sich mit dem Handrücken fort. Dann: »Manja. Ja. Sag ich: Grüß dich Gott, Manja. Schaut sie mich an. Schreit sie, schreit. Wird weiß. Fällt.« Er verstummte, versank in sich. Schweigen war, die Schläfer atmeten, der Schmale war herübergekommen und saß nun nickend, zuckend neben Jablonski. Der lebte plötzlich auf, sagte: »Wollt ihr sie sehen? Manja. Ich hab eine Puppe gemacht.« Er kramte in einem kleinen Koffer, den er unter seine Pritsche geschoben hatte, und zog eine Puppe hervor; die stellte ein nacktes Weib dar. Dann hatte er da noch eine Männerpuppe, die legte er dazu. Und die war mit großer Kunstfertigkeit so zur andern gepaßt und an sie gefügt, daß man die volle Darstellung des Vorgangs auch beim halben Schimmer der blassen Ofenglut ahnen konnte.

Der Pole ließ vom Spiel ab und lachte, ich lachte mit ihm, der schmale Mensch ruckte unter plötzlichem Kichern den Kopf hin und her. Ich sagte: »Damals in Uminsk im Spital die Pflegerin. Würmer hat sie uns zu fressen gegeben. Sagen wir: Strafe muß sein. Sagt einer: Nicht Strafe, aber ein Scherz. Wir gehen alle nachts zu ihr in die Schlafkammer. Alle? Drei werden ausgelost. Gehen hinüber, nach Mitternacht. Ich liege neben der Wand. Hör drinnen die Türe. Hör, wie die Frau schreit. An die Wand schlägt sie, schreit. Kratzt am Kalk. Knarrt das Bett. Und Stille. – Morgens die drei nicht zu finden. Die Frau tot – hat sich aufgehängt.« Wir schwiegen, Jablonskis Kopf fiel vor im Halbschlaf. Er schnarchte, schrak darüber auf, saß sehr steif.

Unter einer Decke, wo einer schon geraume Zeit wach liegen mochte, kam es hervor: »Faule Fische sind das. Spitalshuren, Bordellhuren. Eine feine Dame hat noch keiner von euch gehabt.« Ich sagte: »Ich war selbst fein vor dem Krieg. Ich hab Latein gelernt.« Der Mann: »Inkassant war ich. Überallhin bin ich gekommen. Gasinkassant. Mehr Geld in der Tasche hab ich gehabt, als wir alle zusammen auffressen könnten in einem Jahr. Wenn ich zu den Weibern gekommen bin, zu den feinen – guten Tag, Frau Hofrat, oder Frau Doktor, oder Frau Baronin – haben sie mich gleich so angeschaut. Das haben sie schon gewußt, wann ich komm. Da haben sie schon immer Torten für mich bereit gehabt und Braten und Fisch und Pfirsiche. War zu wenig – adjö, Liebchen, adjö, Frau Baronin, such einen andern, ich scheiß auf dich. Geld haben sie mir gegeben, Kleider haben sie mir gegeben, Weiber wie Engel, wie Zuckerwerk. Zehn, zwanzig. Zwanzig an einem Tag! Zahlst du nicht, gibst du nicht – adjö, Frau Baronin! So muß man es machen. Die Prinzessin Waldeck in der Giselastraße Nummer 62. Wer nachsehen will, kann nachsehn. Wer glaubt, daß ich lüg, der muß morgen hingehn, der kann fragen. Oder die Stubenmädel. Die haben manchmal eine stärkere Brust und einen festern Hintern –«

Er brach plötzlich ab. Kein Laut war im Raum. Jablonski lachte laut und herzlich und klatschte mir, zwinkernd im Einverständnis, die flache Hand auf den Schenkel. Der Schmale hatte sich erhoben, stand inmitten des Raumes, tänzelte, sagte mit einem geistreichen Lächeln, anmutig und mit runden Bewegungen, in gebändigtem Vortrag: »In den Theatergarderoben erlebt man auch allerlei Pikantes. Einmal hatten wir Herren ein Loch durch die Holzwand gebohrt, und wenn eine gewisse allverehrte Kollegin im Zwischenakt das Kostüm wechselte, sich auszog, Oberkleid, Unterkleid, Hülle um Hülle, immer neue Hüllen – Bassermann sagte einmal zu mir: Schau nicht weiter zu, lieber Kollege. Sie schält sich ab. Sie ist eine Zwiebel. Am Ende bleibt nicht mehr – als ein wenig übler Geruch!« Er lachte hüstelnd, ward geschüttelt von seinem Lachen. Seine Hand mit den blinden Fingern, vortastend in Luft, winkte ab, als hätten Unsichtbare

Beifall geklatscht. Er verbeugte sich. Jablonski, in Spott und gutmütiger Fröhlichkeit, war ihm gegenübergetreten, hatte seine Bewegungen nachgemacht, Ruck und Tänzeln, und nun, da der Redende von Gelächter geworfen ward, war aus seines Widerspielers Gebaren ein richtiger Tanz geworden, ein Tanz mit Hüpfen und Schleifschritt, froh und gemein – ein Stolpern, in das auch ich alsbald mich unwiderstehlich verstrickt sah. Nun glitt auch jener Vierte, der Gaskassier, der Weiberbetörer unter seiner Decke hervor. Es erwies sich, daß er ein kleiner Mensch war, mit aufgezwirbeltem Schnurrbart, ein Krüppel, ein Invalide in zerschlissener Uniform, ohne Arme und mit einem Stelzbein. Auch er tanzte und bellte heiser Gelächter. Plötzlich hieb Jablonski die Faust auf das Holz der Pritsche, schrie: »Weiber!« »Weiber, Weiber!« schrien wir. Bis wir müde wurden. Bis wir schwindlig, erhitzt, ohne Atem uns hinschmissen auf die Pritschen. Der Armlose kroch unter seine Decke zurück. Im nächsten Augenblick schlief er. Stille war.

Die Kohle im Ofen war niedergeglommen. Es mochte zwischen vier und fünf Uhr sein. Vor dem Fenster hing ungelichtet die Nacht. Wind, Regenschauer strichen draußen über den Hof. Es war sehr kalt geworden. Auch die Ratten raschelten nun nicht mehr in der Ecke. Aber plötzlich – es mochte noch keine halbe Stunde sein, daß ich still lag – fiel durch die Türritze aus der Kammer droben dünnes Licht in den Raum. Ein Tappen war drinnen. Die Bettstatt knarrte. Stimmen. Eine redete eindringlich im Flüsterton. Zerren, Schleifen. Sträubte sich einer? Und jäh, zackig aufgerissen gellte ein Schrei. Poltern. Die Kammertüre ward aufgestoßen. Einbrach, niederstolpernd über die Stiege, toller Schattenriß vor dem Lichtschein, halb nackt, Bündel Kleider zusammengerafft unterm Arm, jener Knabe, der Zugereiste. Stumm auf der Flucht über Pritschen stieg, trat, trappte er schwerschuhig zum Ausgang. Riß die Tür auf. Verschwand.

Im Rahmen der erleuchteten Kammertüre stand Anton. Den Rock des Schlafanzugs um die Brust, den Unterleib nackt, aus verquollenen Augen unter niederer Stirn nachstarrend dem Flüchtigen. So stand er, vorgebückt, zottig, ein Waldtier, schlaff niederhängend den langen Gorillaarm, die rote Pranke plump eingekrallt in sich selbst. Hinter ihm im hellen Raum im zerwühlten Eisenbett zwischen Polstern weibisch mit überschlagenen Beinen saß nackt der Geschminkte. Er blickte auf seine Nägel, schamlos, ohne Erregung, und lächelte eitel. Mit einer wilden Bewegung riß Anton die Tür zurück, daß sie krachend ins Schloß fiel. Das Bild war verlöscht.

Dann schliefen wir. Dann hing Grau im Fenster, und fröstelnd in halber Wachheit merkte ich, daß ein Kommen und Gehen war. Die Decke zog ich von einer verlassenen Pritsche zu mir herüber, fiel wieder stumpf in den Schacht der Fühllosigkeit. Drück dich tiefer ins stinkende Stroh, Bruder, schlaf. Als ich auffuhr aus einem schweren Traum – über Stiegen jagte ich, Türen riß ich auf, schmiß ich zu, durch Zimmer, die mir vertraut waren, deren Tapeten ich kannte irgendwoher, irgendwoher, aber nun waren sie leer, ohne Mensch, ohne Möbel, und der abgebröckelte Mörtel der Decke lag auf dem verwilderten Estrich. Wuchs da nicht Moos in den Fugen? Geh hinauf, sagte etwas, die Eisentür zum Dachboden ist offen, die Tür, hinter der Ulrich sich erschossen hat. Erschossen? In einem Kinderbett, das umgekehrt auf einem Koffer steht! Such, such! Über Stiegen, Türen auf, und durch die Gespensterzimmer – als ich auffuhr aus einem schweren Traum, lag auf all der kalten Kahlheit des Nachtasyls ein blinzelnder Tag. Ich war allein im Raum.

Ich erhob mich und ging zur Kammer hinüber, klopfte – nichts regte sich. Ich drückte die Tür auf, trat ein. Das kleine Geviert war fast völlig verstellt von dem weiß emaillierten Eisenbett, auf dem schmutziges Bettzeug und Polsterwerk wahllos gehäuft war. Braune Flecken, Wanzenspuren vielleicht, lagen nah darüber auf der Tapete. Dort hing ein militärisches Bild unter Rahmen und Glas, viele Umformen, ein Farbendruck – Fürstenbegegnung oder dergleichen. Daneben, rechts und links, aus einer illustrierten Zeitschrift geschnitten, mit Reißnägeln festgemacht an der Wand, zwei Stilleben, einen Blumenstrauß in farbenbunter Vase darstellend das eine, das andere ein Tuch mit einer Melone und vielfältigen Früchten. Auf dem schmalen Tisch vor dem Fenster, das nach dem hinteren Hof ging, lagen einige Bücher, fleckig, zerlesen – ein Wanderliederbuch, ein Roman, eine Anleitung, Samen zu züchten. Die Lade zog ich auf; darinnen kollerte einsam ein Messer. Ein Stuhl war noch in der Stube – sonst nichts. Eine schwere, betäubende, tierisch gefährliche Luft lag darüber. Ich ging fort, trat hinaus auf den Hof.

Regen rann. Kein Mensch war zu sehen. Ich schlug den Kragen hoch, überquerte den Platz und trat in den Flur. Der war unverändert – nur schmutziger, als er gewesen war, nur tiefer verwahrlost. Da gab es auch eine umständliche Tafel, auf der die Mieter verzeichnet waren. Ich las – ich kannte keinen der Namen. Abel, Birkmeier, Feuerbach – nicht mehr zu finden. Man hatte die Wohnungen offenbar vielfältig geteilt und an kleine Leute vermietet, denn es waren da vierunddreißig Namen zu lesen. Ich trat zurück auf den Hof und blickte nocheinmal hinauf nach dem Seitentrakt. Vor den Fenstern droben hingen lächerlich grelle Gardinen, Blumentöpfe, herbstkahl, trauerten auf Brettern davor, und an einer der Scheiben – hatte dort nicht meine Großmutter geschlafen? – drückte ein blasses, weißblondes Kind sein Gesicht platt. Mich fröstelte es.

Jablonski legte mir die Hand auf die Schulter. Neben ihm stand ein großer, derbknochiger Mann mit ernsten Augen unter buschigen Brauen. Er trug eine alte Felduniform. »Das ist der Neue,« sagte der Pole zu ihm, und zu mir: »Das ist Badele.« Der fragte: »Du kommst aus Rußland?« »Ja.« »Bist von der Partei?« »Nein,« sagte ich. Sein Gesicht verschloß sich, er nickte, entfernte sich über den Hof. »Er wohnt auch drüben,« sagte Jablonski, »in den Rattenlöchern.« Und: »Ich geh jetzt mit den Puppen in ein paar Wirtshäuser. Kommst du mit?« »Nein,« sagte ich. Er fragte: »Wirst du Arbeit suchen?« »Nein,« sagte ich. Er zuckte die Achseln und ging.

Hinter Scheiben, hinter den Scheiben drückte ein blasses, weißblondes Kind sein Gesicht platt. Ich winkte. Es lächelte. Ich winkte noch einmal. Da verzog es sich mit einem scheuen Blick und verschwand. Oh, mich fröstelte es. Ich ging hinüber, hinunter, legte mich auf die Pritsche und schlief.

Es ist da noch vieles zu sagen. Da war vielerlei zwischen Tag und Nacht gespannt, zwischen Wachen und Schlaf. Da waren dunkle Stunden, traumträge, die man entlangglitt, schweigend, lallend, unter Decken gekauert. Da waren Stunden, durch die Gelächter flatterte. Da waren andere, tierhaft, in denen ein fremder Leib sich bäumte, unverbunden, weltfern, ganz eingeschlossen in das Hinhorchen nach der eigenen Lust. Da war Wein in Krügen, Wein in einer alten Kasserole von Blech, die im Kreis ihren Reigen taumelte von Lippe zu Lippe, bis du gröhlend hinschlugst in todschwarzen Schlaf.

Und Gesichter waren. Das jenes Anton. Geschminkte Knabengesichter, Augen, gemalt. Und andere, angstweit, aufgerissen von dem Erlebnis. Der Slawe lachte. Jener Knochige zog die Brauen zusammen. »Deine Eltern?« fragte er einmal. Versunken, verloren! Verreckt, verscharrt, außer Landes gegangen! Einsam bist du, Herz. Leicht bist du, Herz. Keines hängt an dir und du hängst an keinem. Drück dich tiefer ins stinkende Stroh, Bruder, schlaf.

Da war ein glattes Gesicht, das du kanntest. Nur feister war es geworden. Gutjahr! Es war nachts, an der Ecke, als wir hinter dem Ledergeschäft in die Seitengasse abbogen, daß ich ihn wieder traf. Wir liefen nebeneinander die Planke entlang. »Wieder da!« lachte er. Wir huschten in den Schatten der Häuser, rannten weiter, keuchend. »Komm morgen mittags ins kleine Café an der Brücke.« Die andern waren da, dort in Quergassen und Haustoren versickert. Wir liefen. Gutjahr riß mich seitab ins Dunkel. Wir duckten uns nieder. Vier Polizisten hasteten mit klappernden Säbeln an uns vorüber. Gutjahr lachte leise. »Also morgen,« sagte er. Und verschwand.

Da war dieses kleine Kaffeehaus mit seinen schmierigen Marmortischen. Gutjahr saß, den Hut auf dem Kopf, unter stummen Menschen. »Kein Geschäft heute,« sagte er leise. Sein ganzer Leib war feister geworden, stak in einem schwarzen, prall sitzenden Anzug. »Ich geh zu meiner Mutter. Komm mit.« Ein Krüppel schwankte von Tisch zu Tisch und bot mit schnarrender Stimme Streichhölzer an. Wir brachen auf.

Die Gutjahr wohnte im alten Hause, im Hintertrakt; ich hatte ihren Namen auf dem Brett nicht gefunden, weil sie Untermieterin war. Wir hatten noch eins getrunken unterwegs, und als wir uns über die stinkende Stiege hinaufgeschoben hatten und in ihr Zimmer traten, waren wir heiter. Das focht sie nicht an; die Sessel hieß sie uns an ihre Seite rücken. Sie lag auf einer Betttruhe, die vors Fenster gerückt war, und sie erzählte umständlich und in widerlicher Verbreitung, sie sei seit drei Jahren gelähmt. Vor ihr im Fenster standen Teller und Schüsseln mit Speiseresten. Die zog sie heran, begann daran zu riechen, darin zu stochern und auszuwählen. Dann hielt sie Mahlzeit, mit Schmatzen, faßte mit dürren Fingern in den halb verdorbenen Brei und schob der Reste Rest in das Fenster zurück. Greisenhaft war die Frau und in einer furchtbaren Weise verdorrt.

Indes sie den Fraß hinunterschlang, redete sie ohne Aufhören. »Klein? Birkmeier? Haben Villen. Hocken im Fett. Fahren im Automobil. Das frißt sich an, Tag und Nacht. Vier Geliebte hat der Jude – ohne die Schwester; mit der hat er ja schon immer geschlafen. Die Tochter? Vielleicht schläft er auch mit der Tochter. Die ist die größte Hure von allen.« Sie verstummte, schob sich vor und schaute mit ihren kugeligen Geieraugen hinab in den Hof. Dann winkte sie den Sohn und mich mit flatternden Gebärden noch näher heran. »Die Meier,« zischelte sie, »Kinderbewahrerin, Engelmacherin. Was trägt sie in dem Paket? Hat wieder eins übernommen. Sechzehn sind es jetzt. Wird keins älter als vier Monate. Mohntränke! Eine andere säß in Ketten. Aber wenn man den höchsten Herrschaften ihre Bankerte abnimmt!« Sie nickte lächelnd hinunter, denn die dicke, fröhlich aussehende, rotbackige Frau hatte herauf gegrüßt. »Frau Meier,« rief die Gutjahr, »wie gehts? Immer viel zu tun mit den Kinderln?« Die Beleibte, ohne auf die Frage zu antworten, zischte herauf: »Neuigkeiten! Ich komm!« »Gut, gut!« »In ein paar Minuten!« Die beiden kicherten und die Frau drunten trat in das Seitenhaus.

»Ja,« sagte die Gutjahr und wandte uns ihr fleckig angeregtes Gesicht zu, »wovon hab ich geredet? Birkmeier! Wohnt in der Wagnerallee. Geld spielt keine Rolle. Aber die Tochter verkauft er noch immer. Früher hat sie ja mit Abel geschlafen. So ist der Alte Direktor geworden. Jetzt mag sie Abel nicht. Und Birkmeier hätte es nicht mehr nötig.« Gutjahr erhob sich schwerfällig, nahm einen Schlüssel von der Wand, ging hinaus auf den Flur. Kaum hatte er die Türe geschlossen, nickte die Alte hinter ihm drein, zischelte: »Er! Er! Rechnungsfeldwebel war er. Das wissen Sie ja, wie das trägt. Jetzt kauft er fremdes Geld. Verdient und verdient. Aber seine Mutter läßt er hier verfaulen, der Schuft.«

Da trat er wieder herein, und mit ihm zugleich kamen zwei Frauen: jene Meier, die Ziehmutter, und eine andere, fünfundvierzigjährig vielleicht, mit Goldzähnen zwischen auseinandergezogenen Lippen und einer Tour widerlich üppigen, falsch braunroten Haares über der Stirn. Sie hieß Fräulein Calé. Gutjahr setzte sich mit mir in den Winkel des Zimmers hinter den Tisch, wo man die Ellenbogen aufstützen konnte – uns waren die Köpfe schwer. Inzwischen entfaltete sich dort vorn bei der Kranken unter den drei Weibern eine lächelnde und gezierte Geselligkeit. Das fing damit an, daß dieses Fräulein Calé den schwer riechenden Seidenschlafrock zusammenraffte; denn so könne man keine Besuche machen, sagte sie mit einem Blick nach mir hin. Aber die Gutjahr sagte: »Vor dem gibt es kein Genieren. Den hab ich gekannt, wie er noch in die Windeln gemacht hat.« Frau Meier lachte langsam und die Calé warf mir einen zündenden Blick zu. »Das Fräulein Calé wohnt im ersten Stock im vordem Haus,« erklärte die Gutjahr, die ein künstliches Schriftdeutsch zu reden begonnen hatte, und tauschte einen Blick mit der Meier, »dort, wo früher der Abel gewohnt hat.« »Ich wohne nicht allein,« lächelten die Goldzähne, »es sind ein paar junge Damen bei mir.« Und ein Blick. Sie gab mir eine schmale Visitenkarte. Die Meier lachte langsam, sagte aber kein Wort. Die Rote schloß verletzt die Lippen und rückte auf ihrem Sessel. Die Gutjahr, Gastgeberin, ablenkend, sagte: »Sie sollen ja jetzt einen zweiten Ausgang bekommen? Vom Hof in die Hinterzimmer?« Die andre beruhigte sich. »Herr Abel hat es versprochen,« sagte sie obenhin, »eine Holztreppe, aber solid.« Die Gutjahr richtete sich ein wenig auf. »Der Hausherr war bei

Ihnen?« »Vorgestern.« Die Gutjahr saß gerade. Mit einem Blick zur Meier: »Ist mir neu, daß der Abel im Haus war.« Die Goldzähne lächelten: »Es war spät. Aber als Hausherr darf er ja zu jeder Tageszeit zu mir –« »Tageszeit!« Die Meier prustete los, lachte langsam. Die Goldzähne glitten hinter die Lippen zurück und die Rote wechselte einen Blick mit der Gutjahr. Dann sagte sie: »Tageszeit oder Nachtzeit. Zu mir kommen keine Säuglinge.« Die Meier unterbrach ihr Lachen. »Und überdies bleiben meine Logiergäste am Leben,« schloß die Calé.

Eine Stille entstand. Gutjahr, wacher geworden, begann für das Gespräch der Frauen Anteilnahme zu zeigen. Er stieß mich an und sagte blinzelnd: »Bleiben am Leben? Was heißt das?« Die Gutjahr hetzte: »Das Fräulein meint, daß es noch immer anständiger ist, wenn eine einen Manikürsalon hält –« Sie brach ab. Die Meier, aufstehend: »Anständiger als was?« Sie stand da, breit, auf die Sessellehne gestützt. Die Rote, Beistand witternd, wandte ihr das Gesicht zu und begann künstlich zu kichern. Das Blut stieg der dicken Frau ins Gesicht. »Meine Pflegekinder –« sagte sie mühsam. Und die Calé, gespitzten Mundes, mit einem kleinen Lachen: »Wer redet von Ihren Pflegekindern?«

Die Lahme hatte sich im Bette zurechtgesetzt, und ihre Augen, leicht gerötet, gingen von der einen zur andern. Sie schwieg. Aber dem Sohn war der Vorgang noch zu wenig bewegt. »Wer redet von Pflegekindern?« sagte er laut, und langsamer, mit Entschiedenheit: »Die Bankerte krepieren bei Ihnen, das weiß man.« »Das weiß man,« bekräftigte ich und hieb die Faust auf den Tisch. Der Wein begann mir wieder in die Augen zu steigen. Der Meier standen die Adern dick an der Stirn; doch sie schwieg. Das machte die Rote sicher. Vorhackend, in Freundlichkeit, harmlos gehässig, fragte sie: »Was macht der Herr Sohn?« Die Meier, ruhig: »Von dem sprechen Sie nicht. Da sind Sie viel zu gering.« Die Goldzähne feixten. Die Gutjahr schaute mit klappenden Augendeckeln von der einen zur andern. Die Calé, zu mir gewandt, ohne die Stimme zu senken: »Herr Meier veranstaltet Zusammenkünfte. Jeden Abend hat er Besuch. Herrenbesuche! Herrenbekanntschaften!« Die Meier sagte mühsam:

»Das können Sie nicht verstehen, wozu die Leute zusammenkommen. Da fehlt Ihnen das Hirn dazu.« Die Goldzähne feixten. Die Gutjahr schaute mit klappenden Augendeckeln von der einen zur andern. Eine Pause trat ein. Man beruhigte sich. Gutjahr und ich waren müde. Aber die Frau, die Gutjahr, die hatte Blut geleckt. Sie wandte sich zu der Dicken hinüber, sie grinste, und plötzlich summte sie den Kehrreim des Liedes »Der schwüle Oskar«. Die Meier, endlich losbrechend, brüllte: »Die Frau Gutjahr! Sie haben etwas zu reden!« Sie warf einen raschen Blick nach Gutjahr und, da der nicht aufmerkte, flüsterte sie: »Wie gehts der Schwiegertochter?« Die Gutjahr, mit klappenden Augendeckeln: »Schwiegertochter?« Und die Dicke: »Der Anton!« Sie lachte schallend. Die Rote kicherte und zischte mir zu: »Der Anton, der das Zimmer im Keller hat. Der Gutjahr lebt mit ihm.« Sie machte ein Aug klein.

Die Gelähmte hatte stumm nach einem der Speisegefäße auf dem Fensterbord gegriffen und es nach der Meier geschleudert. Ein Rest verschimmelter Marmelade klebte der Getroffenen an Wange und Brustlatz. Sie verfärbte sich, kreischte: »Schwein! Schweine! Jetzt sind sie Freundinnen!« Und zur Roten: »Wissen Sie, was die Gutjahr gestern von Ihnen erzählt hat?« Ein zweites Gefäß fuhr durch die Luft und zerklirrte, braune Spuren widrigen Fettsaftes zurücklassend, neben der Meier an der schmutzigen Wand. Die Bedrohte, ohne sich beirren zu lassen: »Wissen Sie, was sie gesagt hat? Daß Sie im letzten Jahr zweimal angesteckt waren. Daß Sie einen Monat gesessen sind. Weil einer angezeigt hat, daß Sie ihm Geld aus der Manteltasche gestohlen haben. Daß mehr Wanzen sind in den Himmelbetten von ihren Menschern –« Ein drittes Gefäß flog, ging fehl. Suppe troff von dem seidenen Schlafrock. Die Calé, fauchend, vorgerückt, eine Vettel, nahe zu der Gutjahr hinüber: »Das haben Sie gesagt?« Die Lahme hieb ihr stumm den dünnen Rohrstiel eines papierenen Fächers über den Kopf; er zerbrach. Die Rote krallte nach den Brüsten der Liegenden. Die schrie auf. Die Meier, hinter den beiden, faßte der und jener ins Haar und schlug ihre Stirnen widereinander. Sie schrie auf in Gelächter, aber sie stolperte, kam zu Fall, und die Rote hämmerte ihr mit den hohen Absätzen ihrer Schuhe kraftlos und unter Kreischen wider den Rücken. Der seidene Schlafrock klaffte; ihr Körper darunter schwamm in einer braunen Trikotkombination.

Inzwischen war Gutjahr wieder wacher geworden und hatte hinter dem Tisch sich hervorgeschoben. Indes ich selber noch von der Schwere des Weines niedergehalten ward und nur lachte, hinhieb auf die Platte des Möbels und lachte, kam über ihn mit Brüllen eine rauschhafte Wut. Er warf sich unter die Weiber, trat, hieb. Das brachte Ernüchterung. Es wurde kein Wort mehr gewechselt. Die Meier ging als erste. Die Rote erhob sich langsam, ordnete vor dem Spiegel Schlafrock und Haar, trat zu mir und lächelte mir mit Goldzähnen nah ins Gesicht. Als sie gegangen war, lag eine zweite Visitenkarte vor mir auf dem Tisch. Die Gutjahr lag keuchend auf ihrem Bett, ohne Wort, mit geschlossenen Augen, und kicherte. Da trollten wir uns.

Als wir niedertappten über die Treppe, im Zwielicht, war da eine Frau, die beiseite trat. Einen Augenblick lang erschaute ich ihre Züge. Die Frau kannte ich. Sie drückte sich abgekehrt in den Winkel. Ich ging weiter, zögerte, wandte mich – sie floh vor mir die Stiege hinauf und verschwand in der Tür der Gutjahr. Das war Frau Feuerbach. Ich wollte ihr nach, aber Gutjahr lärmte drunten und rief nach mir. Ich folgte ihm, und dann hatte ich den Vorfall vergessen.

Als ich ein paar Stunden später hinunterging, etwas aus meinem Koffer zu holen, den ich unter die Schlafstelle geschoben hatte, merkte ich, daß in der Kammer droben hinter verschlossener Tür ein wildes Gespräch in Gang war. Ein Mensch bat, bettelte, gedemütigt und gierig zugleich wie ein Hund, so weit aufgewühlt und fortgetragen über die eigene Gefährlichkeit und plumpe Tücke hinaus, daß Minuten vergingen, ehe ich Antons Stimme erkannte. Es waren Liebesbeteuerungen, Lallen einer maßlosen Eifersucht. Der, zu dem er redete, blieb lange Zeit ohne Wort. Dann regte er sich, und eine Stimme – Gutjahr! – Gutjahr also, mit knappen Worten, ohne Erregung, forderte Geld. Ein Schwall von Beteuerungen – er habe nichts – war des andern Antwort. Da wurde ein Stuhl gerückt. Ich schlug mich hinaus auf den Hof. Ein paar Sekunden später ging Gutjahr an mir vorüber, ohne mich wahrzunehmen. Er lächelte.

Nachts ward Anton nicht sichtbar. Gegen Morgengrauen kam er von der Gasse, blaß, stumm. Er ließ sich eine Wunde am linken Schenkel verbinden. Sie sah aus wie der Biß eines großen Tieres.

Derlei gab es noch mancherlei in der Zeit, die ich dort zubrachte. Denn was mich anlangt, so fand ich nicht fort. Ob ich schlief, ob ich durch die nahen Gassen mit ihrem Lärmen kleiner Leute mich drückte, ob ich meine Streifzüge weiter ausdehnte bis in die Straßen der eigentlichen gellenden Stadt – es war im Grunde doch immer nur ein Kreis, den ich abschritt, und irgendwann fand ich immer in das alte Haus zurück und auf meine Pritsche. Ich hatte es mir zur Gewohnheit gemacht, des Abends vor den Theatern und großen Restaurationen die Menschen zu beobachten, die aus- und eingingen, und da war es mir eine grimmige Freude und ein aufwühlendes Abenteuer, in meiner Felduniform unter all diesen Gutgekleideten mich zu bewegen, anzustreifen an diese Pelze, Kleider, Leiber, denen mich nichts, nichts, nichts verband. Einmal wurde ich verhaftet – als Taschendieb. Man fand nichts bei mir. Ein Tag glich dem andern. Wenig ist, was der Erinnerung als Markstein sich böte.

Doch – eines bleibt. Es war früh im Frühling, eine unwirklich laue Nachmittagsluft und herbe Sonne über den alten Firsten. Jablonski saß im Hofe und führte einer Horde Kinder sich selbst zur Belustigung einen Hanswurst vor, der in alles nur erdenkliche Ungemach fiel – ein Vorgang, der in seiner fröhlichen Einfalt gerade die Jüngsten anzog, kleines, schmutzig verwahrlostes, rotznäsiges und glückselig aufkreischendes Gewimmel. Das drängte sich beharrlich und dankbar um den auf seinen kleinen Koffer niedergekauerten Polen, der unter Plappern und derber Verrenkung dem Spiel immer neue Wendungen abzugewinnen bemüht war. Unter diesen Lachenden also, in der vordersten Reihe, mir abgewandt, stand ein Erwachsener. Richtiger:

ein Mensch, der aussah wie ein Erwachsener. Ich war eben hinzugetreten, stand hinter ihm und konnte so von seinem Gesichte nichts wahrnehmen. Schwarzes, auf eine besondere Weise lockiges Haar fiel ihm über den Nacken und auf die Schultern. Es war ein angreifender, heiter stimmender, ja beglückender Anblick, diesen Schlanken unter den Kindern zu sehen, wie er gleich ihnen von Gelächter geworfen ward, wie er bei der und jener unvorhergesehenen Wendung aufschrie gleich ihnen, schrie mit einer hellen, schwerelosen Kinderstimme und die Hand in die Luft warf – und ich bemerkte, daß gleich meiner auch Jablonskis Aufmerksamkeit von dem Gebaren des Jünglings immer stärker gebannt ward. Das ging so weit, daß er der Umstehenden bald überhaupt nicht mehr achtete und nur für ihn, für den einen zu spielen schien.

Nun wollte auch ich durch die anwachsende Rotte der Jugend mich vordrängen, um das Gesicht des Sonderbaren zu sehen. Ich war kaum ein paar Schritte weitergekommen, da merkte ich: Anton stand in seiner Tür und schaute herüber. Mit einem Blick, der in seiner zügellosen Vielfältigkeit kaum mehr zu beschreiben ist, mit wilden Augen, aufgetan wie ein saugender Abgrund, starrte er nach dem Lachenden hin. Der mochte fühlen, wie dieses Schauen sich auf ihn legte, denn ich sah, wie er – noch immer wie abgewandt – unruhig zu werden begann. Er rückte die Schultern, ward leiser, verstummte. Anton hatte sich in Bewegung gesetzt und ging, den Kopf leicht vorgestreckt, zielsicher mit langsam wiegendem Schritt auf ihn zu. Etwas trieb mich; – auch ich drängte näher. Anton trat hinter den jungen Menschen, beugte sich zu seiner Schulter und redete leise. Ich sah, daß der Angesprochene aufschrak, doch er wandte sich nicht, stand, horchte. Anton neigte sich nah an sein Ohr.

In diesem Augenblick rief eine Stimme, fast sich überschlagend, von der Einfahrt über den Hof her: »Ruben!« Und noch einmal: »Ruben!« Der Schlanke wandte sich. Ich blickte in ein Knabengesicht: Ruben Feuerbach. Unverstellt und unverwandelt aus großen, heiter traurigen Kinderaugen schaute der Mensch mich an. »Ruben,« sagte ich leise. Er löste sich ohne Gruß von

Anton, trat aufleuchtend in einem frohen Erkennen an meine Seite, reichte mir die Hand, als hätten wir einander tags vorher gesehen, hielt also weiter diese plump gewordene Männerhand zwischen seinen weiß schmalen Fingern und führte mich quer über den Hof zu einem kleinen, mageren, brillentragenden, großnasigen Menschen mit früh alten Zügen: Ignaz Klein. Der achtete meiner kaum, sagte heftig zu Ruben: »Anton? Was will er von dir?« Ruben lächelte, antwortete nicht. Da der andere weiterredete, legte er ihm mit einem guten Blick die Hand auf den Arm; der Erregte brach ab. Auch ich stand da, stumm, verstummt, und ich fühlte mit einemmal die schweren Knochen so ungelenk lastend im derben Tuch meiner Uniform, daß ich die Hände hinterm Rücken verbarg. Nun, da das Gelächter von ihm gefallen war, lag auf Rubens makelloser Stirne und auf den edel verschütteten Augen wieder jener Ausdruck ungreifbaren Schmerzes, dessen ich mich aus einer furchtbar hingesunkenen Vergangenheit noch entsann. Er redete, spärlich Worte setzend, vom Puppenspielen des Polen; ich antwortete kaum. Er war größer, er war nicht älter geworden – als wären die Jahre ohne Spur an ihm vorübergeweht. »Ruben,« sagte ich leise. Ich hätte dies und jenes wissen wollen – ich fragte ihn nicht. Er lächelte mir in die Augen.

Was Ignaz Klein anlangt, so hatte er scharfblickend und wachsam zu Anton hinübergeschaut, dem sich Gutjahr gesellt hatte. Die beiden standen dort unschlüssig, entfernten sich langsam. Erst da sie verschwunden waren, wandte Klein sich mir zu. Er war, Ebenbild seines Vaters, häßlich und kluggesichtig; in den aufgerissenen Augen hinter den runden Brillengläsern wachte die Flamme irgendeiner Überzeugung und durchgeistigten Leidenschaft. »Ihr Vater?« fragte ich. »Ich habe mit ihm nichts gemein,« kam es heftig zurück. Ich forschte nicht weiter. Mit ein paar Worten ließ er mich wissen, er sei mit Ruben zu einer Sitzung gekommen. »Bei Rafael Meier, dem Okkultisten. Ich will ihn mit Ruben bekannt machen.« »Meier?« Ich dachte des Gesprächs bei der Gutjahr. Klein deutete hinüber. »Er wohnt hier im Seitenhaus.«

Dort war inzwischen ein Fenster geöffnet worden. Ein großer, blondbärtiger Mann erschien im Rahmen, erblickte uns, winkte, verschwand und trat nach einer Minute im Hof auf uns zu. Er hatte lichte, fast leuchtende Augen unter einer wenig gedankenbeschwerten, aber mächtigen Stirn. Er nahm Kleins Rechte in seine Hände, begrüßte ihn mit klingender Stimme, ließ dann von ihm ab und blickte Ruben und mir ins Gesicht. Neben den Knaben trat er und sagte: »Dieser ist es, von dem Sie gesprochen haben, Ignaz.« Und zu Ruben, mit einem langen Blick: »Sie sind willkommen.« Und mit einer jähen Wendung zu mir: »Auch Sie sind willkommen.« Er ging voran, seiner einladenden Gebärde folgte ich gleich den andern ohne viel Überlegung. Ich sah vor mir seinen Rücken – breiten, gebückten Rücken eines heimlich gealterten Menschen. Er trug eine wetterfeste, grünliche Tracht, hoch geschlossen am Halse. Seine großen Füße staken in Wanderschuhen mit vertretenem Absatz.

Über eine mir noch unbekannte Nebentreppe im Winkel zwischen Hinter- und Seitenhaus ging es aufwärts – man hatte, neue Zugänge zu dem geteilten Zimmerwerk zu gewinnen, allenthalben Durchgänge in die Trennungsmauer der beiden Hausteile gebrochen, die Höhenunterschiede der Korridore durch eine Vielfalt kleiner Stiegen ausgleichend. Rafael Meier führte uns vor eine Türe, hinter der das Wimmern zarter Kinderstimmen zu hören war. Er pochte, trat aber nicht ein und hieß uns warten. Das Wimmern wurde ferner, verlosch. Nun wurden wir eingelassen, durchquerten eine Küche und fanden uns rechts abbiegend – links hinter einer Glastüre sangen die Stimmchen – in einem Zimmer, das groß, niedrig und nur sehr spärlich mit Möbeln versehen war. Außer einer Anzahl einfacher Sessel, die ringsum an den Wänden verteilt standen, fand sich im Raume noch ein mit brüchiger Wachsleinwand schwarz überzogenes Sofa, altmodisch geschweift, das nachts als Schlafstelle dienen mochte, dann war da ein nicht eben großes, billig gedrechseltes und poliertes Büchergestell, das irgendwie zweckfremd und unsachlich wirkte, und schließlich gab es, vor das eine der mit düstern Gardinen versehenen Fenster geschoben, einen wackeligen Tisch ohne Decke.

Wir setzten uns zu dritt auf das Sofa, Ruben zwischen Klein und mich, indes Meier, den Vorhang beiseiteschiebend, durch die Scheiben hinunterblickte. »Ich muß Ausschau halten,« sagte er abgewandt, »meine Gäste finden nicht über die Stiege herauf.« Wir schwiegen, dann tat der Mann drüben hastig das Fenster auf, grüßte hinunter, verneigte sich langsam, sagte »ich hole sie« und ging fort. Er kam wieder in Gesellschaft zweier Frauen, von denen die eine, eine massige und nicht mehr junge Blondine in unruhig vielfältiger und wertvoller Kleidung, von einem erregenden Vorfall innerlich in Anspruch genommen zu sein schien, denn sie nickte, mit uns bekanntgemacht, kaum einen Gruß – sie hieß Band, Luise Band – nahm unvermittelt Platz auf einem der Sessel und setzte, immer nur zu Rafael Meier gewandt, doch mit allen vernehmlicher Stimme und ohne unser im übrigen weiter zu achten, einen offenbar schon auf der Treppe begonnenen Bericht fort. Ein »er« – es war, das erkannte man alsbald, ihr Gatte gemeint – dieser »er« also habe ihr nach der geschilderten und für uns verlorenen Auseinandersetzung glattweg verboten, weiterhin mit der geheimen Wissenschaft sich zu befassen; eine Frau gehöre ins Haus. »Ich habe ihm« – so berichtete sie – »ich habe erklärt, daß er nichts zu verbieten hat. Das Geld, das da ist, stammt aus der Mitgift. Die Wohnung, die Möbel – er hat nichts zu verbieten! Was hat er für mich getan in den sechzehn Jahren, die wir verheiratet sind?« Sie sprach sehr laut, und es war zu sehen, daß ihre Aufgewühltheit über jede Scham und Schranke hinauszugehn im Begriff war. Meier hob denn auch mit einer beschwichtigenden Gebärde die Hand. Doch Frau Band, darob noch erregter, schrie fast: »Er hat mir nichts zu befehlen! Habe ich recht?«

Da griff die zweite der eingetretenen Frauen in das Gespräch ein. Fräulein Kurila – so hieß sie – war eine alte, unscheinbare Dame mit dünn gescheiteltem Weißhaar um das glatte, schmale Gesicht. Sie strich sich mit ihrer langgegliederten Hand über Stirn und Schläfe und sagte einfach: »Sie sind im Recht. Es darf kein Verbieten geben, wo nur Freiheit sein soll. Verbieten ist nur in uns. Aber Sie haben nicht gut getan, als Sie heftig waren. Wie sagt unser Weiser? Sieg ohne Gewalt. Er hätte sich überzeugen lassen.« »Überzeugen –« schrillte die andere. Doch sie brach jäh ab, als sie sah, daß das alte Fräulein und Meier einander still zunickten. So rückte sie, erbost noch, doch schon beruhigt, ihren Sessel zurück und blieb stumm.

Nun wandte sich das alte Fräulein uns zu und sah uns – Meier war wieder ans Fenster getreten – aufmerksam der Reihe nach ins Gesicht. Für Ignaz Klein, den sie kannte, hatte sie nur ein Nicken. Dann war es Ruben, dem sie lang und ernst in die Augen schaute. Er erwiderte diesen Blick mit gesammeltem, fast mit einem traurigen Ausdruck, bis er unversehens seitwärts gegen die Mauer schaute und in ein töricht schönes Lächeln hinüberglitt. Sie schwieg. Dann fühlte ich ihre Augen auf mir. Ich sah, wie sie leise zusammenzuckte. Sie strich sich über die Schläfe und sagte behutsam: »Sie sind zum erstenmal in unserem Kreis.« Ich antwortete nicht. Da sagte sie leise, und es war mir, als zitterte in ihrer Stimme eine verhaltene Angst, deren sie sich erwehren wollte: »Wir sollen Brüder sein alle.« Was erschaute sie auf meiner Stirn? Ich blieb stumm. Auch die anderen redeten nicht. In die Stille, die über dem Raum lag, fiel von draußen her das singende Weinen der feinen Kinderstimmchen herüber. Es war, wie wenn Fliegen immer wieder gegen ein Fenster anrennen – ein freudloses Summen, beharrlich und doch schon zutiefst ohne Hoffnung.

Rafael Meier wandte sich vom Fenster zurück und sagte: »Es ist dunkel geworden. Wir wollen beginnen.« Da ward an die Tür geklopft und eintrat der Schmale, der Mantellose vom Bahnhof, den ich seit jener ersten Nacht in Antons Quartier nicht mehr zu Gesicht bekommen hatte. »Wurmbrand,« sagte Meier und gab ihm die Hand, »wo waren Sie?« Der andere, mit der Begrüßung der beiden Frauen umständlich beschäftigt, sagte: »Ich wurde niedergestoßen. Von einem Automobil. Ich war im Spital.« Und lächelnd: »Nicht das schlimmste Winterquartier.« Er grüßte Ignaz, er ward mit Ruben bekanntgemacht. Da er vor mir stand und mich erkannte, erschrak er. Er zog mich beiseite und redete eindringlich, in einem krausen Französisch; ich verstand soviel, daß er bat, von den näheren Umständen unsrer Bekanntschaft und von jenen Vorfällen im Nachtasyl nichts verlauten zu lassen.

Inzwischen hatte Rafael Meier den Tisch vor das Sofa geschoben, Fräulein Kurila, Wurmbrand, ich selbst rückten Sessel heran, nahmen Platz. Frau Band setzte ihren Stuhl ein wenig abseits in die Mitte des Zimmers, und was Meier anlangt, so lehnte er sich ihr gegenüber nah neben uns an die Wand. Ruben lächelte aufmerksam, Ignaz Klein saß vorgebeugt, ganz Auge, und starrte unverwandt auf die abgesonderte Frau. Stille war. Darein sagte Meier mit sehr langsamer Stimme: »Wir haben begonnen.«

Nun verging eine Weile, ohne daß mehr Veränderung wahrzunehmen gewesen wäre, als daß Frau Bands aufgestörte Blicke ruhiger wurden. Sie senkte die Lider und atmete hörbar. »Schläfst du?« fragte Meier, und da er keine Antwort erhielt: »Ist die andere da?« Nichts veränderte sich. Meier, nochmals, eindringlicher: »Wer ist da?« Es blieb still; der Kopf der Frau schwankte wie im Rausch oder Halbschlaf. Meier wandte sich zu uns herüber und sagte leise: »Ich habe keinen Kontakt. Ein andrer muß fragen.« Nun erhob sich Ignaz Klein, sehr erregt, und sagte mit veränderter, tönender Stimme, auf die Art, wie Rafael Meier zu sprechen pflegte: »Abgeschiedener, oder wer du seist! Willst du Antwort geben?« Der Kopf der Frau Band schwankte haltlos; man mochte es für ein Ja nehmen, wenn man wollte.

Jetzt war Klein nicht mehr zu beirren. Er sagte, und er sagte es mit tönender Stimme, mit flammenden Wangen, ja in einer von Satz zu Satz sich steigernden Entflammtheit des ganzen Wesens – er sagte also zu jenem unsichtbaren Etwas, das vorgeblich im Raum war, wir seien eine Gemeinschaft Suchender und sich Sammelnder. Er rief aus: »So haben wir dich gerufen und fragen dich: wir sind Diener am Geiste – werden wir sein Reich schauen? Wir sind Diener an der Liebe – werden wir ihr Reich schauen? Wir sind Diener an der Freiheit – werden wir ihr Reich schauen?« Er verstummte und stützte sich, vorgebückt, schwer atmend, auf die Platte des Tisches. Fräulein Kurila hatte Ignaz Kleins Rede mit einem stillen Lächeln und Nicken begleitet.

Meier stand, an die Wand gelehnt, mit geschlossenen Augen. Kein Laut war im Raum. Nur die feinen Stimmchen wimmerten nebenan. Der Bebrillte sagte noch einmal: »Antworte!« Dann setzte er sich und ward unvermittelt sehr blaß. Unser aller Blicke waren auf die Frau inmitten des Raumes gerichtet.

Frau Band saß teilnahmlos. Ihr Kopf schwankte. Ihre Lippen bewegten sich nicht. »Antworte,« sagte nun auch Rafael Meier. Nichts folgte. Da rief Meier halblaut: »Frau Band!« Sie fuhr auf und blickte mit verwirrten Augen um sich. Klein sagte: »Mißlungen. Es ist nichts.« Die Frau erhob sich und ging langsam, ein wenig taumelnd, zu Fräulein Kurila hinüber, an deren Seite sie sich niederließ. Es war still. Selbst das Wimmern nebenan war fast unhörbar geworden.

Ich schaute in diesem Augenblick zufällig nach Wurmbrand hinüber, und so sah ich das, was nun vorging, von seinen ersten Ursprüngen an. Wurmbrand hatte eben noch, wie das seine Art war, in unruhvoller Verbindlichkeit den Kopf nach der und jener Seite des Raumes gedreht, als ihm Gestalt, Gesicht, Gebärde plötzlich erstarrten. Er blickte nach dem Winkel hinüber. Dann hob er mühsam und unter Zittern den langen Arm und deutete an uns vorbei. »Da,« lallte er.

Wir fuhren herum, wir sahen nach der Ecke rechts schräg hinter uns. Ich vergaß zu sagen, daß Meier schon vor Beginn der Sitzung die Fenstergardinen geschlossen, aus der Küche eine Petroleumlampe geholt, sie entzündet und auf den Tisch gestellt hatte. Die Lampe erhellte nah unter sich einen engen Lichtkreis, indes darüber hinaus kaum ein Schimmer fiel. So lag also auch dieser Winkel in einem unsicheren Zwieschein.

Dort saß Ruben. Ich schaute einen Augenblick lang nach seinem Platz auf dem Sofa – er war leer. Ruben mochte, indes der Vorgang um Frau Band uns beschäftigte, unhörbar sich erhoben haben und in den Winkel hinübergegangen sein. Dort saß er also auf einem Sessel. Er saß steif aufrecht. Das schwarze Langhaar war ihm auf eine wilde und bedrohliche Weise nach vorne gefallen und umrahmte völlig sein kalkblasses Gesicht. Eine dünne, gerade Strähne, anmutend im Zwielicht wie eine blutlos klaffende Wunde, hackte ihm vom Scheitel her quer durch Stirn und Braue senkrecht in die Wange hinein. Er hatte die Lider gesenkt, doch ließen sie eben noch einen Spalt frei, der weißlich schimmerte. Die Lippen standen halb offen und zitterten.

Ich wollte aufspringen, fühlte mich aber auf den Sessel niedergezogen. »Trance,« flüsterte Ignaz. Seine Augen glommen. Wir saßen stumm, zwischen Grauen und einer tollen Erregtheit. Fräulein Kurila tat immer wieder die gleiche, eindringlich auffordernde Gebärde nach Meier hin. Der löste sich von der Wand, stand blaß, mit schlaff hängenden Armen. »Wer bist du?« fragte er ohne Stimme.

Rubens Lippen begannen sich zu bewegen – nicht Rubens Lippen. In der tödlich weißen und wie gläsernen Maske des Knaben bewegten sich die Lippen eines andern. Eines alten Menschen. Eines Mannes aus dem Volk. Eine Stimme röchelte. Eine Stimme sagte langsam: »Ackermann – Acker – mann.« Und nach einer Weile: »Orangenmakler. Makler. Triest.« Es blieb durchaus still. Ruben saß ohne Regung. Nur seine Hände zitterten. Meier sagte mühsam: »Bist du tot?« »Tot,« kam es nach einer Weile zurück. »Seit wann?« »Heute vormittags.« Eine Pause trat ein. Wir atmeten.

Dann kam es in noch schwererem Röcheln: »Einer – ist da.« Meier wischte sich den Schweiß von der Stirn. »Wer?« fragte er tonlos. »Einer – ist – da,« kam es wieder. Wir blickten einander an, saßen blaß, stumm, verstummt. Fräulein Kurila verständigte sich mit Meier durch eine Gebärde. Dann sagte sie: »Du meldest einen andern?« »Andern,« röchelte es. Wir warteten. Rubens Gesicht war nun belebter geworden. Es zuckte wie unter einem verhaltenen Schmerz. Die Lippen schlossen sich, preßten sich zusammen zu einer blutleeren Linie.

Die Kurila erhob sich, und nun erst, da sie stand, ward ihre schwere Erschütterung offenbar. Die Beine trugen sie nicht mehr; sie hielt sich aufrecht zwischen Sessel und Tisch. Sie nickte, nickte greisenhaft nach dem Winkel hin und sagte: »Sprich für ihn! Sprich!« Und noch einmal, zaghafter: »Sprich für ihn!« In Rubens Gesicht tobte ein Krampf und stummer

Widerstreit des Unfaßbaren. Die Lippen wurden auseinandergezerrt, als griffe ein Unsichtbarer darein mit Krallen und schleppte sie dahin und dorthin von den Zähnen zurück. Groß, breit, weiß gefletscht erschien des Knaben Gebiß. Die Stimme, jäh aufbrechend, röchelte in gejagter Gewalt: »Die Katzen! Die Katzen verhungern! Sie kann nicht zur Ruhe kommen, weil die Katzen verhungern! Ihre Katzen sind im Schlafzimmer eingesperrt und verhungern! Sie ist vom Bierwagen niedergestoßen worden. Sie ist überfahren worden. Man erkennt sie nicht. Die Katzen sind eingesperrt! Verhungern! Verhungern –« Das Röcheln verglitt. Der Kurila rannen die Tränen übers Gesicht. Sie stützte sich hoch und fragte: »Wann? Wann?« »Oktober,« kam es langsam und sehr leise zurück, »Ok – tober. Ok – tober. Achtzehn – hundert – neun – und – fünf – zig.« Die Stimme starb. Wir schauten stumm, stumm in den Winkel.

Es schien, als sei Ruben ein wenig in sich zusammengeknickt. Doch saß er noch immer aufrecht und ohne Stütze. Nebenan summte, sang, summte es. Ignaz Klein hatte sich zurückgelehnt und die Augen geschlossen. Der Schmale und die Band saßen außerhalb des Lichtkreises der Lampe. Meier, schlaffen Gesichtes, wischte sich den Schweiß von der Stirn. Was mich selbst anlangt, so war der Vorgang damals meinem Bewußtsein noch irgendwie fernegerückt, noch irgendwie unernst und unwirklich. »Du hast viel gesehen,« sagte ich mir. Du hast in Wachheit und Rausch viel gesehen acht Jahre lang. Nun siehst du also auch dieses.« Es war eine große Stille im Raum.

Der als erster sich gesammelt hatte, war Meier. Er sagte: »Bist du noch hier?« Er blieb ohne Antwort. Nochmals: »Ich frage dich: bist du noch in unsrer Mitte?« Ruhen saß starr. Es röchelte: »Ackermann. Aus – Triest.« Meier fragte: »Ist einer bei dir?« Es kam über mich, daß ich die Lampe ergriff und einen Schritt näher an Ruben herantrat. Ich sah, wie die Starrheit seines Gesichtes unversehens sich löste und zu einem Lächeln zerrann. Doch war es nicht so, daß seine Züge dadurch milder oder versöhnlicher wirkten. Die fast betörende Schönheit von Stirn, Aug und Nase, ja jedes einzelnen Zuges in diesem Gesichte, stand in einem unfaßbar befremdlichen, ja aufpeitschenden Gegensatz zu dem breit zerfließenden, wissenden, launisch lüsternen Grinsen, das unvermittelt über diese Schönheit sich legte wie ein widriger Brei. Auch die andern sahen diese Veränderung. Sie drängten sich rechts, links neben mich, starrten stumm. »Wer –?« sagte ich. Es lallte: »Igna – tiew. Sascha – Ignatiew.« Ich wandte mich, fragte: »Kennt den einer?« Die neben mir nickten verneinend. »Dich kennt hier keiner,« sagte ich. »Sascha Ignatiew,« gurgelte es aus der Fratze im Winkel. »Einer kennt mich. Ignatiew. Viehhändler. Der aus Saratow.« Etwas wankte in mir. »Der auf der Semenskaja wohnte?« fragte ich. »Semenskaja,« grinste es.

Da stand ich vor dem Gespenst und die Lampe schwankte in meiner Hand. »Was willst du?« fragte ich. Es blieb still. Ich sagte: »Was willst du von mir? Ich bin dir nichts schuldig.« Vor mir das Wesen grinste. »Ignatiew,« lallte es, »aus – Saratow.« Ich kehrte mich zu denen, die neben mir standen, und sagte: »Vor vier Jahren. Ich habe mit ihm ein Geschäft gemacht. Ich habe geliefert – er hat bezahlt. Ist daran etwas Schlimmes?« Ich blickte im Kreis. Die Gesichter der andern waren blaß und verschlossen; nur die Kurila nickte mir groß in die Augen. Ich wandte mich nach dem Winkel hinüber, schrie: »Ich mußte verkaufen! Ich mußte fort! Sie hätten mich an die Wand gestellt! Versteckt, im Schiff, im Laderaum, zwischen Ballen stinkender Rindshäute. Sie wäre nicht mitgegangen.« Ich brach ab. Die Lampe schwankte in meiner Hand. Nichts antwortete, und es schien mir nur, als wären die neben mir ein wenig zurückgetreten und verständigten sich mit Gebärden. Nach dem Winkel hinüber schrie ich: »Du wolltest sie kaufen! Du bist gekommen, hast gesagt: deine Frau laß bei mir! Hab ich sie dir angeboten? Du!« Es grinste. »Du!« brüllte ich. »Aus Saratow,« lallte es drüben, »Sascha Ignatiew aus Saratow.«

Da kam es über mich, daß es mir rot ward vor den Augen und daß ich warf. Ich warf die Lampe, ich warf die brennende Petroleumlampe nach dem Grinsen im Winkel. Es durchzuckte mich wie ein elektrischer Schlag. Ich stürzte lang hin auf den Boden. Finsternis regnete auf mich nieder.

Als ich aufwachte, lag ich, wie ich gefallen war. Jemand hatte mir ein Kissen unter den Kopf geschoben. Im Raum, mir abgewandt, stand allein die Kurila. Ich sah, halb von der Seite her, ihr altes Gesicht, das ganz angespannt war in einem großen Aufmerken. Sie war über das Sofa gebeugt. Ich erhob mich halb und gewahrte, daß dort einer lag: Ruben. Er lag da, blaß, mit geschlossenen Augen, und atmete. Man hatte ihm auf die Stirn ein Tuch gelegt, durch das Blut sickerte – eine dünne Linie, senkrecht nieder über das Aug auf die Wange. Die Kurila wandte sich mir zu, mit großem Blick, und sagte behutsam: »Er schläft.« Da kam es über mich, daß ich hinging und ihn küßte. Die Kurila sagte: »Ich habe die andern fortgeschickt. Auch Ignaz. Ich dachte, Sie würden Ruben nach Hause bringen wollen.« Ich nickte. So setzten wir uns auf Sessel und warteten. Zwischen uns fiel kein Wort. Draußen sang es und summte klagend und ohne Hoffnung.

Es mochte eine halbe Stunde vergangen sein, da erwachte er. Die Kurila ging auf den Zehenspitzen hinaus in die Küche. Ich setzte mich an den Rand des Sofas und blickte nieder auf meine schweren Hände, die auf den Knien lagen. Ruben atmete. Ich schaute nicht auf. Da sagte er mit seiner unbeschwerten Stimme: »Ist der dünne Mann mit dem Schwalbenkopf fortgegangen? Er hatte traurige Augen.« Und fast flüsternd: »Warum ist er traurig? Er lächelt immer – und er ist traurig.« Ich schwieg. Er sagte unvermittelt und griff leicht nach der Stirn: »Ich weiß nicht, wie ich mir das getan habe.« Es war, als dächte er nach, schwer und schmerzhaft. Dann: »Bin ich gefallen? Wie bin ich gefallen?« Aber dann vergaß er aller Ernsthaftigkeit und erzählte weitschweifig einen heiteren Vorfall mit Vögeln, die ihm im Parke zugeflogen waren auf einer sonnigen Bank. »Eine Meise hat sich mir auf das Haar gesetzt,« sagte er unter leisem Lachen. Er lag still und schaute zur Decke auf mit einem klaren Gesicht.

Die Kurila schob den Kopf herein und mahnte zum Aufbruch. Als wir in die Küche hinaustraten, stand Rafael Meier dort und stellte sich mir mit einiger Verlegenheit in den Weg. »Ich lebe von dem, was meine Freunde mir schenken.« sagte er. »Ich bin arm. Sie haben die Lampe zerbrochen.« Ich gab ihm Geld, er zählte es, murmelte etwas, nickte einen flüchtigen Gruß und entfernte sich durch jene Glastür. Einen Augenblick lang sah man eine Kammer mit Körben, Bettchen und einem Kinderwagen. Ein Tisch war dort, mit einer kleinen, schmalen schwarzen Kiste darauf. Vier schmächtige Kerzen brannten ihr zu Häupten mit armseligen Flammen.

Wir gingen. Die Kurila verabschiedete sich auf der Treppe, verschwand. Als wir den Hof überquerten, stand da eines der Schachtfenster offen, die zu den Kellerwohnungen führten. Drunten der Raum war erleuchtet. Um einen Tisch saßen Männer – Krüppel in zerschlissenen Uniformröcken. Sie schwiegen und horchten. An der Spitze des Tisches saß jener Ernste, den sie Badele nannten. Er las ihnen vor, aus einem Buch. Er las sehr leise – ich konnte seine Worte nicht unterscheiden.

Ruben bat mich, ihn nicht nach Hause zu bringen: seine Eltern würden erschrecken. Den Verband wollte er vom Kopfe nehmen. Aber er war schwach und das Blut war noch nicht völlig gestillt. So ging ich mit ihm. Als wir in die schmale, lärmende Gasse kamen, in die die Feuerbachs sich verzogen hatten, war es halb zehn. Ruben versuchte nochmals, mich zum Umkehren zu bestimmen. Ich ließ ihn nicht. Er schloß behutsam die Tür auf – im dritten Stockwerk eines trostlos neumodischen Zinshauses – und ich fand mich nach Durchquerung eines sehr kleinen Flures in einem Wohnzimmer, das eng mit vielfältigem Möbelwerk verstellt war. Man mochte da die Einrichtung zweier oder dreier Räume zusammengezogen haben. Am Tisch in der Mitte, mir abgewandt, saß ein gebrechlich magerer Mann, dünnes Grauhaar über die gewölbte Glatze gestrichen. Er hatte nah vor sich eine grelle elektrische Stehlampe, schaute, tief gebückt, auf seine Arbeit nieder und malte mit sehr unsichrer Hand in kleiner, krauser Schrift Wort um Wort. »Vater,« sagte Ruben. Der Schreibende nickte, ohne sein Tun zu unterbrechen. »Ich habe dir einen Gast gebracht,« sagte Ruben. Da erhob sich Feuerbach und kehrte mir sein Gesicht zu.

Er stand vor mir und schaute mich an – oder richtiger: er schaute an mir vorüber. Denn ich mußte wahrnehmen, daß er, von der künstlichen Helle unvermittelt ins halbe Dämmern des Raumes gewandt, mich nicht sah und hinter seinen blauen Brillen hervor neben mich auf die Wand starrte. Als Ruben ihm sagte, wen er vor sich hatte, und als er mir schon sehr herzlich die Hände hinstreckte, kam doch kaum ein geänderter Ausdruck in sein leidvertrautes und zerknittertes Antlitz. Er war sehr alt geworden. Des Anzugs, den er trug, eines graugelben Anzugs, der ihm locker am Leib hing, glaubte ich mich noch aus der Zeit vor dem Krieg zu erinnern. »Ich wußte nicht, daß Sie leben,« sagte er leise. »Die Russen haben mich damals aus dem Trichter geholt,« sagte ich. Er sagte: »Ich war dann noch am Isonzo.« Und nach einer Weile: »Es hat drei Finger gekostet. Und« – er deutete nach den Brillen – »und das da«. Es schien mir, als wollte er nicht weiter darüber reden, und das war mir recht. Er strich mit einer weiten Bewegung, nicht ohne Hast, die Briefumschläge und Papiere zusammen, die auf dem Tische lagen, und schob sie in eine Lade. »Arbeit,« sagte er. »Ich liebe es, abends noch ein wenig zu arbeiten.«

Ruben, der sich freuen mochte, daß man seiner und seines Zustands nicht achtete, zog sich zurück. So saßen wir zwei da einander gegenüber und redeten nicht. Erst da die Stille zu schwer ward, wies ich nach der Lade, in die er die Papiere geschoben hatte, und sagte: »Neues? Ein neues Buch?« Er schaute an mir vorbei und verneinte mit einer sehr langsamen Bewegung des Kopfes. »Nein,« sagte er leise, »nein, nein, nein. Nichts.« Er schwieg. Doch dann, als fürchtete er, durch sein Schweigen mich zu verletzen, sagte er eilig: »Es ist nicht ganz leicht. Diktieren? Ich habe diktiert. Meine Frau hat geschrieben. Meine Frau hat jetzt wenig zu tun, wir leben eingezogen und die Wirtschaft ist klein. – Wir sind ein wenig menschenscheu geworden,« schloß er mit einem lichtlosen Lächeln.

»Ruben?« fragte ich. Der Mann schwieg. Dann sagte er sparsam: »Ruben – ein liebes Kind.« Und nach einem neuen Schweigen: »Er ist von einer großen Klugheit des Herzens.« Dann hing wieder die Stille zwischen unsern Gesichtern. Als fürchtete er, durch sein Schweigen mich zu verletzen, sagte Feuerbach noch: »Ruben. Er ist wenig zu Hause.« Und leiser: »Auch Mirjam ist wenig zu Hause.«

»Mirjam?« fragte ich und verschwieg, daß ich sie unter den Toten geglaubt hatte. Als man sie in Radymno in den Cholerawagen gelegt hatte, hieß es, sie sei gestorben. Mirjam, Mirjam lebt, sagte ich zu mir. »Seit Mirjam wieder auf den Beinen ist –« sagte Feuerbach, »Mirjam ist Krankenpflegerin. Ein schwerer Beruf. Kaum, daß sie einen Tag und eine Nacht in der Woche daheim ist und schläft. Wovon sprachen wir? Ich habe also diktiert und meine Frau hat geschrieben. Gedichte, Aufsätze. Es ist wohl nicht mehr ganz so wie früher. Die neue Art ist mir fremd. Ich spreche nicht ihre Sprache. Aber –« und er krampfte, plötzlich tief erregt, die Finger um meinen Arm und legte, als wollte er mir ein Geheimnis vertrauen, den Mund an mein Ohr, »aber sie werden mich hören. Wenn ich verscharrt sein werde – sie werden mich finden.«

Ich antwortete nicht. Mirjam lebt, sagte etwas in mir. Die Flurtüre ging. Frau Feuerbach kam herein und erstarrte, als sie mich sah. Ihr Gesicht, Gesicht einer fast alten Frau, war noch immer schön, doch beherrscht von einem Zuge harter Leidenschaft und gezeichnet von geheimer Entbehrung. »Du hast noch nicht zu Abend gegessen,« sagte sie zu ihrem Gatten. »Geh hinüber. Man wird dich entschuldigen.« Er erhob sich, eilig über Gebühr, und ging, an zwei Sessel stoßend, mit einem gestammelten Satze halber Verlegenheit aus dem Raum.

Frau Feuerbach, die ihm nachgeblickt hatte, wandte sich scharf nach mir um. »Sie werden nicht sagen, daß Sie mich dort auf der Treppe getroffen haben,« sagte sie rasch. Ich nickte. Wir schwiegen, schauten aneinander vorbei. »Ruben hat Sie hergebracht?« fragte sie. »Ja.« Sie: »Er treibt sich umher. Ich weiß nicht, mit wem er seine Tage verbringt. Bald ist es Ignaz Klein und bald der und bald jener.« Sie redete, und ihr Reden und ihre Heftigkeit liefen leer und waren, als wollte sie sich von ihnen nur forttragen lassen über den Augenblick. Auch ich schwerer Mensch war da mit einemmal fast beklommen. »Ja, Ruben,« sagte ich, »der ist viel allein, scheints. Sie haben die Hauswirtschaft und Ihr Mann hat seine Arbeit, schreibt seine Bücher.« Ich sah, wie die Härte der Frau unter meinen Worten mit einemmal sich erschloß. Sie blickte mir erregt in die Augen. Es zuckte in ihrem Gesicht. »Mein Mann?« fragte sie. »Wollen Sie sehen, woran er arbeitet?« fragte sie mit künstlich ruhiger Stimme. Sie winkte mich zu sich, zog die Lade auf und ließ viele Briefumschläge zwischen den Fingern flattern. »Hier. Er schreibt Adressen. Tausend Adressen für dreißig Kronen.« Und mit einem heimlichen Weinen in aller Beherrschtheit: »Wenn Mirjam nicht wäre – wenn Mirjam nicht verdiente –« Sie unterbrach sich. Feuerbach stand in der Tür. Er wies mit einem dürren Arm nach dem Tisch mit der offenen Lade und sagte: »Ich verbiete das! Ich verbiete dir –« Er verstummte und griff nach dem Herzen. Frau Feuerbach brachte ihm ein Glas Wasser. Ich ging.

Als ich heimkam, warteten vor dem Tor vier, fünf Automobile. Das erste Stockwerk, die Zimmerfront der Calé, war erleuchtet – auch die Fenster der Hofseite. Dort hatten zwanzig oder dreißig der Hausbewohner sich angesammelt, standen im Dunkel und starrten hinauf nach den hellen Gardinen, über die Schatten glitten. »Jetzt tanzen sie,« sagte einer. Musik, aus einem fernen Raum, fast erstickt, fiel herunter. Ich trat unter die Leute, fragte. Der Schuster nahm die Pfeife aus dem Mund, spuckte aus, sagte: »Donnerstag! Jeden dritten Donnerstag ist Ball.« »Bei der Calé? Im Bordell?« »Bordell?« Er spuckte, schwieg, sagte: »Das ist kein Bordell. Das ist ein Klub. Jeden dritten Donnerstag vermietet sie an eine Gesellschaft. Reiche Leute. Auch Weiber.« Er schob die Pfeife in den Mund und wandte sich ab. Spät wache Kinder spielten mit einer Katze. Schatten Tanzender drehten sich droben vorüber. »Jetzt tanzen sie,« sagte Jablonski und wiegte sich, Arm um die Hüfte einer vorgestellten Partnerin in die Luft gelegt, übertrieben zierlich und dann wieder stolpernd unter den Lachenden. Über den Hof kam einer näher, mischte sich unter die andern. »Sie fressen,« sagte er. »Die Calé hat sich die Köchin vom Gasthaus geliehen für heute abend. Sie haben Schweinebraten und Spargel.« Eine Frau sagte laut: »Spargel ist für die heut das Rechte. Spargel – das wirkt.« Man lachte. Jablonski machte eine zügellos unanständige Geste. Kinder, mit Kreischen, haschten einander unter den Gaffenden. »Die bekommen noch mehr zu fressen als einen Braten,« sagte ein Gesicht aus dem Dunkel. Einer sagte: »Champagner!« Man schwieg.

Nun war auch Licht auf der neuen Stiege, die vom Hof in die hinteren Zimmer hinaufführte. Zwei Herren und eine Dame, in Pelzen, stiegen hoch und verschwanden. Durch die offene Türe fiel einen Augenblick deutlicher die Tanzmusik in das Dunkel herüber. Da hatte von den Schauenden auch schon eines das andere untergefaßt, und nun drehten sich wirklich vier, fünf Paare auf dem lichtlosen Pflaster. Eine Stimme schrillte: »Fressen haben sie! Kleider! Weiber! Geld!« Einer sagte: »Geld ist nichts mehr.« Es schrillte: »Die haben ausländisches! Das gilt von heute auf morgen das Doppelte.« Ein paar gähnten, entfernten sich – fielen zurück durch Tore, Türen in Stubennacht. Nun waren nur mehr sechs oder sieben, die nach den hellen Fenstern hinaufschauten. »Anna steht heute nacht um Kartoffel,« sagte eine Frau. Stille war. Droben drehten sich Schatten. Irgendwo im Dunkel fragte etwas: »Hast du Margarine bekommen?« Schritte entfernten sich. Der Hof war leer. Nun stand ich allein.

Ich ging zu jener Hinterstiege hinüber, deren untere Pforte, verglast, den Blick freiließ über die nun wieder unbeleuchtete Treppe bis hinauf zur eigentlichen Eingangstüre, durch deren Ritzen ein schmaler Strahl Lichts auf die Stufen fiel. Das Zimmer hinter den beiden Fenstern, die sich rechts an den Eingang schlossen, mochte man als Garderobe eingerichtet haben: an den Gardinen sah man die Schatten einiger Menschen, neuer Ankömmlinge offenbar, die sich ihrer Überkleider entledigten. Ich horchte, drückte die Klinke der Glastüre nieder. Sie war versperrt. So wandte ich mich und schritt langsam die Hofseite des Vorderhauses entlang nach rechts bis zum Winkel des Seitentraktes. Bei der Meier fiel blasses Licht aus den Scheiben – Kerzenlicht, flackernd; es mochte noch immer die kleine Leiche dort auf dem Tische gebahrt sein. Die andern Fenster dieses Hausteiles lagen stumpf schwarz. Eines nur – das der Großmutter, das meiner Knabenzeit – glitzerte nächtlich.

Ich ging weiter, eng an der Mauer, das Seitenbaus entlang bis zum hinteren Winkel. Es kam über mich, daß ich behutsam zu gehen begann, leicht vorgebeugt und in den Schatten gedrückt. Im Winkel wartete ich, stand still, horchte. Aus dem Kellergeschoß, aus dem Zimmer des Schusters, schwoll und schwand der Atem der Schlafenden. Badeles Fenster stand offen. Es war mir, als läse einer aus einem Buch. Doch als ich näherglitt, sah ich, daß das Dunkel drunten im Raum lag. Nichts regte sich. Schatten Tanzender drehten sich drüben im Vorderhaus hinter hellen Gardinen. Dort tanzten sie und hatten zu fressen, hatten Weiber und Geld.

Da war ein Geräusch. Zwei Schatten lösten sich von der Mauer und ertranken in Finsternis. Wirres Schicksal hockte ringsum im Haus. Hundertgestaltig saßen sie in ihren Kammern und atmeten. Kalt war mir. Ich duckte mich wie einer, der auf der Jagd ist. So glitt ich rechtshin weiter das Hinterhaus entlang bis zum Winkel der Planke. Und dann an der Planke vor zur Hintertreppe nach dem Bordell. Der Hof war umkreist.

Die Fenster des Garderoberaums droben waren nun ohne Licht. Als ich an die Glastüre trat, sah ich, daß sie nicht mehr versperrt war. Hinter schmalem Spalt klaffte Dunkelheit. Ich bückte mich, drückte die Türe langsam zurück und glitt hinein in die Finsternis. Eben in jenen Augenblicken fiel die Musik aus den Zimmern lauter herüber und ertränkte das leichte Knarren. Nun stand ich und horchte. Nichts, Stille. Meine Augen, der Schwärze ringsum allmählich vertrauter, nahmen das Treppengeländer wahr, vom Lichtschatten der Türenscheibe getigert, und dahinter die Stufen, stumpf auffliehend zu jenem schwarzen Eingang im Halbstock; dort schimmerte es durch Ritzen und Fugen. Eben wollte ich mich höher schieben, die Treppe hinauf, da war droben ein leichtes Scharren – wie man es hört, wenn eine Ratte an einer Bretterwand hochklimmt und abgleitet. Stille. Dann war es mir einen Augenblick lang, als kratzte Metall an Metall. Aber da schwoll wieder Musik auf und verwischte den Laut. Ich lauerte, in den Stiegenwinkel geduckt, ohne Regung. Alles blieb still. Eine lange Viertelstunde verkroch.

Plötzlich waren droben, drinnen Schritte zu hören, abgerissenes Reden, Tappen, Stolpern, Gelächter. Es mochte ein Trupp der Gäste aus den vorderen Räumen sich herübergezogen haben. Eine Stimme, lallend vor Trunkenheit, sagte: »Laßt mich! Laßt mich allein! Zum Teufel, laßt mich jetzt! In ein paar Minuten komme ich wieder in den Salon!« Unter Protestruf und Gekicher verzog sichs. Einer blieb, tappte drinnen nach der Klinke, schloß auf.

Da war also unversehens droben die offene Tür, ein grelles Geviert, und ins Licht gezeichnet stand da breitspurig im Gesellschaftsanzug ein Mann. Sein Gesicht, von voll straffem Weißhaar umrahmt, lag im Schatten. Der Hemdkragen war ihm aufgesprungen und klaffte. Eine Welle Weindunstes strich die Treppe herunter. Der Mann stand stumm, starrte stumm. Dann beugte er sich ins Dunkel heraus und flüsterte: »Ist jemand da?« Er stand horchend. Nichts regte sich. Er trat einen Schritt auf den Stiegenabsatz hinaus.

In diesem Augenblick gewahrte ich, wie aus der Finsternis von links her eine breite, rote Hand sich ins Licht schob. Der Mann sah sie nicht, stand im Taumel, flüsterte nocheinmal: »Ist jemand da?« Da faßte jene Hand nach seinem Gelenk und riß ihn, der aufschrie, seitlich links ins Lichtlose. Stumpfer Hieb fiel auf Stumpfes. Etwas wankte, polterte hin auf die Stufen. Etwas zischte: »Jetzt schnell.«

Da mochte ich mich bewegt haben: das hölzerne Geländer, an das ich gelehnt stand, knarrte laut auf. Droben jähe Stille, ein wilder Fluch, zwei Gestalten rasen die Stufen herab auf mich zu. Den Bruchteil einer Sekunde lang hängt ein Kurzes, Spitzes, Blitzendes vor meinem Gesicht und stößt an meinem Hals vorbei in die Luft. Die Glastür, weit aufgerissen, klirrt an die Wand. Zwei Gestalten fallen draußen in Nacht.

Ich lief die Treppe hinauf, ertastete in der Dunkelheit einen Leib und zerrte ihn, plumpen Sack ohne Leben, über die Schwelle der offenen Tür in den lichthellen Korridor des Hauses Calé. Von da ging es links hin durch eine halb offene Tapetenpforte in einen kleineren Raum, der im Schein einer rot verhängten elektrischen Stehlampe den erlogenen Prunk eines Tischchens, dreier Sessel, eines falsch verkleideten Kamins und eines breiten, schaffellbelegten Divans muffig und ernüchtert aufschimmern ließ. Zu jenem Divan trug ich den Gefällten und legte ihn auf den Rücken. Vor mir lag Abel, Johannes Abel und schaute mir lebend, wach aus roten Augen in das Gesicht. Er war tödlich betrunken. »Gestürzt,« lallte er. »Verfluchte Weiber. Finsternis gestolpert. Jetzt ist sie davongerannt.« »Niedergeschlagen hat man Sie,« sagte ich. Das verstand er nicht, das wußte er nicht. Er tappte ungeschickt nach seiner Westentasche, aus der ein Papier lugte. Ich zog es hervor, entfaltete es. Da stand, mit groß gezeichneten, sorgfältigen Buchstaben: »Warte auf Hinterstiege. Halb drei. Allein kommen! Süße Überraschung!« Er kicherte: »Wildfang! Wo ist sie?« Ich schwieg, gab ihm den Zettel zurück, der ihn auf die Treppe gelockt hatte.

Inzwischen hatte er den Blick seiner stark geäderten Augen in den meinen gebohrt, hob plump den Arm nach mir hin und sagte klareren Sinnes, doch mit schwerer Zunge noch immer: »Dich kenn ich.« Es war ein Wiedersehen voll besoffener Zärtlichkeit. »Junge, Junge,« lallte er, »dich haben sie ja erschossen!« Und dann: »Wir leben! Alle leben wir! Alle sind wir lebendig!« Er war lustig geworden, und es erwies sich, daß er von dem Abenteuer auf der Stiege nicht mehr abbekommen hatte als eine Beule am Hinterkopf. Ich versuchte, ihm den Vorgang mitzuteilen. Ein paar Augenblicke schwieg er ernüchtert. Aber bald übermannte ihn wieder der Rausch. »Mein Retter,« sagte er unter Tränen weinseliger Gerührtheit, erhob sich mit Mühe, wankte auf mich zu und umarmte mich. Dann mochte ihm übel geworden sein – er erbat ein Glas Wasser. Ich trat auf den Korridor hinaus. Suchte. Durch die offengebliebene Eingangstüre sah ich im Stiegendunkel den Schimmer eines Gesichtes. Ich sprang hin – ein Schatten verglitt. Drunten tappten Schritte davon. Ich schloß ab, einmal, zweimal. Dann wandte ich mich zurück. Der Garderoberaum rechts vom Korridor war versperrt, der Schlüssel abgezogen. Dann gab es da rechts, links noch fünf Türen, die in separierte Zimmer führen mochten gleich dem, in dem Abel wartete. Hinter der Biegung am Ende des Ganges kreischte entfesselte Musik, Tanzschritte schleiften, Stimmen und Gelächter verwirrten sich. Wasser fand ich nicht. Auf einem Tischchen stand eine Flasche Wein, halb geleert. Die nahm ich und trat zu Abel ins Zimmer. »Durst,« lallte er, beugte sich hintüber, trank, trank. Die leere Flasche setzte er ab und stellte sie neben dem Tisch in die Luft. Sie fiel und zersplitterte. Ich hatte mich auf den Divan geworfen, lag, die Hände im Nacken, und lachte.

Denn über den lallenden, torkelnden Menschen im weinfleckigen Frack war plötzlich eine tolle, sonderbare Feierlichkeit gekommen. Er war hinter einen der Stühle getreten, stützte sich mit der und dieser Hand auf die Lehne, und zugekehrt dem Kamin, der Wand, ins Nichts, in die Leere begann er mit weiten Gebärden eine Rede zu halten. »Meine Herren,« lallte er, »ich eröffne die Sitzung. Tagesordnung? Die Tagesordnung bin ich!« schrie er auf. Dann war das, was er lallte, wieder nicht zu verstehen. Er hatte mit jenem Zettel zugleich ein paar Telegramme zu fassen bekommen, deren er viele wahllos in seinen Taschen haben mochte, Telegramme überallher, und nun stand er da wie ein Redner und las: »London! Paris 14 3/8, Berlin 134, Zürich 11 1/2 bis 5/8, Wien 217.« Er faßte nach einem andern und las: »10 000 wie gehabt Nachbörse bestens stop hören hier Magnesit!« Er unterbrach sich und sagte mir, wie man einem einen Orden verleiht: »Verstehst du, Mensch? Magnesit!«

Ich lag auf dem Divan und hörte kaum auf das, was er sagte. Ich dehnte mich und lachte ihm ins Gesicht. »Narr,« lachte ich, »blauer Narr!« Aber das erbitterte ihn. In die Tasche faßte er und eine Hand voll, zwei Hände voll zerknüllter Telegramme zog er hervor: »Lach nicht, Mensch!« schrie er auf, und zu mir gewandt nun, und doch wieder über mich weg an die Mauer sagte er: »Demobilisationsgut beschaff ich, auch einen Ausfuhrschein, ich. Aber für den Käse rentiert sich nicht der Transport. Der läuft selbst weg.« Er gluckste. »Marge?« sagte er, »Marge!

Wenn Hungersnot ist, werden sie fressen. 1.214.320! Wer deckt da? Ich nicht. Ich geb Zürich gegen Madrid, auf die Zinsfußerhöhung. Aber Petroleum muß man dann konterminieren.« Er flüsterte. Oh, er war besoffen. »Narr,« lachte ich, »blauer Narr!« Ich lag auf meinem Divan und lachte.

Ich hörte, daß die aus dem Tanzsaal sich herübergezogen hatten und mit Gelächter und Rufen draußen sich umtaten auf dem Korridor. »Abel! Wo ist der Alte?« rief eine Frauenstimme. »Narr,« lachte ich, »blauer Narr!« Abel, nüchterner, stand vor mir und schrie: »Was starrst du mich an, Mensch? Warum lachst du mich aus? Bettler! Schäbig, Junge. Wenn die Calé dich hier sieht, dann fliegst du im Bogen.« Und ruhiger: »Sei kein Idiot. Du hast mir geholfen. Willst du Geld?« Er holte seine Brieftasche hervor, griff darein mit zwei Fingern und schwenkte sie mir nah vorm Gesicht. Er schrie: »Das ist Geld, Junge, Geld! Oder willst du verdienen? Geld liegt auf allen Gassen! Sie sind engagiert, Herr! Sekretär!« Der Rausch überkam ihn. Er stützte sich auf den Stuhl.

Die Tür flog auf. »Abel, Abelchen,« kreischten verlarvte Weiber und drangen herein. Weinrote Männergesichter schoben sich näher. »Geld,« brüllte Abel, »Geld! Wir kaufen, wir kaufen! Wir bleiben schuldig! Sie sollen uns klagen! Bekommen sie ihr Geld in zwei Jahren. Wer weiß billigeren Kredit?« Mit Gemecker schoben sich drei, fünf, acht der Männergesichter heran. »Geld,« schrie Abel. »Geld,« kreischten die Weiber und hängten sich an seinen Hals. Mit zwei Fingern faßte er in die Brieftasche und warf Papier, Papier über Köpfe hin. Mit Gezeter balgten sie sich um die Scheine auf dem Boden. »Geld,« brüllte Abel und stand plötzlich torkelnd auf einem Stuhl. »Geld,« brüllte er. »Auf den Gassen liegt es! Wir fressen! Wir fressen!«

»Wir fressen,« schrie, johlte, gellte es aus Männergesichtern. Larven waren da. Auf dem Boden balgten sie sich. Aufragend über das Wogen, auf seinem Sessel taumelnd stand Abel und brüllte.

Da fühlte ich einen Blick auf mir. Da wandte ich mich nach der Türe. Dort lehnte eine Frau im Tanzkleid, das auf der Seite zerfetzt war. Die abgerissene Larve hing ihr noch, eine tote Fledermaus, von der Schläfe nieder. Da stand sie, weißen Gesichtes, reglos mir zugewandt. Da stand Mirjam Feuerbach und schaute mich an.

Der Sturz nach oben

Es war so, daß ich in dem schmalen Zimmer neben dem des Samuel Klein saß und die Leute abzufertigen hatte, die zu ihm wollten. Und den blauen Anzug mit den Streifen schaffte ich mir an von dem Geld, das Geza Balogh mir gab, als er wollte, daß Klein die Partie bombierte Kondensmilch kaufe. Aber dann nahm ich keine Trinkgelder mehr, auch von Abel nicht, der mich zweimal wöchentlich in sein Privatzimmer rief und mich ausholen wollte, was Klein denn eigentlich auf eigene Faust für Geschäfte mache und wer ihn besuche und was er rede. Trinkgelder nahm ich nicht mehr. Als de Letter, der Amsterdamer, auf zwei Schlüsse Alpine mich mitnahm und mir anderen Tages die dreitausendachthundert Kronen hinschmiß, die daran kleben geblieben waren, sagte ich nicht ja und nicht nein und rührte vorläufig keinen Finger in der Konservensache und sagte ihm nur, ich würde ihn um vier Uhr im Kaffeehaus aufsuchen. Er klopfte mir auf den Bauch und war einverstanden und lachte und ging; ich sah, daß er wütend war. Den Grafen Warre, den rotäugigen Dummkopf, der immer wieder mit Pretiosenbelehnungen kam, warf ich einfach hinaus. Sollte er sich an Birkmeier wenden. Hamburg hatte auf uns zweimonatlich in Dollar trassiert und dagegen Gummimäntel gekauft. Klein wurde grün im Gesicht vor Ärger und schickte mich ins Kaffeehaus, Termindollar decken. Aber ich bekam nichts, die Leute waren schon zum Mittagessen gegangen. Der Oberkellner wollte mir hundert in Noten geben. Davon hatte ich nichts. Ich riet ihm, zu halten. Um zwei Uhr telefonierte Berlin und fragte polnische Mark. Klein gab aus Prestigegründen eine Million, obwohl wir selbst keine hatten, und ich deckte private Zahlung bei Kronfuß mit drei Punkten

Nutzen. In Devise Newyork war weiter nichts zu machen. Berlin nannte Ware vierzehn Kronen über der Parität. Indes Klein ins Gasthaus hinunterging, wo der neue Franzose mit den zerfressenen Zähnen ihn erwarten sollte, mußte ich noch zum Sektionsrat Berkel von der Devisenzentrale. Mit einem verschlossenen Kuvert. Berkel nahm, auch sein Zimmerkollege nahm – da ließ es sich leben. Auch mit dem Referat IV ließ sich leben – der Hofrat ging a metà auf Berliner Papiere mit. Nur mit Referat III war es schwer: die Leute nahmen keine Vernunft an und verhungerten lieber, als daß sie an der Krippe gefressen hätten. Staatsbeamte! Die Kleider schlotterten ihnen am Leib – nein, sie nahmen nicht. Mit Berkel das klappte. Im Taxi fuhr ich zurück ins Büro. Die Redaktionssekretärin der *Wahrheit* telephonierte (die von Farkas, die blonde, die Aristokratin) und wollte die Exotenschlußkurse wissen – selbstverständlich wegen der fünfhundert Abel, die er tags vorher von uns übernommen hatte. Und ob sie noch ein paar hellgraue Filzhüte haben könne vor der Versteigerung. Für sich privat. Ich schrieb ihr einen Ausfolgeschein und sie sagte mir, daß mit den Abelaktien etwas im Werke sei. Kapitalserhöhung oder dergleichen. Farkas habe ihr eine Stimmungsnotiz für die Samstagnummer diktiert. Ich tat verwundert. Und fragte sie, ob sie niemals ins Kino gehe und so. Aber sie lachte und wollte nicht. Ich war zufrieden, denn nun dachte sie, ich wüßte nicht, wie sie mit Farkas stand. Klein, dem ich davon erzählte, tätschelte mir die Wange und erinnerte mich daran, daß die Termindollar noch nicht gedeckt waren. Und übrigens war es Zeit für de Letter. So ging ich.

Es war nicht viel Geschäft im Kaffeehaus – Montag nachmittags, und die Kulisse hatte auf die Nachricht von den Stettiner Matrosenrevolten lustlos geschlossen. Nur vorne bei der Sitzkassierin standen zehn oder zwölf aus Lemberg und Czernowitz und hatten Ware in Schifffahrtswerten und Westkohle. De Letter winkte mir mit einem Löffel. Er saß auf dem Plüschsofa am hinteren Fenstertisch und aß Eier. Seine Weste war wieder dreckig, obwohl er die Papierserviette vorgesteckt hatte. Er war eigentlich kein Amsterdamer. Er hatte bis 1914 in Podhajce gelebt, als

Gutspächter, war dann vor der Russeninvasion nach Holland gegangen und hatte während des Krieges die große Marmeladelieferung für die achte Armee, von der damals im Heeresbericht stand, als die vielen Erkrankungen waren. Nun saß er da schon seit vier Monaten und verdiente. Er klopfte mir auf den Bauch und lachte und ließ mir vom Kellner weiche Eier und Mokka bringen. Dann redete er von der Hitze und von Devise Bukarest. Er war flau auf Lei, weil der Fleischexport von der Regierung gedrosselt wurde. »Wir werden hier Fleischpreise erleben –« sagte er und pfiff durch die Zähne, ihre besondere Höhe anzudeuten. »Die Füße werden sie sich in den Bauch stehen vor den Fleischgeschäften. Es wird sein wie 1918,« sagte er visionär und roch leicht nach Hering. Ich sah, was er wollte, und sagte: »Armour bringt Gefrierfleisch und Cornedbeef, wie viel man will.« Er ließ von den Eiern ab und schrie: »Wer hat Geld für Armour? Wer kann zahlen dreißig Dollarcent für ein Pfund?« Dann flüsterte er und schob den Hut aus der Stirn. Er wußte von fünfhundertzwanzig Waggons alter Fleischkonserven, aus den Beständen der amerikanischen Armee, die in Calais zurückgelassen worden waren, zu Bergen getürmt, unter freiem Himmel, in Regen und Wind. Darin war vieles noch eßbar. Und das kostete nichts – ein Schmiergeld, ein Butterbrot. Dieses Geschäft wollte er mit uns machen. Er schlug mir auf den Bauch und zeigte die Zähne. Ich blieb kühl und versprach, mit Klein gelegentlich darüber zu reden, und winkte Fenichel an den Tisch und gab ihm den Auftrag, zweitausend Dollar zu kaufen auf sechzig Tage Termin. Der kleine Alte schmatzte mit nassen Lippen und warf sich ohne Hut und Rock auf die Gasse hinaus. De Letter fragte mit wachen Augen: »Dollar?« Ich sagte: »Für Budapest. Wir haben konterminiert.« Er nickte und ich sah, daß er mir nicht glaubte. Er drehte an meinem Rockknopf und sagte: »Diese alten Fleischkonserven –« Aber er unterbrach sich, denn Geza Balogh setzte sich ohne Gruß neben mich und rückte den Hut in die Stirn, um sich mit einem Taschentuch den Schweiß vom Nacken zu wischen. Der kleine, magere Mensch zog einen Elfenbeinzahnstocher hervor und beschäftigte sich mit seinem Gebiß, ohne etwas zu reden. Nach einer Weile fragte er: »Fleischkonserven?« »Ja,« antwortete ich. Er spuckte auf den Boden und sagte: »Mist.« De Letter wurde tief rot und hieb die Faust auf den Tisch. »Sie wissen,« sagte er dröhnend. Balogh machte ein Auge klein und betrachtete in einem Taschenspiegel seinen Gaumen. »Halsentzündung,« sagte er. De Letter beharrte: »Was wissen Sie von den Fleischkonserven?« Balogh sagte: »Mist« und atmete laut. De Letter begann dröhnend zu lachen und schoß einen grünen Blick nach dem Ungarn. Der mußte auf die Toilette gehen. Aber ehe der Dicke von seiner Angelegenheit weiterzureden vermochte, winkte mir Fenichel durch den Qualm von der Türe her und ich grüßte und ging. Oh, ich hatte Einfluß und ich hatte Geld. Ich hatte sechs Paar Schuhe im Kasten und einen Abendanzug. Und die Nächte verbrachte ich da und dort, wie es mir gefiel. Und Freunde hatte ich. Und die kleine Blonde von unten ging mit mir zweimal ins Hotel. Und fressen konnte ich, soviel ich wollte.

Als Abel nach jener Nacht im Hause Calé mich zu sich nahm, oder richtiger: als er mich neben Kleins Türe setzte, um einen mehr zu haben, der den kleinen Juden bewache, erwies es sich, daß ich für die Art geschäftlichen Betriebes, wie er in den Abelwerken damals im Schwang war, viel Eignung besaß. Was mir an Besonnenheit, Schulung, Kenntnissen fehlen mochte, machte ich wett durch jenen Blick für Menschen, den ich mir in acht wilden Jahren erworben hatte, durch eine harte Hand, die bedenkenlos zugriff, wo es zu greifen galt, durch eine Entschlossenheit, die von keinen Skrupeln beschwert war. Und wußte Samuel Klein, der in Gehaben, Tracht und Gesinnung übrigens sich durchaus nicht geändert hatte, alle Fäden des Betriebes in seiner Hand zu vereinigen, so mochte es ihm eben damals um so willkommener sein, meiner da und dort sich bedienen zu können, als dieses Sitzen inmitten des Spinnennetzes fast von Tag zu Tage schwieriger ward.

Der große Aufschwung der Abelwerke hatte im Frühsommer des Jahres fünfzehn begonnen, als sie den Auftrag auf zwanzig Waggons Kriegsschokolade bekamen. Am 12. Juli erhielt Samuel

Klein den Titel eines Direktors und Birkmeier eine Remuneration von zweitausendzweihundert Kronen. Am 1. August wurden die zweiundsechzig Waggons Nährkakao ausgeliefert und am 9. August wurde Birkmeier wegen Lebensmittelverfälschung und Betruges verhaftet. Das Urteil lautete auf zwei Wochen Arrest. Der Arbeiter Balaun bekam vierhundert Kronen und meldete sich an Birkmeiers Stelle zum Strafantritt. Nach Abzug dieser vierhundert Kronen blieb von diesem Kakaogeschäft ein Nutzen von hundertzweiundachtzigtausend und zweihundert Kronen. Für alle Fälle wandelte man die Firma in eine Gesellschaft mit beschränkter Haftung. Klein übernahm zehn Prozent, mußte Abel aber eine Option auf Rückkauf binnen dreier Jahre bewilligen. Am 17. September wurde Birkmeier Direktor, mit einer Umsatzprovision von zwei Elftel Prozent.

Dann ereignete sich bis zum Kriegsende kaum mehr etwas von Belang – wenn man von dem großen Marmeladengeschäft absieht, das übrigens einen erbitterten Konkurrenzkampf und dann die enge Freundschaft mit de Letter in Amsterdam brachte. Man verkochte Fallobst mit Saccharin und verschnitt die Masse zu zwei Dritteln mit Rüben. Die Heeresleitung übernahm zweihundert Waggons und Abel bekam den Roten-Adler-Orden fünfter Klasse. Die Geweka wollte hundert Waggons kaufen, um sie an die Provinzkonsumvereine weiterzugeben, und sie hatte auch schon an Birkmeier a conto der Beschaffungsprovision hundertfünfzehntausend Kronen bezahlt, aber da meldete sich im letzten Augenblick die Wikox und kooptierte Samuel Klein in den Verwaltungsrat. Sie bekam das Vorkaufsrecht auf die gesamte Produktion der Abelwerke, aber dafür verschaffte sie ja auch Abel unter der Hand das Pferdedeckengeschäft für die vierte Armee, und Abel nahm Birkmeier mit, mit fünfzehn Prozent – nicht zuviel, denn die Hälfte ging an Viktor, den Vetter im Kriegsministerium, der einen Freund in der Intendanz hatte. Damals kaufte Abel die Exzelsiorwerke, die Firma Brauntal & Co und die beiden kleinen Fabriken in Krakau. Den Einkauf leichter bewältigen zu können, kommanditierte er im Stillen eine Kolonialwarenfirma, machte, eben da der Krieg zu Ende gegangen war, Filialen auf in Hamburg, Rotterdam und Triest und konnte nun, als Kommissionär ausländischer Firmen, an die eigenen Fabriken gegen Wechsel in fremder Währung verkaufen. Nun war Bargeld für den Betrieb der Fabriken nicht mehr vonnöten, und was an Nutzen hereinkam, wendete Samuel Klein an den Einkauf von Sauerkraut. Man hielt die Ware zu lange zurück und sie stank; aber versetzte man sie mit ein wenig Ammoniak, so war sie wie frisch. Die Wikox lehnte ab, doch die städtische Ausspeisung kaufte.

Das war also etwa zu der Zeit, als Abel mich in den Betrieb nahm. Dem jähen Verfall der Währung begegnen und die tolle Steigerung aller Börsenkurse besser nützen zu können, hatte Klein etwa zwei Monate früher die Abelwerke als Aktiengesellschaft konstituiert und eine gesonderte Bankabteilung anmelden lassen. Diese Bankabteilung, ursprünglich nur zur Deckung des eigenen Devisenbedarfs gegründet, wendete sich alsbald anderen Aufgaben zu und machte oder finanzierte Export- und Importgeschäfte mit Waren jeglicher Art. Und da Birkmeier mit der Überwachung der technischen Betriebe vollauf zu tun hatte und Abel ein launischer und wenig regelmäßiger Arbeiter war, ist verständlich, daß Klein seine Aufgabe allgemach über den Kopf wuchs. Ihn in Dingen von Wichtigkeit zu unterstützen und zu entlasten, fehlte es mir an Erfahrung. Aber ich griff zu, wo ich konnte, und ich tat das damals zu dem besonderen Zweck, bei ihm mich lieb Kind zu machen, mit doppelter Eindringlichkeit. Was ich wollte, glückte mir ein paar Tage später, vormittags, eine halbe Stunde vor Börsenschluß.

Es war so, daß Birkmeier von den alten Kriegskonserven – die Sache mit de Letter war zustandegekommen – unter der Hand einen Posten von fünfzig Waggons auf Abruf binnen dreier Monate vorverkauft hatte, zu annehmbaren Preisen zwar, aber gegen Kassa in Kronen nach Lieferung. Das bedeutete, daß der Käufer, ein schlecht berufener, wenig zahlungskräftiger Großhändler, auf unserem Rücken spekulieren und das Fallen der Währung abwarten konnte, gestützt auf den fest vereinbarten Preis in sich entwertender Inlandsvaluta, indes unser eigener

Einkaufspreis, in Franken zu zahlen, von Tag zu Tag anschwoll und den guten Ausgang des Unternehmens gefährdete. Klein, an sich schon wütend über Birkmeiers plumpen und bedenklichen Übergriff in sein Ressort, aufhorchend bei der Information eines Auskunftsbüros, daß Birkmeiers Vetter Viktor, der abgedankte Offizier, der Firma jenes Großhändlers kürzlich als stiller Teilhaber sich assoziiert habe, und in große Erregung versetzt durch ein eben eingelangtes Telefonat aus Paris, das einen neuen und entscheidenden Kurssturz der österreichischen Krone in London schon für die nächsten Stunden untrüglich in Aussicht stellte – Klein also sah sich bestimmt, die Franken, den Einkaufswert jener fünfzig Waggons, ohne Aufschub zu decken. Die Zuteilungen der Devisenzentrale betrugen in diesen Tagen kaum fünf Prozent des angemeldeten Bedarfes, der freie Handel, wohl auf die gleiche Information aus Paris, legte Geld ohne Ware, und so entschloß sich Klein eine halbe Stunde vor Börsenschluß zu einem Umweg: er wollte Effekten kaufen, wahllos irgendwelche Aktien, die in Paris, London, Zürich verkäuflich wären gegen ausländisches Geld. Arbitragekurse waren nicht zu bekommen, Klein rief mich, wir liefen, warfen uns in ein Auto, fuhren zur Börse.

Die Zaungäste auf den Stufen, zurückgebliebene Kriegsflüchtlinge meist, galizische Juden im Kaftan, mußte man derb beiseitedrängen, um zum Tor zu gelangen. Im leeren Rauchzimmer mit seinen Plüschsofas hing erkalteter Zigarettenrauch in der Luft. Klein, noch blasser, schiefer, unscheinbarer als sonst, schaute blicklos um sich und schoß dann los auf den Eingang des Börsensaales, von dem ein Geschwirr von Stimmen, Rufen, Signalen, ein Gewirr von Gebärden durcheinandergeschobener Menschen, eine Wolke säuerlichen Schweißgeruches uns ins Gesicht schlug. In der Mitte des sehr geräumigen, widerhallenden Baus, am Schranken, war nicht mehr Geschäft als an anderen Tagen – ein paar Agenten, ein paar Disponenten der Großbanken und sonst außer den Sensalen bei ihren Tafeln kaum ein Mensch. Man war sehr fest, fast alle Schrankenwerte Plus aufgezogen, selbst auf sonst vernachlässigten Anleihen mit garantierter Silberparität lag streng Geld. Aber das Geschäft vollzog sich in ruhigen Bahnen – wenn man von ungestempelten Kriegsanleihen absieht, die in großer Menge, wenn auch zu gedrückten Kursen, von tschechischer und polnischer Seite aus dem Markte genommen wurden. Was nicht amtlich beim Schranken zu tun hatte, drängte sich drüben in der Kulisse, wo das Gewoge zeitweilig anmutete wie ein Gefecht. Klein faßte meinen Arm und zerrte mich zu Rima hinüber. Als wir an der Exotenkulisse vorbeikamen, schrie Pollak von Brüder Biberstein: »Klein!« und nocheinmal »Klein!« Klein wandte sich nicht. Da riß Pollak sich herüber, sprang her und schrie mit leuchtenden Ohren: »Abel 315! Ich kaufe!« Klein sagte: »Nichts zu machen,« lief weiter. Pollak faßte ihn an der Schulter, schrie: »330! 350! Ich nehme mit 350!« Klein riß sich los ohne Antwort und warf sich zwischen Wahliß und dem zweiten Disponenten von Rothschild in die Rimakulisse. Ich hielt mich dicht hinter ihm, schrie: »Wie steht man?« Keiner antwortete. Schräg vor mir stand Groß, der für Bock in Budapest kulissiert, stand da eingekeilt zwischen Schwitzenden, Heulenden, schmiß die Hand in die Luft und brüllte heiser: »8400! 8400! 8400! 8450!« Klein schrie: »Wie ist Ware?« Groß schmiß die Hand in die Luft und brüllte: »Ich nehm mit 8450! 8450! 8480!« Klein schrie: »Wie ist Ware?« Wahliß sagte: »9000!« Einer lachte: »Meschugge.« »8480! 8480! 8550!« brüllte Groß. »8550. 8550. 8590!« sagten drei, sieben andere und warfen die Finger hoch. »9000 geb ich,« sagte Wahliß. Der Disponent von Bendiener, der Magere mit der Glatze, stürzte vom Telefon herüber, ruderte näher. »9000 sind sie genommen,« kreischte er mit roten Flecken im Gesicht, »zweihundert Stück!« Wahliß sagte: »Fünfundzwanzig an Sie. Mehr hab ich nicht gemacht.« Der von Bendiener schüttelte ihm die Fäuste vor dem Gesicht und kreischte: »Gemeinheit das! Mit fünfundzwanzig Stück macht er Kurse! Angezeigt gehört das!« Wahliß sagte etwas, aber man konnte es nicht verstehen. Denn hinten kamen ein paar von den Telefonen und schrien: »9000! 9000! 9200! 9300!« Klein ward rot im Gesicht, schrie: »9500! 9800 kauf ich!« Groß drehte sich nach ihm um und brüllte mit Speichel zwischen den Lippen:

»Verrückt! Unerhört! Die Kurse verderben!« Er kehrte sich jäh zu den anderen und trompetete: »9200 ist bei mir solides Geld. Die Parität ist 9220. Ich mache 9200 – 9300.« »9200 – 9300!« sagte der Disponent von Rothschild. »An mich,« sagte der von Bendiener. Man notierte. Man beruhigte sich.

Klein zog mich fort. »Warum haben Sie nicht gekauft?« fragte ich. Er war blaß, sagte leise: »Ich kann nicht. Das Papier ist zu hoch. Wir müssen über Budapest handeln. Wir verlieren am Kurs und an der Devise. Wir sind ohne Telefon. Es steht sich zu teuer. Kommen Sie mit.« Es war so, daß wir bei Alpine standen und das Geschäft überblicken konnten. In den Kulissen der schweren Papiere kämpften sie. Hemdkragen sprangen auf. Schweiß rann über Glatzen. Rufende, winkende, fordernde, wehrende und beschwörende Hände, hochgeworfen und wieder verzuckend, flackten wie Flammen über dem Gewimmel der Köpfe hin. Beim Schranken wurde geläutet. Ein Diener ging durch den Saal und schnarrte: »Bauch! Karl Bauch! Karl Bauch Telefon! Herr Bauch! Bauch! Herr Bauch!« Die Sensale sperrten ihre Bogen und Bücher ein und kamen in die Kulisse herüber, Schlußkurse ermitteln, kaufen, geben für eigene Rechnung. Niemand dachte daran, den Saal zu verlassen. Die Nachbörse tendierte weiter nach oben. Was Klein anlangt, so stand er neben mir mit schiefer Schulter und hängenden Armen, blaß, matt. Wir zogen uns nach der Exotenkulisse. Pollak stand dort noch immer mit fünf, sechs andern und handelte Abel. Sie waren 480 zu 520. Klein gab tausend Stück zu 510. Namen wenig bekannter Papiere schwirrten da durcheinander; kein Tag verging, daß nicht ein paar neue aufgetaucht wären. Ein magerer, ärmlicher Mensch mit Bartstoppeln sagte: »Schweizer Glas. Ich geb Schweizer Glas mit 210. Mit 210. Ich geb mit 210.« Niemand beachtete ihn. Er sagte: »Ich geb Schweizer Glas mit 200.« Klein horchte auf. »Ein Schweizer Papier?« fragte er nah meinem Ohr. Ich hatte den Namen nie gehört. Er sagte: »Kaufen Sie.« Ich bekam sie zu 195, hundert Stück. Klein sagte laut: »Schweizer Glas! Ich kauf mit 195! Mit 205! Mit 215!« Ein paar von Hochdorfer Maschinen schauten herüber. Klein rief: »Ich nehm Schweizer Glas mit 230!« Aus einem Winkel kam Ware. »240!« Der Unrasierte brachte noch zweihundert Stück. Klein schrie: »Schweizer Glas! Ich nehm mit 250! Mit 250! Mit 280!« Ein Fetter, Haarloser sagte: »Mit 320 ist bei mir Ware.« »Wieviel?« »Tausend Stück.« Klein warf die Hand hoch, schrie: »Tausend Schweizer Glas an mich mit 320!« Das Geschäft in Hochdorfern war eingeschlafen. Um uns standen zehn, fünfzehn Menschen. Einer schrillte: »Geld auf Schweizer Glas 330! 340!« Bei 360 kam Ware, fünfhundert Stück, von einem kleinen Bankier. Weitere zweitausend nahmen die Käufer auf, die uns nachspielten. Klein warf die Hand hoch, gellte: »400! 400! 400!« Er bekam zweitausend Stück. Um uns standen dreißig Menschen und schrien. Man kaufte zu 450 und zu 480. Die gaben, waren Agenten, kleine Bankiers. Dann schob Fischer seinen breiten Bauch in eine Bresche, der Kontermineur, stand da, tat den Mund nicht auf. Klein schmiß die Hand hoch, gellte: »480!« Neben mir sprachen zwei. Einer fragte: »Was ist Schweizer Glas?« Der andere sagte: »Klein weiß, was er tut. Man kann mitgehn.« Einer kaufte mit Gebrüll bis 530. Klein hob sein Gesicht zu mir, sagte blaß: »Man jagt den Kurs hoch. Drüben steht Fischer und wartet. Wir müssen stabilisieren. Lassen Sie kaufen.« »Wieviel?« Er warf mir einen schrägen, fast belustigten Blick zu und sagte knapp: »Soviel Sie bekommen werden.« Ich fing mir Fenichel bei den Alpinen, gab Auftrag. Er stieß ins Gedränge vor, mit kraftlosen Ellenbogen, warf Finger hoch, kreischte greisenhaft: »540! 540! Geld 540!« Klein brüllte sehr vernehmlich: »Ich geb!« Fenichel stand verblüfft und übernahm hundert Stück. »540,« rief er nocheinmal. Klein brüllte: »Ich geb!« Fenichel notierte unruhig, offenen Mundes, und warf mir einen hilflosen Blick zu. »Ich geb,« rief Klein. Viele lachten. Einige schimpften. Zehn, fünfzehn wandten sich ab. Einer sagte sehr vernehmlich: »Ein Schwindler!« Klein stand fleckigen Gesichtes. Die Hausse war gebremst. Die zwanzig, die uns noch umstanden, fanden sich nicht zurecht und warteten. Einer legte kleinlaut noch einmal Geld. Klein brüllte: »Ich geb mit 540! Mit 530! Mit 520!« Man lachte. Einer sagte: »Mahlzeit. Ich geh.« Da tat Fischer drüben den Froschmund auf und quarrte:

»Ich geb mit 500. – Ich geb mit 480. – Ich geb mit 460.« Klein hob sein Gesicht zu mir: »Er konterminiert. Wie stehen wir?« Ich addierte. »Wir haben siebzehntausendzweihundert Stück gekauft.« Klein, mit zuckendem Mund: »Dann muß ich den Kurs halten.« Fischer trompetete drüben: »Ich geb mit 400.« Klein kreischte: »An mich!« Man merkte auf.

Nun wurde es ernst. Fischer gab zu tausend und tausend Stück. Klein nahm alles. Fischer gab zehntausend zu 380. Klein übernahm und legte Geld bei 410. Fischer gab zehntausend und bot zwanzigtausend zu 370. Klein übernahm. Dreißig, vierzig Leute umstanden uns, gaben leer ab, spielten Fischer nach bis 340, 330, 300. 295 kam neue Ware. Klein, heiser, weißen Gesichtes, die Krawatte aus der Weste gerissen, Schweiß auf der Stirne – Klein übernahm. Es half nichts. Der Kurs glitt auf 220, 200. Fischer trompetete: »180!« Klein keuchte mir ins Ohr: »Die Rechnung! Um Gottes willen – die Rechnung!« Ich addierte, dann leise: »Wir haben zweihundertvierundzwanzigtausendachthundert Stück Schweizer Glas gekauft. Durchschnittlich zu 385.« Fischer trompetete: »175! 170 ist bei mir Ware!« Klein wankte leicht. Er lehnte sich an mich und flüsterte: »Zu Ende. Wir werden nicht zahlen können.« Und laut, kreischend, losgelassen: »Ich kaufe! Ich kauf zu 175! Zu 180!«

Da kamen hinten zwei von den Telefonen, drei, vier. Einer rannte vorüber, schrie: »Der Londoner Schlußkurs! Die Krone 36.400!« Einer rief, ein Fetter: »Von gestern auf heute die Hälfte!« Vogel von Vogel junior zog die Brieftasche, nahm Geld in die Finger, schrie: »Dreck ist das! Dreck! Leeres Schreibpapier ist mehr wert!« Einer lachte: »Leeres Klosettpapier!« Groß von Bock in Budapest schrie: »Geld auf Rima!« Er rannte. Einer mit einem Geierkopf schnarrte: »Man muß kaufen, was man bekommt.« Da warf Samuel Klein beide Hände hoch und kreischte: »Ich nehm Schweizer Glas zu 200! Zu 250!« Fischer blieb stumm. Einer schrie: »Ich kauf zu 280! 280! 280!« Leute kamen herüber, drängten sich. Klein kreischte: »300 Geld!« Man bekam keine Ware. Ein paar Schlüsse standen 320. Drüben tat Fischer das Froschmaul auf und sagte: »Ihr seid alle verrückt.« Einer kreischte ihm ein Unverständliches ins Gesicht. Ein Ziegenbart meckerte: »Er hat ihm nachgespielt.« Man kaufte zu 350, 380. Einer drohte Fischer mit beiden Fäusten und schrillte: »Nicht ein Stück hat er! Er hat leer abgegeben!« Fischer legte mit blassen Lippen 400 Geld. Man schrie, schmiß Hände hoch. Bei 520 wurde Fischer von seinem Schwiegersohn fortgeführt. Der Ziegenbart kaufte noch bei 580. Hände flackerten. Eine Dogge bellte 600. Bei 610 gab Klein die ersten zehntausend Stück. Die Dogge bellte 630. Klein gab. Der Geier hackte herüber und kaufte zwölftausend zu 640. Andere kreischten, Ibisse, Iltisse, Marder. Klein gab. Schweiß troff, ein Hemdkragen lag auf dem Boden, einer kletterte an einem andern hoch und schrie, schrie. Der Geier krächzte 710, die Dogge geiferte 770. Klein gab. Eine Glocke bimmelte. Ein Diener schnarrte: »Bauch! Herr Bauch Telefon!« Einer stolperte mit Gebrüll. Einer faßte einen an der Schulter und spie ihm Ziffern, Ziffern, Ziffern aus dem aufgerissenen Maul an die Stirn. Eine Wasserleiche spreizte Finger und griff. Ich addierte. Wir hatten glattgestellt, mit wahnsinnigem Nutzen. Ich ergriff Klein am Arm und riß und schleppte ihn durch die Balgenden nach der Tür.

Im Rauchsalon sank er um. Ich bettete ihn auf das Plüschsofa und gab ihm Schnaps. Der Reporter einer Börsenzeitung schoß herein und griff nach uns. »Was wissen Sie über Schweizer Glas?« keuchte er. »Welche Informationen haben Sie über Schweizer Glas?« keuchte er. »Es ist doch richtig,« keuchte er, »daß das die Grazer Strickwarenfabrik Schweizer & Glas ist? Aber das Unternehmen steht doch, hör ich, vor dem Konkurs?« Klein lachte schrill auf und lachte noch, als ich ihn ins Automobil hob. »Kommen Sie mit mir essen,« sagte er schwach. Und so fuhr ich zu ihm.

Es war die Wohnung in der Goethestraße, im zweiten Stockwerk des ehemals gräflich Geldernschen Palais, in dessen Ebenerd und erster Etage das Bankhaus Leiser & Bonaventura saß. Klein griff nach der Klingel. Auftat die Tür seine Schwester, kaum verändert, dicker geworden, trocken mich begrüßend und im nächsten

Augenblick schon wieder verschwunden hinter einer Tür, aus der Küchengeruch herüherschlug. Wir traten in ein geräumiges Speisezimmer, in dem sehr wuchtige deutsche Renaissancemöbel standen, der Tisch war gedeckt, eine Teppichbürste und eine flache Schaufel lagen neben dem Sofa, über der Anrichte prunkte ein übermächtiges, mit erstaunlicher Genauigkeit und einer infernalischen Sorgfalt eine große Zahl pflanzlicher und tierischer Lebensmittel darstellendes Gemälde. Klein hieß mich Platz nehmen, klingelte, riß, da niemand erschien, die Tür nach dem Flur auf und rief einen weiblichen Vornamen dreimal, viermal, fünfmal in gesteigertem Ärger. Draußen kam etwas in Bewegung, in Pantoffeln schlurfte eine schwarzhaarig ungekämmte, nachlässig gekleidete und sehr dicke Dienstperson in den Raum und fragte nicht minder geärgert, was es denn gebe. Ergebnis einer erregten Zwiesprache war, daß vier belegte Brote gebracht wurden, die Klein Stück um Stück in den Mund schob und jäh hinunterwürgte. »Hunger,« sagte er schluckend. Dann warf er sich auf das Sofa und lachte trocken auf, wohl der gewonnenen Schlacht sich plötzlich erinnernd.

Das Mittagessen wurde angerichtet, wir setzten uns zu Tische, die Küchenschürze vorgebunden und vielfältig riechend erschien die Schwester, man aß mit schwerem Silber und auf Damast, ein wenig später kam Moritz, Kleins jüngerer Sohn, dessen Blick mir auswich und der ein noch sehr junges, aber leiblich übermäßig entwickeltes Mädchen mit töricht großen, langsamen Augen und schweren, prachtvollen Flechten blonden Haares herein und zu einem Stuhl führte. Das plumpe Kind nahm Platz ohne Gruß, Klein legte die Gabel fort, tätschelte dem Mädchen die Wange und sagte zu mir: »Sie erkennen sie nicht? Es ist Selma.« Das war Kleins zweite Tochter. »Der Jüngste ist gestorben, Siegfried, vor sechs Jahren,« sagte Klein und senkte das Gesicht auf den Teller. Selma tat den Mund auf und sagte schnarrend: »Siegfried war krank.« Sie erregte sich und Kleins Schwester sprach ihr begütigend zu. Selma sagte schnarrend: »Auch ich bin krank.« Sie schaute blicklos aus runden Augen von einem zum andern. Klein legte die Gabel fort und streichelte sie. Dann erhob sich Moritz und führte das Mädchen sehr sanft aus dem Zimmer. Hinter Türen war dann ihre schreiende Stimme. Klein war blaß. Seine Augen zuckten. Er legte die Gabel fort und sagte: »Sie hat einen Anfall.« Und die Schwester sagte: »Sie ist epileptisch.«

Das Dienstmädchen brachte den nächsten Gang und es entspann sich darüber eine laute Auseinandersetzung. Die verstummte jäh, als die Flurtür sich auftat und Blanka erschien, gefolgt von Ignaz, der, ohne jeden Gruß für die anderen und nachdem er meine Finger drucklos berührt hatte, auf einem Sessel mir schräg gegenüber sich niederließ und stumm zu essen begann. Was Blanka anlangt, so war sie, damals drei- oder vierundzwanzigjährig, nicht durchaus schlank, und vor allem ihr strenges, von glatt geschnittenen, sehr glänzend blauschwarzen Haaren männlich umrahmtes Gesicht war an Wange und Kinn ein wenig verfettet und mutete an wie das einer Römerin oder auch eines Römers. Als sie nach einem langen, wägenden, abschätzenden und auf eine unerklärliche Weise entkleidenden Blick aus ein wenig vortretenden, aber wunderbar lebenserfüllten und feucht schimmernden Augen mir gegenüber sich an den Tisch setzte, sah ich ihre schmalen, sehr weißen Hände – Hände von einer edlen und doch unheimlich bewegten Gelenkigkeit. Sie sprach kaum, aß viel, doch nicht ohne Zierlichkeit, und blickte mir oft und scharf ins Gesicht, bis endlich Klein sich erhob, mir eine Zigarre zwischen die Lippen schob und, selbst paffend, meinen Arm und einen Knopf meines Rockes ergriff, mir die anderen Räume der Wohnung zu zeigen.

Es waren drei durch arabeskenbeladene türkische Tuchvorhänge verschattete Zimmer, die wir durchschritten, Zimmer mit Tischen, Stühlen, Schränken, Truhen, Uhren, Bildern in verwirrender Vielfältigkeit. In Nischen waren antikische Lampen. An Wänden hingen Gebetteppiche. Ein Glockenzug aus dem Biedermeier schmückte den Türrahmen. Klein sagte: »Ein Kapital. Substanzwert. Die beste Valuta.« Dann ließ er es sich nicht nehmen, mir das Badezimmer zu zeigen. »Kommen Sie, kommen Sie,« sagte er. Doch es erwies sich, daß die Türe verschlossen war. »Es gibt einen zweiten Schlüssel,« sagte Klein und suchte und fand ihn und sperrte die Türe auf. Neben der Wanne in einem Korbstuhl saß ein sehr schlankes, strohblondes Mädchen mit viel Rouge auf den Lippen. Fräulein Blanka habe sie hier warten geheißen, sagte sie auf Kleins Frage nicht ohne Verletztheit. Und sie könne auch gehen. Klein zog sich mißmutig und verschüchtert zurück und wir betraten vom Flur aus wieder den Speiseraum, in dem nur mehr Blanka sich aufhielt. Er wolle nun für eine Viertelstunde sich auf das Sofa legen, erklärte Klein, und Blanka lud mich ein, zu ihr hinüberzukommen.

Ich fand ein helles Zimmer sehr modernen Geschmacks mit Sitzgelegenheiten von einer angestrengten Behaglichkeit und mit Regimentern mißgestalteter Kakteen, in Töpfen und Töpfchen auf kleinen Tischen und Fenstersimsen verteilt. Vor dem schönen und reich beschickten Bücherbord wollte eben ein Gespräch sehr allgemeiner Art sich entwickeln, als Blanka, die vor mir stand, plötzlich sich wandte und mir nah in die Augen sagte: »Ich mache Sie mit einer Dame bekannt.« Sie brachte die Gelbe, die steif und über das Zusammentreffen mit Blankas Vater noch immer ungehalten war, legte ihr begütigend den vollen Arm um die Schulter, ging ihr, die kindlich zu schmollen begann, mit schnurrenden Lauten und halb offenen Lippen um Schläfe und Ohr und schob ihr plötzlich, sie hintüberziehend auf einen Sessel und die schimmernden Augen unbeirrt in den meinen verankert, die schmale, weiße Hand in den Ausschnitt des Kleides. Die andere machte ländliche Lippen, blickte seitab nach dem Tapetenmuster und legte rückgebeugt die Linke spielerisch und gleichgültig an das Knie der hinter ihr Stehenden, die, den Blick in dem meinen, unter der Berührung allzu sichtbar erschauerte. Ich trat zu ihr und küßte sie auf den Nacken. Sie wehrte mich leicht ab, die Gelbe erhob sich verletzt und sagte mit dummer Eitelkeit in den Zügen, sie könne auch gehen. Blanka folgte ihr ins anstoßende Garderobezimmer und hatte mit ihr eine lange Aussprache, deren ernster und eindringlich beteuernder Tonfall zu mir herüberschlug.

Dann kam sie und sagte mit klaren und gesättigten Augen: »Sie ist gegangen. Sie ist beleidigt. Warum?« Und nüchtern und ein wenig singend: »Sie wird wiederkommen. Ich halte sie knapp.« Ich wollte sie küssen – sie entzog sich mir nachdrücklich und wie befremdet, sie überging den Vorfall mit zurechtweisender Entschiedenheit und begann von einer kürzlich erschienenen Übersetzung eines chinesischen Philosophiebuchs zu reden. Sie sprach scharf, klug und kritisch, und soweit ich ihr folgen konnte, schien mir das, was sie sagte, von ernsthaft gerafftem Wissen zu zeugen. Dann wieder sagte sie unvermittelt: »Waren Sie an der Börse?« Sie erkundigte sich nachdrücklich über die Aussichten eines beliebten Schrankenpapiers. Warum sie sich nicht an ihren Vater wende? Die Mundwinkel zuckten ihr. »Ich spreche mit ihm nicht von Geld,« sagte sie. Über den Sturz der Krone in London war sie informiert und empfahl mir Haindorfer Kupfer. »Kupfer entwertet sich nicht,« sagte sie. A metà mit einem Prokuristen von Blankenburg hatte sie eine Partie Gummiwaren bevorschußt, wie man sie in Rumänien fragt. »Non olet,« erklärte sie mit einem lasziven Lächeln und griff nah über meine Schulter hinweg nach einem saffiangebundenen Buche mit Übersetzungen chinesischer Lyrik. Sie las daraus mit dunkler Stimme und klug gemäßigtem Vortrag.

Unvermittelt sagte sie: »Ich weiß, wo Abel Sie gefunden hat. Kommen Sie noch manchmal ins alte Haus?« Ich verneinte. Sie nickte ernsthaft. »Ich kenne das,« sagte sie. »Wenn einer aus dem Dreck ist, rennt er und kehrt sich nicht um. Alle rennen wir, mit der Angst im Genick.« Sie hatte feuchte Augen, und als ich nach ihr griff, preßte sie sich eng und ohne Scham und wissend an meinen Körper. Im Nebenraum läutete das Telephon, sie entzog sich mir nüchtern und ich hörte sie drüben energisch jemandes Bitte zurückweisen, der offenbar Geld wollte. Sie kam wieder. Es sei die Gelbe gewesen, erklärte sie und atmete harten Gesichtes und mit erregter Entschiedenheit. Man rief nach mir. Ich ging in den Salon.

Dort fand ich Klein in Gesellschaft des Franzosen mit den zerfressenen Zähnen, jenes Ducrède. Dann war da noch de Letter, der mir übermäßig erfreut beide Hände entgegenstreckte, seine Gattin, eine reich gekleidete, mächtige Dame mit kurzen Haaren und Goldlorgnon, Frau Popper, die Frau des Bankiers, und ein fettiger, süßlich lächelnder Herr von etwa vierzig Jahren, in dem ich Farkas, den berühmten Farkas, den Chefredakteur der *Wahrheit,* endlich persönlich kennenzulernen die Ehre hatte. Man sprach eben von Schweizer Glas, im Gespräch lagen Fußangeln allenthalben, aber Klein, auf den es gemünzt war, blieb allen Fragen gegenüber selbst dann noch schweigsam, als er von der hübschen und verwirrend duftenden Frau Popper scherzhaft beharrlich in eine Ecke gezerrt ward. Einen Augenblick stand ich mit Farkas allein. Er sagte, für die andern unhörbar: »Sie sind Disponent bei Abel?« Ich bejahte. Er paffte mir Zigarrenrauch ins Gesicht und flüsterte mit lächelnden Zähnen: »Ich habe mit Ihnen zu reden. Sie können verdienen. Kommen Sie zu mir, morgen mittags. In die Redaktion. Sagen Sie dem Diener –« Er unterbrach sich, da Klein seine Gäste unter nüchterner Feststellung dieses und jenes Sachwertes in den Räumen umherzuführen begann.

Als die Kolonne das Klavierzimmer querte, wurde eben eine Seitentüre geöffnet und Ruben Feuerbach trat ein, von Ignaz gefolgt. Das Gesicht des jungen Klein war mit eins feindselig verschlossen und es schien einen Augenblick, als wollte er den Freund in seine Stube zurückziehn. Ruben aber ging mit einem Lächeln auf die Gruppe ihm offenbar fremder Menschen zu und reichte, ohne seinen Namen zu nennen, jedem die Hand. Mich begrüßte er freundlich und es schien mir, als sei in seinen Zügen etwas verändert: sein Mund war unruhig und die Augen unwägbar aufgeschlossen. Er wandte sich nach dem Flur, von Ignaz begleitet. Als ich nach hastigem Abschied den beiden nachging, hatten sie schon die Wohnung verlassen. Ich nahm Hut und Mantel und folgte ihnen in Eile – ich hätte nicht sagen können, warum. Aber jenes Erlebnis mit Ruben und jenes Zusammentreffen mit Mirjam Feuerbach ließ mich nicht los. Und doch hielt mich eine mir selbst nicht erklärliche Scheu davon ab, auf den Knaben einfach zuzutreten und mit ihm zu reden.

Aus dem Haustor kommend, sah ich die beiden auf der anderen Straßenseite eiligen Schritts sich entfernen. Ich ging ihnen nach und merkte bald, daß ihr Weg in die Vorstadt führte. Sie bogen nach rechts ein, gingen eine lärmende, lange Straße entlang, dann nach links durch die stillere Gasse, in der das Haus stand. Am Tore verabschiedete sich Ruben, und indes Ignaz Klein in den Flur trat, ging er quer über die Gasse, verweilte sich wohl vier oder fünf Minuten lang vor dem Auslagenfenster eines Parfümeriewarenladens, immer wieder mit einem aufgeschlossenen und dabei seltsam abseitigen Lächeln seine Züge im Spiegel betrachtend, schlenderte dann an die Straßenecke zurück und bestieg die Trambahn, die dem Wohnbezirk der Feuerbach zufuhr.

Ich ging ins Haus, ich trat in den Hof – von Ignaz war nichts zu sehen. Es lag nahe, ihn bei Rafael Meier zu suchen. Ich ging zum Eingang jener Winkelstiege hinüber. Und traf eintretend auf Mirjam, die eben herunterkam. Sie erschrak, und einen Augenblick lang schien es, als wollte sie an mir vorüber. Dann aber mochte sie ihre Absicht ändern: sie kam auf mich zu und bot mir die Hand. »Wir haben einander lange nicht gesehen,« sagte sie ruhig. Und dann, ganz ohne Übergang: »Was willst du von mir?« Und dann: Du willst etwas von mir. Du spürst mir nach.« Ich sagte unvermittelt: »Was tust du hier? Bei wem warst du?« Sie kämpfte mit einem jähen Zorn. Sie beherrschte sich. Sie entschloß sich, Rede zu stehen, lehnte sich an den Türpfosten, sagte zuckenden Mundes: »Ich habe jemanden hier zu besuchen. Zweimal wöchentlich bin ich hier und besuche jemanden.« Und nach einer Pause: »Genügt das?« Und schon zum Gehen gewendet: »Übrigens liegt ein Kranker dort unten. Der Schuster. Mit Kopfgrippe. Ich muß noch zu ihm.«

Ich ließ sie nicht. »Du bist Privatkrankenpflegerin?« sagte ich. »Hauskrankenpflegerin,« sagte sie, »von der unentgeltlichen Hauskrankenpflege. Für Kranke, die nichts bezahlen können. Wir bekommen zu essen. Sonst nichts.« Sie nickte nocheinmal und wollte vorüber. Ich gab ihr den Weg nicht frei, ich sagte: »Ihr bekommt kein Geld?« »Geld keines,« sagte sie. »Früher war ich in einem Krankenhaus. Das war besser. Dann hat man uns abgebaut. Dann?« Sie schwieg, sie sagte: »Dann war vielerlei.« Ihre Hand fuhr leicht und schwank durch die Luft. »Vielerlei,« sagte sie nocheinmal. »Man wird im Ruhrwaggon aus dem Feld gebracht, man hebt sich eben erst aus dem Bett, man wird aus dem Spital entlassen. Man atmet eben noch. Zu Hause? Bleib noch, Kind, ruh dich aus, Kind, leg dich noch zu Bette, Kind, du bist schwach. Iß, Kind, iß. Trink Wein, iß Fleisch. Bis man merkt, daß kein Brot im Haus ist. Aufstehn, Arbeit suchen. Aber was hat man gelernt? Nichts. Kranke pflegen – nun ja. Es gibt zweihunderttausend Krankenpflegerinnen nach dem Krieg. Also was?« Sie unterbrach sich und ihre Hand fuhr leicht und schwank durch die Luft. »Vielerlei,« sagte sie. »Ich war Stenotypistin. Aber meine Lunge ist angegriffen. Darum darf ich auch nicht zur Kinderpflege. Ich war auch Straßenbahnschaffnerin. Ja. Agentin für Staubsaugeapparate.« Ihr Blick verlor sich und wurde starr. »Ich war Hilfsarbeiterin, in einer Fabrik für Lampenschirme, habe Lampenschirme genäht. Ich war auch Zeitungsverkäuferin.« Bilder scheuchte sie sich mit der flachen Hand von den Augen fort und sagte lächelnd in Selbstzucht: »Das macht nichts. Es wird einem nichts geschenkt. Was sagte ich? Also Hauskrankenpflegerin. Ein Weg im Kreis. Anderes war nicht zu finden.«

Ich sagte: »Kein Geld? Und woher nimmst du das Geld, das du zu Hause hergibst?« Sie wurde flammend rot, sie lehnte am Türstock, schaute mir in die Augen und antwortete nicht. Noch einmal fragte ich: »Woher?« Und in meiner Stimme mochte etwas sein, das sie antworten ließ. Sie sagte hell: »Das muß verdient werden.« Ich fragte: »Wie?« Sie hielt an sich, sie sagte mit einer weiten Handbewegung: »Manchmal ist das nicht leicht.« Mir stieg das Blut zu Kopfe. »Wie?« fragte ich. Da sagte sie mit zuckendem Mund und ließ den Blick nicht aus dem meinen: »Manchmal – wenn ich kein Geld habe –« sie verstummte jäh. »Du weißt es ja,« sagte sie schwach. Wir schwiegen. Es kam, daß ich meine Augen senken mußte vor ihrem Blick. Sie nickte, wollte gehen. »Mirjam,« sagte ich leise. Sie wandte den Kopf. »Woher kommst du, Mirjam?« sagte ich leise. Sie lächelte. »Von meinem Kinde. Bei einer Frau Meier ist es in Pflege. Es ist ein Knabe. Zwei Jahre alt.« Und lächelnd noch immer: »Es ist nicht leicht. Niemand weiß davon. Nicht einmal meine Mutter.« Wir schwiegen. »Ja, jetzt muß ich also gehen,« sagte sie in die Stille. Sie nickte, und ich gab ihr den Weg frei.

Ich mochte dort noch lange gestanden haben. Als ich endlich zu Rafael Meier hinaufging, um nach Ignaz zu fragen – ich tat das sinnlos, nur um etwas zu tun – sank schon jähe die Dämmerung. Nein, Ignaz Klein sei nicht hier, sagte mir mit klangvoller Stimme der Okkultist. Und er sei nun schon seit einer geraumen Weile nicht mehr gekommen. »Er ist viel innerer Anfechtung preisgegeben,« sagte Herr Meier. »Ihm leuchtet noch nicht das Licht.« Dann fragte er: »Kennen Sie seine Schwester? Fräulein Blanka Klein hat mir die Ehre erwiesen, mich zu sich zu bitten. Sie habe von mir gehört. Und sie denke, einmal wöchentlich einen theosophischen Kreis um sich zu versammeln.« Und dann: »Die Leute haben viel Geld?« Und: »Ich höre, daß der Vater ein Börsenmagnat ist. Und Sie sollen mit ihm in Verbindung sein, wie?« Ich empfahl mich. Er begleitete mich auf die Stiege hinaus, indes aus dem Nebenzimmer feine Stimmchen herüberschlugen. Er sagte: »Ignaz hatte nie Geld.« Und er rief mir über die Treppe nach: »Was halten Sie von polnischen Mark?«

Als ich über den dunklen Hof ging, fiel ein Weinen aus der Schusterwohnung herüber. Das Fenster stand offen. Eine Frau saß am Tisch und hatte den Kopf in den Armen vergraben. Ihr Rücken zuckte. Ein Kind hockte neben ihr, ohne Tränen. Mirjam stand an einem Bette, mir abgewandt, und entzündete vier Kerzen auf einem Nachttisch. Es war so, daß damals die spanische Grippe um sich zu fressen begann, eine jähe und vielfach neuartige Krankheit, von der viele sagten, sie sei nichts anderes als eine Abart der Lungenpest. Ich warf einen Blick ins Nachtasyl und zu Anton. Die Tür war versperrt. Über die kleine Stiege daneben war ein Kommen und Gehen. Dort wohnte Badele. Als ich mich durch das Tor nach der Gasse wandte, fiel ganz hinten aus einem unerhellten, offenstehenden Fenster der trockene Husten der Gutjahr auf den lichtlosen Hof.

Dieses Zusammentreffen mit Mirjam ergänzte sich schon anderen Vormittags durch eine Begegnung, die danach angetan war, meine Bande mit der Familie Feuerbach wieder fester zu knüpfen. Ich habe gesagt, daß Farkas, der Chefredakteur der *Wahrheit,* mich zu sich einlud. Hatte ich diesen Farkas auch bis dahin noch nicht zu Gesicht bekommen, so wußte ich doch von ihm mancherlei. Er stammte aus Budapest. Dort war er, Bankbeamter und aus unbekannten Gründen von einem Tag auf den andern entlassen, zur Zeitung gegangen und hatte alsbald durch die ungeschminkte Auswertung journalistischer Informiertheit für die eigene Tasche bei seinen Vorgesetzten unliebsames Aufsehn erregt. Man legte ihm nahe, solche Beutezüge, hatte er nun schon einmal diese geschäftliche Gabe, wenigstens der Kasse des Unternehmens zugutekommen zu lassen, aber noch war der Streit darüber im Gang, als er, durch Zufall und Bedientenbestechung Mitwisser eines peinlichen Geheimnisses einflußreicher Personen, ohne viel Federlesens verhaftet wurde. Er bestach, entkam, steckbrieflich verfolgt, nach der immerhin westlicheren Kapitale des Nachbarstaates, wo er sich hinfort als politischen Flüchtling bezeichnete.

Seine Landsleute, die da in der Emigration lebten, lautere Idealisten, Nachfahren jenes Kossuth und Politiker ohne Arg, brandschatzte er als erste. Das ihnen abgenommene Geld – er sollte eine Zeitung der Auslandsungarn ins Leben rufen – verwendete er, soweit er es nicht an der Börse und am Spieltisch verlor, zur Gründung der »Mitternachtpost«, eines Wochenblattes, dessen geschäftlicher Erfolg auf der einfachen Methode sich gründete, allwöchentlich die Schlafzimmergeheimnisse dreier oder vierer vermöglicher Menschen zu erschnüffeln. Das ward für weniges Geld in ganz geringer Auflage gedruckt, und einen Tag vor der offiziellen Ausgabe des Blattes ging Farkas, ein Exemplar in der Tasche, zu seinen Opfern, um, nach einförmig verlaufendem, oft sehr kurzem Gespräch, von den Bitten jedes einzelnen sich erweichen zu lassen. Oh, er nahm keine Bestechung. Aber jeder mußte, wie billig, die vorgeblich fertig gedruckte und nun zu vernichtende Auflage des Blattes bezahlen. Daß der Gerettete, voll Dankes, bei dieser Gelegenheit überdies eine Dauerannonce irgendwelchen Inhalts bestellte, versteht sich von selbst.

Doch das gehörte zu der Zeit schon der Vergangenheit an. Farkas hatte, binnen Jahresfrist wohlhabend geworden, die *Mitternachtpost* an einen Herrn Wernicke aus Hannover verkauft und die *Wahrheit* gegründet, ein Spätabendblatt, das, verschmähte es auch die erotischen Enthüllungen nicht, doch im wesentlichen von der unentwegten Bekämpfung kapitalistischer Macht und im übrigen vom Abdruck von Rechenschaftsberichten, Generalversammlungsbeschlüssen und dergleichen lebte – unterstützt in seiner Wirkung noch durch Rätsel, Bildbeigaben und eine frech spaßhafte und gewissenlose Theaterkritik. Was Farkas früher in einer Zweizimmerwohnung persönlich erledigt hatte, dafür standen ihm nun repräsentative Bureaus, ein Stab journalistischer und administrativer Mitarbeiter zur Verfügung, und er ging eben damals daran, solchen Geschäftserfolg auch gesellschaftlich auszubauen. Er besuchte Bälle, er parfümierte sich, eine Aristokratin bekannten Namens war ihm Sekretärin und mehr, und was die Geldleute anlangt, so ward es ihm nicht schwer, durch sie einen Sitz in der und jener Verwaltung sich zu ergattern.

Hatte ich aber geglaubt, seine Einladung an mich mit einer Bestrebung der Art in Zusammenhang bringen zu sollen – er besaß noch immer fünfhundert Abelaktien zum Emissionskurs – so sah ich mich in meiner Erwartung getäuscht. Mein Gespräch mit dem Manne war bündig und eindrucksvoll. Ich kam, ich fand sein Vorzimmer erfüllt von Wartenden, ich ließ mich melden, ich wurde nach zwei Minuten durch einen Nebenraum in Farkas' Arbeitszimmer geführt.

Er rückte mir lächelnd einen Sessel an seinen Schreibtisch, setzte sich selbst, verlor plötzlich alle Verbindlichkeit aus den Zügen und stieß vor: »Sie sind also der Sekretär. Oder Disponent. Und Sie haben gesagt, Sie wollen verdienen.« Ich sagte: »Das ist eine Lüge. Sie haben gesagt, Sie wollen mich bestechen.« Er hob die flache Hand gegen mich und sagte: »Stop. So kommen wir nicht weiter. Lassen wir die Pourparlers. Wir sind

Jungfrauen unter uns. Bei euch stinkt etwas. Ich will wissen, was los ist.« Ich sagte: »Wenn man dabeisitzt, merkt man nichts von Gestank.« Er sagte: »Witzig. Sie wollen nicht.« Ich sagte: »Weiß ich, was Sie wollen? Fragen Sie.« Er sagte: »Kopf, was Sie sind. Will mich abhören. Verderben Sie sich nicht das Geschäft. Wer bezahlt – Sie oder ich?« Ich sagte: »Von Bezahlung war noch nicht die Rede. Sagen Sie, was Sie wissen wollen, und sagen Sie, was Sie springen lassen. Hier Geld – hier Ware.« Er sagte: »Sie Gauner. Bargeld geb ich nicht. Und wenn Sie zerplatzen. Ohne Vertrauen geht das nicht. Schließlich bin ich ein Gentleman. Werde ich verdienen – werden Sie verdienen. Bei der Abelkapitalserhöhung stimmt etwas nicht. Ihr habt doch vierundachtzig Prozent der Aktien auf Nostro? Wer soll so leben, wie die eingezahlt sind? Und da erhöht man das Kapital? Nur wegen dem Agio bei den flottanten sechzehn Prozent? Das stinkt. Ich will die Petite wissen. Abel und Klein – ein Gauner wie der andere. Gut, ich sehe, Sie wissen nicht. Gehen Sie nach Hause und machen Sie Ihre Ohren auf. Und wenn Sie wissen, kommen Sie her.«

Er stand auf, er sagte: »Ich brauche noch etwas Personal für die Rätselredaktion. Wenn Sie zwei, drei fesche Mädel wissen« – er grinste – »ich hin zwar überanstrengt –«. Er sagte: »Wie ist das mit Birkmeiers Tochter und diesem Warre? Wozu braucht Birkmeier die Beziehung zu den Völkischen? Sein Sohn schiebt doch gemeinsam mit Ducrède und der Interalliierten Kontrollkommission? Nun, Sie wissen nicht.« Er sagte: »Ein gewisser Feuerstein oder Feuerbach überläuft mich. Schriftsteller etwas. Was brauch ich ihn? Aber er soll ein alter Bekannter von Abel und Klein sein. Kennen Sie ihn? Ich mag ihn nicht. Ich kann ihn vorläufig nicht abweisen. Vielleicht weiß er etwas.« Er sagte: »Wollen Sie mitgehn bei einer Stellage auf zehntausend Laurahütte zum heutigen Kurs? Per Ultimo Mai. Wie Zucker, sag ich Ihnen.« Er sagte: »Wenn Sie etwas über Birkmeier wissen, kommen Sie her. Wie ist das übrigens mit den Schweizer Glas? So faul, wie die Kapitalserhöhung bei Abel. Mich foppt man nicht. Vergessen Sie nicht die Pupperln für meine Rätsel! Auf Wiedersehn.«

Vor dem Tor traf ich Feuerbach, der zu Farkas wollte. Er verhandle hier wegen eines Engagements, sagte er erregt und festlich gelärmt. »Ich komme von oben,« sagte ich, und etwas trieb mich zu sagen, daß Farkas nicht da sei. »Wieder nicht,« sagte er. Aber dann ward er von einer flatternden Fröhlichkeit übermannt und sagte: »Das tut nichts. Ich komme morgen. Man will mich. Die Sache ist sicher. Man weiß, wer ich bin. Ich werde das, was die Leute schreiben, in ein richtiges Deutsch bringen.« Er hatte sich in der vergleichsweise kurzen Frist seit unserem letzten Zusammentreffen so sehr verändert, daß ich beinahe erschrak. Er schien mir in einer furchtbaren Weise gealtert, nun erst wirklich ein Greis, und dabei von der Leichtigkeit der Menschen, die über den Gipfel eines inneren Gebirgs hinausgeglitten sind und nun freischweben – gewissermaßen durch ein Zuschwer und ein Zuviel gewichtlos geworden. Er faßte mich unterm Arm, mit einer Bewegung burschenhafter Kameradschaftlichkeit, die die Unsicherheit seines spürenden Schritts – des Schritts der Erblindenden – mühselig verdeckte.

Ich brachte ihn, wortreich eingeladen, nach Hause, und es war mir, als legte er Wert darauf, mich eine gewisse Besserung seiner Lebensumstände nicht ohne Nachdruck wissen zu lassen. Tatsächlich hatte jene möbelüberladene Wohnstube wenigstens insofern sich gewandelt, als eine neue Decke über dem Tisch lag, helle Vorhänge den trostlosen Blick durch die Fenster auf ein nahes Gegenüber verdeckten, und da und dort in einem Strauß Blumen, einem frisch gestrichenen Bücherspind, einem kleinen Bild an der Wand ein zielsicher, wenn auch mühsam waltender Wille nicht zu verkennen war. Feuerbach warf den Hut auf den Tisch, ließ sich auf einen Lehnsessel fallen, machte eine weite, weisende Bewegung über das Zimmer hin und lachte leise. »Es geht besser,« sagte er, und hinter halb vorgehaltener Hand hervor, gedämpft und dennoch hell, als verkündete er ein glückhaftes Geheimnis: »Mirjam verdient!« Frau Feuerbach kam herein und setzte sich müden Gesichtes und mit blicklosen Augen zu uns. Ja, Mirjam verdiene, fuhr Feuerbach in seinem Bericht fort. Seit ein paar Wochen sei sie bei einem lungenkranken Herrn.

»Überdies ist er gelähmt,« sagte Feuerbach. Und: »Solche Menschen leben oft jahrelang.« Er legte seine Hand auf den Arm der neben ihm sitzenden Frau und strich ihr gestillten Gesichts in leiser Liebkosung mehrmals über die Hand.

Frau Feuerbach schwieg – und blickte nur auf, da Ruben, zum Ausgehn gekleidet, aus dem Nebenraum trat und sich nach der Türe wandte, »Wohin?« fragte sie. Ruben kehrte sich auf der Schwelle uns zu und lächelte. »Freunde,« sagte er. Es war mir nun kein Zweifel mehr, daß der Ausdruck seines Blicks sich verändert hatte. Frau Feuerbach, schärfer und ungeduldig: »Freunde! Wer?« Rubens Gesicht verschloß sich jählings und Feuerbach hob mit einem Lächeln die Hand nach ihm hin. »Warum seid ihr heftig?« fragte er. Und noch weicher: »Komm, Ruben, mein Kind.« Der trat auf ihn zu, unsicheren Ausdrucks, und küßte ihn auf die Wange. Plötzlich errötend wandte er sich und ging fort. »Du sollst zu Ruben nicht heftig sein,« sagte Feuerbach noch einmal, als die Türe hinter ihm sich geschlossen hatte. Frau Feuerbach schwieg.

Sie hatte arbeitsame Pfände auf den Knien gefaltet, saß da rastend und dabei in sich erstarrt in einem glanzlosen Horchen, indes Feuerbach mit viel Worten von einem neuen literarischen Beginnen berichtete, dabei es sich, soweit ich verstehen konnte, um eine Anwendung Beethovenscher sinfonischer Technik auf das Gebiet des erzählenden Schrifttums handelte. »Die Quelle strömt wieder,« sagte Feuerbach und lächelte still. Draußen ging die Türe und Mirjam kam. Sie nickte mir zu, trat zu Feuerbach und küßte ihn auf die Wange. Sie war außer Atem, schien gelaufen zu sein. Mit der Mutter wechselte sie einen Blick, ich sah drüben eine stumme Frage und hüben ein Nicken. Frau Feuerbach erhob sich, griff nach Mirjams Handtasche, die diese eintretend auf den Tisch gelegt hatte, und sagte: »Ich gehe. Man muß jetzt um Fleisch stehn. Heute ist Donnerstag.« Feuerbach ließ sie nicht fort. »Man bekommt ja doch, was man braucht,« sagte er. Die Frau setzte sich matten Gesichts neben ihn und schwieg. Er sagte: »Das Geld gilt nichts mehr! Eine Zigarre kostet jetzt schon hundert Kronen!« Es war so, daß auch die billigste

Zigarre zu der Zeit schon ein Vielfaches dieses Betrages kostete, und ich wollte das sagen, aber da hob Mirjam bittend in Abwehr die Hand und ich unterbrach mich. Feuerbach sagte, er werde mit mir noch spazieren gehen; er wolle die Kleider wechseln. Er winkte mir zu in burschenhafter Vertrautheit und ging, an zwei Sessel stoßend, die ihm im Wege standen, ins andere Zimmer.

Frau Feuerbach erhob sich und sagte blicklos: »Ich gehe. Man muß jetzt um Fleisch stehn. Heute ist Donnerstag.« Mirjam blieb, und da die Türe sich hinter der Mutter geschlossen hatte, saßen wir einander stumm gegenüber lange Minuten lang. Dann war es, als bräche Mirjams Beherrschtheit plötzlich in Stücke, und über viele ungesprochene Worte weg sagte sie jäh in die Stille: »Weißt du mir Arbeit?« Ich fragte: »Arbeit welcher Art?« und errötete im nächsten Augenblick wie ein Kind. Sie blickte über mich weg und sagte: »Jeder Art.« Und dann: »Es geht nicht mehr. Es geht nicht mehr.« Und noch einmal: »Es geht nicht. Alle lügen wir – ich, die Mutter. Alles lügt – diese Vorhänge, das Bild an der Wand. Vater darf sich nicht aufregen, sagt der Arzt. So spielen wir.« Sie strich sich über die Stirn und sagte ruhiger, mit einem Lächeln: »Die ganze Zeit spielt.« Und dann war es, als wollte sie sich wieder zurückziehn hinter Brustwehren und Wälle der Selbstzucht, und sie begann leichten Tons zu erzählen, nun werde vieles zum Lichtern sich wenden, denn Feuerbach habe gute Aussicht, bei der *Wahrheit* eine Stelle zu finden. »Hat er eine Beschäftigung und ist er tagsüber nicht mehr zu Hause, so wird alles leichter sein,« sagte sie. »Ich werde sehr glücklich sein,« sagte sie und lächelte wieder. Wir waren nebeneinander an das Fenster getreten. Ich berichtete ihr ausführlich von meinem Gespräch mit Farkas. Mirjam stand neben mir und schwieg und blickte durch die Scheiben hinaus. Dann sagte sie langsam: »Farkas heißt er?« Ich sah von der Seite her ihr Gesicht, sah den unsäglich zwiespältigen Ausdruck um ihren Mund und fragte: »Mirjam – was willst du tun?« Sie schloß die Augen und lehnte einen Augenblick lang die Wange an meine Schulter. Dann kam Feuerbach, schlug mir auf die Schulter und lachte erfrischt. Und so gingen wir Arm in Arm die Treppe hinab.

Dann spülte mich die Welle wieder weit fort, und als ich etwa eine Woche später auf Umwegen erfuhr, Feuerbach sei von Farkas nun doch engagiert worden, war ich so sehr in anderes Geschehnis verstrickt, daß ich daran kaum einen Gedanken wandte. Es war so, daß ich seit jenem Gespräch mit dem Zeitungsmanne mehr als früher die Hintergründe dessen, was um Klein und Abel geschah, zu erhellen bemüht war. Und was ich nun wahrnahm und verstand, war tatsächlich geeignet, mich manches mit neuen Augen ansehn zu lassen.

Vor allem war es Samuel Kleins nie ruhende Erfindungsgabe und zähe Kühnheit, die mich erstaunen ließ. Nach jenem Husarenstück in der Exotenkulisse – die Schweizer Glas waren von da ab ein gefragtes Papier – war Klein darauf bedacht, den aus dem Kauf der de Letter-Konserven täglich zuwachsenden Bedarf an Franken auf eine mühelose und verläßliche Weise ein für allemal sicherzustellen. Und da der Arbitrage in Effekten steigende Schwierigkeiten sich türmten und mit dem, was die Devisenzentrale zuwies, auch weiterhin nicht zu rechnen war, verfiel er darauf, statt des Ankaufs fremder Währung in Wien den Verkauf der Wiener Währung auf dem und jenem ausländischen Platz zu versuchen. Das glückte um so sicherer, als er, staatlicher Ahndung nicht zu verfallen, nur an durchaus verläßliche und erprobte Freunde im Ausland verkaufte, und wurde deren Kronentratte bei Klein präsentiert, so konnte er gleichzeitig und unter Ausschaltung aller Zwischenhände, Zwischenhändler und amtlichen Stellen über den Gegenwert in Franken, Mark, Pfunden in Paris, Berlin, London verfügen. Den an sich so einfachen, wenn auch aus Gründen des Sturzes der Währung strenge verbotenen Vorgang deckten falsche Fakturen, die den Kontrollbehörden die Notwendigkeit des Begleichs vorgeblich empfangener Lieferung von allerlei Waren vortäuschte. Dazu genügte es, die riesigen Frankenfakturen der de Letter-Konserven formell auf Kronen umschreiben zu lassen. Sie deckten jeden Betrag. War aber Klein so weit, so tat er auch noch den letzten Schritt und beschaffte das zur Auszahlung der ausländischen Kronentratten nötige Geld, indem er die kommanditierten Firmen paarweise verpflichtete, die ihnen von den Abelwerken gewährten Kredite und Einlagen mit doppelt gefertigten, vorgeblich nicht für den Umlauf bestimmten Wechseln zu decken. Die wurden solcher Absprache zuwider von den Abelwerken giriert und, planvoll verteilt, bei kleineren und minder informierten Banken zu Geld gemacht.

So war die große Transaktion nach allen Seiten gesichert, Geld wurde gemacht ohne Geld, Klein griff in die Luft und legte, dämonischer Taschenspieler, klingendes Gold auf den Tisch, zehn, hundert, tausend Fäden liefen zusammen in seiner Hand, und schlug er die Volte, so prasselte es in die Säckel der Abelwerke von fallenden Münzen. Der kleine Mann ging mit roten Flecken auf den Wangen in einem leichten Fieber umher, und was ihn, den Treibenden, doch immer weitertrieb, war nicht so sehr schlichte Geldgier, nicht so sehr das Geheimnis der in Schwung gebrachten Maschine, die sich nun nicht mehr aufhalten ließ, als vielmehr ein anderes, das, wohl schon seit Jahren geheim in ihm wühlend, eben damals und eben zur Zeit, da es schwindelnd nach oben ging, immer schärfer ans Licht trat.

Es war sein Haß gegen Abel. Gegen Abel, der ihm, da er in Not war, einen Brocken zugeworfen hatte wie einem Hund. Gegen Abel, der nun das von ihm, von seines Hirnes Hirn erraffte Gold ohne Mühe, Dank, Bedenken in seine Tasche strich. Gegen Abel, den zutiefst fremden, den andern, den andersrassigen. Und nicht sein Denken war es, sondern ein dunkel Triebhaftes, das ihn hieß und zwang, wider diesen Abel aufzustehn, wie Mose wider den Pharao aufstand.

Das war also zu der Zeit und Farkas war mit seinem Spürsinn auf der richtigen Fährte gewesen, da er derlei zum Teil gewußt und zum Teil vorausgeahnt hatte. Es sollte in der Tat die von langer Hand vorbereitete Kapitalserhöhung der Abelwerke Klein die Handhabe bieten, seine Absicht zu verwirklichen.

Als man, die Gunst des Augenblickes zu nützen, in aller Eile daran gegangen war, die Abelwerke in eine Aktiengesellschaft zu wandeln, hatte man, die Kosten einer neuen Gründung und den zeitraubenden Umweg des amtlichen Instanzenzugs zu vermeiden, die Rechte einer kurz nach Kriegsende von ehemaligen

Hofwürdenträgern und abgedankten Generalen gegründeten und alsbald an der Unfähigkeit solcher Leiter verdorrten Gesellschaft der Art – gewissermaßen den Mantel also ohne das lebendige Fleisch –- für weniges Geld erstanden und die Abelwerke in diesen leeren Aktienmantel gekleidet, dabei die Liegenschaften als reales Apport zu lächerlich geringen Preisen bewertend. Da nun der Verfall der Währung eine Erhöhung des Stammkapitals schon aus Gründen der angestrebten und bisher nicht bewilligten Börsennotiz immer dringlicher machte und tatsächlich vierundachtzig Prozent der Aktien, auf fingierten Konten verbucht, dem Unternehmen gehörten, mußte man sich mit dem Gedanken befreunden, eine große Menge der neu auszugebenden Aktien für eigene Rechnung zu übernehmen und allzeit nachweislich bar in die eigene Kasse zu zahlen. Da kam Klein der Gedanke, diese jungen Aktien nicht mit Geld zu bezahlen, sondern mit Ware, so also, daß der, der formell die Aktien zu übernehmen hatte, dem Unternehmen gleichzeitig und um die gleiche Summe Waren verkaufte – ein Weg, der hier um so leichter sich darbot, als der vorgebliche Käufer der Aktien kein anderer war als deren Verkäufer: das Unternehmen selbst. Es galt also nur noch, die Waren ausfindig zu machen, die die Abelwerke den Abelwerken verkaufen konnten. Und hier, gerade inmitten dieser verwickelten und schwer überblickbaren Transaktion, gedachte Klein jene Fußangel zu legen, in der Johannes Abel sich fangen sollte.

Damals erkannte er nämlich, daß er seinem vorläufig noch arglosen Gegner nicht anders beikommen konnte als dadurch, daß er ihn in die oder jene Handlung verstrickte, die, ward sie ruchbar, vor dem Gesetz eindeutig als ein Verbrechen galt. Gelang ihm das, so hatte er wider Abel den mächtigsten aller Bundesgenossen – einen Bundesgenossen, den ins Treffen zu schicken nicht einmal nötig war und auf den auch nur flüchtig verweisend man in Zukunft den schuldig gewordenen Gegner kirre machen konnte nach Wunsch. Und hatte man allgemein und Klein selbst bis dahin auf der Schneide jongliert, stets fähig, im Augenblick einer Gefahr auf das Gebiet der Harmlosigkeit sich hinüberzuretten – hier endlich, in diesem Warenverkauf des Abelwerks an das Abelwerk, in dieser Transaktion, die Abel als dem Präsidenten und Hauptinhaber persönlich zur Last fallen mußte und die nach des Gesetzes Wortlaut nichts anderes darstellte als einen klaren Betrug, sah er das Mittel gegeben, den Gehaßten in die Hand zu bekommen.

In der Tat gelang es ihm überraschend leicht, des kaum Hinhörenden grundsätzliche Zustimmung zu erlangen, und was nun noch fehlte, war nur mehr die Auffindung eines Postens Ware, der, sollte das angestrebte Betrugsdelikt ein vollkommenes sein, womöglich zu einem vielfältigen Überpreis von Abel an das eigene Unternehmen verkauft werden mußte. Auch damit war Abel, wachen Sinns seinen Vorteil erkennend und arglos noch immer, ohne weiteres einverstanden, und Klein, der Spieler, sah nun auch diesen Trumpf in seiner Hand. Auf seinem Tische häufte sich Offert um Offert – er fand nicht, was er suchte.

Da kam eines Tages jener Geza Balogh in mein Bureau, setzte sich grußlos mir gegenüber, zog den elfenbeinernen Zahnstocher zwischen den Lippen und eine lange Pappschachtel aus der Tasche hervor, öffnete sie, die verklebt war, mit dem spitz polierten Nagel des Daumens und präsentierte mir Zigaretten. »Rauchen Sie,« sagte er. Ich dankte, lehnte ab, doch er sagte eindringlich: »Rauchen Sie!« Ich nahm eine der schmalen, langen Zigaretten und entzündete sie. Der Rauch war bitter, beizend und von widerlichem Geruch. Ich betrachtete die Zigarette – sie hatte den Aufdruck einer billigen Marke, im übrigen aber ein durchaus regelmäßiges und unverdächtiges Aussehn – und fragte: »Was ist das?« Balogh lehnte sich zurück und sagte: »Das ist der greßte Geschäft, was der Welt gehabt hat.« Nun muß gesagt werden, daß dieser Geza Balogh, kleiner ungarischer Agent mit zahlreichen Kindern und von früh morgens bis nachts auf der Jagd nach Brot unterwegs, es liebte und viel darauf hielt, seinen geschäftlichen Vorschlägen einen gewissen dramatischen Anstrich zu geben. Ich warf die Zigarette also stumm zum Fenster hinaus und begann zu schreiben. Balogh sagte nüchterner: »Hören Sie. Von diesen Zigaretten sind hundertzweiundzwanzig

Millionen Stück.« »Sie sind verdorben,« sagte ich. Er sagte: »Verdorben? Sie sind überhaupt nicht. Sie sind verschimmelt. Motten sind hineingekommen. Der Tabak ist zerfallen. Aber die Hülsen sind in Ordnung und die Packung ist in Ordnung. Und die ganze Partie kostet hundertzweiundzwanzig Millionen! Eine Zigarette für eine Krone! Wo die billigste im Geschäft hundertfünfzig kostet!« Ich ging zu Klein hinüber. Er dachte lange nach. Dann schloß er sich mit Balogh in seinem Zimmer ein.

Ergebnis: Klein kaufte die Zigaretten in Abels Namen um hundertzweiundzwanzig Millionen. Und Abel, der Aktionär, bezahlte die Aktien, die er zu übernehmen hatte, indem er diese Zigaretten den Abelwerken um den zehnfachen Preis, um eine Milliarde und zweihundertzwanzig Millionen verkaufte. Schließlich lagen die Zigaretten weitab in einem italienischen Hafen auf Zollfreilager, Papier und Packung waren in Ordnung, auf den Fakturen war nichts von einer Beschädigung der Ware vermerkt, und so war der Betrag von zehn Kronen, den die Abelwerke an Johannes Abel für die Zigaretten bezahlten, noch immer sehr niedrig. Die Aktien waren voll eingezahlt, die Kapitalserhöhung war durchgeführt, die Abelwerke besaßen buchmäßig ein ungeheures Zigarettenlager im Ausland – Abel hieb Klein die schwere Hand auf die Schulter und lachte, und Klein war blaß und hielt nun auch diesen letzten Trumpf in der Hand. Das war Betrug. Abel war ein Betrüger, Klein wartete auf den Augenblick, ihm das zu sagen, ihm den Herrn zu zeigen – und es ist vielleicht nichts bezeichnender für die triebhaften Gewalten, die da im Spiele waren, als daß der schwächliche und im Grunde schüchterne Mensch keinen Augenblick lang Bedenken trug, als geistigen Urheber des ganzen Gespinstes sich selbst in sehr beträchtliche Gefahr zu begeben.

Es kam dann anders. Klein, zuwartend, nützte die Zeit zu spielerisch planvoller Verdichtung des Netzes. Da er aber eines Tages von Balogh, dem mit einer geringen Vermittlervergütung abgespeisten, für alle Fälle eine zweite fingierte Faktura verlangte, fiel der gehetzte Mensch, der, von kleinen Sorgen gequält, hier durch sein Dazutun riesige Summen in Bewegung gesetzt sah, in eine jähe und fast krankhafte Wut, verlangte Geld für sein Teil, schrie, drohte und ward schließlich vom Diener hinausbegleitet. Der Zufall wollte es, daß ihm auf der Stiege Johannes Abel über den Weg kam, und er, der den Gefürchteten sonst kaum von ferne zu grüßen wagte, zog ihn nun, erschlossen, entfacht, in einen Winkel und redete. Abel horchte auf. Er begriff. Begriff zunächst nur, ohne sich selbst als Ziel eines Angriffs zu fühlen, daß die große Transaktion zu gefährlich war. Zu gefährlich wenigstens, um ohne Ausbau und weitere Rückendeckung aufrecht erhalten zu werden. Er zog die Brieftasche und gab Balogh eine Banknote. Der griff danach und krümmte sich und verschwand. Abel trat in Kleins Zimmer und erzählte dem Erblassenden lachend den Vorfall. »Wir riskieren zu viel,« sagte er. »Es muß glattgestellt werden. Ich übernehme das.« Damit ging er. Klein stand verstummt. Abel hatte den Angriff abgeschlagen, Abel war der Gefahr entgangen, ohne sie auch nur zu bemerken. Abel war Sieger. Ihm war die Haut nicht geritzt. Abel war obenauf.

Er war in der Tat obenauf. Er ermittelte, daß jene Adeligen und Generale seinerzeit bei der Gründung der kleinen Aktiengesellschaft, deren Mantel den Abelwerken nun zu enge geworden war, gewisse bescheidene und stümperhafte Unregelmäßigkeiten wider die und jene staatliche Vorschrift sich hatten zu Schulden kommen lassen. Nun gab er de Letter zum Schein eine Option auf hunderttausend Abelaktien aus der Neuemission zu einem sehr hohen Kurs. Und ließ sich von ihm Tags darauf einen Brief schreiben: er, de Letter, könne von dieser Option nicht Gebrauch machen und trete von dem Geschäfte zurück, weil er von jenen Unregelmäßigkeiten der Erstgründer erfahren habe und Weiterungen befürchte. Auf Grund dieses Briefes machte Abel die früheren Inhaber solidarisch für den vorgeblichen Verdienstentgang aus diesem Aktienverkauf haftbar, und es bedurfte kaum zweier Briefe, kaum einer Drohung mit Klage und öffentlichem Skandal, um sie alle, Generale, Großgrundbesitzer, Geistliche und abgewirtschafteten Kleinadel, gefügig zu machen. Sie kamen und zahlten, zahlten eine bare Milliarde und hundertfünfzig Millionen in die Kasse der Abelwerke – und die Erhöhung des Kapitals war nun wirklich und mit wirklichem Gelde ins Werk gesetzt.

Da waren also nur noch die Zigaretten. Abel verkaufte sie um sechshundertzwanzig Millionen an einen Häuseragenten. Der brauchte sie, weil er einem jungen Grafen Chambord auf seine Güter eine Hypothek von vier Milliarden verschafft hatte und ihm nicht mehr geben wollte als zwei Milliarden und fünfhundert Millionen. Statt der restlichen eineinhalb Milliarden mußte Graf Chambord mit hundertzweiundzwanzig Millionen Zigaretten vorliebnehmen. So war allen geholfen. Oh, da griff eins nur in die Luft und hatte Geld in den Fingern. Blieb nur die Sorge, das auf die richtige Weise wieder unter die Leute zu bringen. Von Abel muß gesagt werden, daß er sich darauf nicht übel verstand. Hatte er schon in seinen jüngeren Jahren an eine planvolle Maßlosigkeit sich verspielt – nun, da ihm die Haare weiß geworden waren und in seinen Kassen das Geld sich zu Bergen türmte, wurde ihm, da er nach Ulrichs Tode ohne Verwandte war, das Verschwenden zum Selbstzweck. »Mich soll niemand beerben,« sagte er oft. Ihm, der nie arm gewesen war, blieb die Freude an den billigen Genüssen des Lebens versagt. Seinen Freunden, aber auch Menschen, die er kaum kannte, richtete er bisweilen ein Fest – wie jenes im Hause Calé, dem ich Zeuge gewesen war. Dann blieb er, von Weibern und ihrer Geldgier umlagert, lang nüchtern, bis er schließlich zur Flasche griff und sich sinnlos betrank. Aus Frauen machte er, reicher Mann, der seinen Gelüsten niemals hatte Zügel anlegen müssen, sich um so weniger, als seinem derben Zugriff der Hauch und das feine Gespinst, das um die Dinge der Geschlechtlichkeit liegt, sich immer versagt hatte. Ihm waren sie nie andres gewesen als Ware, für die er sein Geld gab. Und es war gerade zu der Zeit, von der hier die Rede ist, daß er an diesem Warenkauf allmählich die Freude verlor. Er saß Abende lang und lange nächtliche Stunden in seinem Bureau in den Abelwerken und rechnete. Geld häufte sich da auf Geld und Ziffer konnte unter Ziffer geschrieben werden. Gelang ihm ein Schachzug wie etwa der, da er jene Aristokraten die Kapitalserhöhung der Werke bezahlen ließ, so empfand er etwas wie eine blasse Befriedigung. Dann ging er heim und legte sich schlafen, in seiner großen, leeren Wohnung, in seinem mächtigen Bett, oder er machte einen Spaziergang ins Grüne, ging Wiesenpfade entlang und köpfte mit seinem Stock die Blumen am Weg. Doch konnte es wohl geschehen, daß er andern Tages wieder eines der tollen Feste im Hause Calé gab und im Morgengrauen sinnlos betrunken nach Hause gebracht ward.

Kein Wunder, daß Samuel Klein um des geheim Gehaßten Maßlosigkeiten wußte, ohne von seinem Überdruß etwas zu ahnen. Ihm war Johannes Abel der sinnlose Verschwender, das Mensch-Tier, von einer brünstigen Rüde nur unterschieden durch das Gehirn. Und als er einmal, unangemeldet in Abels Zimmer tretend, eine sehr junge Stenotypistin mit zerstörtem Haar und verrückter Kleidung dort von dem Divan hochschnellen sah, war der Plan zu seinem neuen Angriff vollends gereift. Er, der im Grunde nie mit Frauen zu tun gehabt hatte, wußte rein vernunftgemäß von ihrem Einfluß. Dieses Einflusses wollte er sich bedienen. Er rief mich, der ich zu der Zeit sein Vertrauter war, in sein Zimmer, nahm ein Blatt Papier und einen Bleistift zur Hand, als handelte es sich um einen Geschäftsplan, und beriet sich mit mir. »In seiner Gier ist er blind,« sagte er. »Eine Frau kann ihn um den Finger wickeln. Findet man die richtige, so kommt er überhaupt nicht mehr her. Man muß eine finden, die sich von ihm an die Riviera bringen läßt oder nach Konstantinopel oder nach Indien.« Wir lächelten beide über die Romantik solchen Anschlags. Dann aber wurde Klein plötzlich wieder ernst und fragte nervös und mit zuckenden Mundwinkeln: »Kennen Sie keine? Eine Frau muß man ihm zuführen!« Er beharrte darauf. Ich lachte und ließ ihn sitzen.

Und fand ihn drei, vier Tage später in seinem Zimmer in ein leises Gespräch mit Gutjahr vertieft. Der erhob sich, da ich eintrat, mit Grinsen aus seinem Fauteuil und ging fort. Später, als all das an den Tag kam, erfuhr man, daß Klein ihn, dessen er sich weiß Gott wie erinnert haben mochte, durch eine Postkarte zu sich beschied und ihm ohne Umschweife sagte, was ihm am Herzen lag. Er gab ihm Geld und versprach ihm eine Verdoppelung des Betrags, wenn es tatsächlich gelänge, Abel jene von ihm, Gutjahr, herbeigeschaffte Frauensperson zuzuführen. Klein schloß: »Reden Sie – Aber Sie werden nicht reden. Wenn Sie reden, glaubt man mir und nicht Ihnen. Mir wird man glauben, wenn ich sagen werde, daß Sie ein Zuhälter sind. Wenn Sie reden, so werden Sie sitzen.« Gutjahr grinste. Er informierte sich. Er verstand. Und ging, da ich eintrat – ging übrigens mit dem Entschluß, Kleins Wunsche durchaus nicht zu willfahren und den Vorfall, den er nicht ernst nahm, nur zur Erlangung gelegentlicher weiterer Vorschüsse zu benützen. »Der Jude weiß nichts von Weibern, der Jude ist blind,« sagte er sich, als er die Treppe niederstieg. Und gleichzeitig, droben im Zimmer, näherte Klein seinen Mund meinem Ohr. »Es geht vorwärts,« sagte er mit einem matten Lächeln. Schatten standen ihm um die Augen. Er habe Sorgen, sagte er. Mit Selma gehe es schlechter. Er sagte: »Da arbeitet man und arbeitet ohne Sinn.« Dann stritt er mit einem Agenten am Telefon.

Und dennoch hatte Kleins Gespräch mit Gutjahr eine nicht unernste Folge. Gutjahr hatte nämlich, belustigt heimkehrend von jener Zusammenkunft, sonstiger Gewohnheit zuwider seiner Mutter von Kleins Ansinnen und Absicht erzählt. Die Frau beeilte sich, ihrem Sohn einen Teil des empfangenen Vorschusses für ihre Zwecke abzuverlangen – ein Begehren im übrigen, das vermutlich nur in ihrer allgemeinen Geldgier begründet war. Denn was Frau Gutjahr anlangt, so hielt sich, ihren wortreichen Abstreitungen zum Trotz, das Gerücht, sie besäße im geheimen mehr, als sie je verbrauchen konnte. Die steigende Not all der andern Leute in Haus und Viertel war ihr jedenfalls ein willkommener Anlaß, auch ihre vorgebliche Dürftigkeit wieder einmal zu betonen. Es war die schlimme Zeit, da die Preise jedes Dinges in den Geschäften noch toller als früher auftaumelten von Stunde zu Stunde und da in dem großen Haus keine Woche verging, wo nicht eines gestorben wäre: Nach dem Schuster, dem damals Mirjam die Augen zugedrückt hatte, waren es hintereinander drei der bei der Meier untergebrachten Säuglinge gewesen, dann die Frau des Posamentenmachers im zweiten Stock – sie starb an der Schwindsucht – dann eine der Pensionärinnen der Calé, bei der es wieder die Grippe war. Die Grippe war es auch, die den Diurnisten Wokurka mitnahm, dann war es wieder die sechzehnjährige Tochter des Posamentenmachers, die Blonde mit den Zöpfen, die nachts beim stehn vor dem Kohlenladen niederbrach, ohne daß man recht ermitteln konnte, warum, und schließlich einer der Bettgeher aus dem Asyl, bei dem der Polizeiarzt sagte, es sei der Hunger gewesen. Der Tod des Posamentenmachers ist da eigentlich nicht recht mitzurechnen, denn ob er in jäher Sinnesverwirrung aus seinem Fenster fiel, oder ob er willentlich auf das Pflaster des Hofs sich hinunterschmiß, konnte nicht recht ermittelt werden. Man atmete. Es gab Raum. Es wurde Luft, Luft, Luft in den Stuben.

Die Gutjahr also wollte Geld, und als der Sohn es ihr weigerte und mit wüsten Worten die Türe hinter sich zuwarf, tobte sie, lahm im Bette liegend, wohl eine Stunde lang. Dann schrieb sie an Frau Feuerbach jene Postkarte, die sich später gefunden hat: »Ich warte seit vier Wochen. Warum kommen Sie nicht? Habe ergötzliche Neuigkeiten über Ihren A. und auch sonst.« Diese Karte brachte eines der Mädchen der Calé – die Gutjahr hatte es von ihrem Fenster aus herübergewinkt – zur Post. Als Frau Feuerbach sie andern Tages während des Mittagessens empfing, ward sie blaß, stand stumm auf und schloß sich im Nebenzimmer ein. Sie war fest entschlossen, dieser Einladung nicht Folge zu leisten. Und bestieg, ihr Folge zu leisten, eine Stunde später die Straßenbahn.

Sie traf die Frau in übelster Stimmung. Ohne den Gruß der Eintretenden zu beantworten, sagte die Gelähmte: »Na. Endlich. Seit drei Monaten kümmert man sich nicht mehr um mich.« Frau Feuerbach erwiderte darauf nichts, und genießerisch umständlich gab nun die Gutjahr ihre Neuigkeit preis, wobei sie, Wahres verkennend, Erkanntes verschiebend, Johannes Abel, den Wüstling, der sich Weiber zubringen lasse und der es ja im übrigen nie anders getrieben habe, in ihrem Berichte mit Kübeln Unflates übergoß. Frau Feuerbach, aufatmend und ermattet zugleich, hörte kaum auf das, was sie sprach. Sie stand noch immer neben der Tür, sie besann sich der Absicht, mit der sie gekommen war, und sie sagte: »Frau Gutjahr. Sie schicken mir da offene Karten ins Haus. Das geht nicht.« Die Gutjahr erboste sich. »Geschichten werd ich noch machen,« rief sie, »geschlossener Brief – anders tut sie es nicht!« Frau Feuerbach, neben der Türe stehend, sagte sehr ruhig: »Nein. Keinen Brief und keine Karte, Frau Gutjahr. Nicht. Nichts.« Doch die Lahme ließ sich nicht beirren. »Soll er,« rief sie aus, »soll er es endlich lesen und wissen, der Herr Gemahl!«

Frau Feuerbach lehnte sich ein wenig an die geschlossene Tür. Sie war blaß. Sie beherrschte sich. Zu der Lahmen ging sie hinüber, setzte sich ihr zu Häupten auf einen Sessel und sagte sehr ruhig: »Nein. Nicht so. Hören Sie, Frau. Ich bin hergekommen, mit Ihnen zu reden. Weil das endlich zu Ende sein muß. Sie wissen etwas von mir – oder von Ruben, wenn Sie wollen. Oder Sie glauben etwas zu wissen.« »Glauben!« unterbrach sie die Gutjahr und lachte schrill auf. Frau Feuerbach hob die Hand und sagte sehr ruhig: »Nein. Lassen Sie mich jetzt reden. Was Sie wissen oder zu wissen glauben, ist neunzehn Jahre alt. Sie haben Geld verlangt – Sie haben Geld bekommen. In meine vier Wände haben Sie sich gesetzt – ich wollte nicht – Sie haben mich gezwungen.« Die Gutjahr lachte schrill: »Hätte man mich ja nur wegen Erpressung anzeigen müssen. Hätte man ja nur dem Herrn Gemahl sagen müssen, wie das mit dem Bankert ist!«

Frau Feuerbach saß sehr starr, war sehr blaß. Sie sagte furchtbar ruhig: »Das ist sehr lange her, Frau. Damals vielleicht wär das noch zu sagen gewesen – Aber nein. Nicht so. Hören Sie, Frau. Sie haben immer wieder Geld verlangt. Meinem Mann hab ich es gestohlen. Vom Essen für die Kinder hab ich es gestohlen. Zu Ihnen hab ich es getragen. Jetzt ist nichts mehr. Sie fragen, warum ich drei Monate lang nicht gekommen bin. Ich hab nichts mehr. Nichts mehr, Frau, nichts, nichts.« Die Gutjahr lachte. Furchtbar ruhig sagte Frau Feuerbach: »Hören Sie. Ich bin gekommen, Frau, weil ich Sie bitten will. Nichts verlangen, nein. Bitten.« Die Gutjahr meckerte: »Müssen es ihm ja nur jetzt noch sagen, dem Herrn Gemahl!« Frau Feuerbach – oh, sie beherrschte sich. Furchtbar ruhig sagte sie: »Nein. Damals – ja. Hören Sie, Frau. Sie sind doch auch eine Mutter. Ich bin gekommen, weil ich Sie bitten will. Verstehen Sie doch. Damals – man hat ein Kind, und der Mann hat es lieb, so sehr lieb, ist – ganz verrückt, ganz verstrickt – in diese Liebe zum Kind. Da ihm sagen –? Ich hätt es doch sagen sollen, ja, Frau. Heute? Heute ist der Mann alt. Herzkrank. Elend. So elend. Heute hat er nichts mehr als – Aber was red ich da. Ich frag Sie, Frau: Sie werden jetzt Frieden geben?«

Die Gutjahr lachte schrill auf. Frau Feuerbach – oh, sie beherrschte sich. Furchtbar ruhig erhob sie sich und holte eine silberne Tabatiere aus der Tasche. »Hören Sie, Frau,« sagte sie und beherrschte sich, kämpfte wider sich, daß die Zähne ihr fast aneinanderschlugen, »hören Sie, Frau, Geld ist nicht. Aber da. Eine Tabatiere. Der Mann braucht sie nicht mehr. Darf nicht mehr rauchen. Sieht nicht, daß sie fort ist. Wird sie nicht suchen.« Sie schwieg. »Es ist russische Arbeit, es ist ziseliert,« sagte sie stimmschwach und hielt der Lahmen mit einem langen, schwanken Arm das leichte Gemächte hin. Die aber, grundlos erbittert mit einemmal, kreischte: »Ich scheiß darauf! Ich brauch nichts von Ihnen! Da – da – da« – und mit der Hand hieb sie viele Mal auf die Matratze, die unter ihr lag – »da, da ist Geld. Da eingenäht ist mehr Geld, Sie Hungerleiderin, als Sie auf einem Haufen gesehn haben. Den Dreck da –« Sie schlug der Frau das silberne Ding aus der Hand, daß es über die Diele in einen Winkel klirrte – den Dreck nehm ich ja gar nicht von Ihnen.« Rasend, entfesselt kreischte sie: »Mit dem Hut geht das! Einen Hut mit Federn trägt das noch, wenns auf die Gasse geht. Gnädige Frau! Wenns auch keinen Fetzen Leinwand mehr für einen Unterrock hat. Gnädige Frau, Sie. Wie damals. Wie der Abel Sie damals am Abend, damals, wie Sie nach Haus gekommen sind – wie er Sie damals schön sanft an der Hand in die Wohnung gezogen hat.«

Frau Feuerbach stand da, starr, von jähem Rot das Gesicht überflammt, und sagte mühsam: »Neunzehn Jahre, Frau –« Sie fühlte, wie sie sich entglitt. »Neunzehn Jahre,« sagte sie. »Durch die Schlüssellöcher haben Sie spioniert, Sie.« Die Gutjahr kreischte Haß: »Ja, ja, spioniert! Die Bluse hat er Ihnen zerrissen, der Abel! Geschmissen hat er Sie übers Bett!« Frau Feuerbach stand da, starr. »Gezwungen,« sagte sie mühsam. Oh, sie entglitt sich. Die Gutjahr kreischte: »Nichts gezwungen! Geflüstert hat sie, die gnädige Frau, komm, haben Sie geflüstert, wie der Abel schon auf das Bett Sie geschmissen hat ohne Bluse. Komm! Der Herr Gemahl in der Wohnung drüben darf warten!« Da sagte Frau Feuerbach: »Sie Kanaille. Sie Kanaille.« Die Gutjahr kreischte. Nach einer leeren Postkarte griff sie und kreischte. Nach einer Postkarte griff sie, die neben ihr lag, schrieb Feuerbachs Anschrift darauf und, Ruben betreffend, ein paar grelle Sätze plumper Enthüllung. Das las sie laut. Das werde sie zur Post bringen lassen, versicherte sie.

Und da war es in diesen langen Jahren zum erstenmal, daß die Gemarterte, von der Sorge des Hausstands, von der Pein des mühsam aufrecht erhaltenen Scheinlebens zermürbt, die Herrschaft über sich vollends verlor. Sie bedachte nicht, wie oft in all der Zeit gleiche Drohung ausgesprochen und nicht verwirklicht worden war – sie sah den halb blinden Gatten, dessen Abend sie mit Opfern, oh, und mit welchen Opfern, in eine Wahnwelt geregelten Bürgertums zu wandeln sich rackerte, sah ihn also mit der von der Erpresserin, dem Alptraum, der Teufelin geschriebenen Karte fassungslos in der Hand – sah das und warf sich über die Lahme und schleppte unter den Kissen der mit Gekreisch sich Sträubenden die verderbliche Schrift vor und zerfetzte, zerfetzte sie. Da spielte die Gutjahr, keuchend vor Wut, ihren besten, den für besseren Anlaß damals schon seit geraumer Zeit gesparten Trumpf aus und sprach von Mirjam und von Mirjams Kind, das bei der Meier in Pflege war.

Unsicher bleibt, woher der Gutjahr dieses Wissen kam, doch vermutet man, daß, neben ihrer Freundschaft mit Frau Meier, der zufällige Einblick in einen Gerichtsbrief ihr Aufschluß verschaffte. Wie dem auch sei – sie konnte ihres Erfolges sich freuen. Ihre Eröffnung hatte eine tiefe, eine tatsächlich niederschmetternde Wirkung. Erblaßt, verstummt fiel Frau Feuerbach auf einen Sessel; sie wäre minder furchtbar getroffen worden, hätten nicht schon seit Monaten Zweifel über Mirjams Lebensführung an ihr genagt. Sie erhob sich grußlos, sie griff nach der Klinke, sie sah sich wie im Traume die Treppe hinuntergehn. »Mirjam,« sagte sie lautlos. Sie überquerte den Hof und trat auf die Gasse. Dort wandte sie sich und fragte sich zu Frau Meier hinauf. Die dicke Frau empfing sie mit mißtrauischer Neugier. Begriff. Und führte ihr mit wortreich verlogener Zärtlichkeit einen Knaben zu, ein blasses, schmalgesichtiges Kind mit den großen Augen, die ihr vertraut waren. »Du,« sagte sie. Und fragte nicht nach seinem Namen. Küßte dem Kind die weiße, magere Hand und ging.

Sie ging zu Fuß straßenauf, gassenab die lange Strecke zu ihrer Wohnung. Als sie ins Haus trat, war sie entschlossen, Feuerbach alles zu sagen. Sie war aller Lügen so müde, daß jede Lösung sie lichter dünkte als diese Nacht. Die Wohnung war leer. Ruben, Mirjam – wo? Auch Feuerbach war noch nicht heimgekommen – sein Imbiß stand unberührt auf dem Tisch. Sie setzte sich an diesen Tisch, sie legte den Arm auf die neue Decke und den schweren Kopf auf den Arm. Sie schlief ein.

Erwachte, fuhr aus dem Schlaf, da jemand das elektrische Licht andrehte. Feuerbach, schon ohne Hut, stand inmitten des Zimmers. Es war ganz ruhig in ihr. Sie sagte: »Ich habe mit dir zu sprechen.« Er sagte: »Jetzt? Muß es jetzt sein?« Und setzte sich an den Tisch. Sie zitterte und sie sagte: »Es muß sein, Mann. Schweres, Schweres ist zwischen uns. Du mußt ganz ruhig bleiben und hören.« Da merkte sie, daß er elend aussah und ihrer Worte nicht achtete. Sie sagte: »Bist du krank?« Er sagte: »Krank – nein. Es ist eine Kleinigkeit, ein kleiner Vorfall, aber er hat mich so seltsam angerührt – ich weiß nicht, warum. Ich will Farkas den korrigierten Artikel bringen. Es war spät geworden, eine Stunde nach Arbeitsschluß. Da bin ich ja sonst schon immer zu Hause. Ich will ihm also den Artikel bringen und trete in sein Zimmer. Springt eins aus einem Fauteuil hoch, streicht sich das Haar zurecht. Ist es Mirjam. Wußtest du, daß Mirjam mit Farkas bekannt ist? Ich wußte nichts zu sagen und grüßte und ging. Sie ließen mich gehen. Es ist ja nichts. Aber daß sie nicht gesagt hat, daß sie ihn kennt!« Er verstummte. Dann entspannte sich sein Gesicht und er sagte mit einem müden Lächeln: »Das ist ihr unbesonnenes Zartgefühl. Sie verheimlicht, mit meinem Brotgeber bekannt zu sein, weil sie denkt, das sei für mich eine Demütigung.« Und schon wieder ganz verstrickt in die Gnade seiner törichten Blindheit: »Sollten wir nicht Farkas einmal zu uns bitten? Da er doch Mirjams Bekannter ist –«

Oh, Frau Feuerbach war verstummt. Blieb stumm, indes der Mann sein Abendbrot nahm. Er erhob sich. »Ruhen ist nicht zu Hause,« sagte er halb in Frage und seufzte leicht. »Ich gehe schlafen,« sagte er und nickte ihr zu. In der Türe wandte er sich und sagte mit einem Lächeln: »Ruben – du wirst sehn, ganz leicht und langsam findet das Kind sich ins Leben. So spät – und endlich nun doch. Ja, Frau, es wird lichter.« Er nickte noch einmal und zog die Türe hinter sich zu. Sie hörte, wie er tastend im Dunkeln sich entkleidete. Dann knarrte die Bettstatt.

Frau Feuerbach saß noch auf ihrem Sessel, arbeitsame Hände vor sich auf die neue Decke des Tisches gelegt, graues Haar an den Schläfen, müde Augen blicklos in die Ferne gerichtet – saß da in lahmem Denken und wartete. Ruben kam nicht heim und Mirjam kam nicht heim. Sie erhob sich, ging hinüber und legte sich behutsam zu Bett, ohne Licht zu machen. Neben ihr war der ruhige Schlafatem des Mannes. Sie schaute, auf dem Rücken liegend, mit geweitetem Blick zur Decke empor, an der scheue Lichtkringel zitterten. »Mann,« fragte sie, und lauter: »Du, Mann!« Er erwachte. »Was willst du?« sagte er leise. In ihrer Brust der Hammer dröhnte und dröhnte Schicksal. Sie lag still. Dann war es wieder ruhig in ihr und sie sagte – und es war seltsam, daß es ihre Jungmädchenstimme war, eine helle, feine Stimme, die aus ihrem Mund kam –: »Ruben ist nicht dein Kind.«

Es war still im Raum von einer furchtbaren Stille, lange Minuten lang. Da hielt es sie nicht mehr und sie riß sich auf und tastete nach der Lampe und drehte das Licht an.

Feuerbach schlief.

Transaktionen

Zu der Zeit fiel mir auf, daß Birkmeier für die zentrale Leitung der Geschäfte sich zu interessieren begann. War es zunächst auch nicht mehr als eine Häufung betont zufälliger und lächelnd absichtsloser Besuche im Hauptbureau, so lag doch für einen, der den Mann kannte, klar zutage, daß die Art, wie er seine Obliegenheiten in den Fabriken an andere abgab, um unter viel Gelächter mit dem und jenem lange und dröhnende Vorzimmergespräche zu führen, durch vorgefaßten Plan und Absicht gestützt ward. Es war offenbar, daß er sich an Abel heranmachte. Und als er eines Nachmittags in mein Zimmer trat – er war blond ergraut, stak in modischem Anzug mit einem touristischen Einschlag und schien mir im übrigen kaum verändert zu sein – und nach ein paar gleichgültig väterlichen Fragen mich einlud, den Abend zugleich mit Johannes Abel in einem geschlossenen Zirkel im Grand Hotel zu verbringen, wußte ich, daß da etwas Entscheidendes in der Luft lag. Ja, Birkmeiers freundliche Beflissenheit ging so weit, daß er mir sagte, Reinhard, der Sohn, werde sich das Vergnügen machen, mit dem Automobil zu dieser kleinen Festlichkeit mich abzuholen.

Er erschien in der Tat – nach Jahr und Tag bekam ich ihn so zu Gesicht. Er begrüßte mich mit wortreicher Jovialität. Im Kraftwagen lehnte er sorgfältig zurechtgerückt in seinem Winkel, in bewußter Lässigkeit, mit übergeschlagenen Beinen – er trug Socken von lachsfarbenem Seidenflor – und strahlte vor verdientem Wohlergehen. Er hatte dicht blondes, leicht gekräuseltes Haar, das, vor den Ohren bis an die Kinnbacken niederreichend, den Anstrich erbgesessener Bürgerlichkeit vermittelte. Seine Augen waren wasserhell, seicht verschlagen und schwammen abwegig in leichter Entzündung, er sprach Worte offenliegend ehrbarer Klugheit und eines geschwätzigen Biedersinns, ließ sie genießerisch gleichsam auf der Zunge zergehen wie ein Stück Fruchteis, und man mußte sich ernsthaft mühen, hinter Pause, Seitenblick und eitel selbstbelächelter Anspielung den schlichten Sinn des Gesagten zu finden.

Ich erfuhr von ihm, daß er sich in Geschäften betätige, ohne allerdings feste Bindungen anzustreben. Er hatte während des Krieges über Erteilung und Nichterteilung gewisser Ausfuhrbewilligungen von Amtes wegen zu entscheiden gehabt und sich hierbei – er schmeckte das Wort und lächelte eitel – so manche gute Freundschaft erworben. Und nun treibe er also Handel auf eigene Faust. »Man braucht keine Büros und Angestellten und den ganzen Klimbim. Das geht besser und glatter beim Five o'clock tea. Warum kommst du nie? Man tanzt. Fesche Wiener Mäderln habt ihr ja doch keine gehabt in Rußland. Übrigens wirst du heute meine Schwester sehen,« sagte er, und dann obenhin: »Sie ist verheiratet. Gräfin Warre. Ältester Adel.« Wir waren angelangt und er ging elastischen Schritts mir voran.

Diesen Grafen Warre kannte ich. Er war derselbe, der vor seiner Heirat mit Birkmeiers Tochter die Abelwerke mit dem und jenem nichtigen und von Klein grundsätzlich abgewiesenen Geschäftsanbot überlaufen hatte. Hier fand ich ihn neben Schwiegervater und Gattin – sie war eine dicke und ein wenig käsige Schönheit mit seichten Augen – um Johannes Abel bemüht, der wortkarg in einer Ecke saß. Dieser Gruppe hatten noch fünf oder sieben andere Herren im Abendanzug sich zugesellt, scharfgeschnittene Köpfe mit zerknitterten Zügen, deren Namen ich bei umständlicher Präsentierung als die hoher Adeliger des früheren Regimes erfuhr. Ich fand das Gespräch in vollem Gange, ja bis zu einem gewissen Grade maßvoll erhitzt, und eine leichte Zielsicherheit in der Wechselrede ließ mich vermuten, daß man um Abel nicht ganz ohne festen Plan sich bewegte. Einer vor allem, Altgraf bekanntesten Namens und Angehöriger übrigens einer Familie, die unter jenem Schachzug Abels anläßlich der Kapitalserhöhung geblutet hatte, sprach von der möglichen Wiedereinsetzung des vertriebenen Kaisers im Nachbarreiche mit einer Wärme und Ausdauer, daß es offenbar war, er sei allen Ernstes kindlich und verblendet genug, von Abel, den er Herr Präsident nannte, tatsächlich eine geldliche Unterstützung solchen Unternehmens sich zu erhoffen. Auch die übrigen Herren wetteiferten mit ihm, was diese Dinge der hohen Politik anlangt, in einer Treuherzigkeit, die mir von Warre und seinen geschäftlichen Versuchen vertraut war.

Ich hätte das Gespräch gerne weiter verfolgt, sah aber meine Aufmerksamkeit durch eine Gruppe im gegenüberliegenden Winkel des Raumes gefesselt. Reinhard Birkmeier saß da mit keinem anderen als Ducrède, dem Franzosen, den hier anzutreffen ich einigermaßen erstaunt war. Ein dritter Herr, levantinischen oder armenischen Aussehens, gesellte sich ihnen in einer gedämpften und offenbar eindringlichen Unterhandlung. Ich setzte mich so, daß ich einiges hören konnte – so viel zum mindesten, daß von einer Ware die Rede war, die in acht Teilpartien ankommen sollte. Der Weg? »Wir haben zum Glück ein Loch im Westen,« sagte Reinhard mit eitlem Lächeln, und auch Ducrède zeigte einen Augenblick lang die zerfressenen Zähne. Verwundert war ich, als ich hörte, es handle sich bei dieser Lieferung um eine für einen Geschäftsabschluß kleine Menge, ich glaube im ganzen um vier Kilogramm (auch Gutjahrs, ja, Gutjahrs Name fiel in diesem Zusammenhang: verstand ich recht, so hatte ein halbes Kilogramm ihm übergeben zu werden), und noch mehr war ich verwundert, als ich die abenteuerliche Höhe des Preises vernahm. »So viel Geld habe ich nicht,« sagte Reinhard, »ich bezahle vierzig Prozent. Den Rest Wechsel, neunzig Tage.« Der Orientale wurde unruhig, aber Ducrède beschwichtigte ihn durch einen Blick. Der Franzose sagte: »Selbstverständlich mit Giro des Herrn Papa.« Reinhard winkte nachlässig Gewährung und wandte sich, da die beiden gegangen waren, der Gruppe um Abel zu.

Dort hatte das Gespräch zum sichtbaren Unwillen des alten Birkmeier Geschäften sich zugewandt. Die sieben Adeligen hatten ihre Sessel enger um Abel zusammengerückt und redeten gleichzeitig auf ihn ein. Es erwies sich, daß jener Plan zur Wiedereinsetzung des Herrschers kaufmännisch gesehen doch nicht so ganz ohne Interesse war, und dem entsprach es auch, daß Abel mit sichtlicher Aufmerksamkeit diesen neuen Darlegungen folgte. Die Herren waren nämlich, wohl gewitzigt durch mehr als eine Ablehnung andrer Vorschläge, zu dem Entschlusse gelangt, ihre Güter durch eine Simultanhypothek abenteuerlichen Ausmaßes, verbunden mit einem Holzabstockungsvertrag, zu belasten, um dann ihrerseits und aus eigener Tasche jenes romantische Unternehmen des früheren Kaisers finanzieren zu können. Es erwies sich aber zugleich, daß die Summe, die sie daran zu wenden gedachten, nur etwa ein Drittel des Kredits ausmachte, den sie zu beschaffen sich mühten. »Der Rest ist für uns. Man will auch leben,« sagte einer mit Offiziersstimme. Abel notierte allerlei, und das war also ganz offenbar gegen Birkmeiers Absicht: er hatte sichtlich den Abend zu anderem Zweck arrangiert und die adeligen Herren wohl nur hergebeten, auf Abel mit solchen Beziehungen Eindruck zu machen. Nun mühte er sich vergebens, das Gespräch in minder verbindliche Bahnen zu lenken, suchte Hilfe bei Helga, die aber seine auffordernden Gebärden durchaus nicht verstand und satt und lächelnd unter den Herren saß, bald den, bald jenen kitzelnd mit gleichgültig zündendem Blick, und wandte sich schließlich heischend nach Reinhard – ohne bessern Erfolg.

Denn Reinhard war in ein neues Gespräch verwickelt. Er stand schräg hinter mir mit einem kleinen, sehr straffen Herrn, den ich als einen Baron Preis hatte nennen hören, und mußte eine längere Strafrede über sich ergehen lassen, der zu entnehmen war, daß jener Straffe Reinhard gegenüber auf nicht weiter geklärte Weise die Stellung eines Vorgesetzten einnahm, daß er höchst ungehalten war über des jungen Birkmeier Geschmacklosigkeit, mit welschen Schiebern – das war sein Wort und gemeint war offensichtlich Ducrède – sich blicken zu lassen, daß man weiters fest darauf rechne, Reinhard anläßlich der nächsten feldmäßigen Ausrückung nicht wieder vermissen zu müssen – es gehe nach Hallau, zu den dortigen Sozialdemokraten und Judenbengeln – und daß schließlich Kamerad Künnecke rapportiert habe, es sei die versprochene Abrechnung über die letzte Zuweisung aus München noch immer nicht abgeliefert. Das war viel auf einmal, und es war zu verstehen, daß Reinhard mit wortreich beteuernder Aufklärung zu sehr beschäftigt war, als daß er für des älteren Birkmeier Nöte Ohr und Auge gehabt hätte.

Dem war inzwischen übrigens unerwartete Hilfe gekommen. Eingetreten war von der Hotelhalle her und ging mit breiten Beinen stämmigen Schrittes auf Birkmeier zu ein Mann, den man auf den ersten Blick für seinen Bruder zu halten geneigt war. Vollbart zumindest und der Ausdruck von Aug und Gesicht war der gleiche. Auch lag um ihn wie um den andern ein Dunstkreis von Männlichkeit. Nur zeigte der Neuankömmling Jägerwäsche, hatte auch den grünen Filzhut noch nicht gegen einen städtischen eingetauscht und trug, allem Neu- und Fremdmodischen nachdrücklich abhold, breite, deutsche, gesinnungstreue Zugschuhe an seinen Füßen. Birkmeier trat ihm, beide Hände vorgehoben, zwiespältig freundlichen Lächelns entgegen, peinlich erfreut, und präsentierte ihn als Herrn Bohi – den berühmten Bohi, den Abgeordneten von der radikal deutschen Rechten. Und dem gelang in drei, vier Minuten, was seinem Vollbartfreunde bisher mißlungen war: die sieben Adeligen verstummten. Duckten sich. Blickten auf die Uhr und erklärten, es sei hoch an der Zeit. Hofften zu Abel, das interessante Gespräch in Bälde weiterführen zu können. Empfahlen sich. Nur Warre blieb, mit Helga, der Gattin. Ihr widmete sich Bohi geräuschvoll in einer Ecke, mit breitem Bauch ihr den Ausweg verstellend. Sie saß dort, käsig gedankenlos, und kitzelte ihn mit dem Blick.

Da war nun wohl die von Birkmeier mit so viel Aufwand arrangierte Minute gekommen. Als ich ihm mich zuwandte, sah ich ihn stehend von hinten her über Abels Schulter geneigt. Der las einen Brief, ich trat näher und erkannte die Handschrift Samuel Kleins. Es war ein Brief, an Gutjahr gerichtet, in dem versteckt zwar, behutsam zwar, doch mit den von dem Vollbart reichlich gelieferten Erläuterungen durchaus verständlich von dem zwischen Klein und Gutjahr geführten Gespräche, von der Notwendigkeit, jene Dame endlich herbeizuschaffen, und von neuer Geldzusage die Rede war. Abel las, gespannten Gesichts, las noch einmal und blieb stumm. Da Birkmeier ihn wortreich seines Mitleids versicherte, dem Sproß Judas so lange aufgesessen zu sein, da er weiters seines eigenen alten Mißtrauens gegen den Zionsjünger Erwähnung tat und schließlich beteuerte, den Bedrohten in Zukunft durch restlosen Einsatz seiner eigenen Person vor solchem Ränkespiel bewahren zu wollen, erhob sich Abel, dankte dem beflissenen Enthüller mit drei dürren Worten und ging.

Dieser Szene unbeteiligter Zeuge und nur verwundert, Klein, den Fuchs Klein, nun tatsächlich in solch tollen und lächerlichen Handel verwickelt zu sehen – unbeteiligter Zeuge also (Birkmeiers Absicht mochte gewesen sein, unter einem bei dieser Gelegenheit auch mich auf seine Seite zu ziehen) beschloß ich, in dem zu gewärtigenden Widerstreit zwischen Abel und Klein zunächst nicht Partei zu ergreifen, bis sich entschieden hätte, wer Sieger bliebe. So schwieg ich über den Vorfall, und Klein, auch von Abel durchaus nicht zur Rede gestellt und also ohne Ahnung, daß er verraten sei, bemerkte alsbald nicht ohne Unruhe, daß ihm jede wichtigere Entscheidung, ja jede Möglichkeit, größerem Geschäft sich zu widmen, von Abel planvoll entzogen ward. Einen Atemzug lang blieb er bestürzt – und war im nächsten daran, seine Gegenmaßnahmen zu treffen.

Das war bald geschehen. Er war Verwaltungsrat, Aktionär und durch einen Syndikatsvertrag in seiner Steilung gesichert. Was er mit Abel auszutragen hatte, war Privatangelegenheit. So beschränkte er sich darauf, sein freies Geld, das bisher in den Abelwerken gearbeitet hatte, zurückzuziehen und, auf kleinere Konten unter fremden Namen verteilt, in der und jener sicheren Bank zu placieren. Zu seiner Deckung konnte er vorläufig nichts weiter ins Werk setzen. Der nächste Augenblick sah ihn schon wieder im Angriff. Doch durchschaute ich all das in seinem ganzen Zusammenhang erst viel später. Damals nahm ich nicht mehr wahr als Teilaktionen. Was ich selbst erlebte, war dies: Klein kam zu mir und sagte: »Farkas hat sich lange nicht blicken lassen.« Er lege Wert darauf, die Verbindung nicht zu verlieren. Farkas' Interesse für die Abelwerke sei nicht ohne Wert. Ich solle nicht übersehen, ihm in den nächsten Tagen meinen Besuch zu machen. Klein wandte sich nach seiner Türe zurück und sagte leichthin: »Er wird beleidigt sein, weil wir ihn nicht informieren. Schließlich ist er Großaktionär. Er wird vielleicht fragen, wie das mit der Kapitalserhöhung gewesen ist. Wir haben ja nichts zu verheimlichen, nicht wahr?« Damit ging er.

Ich überlegte. Klein war also neuerlich zum Angriff übergegangen, zu einer gefährlichen, fast verzweifelten und höchst wirksamen Art des Angriffs, wie ich mir sagen mußte: er wollte Farkas, wollte der *Wahrheit* das Geheimnis der zweifelhaften Unternehmungen Abels und der Abelwerke verraten. Das hieß, daß der Kampf zwischen ihm und Abel in einen entscheidenden Abschnitt getreten war. Er wollte diese Geheimnisse preisgeben, obwohl das nicht nur für Abel, sondern für das ganze große Unternehmen schwerste Gefahr bringen mußte. Das hieß, daß Klein diesem Unternehmen im Geheimen schon den Rücken gekehrt und sich anderweitig gesichert hatte. Er wollte diese Informationen an Farkas nicht selbst überbringen, sondern er sandte einen Mittelsmann – sandte mich, und sandte mich mit einer Weisung, die, wollte man es, keine war und von ihm stets als Mißverständnis erklärt werden konnte. Das hieß erstens, daß er Farkas', des neuen und gefährlichen Bundesgenossen, noch nicht durchaus sicher war, und zweitens, daß er Gründe zu haben glaubte, auch mir zu mißtrauen, und daß er die Gelegenheit wahrnehmen wollte, mir ein Bein zu stellen und mich zu Fall zu bringen: als einer, der jene Geheimnisse an die Zeitung verraten hätte, verraten wohlgemerkt auf eigene Faust und ohne Kleins nachweislichen Auftrag, war ich für die Abelwerke und vor allem für Abel selber ein toter Mann.

Das war fein ersonnen und zeigte Samuel Klein auf der Höhe der Kunst. Es galt, die Gelegenheit wahrzunehmen, um auf Abels Seite hinüberzuwechseln. Hinzugehn und Abel die gewordene und doch nicht gewordene Weisung plump zu verraten – das ging nicht an. So entschloß ich mich nach langer Erwägung, Kleins Anordnung mit großer Behutsamkeit schrittweise Folge zu leisten, erwartend, daß im Zug des Geschehens dies oder jenes Beweisstück in meine Hand fallen mußte. Ein Besuch bei Farkas verpflichtete nicht, solang ich meine Zunge im Zaum hielt. So entschloß ich mich zu diesem Besuch.

Er verlief durchaus anders, als ich erwartet hatte. Ich traf Farkas höchst ungehalten, und zwar, wie er mir sogleich mitteilte, über eine Auseinandersetzung mit Feuerbach. Man hatte dem alten Manne zunächst tatsächlich die Aufgabe gestellt, Farkas' und seiner ungarischen Mitarbeiterschaft Manuskripte einzurichten und druckfähig zu machen, aber es hatte sich bald ergeben, daß er dazu nicht zu brauchen war: er wendete an die Verbesserung eines einzigen Geschreibes mehr Zeit, als ihm zur Säuberung ihrer aller – und es waren täglich sechs oder sieben – gewährt werden konnte. So hatte man ihn von da ab in der Registratur beschäftigt, aber auch diesen Dienst versah er – und das eben war der damals stattgehabten Auseinandersetzung Anlaß gewesen – durchaus nicht zur Zufriedenheit seiner beflisseneren Umgebung. »Ich werde ihn über die Stiege hinunterwerfen,« sagte Farkas abschließend und wandte mir dann jäh geänderten Tonfalls und gefletschten Gebisses sein Lächeln zu. »Was führt Sie zu mir?«

Ich hatte es mir zurechtgelegt, ihn durch Ungelenkheit des Ausdrucks und durchschaubar plumpe Absichtlichkeit des Gesagten sicher zu machen und zum Reden zu bringen. Ich hatte aber kaum begonnen, von den Abelwerken und ihrer Kapitalserhöhung zu sprechen, als er mich unterbrach. »Halt,« sagte er. »Erstens sind Sie zu ungeschickt, um einen Trottel spielen zu können. So verkauft man mir nichts. Und zweitens ist es zu spät. Sie haben sich das zu lang überlegt. Auf Sie werd ich warten. Was wollen Sie mir erzählen? Die Zigarettengeschichte? Und wie ihr sie dann dem Chambord, dem Halbidioten, angedreht habt? Zucker! Dafür gehören drei Jahre Zuchthaus. Oder die Sache mit der fingierten Option? Oder das mit der heimlichen Wien-Kontermine in Hamburg und London? Macht weitere drei Jahre Zuchthaus. Oder das mit der Preistreiberei bei den de Letter-Konserven? Gehn Sie nach Haus, junger Mann. Und wenn Sie einer geschickt hat – mir spielt man nicht den Trottel. Mir zieht man so die Würmer nicht aus der Nase.« Ich mag keine gute Figur gemacht haben, als ich von ihm ging.

Was mir damals rätselhaft blieb: wie Farkas in den Besitz dieser Informationen gekommen sein mochte – fand später, als man da nicht mehr im Dunkeln tappen mußte, seine tragische und zugleich lächerliche Aufhellung in solcher Gründlichkeit, daß das Gespräch zwischen Farkas und Ignaz Klein bis in die letzten Einzelheiten bekannt ward. Ja, es war Ignaz Klein, von dem Farkas sein Wissen bezog, und der Weg, der Samuel Kleins Sohn in Farkas' Redaktionsstube führte, ist merkwürdig genug, hier festgehalten zu werden.

Ignaz Klein hatte aus dem Elend der Knabenjahre eine bedenkliche Mitgift in den Bezirk jäh gebesserter Lebensumstände sich herübergerettet: wache Angst und das Wühlen unentwegter Erinnerung. Hinter ihm war die Peitsche. Aber indes sie den Vater in den Taumel zähen Erwerbs trieb, indes sie die Schwester raffen ließ, was sich darbot, hetzte sie ihn, den vieler Studien Beflissenen, kränklich von schweren Träumen Gequälten, aller Anfechtung und allem Kleinmut hilflos Preis gegebenen, von einem Pfade des Suchens zum anderen. Er war jeder praktischen Betätigung abhold. Er war ein Wirrkopf. Ihm schwebte schemenhaft eine Weltordnung vor, die Armut, Not, Elend nicht kannte. Und war es ihm zunächst Überzeugung gewesen, dieses Ziel sei nicht anders erreichbar als durch völlige Trennung vom Fleische und Absage an das Lebendige – ein Weg im übrigen, der ihn zu Rafael Meier geführt hatte – so änderte er, unsteter Sucher und durch die dort geschöpften Erkenntnisse wenig befriedigt, über kurz seine Richtung und sah nun Glück und Lösung nur mehr in der neu erwachten Gemeinschaftsidee. Ein durch Zufall besuchter Leseabend bei jenem Badele brachte da die Entscheidung. Er bat unmittelbar darauf den stillen Mann um eine Unterredung unter vier Augen und breitete vor ihm seine Seele aus – nicht etwa mit Verstiegenheiten oder irgendwelcher Romantik, sondern in selbstquälerischer Beobachtungsgabe und Sucht, sich zu erniedrigen, und mit jener leidenschaftlichen Nüchternheit, die ein Erbteil des Vaters war.

Badele, Schustergesell aus Schwaben und während der Kriegsgefangenschaft in Rußland so sehr zum Kommunismus bekehrt, daß man keine Bedenken getragen hatte, dem Heimgekehrten die Leitung einer wenn auch damals noch sehr jungen Landesgruppe anzuvertrauen – Badele also, dem solcher Kauz noch nicht über den Weg gelaufen war und der doch genug von der hohen Politik zu sehen bekommen hatte, um zu wissen, daß man Samuel Kleins Sohn nicht ohne weiteres abwies, antwortete hinhaltend Allgemeines und versprach, mit Ignaz in Verbindung zu bleiben, ohne daß es ihm aber beigefallen wäre, den Entfachten weiteren Sitzungen zuzuziehn. Ignaz, zu klug, des anderen Zurückhaltung nicht zu bemerken, sah – und sah in seiner Erregtheit doppelt eindringlich – daß die neu gefundene Lösung und Seligkeit noch nicht erreicht ihm schon sich versagte, und daß sie ihm sich versagte aus keinem anderen Grund, als weil er noch immer mittelbar verstrickt war in den Tanz um das goldene Kalb. Er sah, daß es nicht etwa genügen werde, sich loszusagen von der Geldgier des Vaters und eine Kammer in einem Proletarierhaus zu beziehn. Hier aufgenommen zu werden, bedurfte es bündigeren Beweises der Parteigängerschaft. Und nach ein paar zerstörten Tagen und Nächten fand er keinen bessern und eindrucksvollem als den, daß er hinging und zwei Monate lang seines Vaters Laden durchstöberte, Briefe erbrach, Gespräche belauerte, daß er aufgeraffte Brocken und Bruchstücke aneinanderfügte mit der ererbten Kaufmannsbegabung seines hellen Gehirns und das so gewonnene Material, eine fast lückenlose und im ganzen zutreffende Darstellung der dunklen Geschäfte des Abel-Konzerns, zu Badele trug.

Nun war es zu der Zeit so, daß die jähe Not breiter Schichten Badele und seinen Freunden reicheren Zustrom brachte, als die vergleichsweise kleine und noch sehr junge Organisation ohne weiteres in sich aufnehmen konnte. So gab es viel Arbeit, aus der Privatwohnung Badeles, jenem Kellerloch, war man längst ins erste Stockwerk eines ansehnlichen Hauses in einem Arbeiterbezirk übergesiedelt und in Badeles Vorzimmer saßen allezeit viele Menschen. In diesem Vorzimmer wartend, um dem Führer jenes gesammelte Material übergeben zu können, wurde Ignaz Klein von einem Reporter der *Wahrheit* gesehn und erkannt, einem Menschen, den Farkas ausschließlich bezahlte, die ihm so wichtige Verbindung mit jenen Leuten von der äußersten

Linken – gab er sich doch noch immer als eine Art Edelkommunist – aufrecht zu erhalten. Unaufgeklärt ist geblieben, wie es diesem Spürhund gelingen konnte, den Zweck von Ignaz Kleins Besuch zu erschnüffeln. Unaufgeklärt ist vor allem, wie er es fertigbrachte, den Wartenden zu veranlassen, daß er sich mit ihm entferne, ein Lohnautomobil besteige und in Farkas' Bureau fahre. Feststeht nur, daß Ignaz Klein am 18. September um halb sechs Uhr abends tatsächlich zu Farkas kam, daß er, nach kurzem Gespräche das sinnlos Zweckentfremdete der Lage erkennend, sich kurzerhand und in schroffster Nachdrücklichkeit weigerte, die noch in seiner Tasche befindlichen Blätter dem ihn Bedrängenden zu überlassen – sehr vermutlich hat man ihm Geld geboten und ihn dadurch im letzten Augenblick kopfscheu gemacht – und feststeht, daß Farkas ihm schließlich das Manuskript unter Anwendung körperlichen Zwanges entriß. Ignaz Klein war kein Kämpfer; er wurde schwach, er weinte und ward schließlich hinausbegleitet. Zu irgend jemand von dem Vorfall zu reden, war ihm aus naheliegenden Gründen unmöglich. Er vergrub sich in Schmerz und Selbstanklage, bis andere Vorgänge, deren Darstellung nicht an diese Stelle gehört, seine flatternde Tatkraft neuerlich auf den Plan riefen.

Was mich anlangt, so fiel mein Besuch bei Farkas auf den 19. September, elf Uhr vormittags, und verständlich ist nun, daß er sich nur zu gut unterrichtet zeigte. Nicht allein die Einzelheiten meines Besuches, sondern auch, daß er überhaupt schon erfolgt sei, behielt ich für mich: ich war sicher, daß Klein mir jene damals so rätselhafte Informiertheit des Zeitungsmannes nicht glauben würde. Am 20., zwei Uhr mittags, rief er mich zu sich. Er saß an seinem großen Schreibtisch, die eben erschienene Nummer der *Wahrheit* vor sich. Auf seinen Wangen standen rote Flecken. Er hielt mir die Zeitung hin, sagte: »Lesen Sie.«

In der zweiten Spalte der vierten Seite stand wenig auffällig eine knappe Notiz:

Fleischwucher

Wie wir erfahren, fahnden die Organe des Marktamtes nach den Importeuren jener aus der Kriegszeit stammenden Fleischkonserven, die in letzter Zeit in großen Mengen auf den Märkten der Arbeitsbezirke aufgetaucht sind. Man vermutet, daß es sich um ausrangierte Bestände handelt, die ihres halbverdorbenen Zustandes wegen so gut wie kostenlos an einen holländischen Großspekulanten verkauft wurden, um von diesem hier um das Acht- bis Elffache des Gestehungspreises an minderbemittelte Schichten abgesetzt zu werden. Der Spekulant ist angeblich flüchtig. Nach seinen Konsorten wird geforscht.

Das hieß nicht mehr und nicht weniger, als daß Farkas die Feindseligkeiten eröffnet hatte – er persönlich, denn das plumpe und gefährliche Raffinement, mit dem da Lüge und Wahrheit gemengt war, verriet seine Hand. »Sie waren bei Farkas,« sagte Klein. Ich sagte: »Sie lügen. Sie haben ihn informiert. Warum wollten Sie mich hinschicken?« Klein schrie: »Ich habe Sie nicht zu Farkas geschickt!« Ich wandte mich wortlos, ging aus dem Zimmer und zu Abel hinüber.

Vorerst aber noch einiges über Gutjahr. Seine heitere Laune, da er von Klein ging, war durchaus nicht gespielt gewesen. Denn seit er bei guter Gelegenheit seinem Geschäftsfreunde Reinhard Birkmeier den Klein so belastenden Brief für schweres Geld in die Hände gespielt hatte, war er keinen Augenblick darüber im Zweifel gewesen, daß der offene Bruch mit dem Juden nur mehr eine Frage der Zeit war. Seine Rechnung war dabei von brutaler Geradlinigkeit. In ihm, der die letzten Beweggründe dessen, was Klein gegen Abel aufstehen hieß, notgedrungen verkennen mußte, hatte die Überzeugung sich festgesetzt, daß bei Abel, dem Gejagten, mehr zu holen sein mußte, als bei Klein, dem Jäger. Um Abel ging es ihm. Daß, den Alten zur Strecke zu bringen, einmal schon ein Versuch – jener schlichte und ungeschickte Versuch auf der Stiege des Hauses Calé – ihm mißraten war, gab dem gewitzter Gewordenen Anlaß, den wiederholten

Angriffsplan mit viel feinerem Werkzeug in Szene zu setzen. Ihm ging es um Abel. Dabei beurteilte er, besserer Menschenkenner als Klein und dennoch nicht erfahren genug, zu einem vollends richtigen Bild zu gelangen, den alten Sonderling auf eine durchaus andere Weise.

Abel war alt. Durch den Tatendrang, durch die Feste mit Weibern, durch all das Überschäumen des Belauerten sah er, und sah es damals wohl als erster und einziger: Abel war unwiderruflich und endgültig alt. War er alt, so gab es, an ihn sich heranzumachen, keinen besseren Weg als den, daß man seinem Bedürfnis nach Rast und nach einem Ort, sein Haupt darauf zu betten, entgegenkam. Und war dies Bedürfnis noch nicht wach – man mußte es wecken. Das aber zu tun, bewußt oder unbewußt, konnte keiner geeigneter sein als Ruben Feuerbach. Dem reichen, ergreisten und in der Welt vereinsamten Mann mit einemmal einen Jüngling zuzuführen und zu sagen: der ist dein Fleisch und Blut, du hast seiner nicht gedacht durch bald zwei Jahrzehnte, aber nun ist er da, der dir die Augen zudrücken wird, nun beschenk ihn, nun gib ihm die Schlüssel zu deinen Kisten und Kasten – dem in der Welt vereinsamten Mann das sagen zu können, diese Szene sah Gutjahrs Zuhältersinn so handgreiflich stimmungsvoll und zugleich so ertragverheißend vor sich, daß er, sie ins Werk zu setzen, nur mit Mühe die nötige Gelassenheit fand.

Und Gelassenheit war vonnöten. Denn erhoffte man sich von dem Schachzug mehr als nur einen Zubringerlohn, so war es unumgänglich, der Person Ruben Feuerbachs zunächst sich zu bemächtigen. Nur volle Herrschaft über den sonderbaren, zugleich törichten und hellsichtigen jungen Menschen verbürgte Erfolg. Ihm sich zu nähern, ihn zu fassen, war darum auch ein Plan, den Gutjahr damals schon seit langen Monaten beharrlich verfolgte. Und wenn ich Ruben gelegentlich im Bezirk des alten Hauses antraf und wenn ich ihn in manchem verändert sah und wenn der Jüngling durch viel unaufgeklärte Abwesenheit seine Mutter erschreckte – so bewies das nichts anderes, als daß Gutjahr es sehr wohl verstand, auf dem einmal eingeschlagenen Wege weiterzuschreiten.

Dazu kam, daß er, war Ruben Feuerbach einmal sein Werkzeug, sich noch einen andern Vorteil erhoffen durfte: Antons Interesse für den Jüngling ging über seine Teilnahme für andere Knaben und junge Männer so sehr hinaus, schwoll nachgerade so sehr auf zu einer unheimlich belustigenden Besessenheit, daß Gutjahr daneben seine ehemals uneingeschränkte Macht über den dunklen Menschen müde werden und sich verlieren sah. Ja es ist die Annahme nicht von der Hand zu weisen, daß seine Triebfeder bei den Bemühungen um Ruben ursprünglich ebensosehr zu suchen war in seiner Angst, ihm könnte Anton entgleiten, wie in seinem vermessenen Feldzugsplan gegen Abel. Rubens sich zu bedienen, um Anton im Zaum zu halten, Rubens sich zu bemächtigen, um Anton kirre zu machen – das war Gutjahrs andere Absicht. Die dunkel glimmende, zugleich wilde und kriechende Leidenschaft des Ungeschlachten für den Knaben lag auf der Lauer und war jeden Augenblick bereit, zur Flamme sich zu entfachen. Als Ruben eines Tages bedauerte, einer hoch oben in einer Dachrinne verunglückten Katze nicht zu Hilfe kommen zu können, warf Anton, der wie stets den großen Knaben umstrich, den Rock ab und schickte sich an, diese Rinne von außen her zu erklettern. Unter atemloser Spannung einer auf dem Hofe versammelten Kinderhorde brachte er, beschmutzt und zerschunden, das schon fast verhungerte Tier in Sicherheit, ging, noch keuchend von der Anstrengung, breit grinsend und ungelenk zu Ruben hinüber und sah sich da zum erstenmal mit so viel Vertraulichkeit aufgenommen und so innig bedankt, daß ihm das dunkle Blut in die Wangen stieg. In dem schweren Manne war von da ab durch eine geraume Spanne Zeit eine sonderbare Gelöstheit, sein breiter Schritt ward beschwingter, in den abwegigen Augen saß ihm seicht rauschhaft ein Traum, und nicht weniger als fünf der wechselnden Gefährten seiner nächtlichen Lüste haben in geheimer Vernehmung zu Protokoll gegeben, es sei ihnen damals nichts so sehr aufpeitschend und einer zerreibenden Besessenheit voll erschienen wie die Schreie des Menschen, Schlafschreie, Traumschreie, Lustschreie: Ruben und wieder Ruben. – Gutjahr leitete. Gutjahr sah seinen Zielen sich um ein Beträchtliches nähergerückt. Fern noch, unsichtbar noch und noch nicht zu Ende gesponnen – in Abels Umkreis allenthalben waren Netze gestellt. Er mochte dahin oder dorthin sich wenden – allenthalben lauerte eins. Allenthalben war eins bereit, den Fallenden zu fangen in seinen Maschen. Aber bis dahin hatte es gute Weile. Noch war der Gejagte ein Jäger. Noch stand er aufrecht.

Mehr noch: er stand aufrechter denn je. Als ich nach der jähen Auseinandersetzung mit Samuel Klein, da er mir vorwarf, Farkas informiert zu haben, den Raum verließ und zu Abel ging, traf ich an dessen Türe mit einem Menschen zusammen, der mir als Börsenredakteur der *Wahrheit* vom Sehen bekannt war und der nun roten Gesichts und offenbar sehr plötzlich verabschiedet aus dem Zimmer des Präsidenten kam und das Feld räumte. Man weiß, daß er, ein noch druckfeuchtes Exemplar der *Wahrheit* mit jenem ersten Angriffsartikel in der Tasche, zu Abel gekommen war und nach gebührlichen Winkelzügen erklärt hatte, er sei in der Lage, das Erscheinen der wider die Abelwerke vorbereiteten Artikelserie zu unterbinden. »Ich habe Spesen,« sagte er, und: »Geben Sie Geld.« Abel fragte: »Für Farkas?« Sein Gegenüber wand sich, sagte ja und nein und spreizte die Finger. Abel warf ihn hinaus. Er ging drei Minuten in seinem Zimmer auf und nieder, er überlegte, er entschloß sich, er setzte sich in sein Automobil. »Zur Redaktion der *Wahrheit*« sagte er.

Farkas empfing ihn großzähnig lächelnd und wies einladend auf einen seiner Riesenfauteuils. Abel blieb stehn, sagte trocken: »Wieviel?« Farkas mimte Erstaunen. Abel sagte etwas lauter: »Wieviel?« Dem Zeitungsmanne fiel das Lächeln aus dem Gesicht und er schnarrte: »Der Abelskandal bringt mir vierzigtausend Abonnenten wie nichts.« Abel stampfte mit dem Fuß auf, schrie: »Wieviel die Aktienmajorität der *Wahrheit* kostet, will ich wissen!« Farkas setzte sich, ward bleich, sagte leise: »Man kann uns hören.« Zehn Minuten später unterschrieb Johannes Abel einen Scheck. Und gleichen Nachmittags in einer Anwaltskanzlei den Vertrag, der ihn ein stilles, aber entscheidendes Wort in Sachen der *Wahrheit* mitreden ließ und Farkas eine gewisse Tantieme von gewissen Geschäften der Abelwerke verbürgte. Auf der Stiege, indes er eine Zigarre entzündete, sagte Abel: »Also jetzt – wer hat sein Maul nicht gehalten? Samuel Klein?« Farkas klopfte ihn auf den Bauch und lachte: »Redaktionsgeheimnis. Dafür ist nicht gezahlt worden.« Er wußte, warum er schwieg. Abel blieb überzeugt, daß Klein ihn verraten hätte. Er richtete sich danach ein.

In der Zeit, die dann folgte, entfaltete Abel einen Tätigkeitsdrang, der selbst die Arbeitskraft Samuel Kleins in den Schatten stellte, und von ihr im übrigen dadurch sich unterschied, daß sie minder zäh war als von einer gewissen Besessenheit, minder nüchtern rechnend als rauschhaft und allem Abenteuer ergeben – Spielerarbeit, Arbeit eines Hasardeurs, der des Stachels von Einsatz, Wette, Verlustgefahr nicht entraten will. Wie zu Anfang des großen Krieges kaufte Abel. Er kaufte, was ihm irgendwie nur des Preises wert schien. Er kaufte des Kaufens halber. Und es ist anzunehmen, daß ihm nicht nur das Zerrinnen des Geldwerts dazu Anlaß und Antrieb war, sondern mehr noch tief innen jene dunkle Sucht, zu haben, zu halten, der man bei schwer alternden und dem Leben noch sehr stark verbundenen Menschen begegnet.

Er kaufte Häuser. Häuser kosteten nichts. Zwangswirtschaft hielt das Zinserträgnis so niedrig und so weit vornehmlich unter dem, was aufzuwenden war, die Gebäude nicht verfallen zu lassen, daß jeder, der nicht gutes Geld auf das schlechte zu legen imstande oder bereit war, verkaufen mußte und verkaufen wollte um jeden Preis. Abel also kaufte Häuser oft um einen Betrag, der dem Zinserträgnis eines einzigen Friedensjahres entsprach. Und er kaufte diese Häuser alsbald nicht einzeln, sondern in Gruppen, er kaufte einen halben Straßenzug in der Vorstadt, und er kaufte über kurz nicht mehr nach Besichtigung und dem Gutachten eines Fachmanns, sondern nur auf Grund der nachgewiesenen Angabe des Friedenszinses, eines Grundbuchsauszugs, einer Photographie. So mußte er nicht mehr auf die Stadt, auf die heimatliche Republik sich beschränken. Währungsverfall in

Ungarn und in Deutschland gab ihm Gelegenheit, auch da und drüben zu raffen, was sich erraffen ließ. Er kaufte, verkaufte, um neu zu kaufen. Er jonglierte. Er griff in die Luft und hatte Münzen zwischen den Fingern.

Dennoch – als er hundertundzwei Häuser für die Abelwerke erworben hatte, war nicht nur das Eigenvermögen des Unternehmens, sondern auch jeder erlangbare Bankkredit erschöpft und unbeweglich geworden. Abel rief mich zu sich – ich war damals so etwas wie sein Finanzreferent – und befahl mir, Hypotheken zu nehmen, den ungeheuren Hausbesitz zu belasten, soweit es nur anging. Doch so war nicht Abhilfe zu schaffen. Als ich ein paar Stunden später abgehetzt nach einer Rundfahrt bei den Banken in sein Zimmer trat, mußte ich ihm sagen, daß Hypotheken nicht zu erlangen waren. »Hypotheken?« hatte einer der Bankleute gesagt. »Halten Sie uns für verrückt? Wo man Effekten und Valuten kaufen kann für sein Geld? Wo man es gegen Faustpfand verleihen kann gegen zwölf Prozent monatlich, sollen wir langfristigen und womöglich auch noch billigen Hypothekarkredit geben? Lassen Sie sich nicht auslachen, Herr.«

Als ich Abel das berichtete, schwieg er. Er saß weißhaarig hinter seinem Schreibtisch und entzündete sich eine Zigarette. Seine Finger zitterten. »Wir werden wieder verkaufen müssen,« sagte er leise. Dann nickte er vor sich hin. Er wird jetzt sehr alt, sagte ich zu mir, als ich still aus dem Zimmer ging. »Er wird alt,« sagte ich zu Samuel Klein, der unbeschäftigt, scheu und brütend in seinem Klubsessel saß. Er blickte mir aus rotgeränderten Augen verständnislos ins Gesicht. Als ich später noch einmal zu Abel hinüberging, hatte er den Prospekt einer Lebensversicherungsgesellschaft vor sich liegen. Wollte er sich versichern lassen? Wozu? Für wen? Ich blickte ihm über die Schulter. Er studierte Tabellen. Sein dürrer Finger zitterte auf dem Blatt. »Wenn man eine Lebensversicherung eingeht,« sagte er langsam, »so kann man die Versicherungspolice belehnen lassen. Man bekommt so fünfzig Prozent der Versicherungssumme bar auf die Hand.« Ich lachte und sagte: »Aber vorher muß man die Versicherungspolice bar ausbezahlt haben. Und das kostet sechzig oder siebzig

Prozent. Bleiben noch immer zehn oder zwanzig Prozent, die man bar investieren muß.« Er schwieg. Nach einer Weile sagte er langsam: »Den Versicherungsgesellschaften kann man die Prämien schuldig bleiben, wenn man eine Sicherheit gibt.« Und nach einer Weile, zögernd: »Eine Hypothek –? Der Versicherungsgesellschaft die Prämienzahlung garantieren durch eine Hypothek –?« Er versank in sich. Ich wußte nicht, was er wollte. Nach einem langen Schweigen flüsterte er: »Oder wenn man nicht die Prämienzahlung mit Hypothek garantiert? Wenn man stattdessen – einen Holzabstockungsvertrag –« Seine Lippen bewegten sich noch. Ich verstand nichts mehr. Er sagte: »Wissen Sie, ob die Holzabteilung der Lloydbank Holzabstockungsverträge –?« Ich verstand ihn nicht mehr. Was sollte das mit den Holzabstockungsverträgen? »Sie besitzen keinen Wald, Herr Abel,« sagte ich behutsam. Er antwortete nicht. Er saß in sich zusammengesunken. Zwischen seinen Fingern zitterte die erloschene Zigarette. Ich ging auf den Zehenspitzen.

Und erlebte gleichen Abends dies: Reinhard Birkmeier hatte mich wieder einmal zu jenem Kreis im Grand Hotel gebeten – doch fand ich zu meiner Verwunderung zunächst außer ihm nur noch seinen Vater in dem intimen Gesellschaftsraum. Sie hatten beide rote Köpfe, als ich zu ihnen trat, und ich konnte nur noch so viel wahrnehmen, daß das jäh unterbrochene Gespräch um eine Wechselunterschrift sich gedreht hatte. Indes Birkmeier Vater wortkarger als sonst mich begrüßte, bedeutete Reinhard mir hinter seinem Rücken blaß lächelnd mit einem Zeichen des Kopfes, ich solle ihm in eine Ecke folgen. Das tat ich und sah mich eine Minute später einem geschwätzig ungelenken Versuch gegenüber, zur Vorstreckung eines größeren Betrages mich zu überreden. Was dieser Mensch mit den spießbürgerlichen Backenbärtchen zur Begründung augenblicklicher Geldverlegenheit vorbrachte, war so durchsichtig frech und zugleich so windig und verblasen, daß hinter all den Worten, die gleichsam leer liefen, eine zähneklappernde, feige Erregtheit nicht zu verkennen war. Ich achtete wenig darauf, und als er mir Gewinnanteile an einer verworrenen und verlogenen Transaktion und überdies noch eine phantastisch hohe Verzinsung des Darlehens anbot, entzog ich mich ihm mit einem Witzwort, ließ ihn allein – was mir um so leichter wurde, als der Raum sich inzwischen mit einer lebhaft bewegten Gesellschaft gefüllt hatte.

Eingetreten war von der Hotelhalle her und verbreitete sich nach allen Seiten in erhitztem Gespräch eine große Gruppe ein wenig zu auffallend, dabei ein wenig unmodern und über allem dennoch vornehm und wählerisch gekleideter Damen und Herren, unter denen ich, neben dem Grafen Warre und Helga, auch die Mehrzahl jener Adeligen wiedererkannte, mit denen ich da schon einmal zusammengetroffen war. Nun fand ich sie in Gesellschaft ihrer Damen, und um so verwunderlicher war es für mich, wahrnehmen zu müssen, daß sie alle, Herren und Frauen, Reichsbarone und Gräfinnen, von nichts anderem redeten als von Geld, Geld und Geld. Sie taten das freimütig und spielerisch, unernst ernst, waren für Augenblicke bemüht, ihre Teilnahme an all diesen Dingen als eine gefällige neue Art von Sport und extravaganter Liebhaberei hinzustellen, um schon im nächsten ungeschminkt von den drückenden Geldnöten irgend eines Oheims und Vetters und im übernächsten von ihren Börsenengagements zu parlieren. Und hielt ich die erste aus diesem Kreis an mich gerichtete Frage nach dem Stande des rumänischen Leu noch für einen halben Scherz – ich konnte bald nicht verkennen, wie bitter all den kindlichen und für ein schwereloses Leben geschaffenen Menschen es werden mochte, in dieser Zeit sich aufrecht zu halten. »Montanwerte werden haussieren,« sagte die Hofdame der ehemaligen Kaiserin und glättete sich mit nervöser Hand das dünne Weißhaar am Scheitel. Was mich anlangt, so wurde ich im übrigen wenig beachtet: mit Reinhard Birkmeiers fehlgeschlagenem Versuch war der Zweck meiner Einladung offensichtlich erschöpft.

In diesen Kreis – ich sah das Vorkommnis nicht von Anfang an, sah zunächst nur den zwiespältigen Ausdruck der dem Eingang angewandten Gesichter – in diesen Kreis also platzte Johannes Abel. Er blieb am Türstock lehnen und behielt den steifen Hut auf dem Kopf. Sein Gesicht war gerötet, gestrafft und zerstört zugleich; so war er in jener ersten Nacht im Hause Calé vor mir gestanden. Ich sah, daß er getrunken hatte. Er war betrunken. Der Gesellschaft bemächtigte sich bei seinem Anblick eine nicht geringe Verlegenheit. Von den Herren wollten drei oder vier ihn begrüßen, sprachen ihn an. Er antwortete nicht. Man verstummte. In die Stille sagte jene Hofdame: »Fi!« Birkmeier arbeitete sich durch die Gruppe vor und wollte zu Abel hin.

Ehe er ihn erreicht hatte, hob der Bezechte langsam einen schwankenden Arm an ihm vorüber, deutete einem der peinlich erblassenden Herren ins Gesicht und sagte: »Graf Sarnau. Sie haben gebettelt, daß ich Ihnen Ihr schmieriges Gut in Nieder-Sarnau abkaufe. Damit Sie wieder zu fressen haben. Damit Sie Ihrem Hotelportier die gepumpten vierhunderttausend Kronen zurückzahlen können. Damit er Sie laufen läßt. Damit er nicht Krach schlägt.« Er schluckte. Der Angeredete, weißen Gesichts, sprang auf ihn zu, schrie: »Frechheit!« Es schien, als wollte er sich an ihm vergreifen. Abel hob die Hand und flüsterte: »Still. Still. Ich kaufe. Halt dein Maul. Ich kaufe.« Der andere, stehend vor einer Mauer leidenschaftlich verstummter Gesichter, sagte halblaut: »Sie sind betrunken.« Abel hatte die schwankende Hand ganz nahe vor sein Gesicht gebracht und schrie: »Weil ich betrunken bin! Freu dich, daß ich betrunken bin! Wieviel sagtest du? Sechshundert Millionen! Dein lausiges Gut ist gekauft!« Stille war. »Albert,« sagte irgendwo hoffend, beschwörend eine zitternde Frauenstimme. Der Mann vor der Front der Gesichter stand da, verstummt, und drückte die Ellenbogen an den Leib, als fröre er leicht, als fühlte er sich entkleidet. »Gekauft,« schrie Abel nochmals und hieb ihm die Hand auf die Schulter. »Eine Anzahlung,« sagte der andere stimmlos und mit zuckenden Lippen. Abels gerötete Augen suchten und fanden mich. Er rief mich zu sich, er schmiß mir sein Scheckbuch zu. »Scheck ausschreiben,« lallte er. Ich setzte mich an ein Wandtischchen, an ein höfisch vergoldetes Tischchen aus der Empirezeit, und ich schrieb.

Der Anwesenden hatte sich eine tiefe Erregung bemächtigt. Die alte Dame war einer Ohnmacht nahe. Birkmeier wand sich in Ratlosigkeit. Drei, vier, sieben Menschen – Damen vornehmlich – fanden sich in lautem Protest. Rufe flackerten auf. Es wogte, es flutete durcheinander. Da war ein Marder unter Hühner geraten. Der Mann, der verkauft hatte, stand noch immer ohne Bewegung. Abel lehnte am Türstock und lachte.

Bis es ein wenig ruhiger ward. Bis ein anderer jener sieben vom letztenmal (der, dessen Familie bei der Kapitalserhöhung geblutet hatte) auf Abel zutrat und mit ein wenig zu lauter Stimme künstlich heiter ihn fragte, wie es denn nun eigentlich stehe und ob er – er sagte nicht »Herr Präsident« sondern »mein lieber Herr Abel« – ob er also die Hypotheken geben wolle, von denen kürzlich die Rede gewesen sei. Abel schrie: »Keine Hypotheken! Ich kaufe! Ich kaufe Güter!« Es war große Verwirrung unter den Würdenträgern des versunkenen Reiches. Am Türpfosten lehnend kaufte Abel sechs große Landgüter, Waldgüter, kaufte und lachte. »Eine Anzahlung,« sagten sie alle. Alle waren sie der Wirklichkeit des Vorgangs noch durchaus nicht sicher. Auch das Gut jener Hofdame war unter denen, die Abel gekauft hatte. »Man muß einen Notar holen,« sagte sie laut und saß zitternd und steif aufgerichtet auf ihrem Sessel. Man beschwichtigte sie mit Beflissenheit. Man mochte vom Erscheinen eines Notars die Nichtigkeit des ganzen Handels befürchten. »Eine Anzahlung,« sagten sechs Stimmen. Abel winkte mir und ich schrieb.

Da geschah es, daß jener erste, Sarnau, seinen Hut nahm und grußlos, unvermittelt, als wäre er von einem jähen Übelbefinden gepackt, sich entfernte. »Albert,« sagte eine sehr hochgewachsene, sehr blonde Frau und eilte ihm nach. Man brach auf. Man wechselte kaum mehr ein Wort. Man blickte aneinander vorbei. Man ging zu Fuß, obgleich draußen ein dünner Regen fiel. Man war auf der Flucht.

Zurückblieb Abel mit mir. Zurückblieben Birkmeier, Warre und Helga. Als der Graf die Frau an dem Mann in der Türe vorbeizuführen sich anschickte, legte Abel plötzlich im lichten Licht den schwanken Arm um die Hüften der käsigen Schönheit, neigte sich und küßte sie auf den Nacken. Warre stand starr. Birkmeier faßte ihn an der Schulter und zog ihn fort. Helga blieb noch einen Augenblick unschlüssig neben Abel stehen, dann warf sie ihm einen leidenschaftslosen, kitzelnden Blick zu und trollte sich.

Ich folgte ihr bis zum Hotelausgang, kehrte dann um und fand Abel in dem geleerten Raum, an einem der Wandtischchen sitzend, durchaus nüchtern über einen Stoß Papiere gebeugt. Er schaute auf, als ich eintrat. Da er meinen verblüfften Blick sah, lachte er leicht. »Sie bleiben ein Anfänger,« lachte er, »Sie haben mich gleich diesen Jammerlappen für betrunken gehalten. Ich brauchte ihre Güter. Wäre ich nüchtern gewesen, so hätten sie sichs noch einen Monat überlegt und hätten gefeilscht. So glauben sie, mich ungeheuer übervorteilt zu haben. Haben Sie ihre Angst vor dem Notar gesehn?« Er verstummte, versenkte sich wieder in die Schriftstücke, die vor ihm lagen. Es waren Schätzungsprotokolle der neuerworbenen Liegenschaften. »Die Transaktion war vorbereitet,« sagte er, ohne aufzublicken. Ich schwieg. Dann sagte ich: »Die Schecks, die wir als Anzahlung gegeben haben, sind eben noch gedeckt.« Er lachte. »Sie meinen, wir haben gekauft und wir werden nicht zahlen können? Seien Sie ohne Sorge. Wir werden bezahlen. Hören Sie. Nehmen Sie sich zusammen – das Geschäft ist nicht einfach. Also erstens: wir haben sechs Güter gekauft, mit Häusern, Feld, Wald. Vor allem mit Wald. Wir werden dafür – die Leute sind gewitzigt und haben eine Valorisierungsklausel verlangt – zweieinhalb Millionen Goldkronen zu zahlen haben. Das ist nicht wenig – aber doch nicht mehr als etwa die Hälfte des tatsächlichen Wertes. Sehen Sie hier die Schätzungen. Ich habe eben addiert – fünf und zwei Zehntel Millionen alles zusammen. Das sagt mein Sachverständiger, versteht sich. Ich habe einen Hofrat vom Vermessungsamt hingeschickt, einen Hungerleider. Der beißt sich eher die Zunge ab, als daß er eine falsche Schätzung gäbe. Also fünf und zwei Zehntel Millionen Wert um zweieinhalb Millionen gekauft. Gut.« Ich sagte: »Das ist ja doch kein so besonderer Gelegenheitskauf. Alle Immobilien notieren lächerlich nieder unter der Goldparität.«

Er blickte belustigt auf. »Warten Sie,« sagte er. »Das war Nummer eins. Jetzt zweitens: Ehe ich herkam, war ich bei der

›Internationale‹ und habe für mich eine Lebensversicherung abgeschlossen. Es war nicht billig – ich bin kein Knabe. Auf Er- und Ableben. In zehn Jahren bekomme ich fünf Millionen Goldkronen. Bleiben Sie sitzen. Hören Sie weiter. Ich habe mit den Leuten vereinbart, daß ich die Versicherungsprämien binnen vierzehn Tagen auf einmal bezahle. Eine Barprämie also. Sie macht bei meinem Alter und zehn Jahren Laufzeit recht genau sechzig Prozent aus. Ich werde also binnen vierzehn Tagen drei Millionen zu zahlen haben, um nach zehn Jahren fünf Millionen zu bekommen.« Ich sagte: »Sie werden die drei Millionen nicht bezahlen.« Er fragte: »Warum?« Ich lachte: »Wir haben nichts!« Er blickte mich belustigt an und sagte: »Hören Sie. Ich werde die drei Millionen tatsächlich nicht bezahlen. Und zwar deshalb, weil die Versicherungsgesellschaft mir diese drei Millionen borgt. Sie gibt mir eine Hypothek. Eine Kumulativhypothek von drei Millionen auf die sechs Güter, die wir eben gekauft haben. Bleiben Sie sitzen. Ich weiß, was Sie sagen wollen. Sie wollen sagen, daß wir die Güter ja noch nicht bezahlt haben. Hören Sie Nummer drei: Ich bezahle also der ›Internationale‹ die Lebensversicherung mit einer Hypothek. Für den intabulierten Schuldschein auf drei Millionen bekomme ich eine quittierte Police auf fünf Millionen, zahlbar in zehn Jahren. Was macht man mit einer quittierten Police? Hören Sie. Ehe ich zur ›Internationale‹ ging, war ich bei der Lloydbank. Die Lloydbank ist bereit, die quittierte Police der ›Internationale‹ zu belehnen. Und zwar mit fünfzig Prozent. Ich gebe ihr die quittierte Police auf fünf Millionen und sie borgt mir darauf zweieinhalb Millionen bar auf die Hand. Und mit diesen zweieinhalb Millionen bezahle ich die sechs Güter. Haben Sie mich verstanden?«

Mir war der Kopf wirr. Ich überlegte. Ich sagte leise: »Sie sind ein Genie.« Er lachte trocken. »Also keinen Fehler gefunden? Dann hören Sie weiter. Die Sache ist noch nicht zu Ende. Jetzt kommt Nummer vier: Die Lloydbank belehnt die Police selbstverständlich nur dann so hoch, wenn ich den Zinsendienst und die Rückzahlung separat sicherstelle. Sie wollten eine Hypothek auf die Güter. Daß ich die Hypothek der

Versicherungsgesellschaft geben mußte, um die quittierte Police zu bekommen, konnte ich ihnen nicht sagen. So habe ich den Leuten den Vorschlag gemacht, daß ich ihnen die zweieinhalb Millionen, die sie mir auf die Police borgen, in zehn Jahresraten zurückzahle. Zehnmal zweihundertfünfzigtausend Goldkronen. Dazu selbstverständlich die Zinsen. Das macht im ersten Jahr zusammen etwa fünfhundertzehntausend Goldkronen und fällt dann im zehnten bis auf die reinen zweihundertfünfzig. Die Leute fragten mich: Wie werden Sie uns diese Ratenzahlungen garantieren? Bleiben Sie sitzen. Hören Sie. Fünftens: Ehe ich bei der Lloydbank war, war ich unten in der Holzabteilung der Lloydbank. Wenn Sie nämlich diese Schätzungsprotokolle da durchlesen, werden Sie sehen, daß der gute Hofrat den Grund, die paar Häuser und Felder, überhaupt nicht gerechnet hat. Die Schätzung stützt sich ausschließlich auf den Waldwert. Auf den Wert des binnen zehn Jahren schlagbaren Holzes. Binnen zehn Jahren können fünf und zwei Zehntel Millionen Goldkronen herausgeschlagen werden. Mit der Berechnung will ich Sie jetzt nicht aufhalten. Es ist fast alles Tanne, der jüngste Bestand ist siebzig Jahre alt, der älteste hundertzehn. Schlägerung ist bewilligt. Die Bringungsverhältnisse sind auf allen sechs Gütern ausgezeichnet; Schwemmrinnen, Vizinalbahnen, Servitute, zwei eigene Sägemühlen. Ich war also in der Holzabteilung der Lloydbank und habe mit den Leuten einen Holzabstockungsvertrag gemacht: Sie haben binnen zehn Jahren zu schlägern. Dafür bezahlen sie jährlich genau das, was ich an Rückzahlungsrate und Zinsen ihrer eigenen Bank, der Lloydbank, für die Belehnung der Police zu zahlen habe. Das zahlen sie unmittelbar an die eigene Bank, so daß jede Garantie entfällt. Nur der Holzabstockungsvertrag wird im Grundbuch vorgemerkt. Das ist aber noch nicht alles. Die Holzabteilung der Lloydbank zahlt für die Überlassung des Holzes nicht nur meine Schuld an die Lloydbank zurück, sondern sie bezahlt auch die Zinsen, die ich der Versicherungsgesellschaft für ihre Dreimillionenhypothek zu bezahlen habe. Und sie macht dabei noch immer kein schlechtes Geschäft. Und die Lloydbank selbst macht auch kein schlechtes Geschäft. Und die

Versicherungsgesellschaft macht kein schlechtes Geschäft. Und die sechs adeligen Herrschaften haben ihre Güter teurer verkauft, als Güter heute verkauft werden. Und ich?« Er unterbrach sich. Ziffern, Ziffern wirbelten mir vor den Augen. Er sagte trocken: »Ich? Machen wir Bilanz. Ich habe sechs Güter gekauft, ohne in meine Tasche zu greifen. Ich bin eine Lebensversicherung eingegangen, ohne in meine Tasche zu greifen. Ich habe fünferlei Transaktionen gemacht, ohne in meine Tasche zu greifen. Zahnrad greift in Zahnrad. Der Kreis ist geschlossen. Und in zehn Jahren? In zehn Jahren bin ich der Lloydbank nichts mehr schuldig, denn dann ist ihr meine Schuld von ihrer eigenen Holzabteilung bis auf den letzten Heller bezahlt worden. Dann gehört die Police, die sie belehnt hat, wieder unbeschränkt mir. Diese Police trage ich zur Versicherungsgesellschaft und bekomme die fälligen fünf Millionen. Von den fünf Millionen stecke ich zwei in die Tasche und lasse die andern drei gleich dort – zur Bezahlung der Hypothek, die man mir auf die sechs Güter gegeben hat. Bleiben mir als reiner Nutzen sechs unbelastete Güter, mit Wäldern, Feldern und Häusern, und überdies zwei Millionen gute Goldkronen bar in der Hand.«

Er verstummte – und auch ich war verstummt. Ziffern taumelten mir vor den Augen. Da griff ein Mensch in die Luft, in die Leere – und Ströme Goldes regneten auf ihn nieder. Da war einer ein Zauberer. Da wurde Wert aus dem Nichts. »Sie sind ein Genie, Herr Abel,« sagte ich leise. Er erhob sich und preßte sich den Hut auf das weiße Haar. »Ich gehe jetzt,« sagte er und winkte mir mit seiner zitternden Hand. In der Türe wandte er sich und sagte: »In zehn Jahren haben wir ausgesorgt.« Und mit einem leichten Lachen: »Wenn Sie von Gütern wissen, die zu Verkauf stehen – ich möchte mein Leben auch noch höher versichern lassen.« Noch einmal winkte er. Ich blickte ihm nach und sah, wie er sehr gerade, sehr schlank, sehr straffen und beherrschten Schrittes quer durch die Hotelhalle ging und auf die Straße hinaustrat.

Es mochten fünf Minuten vergangen sein, ehe ich ihm folgte. Regen rann. Abel stand am Rande des Gehsteigs. Ich trat zu ihm.

Von der Krempe seines Hutes troff es nieder, von seinem Mantel, von seinen Händen. Er regte sich nicht. »Herr Abel,« sagte ich. Es war mir, als nähme er mich nicht wahr. Seine Lippen bewegten sich. »Zehn Jahre,« sagte er tonlos, und noch viele Male, indes der Regen um ihn war, indes Fahrzeuge, Menschengesichter vorüberglitten, sagte er mit zuckenden Lippen: »Zehn Jahre, zehn Jahre.« Ich winkte ein Automobil heran. Er ließ sich helfen, glitt auf den Sitz. Er war gefügig wie ein schläfriges Kind. Ich brachte ihn heim.

Richtiger: ich brachte ihn bis vor sein Haus. Dann da weigerte er sich mit einemmal, durch das Tor zu treten und die Stiege hinaufzugehn. Draußen blieb er stehen, im Regen, am Rande des Gehsteigs. »Lassen Sie,« sagte er, »bemühn Sie sich nicht. Lassen Sie mich allein.« Und: »Ich will nicht hinaufgehn.« »Warum?« fragte ich. Und da sagte er fast unhörbar: »Es ist dunkel im Zimmer.« Im Regen stand er, Regen rann an dem Reglosen nieder, bis ein Frösteln ihn überlief. Er schaute blicklos auf und sagte: »Sie sind noch hier?« Und mit einem trockenen Lachen: »Wollen Sie den Abend mit mir verbringen?« So stiegen wir zu seiner Wohnung hinauf, und auf der Stiege verlor er den Atem und mußte sich lang auf dem Treppenabsatz verweilen.

Er bewohnte fünf Zimmer, darunter einen sehr großen, vierfenstrigen Speiseraum mit dunklen Stofftapeten und alten, massigen Möbeln. Wir saßen einander gegenüber, an einem Tisch, der für zwölf Personen bestimmt war. Wir schwiegen. Der Diener reichte behutsam und lautlos die Platten. Das Ticken einer großen Bronzeuhr fraß die Zeit. Abel schenkte mit langer, dürrer Hand einen dünnen, gelblichen Wein in sein Glas. Vor den Fenstern lagen schwere Stoffvorhänge. Ein Möbel dehnte sich im lichtlosen Nebenraum, daß ein Knarren über die Diele lief. Zwischen Takt und Takt der Uhr lagen hallende Pausen. Abel hob sein gelbes Glas ins Licht. »Auf die Liebe,« sagte er in die Stille und stieß mit mir an. Es gab einen hellen, dünnen Ton, der in den dunklen Winkeln des großen Zimmers verzitterte.

Der Diener trat ein. Es sei einer da, der schon vor ein paar Stunden einmal nach Abel gefragt habe. Ein Mann, begleitet von einem jungen Menschen mit Locken. Der junge Mensch müsse krank sein oder nicht recht bei Trost. Er wanke und müsse geführt werden. Der Mann also wolle Herrn Abel sprechen. Ihn nur persönlich. Ihn nur unter vier Augen. Und seinen Namen nenne er nicht. Ob man ihn abweisen solle. Abel machte eine müde Handbewegung, erhob sich, trank sein Glas zur Neige und ging hinaus.

Er kam nicht wieder – fünf Minuten, zehn Minuten vergingen. Ich erhob mich, öffnete die Türe nach dem Korridor. Dort war es dunkel. Ich ging in das unerhellte Nebenzimmer, tastete mich zwischen einer Gruppe von Stühlen weiter, hatte endlich den Raum durchquert und stand nun abermals vor einer geschlossenen Tür. Dahinter hörte ich, wie ein Körper niederpolterte auf den Boden. Ich riß die Tür auf, trat ein. Trat ein und sah, wie Gutjahr, Gutjahr also, Ruben Feuerbach in den Armen hielt, ihn hob und ihn behutsam in einen Lehnsessel setzte. Dann griff er nach seinem Hut und ging auf den Zehenspitzen hinaus. Draußen fiel eine Tür ins Schloß.

Da saß Ruben Feuerbach, da saß der große Knabe in einem Lehnstuhl, und es mutete mich an, man habe ihm Alkohol eingeflößt oder ein Rauschgift: so sehr war er verstrickt und hingegeben an eine süße Erschlafftheit. Die Pupillen seiner überstark glänzenden Augen waren weit offen, riefen, fragten wie ein samtener Abgrund. Aber es blieb mir wenig Zeit, über seinen Zustand und über seine und Gutjahrs Anwesenheit in diesem Hause mich zu verwundern. Quer durch das Zimmer von der Kaminecke her kam Abel. Er ging mit sehr kleinen Schritten und hatte den Kopf ein wenig vorgebeugt, so daß ich von seinem Gesichte nichts wahrnahm. Er trat neben Ruhen. Ganz langsam, zögernd, als überkäme ihn eine große Schamhaftigkeit – so legte er seine gelbliche Hand auf das Schwarzhaar. Da ging ich. Draußen regnete Regen auf das spiegelnde Pflaster.

Das war so, das lief so ab. Gutjahr rechnete, und nach Art jener derben und glücklich diesseitigen Rechner, wie man ihnen mitunter im Leben begegnet, griff er durch das Gestrüpp und Schlinggewächs vielfältig zarter und schwer überschaubar verwirrter Verbindungen nach dem gewollten Ergebnis, obgleich der Weg solchen Gelingens ein anderer war, als er ahnte. Davon muß gesprochen werden mit großer Behutsamkeit und Kargheit am Wort, denn es ist ein feines und scheues Gespinst von Traum, Trieb und Ahnung, das entwirrt und auseinandergelegt werden soll. Es war so, daß Ruben Feuerbach wohl schon damals unmerklich und in großer Stille seinen eigenen Weg ging. Mochte es Gutjahr gelingen, durch ein plump planvolles Spiel, durch Rauschgift und betäubendes Gerede des Knaben für seine Zwecke sich zu bemächtigen – man darf glauben, daß Ruben in traumhafter Wachheit all das sah, all das kommen sah und in einer furchtbaren Kraft der Schwäche dennoch ihm sich nicht entzog. Man hat viel später unter Rubens Habe ein Notizbuch gefunden, eine Art Schülerkalender, wie der Knabe sie bei sich trug und in denen er Unzusammenhängendes und der Aufzeichnung wenig Wertes festzuhalten gewohnt war. »Vierte Gartenbank Das Kindlein«, steht da einmal, und ein andermal ist über eine der Seiten ein billig buntes Bild geklebt, aus einer Zeitschrift geschnitten, darstellend ein glattes, blau blaues Meer und darüber den Himmel. Von Rubens Hand geschrieben stand darunter: »Der andere Stern?« Derlei Unverständliches gab es mehr in dem kleinen Buch, und aus der Zeit also, von der hier die Rede ist, stammt eine Eintragung, zweifellos auch sie von Ruben geschrieben, mit Bleistift, doch war seine schlichte Schülerschrift da jäh aufgeschwellt und taumelte zitternd und entfesselt zugleich quer über die Seite. »Keine Gnade,« steht da, »wo noch Leib Leib ist. Wieder hinuntergestiegen Mensch Mensch in den Rausch.« Und darunter, zwischen Flecken eines Getränkes, fast schon zerflattert: »Gott aus der Tiefe?«

Wieder einmal von Samuel Klein zu reden – seit er das Spiel wider Abel in Sachen der *Wahrheit* verloren hatte und inmitten seines großen Arbeitszimmers unbeschäftigt auf dem Trockenen saß, war eine große Müdigkeit über ihn gekommen. So verwunderlich es war und so wenig es der nüchtern zähen Leidenschaftlichkeit des kleinen Juden entsprach – er gab sich offensichtlich geschlagen. Noch versuchte er, dieses und jenes Teilerfolges sich zu versichern, löste da eine unbedeutende Fabrik aus der Patronanz der Abelwerke los, erstand durch einen Strohmann die Majorität und trumpfte dann in der nächsten Generalversammlung auf als der neue Gewalthaber, ließ dort durch ein kleines Bankhaus Abelaktien konterminieren, um den Gegner zu einer kostspieligen Stützungsaktion des eigenen Papiers zu zwingen, griff auch wohl unversehens in Birkmeiers Machtbereich ein und warf den Vollbart da und dort an die Wand, aber was er auch unternahm und wieviel solch minderer Siege er in der Zeit sich ergatterte – das große Spielerglück fehlte ihm, die große Spielerleidenschaft war ihm erloschen, er war ein reicher Mann und nicht ohne Macht, doch – es läßt sich nicht anders sagen: seine Augen glänzten nicht mehr. Er saß lange Vormittage in seinem Bureau, unrasierter denn je und mit schmutzigem Hemdkragen, und er rauchte Zigarette um Zigarette.

Eine gewisse Änderung brachte da Abels großer Triumph, diese tolle Kombination von Versicherung, Grundkauf, Kreditgeschäft und Holzabstockungsvertrag, in deren Wesen es lag, daß man sie dreifach und zehnfach und hundertfach aufbauen konnte, ohne deshalb in die Tasche greifen zu müssen. Ehe noch über die Versicherungsgesellschaften und Banken Besinnung und Erkenntnis gekommen war, daß sie zu diesen Geschäften durchaus nicht Abels bedürften und sehr wohl imstande wären, sie in sich und für eigene Rechnung zu machen – ehe also diese Welle der Ernüchterung hochstieg und weitere Abschlüsse durch einen Protest der englischen Rückversicherungsstellen unmöglich gemacht waren, hatte Abel mehr an Grundwert erworben und an zu gewärtigendem Nutzen sichergestellt, als in den aufgebauschten Ziffern damaliger Währung sich errechnen und zu Papier bringen ließ. Aber gerade dieser nicht mehr einholbare Vorsprung und übermäßige Erfolg des Gehaßten war es, der Samuel Klein zu neuer Geschäftigkeit aufrief.

Geschäftigkeit – denn es ist nicht gut anders zu nennen, wenn Klein nun alle früheren Absichten sein ließ, wenn er die da und dort geschickt und behutsam veranlagten Gelder unvermittelt zurückzog, wenn er es plötzlich aufgab, sein Bureau in den Abelwerken noch aufzusuchen, und wenn er noch einmal alle Kräfte und Mittel zusammenraffte, um zu einem letzten, zu einem entscheidenden und in seiner Verwegenheit fast wahnwitzigen Streiche wider Johannes Abel auszuholen. Doch muß ich mich hüten, allzuweit vorzugreifen. Was ich damals von all dem wahrnahm, war nicht mehr, als daß höchst befremdlicher Weise Klein, mit seinem Todfeinde, jenem Geza Balogh, der ihn an Abel verraten hatte, sich aussöhnte, ja ganz sichtbar dem kleinen Agenten gegenüber eine offene Hand bewies – der bedrängte Mann zeigte sich von da ab in neuen Kleidern und mit einem weißen Hute von widersinniger Vornehmheit.

Das war in den ersten Februarwochen. Am 14. Februar war Blankas Abendgesellschaft. Was den Bericht über diesen Tag anlangt, so ist es nötig, zunächst ein Erlebnis Ignaz Kleins zu verzeichnen.

Aus seiner Niedergeschlagenheit über Farkas' Raubritterstück mit den Geschäftsgeheimnissen der Abelwerke hatte er kaum zu einiger Ruhe zurückgefunden, als er auch schon denen um Badele immer neu sich anzubiedern und anzubieten begann. Und blieb er damit bei dem ernsten Manne nach wie vor ohne wesentlichen Erfolg, so gelang es ihm doch, rein äußerlich und rein durch die Häufigkeit seiner Anwesenheit in Vorräumen, Sekretariaten, Versammlungslokalen eine gewisse gewohnheitsmäßige Vertrautheit mit dem und jenem jüngeren Parteimitglied zu ergattern. So kam es, daß einer, der Bruckner hieß und dem ein bestimmter Nachtgang durch die Kneipen der Straßen um den Flußhafen vorgeschrieben war – daß dieser Bruckner, ein blasser, kränklich gedunsener Mensch ohne Haar, sich bereitfand, Ignazens Begleitung auf einem seiner Kontrollgänge anzunehmen. »Es wird Schnaps zu zahlen sein; Sie müssen Geld mitnehmen,« sagte er nur.

Um neun Uhr abends – es war dunkel, Schnee zerging in jäh eingefallenem Föhn – trafen sie einander am Ende der Dresdener Straße, dort, wo die Planke der Kohlenmagazine beginnt. »Hemdkragen!« sagte Bruckner. »Stecken Sie Kragen und

Krawatte in Ihre Tasche. Auch der Mantel ist zu gut. Nun, macht nichts.« Sie gingen Seit an Seite, in stummer Verbissenheit gegen den nassen, pfeifenden Wind gelehnt. Am hinteren Tor des Obdachlosenasyls standen dreißig, vierzig Menschen, nebeneinander an die Mauer gedrückt. »Warum geht ihr nicht hinein?« fragte Bruckner. »Wir rauchen noch,« sagte ein kleiner, breiter Kerl mit krummen Beinen, der ihn kennen mochte, und holte aus der Tasche eine Handvoll Zigarettenstummel hervor. »Da,« sagte er. Bruckner rauchte. »Dreckwetter,« sagte der Kleine. Aus der Nische hinten greinte einer herüber: »Ihr von der Partei helft auch nicht. In den Zeitungen nehmt ihr das Maul voll. Aber dem kleinen Mann helfen – da freßt ihr lieber selbst, was gesammelt wird.« Einer antwortete: »Halts Maul!« und ereiferte sich. Aber der andere greinte noch lauter: »Krepieren lassen sie den kleinen Mann!« und der mit dem Strohhut, dem der nasse Schnee an der Krempe klebte, stimmte ihm zu; er war dürr und ruckte mit den Schultern und ruckte. »Ein Zitterer,« sagte Bruckner zu Ignaz; um das Geschimpfe kümmerte er sich nicht weiter. Da der nasse Wind neu aufstand und ein Rudel der Raucher nun doch sich entschloß, vom Genuß zu lassen, des Stummels Stummel in der Tasche zu verwahren, in leerer Zündholzschachtel, und in den Sammelraum hineinzugehn, sagte der mit den krummen Beinen leise: »Die Papierkontroll ist heut mies. Ich weiß noch nicht, ob ich ihnen heut dort vorübertanz. Der gestutzte Kommissär, der blonde, der von der Felberstraße, sitzt oben. Dem Nummer Vierundzwanzig hat er das neu gefaßte Arbeitsbuch berochen und hat ihm dann die grüne Bettanweisung gegeben; er wird morgen früh aus dem Schlafsaal verhaftet.« »Grün?« fragte Bruckner. »Heute werden die mit grün perlustriert. Rot, blau, gelb geht durch. Die Schweine ändern jetzt die Farben an jedem Abend, damit bis früh keiner weiß, ob sie ihn einspinnen.« »Woher weißt du das von Vierundzwanzig?« Der Krumme sagte: »Er wird nicht herausgelassen. Er hat ein Gsiberl geschickt. Wir sollen ruhig sein. Er hat nichts bei sich.« »Melden muß man es,« sagte Bruckner und ging mit Ignaz quer über den unverbauten Platz nach der Straße bei der Tramwayremise. Ignaz sagte: »Es wäre Pflicht der kapitalistischen Gesellschaft, ihre Außenseiter nicht auf der Straße zu lassen.« Der andere warf ihm einen trüb verwunderten Blick zu und schwieg.

Als sie in die kleine Stehbierhalle traten – Wimpel, Wimpel, Papierwimpel überall, grelle weiße, Azetylenlampenlicht, und von einem Podium herunter schmetternde Jazzmusik – als sie in die kleine Stehbierhalle traten, wo die Zuhälter Wände entlang an Tischchen sitzen und gleitend unter den falschen Marmorplatten Herrenuhren, Herrentabatieren gehandelt werden, trat der Kleiderjude, der allabendlich die Bettelkleider und allmorgendlich die Asylkleider aufkauft – zwei Schnäpse für einen Rock! eine Portion Kartoffel für diese Stiefel! – trat also der Kleiderjude den beiden entgegen. Bruckner sagte: »Vierundzwanzig liegt schief,« der Jude sagte: »Danke« und war eine halbe Minute später mit einem Ungeschlachten in einen heißen Handel um einen silbernen Füllfederhalter verwickelt. Eine kleine, dicke, reinlich auf Kleinbürgerinnenweise gekleidete Prostituierte kam herein und gab Bruckner die Hand. Sie musterte Ignaz mit großer Sorgfalt. »Ein Genosse,« sagte Bruckner. Die Frau gab Ignaz die Hand und sagte, wieder zu Bruckner gewandt: »Sauwetter: Man macht sich nur die Kleider und Schuh kaputt.« Bruckner fragte: »Kein Geschäft?« Sie sagte: »Seit sechs Uhr bin ich am Strich. Ein einziger, ein Windhund. Wenn man sein Geld nicht im voraus verlangt, ist man aufgeschmissen. – Hab ich recht?« wandte sie sich an Ignaz. Der fragte: »Sind Sie schon lang dabei?« Er konnte sehn, wie vor dieser Frage ihr prüfender Blick, ihr Gesicht sich veränderte. Sie sagte: »Seit einem halben Jahr erst,« und ihre Augen spielten. »Damals sind meine Eltern gestorben,« sagte sie, »und der Bräutigam, der war nämlich ein Direktor –« Bruckner unterbrach sie und sagte: »Laß. Er ist wirklich einer von uns.« Er gab ihr die Hand und trat mit Ignaz auf die Gasse hinaus.

Sie gingen durch den Wind und schwiegen. »Nie wird es sein,« sagte Ignaz lautlos zu sich und seine aufgerissenen Augen waren voll einer wachen und erbitterten Traurigkeit. Sie gingen durch den Wind, sie lehnten sich, stemmten sich gegen diese schwarze, schwanke Mauer fröstelnder Feuchtigkeit eine halbe Stunde lang. Dann waren sie am Flußhafen, hinter dem Brükkenkopf, und bogen scharf nach rechts ab in eine Straße, die sich da noch einseitig unvollendet mit frierender Laterneneinsamkeit in die schwarze Winterwildnis hinausfraß. Aus einem Hausschatten trat einer, Mantelkragen hochgeschlagen, neben die zwei und blieb ihnen zur Seite. Der Neue sagte: »Sie sind in der Schäferin.« Bruckner: »Warum nicht vorn?« »Waren Kiwerer da, zwei Geheime,« kam es zurück. Unversehens fielen sie alle drei in einen leichten Laufschritt, die lange, stumme Häuserzeile entlang, und schwenkten dann links um eine Ecke ins Lichtlose. Da waren keine Laternen mehr, keine Häuser – nur ein Trottoir, das seitlich unvermittelt gegen hügeliges, mit harten, klirrenden Wintergräsern bestandenes Bauterrain abbrach. Ignaz war ohne Atem. Nun gingen sie wieder langsamer. Bruckner fragte: »Ist Ausschußsitzung?« »Bezirksleiter,« sagte der hinterm Mantelkragen, »wegen der Demonstration morgen früh. Die Elektrizitätsarbeiter. Sie wollen schon um sechs vorm Parlament sein, damit die Polizei den Zug nicht wieder sprengen kann.« Und dann: »Noch etwas. Ein Hakenkreuzler. Hat sich unter Schutz gestellt.« Bruckner: »Feme?« »Ja,« kam es wieder, »er sagt, sie haben ihn von der Brücke geschmissen, vor einer Stunde. Er kann aber schwimmen. Die von der Baja II haben ihn herausgezogen und hergebracht. Jetzt wartet er in der Schäferin und man berät, ob man ihn unter Schutz nehmen soll.« »Kann auch ein Schmäh sein,« sagte Bruckner. Der andre: »Er wär fast ersoffen.« Und nach einer Weile: »Dann noch etwas. Das mit den Kiwerern. Einer muß wieder verzündet haben. Kein Tag, daß ein Beschluß da ist, und schon kennt ihn die Polizei.« Und nach einer Weile: »Den finden. Den erwischen. Der wird zerschnitten.« Und nach einer Weile: »Auch dem letzten Kurier von der Grenze haben sie aufgelauert, da, auf der Straße, wie er grad zur Schäferin will. Aber er ist gerannt. Fast hätten sie ihn gefaßt.« Er schwieg. »Die erwischen,« sagte er dann zwischen den Zähnen.

Da waren sie wieder in leichten Laufschritt gefallen. Links war das Kühlhaus und der Breite Turm des Getreidespeichers, dann Elevatoren, das Trockendock und die lange Zeile der Schiffsrümpfe, schwarz schwarzer Schleppkähne, die Geschwätzigkeit dunkel geschäftiger Eiswellen um den stumpf stummen Bug. »Rot Front,« grüßte der hinterm Mantelkragen, trat vier Schritte nach rechts und verlosch. Dann war da, Holzbude, abgelöst, das kleine Wirtshaus zur Schäferin – sommers, frühlings Ausflugsziel und Quartier Verliebter aus den vorgeschobenen Arbeiterstraßen. In die qualmende Helle der dicken, stickigen Luft des Gastzimmers traten sie. Matrosen waren im Raum – sie sangen serbisch – dann Lagerhausarbeiter und ein paar Huren. »Links,« sagte der riesige Wirt zu Bruckner, und der faßte Ignaz am Arm und zog ihn durch eine Türe, auf der »Abort« stand. Da ging es über einen stinkenden Korridor – ein Öllämpchen brannte – und dann linkshin auf eine völlig leere verglaste Gasthausveranda. »Warten Sie da,« sagte Bruckner, und in der Türe zurückgewandt: »Ich bestell Ihnen Glühwein.«

Es war bitter kalt. Das Getränk, das die Kellnerin brachte, goß Ignaz hinunter – und krümmte sich zwei Minuten später in wildem Bauchkrampf. Er ging hinaus auf den Korridor. Dann stieß er an das Öllämpchen und es verlosch. Er stand im Dunkel. Stimmen und Geräusche waren um ihn. Von drübenher aufreizend eintönig in einer trägen Leidenschaft das Gröhlen der Serben. Dann irgendwo der undichte Hahn einer Wasserleitung, von dem Tropfen, Tropfen, Tropfen auf Stein fiel. Nun von einem Raum, der auf der anderen Seite liegen mochte, unterdrückte Stimmen. Einer flüsterte lang und eindringlich, flüsterte eine Rede. Da mochte geheime Beratung sein. Ignaz sagte ins Dunkel: »Ich. Da stehe ich.« Es stank. Die Kälte war mächtig. Der Einsame wollte nach jener Glasveranda sich zurücktasten, griff an die Wand und fand die Türe nicht. Er hatte keine Zündholzschachtel zu sich gesteckt. War es weiter drüben gewesen? Das sprang ihm eine Klinke in die greifende Hand. Erdrückte sie nieder.

Er hatte die Tür verfehlt – er stand in einer langen, sehr schmalen Kammer. Von einer Hängelampe über dem Eingang tropfte Licht. Ganz hinten im Winkel war ein Sessel. Dort saß ein Mensch, ein magerer, sehr junger Mann, blondes Haar in der Stirn. Er zitterte. Der ganze Körper wurde ihm gejagt und geworfen von Schauern. Ignaz, kurzsichtige Augen angestrengt, trat ein paar Schritte vor und sah, daß dem Mann nasse Kleider am Leib klebten. Der Blonde fühlte seinen Blick. Er hob sich auf und sagte mit schlagenden Kiefern: »Das macht nichts. Nur auf die Gasse schickens mich nicht hinaus.« Er fiel auf seinen Sessel zurück und verstummte. Ignaz lehnte sich an die Mauer neben der Tür und schaute stumm und sehr blaß zu dem anderen hinüber. Die gedämpften Stimmen derer, die sich berieten, waren nebenan hinter der Wand. Wasser tropfte. Die beiden blickten einander in die Augen und schwiegen.

Dann erhob sich der in den nassen Kleidern und flüsterte durch die Kälte der Kammer – der Hauch erfror ihm vorm Mund – zu Ignaz hinüber: »Über die Brücke haben sie mich geführt. Zum Rapport bei der Gauleitung, sagen sie, weil einer mich gestern hat stechen wollen und ich habs bei der Polizei angesagt. Immer fragen sie mich: was war bei der Polizei? was hast gesagt bei der Polizei? was haben sie wissen wollen bei der Polizei? Und wie wir über die Brücke gehn, fragt der Zugsführer wieder: was haben sie wissen wollen vom Sturmtrupp? Vom Sturmtrupp war nichts, sag ich. Schweigen sie alle. Vom Sturmtrupp war nichts, sag ich. Schweigen sie. Gehn immer schneller. Die Brücke leer. In der Mitte schreit einer: eine Leich! eine Leich im Wasser! Schaun wir alle. Ich beug mich nur so vorsichtig übers Geländer. Schreit der Zugsführer: mußt dich vorbeugen, dann siehst es noch! Schreit: weiter beug dich, zum Teufel! Packen mich auch schon zwei am Fuß. Am Geländer häng ich, krall mich an. Treten sie mir auf die Finger. Schreit der: schneller! schnell! – Dann Wasser.« Er verstummte, die Kiefer schlugen ihm, und die beiden schauten einander in die Augen eine lange Minute lang. Jetzt sollte ich ihm meinen Mantel geben; ich sollte meinen Mantel ausziehn und sagen: der ist für Sie, dachte Ignaz, und er dachte: ich werde es nicht tun. »Nur nicht hinaus auf die Gasse müssen,« flüsterte der Nasse zwischen zwei Schauern, und dann starrte er, jäh aufgeschreckt, nach der Tür.

Die ging auf und im Rahmen stand Badele. Den jungen Klein, der noch immer seitlich an die Mauer gelehnt war, bemerkte er nicht und sagte zu dem Nassen: »Sie werden geschützt. Sie können gleich auf die Baja II, die geht nach Preßburg hinunter. Dort hören Sie das Weitere.« Er überlegte, dann sagte er: »Kleider brauchen Sie.« Ignaz trat vor, jäh gerötet die Wangen, und sagte: »Vielleicht mein Mantel –?« Badele wandte sich rasch nach ihm um. »Sie sind hier?« fragte er, und in seinen Augen war Mißtrauen und Drohung. Er fragte viel und vielerlei, sich zu vergewissern, was Ignaz wußte. Dann trat er auf den Korridor hinaus und flüsterte mit ein paar anderen. Er kam wieder und sagte zu dem Nassen: »Sie können gehn.« Und als der gegangen war, wieder zu Ignaz: »Warten Sie.«

Da stand der Bebrillte nun allein in der kalten Kammer und hörte, wie nebenan eine neue Beratung im Gang war, eine Aussprache, die zu großer Heftigkeit anschwoll, trotzdem aber im Flüsterton geführt ward, so daß Ignaz nicht hörte, worum es ging. Hätte er es gehört – er hätte Grund gehabt, weit mehr noch sich zu erregen, als er erregt war. Denn als Badele den anderen berichtet hatte von Ignaz, von den beharrlichen Werbungen des jungen Menschen um Aufnahme in die Partei und nun gar von der höchst bedenklichen Anwesenheit des vielfach Abgewiesenen im Nebenraum – »was weiß er? wieviel hat er gehört?« sagte Badele – da also erhob sich ein junger Mensch, von dem bekannt war, daß er Badeles Leitung nicht billigte und unmittelbar mit Moskau in Korrespondenz stand, und sagte: »Ich versteh nicht, Genossen, was ihr da noch überlegt. Die Polizei weiß jedes Wort, das wir sprechen. Wir sitzen jetzt da seit vier Stunden und fragen, woher. Jetzt fangen wir den Juden im Nebenzimmer, wie er grad horcht. Der Jud kriegt seinen Denkzettel und fertig. Der Jud geht in den Fluß.« Badele, nach außen ruhig noch immer, war sehr rot geworden und sagte: »Solang ich da sitz, nicht. Das hier ist nicht Moskau. So arbeiten die vom Sturmtrupp, nicht wir.« Sein

Widerpart sagte erbittert: »Wir nicht. Wir lassen lieber unsere Kuriere anfallen.« Badele sagte: »Der Klein ist ein Wirrkopf. Aber der hat nichts mit der Polizei zu tun.« Und einer mit aufgebürsteten grauen Haaren nickte dazu und sagte: »Und unsern Kurier hat der auch nicht überfallen.« Der Junge, erbittert noch immer, sah sich überstimmt und fragte nur noch: »Also laufen lassen?« »Nicht laufen lassen,« sagte der Graue. »Er will aufgenommen werden. Man nimmt ihn auf und man hat ihn in der Hand. Aufnehmen, nach Hause schicken, mundtot machen.«

Dazu also entschloß man sich, Badele ging zu Ignaz hinüber und sagte: »Sie wollten aufgenommen werden. Sie sind aufgenommen.« Ignaz lebte auf und leuchtete. Er dankte mit vielen Worten. Badele unterbrach ihn und sagte: »Sie haben zu geloben: Verschwiegenheit und Gehorsam.« Er hielt ihm die Hand hin. »Verschwiegenheit und Gehorsam,« sagte Ignaz Klein mit ein wenig zu lauter Stimme und schlug ein. Badele sagte trocken: »Sie gehn nach Hause und warten, bis man Sie ruft.« Dann sagte er in den Gang hinaus: »Ist Jablonski da?« »Drüben im Gastzimmer,« antwortete eine Stimme. Zwei Minuten später gingen Ignaz und der Pole die leere Uferzeile entlang bis zum Brückenkopf. Dort lungerten ein paar müßige Menschen unter dem Regendach vor der Tür einer Kneipe. Ein leeres Mietauto ratterte vorüber. Ignaz hielt es an. Jablonski schloß den Wagenschlag hinter ihm und verschwand. Als das Gefährt schon wieder zu rollen begann, schauten die vor der Kneipe herüber. Ignaz glaubte unter ihnen Gutjahr zu erkennen. Aber da fuhr der Wagen schon um die Ecke.

Vorüber glitten kahle Arbeitergassen, die einander trostlos ähnlich waren in dieser Föhnnacht. Ignaz saß auf den Polstern des ratternden Gefährtes und fror. Er war aufgewühlt vom Erlebnis der letzten Stunde, er war erfüllt von einer seltsamen Feierlichkeit – und war doch zugleich beschämt und ernüchtert. Und als draußen unversehens an eine Straßenecke Verkehr aufschrie, Lichtflirren und Lärm, da war all das schon nicht mehr so wirklich, nicht mehr ganz heiß, diese Gegenwart nicht und diese nahe Vergangenheit nicht. Dann war da auch schon die stille Straße und das Palais.

Als er droben den Schlüssel in die Flurtüre schob und eintrat, schlug ihm vielfältig ein fremder Geruch entgegen. Die Kleiderrechen des Vorraums waren mit sehr zahlreichen Mänteln, Pelzen, Hüten belastet. Da er das Licht andrehte, sah er Moritz, den Bruder, der im Dunkeln gestanden und an der Türe gehorcht hatte, die aus dem Vorraum nach dem Salon ging. »Was tust du hier?« fragte Ignaz. »Gäste,« sagte der junge Mensch mit einem blassen Lächeln und verzog sich eckig schreitend nach seinem Schlafraum. Ignaz zögerte einen Augenblick. Dann warf er den schneenassen Überrock auf einen Stuhl und trat in das Zimmer.

Es war dunkel, völlig dunkel, und dennoch nicht zu verkennen, daß in dem Raume Menschen atmeten. Ignaz stand nahe der Tür und hatte die Lehne eines Sessels ergriffen, der ihm im Wege war, er stand in Finsternis, hörte halblaute Worte, ein Summen und Kichern, roch Gerüche von Alkohol und Parfüm, sah da, dort, aus Winkeln und nahe der Diele und von den Divans herüber die Insektenlichter glimmender Zigaretten – stand da also eingeschüchtert und bewegte sich nicht. »Ist jemand gekommen?« fragte Blankas Stimme leise irgendwoher. »Ich bin es,« sagte Ignaz und vernahm, wie sie flüsternd einem sagte: »Mein Bruder« – mit einem Flüstern, das nicht zu Ende kam und schon wieder überwältigt in einem leichten Aufstöhnen ertrank. Links, nicht weit der Speisezimmertüre, von einem Divan her, kicherten Frauen. Frauen kicherten von dem Teppich, der mehrfach gefaltet zwischen den Fenstern auf dem Boden lag. Ignaz erhob sich und ging mit kleinen Schritten nach der offenen Türe des unerhellten Musikzimmers. Nah der Schwelle stieß er an einen – und der war ich, der ich eben eine Aschenschale herüberholen wollte zum türkischen Sofa in meinem Winkel. Denn Lucy war erregt und müde und hatte mich um eine Zigarette gebeten. »Sie sind das?« sagte ich. »Verzeihen Sie,« murmelte Ignaz, ohne mich zu erkennen, und tastete sich nach seinem Sessel zurück. Dort saß er nun, die Finger seitlich an den glatten Rand eines runden Tischchens gelegt, saß dort aufrecht und steif in der Dunkelheit. Die Diele knarrte.

Von dem Zimmer also sah er so gut wie nichts – aber er hörte. Irgendwo im dunklen Raum, unter dem Luster bald, bald drüben in der Nähe der Türe, waren welche, die sich drehten in einem schleifenden Tanzschritt, schweigsam beflissen; einer nur pfiff ganz leise und wie entrückt dazu eine Melodie. Immer wenn die Tanzenden vorüberstrichen an dem Divan, auf dem Herr Blitz, Frau Blau und die junge Hinterhofer lagen, die Flachsblonde, die die Randleisten zu Bucheinbänden entwirft, unterbrach die sich und blähte empfindlich ein wenig die Nasenflügel, leise geärgert, daß in der Dunkelheit niemand das wahrnehmen konnte. Sie erzählte weitläufig und mit einem nervösen Stottern von einem Traum, einem Kokaintraum – Margit hatte ihr das weiße Pulver verschafft, die Soziologin, die mit Herrn Birkmeier junior verkehrte. »Da beugt sich also,« berichtete sie, »der Griechenjüngling zu mir nieder und die Toga fließt ihm langsam von den Schultern und fällt. Er war nackt. Dann trägt er mich durch zwölf Zimmer. Ich hab sie gezählt.« Herr Blitz, der Geschäftsmann war, sagte trocken: »Etwas viel Freud.« Die Hinterhofer schwieg ein wenig verletzt, aber Frau Blau sagte mit einem grundlosen Seufzer: »Griechenland! Hellas!« Sie saß zwischen Blitz und dem Mädchen. »Und Sie?« fragte sie und legte ihre dicken Finger auf der Nachbarin Knie. »Ich?« sagte die Junge, »ich, wie er mich so trägt – kennen Sie das Bild von Kokoschka ›Die Bacchantin‹? Denken Sie sich Eros, aber gotisch. Nicht verkrampft, sondern gesteilt. So war das. Ich weiß nicht, oh –« Sie unterbrach sich und rief hinüber nach der andern Zimmerecke das eine Wort: »Fischl!«

Es war der Name, der dort Fräulein Wendriner nicht einfallen wollte – der Name José Maria Fischls, des Expressionisten. Ignaz Klein, auf seinem Sessel sitzend, hörte, wie Fräulein Wendriner quer durch das dunkle Zimmer ihr »Danke« rief. »Also Fischl,« wandte sie sich dann leiser an ihre Mitunterrednerin mit den Spinnenhänden, aber da eben indem Augenblick die Entrückten, die Tanzenden an seinen Sessel streiften, daß der ins Wanken kam, hörte Ignaz aus Fräulein Wendriners Munde nur mehr das Urteil: »– ein Chaotiker wie Michelangelo.« Doch da gab es schon wieder anderes, das ihn aufmerken ließ. Indes an vier, fünf entlegeneren Stellen des weitläufigen Zimmers kaum hörbar gesprochen wurde, gekichert, geraucht, war es wieder die Gruppe um Frau Blau, die vernehmlicher wurde. Angesichts jener Tanzenden nämlich, die schweigsam auch dort nun vorüberstrichen – nun erst erkannte man, daß das nicht drei Frauen waren, sondern ihrer nur zwei, Blankas Blonde und die schlanke Frau Doderer, die dritte aber, blaß angeschmiegt, war Baron Hackwitz (die Freunde nannten ihn Melanie) – da die also vorüberstrichen, in einen Schleiftakt verstrickt, sagte Frau Blau in die Stille: »Jakob Böhme. Überhaupt Mystik. Hinschmelzen und zergehen, das ist das einzige.« Ihre dicke Hand lag auf dem Schenkel des Mädchens. Das schwieg und blähte die Nasenflügel in Dunkelheit. Nur Herr Blitz, der Geschäftsmann war, wachte auf, zog nun auch die Füße auf den Divan und lehnte seinen mit Brillantine nieder-gebürsteten Scheitel – sein Haar hatte einen von ihm gehaßten und erbittert bekämpften Hang, sich zu kräuseln – an Frau Blaus Seidenkleid. Sie blieb stumm, sie fuhr ihm leise kosend über die Wange und zwängte ihm zärtlich drei dicke Finger zwischen Kragen und Hals, indes sie mit der andern Hand auf Fräulein Hinterhofers Schenkel ein Zittern der Erregung versuchsweise ahnen ließ. Herrn Blitz' Kopf war schwer. Sie sagte: »Hellas – dort hat man es noch gewußt. Plato zum Beispiel.« Sie schob Herrn Blitz den vierten Finger zwischen Kragen und Hals und fragte: »Sie kennen das Symposion? Plato!« Die Hinterhofer blähte unsichtbar die Nasenflügel und sagte: »Von Rudolf Kaßner.« Doch Herr Blitz, der Geschäftsmann war, setzte sich wieder gerade und sagte: »Wieso von Kaßner? Sie meinen Moral der Musik.« Die beiden Frauen antworteten etwas zugleich – so konnte Ignaz es nicht verstehen.

Er stand langsam auf und ging vorsichtig – denn die drei Tanzenden, ineinander verstrickt, waren da neben ihm – ging gegen das Fenster und stolperte. »Ist da jemand?« fragte Blanka. »Ich,« sagte Ignaz. »Mein Bruder. Nichts,« sagte die Ruhende und wandte sich den beiden anderen zu. Sie lag da nun neben der Wendriner und der mit den Spinnenhänden. Ignaz ging behutsam – einmal stolperte er über meine Füße, sagte »Pardon« und erkannte mich nicht – zu seinem Sessel zurück. Da saß er, Finger an den Rand des Tischchens gelegt. Drüben sagte Blanka: »Das ist Geschmacksache. Vor allem haben Sie dann keine Reizung –« »Und wenn schon,« unterbrach Fräulein Wendriner, doch Blanka – da sie die achtzehnte Zigarette entzündete, war ihr Gesicht einen Augenblick lang erhellt – Blanka also sagte: »Wenn Sie mich fragen – alles gleichzeitig oder gar nichts.« Die mit den Spinnenfingern, eine Frau Oberst Boschek, sagte mit dunkler Stimme: »Dann muß man zu dritt sein.« Und darüber waren offenbar die Damen sich einig, denn Widerrede erfolgte nicht mehr. Nur Fräulein Wendriner sagte noch einmal gedankenvoll: »Der Leibnizsche Gottesbeweis ist da eigentlich schon widerlegt, wenn Sie mich fragen. Wenn es einen Gott gibt – warum muß der Mensch zu dritt sein?« Aber Blanka nickte mit dem Kopf und sagte nur: »Buddha«.

Dann war es vielerlei, was Ignaz Klein, verwirrt ein wenig, zu gleicher Zeit hörte. Als wär ein Luftzug, eine Lebendigkeit über all die Lagernden da gekommen – der dunkle Raum lebte auf. »Aber einen sooo wuziwuziwuzikleinen Kaktus wie ich hat sie in ihren ganzen drei Salons nicht, und wenn sie zerspringt,« sagte die dicke Frau Becker mit kindlich aufgeworfenen Lippen und rückte sich das Mieder zurecht. »– ist mir der Rig-Veda lieber als die ganzen Upanishaden,« verkündete der kleine von Hellm. »Mit das Beste. Finden Se in der ganzen Welt nich,« schnarrte der berühmte Krille, der Regisseur, der Macher – er war aus Berlin. Herr Blitz, der Geschäftsmann war, sagte nur: »Magnesit. Wegen die Jungen, was herauskommen« – er sprach nicht mehr Schriftdeutsch. »Fischl? Fischl!« sagte eine helle Jungmädchenstimme, doch blieb es unaufgeklärt, ob auch diesmal nur der Dichter gemeint sei. Blanka war es, die erklärte: »– ein Asket, aber das Kamasutram geschrieben.« »Wieso eigentlich Asket?« fragte Frau Oberst Boschek mit männlicher Stimme, entkleidete mit Polypenblicken sechs junge Mädchen im Raum und zog sie an sich, unter sich, bis sie alle kraftlos ineinander verstrickt wie die Reste genossener Spargel zu einem Lichtreflex auf der Ecke des Teppichs links seitab neben dem Kanapee sich ernüchterten. »Wieso eigentlich ein Asket?« fragte sie nocheinmal. »Weil Kaktus, sie versteht ja nichts, da sehn Sie es wieder, am besten mit Kanaaarienvogeldünger gezogen wird, jawohl, mit etwas Buttermilch darüber gegossen,« antwortete Frau Becker dem unter dem Schutze der Dunkelheit in der Nase bohrenden Hippopotamus und erfand – klipp, klapp – einen Büstenhalter, der sie so schlank machte wie ein Reh vor der ersten Schwangerschaft und jedenfalls schlanker als jene Stenotypistin, die sie tags zuvor beim Diktat im Privatbureau ihres Gatten!! Export!! Markenartikel!!) leider nun schon zum zweitenmal hatte antreffen müssen. »Jawohl, mit etwas Buttermilch darüber gegossen,« wiederholte sie mit kindlicher Stimme. »134, 2116, 14.220, 36.912, 214.778, 339.894 Komma siebzehn,« schnarrte Herr Blau, der, Geschäftsmann war, und erstach Hitler und Husserls die ihm vormittags die vier Waggons Sekundenzeiger (rinfusa verladen, netto zugewogen oder bahnamtliches Aufgabegewicht mit 2 1/8 Prozent Franchise, 6 3/4 gegen Konnossement oder wer soll so leben) – Sekundenzeiger abgejagt hatten, erstach Hitler und Husserl, sage ich, alle beide, im großen Saal der Warenbörse angesichts der gesamten Konkurrenz im Duell. »Das wahre Buch vom südlichen Blütenland?« fragte der mit der Kilometernase und spuckte das Wort »Dschuangdsi« in die Mitte des Raumes; es war aus Gummi und zweiundzwanzig spielten Fußball damit. Hehehehehehe. Das war beinahe ein Maschinengewehr. Hehehe. Da hatte auf der Schwelle zwischen Musikzimmer und Salon nun endlich auch der kleine von Hellm seine Dicke im Bett und tat Taten der Mannheit, deren Kunde noch späte Geschlechter, denn da hatte keiner eine Ahnung, einander zuraunen werden, jawohl, meine Herren. Die Dicke wechselte er nach Wahl mit jener Kassierin, mit der Pittigrilli vom Etablissement Leichenkeller und, jawohl, ob sie wollte oder nicht, mit Frau Oberst Boschek. So schloß sich der Kreis. »– in Europa nich und in U.S.A. noch viel weenja,« sagte Herr Krille, »wennmeinefünfhundertfuffzichmädcheninderrevuedenollenonkelsimparkettihrebeenezeigenquasseltoochkeenamehrvongoetheundkulturetceterawodieschohsezwoundzwanzigbillionenmarknettonuranreklamegekostethat.«

Da war es schon wieder ein wenig kühler. Der aber sagte: »– die Not selbst verschuldet – wenn sie arbeiten wollten – Lumpenproletariat« – der also das zwischen den Zähnen stöhnte, indes er seine Zigarre in Glut zu setzen sich mühte, das war Doktor Fallarap. »Süüüß,« beteuerte Frau Becker, und wieder aus dem Dunkel irgendwo ein Skeptiker sagte: »Und wenn schon.« Das alles – ein Herr, der neben der Türe stand, sagte: »Kosmos!« – das alles also wäre für Ignaz Klein, der noch immer steif auf seinem Sessel saß, mehr niederdrückend – »Buddha«, versetzte Fräulein Wendriner der Spinne – mehr niederdrückend als erregend gewesen, wäre nicht zugleich mit seiner Zigarre auch jener Doktor Fallarap selbst in Zug gekommen und hätte seine sozialen Überzeugungen dargelegt. »Elfstundentag, keine Arbeitslosenunterstützung und die Prügelstrafe,« endete er seine Ausführungen und lehnte sein breites Hinterteil an den Türrahmen. Da also stand Ignaz Klein auf und sagte: »Pardon«. Er war sehr erregt und sagte vernehmlich über all die Reden weg: »Pardon, aber das sind alles kapitalistische Schlagworte.« Doktor Fallarap war nicht der Mann, der einem Duell mit den Waffen des Geistes aus dem Wege geht. »Pardon,« sagte er, »ich weiß zwar nicht, mit wem ich da die Ehre hab bei der Finsternis, aber wenn das, was ich sage, ein Schlagwort ist, so ist es erst recht ein Schlagwort, das ein Schlagwort zu nennen. Soziales Empfinden, nicht wahr? Wir leiden an Überbevölkerung, das ist alles. Wenn eine Million zugrunde geht, können vier Millionen leben. Das ist soziales Empfinden, sag ich Ihnen, Herr.« Ignaz stand da am andern Ende des Zimmers und sagte ins Schweigen: »Pardon, aber das ist nicht menschlich. Das ist« – oh, er wollte bessere Worte finden, flammende Worte, und er haßte sich, daß er sie nicht fand – »das ist ja eben das Fluchwürdige, diese Gesinnung.« Doktor Fallarap krähte: »Wissen Sie, wie Sie reden? Sie reden, Herr, wie ein Bolschewik!« Ein Skeptiker in der Dunkelheit meinte: »Und wenn schon.« Zwei lachten. Frau Blau sagte: »In Berlin an den Mauern hab ich gelesen: Hingabe! Hingabe! – Das ist der

Ausweg.« Vier lachten. Ignaz Klein – und nun war er mit einemmal furchtbar einsam – Ignaz Klein sagte noch: »Pardon, aber wäre es nicht menschlicher, wenn wir alle reden wollten wie Bolschewiken?« Das war zuviel. Zwanzig lachten, und Doktor Fallarap, von aller Beifall getragen, ein Sieger, krähte: »Daß ich nicht meckere, Herr! Übrigens mit wem red ich da eigentlich?« Und krähend noch immer sprang er zum Schalter und drehte das Licht an.

Nun standen da mit einemmal alle und blinzelten in die Helle. Eine sehr nüchterne Unordnung lag auf dem Raum. Als Doktor Fallarap seinen Widersacher als den Sohn des Hauses erkannte, zerfloß seine Streitbarkeit zu einem Grinsen. Auf Ignaz, der rot vor erbitterter Scham noch immer in seiner Ecke stand, trat er zu und streckte ihm seine Hand hin. »Ritterlich,« krähte er. »Pardon,« sagte Ignaz leise, doch nicht ohne Festigkeit, »Pardon, Herr, aber Ihnen gebe ich nicht die Hand.« Der andre verfärbte sich, wollte auffahren, lachte aber dann nur: »Junger Mann! Bis Sie einmal so alt sein werden wie ich –« Er stockte und blickte plötzlich scharf nach Ignazens Ärmel und bückte sich. Er griff zu, mit zwei spitzen Fingern, und hielt etwas unters Licht. Sein Gesicht verzog sich. Er krähte: »Wo waren Sie? Eine Wanze! Wie kommen Sie zu einer Wanze?« Er lachte fett, er schlug sich den Schenkel, und dann trat er hinaus ins Musikzimmer. Er erzählte, man hörte ihn meckern. Ignaz wandte sich und ging tief rot ohne Gruß aus dem Raum. Nebenan sagte ich: »Zur Calé! Wir gehn zur Calé!« Doch die andern triebs in die Shimmy-Bar. Wir drängten alle auf die Diele hinaus. Dort zeterte Fallarap: »Meine Brieftasche ist fort! Ich hab meine Brieftasche im Mantel gelassen und sie ist fort.« Man lachte. Aber einer vermißte sein Portemonnaie. »Schweinerei,« sagte eine der Damen. Man empfahl sich. Auf der Tasse für das Stubenmädchen lag Papiergeld in einem schmutzigfarbigen Haufen. Hinter der Badezimmertüre stand Moritz.

Wir waren unser nur mehr acht oder zehn, die im Vorraum standen – da trat Samuel Klein vom Stiegenhause her in den Flur. Er hatte müde Augen und sagte: »Du gehst noch fort, Blanka?«

Die Angeredete antwortete nicht und schloß sich die langen Handschuhe mit den Zähnen. Klein sagte: »Ich werde jetzt schlafen gehn.« Ich sah, daß sein Blick, der auf den seitlichen Korridor gerichtet war, plötzlich erstarrte. Dort war eine Tür aufgegangen, und neben Kleins Schwester, die in einem fleckigen Hauskleide stak und verwirrtes Haar und gerötete Augen hatte, trat ein großer, magerer Herr aus einem der Hinterzimmer. In einer Handtasche klapperten Instrumente. »Herr Doktor –?« stammelte Klein. Sein Gesicht wurde fahl. »Selma –?« sagte er kaum mehr hörbar. Und plötzlich riß er sich auf und stürzte stumm an dem andern vorüber. Drinnen hörte ich seine Stimme.

Kleins Schwester war inzwischen grußlos quer durch unsere Gruppe gegangen und in der Türe der Küche verschwunden. Ihr nach drängte der Arzt – nun, da er im Licht stand, sah man, daß er in einem lächerlich abgetragenen Sommeranzug und dünnen Überrock stak. Die Küchentür tat er auf, durch den Spalt schob er den Kopf in den Raum und rief mit einer mühsam scherzenden und kraftlos aufgepulverten Stimme Kleins Schwester nach: »Also Fett! Sie überlassen mir also wieder ein bißchen Fett? Ein bißchen Fett, ein paar Deka Fett – Sie können mirs in Papier einschlagen, o ja, küß die Hand. Haha, küß die Hand!« Hinein ins Unsichtbare hob er den Arm. Ein winziges Paket schob er behutsam in seine Tasche, wandte sich plötzlich ermattenden und entspannten Gesichtes, bahnte sich mit einem blassen Gruß den Weg zu der Treppe, einen Augenblick lang sah man noch seinen lächerlich dürftigen, gerundeten Rücken – er war verschwunden.

Nein, wir achteten nicht darauf. Stolpernd, lärmend stiegen wir die breite Treppe hinunter. Draußen hingen wir noch eine Weile wie ein Schwarm Bienen um das schon wieder geschlossene Haustor. Dann fiel eins und noch eins losgelöst in die Dunkelheit.

Die Treibjagd

Es ist also weiter zu sprechen von jenem 14. Februar. Meine gute Laune bei Blankas Fest verständlich zu machen, muß ich sagen, daß in den diesem Abend vorangegangenen Wochen meine Lebensumstände sich von Grund auf geändert hatten. Das kam so:

Die allgemeine Not zu bekämpfen, war die Regierung nach vielen stümperhaften Versuchen auf dem Gebiet der Zollpolitik eben damals wieder einmal darauf verfallen, die Fabriken des Inlands, die seit jeher auf schwachen Beinen gestanden und die ausländische Konkurrenz nicht ertragen hatten, durch die Errichtung hoher Zollschranken wider die Einfuhr zu schützen. Auch der Import von Schokoladewaren und Kakaopulver wurde so unterbunden. Und zogen die Abelwerke Nutzen aus der erhöhten Tätigkeit ihrer inländischen Arbeitsstätten, so hatte man doch andererseits seit Jahren sich darauf eingerichtet, gerade den besonders ertragsreichen Inlandshandel mit billigen Kakaopulversorten aus der Produktion der kleinen, zu schwierigerer Leistung kaum fähigen Werke und Werkchen in den Nachfolgestaaten des alten Reiches zu speisen. Das wurde also nun durch den hohen Einfuhrzoll unmöglich gemacht. Der Ausfall an Nutzen war beträchtlich, doch in keiner Weise entscheidend, und man hätte diesem Zwischenfall nicht allzuviele Gedanken gewidmet, wäre er nicht Anlaß wichtigster und einschneidender Ereignisse geworden:

Eines Tages rief mich Abel zu sich. Geza Balogh saß bei ihm, den neuen weißen Hut auf den Knien. »Jetzt können Sie beginnen,« sagte Abel. Balogh setzte sich zurecht und fragte: »Was kostet Kakaopulver?« Ich antwortete: »Vierunddreißigtausend, sechsunddreißigtausend Kronen. Je nach der Sorte. Wieviel brauchen Sie?« Balogh holte einen Taschenspiegel hervor und untersuchte den Rand seiner Unterlippe, die er dazu weit vorstülpen mußte. Er sagte: »Brauchen? Ich brauche gar nichts. Was kostet holländisches Kakaopulver in Holland, was ist der beste Kakaopulver von der Welt?« Ich sagte: »Dreißig Guldencent, neuntausend Kronen. Auch zehntausend.« Er hob die Hand: »Sagen wir elftausend. Was kostet der Transport von Holland hierher?« Ich, belustigt: »Tausend Kronen per Kilo, wenn man ganze Waggons bezieht. Was soll das?« Er hob die Hand. »Moment,« sagte er. »Macht zwölf tausend Kronen transit Wien. Und wissen Sie, was der Zoll kostet?« Er schaltete eine Kunstpause ein, lehnte sich dann weit vor und schmetterte: »Zweiundzwanzigtausendfünfhundert Kronen per Kilo!« Ich lachte. »Sind Sie gekommen, um uns das mitzuteilen?« fragte Abel. Balogh warf ihm einen lächerlich durchbohrenden Blick zu. »Ich bin gekommen,« sagte er, »Ihnen mitzuteilen, daß ich Ihnen werde verkaufen Hollandkakao für sechzehntausend Kronen franko verzollt.« Er blickte triumphierend vom einen zum andern. Abel pfiff durch die Zähne. Ich fragte: »Verzollt? Wo der Zoll allein zweiundzwanzigtausendfünfhundert Kronen ausmacht?« Er hob die Hand. »Moment,« sagte er. »Verzollt. Verzollt mit Bolette. Sie bekommen die Zollbolette. Sie geben mir jetzt einen Scheck auf hundertsechzig Millionen und Sie bekommen morgen mittag einen Waggon verzollten Hollandkakao. De Vong. Prima.« Abel wechselte mit mir einen Blick. Er sagte: »Sie werden liefern und Sie bekommen das Geld von mir Zug um Zug für die Ware. Nicht einen Augenblick früher.« Balogh erhob sich. »Sie haben Angst,« sagte er tief verletzt. »Wissen Sie, was ein Balogh ist? Ein Balogh geht nicht durch wegen dreckige hundertsechzig Millionen. Ich bringe Ihnen den greßten Geschäft auf der Welt und Sie haben Angst. Wenn Sie nicht geben im Voraus –« Er schwieg. »Dann nicht,« sagte Abel kurz. Er erhob sich. Es dauerte fast eine Viertelstunde, bis man sich dahin geeinigt hatte, daß ich mit Balogh gehn und das Geld bei mir tragen sollte. »Nehmen Sie einen Revolver mit,« sagte Abel.

Wir fuhren in einem jämmerlichen, kalten, leeren Abteil zweiter Klasse. Es war ein Lokalzug. Balogh schlief mit offenem Mund, schrak auf und schlief weiter. Als wir die kleine ungarische Grenzstation erreichten, war die Nacht mit schweren Wolken verhangen. An der verlassenen Laderampe eines Bahnmagazins froren Bogenlampen. Hinter unerhellten Geleisen klang

Metall an Metall; dort wurden Waggons verschoben. Ich folgte Balogh über eine schmale Stiege auf jene Rampe und weiter nach links durch eine Tür, die von einem niederen Bahnangestellten geöffnet ward – er versank hinter einem hochgeschlagenen Mantelkragen – weiter also in das Innere des Magazins unter Regimenter von Fässern, Ballen, Kisten. Ganz hinten in dem sehr langen Raum brannte eine einzelne matte elektrische Birne. Dorthin gingen wir. In einem Glasverschlag saß ein Zollbeamter. Er schien uns erwartet zu haben. Ohne Gruß erhob er sich und schritt uns voran. Durch einen Korridor gelangten wir wieder auf die Rampe hinaus. Der Mann wandte sich, fragte: »Der Herr will die Ware sehen?« Ich nickte. Er führte uns zu einem der lichtlos schlafenden Wagen. »Hier,« sagte er. Als ich meine Taschenlampe aufflammen ließ, hielt er die Hand davor und sagte: »Das geht nicht. Das sieht man.« Dann trug er zusammen mit Balogh vier, fünf der kleinen Kisten heraus – Stichproben nach meinem Geheiß. Wir öffneten sie behutsam. Es war guter Kakao darinnen, in Pergamentpapiersäcken zu fünf Kilogramm. »Übernommen,« sagte ich. Der Mann nickte und ging mit uns nach seinem Verschlag zurück. Er füllte Drucksorten aus, er stempelte, unterschrieb. Ich nahm und las. Das war eine amtliche Quittung, ein Ausfuhrschein, der besagte, ich hätte zehntausend Kilogramm unverzollten Kakaopulvers über die Grenze ins Ausland verschickt. »Vierzig Millionen bekomme ich,« sagte der Zollmensch. »Viertausend Kronen per Kilogramm.« Als er sah, daß ich die Quittung noch immer ohne Verständnis in Händen hielt, war er peinlich überrascht und redete leise und, wie es schien, in heftigem Vorwurf auf Balogh ein. Der zog mich in eine Ecke.

»Es ist der greßte Geschäft auf der Welt,« sagte er und drehte an meinem Rockknopf. »Ich hab den Kakao hereingebracht aus Holland. Ich hab ihn nicht verzollt. Ich hab ihn transit legen lassen auf Zollfreilager. Hier, wo ich hab einen, der nemmt. Sagt die Zollbehörde: Herr Balogh, entweder Sie müssen verzollen den Kakao oder Sie müssen ihn schicken weiter ins Ausland. Was tu ich?« Er machte eine seiner Pausen, dann zischte er nah meinem

Ohr: »Ich schick!« Ich fragte: »Sie schicken?« Er zischte: »No – schick ich? Der Waggon steht hier. Der Waggon geht weiter über die Grenze nach Ungarn. Der leere Waggon. Die Ware wird ausgeladen und bleibt. Und für die Bestätigung, daß der Kakao wieder exportiert worden ist, kriegt jener viertausend Kronen per Kilo. Der greßte Geschäft auf der Welt,« verkündete er nocheinmal. Ich lachte. »Sie Gauner,« sagte ich und war es zufrieden. Ich bezahlte. Die Ware wurde umgeladen und rollte noch in gleicher Nacht zurück gegen Westen, der geleerte Waggon ging über die Grenze. Ich fuhr heim. Abel lachte. Wir verkauften mit hundert Prozent Nutzen. Und in der dann folgenden Woche waren es zweiunddreißig Waggons Kakaopulver, die wir von Balogh so übernahmen und in den Handel brachten. Das lockte wieder einmal Geld in die Kassen. Abel gab mir fünfzehn Prozent vom Nutzen und ich kaufte mir den kleinen Mercedes. Was wir nicht wußten und was wir nicht ahnen konnten, war, daß nicht Balogh der Lieferant des Kakaos war, sondern ein Auftraggeber, ein andrer.

Aber das kam erst später auf. Damals also kaufte ich den kleinen Mercedes, und wenn ich heute mir selbst und allen, die das hier lesen, Rechenschaft geben will über die Absonderlichkeit meines Verhaltens an jenem 14. Februar, so muß ich dieses Automobils immer wieder Erwähnung tun. Denn hatte ich bis dahin auch manches Stück Geld errafft und erschoben – daß ich, ich nun ein Automobil besaß, das hieb alle Stränge durch, das wollte ausgekostet und das mußte gefeiert sein.

Als mir also damals übel wurde – im großen Salon der Calé soffen alte Kavaliere und Bäckermeister im Smoking, hämmerte, hackte, heulte die Jazzmusik, tanzten Huren und Damen in Abendtoilette, ward gerufen, gelacht, gestritten – als mir also damals übel wurde von Schnaps, da setzte ich mich ein wenig abseits und lehnte mich an die Wand. So oft der Mann vom Haustor das Klingelzeichen heraufgab – viermal kurz – verlosch Musik, Licht, Lachen im Augenblick. Alles erstarrte, wartete im Dunkel, drei, fünf Minuten lang. Bis der patrouillierende Schutzmann drunten vorübergegangen war und man nicht mehr befürchten mußte, wegen Überschreitung der Sparvorschriften für Licht und Kohle festgestellt und bestraft zu werden. War dann die Luft rein, so schrillte die Klingel fünfmal kurz auf, und einen Augenblick später wurde gerufen, gelacht, gestritten, und die Jazzmusik hämmerte, heulte dort weiter, wo der Bogen eben auf der Baßgeigensaite erstarrt war. In einer solchen Pause der Dunkelheit – nach der Brust einer Frau hatte ich gegriffen und sie hatte sich mir rittlings auf die Schenkel gesetzt, doch war der jähe Vorgang verflacht und zerstoben, eh es noch helle ward – in der Dunkelheit, eh es noch helle ward, trat ich, kühlere Luft zu atmen, hinaus in den krummen Gang, der an den Hinterzimmern vorüber nach der neuen Hofstiege führte. Rechts, links allenthalben durch Wände und durch die Türen in diesen Zimmern stöhnte und kicherte es. Aber kein Mensch war zu sehen. Ich riß die Stiegentür auf und stützte mich rechts und links an die Balken des Gevierts, hinter dem das unerhellte Dunkel der Treppe lag – stand da also im Licht, stand schwankend und bedreckt im Frack und stierte in das Treppendunkel hinaus, indes mein fuselmattes Gehirn zwischen Nebel und Nebelzug qualvoll sich zu erinnern bemüht war, wo mir schon einmal dieser Vorfall begegnet sein mochte. »Ist einer draußen?« fragte ich in die Finsternis. Dann war wieder hinter mir gedämpft und gespenstisch lebendig das Hämmern der Jazzmusik, und jeden Paukenhieb, jeden Hammerschlag sang ich mit, sang Eeeh, Eeeh, Eeeh mit einem gellenden Tierlaut, daß er von Wand und Decke des Treppenhauses rückgestürzt zu mir niederbrach. Ich taumelte diese Treppe nieder und riß eine Tür auf und stand im lichtlosen Hof.

Da lag es wieder einmal um mich – blind glitzernde Scheiben und Kinderstubengespenster. Aus einem unerhellten Fenster fiel der trockene Husten der Gutjahr. Drunten bei Badele war noch Licht. Daneben, bei Anton, hatten sie wohl einen schweren Vorhang vor das Fenster und das Glas der Türe gelegt. Dahinter, gedämpft, schwirrten Stimmen. Und schimmerten nicht matte Kerzen aus der Stube der Meier?

Auch ein Schritt war zu hören. Ich drückte mich an die Wand und sah, daß da jemand ging. Das war Gutjahr. Und hinter ihm ging – nein, hinter ihm trippelte einer, bald rechtsher, bald linksher bemüht, an seine Seite zu kommen. Das war ein feister Mensch im Gesellschaftsanzug – die Hemdbrust, leuchtete – und mit einem kugeligen Kopf und flackernden Augen und flatternder Stimme, der suchte neben Gutjahr zu bleiben, der hatte die hohle Hand nach ihm hingestreckt, hatte sie unentwegt nach ihm hingestreckt, als bäte, als bettelte er um etwas, und dazu redete er mit seiner hohen, haltlosen Stimme eindringlich im Flüsterton auf ihn ein. »Nein,« sagte Gutjahr. »Geben Sie,« sagte der andre, »geben Sie, ich habe Geld, ich zahle auch das frühere, alles, ich habe das Geld bei mir.« Und dann hatte er Banknoten zwischen den schwank gelenkigen Fingern und ließ sie fallen und hatte ein Päckchen in der Hand und gurgelte einen Dank oder Gruß und verfiel seitab in einer zackigen Taumellinie über den Hofplatz. Riß die erhellte und verhängte Türe auf, die zu Antons Zimmer hinunterführte. Verschwand. Auch Gutjahr war irgendwo verschwunden, vielleicht hinauf zu seiner Mutter gegangen. Nun war der schwarze Hof wieder leer.

Hinüber schlug ich mich nach dem Hausflur. Dort, in der verglasten Hausbesorgerkammer neben dem verschlossenen Tor, am Gassenfenster, dessen Flügel weit offen standen, lehnte Jablonski. Der Pole wandte sich nach mir um und erkannte mich und verbeugte sich und schob mir den Sessel hin. »Ich mach den Aufpasser,« sagte er und wies nach der Klingel. Von oben, von der Calé her schwoll Lachen und hämmerte die Musik. »Man hört sein eigenes Wort nicht,« sagte Jablonski und drückte viermal kurz auf den Taster. Droben war jähe Stille. Der Pole lachte. »Sie glauben, der Schutzmann –« sagte er und zeigte die schönen Zähne. Er hatte eine Flasche Schnaps. Auch zwei Wassergläser fanden sich. »Von den Bordellen komm ich nicht los,« sagte Jablonski. »Jetzt bin ich also hier der Hausknecht.« Ich hob meinen Arm, der war so schwer und fremd, daß ich lachen mußte. Ich lachte lang. »Ich hab ein Automobil,« sagte ich. Jablonski stieß mich mit der Faust in den Bauch, daß mir wieder übel wurde. Das Glas entfiel mir, zerbrach. »Das macht nichts,« sagte ich, »morgen schenk ich dir dreißig Gläser. Ich bring sie dir. Vormittags. Nein nachmittags. Bist du zu Hause? Mit dem Automobil, um vier Uhr. Ist es dir recht um vier Uhr?« Jablonski umarmte mich zum Dank und weinte ein wenig. »– haben die Puppen vergessen,« sagte er und drückte fünfmal kurz auf den Taster. Über uns kreischte das Fest auf. Eeeh, sang ich, eeeh, so oft droben einer die Pauke schlug. Nun hatten wir nur mehr ein Glas, doch es war ein Wasserglas. Einmal trank ich, einmal er.

Als die Hausglocke lärmte, fuhren wir auf. Der Pole sagte: »Jetzt ists wirklich –« Doch als wir behutsam durchs Fenster blickten, sahen wir nur eine einzelne Frau. Wir sahen sie ein wenig von oben her: verschobenen Hut und schlanken Körper, wie in großer Ermattung an die Mauer gelehnt. Jablonski, plötzlich nüchtern, wisperte: »Der ist einer auf den Fersen.« Ich: »Einlassen?« Er zuckte die Achseln. »Vielleicht will sie hinauf zur Café,« sagte er und ging hinüber, das Tor zu öffnen.

Es war Mirjam. Durch einen Nebel sah ich, daß sie sehr blaß war. Wir standen rechts und links von ihr und wir lachten. »Stiege links,« sagte Jablonski. Sie schaute uns an, aus geweiteten Augen, und in ihrem Blick war etwas, das mich nüchtern machte für einen Atemzug. Sie ging ohne Wort an uns vorüber, trat auf den Hof hinaus und verschwand im Dunkel. Ich wollte wieder trinken, aber das Gesicht des Mädchens, ein furchtbar erschlossenes Gesicht, stand vor mir, so daß ich des Trinkens fast nicht mehr froh wurde. Hinten irgendwo im Lichtlosen hämmerte sie indes mit der Faust an eine verschlossene Türe. Ein wenig später waren Stimmen zu hören, Jablonski ging hin, und als er nach fünf oder zehn Minuten wiederkam – ich saß nun wieder und soff und sang eeeh, eeeh, eeeh, wenn die Pauke hämmerte – da sagte er: »Sie ist gestürzt, ohnmächtig. Ein feines Weibstück. Badele ist bei ihr. Sie wollte zur Meier. Kind, hat sie geschrien. Vielleicht hat sie ein Kind dort.« Ich sang: »Dreißig Gläser bring ich dir morgen mit dem Automobil!« Er gluckste und stieß mich in den Bauch und mir wurde übel. Wie in einem Vogelkäfig saßen wir in der verglasten Hausbesorgerkammer und sangen. Zu erinnern glaube ich mich, daß ich dann später Badeles sehr ernstes Gesicht sah. Er führte Mirjam am Arm. Ihr hatte sich der Hut schräg in die Stirn geschoben und das Haar hing ihr halb vor den groß erloschenen Blick. Der stille Mann brachte sie bis zum Fuß der Treppe, die hinauf führte zu der Calé. Er nickte ihr zu und wandte sich und ging über den Hof. Da sie höher stieg, schwankte sie leicht und mußte sich am Stiegengeländer festhalten, um nicht zu fallen. Dann stürzte einen Augenblick lauter, greller, gellender die Musik herab. Und dann fiel droben hinter der Eingetretenen eine Tür ins Schloß.

Daß Mirjam damals in solcher Verstörtheit vor dem Hause eintraf, daß sie eintraf, auf der Flucht und gejagt von einem Drang, ihr Kind zu sehen, zu ihrem Kind sich zu retten – das kam so: Sie hatte ihre Beziehung zu Farkas damals schon seit zwei oder drei Monaten nur mehr künstlich und unter peinlichen Opfern aufrecht zu erhalten vermocht. Der fettige Elegant war ihrer überdrüssig. Er behandelte sie schlecht. Sie nahm es hin. Er bestellte sie eben für jenen 14. Februar, neun Uhr abends, in das Quartier ihrer Zusammenkünfte. Sie kam, sie trat in den Schlafraum. Auf dem breiten Messingbett, auf der Überdecke, die zu entfernen er zu lässig gewesen war, lag Farkas in einem hellblauen Seidenpijama. Und am Rand dieses Bettes saß, bekleidet mit einem dünnen Kimono, unter dem nacktes Fleisch lag, jene Aristokratin, die ehemals Farkas' Geliebte gewesen war. Sie saß da, das schmale, von Elend noch schmäler gewordene Gesicht ein wenig nach den eng aneinandergepreßten Knien gesenkt, und lächelte blaß.

»Guten Abend sagte Mirjam und blieb an der Türe stehn. Farkas, auf dem Rücken liegend, winkte ihr mit der Hand einen Gruß zu. Die Frau am Bettrand richtete scheue, erschreckte Augen auf die Eingetretene. Die bewegte sich nicht. Farkas rief: »So komm doch herüber!« Und noch einmal, schon gereizt: »Komm herüber!« Mirjam ging mit kleinen Schritten zu ihm. Er griff nach ihr, er faßte sie am Gelenk und riß sie zu sich. Sie wehrte sich. Nah ihrem Ohre zischte er: »Zieh dich aus!« Sie löste stumm seine Hand von ihrem Gelenk. Er riß ihr mit einem harten Griff das Kleid auf. Sie wurde sehr ruhig. »Warte,« sagte sie. Sie ging in den kleinen Ankleideraum nebenan und legte langsam die Kleider ab, Stück um Stück, indes aus dem Schlafzimmer unterdrücktes Reden zu hören war, indes ein Sessel verschoben ward, eine Türe schlug. Als sie, nackt schon, wieder in den anderen Raum trat, fand sie Farkas allein. Er saß in einem Fauteuil und rauchte. »Die Gans ist davongerannt. Soll sie krepieren,« sagte er, haschte mißmutig nach Mirjams Arm und zog sie auf seine Knie. Da er aber mit breiten Worten ein Unsagbares von ihr verlangte, das in diesem Augenblick, dem die adelige Blindheit der Hingabe so sehr fremd war, nichts andres bedeuten konnte als demütigende und ernüchternd widerliche Verrenkung, entzog sie sich ihm gewaltsam, und triebhaft, vielleicht weil sie nun ihrer Nacktheit sich schämte, ging sie zum Schalter und löschte das Licht.

So stand sie im Dunkel. Farkas bewegte sich nicht. Ihr ward plötzlich bang, sie fühlte mit einemmal die Kälte des ungeheizten Zimmers auf ihrem nackten Leib, und da sie, den Garderoberaum zu erreichen, das Zimmer dicht an Farkas vorüber hätte durchqueren müssen, tastete sie sich zum nahen Bett, die dort liegende Decke zu erraffen und sich um die Schultern zu legen. Plötzlich fühlte sie die stummen Hände des Mannes an ihrem Körper, fühlte sich rücklings quer über das Lager gerissen, roch Zigarettenatem, roch Haarpomade, und vor seinem Keuchen, das sie, nüchterner, leidenschaftsloser, andern Tages und an vielen anderen Tagen über sich fort hatte streichen lassen wie einen fremden Luftzug, der alsbald verweht ist – vor seinem Keuchen, das ihre Verlassenheit ansprang wie ein Tier, verlor sie sich an eine blinde Erbitterung und krallte, krallte ihm die Nägel in das feiste Gesicht. Mit einem gurgelnden Laut der Wut erhob er sich, einen Augenblick lang schien es, als schickte er sich an, einen Kübel unflätigen Geschimpfs über sie zu ergießen, aber, als hätte er sich eines bessern besonnen, als hätte er einen Entschluß gefaßt, verstummte er jählings, sie hörte sein Tappen zwischen den Sesseln, hörte, wie er Kleider zusammenraffte, hörte, wie die Türe ging und wild zu geschleudert ins Schloß fiel.

Sie lag noch immer quer über das Bett geworfen nackt auf dem Rücken und starrte zur lichtlosen Decke auf. Es war kalt.

Sie wurde ruhiger. Nüchtern. Ernüchtert. Und mit einemmal waren viele klare Gedanken in ihr. Sie hatte vorgehabt, an dem Abend von dem Manne noch Geld zu erbitten, denn es gab da eine Gelegenheit, im Schleichhandel eine halbe Fuhre Kohle zu bekommen – durch den Bruder der Hausbesorgerin, der bei der Bahn bedienstet war, dort, wo die Züge der schwedischen Hilfsmission ankamen und man die Mengen nicht so genau kontrollieren konnte. Und dann das neue Kleid, das sie brauchte. Und ein Bekannter hatte gesagt, er könne Saccharin verschaffen. Oh, Geld – sie mußte Geld haben an dem Abend noch. Sie lag im Dunkel und fror und haßte sich für ihren Hochmut. Als die Türe ging und vor ihr in der Finsternis des Zimmers der tappende Schritt war, hob sie halb die Hand nach dem Schattenriß des langsam Nähertretenden hin und sagte: »Emmerich.« – »Emmerich« noch einmal. Sie bekam keine Antwort. Da erhob sie sich, stand schlank und nackt und zitternd im Dunkel und hielt blind ihre offenen Hände ins Lichtlose. »Emmerich,« sagte sie, und in ihrer Stimme wankte etwas.

Da stand sie plötzlich von elektrischem Licht übergrellt. Da war nicht Farkas. Da war Farkas' Redaktionsdiener, Bravo, Vertrauter, dem es auch oblag, das Absteiglogis in Ordnung zu halten. In seinem breitgefressenen Domestikengesicht saßen winzige, farblose Augen, die schamlos musternd auf dem nackten Körper der reglos Erfrorenen nun sich verirrten. Zwei grünliche Dollarscheine hielt er der Frau hin und sagte: »Da.« Dann, grinsend: »Da. Zwei Dollar. Kleineres hatte Herr Farkas nicht. Und wenn Sie noch einmal kommen, schmeißt er Sie die Stiege hinunter.« Da Mirjam sich noch immer nicht regte, ging er, an ihren Körper streifend, zum Bett hin und legte die beiden Geldnoten mit spitzen Fingern auf den Kopfpolster. Dann wandte er sich plötzlich, schnalzte leicht mit der Zunge und sagte: »Na?«

Nun endlich kam in die Erstarrte Bewegung. Ihre Augen weiteten sich. Sie kauerte sich in den Fauteuil, in dem früher Farkas gesessen hatte, die Knie zog sie hoch, mit den Händen wollte sie die Brüste schirmen vor diesem Blick, und schließlich riß sie die kleine Spitzendecke vom Tisch nebenan und suchte sich dahinter zu bergen. Der Mann trat einen kleinen Schritt auf sie zu und grinste. »Wo ist Herr Farkas?« fragte sie mit blutleeren Lippen. »Fortgegangen,« sagte der Mann und grinste und trat einen kleinen Schritt auf sie zu. Sie sagte stimmlos: »Hinaus.« Er antwortete nicht und grinste. »Hinaus,« schrie sie. »Leiser,« sagte er mit belegter Stimme und trat einen kleinen Schritt auf sie zu. Sie schnellte auf. Er griff nach ihr. Sie stieß ihn beiseite, rannte, Keuchen hinter sich, rannte und erreichte den Ankleideraum, schmiß die Türe hinter sich zu und hatte in fliegender Hast einmal, zweimal den Schlüssel im Schloß herumgeworfen, ehe draußen toll von Gier und Wut der Leib des Bedienten wider das Holz schlug. »Mach auf,« keuchte es. Mirjam stand im fernsten Winkel des kleinen Raumes und bebte bei jedem Hieb, der von draußen her gegen die Türe fiel.

Sie fand ihre Wäsche, Kleid, Mantel. Die Hände zitterten ihr. Als ein Schuh ihr entfiel, erschrak sie wie vor einem Kanonenschuß. Dann war sie endlich angekleidet. Und indes das Tier draußen mit den Fäusten gegen das Holz hieb und lallte, Lockung, Drohung, Beteuerung, schlich Mirjam auf den Fußspitzen durch die Nebentüre, durch das dunkle Badezimmer und – drinnen dröhnte es – über den Korridor. Auf die Treppe warf sie sich hinaus und rannte. Durch nächtliche Gassen rannte sie im Zickzack, Gesichter sah sie, floh weiter. Sah den Fluß und die Brücke und stand an die Brüstung gelehnt, indes drunten das schwarze Wasser dahinstrich. Nein, dieses nicht, sagte etwas in ihr. Nein, dieses noch nicht. Und dann fand sie sich vor dem Haus und im Hausflur – eeeh, sang ich, eeeh, indes droben die Jazzmusik hämmerte – und fand sich im Hof und polterte an einer Türe, schrie »Kind«, schrie »Kind«– und mußte dann doch wieder lächeln, ausgebrannt lächeln und im Dirnenschritt höhersteigen zur Türe des Hauses Calé, die sich auftat.

Was Mirjam damals nicht wußte, war, daß ihr Bruch mit Farkas noch in gleicher Stunde die schlimmsten Folgen hatte. Der Zeitungsmensch, wutspeiend, hatte sich kaum im Vorraum bekleidet und den Diener mit seiner Abschiedsbotschaft für Mirjam betraut, als er auch schon, dem Kreislauf seines Tages verfallen, trotz der späten Stunde noch einmal nach der Redaktion lief. Ein unglücklicher Zufall wollte es, daß eben damals Feuerbach ausnahmsweise für den erkrankten Helfer des Nachtredakteurs Dienst tat. So lief er – auf der Stiege – dem eben kommenden, von jungen Rachegelüsten noch warmen Chef in die Hände. Auf der Stiege also, die vom Stampfen der Druckmaschinen bebte, fand dieses Gespräch statt, Farkas sagte; »Gut, daß ich Sie seh. Ihre Tochter, dieses dreckige Mensch, hat mir das Gesicht zerkratzt.« Feuerbach wurde blaß und stützte sich an das Treppengeländer. »Herr –« brachte er mühsam hervor. Farkas, ohne sein Verhalten zunächst zu beachten und ganz mit sich beschäftigt, sagte: »Im Bett! Im Bett hackt sie mir plötzlich ihre Krallen in die Augen. Der Polizei hätt ich sie übergeben sollen.« Feuerbach fühlte plötzlich, daß die Beine ihm schwach wurden, und klammerte sich am Geländer fest. Dann rang sich eine fremde Stimme von seinen Lippen und schrillte sich überschlagend: »Lügner!« Farkas stand einen Augenblick lang verdutzt. Dann kreischte er: »Frechheit das! Wem machen Sie da etwas vor, Sie Kober, Sie Louis? Schmuggelt sich zwischen den Schenkeln der eigenen Tochter da in die Redaktion herein und tut sich dann, er hat nichts gewußt! Nein, wegen Ihrer Fähigkeiten hat man Sie engagiert, Sie Trottel ›Lügner‹! Daß ich Sie nicht anscheiße, Sie Dreckkerl. Mit der Hur zusammen gehörn Sie ins Kriminal.« Feuerbachs Lippen stammelten etwas, aber das war nicht zu vernehmen. Er holte weit aus, mit einer greisenhaft schwanken Bewegung, und schlug nach des andern Gesicht. Der kraftlose Hieb – wars die halbe Blindheit, war es die fassungslose Erregung des alten Mannes? – traf, kaum mehr wahrnehmbare Berührung, die Schulter des Zeitungsmenschen. Der stieß dem Greis die geballte Faust ins Gesicht, daß er stürzte. Er fiel ans Geländer, sank auf die Treppe zurück und kollerte zehn, fünfzehn Stufen nieder, ehe er liegen blieb. Als er nach einer Minute glücklicher Ohnmacht blutigen Gesichts sich erhob, brachte ihm ein Diener den Hut und den dünnen Mantel und führte den Schwankenden bis zum Tor. So trat Feuerbach auf die nächtliche Gasse hinaus.

Sein Weg ist von da ab nicht genau zu verfolgen. Fest steht nur, daß er etwa zwei Stunden später sein Wohnhaus betrat, einen Kerzenstumpf, den er in der Manteltasche mit sich zu führen pflegte, entzündete und die Stiege hinaufging. Zum dritten Stockwerk emporsteigend, kam er an der Wohnung der Frau Wagner vorüber, der Witwe, deren Mann zehn Tage vorher an der Grippe gestorben war. Als seine Schritte auf der Treppe hörbar wurden, öffnete sich die Flurtür und Frau Wagner, die trotz der späten Stunde dahinter gewartet haben mochte, ward sichtbar. Auch sie trug einen brennenden Kerzenstumpf. Feuerbach grüßte. »Sie sind es,« sagte Frau Wagner; ihr Gesicht war tief rot. »Ich dachte, meine Tochter komme nach Hause. Ich habe Angst. Ich erwache mit Fieber, ich rufe nach meiner Tochter, ich gehe in ihr Zimmer hinüber – fort ist sie.« Sie legte ihre Hände auf die glühenden Wangen und sagte leise: »Ob das die Grippe ist?« Da also brachte Feuerbach sie zu Bett und machte ihr eine Kompresse und hielt die Hand der Phantasierenden, bis sie einschlief. Gegen ein Uhr nachts kam die junge Wagner. Erst ging behutsam, ganz behutsam die Flurtür. Dann schlichs auf Zehenspitzen über den Vorraum. Dann mochte das Mädchen den Lichtschein im Zimmer der Mutter gemerkt haben, denn plötzlich stockte dieser leichte Tritt und plötzlich stand die junge Wagner in der geöffneten Tür. Ihre Augen weiteten sich vor jähem Schreck, da sie Feuerbach neben der schlafenden Mutter sitzen sah. Schweigen heischend legte der alte Mann den Finger an die beruhigend lächelnden Lippen. Das Mädchen stand vor ihm, wie es von diesem heimlichen Nachtgang zurückgekehrt war, eine billige Handtasche am Arm, grelle Schuhe an den kindlichen Füßen, die Haare aufgebürstet zu einer frechen Frisur. Da sie ernst sich gemustert sah, senkte sie den Blick und lächelte töricht. Nun war es aber so, daß Feuerbach im Hause seit kurzem vergleichsweise als ein vermöglicher Mann galt. Und als er nun sich erhob und mit unsicherer Hand die Brieftasche zog und sagte: »Sie werden mir erlauben – ich habe heute an der Börse gewonnen –«, da mußte das nicht als allzu verwunderlich auffallen. Doch es waren nur drei, vier kleinere Noten in dem schmalen Portefeuille. Die nahm er mit ungelenken Fingern und legte sie an die Kante des Tisches. Er nickte und ging.

Er stieg nicht nach seiner Wohnung hinauf. Er ging hinunter zum Haustor. Das knarrte und knarrte Abschied, da er es aufschloß. Er verweilte sich einen Augenblick. Dann stöhnte er leise, so wie Kinder stöhnen manchmal, seine Lippen formten ein Wort, das im Wesenlosen versank, und dann neigte er sich leicht vor und taumelte hinaus in den Nachtwind.

Davon also wußte Mirjam nichts, als die Tür der Calé hinter ihr sich schloß; und von dem, was dort noch an Trieb und Tun aus ihr verbrach, nahm ich wohl manches mit eigenen Sinnen wahr, doch ist mein Schauen damals allzusehr von den Nebelzügen des Rausches überschattet gewesen, denn wie sehr ich mich auch mühe – nur Bilder, nur Bilderfetzen, wie einer sie sieht, wenn er von einem Gipfel durch Wolkentreiben niederblickt auf die Landschaft, treten mir vor den rückgewendeten Blick.

Eines: Ich mag dann von Jablonski und der Hausbesorgerloge Abschied genommen haben; vielleicht war die Flasche leer. Und ich mag mich wieder hinaufgetastet haben zu der Calé. Denn ich sehe mich da am Ufer des Tanzstroms, der in sich gedreht und wirbelnd in kleinen Wirbeln mit Ruck und Schleifschritt an mir vorüberstreicht – sehe mich da also lang ausgestreckt liegen in einem Fauteuil. Hinter mir im Winkelschatten sind zwei. Der Bäcker hat seine Hand in Mirjams Kleidausschnitt geschoben und hebt ihre rechte Brust, daß die zarte Haut darunter schmerzhaft gespannt ist, er schnurrt wie ein Kater nah ihrem Ohr, und plötzlich sagt er: »Bist du schon lang dabei?« Aus ihr lächelt es blaß. Aus ihr sagt eine Stimme: »Lang nicht. Zwei, drei Monat.« Er sucht ihre linke Brust aus dem Ausschnitt zu zerren. Er sagt: »Warum bist du dazu gegangen?« Aus ihr lächelt es blaß. Aus ihr sagt eine hohe Stimme: »Vater gestorben. Mutter gestorben.« Er keucht und fragt: »Der Bräutigam?« Und schiebt die Hand zwischen ihren Knien ein Stück höher. Aus ihr lächelt es blaß. Aus ihr sagt eine Stimme: »Der ist im Krieg gefallen. Der war ein hoher Offizier bei den Fliegern.« Er atmet und schiebt die Hände in seine Taschen und sagt: »Du solltest ein anderes Leben beginnen. Näherin werden. Oder Zeitungen verkaufen. Nicht viel, aber ehrlich.« Aus ihr lächelt es blaß. »Ja,« sagt sie und nickt. »Ja,« und nickt. Und da er sich plötzlich erhebt, ganz leise: »Schenkst du mir etwas?« Doch da wand er sich schon drüben durch das Gewühl nach dem Ausgang. Eeeh, sang ich, eeeh, so oft der Knochige droben am Podium in die Pauke hieb.

Noch ward es finster, wenn die Klingel schrillte viermal. Aber keiner glaubte mehr recht an Gefahr. Nur das Licht losch. Aber die Musik raste weiter, die Tanzenden stolperten weiter – Gekreisch und Lachen quoll aus der Dunkelheit. Da nun, inmitten der Lichtlosigkeit – die Dicke mit Seemannskappe und Breeches blies einen hölzernen Triller auf dem Saxophon, daß es klang, als schlachtete man ein Schwein – als ich mir die fünfte Zigarre zwischen die Lippen schob und die Flackerflamme des Zündholzes auflebte, sah ich Mirjams Gesicht. Nichts als Mirjams Gesicht. Ringsum stürzte der lohende Saal zurück ins Unerhellte. Dieses unbewachte, aufgerissene Gesicht einer Flüchtigen, eines Jagdwilds klaffte auf im Schrei und tauchte schräg fort vor einer greifenden Hand, die aufschimmerte für einen Augenblick, rötlich behaart und abgehackt von der Weiße eines Manschettenrands. Da verloschs, und der Knochige hieb in die Pauke. Eeeh, sang ich, eeeh!

Das drittemal aber war es nur Ärgernis und nicht zu verstehen. Denn wie soll es verstanden werden, daß plötzlich – bei Licht, indes die Weiße des elektrischen Lichtes auf der Menge zerplatzte – daß Mirjam vorbrach aus einem der Nebenzimmer (das rötliche Haar hing ihr aufgelöst ins Gesicht) und daß sie inmitten des Saales, dort, wo vor dem Podium freier Raum war, mit einem langen Schrei das Kleid sich vom Leib riß! Sie löste keine Spange und keinen Knopf. Sie zerriß das Kleid, riß es von oben bis unten durch und trat den roten Fetzen unter die Füße. War dieser Vorgang aber noch von einem kreischenden Lachen all der Erhitzten im Raume getragen, so erfror dieser Beifall im Verlauf eines Atemzugs. Mirjam schrie noch immer. Riß das Hemd sich von den Schultern und schrie. Stand nackt und schrie. Musik brach ab. Tanz stockte. Stummes Starren war. Mirjam stand in nackter Nacktheit, mit geschlossenen Augen. Schreien brach ihr, Schreien aus dem weißen Gesicht. Hintenüber schmiß sie sich auf die Dielen und schrie: »Da – alle! Da, hier – jeder, der will!«

Stille war. Eine Knabenstimme flatterte Gelächter und erschrak vor sich selbst. Stille war. Mirjams Kopf lag hintübergebrochen. Sie lachte grell und Tränen rannen ihr übers Gesicht. In das Schweigen sagte ein Herr: »Das geht nicht.« Auf einem Sessel lag sein Mantel. Den nahm er, und steif fernab stehend mit gestreckten Armen breitete er ihn über die Liegende. Seine Hände leuchteten rötlich behaart und von der Weiße des Manschettenrandes wie abgehackt. Dann fanden sich ihrer drei, vier, die die Lachende seitab trugen in eine Kammer. Und dann besann man sich wieder. Aber es wollte keine rechte Lustigkeit hochkommen. Ich nur, ich, ich – eeeh, sang ich, eeeh, da der Knöcherne droben am Podium wieder in seine Pauke hieb.

Das Fest brach dann jäher ab, als zu erwarten war. Die Klingel schrillte viermal, aber man hatte die Lust verloren, das Spiel im Dunkel noch einmal zu spielen. So kümmerte man sich nicht um das Zeichen. Erst da in der aufgerissenen Türe die Kriminalbeamten zu sehen sind, fällts auseinander. Wäre ich nüchterner gewesen – es hätte mich verblüfft, unter diesen Beamten Johannes Abels Gesicht zu sehn. Die Calé kommt und flattert. Einer schreit sie an. Sie verstummt. Ein Herr will sich legitimieren. Man beachtet ihn nicht. Es wird offenbar, daß es da um anderes geht als um die Ahndung von Lichtverschwendung und Prasserei. Drei, vier Männer mit Schaftstiefeln haben die Nebenräume abgesucht, kommen wieder. Die Calé jammert, fragt. Einer brüllt sie an: »Kokain! Wo sind die Kokainisten?« Ihre Hände flackern Beteuerung. Einer brüllt: »Nicht? Niemand? Dann alle herein!« Fünf, sechs Schaftstiefel ab. Man hört pochen. An Türen wird geklopft mit der Faust. Irgendwo wird geschrien, eine Frauenstimme. Irgendwo splittert Holz. Ein Mann speit Beschimpfung. Die Calé kreischt auf, will fort, wird gehalten. Anderswo pochen sie noch immer. Dann kommen die Schaftstiefel wieder, treiben vor sich her ein Dutzend halbnackte Weiber und Männer. An der

Wand stehn sie alle. Alle blaß. Namen werden genannt und aufgeschrieben. Einer protestiert. Eine fällt in Ohnmacht. Der letzte der Schaftstiefel kommt aus den Kammern zurück. »Schluß,« meldet er. Der Führer zu Abel: »Ist er darunter?« Der deutet Verneinung. Der Führer, laut: »Kennt hier jemand einen Ruben Feuerbach?« Schweigen.

»Ich,« lache ich von meinem Sessel her, und da hat Abel mich endlich bemerkt und steht neben mir. Er redet – ich verstehe nicht viel. Ruben sei abends bei ihm gewesen. Sei hinunter gerufen worden: ein Mann warte. Sei nicht wieder gekommen. »Zu Hause ist er nicht. Ich war dort. Die Wohnung ist leer – es macht niemand auf. Ich muß ihn finden. Da ist etwas mit Kokain. In seiner Manteltasche war Kokain. Er ist ohne Mantel gegangen.« Ich lachte ihm ins erregte Gesicht. Ich sang: »Und die Polizei, mein Püppchen? Ei! Suchst du ihn denn mit der Polizei?« Den Refrain aus dem Shimmyprinzen. Ich lachte. Er sagte: »Ich habe angezeigt. Er muß hier sein –« Da erst unterbrach er sich und sah, daß ich berauscht war. Auch der Führer der Kriminalbeamten war neben mich getreten und sagte zu Abel: »Vor ein paar Tagen hat man im Sammelkanal an der Flußlände drüben einen Schädelknochen gefunden. Der Sammelkanal führt hier unter dem Haus durch.« Abel zuckte auf, dann besann er sich. »Er war ja heute abend bei mir,« sagte er leise. Ich lachte: »Schädelknochen? Der ist von Anton.« »Anton?« Ich sang: »Hinten, im Hinterhaus! Der Knabenmörder im Hinterhaus! Ich führ euch hin im Automobil!« »Besoffen,« sagte der Detektiv und wandte sich ab. Nur Abel blieb bei mir. Beugte sich tief zu mir nieder. Fragte mit wankender Stimme: »Glauben Sie, daß Ruben bei Anton ist?« »– Ruben bei Anton ist?« äffte ich ihm nach. Eeeh, sang ich, eeeh! Da faßten sie mich unterm Arm und da schleppten sie mich hinüber.

Auf dem Hofe stießen sie mich und herrschten mich an, ich solle nicht singen. Wie die Wiesel, wie die Katzen schlichen wir an. Neben mir knackte die Sicherung eines Revolvers. Tür und Fenster waren verhängt. Doch die Tür hatte Spalten. Wir hockten uns hin. In dem geschrägten Ausschnitt, den ich überblicken konnte, sah ich vier Pritschen hintereinander. Über die elektrische Birne, die durch ein Drahtgeflecht geschützt von der Decke hing, hatte man eine Düte aus braunem Papier gestülpt, so daß der Raum in einem schmutzigen Licht schwamm. Die beiden ersten und die vierte Pritsche waren leer. Auf der dritten saß der Magere mit dem Vogelkopf, jener Wurmbrand. Er saß da, furchtbar verfallen, mit dem Leib eines Toten, mit Hungerhöhlen an Wangenstatt, Höhlen an Augenstatt, daß der Blick weither aus der Schwärze kam wie das feine Licht des Ausgangs in einem Bergwerk. Er saß da und lächelte in die Leere. Saß da stumm und wiegte sich rechtshin und linkshin. Seine Lippen plapperten ein Lautloses gegen die Wand. Deklamierte er? Und da nickte er auch schon und neigte sich und griff mit blinden Fingern vor in die Luft und winkte, als hätten Unsichtbare Beifall geklatscht. Neben mir der Detektiv sagte flüsternd: »Kokain.«

Dann machten wir die Tür auf und gingen hinein. Wurmbrand blickte uns entgegen und sah uns nicht. Er nickte. Aber rechts an der Mauer, in dem Teil des Raumes, den man vom Türspalt aus nicht hatte überblicken können, sprangen zwei von den Pritschen hoch. Der eine, dürr und gesichtlos, hatte sich einen Sack um die Schultern gehängt. Er zitterte. Als einer der Detektivs ihn nach seinem Namen fragte, begannen ihm die Kiefer so sehr aneinanderzuschlagen, daß er nicht antworten konnte. Den andern mußte ich irgendwo einmal schon gesehen haben. Er hatte keine Arme und einen Stelzfuß. Er stand stramm. Er war wohl nüchtern. Aber da lag einer auf einem Brett mit offenen Augen, ein Herr im Abendanzug, ein Dicker mit einem Kugelkopf, und wand sich in leichtem Stöhnen und lächelte in die Leere. »Kokain,« sagte einer. »Perlustrieren,« sagte einer. Alle hatten sie die weißen Päckchen bei sich. »Woher?« Keine Antwort. Der auf der Pritsche lächelte, lächelte. Und da hielt es mich nicht mehr. Ich mußte singen. Eeeh, sang ich, eeeh!

Droben die Tür fliegt auf. Im Rahmen Anton, geduckt. Da er die Detektivs sieht – ein Erstarren ohne Erregung. »Die Herren wünschen?« sagt er langsam und kommt langsam die vier Stufen herunter. Der Gamaschenmensch, schreiend: »Wo ist der Ruben Feuerbach?« Anton schweigt. Ich bin neben ihn getreten und schaue durch die offene Tür in seine Kammer. Er stößt mich beiseite, aber da habe ich schon gesehen, daß in seinem Bett einer liegt. Abgekehrt, gekehrt nach der Wand. Ohne Regung. Man sieht nur das Ohr und von der Wange ein Stück. Und den Arm, der, seltsam hintenüber verrenkt, bläulich weiß auf dem Kissen liegt. »Da,« schrei ich, »da!« Der Gamaschenmann will hinein. Anton lehnt sich in die Tür und sagt dunkel: »Halt. Dort hinein nicht, Mensch.«

Und im gleichen Augenblick ist da auch Gutjahr. Er mochte in eine Ecke der Kammer dort sich gedrückt haben. Jetzt steht er da, aufgestört, gestellt, frech im Licht und sagt: »Habe die Ehre, die Herren. Kann ich den Haftbefehl sehn?« Die Gamaschen: »Den werden Sie noch früh genug sehn. Die Türe frei! Jetzt ist einmal Haussuchung.« Gutjahr, frech: »Haussuchung? Nachts ohne Haftbefehl? Das weiß morgen der Hofrat Blech, Herr Kommissär Müller. Und Sie fliegen. Es war schon einmal etwas mit Ihnen.« Müller: »Woher kennen Sie mich? – Das – Sie sind das!« Er geht hin und gibt ihm die Hand. »Ein Irrtum,« sagt er. Und mit einer jähen Wendung zu Abel: »Sie! Sie halten die Polizei zum Narren! Wer sind Sie überhaupt?« Und lauter: »Legitimieren Sie sich!« Gutjahr grinst: »Ich kenne den Herrn.« Aber der Gamaschenmensch notiert die Adresse. Er blickt um sich. Er will sich zurückziehn. Er sucht einen Abgang. Dann brüllend: »Die Kokainisten, die Schweinkerle, werden aufs Amt gestellt!« Und als letzter hinter den Schaftstiefeln, die die lallend wach Entrückten mit sich zerren, tappt er hinaus. Gutjahr, pfeifend, Hut kokett auf dem Kopf, geht mit ihm. Nur Anton bleibt, starren Gesichts.

Nun war es so, daß ich auf einer Pritsche saß und verstummt war: mir war wieder übel geworden. Anton schloß seine Tür und lehnte sich mit dem Rücken daran. Abel stand ganz rechts an der Wand, dort, wo die Kokainisten gelehnt hatten. Sein Gesicht war alt und leicht eingefallen. Er hatte während des ganzen Vorfalls geschwiegen. Nun konnte man sehen, daß er sehr müde war. Er sagte: »Sie wissen, wo Ruben ist.« Keine Antwort. Er sagte: »Ruben ist drinnen. Ruben liegt drinnen im Bett. Wecken Sie ihn. Ich muß mit ihm reden.« Keine Antwort. Er sagte: »Lassen

Sie ihn heraus! Ich bin hier der Hausherr! Ich schmeiße Sie auf die Straße! Ich bringe Sie ins Kriminal, wenn Sie ihn nicht herauslassen!« Anton tat den Mund auf und sagte: »Kusch, Alter. Oder du hasts Messer zwischen den Rippen.« Abel brüllte: »Ich hab keine Angst vor Ihnen!« Er wurde plötzlich sehr schwach und mußte sich auf eine der Pritschen setzen. Er wollte etwas sagen und tat es nicht. Es war still. Dann, ganz leise: »Hören Sie. Ich habe viel Geld. Sie sollen Geld haben. Ich bin ein alter Mann. Geben Sie mir das Kind heraus!« Ich schaute zu Anton hinüber und sah mit Verwunderung, daß sein Gesicht sich verändert hatte. Er war blaß Er sagte: »Ich scheiß auf Ihr Geld. Wenn er da wär. Er ist nicht da.« Abel stand langsam auf »Sie trauen mir nicht. Ich mein es ehrlich. Ich will Ihnen schwören. Wenn man einmal so wie ich und wenn man weiß, daß man bald vor Thron stehen wird, dann schwört man nicht. Sie sollen ein reicher Mann sein. Ich habe sehr viel Geld, viel mehr Geld als einer weiß. Lassen Sie von dem Kind. Das Kind verdirbt. Das Kind soll bei mir sein.« Und es geschah das Sonderbare – so sonderbar, daß ich mich fast erbrechen mußte vor jähem Gelächter – es geschah, daß Abel, Johannes Abel niederkniete mitten auf der dreckigen Diele und seine Hände hob. Es war, als wollte er bitten. Aber dann kam es über ihn und er schlug sich wild viele Mal mit der Faust an die Brust und er schrie: »Mir! Mir! Bei mir!«

Da ging die Tür auf – nicht Antons Kammertüre sondern die andere, der Eingang, die Hoftür, und Ruben Feuerbach stand im Raum. Sein Hut war ein wenig verschoben, die Augen schimmerten ihm und er lachte leise. Langsam stieg er die Stufen nieder, leicht schwankend. Er war sehr schön damals. Und absonderlich war es, daß er mich, der ich breit auf der Pritsche saß, und daß er Abel, der unsäglich zwiespältigen Ausdrucks, glückhaft ernüchtert, sich mühselig erhob – daß er uns nicht zu sehen schien. Er hatte die rechte Hand, die Höhlung nach oben, weit vorgestreckt und ging bittenden Ausdrucks mit ganz kleinen Schritten auf Anton zu. »Gib,« sagte er. Wir regten uns nicht. »Gib,« sagte Ruben, Und ernst und sehr leise: »Gutjahr hat dir ein Päckchen für mich gegeben. – Gib,« sagte er nocheinmal. Doch dann vergaß er des

Wunsches, und da er leicht schwankte, mußte er wieder lachen über sich selbst. Er wankte dahin und dorthin und seine Hände tasteten kraftlos beschwingt durch den Raum, daß es schien, als tanzte er auf der dreckigen Diele des Nachtquartiers und taumelte rauschselig und licht über Abgründe hin. Dann ward er müde und lehnte sich tief atmend an eine Mauer. Abels und meiner ward er nicht gewahr. Abel und mich erkannte er nicht. Eine schwere, feuchte, fröstelnde Stille lastete auf dem Zimmer.

Dann war es Anton, der verschlossenen Gesichts kurz die Hand nach dem Rastenden hinhob. »Da,« sagte er knapp. Und Abel setzte sich in Bewegung, auf Beinen, die ihn nicht tragen wollten, und ging zu Ruben hinüber. Er legte ihm eine zitternde Hand auf die Schulter und sagte: »Ruben,« und nocheinmal: »Ruben.« Und ganz leise, mit wankender Stimme: »Siehst du mich nicht?« Der Angeredete lächelte ihm ins Gesicht und nickte. »So wirst du jetzt mit mir kommen?« fragte Abel kaum hörbar. Der nickte und lachte leicht. Doch da Abel, scheu beglückt, ihn am Arme faßte und nach der Türe zog, riß der Jüngling sich los und warf sich auf eine Pritsche, warf sich auf das Gesicht. »Schlafen,« sagte er. Anton tappte hin, den Blick seitab, und strich ihm plump übers Haar. Und als Abel sich mühte, den Schlafgefällten aufzurichten, geschah es, daß die Hände der beiden Männer einen Augenblick lang einander berührten: über der schmalen, weiß gelblichen Greisenhand Johannes Abels lag breit und lastend rot die Pranke des andern. Dann hoben sie den lächelnden Schläfer und trugen ihn hinaus zum Automobil. Hinter ihnen torkelte ich über den lichtlosen Hof. Eeeh, sang ich, eeeh, daß es von den blind erschrockenen Scheiben ringsum auf mich niederklirrte verhundertfacht. Vier scheue Kerzen flackerten im Zimmer der Meier.

Viel später erst fiel mir ein, daß bei jenem Menschenauftrieb im Haus Calé durch die Polizisten Mirjam nicht mehr sichtbar geworden war. Sie war verschwunden. Möglich, daß sie die allgemeine Verwirrung wahrgenommen hat, sich ungesehn zu entfernen, möglich auch, daß es ihr schon früher gelungen ist, an dem schwer betrunkenen Jablonski vorüber sich aus dem Hause zu drücken – sie selbst hat darüber niemals Auskunft gegeben. Ihre Spur führt zunächst zum Wohnhaus der Feuerbach – und sie muß zu Fuß gegangen sein, denn der Straßenbahnverkehr war in der Stunde schon eingestellt. Da sie den Schlüssel ins Schloß des Haustors schob, neigte sich droben im dritten Stockwerk eine Frau aus einem lichtlosen Fenster. »Mirjam?« rief Frau Feuerbach flüsternd, und: »Bist du allein?« »Ja.« Flüsternd: »Bleib. Ich komme hinunter.« Eine Minute später stand sie vorm Haustor neben der Tochter. Sie war ohne Hut. Sie hatte ein Tuch um die Schultern geworfen und fror. »Vater ist fort,« sagte sie leise. Und dann: »Er war im Haus. Er ist nicht heraufgekommen. Ist fort.« Mirjam schwieg. Die Frau sagte: »Ich war in der Redaktion.« Und: »Mit Farkas gesprochen.« Und dann: »Mußt nichts sagen.« Mirjam schwieg. Die Frau fuhr ihr ganz leise über den Ärmel. »Auch vom Kind weiß ich lange schon,« sagte sie kaum hörbar. Oh, Mirjam schwieg. Die Frau sagte: »Wir müssen ihn suchen gehn.« Sie gingen nebeneinander leere, hallend lange nächtliche Gassen hin.

Nein, auf der Polizeiwachstube wußte man nichts. Einer nahm umständlich ein Protokoll auf, und man mußte ihm langsam sagen, was er langsam zu Papier bringen sollte. »Wäsche?« fragte er, und: »Glauben Sie, daß er Selbstmord begangen hat?« Und dann gingen sie wieder nebeneinander. Kaffeehäuser waren geschlossen. Schweigend gingen sie, schweigend. An einer Straßenecke war Bewegung. Da war die Heilsarmee in eine Zuhälterkneipe eingedrungen und nun hatten die Kerle ihren Spaß mit den Weibern. »Jesus, meine Zuversicht,« plärrten die. Eine Jazzband spielte darein. Eine magere Alte mit dünnem Weißhaar, ausgezehrt und aufgefressen vom Elend, Fetzen um die Schuhe gewickelt, diese Alte, Fräulein Kurila hieß sie, war auf einen Sessel gestiegen und wollte reden. Da goß ihr einer ein Glas Bier in den Kleidausschnitt. Pauken, Pauken zerhackten ihnen das Kirchenlied. Grelle Weiße, Azetylenlampenlicht, zerplatzte am Mauerkalk. Papierwimpel wehten. Da wußte keines von Feuerbach. Schweigend gingen sie nebeneinander.

An einer Straßenecke bog Mirjam nach rechts ab. Frau Feuerbach fragte nicht. Frau Feuerbach wußte, daß es da zum Flußufer führte. Stromaufwärts gingen sie, die bewegte Schwärze entlang. Da, dort dunkle Gestalten, ruhend im abschüssigen Gras. Ein Kichern. Ein erhobener Kopf und eine Verwünschung. Nun mußten sie schon in der Gegend des Hauses sein. Da – ein Auflauf, Nachtschwärmer, Gruppe drunten am Wasserrand. Hin. Nein, nur Mirjam lief. Frau Feuerbach trugen die Füße nicht mehr. An der Uferböschung wankte sie nieder ins Gras. – Oh, es war nichts. Dort war ja nur die Mündung des Sammelkanals. Nur Knochen hatten sie aufgefischt. Einen Schenkelknochen und einen Schädel. Den spießte einer scherzhaft auf seinen Stock und wollte sich trollen. Aber der Polizist nahm ihn fort.

Als Mirjam wieder zu der Zurückgebliebenen trat, war der Blick der Frau ins Leere gerichtet. »Morgen ist Donnerstag,« sagte sie leise und mit einem strengen Gesicht, »morgen muß man um Fleisch stehn.« Sie schwiegen lange. An der Gassenecke sagte Mirjam: »Jetzt mußt du nach Hause.« Die Augen der Frau fragten: »Du nicht? – Du nicht?« Mirjam blieb stumm. So trennten sie sich.

Wer weiß da weiter? Wer ahnt den Abgrund? »Dein Kleid zerrissen!« sagte der Dicke. Was schiert dich mein Kleid? Der Junge war ängstlich und verdorben. Und der mit den Brillen: »Bist du schon lang dabei?« »Nicht lang. Zwei, drei Monat. Vater gestorben, Mutter gestorben.« »Solltest Wäscherin werden. Oder Krankenpflegerin. Arm, aber ehrlich.« »Ja,« sagt es leise aus ihr, »ja, ja.«

Hockt schon die trostlose Morgenfahlheit auf den Häusern, da sie nach Hause kommt. Behutsam, behutsamer. Schrank und Sessel stehen kalt und morgengrau verstrickt in Verlassenheit. Mutter ist schon daheim, schläft mit jähem Atem: sie träumt schlecht. Fort diesen Mantel, fort Kleider. Vaters Bett ist leer. Oh, nackter Leib, fremdes Tier, müdes Tier. So wirf dich hin auf das Sofa und denk nicht mehr. Immerhin dieses; irgendwo atmet ein Kindlein. Schlaf, Kindlein, schlaf.

Ist das Lärm auf der Gasse? Ist da Musik? Taumelst auf und ans Fenster. Musik! Die Scheiben aufgestoßen und hinuntergebeugt! Musik! Da kommen sie um die Ecke. Haufen Volkes in zerschlissenen Kleidern. Männer, Weiber, Kinder am Arm. Sie trappen im Marschtakt. Standarten flattern, Standarten! Immer neue Massen die lange Gasse herauf. Sie singen! Noch kannst du nicht verstehn, was sie singen. Aber der Takt, schon der Takt schwellt das Herz. Schon die mißtönig wilde, die kreischende Melodie sprengt dir das Herz, daß du schreist, schreist und winkst, schreist und flattern läßt dein zerrissenes Hurenkleid über die Gasse im Wind, im Wind.

Zweites Buch
Die Rutschbahn

Riß im Gemäuer

Zu Anfang der dann folgenden Woche rief Abel mich zu sich und sagte: »Ich will Bilanz machen, Privatbilanz.« Doch als ich, der ich die Arbeit übernommen hatte, ihn fünf Tage später mit dem Ergebnis vertraut machen wollte, hörte er mir kaum zu. Ich hatte die Dubiosen gestrichen, von den solventen Debitoren zwanzig, vom Realisationswert des Aktienbesitzes dreißig Prozent abgeschrieben, ich hatte die Immobilien – die Berliner Häuser! – zum Einstandspreis, die riesigen Engagements in Waldgütern mit einem Drittel des wahren Wertes eingesetzt, ich hatte eine ordentliche und eine außerordentliche Steuerreserve, eine Reserve für Vermögensabgabe und eine für Anwaltsexpensen errichtet – und dennoch wies die Bilanz ein Vermögen von neunundfünfzig und drei Zehntel Millionen in Gold aus. Ich nannte Ziffer um Ziffer – »danke«, sagte Abel, ohne mir zuzuhören. Er hatte das Aussehn eines Übernächtigen, und mir ging durch den Kopf, daß man davon sprach, er verbringe seit jener Auffindung und Heimschaffung Rubens die Nächte in Kaschemmen schlimmen Rufes oder auch vor der Tür von Kaschemmen; denn daß er den jungen Menschen, in eine späte und sonderbar besessene Vaterliebe verstrickt, trotz Bitte und Befehl, trotz Flehn und Drohung nicht dazu vermochte, von seinem Laster und seiner schleichenden Leidenschaft sich zu befreien, daß er im Gegenteil tatenlos und verzweifelnd wahrnehmen mußte, wie sein lichter Knabe, der spät gefundene, immer tiefer versank, immer tiefer die Stirne trug – daß dem alten Mann solches auferlegt war, das wußte man.

Ganz unmerklich war da ein Entsetzliches wirklich geworden: Ruben, von dem man wissen will, daß er traumhaft wachen Auges in die Tiefe gestiegen ist, Ruben, der auszog in einer Sucht, den Leib zu töten und siegen zu lassen den Geist – Ruben kam nicht mehr los. Kraftlos machtvoll war der Leib, an den er gekettet war. Und schwellte diesen schmalen Körper der Rausch, und schlug diesen schmalen Körper furchtbar nach dem Rausch die Erschlaffung – furchtbar, ja furchtbar war der Knabe aller

Schwäche hörig geworden. In jenem Notizbuch, das man später gefunden hat, sind vier Seiten, deren Schrift aus der Zeit stammt. Über vier Seiten, zwischen Flecken irgend eines Getränkes mit Bleistift hingemalt in zerflatternden Buchstaben, steht da wohl zwanzigmal das eine: »Zertreten. Zertreten.« Immer seltener war Ruben wach. In jenem Buch, kaum lesbar unter Flecken irgend eines Getränkes, stehen die Worte: »Der andere Stern?« Aber das verstand keiner. Das ahnte keiner. Keiner wußte davon. »Ich werde zu deinen Leuten gehen,« sagte Abel zu ihm. Ruben sagte: »Du sollst nicht anhangen einem, nur weil er deines Blutes ist. Anhangen sollst du allen. Ich bin nicht mehr bei meinen Leuten. Ich bin allein.« »Wohne bei mir,« sagte Abel zu ihm. Ruben sagte: »Du sollst nicht anhangen. Ich bin allein.« »Du bist lang allein gewesen,« sagte Abel, »genug,« sagte Abel, »es ist eine Schuld. Eine Schuld ist auf mir,« sagte Abel zu Ruben kaum hörbar. Ruben sagte, und die ermatteten Augen leuchteten ihm auf, da er sagte: »Auf mich nehmen laß mich die Schuld! Schuld laß mich auf mich nehmen!« Aber dann war wieder der Rausch über ihm und klagend irrte seine Seele durch Finsternis. Abel schwieg. Übrigens wurde das Gerücht, er habe den Knaben zum Universalerben eingesetzt, alsbald widerrufen.

Eines war offensichtlich: um Geschäfte kümmerte sich Abel nicht mehr. »Tun Sie, was Sie wollen,« sagte er, so oft ich eine Entscheidung von ihm verlangte. Ich tat, was ich wollte. Als Balogh den einundneunzigsten Waggon geschmuggelten Kakaos geliefert hatte, blieb er plötzlich aus. Ich schrieb ihm – er kam nicht. So galt es, andres zu finden. Eine große Partie jener halbverdorbenen Konserven wurde mir angeboten. Da das Konsortialgeschäft mit de Letter noch lief und ich ihn bei diesem neuen Posten nicht mitfressen lassen wollte, kaufte ich sie durch einen Strohmann und ließ sie durch einen andern Strohmann ausbieten, zehn Prozent unter dem Verkaufspreis unsres Konsortiums. Das Geld, das nötig war, diese Konserven zu bezahlen, verschaffte ich mir mit Hilfe eines kleinen Kunststücks. Ich hatte etwa vier Millionen Stück Abelaktien zur Verfügung – sie standen damals 2200, der Wert des Paketes war also etwa achtdreiviertel Milliarden.

Diese Aktien ließ ich bei einem großen, alten und sehr vornehmen Sparkasseninstitut belehnen – bei diesen Unternehmungen staute sich das Geld und sie waren darauf bedacht, Geschäfte zu machen. Das Paket belehnten sie zu zwei Dritteln: ich bekam sechs Milliarden. Als das Geschäft perfekt war, sagte ich: »Das ist unsre erste Transaktion. Damit Sie noch sicherer gehen, gebe ich Ihnen auch noch freiwillig eine Hypothek.« Solche Biederkeit freute den alten Herrn, mit dem ich verhandelte. Er nahm, was ich gab. Auf das alte Haus, auf unser Haus, das kaum seine vierhundert Millionen wert sein mochte, gab ich der Sparkasse eine Hypothek auf sechs Milliarden. Die Liegenschaft auch wirklich schätzen zu lassen, hatte man keine Veranlassung, da man ja ohnedies durch die deponierten Aktien reichlich gedeckt war. Nach einer Woche zahlte ich das Darlehen zurück. Die Hypothek? Die Sparkasse wollte sie löschen. Ich sagte: »Löschen? Ich will mir die Löschungskosten ersparen. Es genügt mir, wenn Sie die Hypothek auf mich überschreiben. Eine simple Zession.« Das tat man. Grundbuchsauszug und Zession schickte ich nach Berlin, einem kleinen Bankier, der die Vermögensflüchtigen zur Klientel hatte. Keiner, der Geld besaß, wollte damals irgendwo als Gläubiger aufscheinen. Es lebte sich besser im Dunkeln. Und die Hypothek eines großen und soliden Sparkasseninstitutes zediert zu erhalten, war eine selten gute Gelegenheit zur Kapitalsflucht. Wo das borgte, konnte man unbesorgt borgen. Ich zedierte die Hypothek an einen Herrn Peschke in Wilmersdorf und bekam sechs bare Milliarden. Damit bezahlte ich die bombierten Konserven. Aber de Letter erfuhr, daß es die Abelwerke waren, die das eigene Konsortium unterboten. Er wütete, brach das Metàgeschäft unter Naturalteilung ab und wendete, blind rachsüchtig, seine Warenhälfte daran, nun seinerseits den Markt durch Untergebot zu verderben. Ich unterbot ihn – er unterbot mich noch tiefer. Durch einen Strohmann ließ ich aufkaufen, was er für einen lächerlich niedrigen Preis auf den Markt warf. Nun hatte ich alles und setzte den Preis hinauf. Das Geld, das einfloß, verwendete ich, große Mengen Kakaoschalen einzukaufen. Die ließ ich zu Pulver vermahlen. Das verkaufte ich zu achtzehntausend

Kronen per Kilogramm als vorgeblich geschmuggeltes Kakaopulver bester Qualität an sieben Großhändler in der Provinz. Als sie die Ware erhielten und Lärm schlagen wollten, ließ ich ihnen durch einen Strohmann mit der Anzeige drohen, weil sie Schmuggelware gekauft hätten. Ich hörte von ihnen nichts mehr. Ihre Akzepte, die sie im voraus gegeben hatten, indossierte ich für alle Fälle an einen Strohmann, um ihnen die Möglichkeit jeder Wechseleinwendung zu nehmen. Das Geld, das einging, wollte ich für die Umwandlung eines Berliner Häuserblocks in ein großes Geschäftshaus verwenden, aber der Agent schrieb zurück, er habe diesen Häuserblock schon vergangenen Monats in meinem Auftrag verkauft und dafür Anteilscheine der Terraingesellschaft in Spandau erworben. Ich hatte geglaubt, diese Anteilscheine mit den vierzehn Waggons Sprit bezahlt zu haben. Aber nun ergab es sich, daß der Sprit noch immer in Passau lag. Ducrède übernahm ihn. Damals kaufte ich mir den großen Mercedes und richtete der Késmarki, der zweiten von den Three Washburns, die Wohnung ein. Die Möbel gab Bloch auf Akzept. Auch ich machte damals Bilanz. Ich hatte gegen eine Million in Gold. Eines Morgens überraschte mich der Steuerexekutor im Bett. Er pfändete, was er sah: ich hatte keine Einkommensteuer bezahlt. Was tun? Der kleine Pinkas machte eben Pleite. Ich sprach mit ihm und meldete dann offiziell eine große Forderung an. So hatte ich einen nachweisbaren Verlust und mußte keine Steuer bezahlen. Und Pinkas hatte die Majorität für einen billigen Ausgleich. Die Késmarki bekam sechs Dutzend Seidenstrümpfe aus Pinkas' Geschäft.

Da bekam ich eines Vormittags einen Besuch, den ich nicht erwartet hatte: Samuel Klein. Der Mann sah verwahrlost aus, mochte nachts nicht aus den Kleidern gekommen sein. Ich lud ihn mit einem Scherzwort zum Sitzen ein. Er blieb stehn, sagte: »Lassen Sie. Ich muß Abel sprechen.« Ich lachte: »Abel? Den Todfeind?« Er sagte: »Lassen Sie. Ich muß ihn sprechen, jetzt, sofort. In zwei Stunden sind wir vielleicht alle verhaftet.« Ich wurde unruhig, ging hinüber. Der Zufall wollte es, daß Abel wirklich in seinem Bureau war. Die Fenstergardinen waren zugezogen, der Raum im Halbdunkel. »Augenschmerzen,« sagte er. Ich sagte: »Klein muß Sie sprechen.« Er winkte – Billigung oder Abwehr. Da stand der kleine Mann auch schon in der Tür. Er grüßte kaum, sperrte ab, ging mit raschen kleinen Schritten quer durch das Zimmer und blickte hinter die Gardinen, als argwöhnte er dort einen Lauscher. Dann setzte er sich. Einen Augenblick lang war Stille im Zimmer. Draußen der Straßenlärm. Dann warf Klein aus schräger Schulter den Kopf vor. »Sie haben vierundneunzig Waggons Kakao geschmuggelt,« sagte er. Ich lachte hell auf. »Sie sind besoffen,« sagte ich. Klein hackte mit der flachen Hand durch meine Heiterkeit. »Jetzt keine Dummheiten,« sagte er. »Sie glauben, Balogh hat Ihnen verkauft. Verkauft habe ich, ich. Balogh war mein Agent!« Das konnte schlimm werden. Wir schwiegen.

Dann hob Abel den Kopf und sagte leise: »Warum?« Und da geschah das Seltsame, daß Klein, der Ruhige, Nüchterne – daß er aufsprang und die Faust auf den Tisch hieb. »Weil ich Sie hasse,« kreischte er, »weil ich Sie hasse! Weil ich Sie hineinschleppen wollte in diese Geschichte. Geködert, auf den Leim gegangen, gefangen! Weil ich Sie zerreiben wollte, so, zwischen meinen Händen!« Er stand und starrte aus entzündeten Augen. »Weil ich Sie hasse,« sagte er noch einmal leiser und fiel auf seinen Sessel zurück. Und da geschah das zweite Seltsame, daß Abel die Hände vorhob, leicht, mit einer sparsamen Geste, und fragte: »Warum?« Eine große Stille ging durch den verdunkelten Raum. Draußen lärmte die Straßenbahn. Klein antwortete nicht. Abel hatte den weißen Kopf gesenkt, und es schien, als dächte er lange und angestrengt. Ich sagte: »Wenn es uns an den Kragen geht, geht es Ihnen auch an den Kragen.« Klein nickte viele Mal und sagte kaum hörbar: »Das macht nichts.« Da blickte Abel ihm nocheinmal ins Gesicht. »So sehr hassen Sie mich,« sagte er, und auch er nickte, als verstünde er, verstünde. Es ging eine große Stille durch den verdunkelten Raum. Dann sagte ich: »Sie haben gewußt, daß Sie mit auffliegen müssen, wenn wir auffliegen. Warum dann die Aufregung?« Da geschah das dritte Seltsame, daß Klein mich anblickte wie ein Irrer und sagte:

»Jetzt – jetzt kann ich nicht mehr. Jetzt kann ich nicht mehr.« Und dann berichtete er.

Es war tatsächlich so, daß er Abel eine Falle gestellt hatte. Es war tatsächlich so, daß er damit hatte rechnen müssen, selbst in Gefahr zu kommen, wenn Abel stürzte. Da aber war für ihn ein Anderes eingetreten – er rührte daran kaum mit einem Wort und es ließ sich zu der Zeit nicht erraten, was es sein mochte – ein Anderes also, das ihn festhielt, das ihn jeder Gefährdung aus dem Weg gehen hieß, das ihn in Bann schlug, das ihn schwach machte und stark genug war, seinem bald zehn Jahre genährten Haß nun noch und schon so nah dem endlichen Triumph die Spitze zu brechen. Weder Abel noch ich hatten damals Zeit, dem lang nachzuhängen. Für uns galten Tatsachen. Tatsache war, daß dieser Klein, ein aufgestörtes Tier, gejagt von Angst um seine Freiheit und um sein Geld zu uns flüchtete. Tatsache war, daß er offenbar zu solcher Angst alle Ursache hatte. Denn eben daß er in einem bestimmten Augenblick seinem Mittelsmann Einhalt geboten hatte, drohte verderblich zu werden. Geza Balogh war nun einmal ans Verdienen gewöhnt. Die plötzliche Einstellung der Kakaoschmuggeleien betrachtete er als einen Eingriff in seine persönlichen Rechte. Als einen Angriff. Als einen Akt der Feindschaft, der Abwehr forderte, Rache. »Sie werden sitzen und jene werden sitzen,« hatte er Klein ins Gesicht geschrien, und noch von der Treppe aus: »Wissen Sie, was Sie sind? Ein Zollschwindler sind Sie! Anzeigen werd ich Sie! Ich? Ich Angst? Wenn ich anzeig? Herr Balogh, Sie haben dem Staat gerettet, wird mir der Hofrat sagen!« Damit war er gegangen. Der Vorfall war eine halbe Stunde alt. »Ich bin gleich gekommen,« schloß Klein. »Ich wollte zuerst zur Bahn. Aber ich kann nicht über die Grenze. Jetzt nicht.«

Er verstummte und griff nach einem Glase Wasser, das auf dem Tisch stand. Seine Hand zitterte. Beide blickten wir zu Abel hinüber. Der war schweigend an seinem Schreibtisch gesessen und hatte lange Striche auf das Löschblatt gezeichnet. Als Kleins Bericht abbrach, schrak er leicht auf. Er blickte auf die Uhr und erhob sich. »Sie müssen mich jetzt entschuldigen,« sagte er mit einer leicht fremden Stimme, rasch redend. Er griff nach Hut und Mantel. Dann, uns zugewandt, als besänne er sich: »Ja – das ist ja sehr schlimm. Sie tun ja wohl beide, was zu tun ist. Vielleicht einen Anwalt, wie? Ich habe jetzt keine Zeit mehr.« Er trat ans Fenster und zog die Gardine zurück, auf die Straße zu blicken. »Regnet es?« fragte er abwesend. Er ging raschen Grußes an uns vorüber zur Tür. Als die hinter ihm sich geschlossen hatte, war wieder Stille im Raum. Erst als nah unterm Fenster eine Automobilhupe schrie, fuhr Klein auf. »Wir müssen tun, was zu tun ist,« sagte er. »Das liegt alles auf mir. Wer versteht den Mann? Abel wird keinen Finger rühren.« Leise sagte er nocheinmal: »Tun, was zu tun ist,« und nickte. Seine Augen waren entzündet.

Wir taten, was zu tun war. Die falschen Ausfuhrscheine, die ich in einem Dossier bewahrte, konnten uns den Beweis guten Glaubens nicht sichern. Wir beschlossen, sie zu vernichten. Klein schloß sich mit mir in mein Zimmer ein. Da der Raum Zentralheizung und also keinen Ofen hatte, drehten wir Fidibusse aus jedem Blatt. Wir entzündeten sie einzeln, wir strichen die Asche zusammen und bliesen sie auf die Straße hinaus. Als das zum zweitenmal geschah, fuhr Klein erblassend vom geöffneten Fenster zurück. »Dort,« sagte er zitternd. Drunten stand ein Schutzmann und schaute herauf. Ich beruhigte ihn. Wir setzten uns für einen Augenblick an den Tisch und überlegten. »Haben Sie flüssiges Geld?« fragte Klein. Es stand nicht viel zur Verfügung. »Wir müssen viel Geld haben,« sagte Klein, »wir müssen jeden Augenblick imstande sein, die vierundneunzig Waggons im Nachhinein zu verzollen.« Ich: »Muß es Bargeld sein? Kann es ein Scheck sein? Die Banken sind schon geschlossen.« Klein zuckte nervös. »Die Zollkassen nehmen nur Bargeld.«

Er überlegte, er trat ans Telefon und rief einen Tuchhändler an. »Was ist mit den Stoffen, die ich gestern gesehn habe? Wieviel? Geben Sie sie gegen Akzept? Was – in einer Woche Kassa? Warten Sie. Ich komme hinüber.« Er ging, durch den hinteren Ausgang. Der Telephonistin befahl ich, mich zu verleugnen. Ich sei in Krakau, in der Fabrik, sollte sie sagen. Dann schickte ich die Sekretärin mit einer verwickelten Kommission fort und riegelte mich in ihrem Zimmer ein. Mir war ein Gedanke gekommen, der möglicherweise die Rettung in sich barg. Klein und wir mußten schuldlos, ahnungslos sein. Das war nur möglich, wenn es gelang, alle Schuld auf Balogh zu schieben. Wie aber sollte Balogh schuldig geworden sein? Ich überlegte, ich setzte mich an die Maschine, ich schrieb drei Briefe, gesteigerten Tonfalls. Ich verfertigte drei Briefe, von Klein geschrieben, an Balogh gerichtet. Da war erstens zu lesen, Klein gebe Balogh »anbei« das Geld zur Verzollung des ihm, Klein, gehörigen und durch Balogh verkauften Kakaos. Da war zweitens eine Mahnung, wo denn der Erlös bleibe? Warum denn Balogh den Erlös des verzollten und verkauften Kakaos noch nicht abgeführt habe? Und da war drittens, vom gleichen Tag datiert, eine Drohung: Lieferst du, Balogh, nicht binnen dreier Stunden den Erlös des verzollten und verkauften Kakaos ab, so werde ich gegen dich die Strafanzeige erstatten.

Ich erhob mich und las die drei Briefe mit großer Befriedigung. Sie waren durchaus gelungen. Ihnen war zu entnehmen, daß Balogh von Klein das Geld für den Zoll bekommen, dann aber Zoll und Warenerlös unterschlagen habe. Die Originale der Briefe verbrannte ich – Balogh mußte sie ja vorgeblich erhalten haben. Die Kopien, die Beweisstücke, nahm ich an mich. Klein war gedeckt.

Nun setzte ich mich – der andern Schrift wegen – an die zweite Maschine. Ich schrieb drei Briefe, von den Abelwerken gerichtet an Balogh. Der erste: Wir haben von Ihnen vorgeblich halbverdorbenen Kakao gekauft zu billigem Preis. Nun zeigt es sich, daß der Kakao ohne Fehler ist. Für fehlerfreien Kakao ist er aber zu billig. Wir zweifeln nicht – so schrieb ich – daß alles mit rechten Dingen zugeht. Aber man spricht viel von Schmuggel. Wir wollen die Zollquittung sehn, die Bollette. Der zweite Brief war energischer: Sie halten uns hin. Sie haben gesagt, der Kakao sei deshalb so billig, weil er aus einer Konkursmasse stamme. Beweis? Noch einmal – wir wollen die Zollquittung sehn! Und der dritte, vom verflossenen Tag datiert: Balogh, zeigst du uns nicht bis morgen die Zollquittung, so übergeben wir dich wegen Schmuggelverdachts dem Gericht!

Das genügte. Die Originale verbrannte ich wieder. Die Kopien praktizierte ich ungesehn ins Archiv. Nun durfte er anzeigen. Jetzt mochten sie kommen. Als Klein nach einer Stunde zurückkehrte, mit einem Handkoffer voll Banknoten – er hatte um vier Milliarden tschechische Tuche gekauft, gegen vierzehn Tage Kredit, und sie sofort an einen Partienhändler weiterverkauft um zweieinhalb Milliarden gegen Geld auf die Hand – konnte ich ihn beruhigen. Ich lachte. Er blieb stumm. »Ich muß jetzt nach Hause,« sagte er leise. Er ging.

Er ging durch den hinteren Ausgang, schlug einen Bogen um den Polizisten, der noch immer drunten auf seinem Posten stand, stellte den Kragen des Mantels hoch und strich, an die Mauer gedrückt, die Häuserzeile der langen Straße entlang. So oft ihn einer schärfer anblickte, zuckte er in sich zusammen und beschleunigte seinen Schritt. Das Haus in der Goethestraße umstrich er lange, ehe er sich entschließen konnte, hinaufzugehn. Er wählte die Hintertreppe, fiel in die Küche, fiel die unmutig erschrockene Dienstperson an: »Neues?« Einer habe nach ihm gefragt. Ein Herr. Werde wiederkommen. Ein Herr von der Polizei. In der Küche ließ er sich auf einen Sessel fallen. Das Herz stand ihm still. »Sonst?« brachte er mühsam hervor. Sonst nichts. Blanka, Ignaz, Moritz, die Schwester – niemand zu Hause. Da er schon nach dem Zimmer sich wandte, sagte das Mädchen: »Selma ist unruhig. Quält mich schon den ganzen Tag. Ich soll Sie holen, ich soll Sie rufen. Keinen Augenblick Ruh hat man.« Klein ging in stummer Hast in sein Zimmer. Eh er die Türe zu Selmas Schlafkammer öffnete, strich er sich mit den Handflächen viele Male übers Gesicht. Seine Lippen bewegten sich. »Fröhlich,« sagte er in die Leere. Dann ging er hinüber.

Selma lag der Wand zugekehrt. Klein glaubte, sie schliefe. Er setzte sich behutsam auf den Sessel neben dem Bett. Seine Züge entspannten sich. Mit einemmal fühlte er seine Hand umklammert und erschrak zutiefst. Das Mädchen hatte den vollen Blick auf ihn gelegt und fragte mit seiner knarrenden Stimme: »Balogh hat angezeigt?« Klein erstarrte. Seine Lippen öffneten sich. Er sagte mühsam: »Wer hat dir –« Die Stimme knarrte: »Ich höre alles. Ich war draußen. Ich höre alles. Auf der Stiege hat er geschrien.« Er lächelte mühsam und sagte mit frischem Tonfall: »Es ist nichts, Selmaleben. Er schreit viel.« Es knarrte, und es knarrte ohne Leidenschaft und ohne den Ton zu heben: »Wenn man dich einsperrt, werd ich sterben.« Er lachte kurz auf. Er erstarrte in diesem Lachen. Draußen ging die Türglocke. Selma sagte: »Ich bin schon einmal gestorben.« Klein lachte. Selma wiederholte: »Ich bin schon einmal gestorben.« Die Dienstperson trat in die geöffnete Tür und meldete: »Der Herr von der Polizei ist wieder da.« Klein wurde weiß. Er wollte sich erheben und fiel auf den Sessel zurück. Er deutete mit der Hand, tat eine kleine, hilflos runde Bewegung nach dem Nebenraum hin und sagte dann erst fast stimmlos: »Ins Nebenzimmer.« Selma hatte sich im Bette steil aufgesetzt. Klein lachte kurz auf und haschte nach ihrer Hand. Es knarrte: »Er wartet.«

Klein setzte Fuß vor Fuß und ging hinüber, und es kann hier gesagt werden: Es war Selmas wegen, daß er den entscheidenden Angriff gegen Abel abgebrochen hatte. Selmas wegen hatte er auf seine Rache verzichtet, des kranken Kindes wegen wollte er der Gefahr aus dem Weg gehn. Seine Lippen bewegten sich. »Alles um sonst, erst recht um sonst,« sagte er. Mit der flachen Hand strich er sich viele Male übers Gesicht. »Lustig,« sagte er. »Adonai, Adonai,« sagte er ohne Laut. Dann öffnete er die Tür und trat in den Nebenraum.

Der Herr war Polizeikommissär. Er legitimierte sich. Es handle sich um eine höchst peinliche Angelegenheit, sagte er. Klein nickte. Um Moritz handle es sich, um Herrn Moritz Klein. Klein saß stumm. Als Taschendieb hatte man ihn ertappt, in flagranti, bei einer Straßenbahnhaltestelle. Da der Vater eine amtsbekannte Persönlichkeit sei – man habe die Überzeugung, es handle sich in Ansehung der gesellschaftlichen Stellung des jungen Mannes nicht um ein Delikt, sondern um eine Krankheit. Um Kleptomanie. Man wolle kein Aufsehn. Man zweifle nicht daran, Klein werde den jungen Mann in ein Sanatorium bringen wollen. Man erwarte das Auto. Man halte ihn bis dahin in Gewahrsam. – Klein saß stumm. »Sie nehmen es zu schwer,«

sagte der Herr. Da er keine Antwort erhielt, zog er sich mit einer Verbeugung zurück. Klein erhob sich und ging auf unsichern Beinen zu Selmas Türe. Klein riß Selmas Tür auf und lehnte sich an den Pfosten. »Selma,« rief er und lachte, »Selma,« lachte er, »Selmaleben,« lachte er und schlug sich die Schenkel, »Moritz ist ein Taschendieb!« Aus den entzündeten Augen rannen ihm die Tränen über die mageren Wangen.

Zu gleicher Zeit ging ich, Dokumente, Beweise, Belege in allen Taschen, zur Strafabteilung des Zolloberamts und, da dort nicht mehr amtiert ward, zur Staatsanwaltschaft und erstattete die Strafanzeige gegen Geza Balogh, Agent, als dringend verdächtig, anvertraute Zollgelder unterschlagen und große Mengen Kakaopulver geschmuggelt zu haben. Balogh wurde in seiner Wohnung verhaftet.

Nach der Erstattung dieser Anzeige ging ich pfeifend nach Hause. Es war ein klarer Abend, ich ging zu Fuß. Da ich die Westermannstraße überqueren will, schwenkt plötzlich im Laufschritt ein Trupp Polizisten um die Ecke und riegelt die Straße ab. Ein Polizeioffizier, auf tänzelndem Pferd: »Alles Halt!« Und im gleichen Augenblick rennen schon, rennen, von Polizisten in breit entwickelter Schwarmlinie verfolgt, rennen fünfzig, sechzig Männer, halbwüchsige Burschen, kragenlos, mit Arbeiterkappen, zerfetzt, mit leeren Säcken über der Schulter, rennen und heulen, rennen und werfen Steine, daß Glas klirrt, rennen und fallen abgedrängt in die Schlucht einer Nebengasse, wo das Gejohle und Trappen hinter Häuserecken verlischt. Auch die Polizisten verschwinden. Und einen Atemzug später schieben sich schon wieder die Straßenbahnen aneinander vorüber, Automobilhupen rufen, Fußgänger lachen, schwatzen, stauen sich vor den Geschäften, deren eines und noch eins die ungefressene Schlange wartender Elendsgestalten und Nachtgesichter aus dem Maul hängen hat.

Aber war solche Revolte an einem Ende niedergeschlagen – an einem andern Ende der Straße oder in einem andern Stadtviertel lebte sie gleichzeitig auf. Es war ein Kleinkrieg, ein Feldzug planvoller Beunruhigung, beschlossen von der Leitung der Partei – einer neuen Leitung, die seit kurzem amtierte. Da war ein Genosse aus Moskau in den Parteivorstand delegiert worden: man sah dort den Karren als ein wenig verfahren an – »nicht Fisch und nicht Fleisch,« hieß es in einem der Briefe – und man wünschte mit einem Wort eine schärfere Gangart. (»Wenn die Weltrevolution darauf warten müßte, bis Ihr Eure Leute in der Hand habt, könnten wir uns noch vierzig Jahre schlafen legen,« schrieb Ljobadkin an Bloch.) Man delegierte also einen in den Parteivorstand, einen schlanken Menschen mit Fischaugen und eiskalten Händen, der sich Peter Suwarow nannte, Paß und Papiere eines Leib Meyersohn aus Lodz bei sich trug und in Wirklichkeit identisch sein sollte mit Iwan Ilitsch Worowski aus Jekaterinoslaw – jenem Worowski, der die bekannte Rolle bei der Füsilierung der zweihundertachtundfünfzig Wrangeloffiziere gespielt hat.

Worowski oder Suwarow brachte es tatsächlich binnen weniger Monate so weit, daß – er nannte es »striegeln« – daß die Partei also völlig »gestriegelt« war. »Eure Partei ist zu groß,« sagte er. »Sind alles nur Mitläufer.« »Man kann die Leute nicht ohne Grund ausschließen,« wandte Badele ein. »Dann machen wir es eben wie in P 6,« sagte die Müllerowa, die Suwarow als Sekretärin mitgebracht hatte, und Suwarow erklärte: »Zwei Parteien. Die eine wirklicher Kern. Ekrasit, wenn nötig ist. Die andern, vielen – laß Krieg spielen, Genosse, wie sie wollen.« Seither gab es also tatsächlich zwei Parteien der großen Revolution, und im Komitee jener Kerntruppe – sie hieß »E«: Ekrasit, hatte ja Suwarow gesagt – im Komitee der E saßen neben Suwarow, der Müllerowa und Badele noch acht Genossen aus den Betrieben, ein Redakteur und zwei Frauen. Adlerowa hieß die eine, eine schwarzhaarige, häßliche und hysterische Vierzigerin, ehemalige Studentin der Medizin; sie hatte unter Bela Kun in Budapest Dienst getan, war von einem Detachement der Erwachenden Ungarn geprügelt, geschändet und im Keller der Honvedkaserne zwölf Stunden lang splitternackt an den Füßen aufgehängt worden, war dann geflohen und arbeitete nun, immer wieder von

Anfällen heimgesucht, in der E – und als ihre Kollegin, als zweite, fast unerhörterweise und nach vergleichsweise ganz kurzer Zugehörigkeit zur Partei, als zweite – Mirjam Feuerbach.

Das war so gekommen: Am Tage nach jener Nacht, da Mirjam von ihrer Mutter an der Gassenecke sich getrennt hatte, am Tage nach jenem Marsch der Masse im Morgengrau, der ihr die Brust zerriß, am 15. Februar also, nach ein paar Stunden stumpfen und völlig traumlosen Schlafes, erhob sie sich, trat ins Nebenzimmer, in dem unruhig schlafschwer noch immer die Mutter lag, legte neben die an die Kante des Sessels ein Päckchen hoffärtig bedruckten, schmutzig zerknüllten und vom Zwiespalt einer schwanken Hand wieder glatt gestrichenen Zettelwerks, das für Geld galt, und verließ das Haus. Sie ging eine halbe Stunde weit zum Sekretariat der kommunistischen Partei, sie trat an den Schalter und sagte: »Ich will beitreten. Organisiert sein.« Ein langsamer Mann mit aufgebürstetem Grauhaar schaute ihr ins Gesicht und fragte: »Welchen Namen soll ich in Ihr Parteibuch schreiben?« Und später: »Krankenpflegerin? Sie sind arbeitslos, Genossin? Sie suchen Arbeit?« »Ja,« sagte Mirjam, und nach einer Weile, mit einem Zucken um den beherrschten Mund: »Ja. Arbeit. Jede Arbeit.« Der Mann nickte langsam.

Das war am 15. Am 17. fand sie daheim einen Zettel – ein Jugendlicher hatte ihn abgegeben: »Gehen Sie sofort Obdachlosenasyl, Lazarettabteilung. Sie melden sich bei Doktor Hock und sagen, sie kämen wegen der Diagnose. Er wird Sie dann allein sprechen. Legitimation: Parteibuch, F 82.« Am 17. abends arbeitete Mirjam schon als Krankenpflegerin in der Lazarettabteilung des Obdachlosenasyls. Bis zum 12. März hatte sie mit mehr als zweihundert Kranken gesprochen. Dreiundvierzig waren bereit, sich organisieren zu lassen, davon verschwanden acht nach ihrer Gesundung spurlos und elf verließen den Krankensaal mit den Füßen voran auf dem Ladebrett des Wagens der Anatomie, aber die restlichen vierundzwanzig bekamen die Legitimation. Am 13. März beklagte sich ein zugewanderter Bauernknecht beim Anstaltsgeistlichen wegen Mirjams Werbeversuch, am 14. war sie entlassen, am 15. änderte sie Farbe und Schnitt des Haares, erhielt die Papiere einer Anna Bock aus Berlin und ward, die nun einmal erworbenen Erfahrungen auszunützen, der sogenannten Asylpartie zugeteilt, einer Gruppe vertrauenswürdiger und redebegabter Genossen, deren Aufgabe darin bestand, als vorgeblich Obdachlose abends in die Schlafsäle der Asyle sich sperren zu lassen und nun auch von dorther das Lumpenproletariat zu revolutionieren – undankbare Aufgabe im übrigen, denn die Menschen waren zu elend, um politisch, zu stumpf, um empört zu sein. Mit der Heilsarmee, die ihre Lieder plärrte und dazu warme Suppen gab, konnte man kaum konkurrieren. Aber Mirjam arbeitete. »Sie dürfen sich auch ein wenig schonen, Genossin,« sagte der Graue im Parteisekretariat, »Sie schlafen nicht, Sie fallen vom Fleisch.« »Das macht nichts,« sagte Mirjam schwach und fröhlich, »das macht nichts!« Der Graue lächelte und sagte: »Sie sind jung, Genossin. Man muß am Leben bleiben, Genossin.« Mirjam reichte ihm die Hand zum Gruß und sagte fast heiter: »Es ist gut, wie es jetzt ist. Ich danke Ihnen.«

Als sie gegangen war, nahm der Mann ihr Blatt aus der großen Kartothek und reihte es schwerfingrig und gedankenvoll in die geheime der Organisation E. Am 22. April sprach Mirjam zum erstenmal in einer Versammlung – dreihundert Hilfsarbeiterinnen hatte man in den Ziegelwerken entlassen; es galt, sie zu gewinnen. Am 4. Mai wurde sie verhaftet und am 17. (als Anna Bock) gegen Gelöbnis auf freien Fuß gesetzt. Am 25. war die erste, am 31. die zweite Delegiertenversammlung. Da man auseinanderging, gab es jene kleine Schlägerei mit der Wache. Die hatte, Gott weiß warum, ein paar Prostituierte, ein paar arme Luder verhaftet, Mirjam hetzte die Gaffer auf, die Frauen zu befrein, ward selbst angehalten, wehrte sich, rannte einem der Polizisten, einem blonden, plump kräftigen Bauernburschen, unversehens die Faust ins Gesicht, daß er stürzte und war im nächsten Augenblick schon hinter die schützende Mauer einer rebellierenden Truppe von Nachtgestalten geglitten. Da also sah Peter Suwarow sie und fragte: »Wer ist die Genossin?« Der Graue gab ihm Bescheid. Suwarow sagte: »Die Genossin gehört in die Leitung.« Und nun saß sie dort und war der tätigsten eine.

Das war im übrigen zu der Zeit, als Ignaz Klein den Genossen wieder unbequem zu werden begann. Er gehörte zu jenen, die trotz der sorgfältigen Geheimhaltung des Vorgangs von der Abspaltung jener E-Gruppe erfuhren, und er fühlte sich wieder einmal zurückgestoßen, geächtet, da man ihn nicht heranzog. Es fiel ihm nicht schwer, die näheren Umstände in Erfahrung zu bringen. Das war am 18. Am 20. abends wartete er vor dem Hause, in dem Suwarow unter dem Namen Silberstern ein Zimmer gemietet hatte. Bis gegen zwei Uhr morgens ging er vor diesem Haus auf und nieder, ehe er den Erwarteten – er hatte in einer Versammlung in seiner Nähe gestanden; Suwarow kannte ihn nicht – in Begleitung einer Frau die menschenleere Straße heraufkommen sah. Er trat auf den Russen zu und sagte: »Genosse Suwarow–?« Der Schlanke schrak auf und schob die Hand in die Manteltasche; da stand die Frau – es war die Müllerowa – auch schon hinter Ignaz. Der sagte: »Rot Front.« Und Suwarow, der sich gefaßt hatte, forderte knapp: »Ihr Parteibuch.« Er nahm den jungen Menschen in sein Zimmer hinauf, ein sehr gut eingerichtetes Zimmer im übrigen – Ignaz erinnerte sich später nur, ein Doppelbett aus Messing und davor ein Eisbärfell gesehen zu haben.

Diese nächtliche Unterredung: Ignaz bot sich zu jeder, zu jeder schwersten Leistung im Parteidienste an. Suwarow lächelte. »Auch mit dem Revolver?« fragte er. Ignaz wurde sehr rot und antwortete: »Auch mit dem Revolver.« Der Russe kniff die Augen ein, sagte: »Man wird sehn. Wird Sie rufen.« Zu vermuten steht, daß er zu der Zeit durchaus nicht ernsthaft daran dachte, von Ignazens Anerbieten irgendwann auch wirklich Gebrauch zu machen. Ignaz kannte er auf den ersten Blick, denn er kannte seinesgleichen ein Dutzend. »Lästige Menschen,« sagte er später, als sie allein waren, zur Müllerowa, »wirre Menschen, Bourgeois ohne Wurzel. Wollen zu uns herüber. Aber können sie? Zuviel Hirn. Muß man stumm machen. – Lästige Menschen,« sagte er noch einmal. Sie wandte, halb schon schlafend, den Kopf auf dem Polster und sagte weich: »Manchmal schießen sie wirklich, Iwan.« Er wollte folgenden Tags bei Badele über den jungen

Mann sich erkundigen. Aber folgenden Tags hatte er den Vorfall vergessen.

Denn ihn beschäftigte zu der Zeit anderes von sehr drängender Wichtigkeit: Die Verrätereien hörten nicht auf. Es gab keinen Schritt, keine wesentliche Maßnahme der Partei, die nicht fast gleichzeitig auch der Polizei schon bekannt worden wäre. Und was für Suwarow von besonderer Peinlichkeit war – seine persönlichsten Vorkehrungen, in so vieler Beziehung und an so vielen Orten erfolgreich, versagten da vollends. Ja es geschah eben in den Tagen, daß ein Kurier, der Geld und wichtige Briefe aus der Ukraine zu bringen und in der »Schäferin« abzuliefern hatte, keine zweihundert Meter von dem Wirtshaus entfernt, von Roten Falken für tot auf der Straße gefunden ward, völlig ausgeraubt und aus einer furchtbaren Kopfwunde blutend. Der Mann, mit Mühe am Leben erhalten, teilte dann mit, auf seinem nächtlichen Wege von der Brückenstraße zur Schäferin habe ihm ein Genosse sich angeschlossen – Genosse ohne Zweifel, denn er habe ihm, wenn auch flüchtig nur, ein Parteibuch gezeigt – dann hinterm Getreidespeicher sei ein plump wuchtiger Mensch in der Dunkelheit auf sie zugetreten, habe Feuer für eine Zigarette verlangt – und im nächsten Augenblick zugeschlagen. Mit einem schweren Gegenstand, von der Seite her auf den Kopf. »Also nicht Polizei sondern Sturmtrupp,« stellte Badele fest. Suwarow fragte: »Und woher wissen die Leute, daß ein Kurier erwartet wird?« Badele sagte in Gedanken: »Zum zweitenmal. Schon vor ein paar Monaten ist einmal einer verfolgt worden.« Man fand keinen Ausweg. Suwarow betraute Gutjahr, der ihm Nachrichten über den Sturmtrupp zu verkaufen pflegte – so hatte also seine Geschäftsfreundschaft mit Reinhard Birkmeier noch diese andere Seite – mit Nachforschungen, aber sogar er, von dessen Verwendbarkeit Suwarow viel hielt, kam nach ein paar Tagen ohne Ergebnis zurück. »Es war nicht der Sturmtrupp. Das Ganze war ein Zufall. Zwei Gauner, die den Mann zufällig auf der Straße erwischt haben,« erklärte er. Suwarow sah ihm scharf ins Gesicht. »Ich danke,« sagte er knapp und sagte später zu Badele: »Diesem Gutjahr auf die Finger schauen. Verdächtig.«

Am 29. März, drei Tage nach meinem Coup mit der Zollanzeige, um sieben Uhr morgens – ich lag im Bette – öffnete sich die Tür meines Schlafzimmers und eintrat Balogh. Balogh, unrasiert, verwildert, übernächtig. »Wie kommen Sie hierher?« fragte ich und blickte nach der Klingel. Er sagte: »Lassen Sie. Die Türe war offen. Ich bin auf freiem Fuß. Man hat für mich garantiert.« Ich fragte: »Wer hat für Sie garantiert?« Er stand noch immer neben der Türe. Er sagte: »Das geht Ihnen nichts an. Ich bin nicht gekommen für Gespräche. Ich bin gekommen Ihnen sagen, daß Sie sind der greßte Verbrecher, wenn Sie einen Balogh mit acht Kindern und Frau hereinlegen. Ich frag, ob Sie wollen sofort hingehn zum Staatsanwalt und widerrufen.« Ich sagte: »Sie haben uns und Klein hineinlegen wollen!« Er schrie: »Meine Kinder wollen essen!« Ich sagte: »Über ein Geschenk läßt sich reden. Aber wenn Sie schreien, fliegen Sie über die Treppe.« Er kreischte: »Ich brauch kein Geschenk! Ob Sie wollen zum Staatsanwalt gehn, frag ich!« Man konnte ihn hören. Ich brüllte: »Zollschwindler! Sie haben den Zoll unterschlagen!« Er wurde noch blasser und sagte leise: »Gut. Jetzt werden alle krepieren.« Ich brüllte: »Hinaus!« Er verschwand.

Am gleichen Tag an der Börse begann es. Es hat sich später erwiesen, daß Balogh damals nach seinem Bruch mit Klein und jener Szene im Stiegenhaus die Absicht, eine Anzeige zu erstatten, alsbald fallen gelassen hatte. Statt dessen ging er zu de Letter und erzählte ihm alles haarklein. Und de Letter sah da endlich die ersehnte Gelegenheit, zum Dank für meinen Coup mit dem Konservenkonsortium den Abelwerken eins auszuwischen. Er hatte zu der Zeit viel flüssiges Geld. Er brachte binnen zweier Tage im Geheimen ein Syndikat zusammen, das in aller Form sich die Aufgabe stellte, die Abelwerke und nebenbei auch Samuel Klein zu Falle zu bringen. Neben seiner Rachsucht – die hätte ihn, einen sehr nüchternen Menschen, nicht so weit getrieben – war es ihm darum zu tun, in der mitteleuropäischen Schokoladenindustrie festen Fuß zu fassen: bei einem Zusammenbruch mußte es gelingen, der Abelschen Fabriken sich zu bemächtigen. Als das Syndikat schon konstituiert war, erwuchs ihm ein neuer Bundesgenosse: Ducrède. Die Beweggründe des Franzosen waren durchaus andrer Art. Er hoffte auf diesem Umweg entscheidende Machtmittel gegen Birkmeier in die Hand zu bekommen – wozu, wird noch zu berichten sein. Die Herren waren bereit, die Herren wollten, beginnen zu können, noch eine Information von Balogh – der kleine Mann war verschwunden. De Letter fuhr in seine Wohnung und hörte von seiner Festnahme. De Letter fuhr zur Staatsanwaltschaft, und wirklich glückte es ihm, daß der Untersuchungshäftling andern Morgens gegen Kaution auf freien Fuß gesetzt ward. Die Kaution deponierte das Syndikat.

An der Börse also, am Tag der Freilassung Baloghs, begann es. Es war nicht viel, ein kleiner Skandal, eine kleine Unannehmlichkeit – von mir zunächst um so leichter genommen, als ich ja damals von de Letters Plänen nichts ahnte. Fenichel, jener alte Agent, trat, indes zehn oder fünfzehn Menschen zufällig oder scheinbar zufällig uns umstanden, mir gegenüber, feuchtete sich die Lippen und erklärte: »Ich habe von Ihnen noch Provision zu bekommen. Das Alpingeschäft von letzter Woche.« Ich sagte: »Kommen Sie morgen früh ins Büro oder schicken Sie die Note ein.« Er verkündete lauter: »Ich war gestern bei Ihnen! Sie haben sich verleugnen lassen!« Ich sagte: »Sie sind ein Narr. Sie machen sich lächerlich. Kommen Sie heute nachmittag. Machen Sie hier kein Theater.« Er schrie: »Meine Provision will ich! Die Firma Abel zahlt keine Provisionen!« Er zog eine Note hervor und schwenkte sie mir vor dem Gesicht. »Hier,« schrie er. Dann wandte er sich an den verdichteten Kreis der Zuhörer und sagte leiser: »Kein Geld zu bekommen.« Ich riß ihm die ganz unbedeutende Rechnung aus der Hand, zog die Brieftasche, gab ihm zwei Banknoten, sagte: »Da. Den Rest behalten Sie als Trinkgeld. Für die Straßenbahn. Und wenn Sie sich noch einmal blicken lassen, fliegen Sie hinaus.« Ich wandte mich ab. Hinter mir schrie Fenichel irgend etwas. Ich drängte mich durch die Gaffer und ging zum Büfett, wo ich Klein sah. Ich erzählte ihm den Vorfall. Er nahm ihn nicht leicht. »Fenichel traut sich das nicht, wenn er nicht den Rücken gedeckt hat,« sagte er. Er war diesmal frisch rasiert und in neuen Kleidern. Aber das ließ das blasse Gesicht mit den geröteten Augen noch blasser erscheinen. Er verschlang zwei, drei Brötchen. »Hunger,« sagte er.

Da geschah es, daß Bostensohn auf uns zu trat, jener Bostensohn, der große, dürre mit der geröteten Nase, von dem man wußte, daß er sein sehr bedeutendes Vermögen dem Grundsatz verdankte, ausschließlich mit Leuten Geschäfte zu machen, die nur mehr eine Handbreit fern vom Ruin waren. Ihnen borgte er gegen Faustpfand, borgte blankes Geld auf den Schmuck der Frau, auf die Heiratspolice der Tochter. Ihnen kaufte er ab, was sie zu Münze machen wollten, zahlte die Hälfte des wirklichen Wertes bar auf die Hand. Von ihm nur angesprochen zu werden, konnte einen Kredit untergraben. Er trat, die wachsame Geiernase über dem breit lachenden Mund, auf uns zu, er schlug dem essenden Klein leicht auf die Schulter und sagte: »Das lebt. Butter mit Schinken. Ich kann mir das nicht leisten. Ich eß Liptauer.« Und jäh zu mir gewandt: »Warum machen wir keine Geschäfte?« Klein fing den Ball auf. Er sagte: »Geschäfte? Sie mit uns? Ein Wunder! Sie brauchen Geld?« Bostensohn war so verblüfft, daß er fast eine halbe Minute lang lachen mußte, um Zeit zu gewinnen. Dann machte er ein Auge klein und sagte scherzhaft und wachsam: »Ja. Ich brauch Geld.« Und nach einer Pause, vom einen zum andern blickend: »Sagen wir vier Milliarden.« Ich wollte uns aus der Affaire ziehen und schränkte ein: »Gegen Unterlagen natürlich. Was haben Sie?« Er machte eine weite Bewegung und sagte: »Ich hab, was Sie wollen.« Er besann sich und zog eine lange Konsignation aus der Tasche. »Da,« sagte er. »Textilien. Tschechisches Tuch. Ich hab es unter der Hand gekauft. Eine Mezzie.« Klein griff nach der Konsignation – und stützte sich plötzlich leicht an den Rand des Büfetts. Ich blickte ihm über die Schulter. Da war kein Zweifel möglich. Das war das Verzeichnis der Stoffe, die wir vor drei Tagen um vier Milliarden auf Kredit gekauft und sofort um zweieinhalb Milliarden weiterverkauft hatten, um bares Geld in die Hand zu bekommen. »Sieben Milliarden wert,« erklärte Bostensohn. Klein hatte sich gefaßt. »Sie Gauner,« sagte er, »zweieinhalb

Milliarden können Sie darauf haben zu vier pro mese, achttägig kündbar.« »Gemacht,« sagte Bostensohn. Er verzog sich, unsicher geworden und ein wenig zu rasch. »Der hat seine Abfuhr,« sagte ich. Klein sagte: »Und wir borgen Geld auf diese Stoffe, die –« Er brach ab. »Es liegt etwas in der Luft,« sagte er nervös. »Da ist etwas, das wir nicht wissen.« Als wir gingen, standen am Ausgang fünf, sechs Leute mit einer Nummer der eben erschienenen Mittagszeitung. Da wir näherkamen, traten sie auseinander. Auf der Straße riß ich einem Verkäufer das Blatt aus der Hand. An der Spitze der zweiten Seite, zweispaltig gesetzt:

Eine Insolvenz?

An der heutigen Börse war das Gerücht verbreitet, daß eine während des Krieges gegründete Bank-, Industrie- und Handelsfirma des Platzes in Schwierigkeiten geraten sei. Sie soll hundertfünfzig Waggons geschmuggelten Kaffee gekauft haben und jetzt gezwungen sein, die ganze Ware nachzuverzollen. Da bei solchen Nachverzollungen, angesehen von der strafrechtlichen Verfolgung der Schuldigen, eine Gefällstrafe in der Höhe des fünfzigfachen Grundzolles eingehoben wird, sind die Beträge, um die es sich hier handelt, außerordentlich hohe. Bis zur Stunde war es uns allerdings noch nicht möglich, die Nachricht auf ihre Stichhaltigkeit zu prüfen.

»Da,« sagte Klein. Wir wechselten weiter kein Wort.

Den Verlauf des dann folgenden Nachmittags habe ich auf meinem Vormerkkalender in Schlagworten festgehalten.

Um zwei Uhr kam Schornstein, ein freundlicher alter Herr, der, kleiner Bankier, fast als einziger seines Schlages unbeirrbar wie seit Jahrzehnten ausschließlich seine vorsichtigen und billigen Taggeldgeschäfte machte – die vielen Spargroschen, die die kleinen Leute seines Vorstadtbezirkes ihm zubrachten, zu stattlichen Summen zusammengestellt mit ganz bescheidenem Zwischennutzen im Zinssatz an die am besten beleumundeten Börsenfirmen verborgte, Waren das sonst nur Häuser sehr alten Namens – einmal war Schornstein mit Abel zusammengetroffen, einmal hatte er sich an solcher Weite des Blicks und Tatkraft begeistert, ein einziges Mal hatte er eine Ausnahme von der Regel gemacht – und war seither bei uns dauernd mit ungewöhnlich großen Beträgen (denn so sehr trug ihn das Vertrauen der kleinen Leute, so sehr stauten sich ihre Groschen in seiner Kasse) bei uns engagiert. Um zwei Uhr also kam, weißhaarig und mit roten Backen, dieser Herr Schornstein. Er sprach vom Wetter, er rieb sich die Hände, er schaute mit wachen Augen in alle Winkel und er empfahl sich. Im Fortgehen sagte er: »Neues Geschäft? Ach ja – wir sind ja noch in Verrechnung.« Er blickte zu Boden und sagte: »Nun, das wird ja wohl bald geordnet.« Er wurde sehr verlegen und verschwand, ohne sich weiter vorgewagt zu haben.

Anders war es da schon mit Belf, der um zwei Uhr dreißig kam. Er sagte: »Wird man bei euch sein Geld verlieren?« Klein wurde plötzlich sehr lustig und klatschte ihm auf den Schenkel. Sie lachten beide lange und angestrengt. Um zwei Uhr fünfundvierzig gab ich telegraphischen Auftrag, die siebenundfünfzig Häuser in Berlin, Hannover und Nürnberg bestens gegen promptes Geld zu verkaufen. Als ich mit Abel darüber sprechen wollte, war er nicht auffindbar. Sein Diener sagte am Telephon, er sei nachts außer Hauses gewesen und noch nicht heimgekommen. Klein zuckte. »Alles kracht und Abel kommt nicht,« sagte er. Um drei Uhr zehn Minuten rief das Fräulein von Schornstein an und fragte, oh wir vielleicht das Leihgeld rückzahlen wollten. Oder die Hälfte. »Morgen,« sagte ich. Um drei Uhr fünfundzwanzig kam ein Herr und wollte einen der Chefs sprechen. Er sei Acquisiteur des Ausgleichsbüros Schmalz. Wenn wir uns mit unsern Gläubigern arrangieren wollten – Klein brüllte ihn an und ich warf ihn hinaus. Fünf Minuten vor vier Uhr kam Bostensohn, brachte den Depotschein des Spediteurs und holte sich seine zweieinhalb Milliarden.

Das war gut so, denn um vier Uhr fünfzehn erschien ein Anwalt, Doktor v. Hechler, ein blonder Mann mit Schmissen, und eröffnete uns, er sei der Rechtsfreund jenes Textilienhändlers, von dem Klein die Stoffe gekauft hatte. Sein Klient habe in Erfahrung gebracht, die Stoffe seien noch in gleicher Stunde um die Hälfte des Wertes verschleudert worden. Zusammengehalten mit gewissen Zeitungsmeldungen ergebe sich daraus der Verdacht der Veruntreuung. Schlittenfahren nenne man das. Das gebe ihm das Recht, sofortige Bezahlung zu fordern. Sonst führe sein nächster Weg ihn zur Polizei. Er habe gehört – Klein unterbrach ihn. »Was Sie gehört haben, ist leeres Geschwätz,« sagte er. Der Blonde sprang auf und rief: »Ich verbitte mir das!« Da griff Klein in die Lade und hieb den Depotschein, den Bostensohn eben bei uns belehnt hatte, vor dem Verblüfften auf die Platte des Schreibtischs. Er schrie: »Sie reden von Veruntreuung, Sie? Wer hat verkauft? Was ist verschleudert worden?« Der Anwalt sagte leiser: »Meine Informatoren –« Klein kreischte: »Ihre Informatoren können mich im Arsch lecken!« Der Blonde entfernte sich. Klein kicherte. »Das ist das Ende,« sagte er und ward blaß.

Um vier Uhr fünfzig telefonierte die Lloydbank, bei der wir ein paar Tage vorher sämtliche Abelaktien belehnt hatten, sämtliche Aktien, die uns nur irgendwie zur Verfügung standen, den geheimen und gesetzlich verbotenen Eigenbesitz der Werke sowohl als auch die Stücke, die Abel, Klein, Birkmeier, mir und fünfzehn oder zwanzig Kommittenten gehörten – im ganzen gegen acht Millionen Stück; das war fast die Hälfte der Gesamtemission. Die Lloydbank also sagte am Telefon, im privaten Handel von Bureau zu Bureau würden seit ein paar Stunden Abelaktien ausgeboten. Der Börsenschlußkurs mittags war 2150. Jetzt sei Ware zu haben mit 1800. Unser Depot sei also augenblicklich keine vierzehneinhalb Milliarden wert. Und unsere Schuld betrage zwölf Milliarden ohne die Zinsen. Die Deckung sei zu gering. Wir sollten weitere Deckung geben. Oder zurückzahlen. Klein sagte: »Das wird Zeit haben bis morgen.« Der am andern Ende des Drahtes schrie: »Nein! Lesen Sie den Vertragsbrief! Deckung oder zurückzahlen! Oder wir verkaufen exekutiv!« Klein sagte: »Aktien haben wir im Augenblick nicht zur Verfügung. Aber wir haben da Stoffe um sieben Milliarden. Ich schicke den Diener mit dem Depotschein hinüber.« Man war es zufrieden. »Weiter im Kreis«, sagte ich. Und um fünf Uhr dreißig brachte der Diener die *Wahrheit*.

Die *Wahrheit* enthielt, mit fetten Titeln, dreispaltig gesetzt, über zweieinhalb Seiten einen wütenden Angriff gegen Abel, Klein und die Abelwerke. Farkas hatte sich gedreht. Farkas fiel uns in den Rücken. Wenn Farkas das wagte, rechnete er uns entweder schon zu den Toten oder er war zum mindesten überzeugt, uns selbst den entscheidenden Stoß versetzen zu können. Farkas hatte also abermals sich kaufen lassen. Von wem? Wir wußten damals noch immer nichts vom de Letter-Konsortium, aber die Art, wie mitten unter all diesen schmatzenden, breiten, plump aufgestutzten Enthüllungen das Geschäft mit den verdorbenen Konserven behutsam angefaßt und alsbald wieder beiseite gestellt wurde, hätte uns zeigen können, woher der Wind wehte. Was Farkas sonst vorbrachte, deckte sich mit dem Bekannten. Darüber hinaus wußte er – wahr oder erlogen – nur zu berichten, daß jener junge Aristokrat, dem die verdorbenen Zigaretten angedreht worden waren, eben Selbstmord begangen habe. Und, da er, vergeblicher Liebesmüh um die Linkspolitiker müde, eben damals nach der andern Seite Anschluß zu finden bemüht war, knüpfte er daran fettige und wehleidige Ausführungen über die schmachvolle Übervorteilung der alten Geschlechter. Klein kicherte. »Ich werde jetzt nach Hause gehen,« sagte er matt.

Aber dazu kam es nicht. Die Lloydbank telefonierte. »Haben Sie die Zeitung gelesen?« schrie der Mann am andern Ende des Drahtes, und: »Abelaktien fallen! 1500 ist Ware! Wenn das so weitergeht, ist das Depot in sechs Stunden überhaupt nichts mehr wert!« Er kreischte: »Wir verkaufen! Wir verkaufen exekutiv! Ich bin hier auch nur ein Angestellter! Das kostet mich meine Stellung!« Klein sagte ruhig: »Reden Sie keinen Unsinn. Wenn Sie nur zweihundertfünfzigtausend Stück auf den Markt werfen, sind die übrigen siebendreiviertel Millionen Aktien Makulaturpapier. Wir werden den Kurs stützen. Morgen. An der Börse.« Der andere kreischte »Morgen! Morgen wird es nichts mehr zu stützen geben, wenn das so weitergeht!« Klein hängte ab und gab drei Agenten den Auftrag, je zehntausend Abel zu kaufen. Eine Stunde später war der Kurs 1800 zu 1830. »Ich werde jetzt nach Hause gehen,« sagte Klein und erhob sich.

Nein, er ging nicht nach Hause. Die Tür wurde aufgerissen und eintrat Birkmeier, fleckigen Angesichts. »Abel hier?« fragte er ohne Gruß. Dann hieb er die Faust mit einer halb zerknüllten Nummer der *Wahrheit* auf den Tisch und sagte: »Da.« Klein zuckte die Achseln und wandte sich ab. Birkmeier ließ den Blick seiner quellenden Augen von mir zu Klein gehn und von Klein zu mir. Er schrie: »Das ist also alles wahr, was da steht!«

Birkmeiers Entrüstung verständlich zu machen, muß hier einiges mitgeteilt werden. Er hatte, schlechter Laune zu sein, alle Ursache. Etwa zwei Wochen zuvor war ihm von einem Herrn Benbassad, einem Orientalen, den er schon einmal irgendwo gesehen zu haben glaubte, ein Wechsel präsentiert worden, der, neben Reinhards Unterschrift, mit seiner eigenen, mit seinem, Birkmeiers, Bürgschaftsgiro versehen war. Der Betrag war nicht groß. Aber er erinnerte sich nicht, dem Sohne jemals diese Gefälligkeit erwiesen zu haben. Er blickte genauer hin – kein Zweifel: seine Unterschrift war gefälscht. Herr Benbassad trat vom einen Fuß auf den andern und fragte, ob er nun endlich sein Geld bekomme. Der Sohn habe nicht bezahlt – er halte sich an den Bürgen. Birkmeier bezahlte in stummer Wut und ging zu Reinhard. Der lächelte mit abwegigen Augen und strich sich über das dicht blonde, leicht gekräuselte Haar, das, vor den Ohren bis an die Kinnbacken niederreichend, den Anstrich erbgesessener Bürgerlichkeit vermittelte. Das Geschäft gehe eben schlecht, sagte er. Aber er könne sein Ehrenwort geben, daß – Mit einer außergewöhnlich nachdrücklichen, einer schallenden Ohrfeige fand das Zwiegespräch seinen Abschluß – dieses Zwiegespräch – aber keineswegs die Angelegenheit selbst. In den dann folgenden Tagen präsentierte man Birkmeier nicht weniger als vierzehn Wechsel gleicher Type, lautend auf sehr beträchtliche Summen. Birkmeier zahlte nicht und erklärte, seine Unterschrift sei gefälscht. Und übrigens werde er den Herrn Benbassad, der seinem ganzen Verhalten nach sehr vermutlich kein echter Armenier sondern ein Jude sei, einmal von der Polizei perlustrieren lassen. Benbassad verschwand jäh, und eine Viertelstunde später erschien Herr Ducrède, der seit kurzem der Interalliierten

Kontrollkommission angehörte. Er komme als Freund, sagte er; materiell sei er an dem Vorfall nicht interessiert – was übrigens eine Lüge war: er war im Stillen zu fünfzig Prozent des Armeniers Kompagnon. Aus Freundschaft also, aus Freundschaft mache er Birkmeier aufmerksam, daß es da denn doch nicht so einfach angehe, der Zahlungspflicht sich zu entziehen. Nicht nur die Wechselfälschung – auch der Anlaß der Wechselfälschung sei kriminell. Der junge Mann habe Opium und Kokain mit diesen Wechseln bezahlt – eine Handlung, die schon nicht mehr so einfach als Dummerjungenstreich sich hinstellen lasse und die im übrigen mit Reinhards Stellung in der völkischen Bewegung – hier machte er eine Pause – noch weit schwerer zu vereinbaren sei als jene andre. Birkmeier wurde blaß im Gesicht und brüllte: »Verhaften! Sofort verhaften! Sie sollen ihn verhaften!« – und zahlte nicht. Nebenbei: daß es Ducrède wie Benbassad aus naheliegenden Gründen nicht möglich war, in dieser delikaten Angelegenheit die Hilfe der Gerichte in Anspruch zu nehmen, war der Grund seines Eintritts in de Letters Syndikat zum Sturze der Abelwerke. So hoffte der Franzose, als der Mann mit der starken Hand, gegebenen Augenblicks von Birkmeier, Funktionär des gefallenen Unternehmens, noch Zahlung erpressen zu können.

Was Reinhard anlangt, so war er über Nacht verschwunden. Und nun meldete sich endlich auch der Kassenrevisor des Sturmtrupps »Baldur« und verlangte Erstattung einer von Gesinnungsgenossen aus dem Reiche überwiesenen und in Reinhards Händen zergangenen Summe. Hier wurde Birkmeier weich und bezahlte. Und da seine Gattin, jene strenge und erhaben törichte Frau, im Laufe der Jahre fast taub geworden war und Helga samt gräflichem Schwiegersohn ihm geflissentlich aus dem Wege ging, mag man ermessen, wie sehr es dem Vollbart damals gelegen kam, an Hand des Enthüllungsartikels der *Wahrheit* den Groll seines Herzens endlich entladen zu können.

»Das ist also wahr!« schrie er. Klein sagte: »Spielen Sie nicht den Dummkopf. Sie haben gewußt und Sie haben genommen.« Birkmeier würdigte ihn keiner Antwort. »Jüdische Frechheit,« sagte er durch die Zähne. Klein sagte: »Wenn wir sitzen, werden

Sie auch sitzen.« Birkmeier machte eine unanständige Bewegung nach ihm hin, atmete stark aus und begann, mit wuchtigen Schritten im Raum auf und nieder zu gehen. Klein musterte ihn vom Kopf zu den Zehen und sagte leise zu mir: »In Spiritus gesetzt gehört so etwas.« Aber Birkmeier hatte gute Ohren und kreischte mit sich überschlagender Stimme: »Maul halten – Saujud!« Klein erblaßte. Sein Gegner wandte sich von ihm ab und mir zu. Er sagte streng: »Ich gehe zu Abel. Ich werde ihn zu finden wissen. Ich protestiere. Ich verlange Rechenschaft. – Rechenschaft,« sagte er noch einmal mit Festigkeit und warf grußlos die Türe hinter sich zu. Klein lehnte sich verstummt an den Schreibtisch. »Ich werde jetzt nach Hause gehen,« sagte er matt. Auch ich nahm meinen Hut. Als wir die Treppe niederstiegen, begegnete uns ein Inkassant von Vogel junior. »Wohin?« fragte Klein. »Zu den Abelwerken. Inkasso.« »Die Herren sind schon fort,« sagte Klein, und als der Mann zögerte: »Wir haben sie auch gesucht.«

Aber im Tor hielt uns der Gerichtsbote auf. Mit Vorladungen für Klein, Abel und mich. Für den andern Tag, zwei Uhr nachmittags. Als Beschuldigte. Zur Staatsanwaltschaft. In die Rubrik »Gegenstand der Vernehmung« war in einer sorglosen Schnörkelschrift mit schrägen Bleistiftbuchstaben hingesetzt: »Betrug«.

Kleins Lippen zuckten. »Ich werde jetzt nach Hause gehen,« sagte er.

Das Kartenhaus

Birkmeier also schmetterte die Türe meines Arbeitszimmers hinter sich zu, griff nach Hut und Rock und rannte gestikulierend die fünf, sechs Straßen entlang zu Abel. Er war daran, mit Schnaufen die Treppe zu nehmen, als Abels Diener ihm in die Arme lief. Zu Hause? Nein, Herr Abel sei noch immer nicht nach Hause gekommen. Er werde auch abends fortbleiben und wohl auch über Nacht; denn er habe telefoniert und ihm, dem Bedienten, Urlaub gegeben bis zum nächsten Vormittag. Birkmeier erboste sich. Der andere zuckte die Achseln, grüßte und ging. Und so entfernte sich denn auch schließlich der Vollbart, nachdem er der geschlossenen Wohnungstür einen drohenden Blick hinübergeschickt und, obgleich er allein war, vernehmlich erklärt hatte: »Morgen früh. Ich komme wieder.«

Das war etwa um sechs Uhr abends. Wo Abel zu der Zeit tatsächlich sich aufhielt, wo er sich umtrieb, indes der Gerichtsbote mit der Ladung ihn suchte, indes Klein am Bett seiner Tochter saß, indes ich in meinem Zimmer auf und nieder rannte, indes Ratten raschelten allenthalben in dem sinkenden Schiff und die Wolken eines letzten Gewitters sich türmten – wo Abel, Präsident der Abelwerke, sich umtrieb zu jener Zeit, ist nicht bekannt. Erst sieben Stunden nachher, um ein Uhr nach Mitternacht, als Braß schon besoffen war und der kleine Schweinburg sich übergeben hatte, als Gutjahr mit dem Wirt stritt, der sagte, er wolle jetzt schließen, weil erst Tags zuvor wieder eine Razzia in der Gasse gewesen sei – da also, als Ruben lachte, weil ihm das Wort Razzia komisch vorkam und als er sagte: »Razzia Ratzen Katzen kratzen« und wieder lachte, das todblasse Gesicht mit den verschatteten Augen vorgeworfen auf die weinnasse Platte des dreckigen Marmortischchens, indes Wurmbrand und die sieben andern ernsthaft nickten und Anton durch den Dunst ein paar dumpfe Worte herüberlallte – da also raffte Abel, Präsident der Abelwerke, sich auf, griff nach der Krawatte, warf Geld auf den Tisch und setzte sich den Hut auf den Kopf und sagte: »Nach Hause.« Wurmbrand weinte und wollte Ruben umarmen, und von den sieben waren drei erwacht und plapperten aufgestört, aber ehe Braß, der neben dem Tisch auf der Erde lag, nach Abels linkem Beine haschen konnte, wie er es immer wieder versuchte, und ehe Mizzi, die damals Madelon hieß und grüne Haare hatte, von ihrem Barstuhl niedergeklettert war, um rotäugig mit kleinen Schreien Protest zu erheben – klirrte schon hinter Abel und Ruben die Glastür, brach schon die heilige, nüchtern harte Nachtluft der Gasse den eingehängt Torkelnden ins Gesicht und ins Hirn, so daß sie an der Gassenecke schräg gegenüber ernüchtert sich sammeln konnten und es wohl wahrnahmen, als

Gutjahr und Anton zu ihnen stießen und sie begleiteten. Rechts und links von erschreckten Häuserfronten stürzte der Laut des eigenen Schrittes auf die vier zurück, als sie Abels Wohnung zusteuerten, zielsicher schweigsam – nur Ruben redete manchmal, sagte »Razzia« oder »Katzen« und lachte leicht.

Abel schloß das Tor auf und man tastete sich die dunkle Treppe empor. »Taschenlampe vergessen,« sagte Gutjahr, und als die Wohnungstüre sich öffnete: »Niemand zu Hause?« Im Vorraum drehte Abel das Licht an – es lag scheu und kraftlos auf einer Tapetenwand mit Kleiderrechen, mit nachgedunkelten Ölbildern in massigen Rahmen und stürzte rechts, links vielfach in die schwarze Leere offenstehender Türen. Anton ging quer durch den Raum nach einer dieser Türen hin und streckte den Kopf vor. Sich wendend sagte er: »Das Badezimmer« und grinste grundlos. Gutjahr stieß ihn in die Seite, daß er schweige.

Denn zwischen Abel und Ruben hatte inzwischen ein leichtes Gespräch sich entfacht – kein Gespräch, ein heischendes Hin- und Widerzerren unter spärlichen Worten, das zum Ziel sich gesetzt hatte, Ruben in den Salon und auf dem Kanapee zum Schlafen zu bringen. Der Knabe sträubte sich, wortlos fast und doch beflissen, besessen, strebte nach dem Speisezimmer hinüber und trat schließlich wirklich durch die erkämpfte Tür in die Dunkelheit des großen Saales. Einen Augenblick später flammte drinnen das Licht auf. Abel stand noch einen Atemzug lang unschlüssig und ermattet im Vorraum, schaute blicklos bald nach Anton und Gutjahr, die, verstummte Zeugen, an der Schwelle des Baderaums sich verweilten, bald nach dem Knaben, der, sichtbar, im Zimmer an den ungedeckten Tisch sich gesetzt hatte und steif aufrecht dort saß – schaute also dahin und dorthin, strich sich mit dem Handrücken über die Stirn und ging mit langsamen, wie schüchternen Schritten zu Ruben hinüber, die Türe hinter sich schließend.

Gutjahr horchte schlimm lächelnd, faßte dann wortlos nach Antons Hand und führte ihn, ohne seinen Weg zu erhellen, quer durch jenen Baderaum in ein anstoßendes Zimmer – ein Musikzimmer wohl, denn die beiden stießen, vorwärtstappend durch die Lichtlosigkeit, an ein Klavier, das scheu aufschrak. Von dort ging es gradeaus in einen Raum, der dem Geruch nach ein Schlafraum war – auf einer Konsole klirrte dünn Porzellan. Weiter nach rechts lag der große Salon, ein tiefes, schwer teppichbelegtes und vielfältig mit kleinem Ziermöbelwerk verstelltes Zimmer, das von seinem jenseitigen Ende her unsicher erhellt war: die Verbindungstüre nach dem Speisesaal stand halb offen.

Die beiden Männer hatten verschiedenen Schrittes sich durch die Zimmer geschlagen – Gutjahr wach spürend, Anton in einem rätselhaften Belustigtsein, das ihn nun auch noch im Salon bei jedem Zusammenstoß mit Wand oder Möbel leicht aufkichern ließ. Und nun erst legte Gutjahr Hand sich um seinen Arm und zog ihn ein paar Schritte seitwärts. Da standen also die beiden stumm im Dunkel nebeneinander und schauten durch den hellen Ausschnitt der geöffneten Tür in den Speisesaal.

An dem mächtigen Tisch, auf dem die dunkelgrüne Plüschdecke lag, unter dem Kronluster, der die irrsinnig tausendfach zerspaltene Lichtgrelle niederregnen ließ auf ihre einsamen Köpfe, saßen Abel und Ruben einander gegenüber – Ruben noch immer starr aufrecht und blicklos, Abel weit vorgebeugt, weit vorgestützt die Arme auf die Platte des schweren Möbels und aus erschreckten Augen dem jungen Menschen starrend ins erstarrte Gesicht.

Dieses Gesicht, das das Gesicht Rubens war und doch zugleich das Gesicht eines Fremden, von einem fremden Atemzug überschattet, von einem fremden Willen verglast – dieses Gesicht, indes Gutjahr nebenan im Dunkel die Hand um den Arm des Partners krallte wie in wildem Triumph – dieses Gesicht sprang plötzlich auf und blutlose Lippen sagten: »Vater. Setz mich zum Erben ein, lieber Vater. Zum Erben setz mich ein, lieber Vater.« Und es war so viel steingewordene Furchtbarkeit in diesen hergeleierten Worten, ein so sehr Fremdes war in diesen Worten, so sehr fern waren diese Worte all dem, was der Knabe je gedacht und geredet hatte, daß Abel aufzuckte wie von unsichtbaren Peitschenhieben getroffen. Drinnen sagte Anton zu Gutjahr: »Er verlangt Geld.« Und Gutjahr sagte zu Anton: »Es ist viel Geld da. Die Kasse.« Und Anton sagte zu Gutjahr: »Der Schlüssel ist nicht in seinem Mantel draußen.« Und Gutjahr sagte zu Anton: »Dann hat er ihn in der Westentasche.« Und Anton sagte zu Gutjahr: »Dann sind wir aufgeschmissen. Dann lassen wir ein paar Löffel und seinen Pelz mitgehn und verduften.« Gutjahr sagte: »Ihm den Schlüssel wegnehmen?« Anton: »Er schreit.« Und Gutjahr, auflachend: »Muß nicht schrein.« Anton kicherte, als hätte der andre ihm einen Witz erzählt. Und Gutjahr, verblüfft erst, dann blitzschnell umgestellt, schickte ein künstliches Lachen darein, bis die beiden auf damastbezogenen Sesseln im Dunkeln einander gegenübersaßen, leer laufend gewissermaßen in ihrer Heiterkeit und wachäugig hinüberblickend nach der erhellten Tür.

Dort saßen Ruben und Abel noch immer Aug in Aug. Rubens Gedanken hatten offenbar gleich unvermittelt, wie sie darauf verfallen waren, von jenen Erbschaftsforderungen sich fort und minder Verfänglichem zugewandt, denn Abel war mit einem Male sichtbar beflissen, ihm Bescheid zu tun und ihn weiterhin abzulenken. Von Herrenkleidern hatte der Sonderbare unvermittelt zu sprechen begonnen und von den Gelegenheiten, da das Tragen einer weißen Krawatte zum Frackanzuge geboten sei – der alte Mann pflichtete bei, widersprach, verbreitete sich, und nur eine leichte Angespanntheit in seinem Blick war bestürzt über das abwegig Harmlose solchen Gespräches. Eine Angespanntheit zitternder Nerven. »Stehkragen, halbhohe Stehkragen,« sagte Abel. Eine Angespanntheit, die aufschrak, als nebenan im dunklen Salon eine achatene Aschenschale auf einem Tischchen leise läutend an die gläserne Platte schlug. Eine Angespanntheit, die aufschrak und doch keine Zeit hatte, darum sich zu bekümmern, was da im Nebenraum vorging.

Diese achatene Aschenschale also klirrte leicht auf. Denn da stießen eben Gutjahr und Anton stumm in Dunkelheit aufeinander – rückkehrend beide von einem schweigsam beflissenen Pirschgang, den sie unternommen hatten, jeder für sich und ohne um den andern zu wissen, schwarze Zimmer entlang über weiche Teppiche schleichend, fühlende Fingerspitzen da und dort an die Kante prunkvoll alter Möbel gelegt. Nun waren sie da also wieder aufeinandergestoßen im dunklen Salon – im erhellten Türgeviert bot das Bild des Speisezimmers sich dar. »Sie reden,« sagte Anton zu Gutjahr. Der sagte: »Die Kasse ist in die Wand eingelassen. Rechts vom Bett.« Anton sagte: »Man muß den Waschtisch wegrücken.« Gutjahr lachte leicht auf. »Du warst auch baldowern und ich hab dich nicht bemerkt,« sagte er. Der andere schwieg. »In der Westentasche hat er den Schlüssel,« sagte Gutjahr. Der andere schwieg. »Den Schlüssel wegnehmen –?« sagte Gutjahr, und da er keine Antwort bekam, ganz leise, als spräche er zu sich selbst: »Er muß nicht schrein.« Es blieb still. »Er muß nicht schrein,« sagte Gutjahr noch einmal und tappte leicht nach Antons Arm. Der stieß seine Hand fort und sagte: »Nein.« »Er wird nicht schrein,« sagte Gutjahr noch einmal leise. »Nein,« sagte Anton lauter, und Gutjahr: »Mach keinen Lärm.« Dann schwiegen sie.

Drinnen aber, indes Abel noch über Anzüge sprach, tat Ruben den Mund auf und sagte unvermittelt mit blassen Lippen: »Zum Erben setz mich ein, lieber Vater.« Abel schrak auf und verstummte. »Lieber Vater, setz mich zum Erben ein,« sagte Ruben. Abel sagte: »Aber bei Leichenbegängnissen kann man auch im Sommer nur die schwarze Krawatte nehmen.« Ruben sagte: »Zum Erben setz mich ein, lieber Vater.« Abel blieb so sehr verstummt, daß nebenan der Tonfall der flüsternden Stimmen zu hören waren.

»Glaubst du, der Alte kriecht ihm nur nach, weil er einmal vor zwanzig Jahren die Feuerbach übers Bett geschmissen hat?« sagte Gutjahr dort in die Dunkelheit. Und da er keine Antwort bekam: »Warum schleppt er ihn jede Nacht her in die Wohnung, den Kleinen, wenn er schon besoffen ist und Koks geschnupft hat und nicht mehr weiß, was er tut?« »Kusch,« sagte Anton, »ich bin kein Trottel. Mich machst du nicht blöd.« Und nach einer Weile, leiser, als hätte er nachgedacht: »Kusch«. Der erste beharrte flüsternd: »Weil der dann nicht mehr weiß, was er tut! Weil er dann zu dem alten Schwein ins Bett kriecht!« »Nein,« sagte Anton. Gutjahr lachte leise. Er sagte: »Zu dir kommt er nicht. Für dich ist er ein Kirchenheiliger. Du kannst derweil mit deinen lausigen Strichbuben schlafen!« Und nach einer Weile: »Hast du ihn schon einmal nackt gesehn?« »Kusch,« sagte Anton drohend und schmiß des andern Hand von der Schulter. Stille war.

Darein sagte Ruben drüben im Lichten: »Zum Erben setz mich ein, lieber Vater!« Und Abel: »Später vielleicht. Später einmal vielleicht. Vielleicht später einmal, wenn du gesund bist.« »Setz mich zum Erben ein, lieber Vater,« sagte Ruben und lächelte in die Leere. »Später einmal,« sagte Abel. »Wenn mein Junge folgen will. Wenn mein Kind mit mir fortreisen will.« »Zum Erben –« sagte Ruben. »Später einmal,« sagte Abel. Er ließ den Blick nicht aus den Augen des Knaben. Seine Lippen zuckten und er sagte immer wieder: »Später einmal. Wenn mein Kind nicht mehr zu diesen Menschen geht. Wenn mein Kind mit mir fortfährt.« Sein weißer Scheitel schimmerte alt und sehr einsam im irrsinnig aufgespaltenen Licht.

»Da,« sagte Gutjahr drüben im Zimmer und deutete nach der Helle der Türöffnung, »hast du gehört? Wegschnappen will er ihn.« Doch da er keine Antwort bekam, verwandelte sich ihm unversehens in der Lichtlosigkeit Blick, Ausdruck, Gebärde, und die Hüften drehend, als könnte der Ungeschlachte ihn sehn, und die Lippen in falscher Kindlichkeit aufgeworfen, sagte er schmollend: »Ihn hast du nicht und mich wirst du auch nicht haben.« Er greinte, eigensinniges Kind, und tappte nach dem Gefährten. Der antwortete nicht und atmete hörbar. »Mich auch nicht haben – mich auch nicht,« sagte Gutjahr und ließ seine Stimme flüsternd erregt sein. »Er muß nicht schrein,« sagte er dann unvermittelt und als spräche er zu sich selbst. Anton löste sich jäh von ihm und blieb stumm. Gutjahr schmollte. »Wo ich doch seinen Anzug brauch. Wo der Alte doch einen Anzug an hat, der mir paßt! Wo ich doch seinen Abendanzug haben muß!« Und da es still blieb, kaum hörbar: »Nie hast du dich gespreizt.« Irgendwo unsichtbar in einem ferneren Winkel des Zimmers tat Anton den Mund auf und gurgelte: »Das war anders. Das weißt du. Das waren nicht solche. Das war nicht um Geld.« Gutjahr schmollte: »Bibi ist bös! Bibi will den Anzug haben!« Stille war.

Stille war. Darein sagte drinnen Ruben mit sehr heller Stimme: »Ja, Vater, ja!« Und Abel: »Von allen lassen, von allen?« Ruben sagte: »Ja, Vater, ja!« Und Abel: »Bei mir bleiben?« »Ja,« sagte Ruben. Noch einmal, noch viele Male wollte Abel es hören und fragte. »Ja, Vater, ja,« sagte Ruben immer wieder mit einer hellen Stimme, die nicht seine eigene war. »Ja, Vater,« und: »Zum Erben setz mich ein,« und: »Ja, Vater, ja,« sagte Ruben. Und in Abels Stimme war ein zitterndes Glück, da er fragte: »Immer? Immer?« »Ja, ja,« sagte Ruben.

»Ja,« sagte Anton, »ja. Aber sein Gesicht will ich dann nicht sehn.« »Du wirst sein Gesicht dann nicht sehn,« sagte Gutjahr. Anton sagte: »Ruben darf nicht dabei sein.« »Ruben wird nicht dabei sein,« sagte Gutjahr. Anton fragte: »Fortrufen?« »Fortrufen,« sagte Gutjahr beherrscht, und es war rote Wut und Ungeduld in ihm gegen den, der noch immer zögerte. Anton fragte: »Wenn Ruben sich nicht weglocken läßt?« »Er wird kommen,« sagte Gutjahr beherrscht. Und Anton: »Eins übern Schädel, daß der Alte betäubt ist, das ist genug.« »Ja,« sagte Gutjahr, »ja, daß er betäubt ist.« Die Zähne knirschten ihm vor verhaltenem Zorn. Anton sagte: »Aber Ruben darf es nicht sehn.« Gutjahr entglitt sich. »Du wirst es nicht tun, du Hund,« sagte er. Anton schwieg.

»Ja,« sagte Ruben drüben, »ja, ja!« Und Abel war mit einem Male reich an Worten geworden und lachte und redete. »Wir werden reisen,« sagte er. »Du läßt dir nichts anmerken. Sagst ihnen: Morgen auf Wiedersehn. Und kommst her. Hier warten schon Kleider, Koffer. Heimlich hinunter ins Automobil. Auf die Bahn. Im Schlafwagen fahren wir. Dann am Morgen – blauer Himmel. Das Meer!« »Ja,« sagte Ruben. Und Abel: »Dort dann an einen ruhigen Ort, den niemand kennt, niemand wissen wird hier in der Stadt. Verschollen beide. Geld nehm ich mit, viel Geld. Verschollen beide für ein halbes Jahr, für ein Jahr. Mein Bub erinnert sich gar nicht mehr. Stadt, Kneipen – was ist das? Dann kommen wir wieder, braun gebrannt von der Sonne. Oder willst du nicht wiederkommen? Bleiben wir drunten irgendwo – noch ein Jahr! Und noch Jahre! Immer! Immer zusammen!« »Ja,« sagte Ruben. Abel lachte glücklich. Sein weißer Scheitel schimmerte alt und sehr einsam im irrsinnig aufgespaltenen Licht. »Nach Positano,« sagte er, »Taormina! Da ist eine Überfuhr zwischen Messina und Reggio – da wirst du sehn: da fahren die ganzen Eisenbahnzüge aufs Schiff!« Er verlor sich plötzlich. »Fahren aufs Schiff,« wiederholte er gedankenlos. Und ward stumm. »Ja,« sagte Ruben, »ja, ja!«

Drüben sagte Anton zu Gutjahr: »Wenn du ihn wegrufst, merkt der Alte was und es ist Gestank.« »Das laß mir,« sagte Gutjahr. »Ich geh rechts um den Tisch zu Ruben. Du gehst gleich links.« Anton sagte: »Dann kommt mir der Alte entgegen. Ich will sein Gesicht nicht sehn.« »Nein,« sagte Gutjahr, »wenn ich zu Ruben geh, geht er auch zu Ruben. Dreht sich nach links. Von dir ab. Du bist hinter ihm.« »Dann mußt du irgend ein Lied pfeifen,« sagte Anton, und sehr leise: »Sein Gesicht kann ich nicht sehn.« Gutjahr flüsterte: »Wirst es nicht tun, Hund.« Ohne Laut fuhr Anton ihm nach der Gurgel. Gutjahr knickte ihm die Finger zurück. »Hund,« sagte er, als er wieder Atem bekam. Die beiden standen Gesicht an Gesicht, sie standen reglos, sie hatten einander gepackt und sie atmeten heiß. Dann brach es plötzlich auf aus Anton. Einen Augenblick lang war es, als wollte er schrein. Er hob die Hand an den Mund und grub die Zähne ein in den Ballen. Halb abgewandt stand er. Und als Gutjahr ihn schon an den Schultern gefaßt hatte und vor sich herschob, schlugen ihm plötzlich die Kiefer, daß er sein Flüstern zerbiß. »Nicht – sein Gesicht,« sagte er. Da standen sie schon in der Tür.

»Syrakus,« sagte Abel, »mit der Vizinalbahn nach Girgenti hinüber!« Sein Scheitel schimmerte. Erst aus Rubens auf die Türe geheftetem Blick nahm er wahr, daß ein Fremdes im Zimmer stand. Er wandte sich und erschrak. »Ihr seid da,« sagte er, und: »Ich dachte, ihr wäret wieder gegangen.« Er lachte leicht auf und es war, als wollte er eine Angst abschütteln, die da war – er wußte nicht, warum und woher. »Ihr seid also da,« sagte er. Die beiden, nebeneinander, waren drei, vier ganz kurze Schritte gegen den Tisch vorgetreten. Abel lehnte sich ein wenig zurück, seine Augen waren wach. »Drüben steht Likör,« sagte er und lachte laut in die Stille. Die Eingetretenen lösten sich voneinander.

Gutjahr begann zu pfeifen, ein Wanderlied frühlingsbeschwingten Taktes, und schlenderte rechts um den Tisch zu Ruben hinüber. Auch in Antons Körper glitt dieser Marschtakt. Aber die Beine waren ihm schwach, und so blieb es bei einem flotten Schlenkern der Arme, indes sein Schritt kurz war und zögerte. Das war der Grund, daß er von Abel noch sechs, fünf Schritt entfernt war, als Gutjahr drüben schon seinen Arm um Rubens Schulter legte und, pfeifend noch immer, pfeifend jenes fröhliche Wanderlied, den Regungslosen hochzerrte von seinem Sessel. Der widerstrebte leicht – so war es ein spielerisch beflissener Widerstreit. Abel erhob sich, irgendwo in ihm erzitterte etwas, irgendwo in ihm bettelte etwas um Unernst und Leichtigkeit, er ging drei, vier kleine Schritte links um den Tisch gegen Ruben und Gutjahr hin, und irgendwo in ihm lachte es, lachte mit ein wenig zu hoher Stimme laut hinaus in dieses Schweigen – und war im nächsten Augenblick schon wieder zerklirrt. Er stand still. Sein weißer Scheitel schimmerte alt und sehr einsam in irrsinnig auf gespaltenem Licht. Gutjahr pfiff noch immer und zerrte Ruben spielerisch gewaltsam gegen die Tür des Salons. Abel hob verstummt die linke Hand halb vor nach dem Knaben, als wollte er greifen nach dem Entgleitenden, seine Lippen formten ein Wort, und dann stand es stimmlos in der plötzlichen Stille. »Ruben,« sagte er.

Aber da war etwas hinter ihm und er wandte sich. Anton war ihm nachgegangen, mit kleinen Schritten links um den Tisch, und so standen die beiden Männer nun mit einemmal Gesicht an Gesicht. Des Plumpen Augen, leicht quellend, waren gerötet und schielten, den Blick des Gegners vermeidend, nach dem Knopf der Krawatte. Er stand leicht vorgebückt. In der schlaffen Rechten hielt er einen schweren silbernen Leuchter, den er im Vorüberstreifen von der Konsole genommen hatte. Die Linke, unbewehrt, breit rote Pranke, hing weit nieder, grifflos im Leeren. Abel sagte mühsam: »Was – wollen Sie –?« Aber da hatte Gutjahr drüben mit Ruben die Tür erreicht und stieß ihn mit einem letzten, sehr hellen Pfiff in das Dunkel des Nebenraums. Er warf die Tür zu, er wollte sie versperren, aber der Schlüssel brach ab. So lehnte er sich nur breitbeinig gegen das Holz und schrie: »Jetzt!«

Das war der Augenblick, in dem Anton zuschlug. Er hieb das silberne Zierstück gegen den weißen Scheitel des Mannes. Aber da Abel zurückzuckte, war es nur ein klaffender Riß über Stirn, Nase, Mund. »Nein,« sagte Abel leise. Und Anton hätte vielleicht nicht wieder zugeschlagen, wäre nicht Ruben im dunklen Nebenzimmer plötzlich zu sich selber erwacht. Er heulte auf und er warf sich in schweren Stößen gegen die Türe, doch er vermochte nichts gegen Gutjahr, der sich dawiderstemmte und, dieses gellende Heulen zu übertönen, selbst schrie, selbst schmetternd sang, die beschwingten Takte eines schrillenden Wanderlieds.

Das war zehn Minuten nach drei Uhr. Sieben Stunden nachher, kurz vor halb elf am Vormittag, als ich mit Klein aus dem Auto gestiegen war und durch den hinteren Börseneingang ins Konversationszimmer trat, sagte Huth: »Gut, daß ich Sie treffe. So kann man die Abel nicht stützen. Heute morgens waren sie 1780. Mit den dreißigtausend, die Sie beordert haben, hab ich im Vorverkehr den Kurs auf 1930 hinaufgesetzt. Und mit 1820 können Sie jetzt wieder Stücke haben zum Austapezieren.« Ich sagte: »Wir halten den Kurs unbedingt auf 2000. Am besten etwas über 2000.« »Das schlagen Sie sich aus dem Kopf,« sagte Huth. »Bei 2000 liegen die Verkaufsordres. Riechen Sie in den Saal hinein. Die ganze Börse hat Abel bei 2000 zu geben.« »Wer steckt dahinter? Wer gibt?« fragte ich. Huth sagte: »Das weiß man noch nicht. Eine starke Hand jedenfalls. Bis 1950 können Sie vielleicht noch hinauflizitieren. Aber weiter oben kommt Ware, daß Sie daran ersticken.« Drüben am Saaleingang, schräg hinter Huth, sah ich den Disponenten der Lloydbank, der zu uns herüberschaute und ungeduldig vom einen Fuß auf den andern trat. »Wir werden stützen,« sagte ich zu Huth. »Wenn der Kurs unter 1800 geht, kaufen Sie.« Er fragte: »Wieviel?« Ich: »Bis zu hunderttausend Stück.« Er, schon zum gehen gewandt, fragte über die Schulter, mit einer Leichtigkeit, die mir nicht gefiel: »Sie haben bedacht, daß heute Liquidation ist? Was Sie bis Börsenschluß nicht glattgestellt haben, müssen Sie beziehn und bezahlen.« Ich maß ihn kalt und sagte: »Verbunden für die Belehrung.« Er zuckte die Achseln, wandte sich und warf sich in den Saal, in dem die erste Wirrnis schon aufschrie. Klein, der bis dahin geschwiegen hatte, sagte: »Recht hat er. Wir kaufen. Womit werden wir bezahlen?« Wir wollten ihm folgen, aber da fing uns der Disponent der Lloydbank, der kleine Schreier mit den Brillen, neben der Türe ab. Er schoß auf uns zu und krähte: »Abel fallen! Sie müssen den Kurs halten! Ihr Depot –« Klein zischte ihn an: »Schrein Sie noch lauter, dann ist das Depot überhaupt nichts wert.« Der Brillenmensch verstummte und wurde so blaß, daß seine zahllosen kleinen Pusteln grell vortraten. Er sagte nichts mehr und ging zu den Telefonen hinüber. »Der hält das Maul,« sagte ich. Klein lachte trocken: »Menschenkenner, was Sie sind. Jetzt schweigt er. Aber wenn wir die Abel nicht halten, werden Sie hören, was der für Stimme hat.« Ich fragte: »Was tun?« Klein schaute an mir vorüber. »Kaufen,« sagte er leise. Wir waren in den Saal getreten und schwammen nun im Gewoge an den Sensalentischen vorüber. »Kaufen,« wiederholte Klein, und ich fragte, nur ihm hörbar: »Womit?« Wir standen neben der Staatsbahnkulisse in einem ruhigeren Winkel. »Womit bezahlen?« fragte ich noch einmal. Über Nacht war viel anders geworden. Schiffe waren uns untergegangen. Die Zirkulardepesche an die Filialen und an die Konzernfabriken hatte keinen Knopf Geld gebracht – immobilisiert und überengagiert waren sie alle. Auch Klein, der seinerseits Depeschen nach allen vier Winden hatte hinausgehen lassen, kam morgens mit leeren Händen. »Sachwert,« sagte ich beruhigend. »Beißen Sie herunter vom Sachwert,« knirschte er. »Womit bezahlen?« fragte ich also noch einmal. Klein blickte um sich und näherte seinen Mund meinem Ohr. »Hören Sie,« sagte er. »Alles hat Haussepositionen in Staatsbahn. Wir können Staatsbahnaktien ausborgen gegen Leihgeld.« »In Kost?« fragte ich und verstand ihn nicht. »Nicht in Kost,« sagte er. »Leihstücke. Lassen Sie per Stück zwanzigtausend Kronen Leihgeld bieten für eine Woche.

Nehmen Sie, was Sie bekommen – fünftausend, zehntausend Stück. Die geliehenen Stücke verkaufen wir. Dann können wir die Abel bezahlen. Können Abel kaufen. Können den Kurs stützen.« Ich sagte: »Staatsbahn konterminieren? Das ist jetzt Irrsinn.« Er zuckte die Achseln. »Auch Abel kaufen ist Irrsinn,« sagte er knapp. Ich sagte: »Vielleicht kann man die Staatsbahn wenigstens auf Termin decken. Oder ich bekomm sogar eine Prämie auf Nehmen per Ultimo.« Klein lachte kurz auf: »Prämie! Bei der Hausse! Nicht ein Stück bekommen Sie!« Und noch leiser: »Sorgen, was Sie jetzt haben.«

Ich trennte mich von ihm, der nach der Exotenkulisse hinüberging. Vogel junior lieh mir tausend Staatsbahn gegen fünfzehntausend Kronen pro Stück. Ich fing mir Huth aus dem Rima-Rummel. »Abel sind ausgeführt,« sagte er. »Zirka 1800. Jemand drückt auf den Kurs. Man steht wieder 1775.« Ich sagte: »Gehn Sie hinüber und kaufen Sie noch hunderttausend.« Er fragte: »Und Deckung?« »Geben Sie tausend Staatsbahn,« sagte ich. Er war es zufrieden und ging. Von Mayer bekam ich zweihundert Staatsbahn und von Groß fünfhundert. Dann traf ich Bauch, den Agenten, und gab ihm den Auftrag, zehntausend Staatsbahn gegen Leihgeld hereinzunehmen. »Melden Sie sofort, wenn Sie die Stücke haben. Ich stehe drüben bei Abelaktien,« sagte ich. Er schob sich ins Gedränge, war im nächsten Augenblick hinter Leibern, Gesichtern, wehenden Händen verschwunden.

Als ich zur Exotenkulisse kam, sah ich dort, wo Abel gehandelt wurden, zunächst nur einen Wall schwitzender Rücken. Nacken waren gerötet, Glatzen leuchteten. Hinter dieser Mauer, im Innern des Knäuels, bellte eine trockene Stimme – die Huths: »1830«. Und eine andere, eine Fistelstimme, schrillte: »Tausend zu 1830 an Sie!« und schrillte weiter: »Zweitausend geb ich zu 1800!« Ich drängte Pollak beiseite, den mit den Leuchtohren, bohrte Ellenbogen in Bäuche, stolperte, stand, ward geschoben und sah mich neben Klein und nah hinter Huth. Was uns umgab, waren Gaffer, Mitläufer, Neugierige. Ich beugte mich zu Klein und fragte: »Wer gibt?« »Fenichel,« sagte er. »Da sehen Sie, wie das gestern Zufall war mit der Courtagenote.« Und da schrie der

Alte auch schon wieder mit nassen Lippen hinter einem Rücken hervor: »Zweitausend zu 1790!« Huth übernahm. Er bemerkte mich und flüsterte mir ins Ohr: »Tausend Staatsbahn gegeben. Hundertvierzehntausend Abel genommen. Was weiter?« Ich: »Noch siebenhundertfünfzig Staatsbahn geben. Fünfundsiebzigtausend Abel kaufen. Aber rascher, rascher. So kommen wir nicht weiter.« »1780,« geiferte Fenichel. Huth übernahm und legte rasch steigend Geld bis zu 1890. Fenichel verstummte plötzlich und zog sich zurück. Neben mir lachte Klein: »Er hat nebbich sein Pulver verschossen.« Ich fragte: »Für wen hat er gegeben?« Klein lachte: »Weiß ich? Vielleicht für den alten Fischer, für den Kontermineur.« »1920,« sagte Huth vor uns. Man ging mit. Man machte 1980 zu 1990. Klein zog mich zu sich nieder und flüsterte kaum hörbar: »Es kann noch alles gut werden.« In seinen Augen sah ich, wie sehr er den Kampf schon verloren gegeben hatte.

Da gellte drüben plötzlich wieder Fenichels Stimme, und im gleichen Augenblick tat unter dem Drängen der Leiber eine Bresche sich auf und de Letters breiter Bauch schob sich vor. Einen Atemzug lang war ich still. Da tat de Letter den Mund auf und sagte in dieses kurze Schweigen: »Ich geb.«

Im gleichen Augenblick wußten Klein und ich, was von der Lage zu halten war. Der also war der Feind. Nicht irgend einer, nicht ein Spekulant, dem es um kleinen Kursnutzen ging. Das war Krieg. Da gab es keinen Pardon. »Ich geb,« sagte also de Letter. »An mich,« sagte Huth. Es waren viertausend Stück zu 1950. »An mich,« sagte Huth. Es waren zehntausend zu 1900. »An mich,« sagte Huth. Da waren es zwanzigtausend zu 1860. »An mich,« sagte Huth. Da hatte de Letter dreißigtausend zu 1800 gegeben. »An mich,« sagte Huth. Dann wandte er sich zu uns zurück und fragte leise: »Weiter?« »Warten Sie einen Augenblick,« sagte ich. Ich schaute nach Bauch aus, wo der mit der Ausführung der Leihordre in Staatsbahn blieb. »Warum warten?« fragte Klein an meinem Ohr. Ich sagte: »Ich muß wissen, wieviel Staatsbahn wir geben können.« »Sorgen haben Sie jetzt,« sagte Klein. »Bauch ist nicht da,« sagte ich. »Soll Huth ihn suchen gehn,« sagte Klein, und: »Hören Sie!« Drüben schrie de Letter: »1580! Ich geb!« »An mich,« kreischte Klein und sprang vor. So standen die beiden dort mit einemmal Gesicht an Gesicht und spielten um ihren Hals.

Nun also war es so, daß Huth sich entfernte, den andern Agenten zu suchen und die aufgenommenen Staatsbahn zu geben. Neben de Letter war Fenichel, hinter ihm war Ducrède zu sehen, dann Fischer und Fischers Schwiegersohn. Denen stand nur Samuel Klein gegenüber – ich selbst war von Groß, Pollak, Jedlicka und dem Knäuel der Disponenten ein wenig rückwärts abgedrängt worden und stand, von Klein vier, fünf Schritt entfernt, untätiger Zeuge, eingekeilt unter Schwitzenden, Heulenden, Gaffenden. Fischer und Fischers Schwiegersohn, dann Fenichel, dann Ducrède und dann de Letter – es war eine feste Reihenfolge, nach der die drüben aufschrien und Abelaktien ausboten zu jedem Preis. »1500, 1500,« brüllte de Letter. Klein übernahm, übernahm. Legte Geld, übernahm, legte Geld. Es half nichts. »1440,« schrie Fischer, und plötzlich zerging sein Gesicht in Gelächter. »Prost Schweizer Glas,« schrie er zu Klein hinüber und winkte ihm mit den Fingern. Einer bellte. Arme schwingend, fünf Ordres, hatte sie ausgeführt, sank wieder zurück in die Flut der Gesichtlosen. »Mayer, Mayer,« sang der Telefondiener. »1420,« schrie Fischers Schwiegersohn. »1410,« schrie Ducrède, und de Letter brüllte: »Ich geb hunderttausend Abel mit 1400!« Klein stand in diesem Augenblick halb zur Seite gewandt, so daß ich sein Gesicht sah. Er sagte: »Ich nehm.« Und plötzlich lächelte er. Das ist das Ende, dachte ich. De Letter brüllte: »Und noch hunderttausend mit 1350.«

Einen Augenblick lang blieb es still. Klein antwortete nicht. Das ist das Ende, dachte ich, und: warum übernimmt er nicht? Klein lächelte stumm. Der andere brüllte: »Kein Käufer? Hunderttausend Abel geb ich mit 1300! Mit 1280! Mit 1200!« Klein lächelte. Der von Bendiener stieß ihn in die Seite und schrie: »Was ist mit Abel? Sie geben das Papier auf? Übernehmen Sie! Legen Sie Geld!« Da reckte Klein sich hoch, da schien er zu wachsen, da kreischte er mit einer losgelassenen Stimme: »Wer gibt auf? Wer legt kein Geld? Hunderttausend Abel kauf ich mit 1600! Aber nicht von de Letter! Der übernimmt sich! Soll einer für ihn garantieren! Wer garantiert mir, daß er seine Differenzen bezahlt!«

Die Verwegenheit, de Letters Hand abzulehnen, seine Zahlungsfähigkeit zu bezweifeln in diesem Augenblick, war so groß, daß die sechzig, achtzig Menschen, die da ineinandergeschoben und schwitzend verkeilt standen, plötzlich verstummten. De Letter schnappte nach Luft, dann brüllte er: »Frechheit das! Unverschämtheit das! Anzeigen werd ich das!« Klein kreischte: »Ich habe Differenzen zu bekommen von Ihnen! Sie zahlen nicht!« Und mit einer jähen Wendung dem andern den Rücken kehrend: »Hunderttausend Abel kauf ich mit 1600 von einer solventen Hand. Mit 1600! Mit 1600! Mit 1650!« Das Konsortium de Letter hatte sichtlich den Kopf verloren. Fünf, sechs Leute drüben steckten die Gesichter zusammen. Mitläufer gaben kleine Posten, aber die große Menge der Umstehenden hielt sich zurück, war verblüfft. »Eine Gewure hat dieser Klein,« sagte Pollak und kaufte zweihundert Stück. Auf Abel war Geld. Man stand 1780, und als der Disponent der Lloydbank herübersegelte und nach dem Kurs roch, war man wieder 1950. Sein Zwicker blitzte Befriedigung und er ging zu Alpine.

Das war zehn Minuten vor eins. Das Getümmel lockerte sich ein wenig, da die Gruppe der Kontermineure plötzlich verschwunden war, und ich stieß zu Klein vor, der die Zügel des Kurses gegen schwache Geber und Nehmer leicht in der Hand hielt. Er legte seinen Mund an mein Ohr, und indes sein blasses Gesicht von einem zuversichtlichen Lächeln verglast war, flüsterte er: »Wir haben gegen drei Millionen Abel zu übernehmen. In zehn Minuten wird geläutet. Wenn wir bis dahin nicht dreißigtausend Staatsbahn verkauft haben, liegen wir bei der Liquidation auf dem Bauch. Was ist mit den Staatsbahn, um Gottes willen. Wo ist Huth? Wo ist der andre?« Er dankte Fischl für seinen Gruß mit der Hand und lachte zwei Worte. »Wenn Sie die Staatsbahn nicht rechtzeitig geben, sind wir pleite,« flüsterte er noch einmal und kreischte: »Ich nehm!« Denn es war wieder etwas Ware hervorgekommen. »Ich nehm,« rief er noch einmal – doch dann verstummte er plötzlich.

Da ich der Richtung seines Blickes folgte, verstand ich. Dort standen Huth und Bauch, die beiden Agenten, standen dort, die Hände in die Taschen geschoben und schauten herüber. Über zwanzig Köpfe weg schrie Klein ihnen zu: »Warum melden Sie nicht?« Und ich rief: »In Ordnung?« Huth rief: »In Ordnung! Ordres, was Sie geben! Nicht ein Stück hab ich bekommen für Sie!« Und Bauch trompetete: »Staatsbahn will er sich ausborgen zum Konterminieren!« Man wurde aufmerksam. Huth schrie: »Man borgt Ihnen nicht!« Und Bauch trompetete: »Wie werden Sie die gekauften Abel übernehmen, wenn Sie die Staatsbahn nicht liefern können?« Das Geschäft war eingeschlafen. Man stand und horchte. Das war de Letters Gegenhieb. »De Letter hat Sie gekauft,« kreischte Klein. Aber fünf, sechs, sieben Gesichter sagten: »Ich geb.« Der Kurs glitt. Irgendwo war ein Knaul im Knaul. Darinnen stand Balogh – Balogh, plötzlich aufgetaucht, plötzlich hingestellt unter Horchende. Feierlich, mit flachen Händen die Luft zerschneidend redete er. »In den Kriminal hat er einen Familienvater gebracht mit Zollschwindel,« tönte es. »Ich geb,« sagten fünfzehn. Der Kurs glitt. »An mich,« sagte Klein in die quirlende Einsamkeit. Aber da stand man schon 1120 zu 1100. »Hunderttausend an mich,« kreischte Klein. Doch man beachtete ihn nicht mehr und handelte Abel zu fünfzig und fünfzig Stück bis 1030. Einer sagte: »Klosettpapier.«

All das wäre noch von minderer Bedeutung gewesen. All das wäre noch zu retten, zu stützen, zu halten gewesen, trotz Baloghs, der auf einen Sessel gestiegen sein mochte und, die andern so überragend, redete, redete, schneidend die dicke Luft mit der Hand. »So werden sie in den Kriminal kommen alle selbst,« schloß er eben. Er tauchte zurück. Kleins Name und mein Name wurden geschrien. All das wäre noch zu halten gewesen, aber da war – ich hatte ihn bis dahin nicht bemerkt – Herr Schornstein, jener kleine Bankier, rotbackig und mit weißen Haaren in die Abelkulisse geraten, hatte gehört, war erblaßt, hatte dann noch ein Flüstergespräch mit dem Disponenten der Lloydbank geführt – und war dann, plötzlich kraftlos, plötzlich um zehn Jahre gealtert, kleinschrittig auf mich zugetreten und sagte: »Oh, guten Tag. Herr Abel ist nicht an der Börse? Wir haben noch eine kleine Verrechnung. Ich brauche heute ein wenig Geld. Sie wollten so freundlich sein, heute zurückzuzahlen.« Ich schwieg. Er schaute mir – ja, er bezwang sich: er schämte sich, aber er schaute mir ins Gesicht, seine Augen weiteten sich in einem abgründigen und doch zarten Schrecken, und von der Schwelle des Jenseits her fragte er mit einer bebenden Stimme: »Oder – die Hälfte?« Er verstummte greisenhaft halb geöffneten Mundes, neigte sich – um uns tobte der Saal – leicht vor und horchte auf meine Antwort. Ich hatte ihm nichts zu sagen, ich stand ohne Wort. Er flüsterte: »Die Hälfte? – Auch das nicht?« Dann war es wieder, als schämte er sich: er schaute an mir vorüber. Ja er zwang sein Gesicht zu einem mühsamen, zu einem fast schon unirdischen Lächeln, er errötete tief und er flüsterte: »Weil – es ist nicht mein Geld, Herr. Es ist das Geld von viertausend kleinen Leuten, mein junger Herr. Selbst habe ich nichts – das ist zerronnen, ich wollte unserer Währung nicht treulos sein. Ich kann nichts ersetzen, mein junger Herr.« Er schämte sich und schaute an mir vorüber. Aber plötzlich drehte er sich ganz schwerelos um sich selbst und fiel hin. Ein paar sprangen her, ein paar trugen ihn. Durch die offen gelassene Türe des Konversationszimmers sah man, daß er dort drinnen auf eine der Polsterbänke gebettet ward. Dann kam ein Herr mit einer Aktentasche und beugte sich über ihn. Dann nahm einer sein Taschentuch, entfaltete es und breitete es ihm übers Gesicht.

Dennoch – all das wäre noch zu halten gewesen. Aber da fiel einer darauf – er war à la hausse engagiert, ein kleiner Mann, ein Haussier, und er verlor Geld an unseren Aktien – da verfiel also der mit einemmal in eine geifernde Wut und schrillte: »Abel! Abel selber! Wo ist Abel? Warum kommt Abel nicht selbst an die Börse?« »Vielleicht sitzt er schon,« sagte ein Milchgesicht. Ein paar lachten – die beiden Ibisse vornehmlich. Aber dann schäumte es schon wieder hoch und eins kreischte: »Abel soll kommen! Abel soll sich zeigen!« »Ich geb, ich geb,« quarrten sieben und siebzehn. Ich sah, wie Klein die Arme sinken ließ, als hätte ein Unsichtbarer sie ihm geknickt. »Abel, Johannes Abel,« schrien ein paar, die verloren. Und einer gellte: »Abel ist ein Ehrenmann,« und plötzlich die Hände hebend nach mir und nach Klein: »Aber die sind die Gauner!« Das Milchgesicht meckerte: »Ehrenmann! Ihnen gesagt!« Sie stritten um Johannes Abel. Gischt schlug hoch um uns alle. Am Schranken wurde geläutet. »Schluß,« sagte Klein neben mir und stützte sich einen Augenblick lang auf meine Schulter. Man achtete dessen nicht, man drängte nach rechts hinüber, zu Bostensohn, und ehe ich seine Stimme in der Brandung noch unterscheiden konnte, sah ich lachende Mäuler breit aufgesperrt. In eine kleine Stille knarrte er: »Kennen Sie den Unterschied zwischen einem Irrigator und dem Beichtvater der Königin von Rumänien?« Gelächter knatterte auf, stand undurchdringlich vor ihm wie die Wand eines Feuerwerks. Man kümmerte sich nicht mehr um uns und nicht um Abel und nicht um die Abelwerke. »Kennen Sie den Unterschied –?« hörte ich.

Darein klirrte etwas. Wenige merkten auf. Nur wenige sahen, daß es zwei, drei der großen Fensterscheiben an der Längsfront des Saales waren, die, von außenher eingeschlagen oder mit Steinen zerschmissen, klirrend in großen Stücken auf die Steinfliesen fielen. Bostensohn knarrte noch: »Kennen Sie den Unterschied zwischen einer Krankenschwester –« Gelächter knatterte. Aber drüben am Schranken eilte ein Diener von Sensal zu Sensal und man sah die Männer in Hast ihre Mappen schließen. Unversehens war es lichter, leerer geworden im Saal. Bei den Ausgängen drängte es sich. Nur die um Bostensohn standen. »Was ist paradox?« fragte Bostensohn. Da stand der Telefondiener drüben auf einem Sensalentisch und hatte ein Sprachrohr in der Hand. »Ruhe, Ruhe!« schrie er. Im Augenblick war es still. Und ehe der Mann auf dem Tisch noch zu sprechen begann, fiel von draußen her ein Laut in das jähe Schweigen des Raumes. Vielstimmig ein U-Laut, aufgebogen gellend zu einem I. Und noch einmal: Pfui! Und Pfiffe. »Bitte um Ruhe,« keuchte der Diener, »durch die hintere Türe!« Da rannten wir schon, stummes Trappen auf dem Steinboden. Pfiffe gellten von der Straße her durch zerklirrende Fenster. Nur Bostensohn verlor nicht den Kopf: »Was ist der Unterschied zwischen einem Kommunisten –« sagte er. Aber die um ihn wurden weniger. Schmolzen ab. Rannten, trappten stumm über Steinfliesen. Da sagte der hagere Mann plötzlich: »Abel! Ich geb!« Es war kein Markt mehr. Nur Klein harrte aus. Als Bostensohn zu vierhundert Kronen die Abelaktien ausbot, sagte Samuel Klein noch einmal: »An mich.« Aber Bostensohn lachte und hängte sich in seinen Arm. »Aus, Freunderl,« sagte er. Draußen pfiffen sie.

Als wir durch das Küchenfenster der Portierwohnung in den hinteren Hof stiegen, war die Flamme der Erbitterung fast schon wieder zertreten. Kaum, daß ein paar Halbwüchsige unserem Mietauto Steine nachschickten. Einer fiel durch das offene Fenster herein und verletzte Klein an der Stirn – nicht erheblich; er merkte es nicht, saß stumm und wie frierend in der Ecke des ratternden Fahrzeugs. »Zu Abel,« sagte er, und während wir durch die schon wieder befriedeten Straßen glitten: »Aus. Aus.«

Es war kurz nach halb zwei, als wir die Stiege hinaufgingen. Vor Abels Wohnungstür, die versperrt war, standen Menschen: sein Diener, aufgeregt, jedem erzählend, er warte nun schon seit drei Stunden hier auf der Treppe, und es müsse etwas vorgefallen sein, denn das Schloß sei verdorben. Sein Schlüssel passe nicht mehr. Dann Birkmeier, stumm, drohend, in einer Ecke. Dann ein Gerichtsdiener – der, der Abel tags zuvor im Bureau gesucht hatte, ihm die Vorladung zu übergeben. »Zum drittenmal seit gestern,« sagte er. So beschlossen wir, einen Schutzmann und den Schlosser zu holen. Sie kamen. Die Türe knarrte, ging auf.

Im Vorraum lag Stickluft. Die Türen der Nebenräume und Zimmer waren geschlossen, vor dem schmalen Stiegenfenster blinzelte Staub in einem sehr schrägen Lichtstrahl. Wir hielten uns beieinander, traten ins Speisezimmer. Die Fenster standen weit offen, als hätte man so einen süßlichen Geruch zu vertreiben gehofft, der ungreifbar da war, nüchtern und zugleich doch aufreizend oder gefährlich. Möbel, Tischdecke – peinliche

Ordnung herrschte im Raum. Nur an einer Stelle war der Boden frisch gescheuert und noch ein wenig feucht. Die Türe zum Salon nebenan stand weit offen. Auch hier herrschte eine überstürzte Ordentlichkeit. Als Birkmeier auf einen Sessel sich stützen wollte, brach der zusammen. Einer mochte ihn zerschmissen haben und dann hatte einer die Stücke wieder sorgsam aneinandergefügt. Und eine Achatschale lag zerbrochen neben einem der Tischchen. Dann war da der Teppich verschoben, als hätte man ein Schweres über den Boden geschleift – vom Speisezimmer nach dem Schlafzimmer hin.

Dieses Schlafzimmer: Türe versperrt. Der Diener winkte uns kraftlos und wir gingen zurück in den Vorraum, und durch die Badekammer und durch das Musikzimmer kamen wir von der anderen Seite an die innere Tür. Sie war offen. Wir traten ein.

Gardine war zugezogen. Zwielicht. Geruch. Im Bett lag einer. Licht auf. War es Abel. Hirn am Haar, das Gesicht eine Wunde. Man hatte ihn ins Bett gelegt, ohne Anzug, doch in steifem Hemd und mit schwarzer Krawatte. Der Schutzmann befühlte seinen Arm. »Er ist schon steif,« sagte er, und ein wenig hilflos, halb aufgerichtet, mit kurzsichtigen Blicken: »Wer –?«

Da richtete sich etwas aus dem Lehnsessel auf, der drüben in der dämmrigen Ecke stand. Ruben Feuerbach. Ruben, das Haar wirr, die Augen tief liegend in verschatteten Höhlen. Alle fuhren wir herum und alle schauten wir ihm entgegen, wie er langsam, wankend, schwankend auf den Toten zuschritt, auf das Bett und den Schutzmann. Der hob die Hand halb vor – ein breiter Ring war daran; er war verheiratet, hatte eine Frau und Kinder zu Hause – der also hob die Hand halb vor und sagte ein wenig hilflos: »Wer hat – das – getan?« Und Ruben Feuerbach krampfte seine Rechte zu einer kraftlosen Faust und hieb sich diese Faust vor die Brust, viele Mal vor die Brust, und sagte: »Ich. Ich. Ich.«

Was den Gerichtsboten anlangt, so blickte er noch einen Atemzug lang unschlüssig nach dem Toten auf seinem Bett. Er zog einen Bleistift hervor, befeuchtete ihn mit den Lippen und schrieb etwas auf die Rückseite der Ladung, die er Johannes Abel hätte überbringen sollen. Dann ging er. Ich folgte ihm mit

Samuel Klein, dem plötzlich übel geworden war. Als wir aus dem Vorraum auf die Treppe hinaustraten, waren Stimmen drunten im Stiegenhaus. »Er ist tot, ich komme von oben,« sagte der vom Gericht. Er stand dort drunten mit zwei Männern in Schaftstiefeln. Eben da ich über das Stiegengeländer mich beugte, fügte er hinzu: »Ihr könnt aber jedenfalls hinaufgehn. Die beiden andern sind oben. Erspart ihr den Weg. Was ist es denn übrigens? Vorführung?« »Haftbefehl,« sagte einer der Schaftstiefel. »Zollschwindel, Kreditbetrug. Vier neue Anzeigen in den letzten zwei Stunden.« Sie kamen herauf. Ich riß Klein zurück in den Vorraum und ins Klosett. Wir hörten, wie die Detektivs eintraten. Sie gingen an uns vorüber und hinein in die Zimmer. Wir rannten die Stiege hinunter, fielen in ein Mietauto. »Zum Bahnhof.« »Ich will nach Hause,« sagte Klein leise. »Dort sitzt schon einer und wartet,« erklärte ich. Er verstummte.

Auf dem Bahnhof war Anton. »Abel ist ermordet worden,« sagte ich. Er wandte sich ab. Ich löste, ihm vernehmlich, zwei Fahrscheine gegen Westen. »Der Zug geht in einer halben Stunde,« sagte Anton schwerzungig und wie überwacht. Als er für einen Augenblick in den Warteraum hinüberging, wo ein paar Bauernburschen auf Bänken schliefen, zog ich Klein, der stumm blieb und zitterte, wieder auf die Straße hinaus. Ein Lohnauto brachte uns auf den Kaiserplatz. Dort sprangen wir auf die Straßenbahn, fuhren zwei Stationen weit, bis zur Quellengasse. Dann wieder ein Auto. Als es an einer Straßenkreuzung neben dem Verkehrspolizisten halten mußte, fiel Klein erblaßt auf den Polster zurück und schloß die Augen. Dann endlich ein viertes bis zum Vorortbahnhof. Als wir an der Auffahrtrampe hielten, patrouillierten dort zwei Polizisten – zufällig wohl. Aber Klein riß mich, der ich schon einen Fuß aufs Pflaster gesetzt hatte, in den Wagen zurück, und da einer der Schutzleute, aufmerksam geworden, herüberschaute, rief ich dem Chauffeur zu: »Weiter!« Da fuhren wir wieder. Nach zwei Minuten wechselten wir den Wagen. »Wohin?« fragte Klein, als wir die geraden Vorstadtstraßen entlangfuhren. Ich wollte ihm wegen seines unbedachten Verhaltens auf dem Bahnhof Vorwürfe machen, aber als ich ihm ins Gesicht sah, ließ ich es sein. Ich sagte: »Jetzt können wir nur einen der Abendzüge nehmen, einen der Lokalzüge zur mährischen Grenze. Die werden nicht kontrolliert. Wir fahren zurück, quer durch die Stadt, durch den Prater, über den Strom. In einem der Fabriksbahnhöfe steigen wir ein. Ein Zug geht gegen halb zehn vom Ostbahnhof, ist also bei den Fabriken vor zehn. Da ist es längst Nacht.« Klein fragte: »Fünf Stunden! Wo bleiben wir fünf Stunden?« Ich rief dem Chauffeur zu: »Zurück!« und er wendete. »Wo wir inzwischen bleiben?« sagte ich wieder zu Klein. »In irgend einem Wirtshaus. Am besten in einer Artistenkneipe im Prater. Dort sucht man uns nicht.« Er nickte matt und verstummte. Ich sah, daß er mit sich kämpfte, daß er sprechen wollte. Da wir schon wieder in das Gewühl belebter Straßen verstrickt waren, sagte er, den Blick an mir vorbei in die Wagenecke gerichtet: »Wir kommen an meiner Wohnung vorüber. Ich möchte hinaufgehn.« Und als er sah, daß ich dawiderreden wollte: »Einen Augenblick. Nur einen Augenblick. Ich hole Geld, habe Geld oben.« Und sehr leise: »Selma ist krank.« Ich warnte: »Man wird Sie verhaften. Oben wird einer sitzen und warten.« Erwehrte ab: »Ich habe den Schlüssel zur Hintertreppe. Dort erwartet man mich nicht.« Da waren wir schon am Tor, fuhren weiter, um die Ecke nach links. Ich blieb im Wagen. »Fünf Minuten,« rief ich ihm nach. Ich hatte sehr wenig Geld zu mir gesteckt. Sonst wäre ich ihm davongefahren. Er schlug den Mantelkragen hoch und verschwand.

Er ging durch das Nebenhaus, über den Hof zum Bedientenaufgang. Er stieg die enge, knarrende Wendeltreppe hinauf, durch Küchengeruch, an Küchentüren vorüber. Im zweiten Stockwerk horchte er. Er hörte seine Schwester reden, wohl mit der Dienstmagd; ihre Worte konnte er nicht verstehn. Das Herz schlug ihm schwer. Er wartete. Er drückte behutsam auf die Klinke. Die Türe knarrte und er erschrak zutiefst. Ein Spalt – immerhin ein Spalt. Da war sie. Allein. »Du,« sagte er, »pst!« Sie fuhr herum, sie faßte sich, sie flüsterte: »Im Salon sitzt einer schon seit zwei Stunden. Einer steht beim Haustor.« Er hauchte: »Selma –?« »Selma hat Fieber,« flüsterte sie hart, und weicher:

»Jetzt denk nicht an Selma.« Er bewegte die Lippen, aber er sagte nichts. Drinnen irgendwo war ein Laut – Schritte, näher, ferner. Die beiden lächelten einander in erblaßte Gesichter. Die Frau sagte: »Er geht auf und ab, der Goj.« Und dann: »Um Selma sorg dich nicht. Ich bleib bei ihr.« Und dann: »Jetzt geh, Sami.« Er hatte den Kopf an den Pfosten der Türe gelehnt und flüsterte: »Moritz? Ignaz?« »Geh jetzt, geh,« sagte sie, und da drinnen wieder die Schritte waren, auf – ab, auf – ab, schob sie ihn hinaus und drückte die Tür zu. Er blieb. Er wich nicht. Zwischen Tür und Pfosten legte er seine Finger und an die Spalte preßte er sein Gesicht: »Blanka –?« fragte er. Ihre Stimme war hart. Sie sagte: »Blanka hat ihre Koffer gepackt und ist ins Hotel gegangen.« Da zog er die Hand zurück, und im nächsten Augenblick hatte die Tür sich geschlossen. Er stand noch immer, das Gesicht an die Fuge gepreßt. »Selma –?« hauchte er. Aber er bekam keine Antwort. So stieg er auf Beinen, die er nicht fühlte, mit Schritten, die er nicht lenkte, die enge Treppe hinunter, im Kreis und im Kreis. Durch Küchengeruch und an Küchentüren vorüber. Den Mantelkragen hoch und auf die Gasse hinaus. Als der Wagen jäh anzog, fiel er neben mir auf den Sitz zurück. Er schwieg. Ich fragte ihn nichts.

Früher Abend sank, und als die Häuser spärlicher wurden und Baumwerk hereinschaute, brannten schon die Laternen. »Prater,« sagte ich. An einer dunklen Gassenecke hielten wir und lohnten das Auto ab. Ganz fern, über Auwipfeln, tropfte noch krankes Rotlicht von einer niederen Wolkenbank. Es war fast schon dunkel. Die Gaskandelaber, weit auseinandergezerrte Schwarmlinie vor dem Feind Nacht, hatten feine farbige Schleier im dünn rieselnden Regenstrich. Auf der leeren Straße zitterten sehr einsam die Pfützen. Aber hinter dieser Straße, deren andre Seite schon Parklandschaft war, und hinter einer Rasenfläche mit planvoll absichtslos gewundenen Promenadewegen klirrte Musik. Aus Baumwerk hervor und, gereckter Arm, hoch über den First des zackigen Schattenrisses vielfältiger Buden auf in die frühe Nachtluft johlte Licht. »Drüben,« sagte ich, »neben dem Wachsfigurenkabinett ist eine Kneipe. Später gehn wir dann nur durch die Au, eine Viertelstunde lang, und sind am Verladebahnhof des Lagerhauses. Die gemischten Lokalzüge halten dort.« Wir hüpften über die Pfützen. Da war Kiesweg und knirschte. Wir gingen durch den Rasen, schweigend, Klein hinter mir. Nun waren Lärm und Licht schon nahe vor uns. Hinter dem langen Holzbau der Grottenbahn lag Gerümpel. Von einer Kiste fuhren zwei hoch und verschwanden. Ein kleiner Hund kläffte. Tiefes Dunkel war da. Nur zwischen Bude und Bude durch engen Ausschnitt sah man in den lichtgrellen Zeltgassen Menschengewimmel, Gesichter, auftauchend einen Augenblick lang und im nächsten dahin, dorthin zurückgefallen und verlöscht an der Kante des Hüttenwerks. Wir stiegen über Gerümpel, ließen einen stummen Zirkuswagen links liegen und tappten im Lichtlosen dicht hintereinander die Schießbude, das Lachkabinett und den Verschlag der Photographen entlang. Da, zwischen dem Wachsfigurenhaus und der Luftschaukel, war ein breiterer Durchlaß – einer der Promenadewege kroch da aus der Grelle der Zeltgassen in das Wiesendunkel hinaus – und an diesem Durchlaß stand, Fenster verhängt, jene kleine Artistenkneipe, in die wir uns setzen wollten.

Wir warteten in der Schwärze des Mauerschattens, beobachtend. An uns vorüber schlenderten Paare – Dienstboten, Arbeiter, Ladenmädchen, Straßenbahnschaffner – aus der Helle in die freie, atmende Au hinaus, standen einen Augenblick lang atmend und blicklos an der Scheide von Helle und Dunkelheit, waren dreißig Schritt weit nur mehr ein grauer Nebelfleck und dreißig Schritt weiter ausgelöscht in der Nacht. Klein umklammerte meinen Arm; dann ließ er ihn. Er lachte leicht auf und fuhr sich mit der Hand über die Stirn, die ihm feucht war. »Ich hab geglaubt, der Pfahl dort hat Augen. Ein Polizist,« sagte er. Ich schwieg. Schräg drüben klirrte und klingelte ein Karussell. »Wann geht der Zug?« fragte Klein. Ich hob meine Uhr aus dem Mauerschatten in die Helle des Weges und sagte: »Noch mehr als vier Stunden. Gehen wir jetzt hinein? Wir fallen nicht auf. Man hält uns für Varietéagenten.« Klein sagte: »Warum hinein? Warum nicht auf die Schaukel? Ich bin nie auf so einer Schaukel gesessen.« Ich blickte jäh auf. Aber Klein stand im Dunkel; ich sah sein Gesicht nicht. Nur seine Augen schimmerten Unsagbares. Ich schwieg. Da löste Klein sich von meiner Seite, trat zwischen den beiden Hütten in die Helle hinaus, und als ich ihm folgte, sah ich ihn eben noch durch die Menschen rudern, schräg über den Platz, nach der Schießbude hin. Eine Horde von Plakatmännern – Kino! Kino! – drängte mich ab, und als ich mich endlich zu jenem Zelt mit seinem Geknalle durchgekämpft hatte, mochte Klein es schon wieder verlassen haben. Ich sah ihn nicht. Ich ging von Bude zu Bude und fluchte.

»Er ist verrückt geworden,« sagte ich mir, »wozu brauche ich ihn, ich werde ohne ihn fahren.« Da stand er vor dem Spielzeugladen, vor dem Puppenladen mit den grotesken Puppen aus Gips. Der Inhaber, ein Italiener oder Zigeuner, groß, schwarzhaarig und hager, mit dem Gesicht einer Leiche, redete auf ihn ein. Der Handel ging um einen kleinen Gipsmann mit einem riesigen Kopf, der auf einer Spitze saß. Stieß man ein wenig daran, so begann der Kopf zu schwanken – sagte ja, ja, ja, ja bis in alle Ewigkeit. Aber Klein kaufte nicht. Klein schaute nur dem Männchen mit dem Nickkopf aufmerksam in die gemalten Augen und lächelte schweigsam. Der Italiener sagte: »Wenn Sie sehen wollen. Hinten sind auch große Figure.« Wir gingen weiter, und als ich bei einem kleinen Händler Wurst kaufte und ein Stück Brot, war Klein mir wieder von der Seite gewichen. Es dauerte wohl eine halbe Stunde, eh ich ihn wieder fand.

Da war ein Bau mit einer grünen Riesentafel darüber. »Zum großen Hüteschießen,« stand drauf. Es gab da zwei Reihen großer Puppen, abenteuerlicher Popanze, Landstreicher, Kavaliere, Gesindel aus Wachs und Lappen, mit hohen Hüten, zwei Reihen hintereinander. Tauchte die eine auf, so versank die andre jählings in einen Abgrund – ein ewiges Auf und Nieder. Dazu kreischte Automatenmusik. Dort stand Klein, den Hut im Genick. Sein Gesicht sah ich nicht. Ich sah ihn von hinten her, sah nur seinen Rücken und seine linke Hand, die, zart, blaß, kurz, einsam aus dem Ärmel des Mantels vorragte, hintastend an der hölzernen Barriere, auf die er gestützt stand. Die Rechte aber war in großer Bewegung. Die Rechte schwenkte er. Aus der Rechten, weit ausholend, schoß er jenen Puppen mit großen Bällen die Hüte vom Kopf. Die Hüte? Ins Gesicht, du Schwein, mitten in dein Gesicht!

»Klein,« rief ich. Er fuhr herum, kam herüber. In seinen Augen glomm eine kraftlose Entfachtheit und sein Gesicht war sehr blaß. »Klein,« sagte ich. Ich steuerte auf das Wirtshaus zu und er ging neben mir, setzte Fuß vor Fuß wie einer, der über sich selber staunt, der erschrocken ist, berauscht von einem zarten Schrecken über sich selbst.

Der Bettler ohne Gesicht saß neben dem Eingang im warmen Speisendunst und nickte, aber die Gesichter der sieben Männer am ersten Tisch – was tranken sie? Bier? – waren groß und rot wie aufgehender Mond. Du mußt dich seitwärts schwenken wie eine Tänzerin, zwischen Sessel und brauner Wand, wenn du an ihnen vorüber willst. Was hemmt dich da? Was hält dich am Rock und was zerrt dich? Die mit den grünen Haaren laß. Sie ist eine Wasserleiche! Ganz hinten bei den fünf ist noch Platz. Sie reden miteinander ohne Wort in Gebärden. Tut nichts – sie sind stumm. Sie tragen abgeschabte Fracke und haben weiß weiße Hemdbrüste von Zelluloid. Stumm? Sie sind die Trompeter vom großen Zirkusorchester – der Lange ohne Wangen ist der Herold, der vor jeder Nummer abends in die Fanfare stößt. Stumm sind sie nicht. Einer flüstert: »Trompeter reden nicht. Trompeter haben die Kehlkopftuberkulose,« Weiter vorn wird getanzt. Der ganze niedere Raum, jeder Mensch, jedes Weib, jedes Glas., jedes Licht ist Bewegung. Nah in der Biegung des Tanzes, abgelöst hingesetzt über die Schulter der Hure – was will dieses harte Männergesicht mit dem abenteuerlich ausladenden Kinn? Das eine Aug steht scharf und wach an der Braue. Über dem andern das neue rötliche Pflaster – ist es nicht kürzlich erst hingesetzt? Macht unkenntlich? Verstellt? Aber er ist schon wieder niedergetaucht. Die Schwenkung des Tanzschritts hat an seiner Stelle das schmale, ausdruckslose Elendsgesicht seiner Partnerin in die Helle gerückt. Kulissen!

Wer wacht da? Klein zieht mich nieder und sagt: »Detektiv?« Da ist es ein Großer, Breitbrüstiger, der uns ins Aug gefaßt hat und auf der Stelle sich wiegend und trippelnd zum Takt der Musik über den schmalen Rücken und Kopf der angewandten Tänzerin her uns in das Gesicht starrt. In seinen Augen ist etwas Fortgerücktes, ungreifbar Abwegiges wie bei Menschen, die unmerklich schielen. Mit den Dompteusen, mit den Zuhältern, mit den Bierkutschern ist er vertraut. Sein Riesenkörper steckt in einem schwarzen, prallen Sakko, das an den Ärmeln zu kurz ist. Er ist kragenlos, trägt eine blumige Wollweste, hat den steifen, schwarzen Rundhut aus der schwitzenden Stirne geschoben. Seine Hand, breit über den Rücken der Partnerin hingelegt, ist fleischrot, ist plump lebendig, ein Tier. Die Tasche des schwarzen Anzugs ist von etwas Schwerem gebauscht. Warum schaut er uns an? Aber da ist sein Gesicht schon wieder hinter Rücken Tanzender ausgelöscht und Klein lacht. Einen Schnaps? Warum nicht noch einen Schnaps? »Auf der Luftschaukel bin ich niemals gefahren,« sagt Klein dem Trompeter. Was da mit dem Dicken im prallen Sakko tanzt – das ist keine Frau, das ist der Damenimitator vom Feenpalast. Ein Fetter im Gesellschaftsanzug kommt durch die Hintertüre. Von Tisch zu Tische trägt er seinen Kugelkopf. Ist das nicht der mit der hohlen Hand? Nicht der Mops, der über den dunklen Hof getorkelt ist damals? »Wo ist Herr Gutjahr,« fragt er den Wirt, »wo ist Gutjahr, Herr Gutjahr?« Sein Gesicht zuckt. Zuckt seine Hand? »Ich werde ihn finden, und wenn ich alle Kneipen ablaufen muß, ich werde ihn finden, ich werde ihn anzeigen,« gurgelt er und zuckt und stürzt fort. Der Fanfarenbläser, der ohne Wangen, zerschneidet etwas auf seinem Teller, mit Messer und Gabel, aber es ist nichts darauf. Zündhölzer, Zündhölzer, Schuhriemen. »Man hat Abel ermordet,« sagt mir Klein durch den Dunst. Die Taubstummen sprechen miteinander vielerlei ohne Laut, und Musik klirrt, klirrt quer durchs Hirn. Einen Schnaps? »Mit den Bällen die Hüte? Ins Gesicht, du Schwein, mitten in dein Gesicht,« erzählt Klein dem Trompeter.

Von Tisch zu Tisch geht ein Mann. Von Tisch zu Tisch geht ein Mann und lacht. Von Tisch zu Tisch ein schmaler Greis mit schwarzen Brillen tastet sich und trägt Männchen von Kautschuk. Drückt er dem Männchen auf den Hintern, so pißt es. Pißt es, dann lacht er. »Scherzartikel,« sagt er. Drückt. Lacht. Und geht weiter. Kommt er schon zu uns? Das Männchen drückt er und lacht viermal kurz, immer viermal kurz. Klein starrt ihm ins Gesicht, schreit auf: »Feuerbach!« »Feuerbach!« schrei ich. Der Greis nickt und erkennt uns nicht. »Kaufen Sie?« fragt er. Da lacht er schon am nächsten Tisch und am übernächsten. Klein beugt sich zu mir herüber und zischelt: »Ist denn der nicht tot?« Die Taubstummen sagen einander lange Geschichten. Beim Wirt steht der hagere Italiener oder Zigeuner, der die Männer mit dem Nickkopf verkauft. »Das ist der mit den Nickköpfen,« sagt Klein zum Trompeter. Der beugt sich zu uns, daß wir ihn hören können, und flüstert heiser: »Haben Sie sein großes Figurenkabinett angeschaut? Er gipst Leichen! Er bekommt Leichen von der Anatomie und legt sie in Gips!« Die Trompeter nickten alle. Einer röchelte: »Er hat sich selbst einen Leichenkopf aufgesetzt.« Da lachten sie alle lautlos und schwenkten die Finger hoch. Klein lachte mit ihnen. Dann beugte er sich zu mir und hatte angstweite Augen und fuhr sich über die Stirn und flüsterte: »Nur nicht verrückt werden jetzt.« Es war heiß. Drüben tanzten sie.

Vor der Tür war Geschrei. Sie rannten hinaus, ihrer dreißig. Luft war im Raum. Weiter tanzen sie, schneller. Ein Weib singt, lacht, kreischt. Ich habe mich in den Winkel rechts hinten geschoben und stehe plötzlich vor dem Klavier. Es spielt – kein Mensch sitzt davor. Ein Orchestrion. Geisterhände rasen über die Tasten, drücken sie nieder, hüpfen, spielen Triller, Staccati, Kadenzen in grauenvoller Gespensterlebendigkeit. Dann draußen ein neuer Schrei, Weiberstimme – eeih! Tür fliegt auf. Tanz stockt. Plötzlich Stille. Stille. Nur das Klavier hämmert weiter. Ein Gespenst spielt Valencia. Und durch die geöffnete Tür einbrechend der Ruf: »Polizei!« Alle auf und hinaus. Durch die Fenster? Durch die hintere Türe? Gedräng. »Eine hat er geschlagen, der Dicke.« »Die Anna hat er geprügelt. Da ist ihr die zu Hilfe gekommen. Eine Fremde. Ist ihm an die Gurgel gefahren. Er ihr die Faust ins

Gesicht. Was mischt sie sich drein?« »Eine Hur?« »Eine von der Partei.« »Rascher, verschwinden! Da pfeifen die Kiwerer schon um Sukkurs.« Gedräng. Die Tür. Ganz hinten im kleinen Raum das Gespenst spielt Valencia.

Draußen steht, von drei Polizisten gehalten, der Mann mit dem prallen Sakko. Eine alte Prostituierte, Vettel, mit künstlich schwarzem, widerlich verwirrtem Haarschopf über der Stirn, keift, sprudelt, spritzt unhemmbaren Wortschwall klagender Verwünschung gegen die, die ihr zu Hilfe hat kommen wollen und nun, von der Faust des Zuhälters an der Stirne getroffen, fast ohnmächtig am Arm eines Polizisten hängt. Ich sehe sie nur von hinten her, nur einen Augenblick lang, rotblondes Haar und zarte Schultern, erschlafft in Kraftlosigkeit. Wir laufen. Klein, neben mir, sagt furchtbar fröhlich: »Mirjam Feuerbach! Die Ohnmächtige – das war Mirjam Feuerbach!« Aber einer der Polizisten pfeift und wir huschen wie Ratten zwischen den Buden durch in die Dunkelheit.

Laufen. Dann mit sechs, sieben, fremdem Gelichter, Zuhältern, Taschendieben und Huren, hinter jenen leeren Zirkuswagen geduckt, bis die Patrouille vorüber ist. Laufen. Kiesweg und Wiese. Da liegen zwei ineinander verstrickt und keuchen. Laufen. Der Waldrand. Buschwerk ist da, scheu beglänzt von drüben her, vom Leuchten hinter den Buden. Zwischen Stämmen der Aubäume atmet herbes Dunkel und Duft nasser Schollen. Dort durch führt der Weg. Und immer findet der rückgewendete Blick noch eine fernere Helle. Bis nur mehr eine einzelne Lampe leuchtet, zitternder Lichtpunkt über den Einsamkeiten der niederen Baumwipfel. Klein bleibt stehn und sagt leise: »Das ist die Lampe auf dem Mast der Luftschaukel.« Blickst du scharf hinüber, kannst du auch eine winzige, einsame Fahne erkennen, wehend im Nachtwind.

Zug gegen Norden. Ein Waggon dritter Klasse, zugig, fast leer. Eine Bäuerin mit einem Geflügelkorb, ein dicker Mann, Dorfkrämer wahrscheinlich – sonst niemand. »Nur hinüber, nur hinüber.« sagte Klein nah meinem Ohr. Es war ein gemischter Zug, Frachtwagen und Personenwagen; er hielt an jeder Station, an jeder Station eine Ewigkeit. So war es schon nach Mitternacht, als wir in Hartburg auf dem Perron den Gendarmen sahen. Wir stiegen aus, nach der anderen Seite, und liefen vor bis zum Postwagen. Hinter erhellter Scheibe bei Licht saß ein Mann und ordnete Briefe. Da also nichts. Wir mußten uns dicht an den Waggon drücken, denn auf dem Nebengleis, in entgegengesetzter Richtung, fuhr in dem Augenblick ein Zug ein. Es war der Kopenhagen-Nizza-Expreß, der nur eine halbe Minute hielt in dieser Kreuzungsstation. Eben vor uns verweilte sich eines der erleuchteten Wagenfenster. Auf Kissen, in Kissen von rotem Samt saß dort drinnen ein sehr ruhiges, kühl hellblondes nordisches Mädchen und las unbelastet und schicksalslos in einem Buch. Ein schlanker Herr in einem dauerhaften und vornehmen Anzug, fremdländische Zeitung lässig neben sich auf der Bank, hob, aus schwerelosem Schlummer leicht aufgewacht, den gepflegten Körper aus seinem Winkel, trat an das gegenüberliegende Fenster und suchte den Namen der Station zu entziffern. »Wien?« fragte das Mädchen. »Nein,« sagte der Herr. »Wann werden wir in Venedig sein?« fragte das Mädchen und blickte schon wieder ins Buch. Die Antwort war nicht mehr zu hören. Denn da bewegte sichs schon, da glitt es schon, da glitt schon das temperierte und elektrisch beleuchtete Eiland der Unberührten auf beschwingteren Rädern weiter weit in die Nacht.

Da war also nichts. Wir liefen zurück, die trüb erhellten Personenwagen unseres Zuges entlang. Durch einen ging der Gendarm. Dann die Frachtwagen. Ziegel wurden da transportiert, und in einem war Zement in Fässern. Einer, ein gedeckter, schien leer zu sein. »46 Mann oder 6 Pferde und 4 Mann« stand darauf. Ich half Samuel Klein beim Klettern, da der Zug schon langsam sich in Bewegung setzte. Kalt war es, und wir kauerten uns in eine Ecke, wo Abfall von Kisten lag. Wind war und Frost und Müdigkeit. Fallen dir nicht, schon die Augen zu? Drück dich tiefer ins stinkende Stroh, Bruder, schlaf.

Dann irgendwo Laternen und Bajonette. Wir waren verhaftet.

Aschermittwoch

Am vierten Tag, gegen elf Uhr, kam der Schließer und sagte: »Vorführung.« Ich sagte: »Jetzt schlaf ich. Drei Nächte Verhör! Keine Sau hält das aus.« »Vorführung, vorwärts!« sagte der Schließer. Ich sagte: »In die Speisen gebt ihr was, daß die Gedärme gar nicht zur Ruhe kommen. Keine Viertelstunde Schlaf in vier Tagen.« »Vorführung,« sagte der Schließer und zog mir die Decke fort. Ich sagte: »Man kennt das! In die Zeitung gehört das! Eine Folter ist das! Das ist die Inquisitendiät III!« Der Schließer zog mich am Arm hoch und sagte: »Vorführung. Übrigens ist das Diät II. Übrigens müssen Sie ja nur gestehn, wies war, ich weiß nicht, was Sie ausgefressen haben, Sie werdens schon selber wissen. Nach dem Geständnis läßt man Sie schlafen, so lang Sie wollen.« Da gingen wir schon durch den hallenden Gang mit den kleinen Türen. Noch die Eisentüre – da standen wir im Parteientrakt des Gerichtsgebäudes, bahnten uns, eng nebeneinander im Gleichschritt, den Weg mitten durch die Gruppen und Grüppchen stumpf erregt oder festlich eingesonntagt wartender Zeugen. Der Vorführungsraum – kahle Kammer mit Gitterfenster, Tisch und zwei Bänken – lag neben dem Zimmer des Untersuchungsrichters, eines kleinen, blassen Menschen mit entzündeten Augen und zahllosen Pickeln im Gesicht, der unentwegt laut hallend sprach. Da also, im Vorführungsraum – der mich hatte vorführen lassen, war Bostensohn, und er winkte mir mit der Hand und erklärte, er werde sich dem Verfahren als Privatbeteiligter anschließen, und zwinkerte mit belustigten Augen und drohte Nichtiges und wollte mich im Grunde nur sehn fünf Minuten lang – da also, im Vorführungsraum, als Bostensohn schon hinausgeschoben worden war auf den Gang und der Schließer aus irgend einem Grund mich noch nicht zurückbrachte in die Zelle, hörte ich, daß der Untersuchungsrichter nebenan einen bearbeitete, und da man die Verbindungstüre geschlossen hielt, waren es nur Fetzen dieses Verhörs, die mein Ohr trafen.

Der Mann sagte: »Na – na – so sagen Sies doch! Mit dem – na – also! Also! Also mit dem schweren Silberleuchter haben Sie hingehaut. – Warum denn?« Schweigen. Wieder der Richter: »Warum denn? Um ihn zu kitzeln?« Er kicherte kurz auf. »Also um ihn zu kitzeln nicht. Sondern? Sondern um ihm – na! Na so lassen Sie mich doch nicht allein reden! Also um ihm – den Schädel einzuhaun! Oder einzudippeln, wie man hier sagt. Schaun Sie, was wollen Sie denn? Sie haben doch sofort gestanden, daß Sies gemacht haben! Also jetzt keine Fisimatenten. Nur keine Sinnesverwirrung und so. Bewußtseinsstörung – den Kren kennt man hier. Beginnt an dem Tag, wo zum erstenmal der Anwalt mit dem Häftling allein gelassen wird – ich will nichts gesagt haben. Also! Na! Keine Auskunft?« Schweigen. Und in das Schweigen drinnen sagte Ruben mit sehr heller Stimme: »Ich, ich! Ich habe ihn umgebracht!« Der Richter krähte: »Na also! Also Einzelheiten! Na! Also Geld haben Sie von ihm verlangt. Und wie er nicht wollen hat, – da haben Sie – so reden Sie doch, Mensch! – da haben Sie also den Silberleuchter –« Aber da winkte mir der Schließer und führte mich in die Zelle zurück.

Das zweite, das hier mitgeteilt werden muß, geschah im vierten Monat – die Befragungen hatten da längst aufgehört. Die Gerichtsferien waren dazwischen gefallen. Doktor Mondschein stellte vier Anträge auf Haftentlassung, und auch Kleins Anwalt stellte vier Anträge, aber die wurden alle abgelehnt, wegen Verabredungsgefahr – obgleich alles in Protokollen schon festlag und nichts mehr zu verabreden war. Und die Verhandlung setzten sie nicht an, weil noch ein paar Vernehmungen in Holland und Amerika fehlten. Das war nur die Erbitterung der Hungerleider, der Richter. Auch eine Aufsichtsbeschwerde hatte keinen Erfolg. Damals also, im vierten Monat, früh nachmittags an einem kalt sonnigen Herbsttag, war es zum erstenmal, daß wir zugleich mit der Dreiergruppe und denen mit Verschärftem spazieren liefen – man versuchte eine Umorganisierung, um Personal abbauen zu können. Wir liefen unser achtzig hintereinander im Hof, die stinkende Front der Küchenfenster entlang, dann schräg hinüber zur hohen Außenmauer, auf der ganz droben der wilde Strauch wächst, der Schlehdornbusch – zu der Zeit hatte er schon seine roten Beeren, und von der Zelle aus konnte man sehn, wie diese Beeren die Vögel lockten – und weiter diese Mauer entlang und die Fensterfront der Gefängniswache entlang und an der Totenkammer vorüber und vorüber an der Stiege und an den stinkenden Küchenfenstern und wieder quer hinüber zum Schlehdornbusch – da, als ich zum siebzehnten- oder siebenundzwanzigstenmal an jener Stiege vorüberlief, nach Turnerart, Fäuste neben der Brust – da also neben der Treppe war Samuel Klein. Er hatte sich einen Bart wachsen lassen und er mochte krank gewesen sein, denn man hatte ihm einen Sessel gegeben. Er saß stumpf teilnahmslos und fuhr erst auf, als ich ganz dicht an ihm vorüberstrich. Aber da war ich schon wieder weiter und weit. Denn ein Aufseher stand nebenan auf der Treppe und schaute herüber. Als ich das nächstemal vorbeikam, fragte ich, dicht ihn streifend: »Was Neues?« Und er sagte gleichzeitig – nein, er sagte nichts. Er schaute mich an, schweren Blicks, und schüttelte ganz langsam den Kopf, verneinend den Kopf. Das verstand ich nicht und bedachte es, während ich lief. Als ich ihn wieder streifte, flüsterte ich: »Namen des Zollwächters Maul halten! « – aber er sagte nichts und mir war nur, ich sähe in seinen Augen eine schwere Angst oder Traurigkeit. Im Weiterlaufen nahm ich noch wahr, daß ihm Schweiß auf der Stirn stand. Ich begriff nicht, was mit ihm geschehn war. Als ich das drittemal ihm vorüberstrich, tat ich, als stolperte ich, und ließ mich fallen. Ich sagte: »Unbedingt Konto Leiser separate verschweigen. Textilien selbstverständlich bona fide. Alles hat Abel gemacht.« Der Aufseher schrie herüber: »Auf! Weiter!« Ich wand mich und rief: »Knöchel verstaucht!« und sagte leise: »Alles Abel! Wir wissen nichts!« Aber Klein schwieg, schaute mich an und schwieg, und als ich fragte: »Was? Was?« war der Aufseher schon neben mir, und da ich nun doch hinken mußte, ließ er mich in die Zelle hinaufführen.

Zwei Monate vergingen, weil das amerikanische Protokoll nicht vollständig war und zur Ergänzung zurückgeschickt werden mußte. Dann kam es, aber da stand das Gutachten der Buchsachverständigen noch aus; man hatte nämlich beschlossen, über die Frage, ob es statthaft sei, Zinsen nach stillen Reserven zu Lasten des Bruttonutzens zu buchen – man hatte beschlossen, über diese grundsätzliche Frage drei Gutachten ausarbeiten zu lassen. Da also, und zwar an dem Tag, als der fünfzehnte Antrag auf Haftentlassung abschlägig beschieden wurde, fiel Doktor Mondschein, als er sich entfernte, ein Zeitungsblatt aus der hinteren Hosentasche, und der Schließer, der ihm die Türe hielt, bemerkte nicht, daß ich es einsteckte. Gesagt muß werden, daß der Untersuchungsrichter keine Zeitung zu mir ließ – »weil die durch die neuen Preßgesetze gewährleistete Möglichkeit publizistischer Behandlung von Vorfällen, über deren Einbeziehung in den Kreis der Untersuchung das Gericht sich noch nicht schlüssig ist, geeignet sein könnte, dem Gang des Verfahrens abträglich zu sein, wenn Untersuchungshäftling in die Lage versetzt würde, von ihnen Kenntnis zu nehmen,« wie er sich in der Abweisung meiner achten Aufsichtsbeschwerde wörtlich äußerte – und gesagt muß werden, daß Doktor Mondschein, ein sehr vorsichtiger und um seine Karriere besorgter Mann, es sich zweifellos zehnmal überlegte, bevor er es auf sich nahm, mir die Zeitung auf solche Weise in die Hände zu spielen. Daß da Wichtigstes vorlag, wußte ich also schon, ehe ich in der Zelle das Blatt entfaltete. Es war eine Nummer der *Wahrheit,* datiert vom Vortag. Auf der ersten Seite:

Das Abel-Betrügerkonsortium hat seinen Chef ermordet??

Der Abel-Skandal breitet sich aus. Abgesehen von dem, daß unter den von Abel kontrollierten Firmen eine Pleite die andere nach sich schleppt wie eine rollende Lawine, ist trotz allen Versicherungen auch die kriminelle Seite nicht aufgeklärt. Herr Hofrat Meier hüllt sich und seine famose Kriminalpolizei in Schweigen. Einer unserer Redakteure, der in der Mathildenstraße vorsprach, wurde ***glatt abgewiesen*** *wie ein lästiger Bittsteller. Man fragt also und man bekommt keine Antwort. Die Öffentlichkeit interessiert sich, und man zeigte die kalte Schulter. Man wird wissen, warum. Aber die Öffentlichkeit hat ein Recht auf Wahrheit und Klarheit. Und wenn die aus dem Säckel des Staatsbürgers bezahlten*

Organe versagen, so wird sich die Presse in ihrer Pflicht nicht beirren lassen. Mit Herrn Hofrat Meier und seinen Unterläufeln werden wir uns noch beschäftigen; wir wissen, wer Butter am Kopf hat. Heute interessiert uns noch eine wichtigere Frage. Man greift sich an die Brust und man fragt sich:

Wo sind die Hintergründe des Abel-Mordes?

Herr Hofrat Meier antwortet nicht und läßt einen in Ausübung seines Berufs vorsprechenden Journalisten von seiner Schwelle weisen. Er hat andere Sorgen. In seinem Wohnhause weiß man zu erzählen, daß ihm die verunglückte Heirat seiner Tochter mit einem notorischen Schuldenmacher Kopfzerbrechen bereitet. Gut; bleiben wir bei der Sache, sagt der Engländer. Von Herrn Meier ein andermal. Er braucht nicht antworten. Wir werden unsere journalistische Pflicht auch ohne ihn erfüllen. Wir haben beschlossen, ohne Scheu vor Kosten und Schikanen, ***auf eigene Faust zu recherchieren****, und wir sind heute als einzige Zeitung in der Lage, den Fall Abel mit Röntgenstrahlen zu beleuchten.*

Uns interessiert vor allem ***die Person Ruben Feuerbachs****, der jetzt seit vier Monaten in Untersuchungsgewahrsam schmachtet.* ***Ein blasser Junge.*** *Man zieht unwillkürlich die Brauen hoch und fragt sich:*

Sind Knaben Mörder?

Eine entwendete Schachtel Zigaretten – gut. Eine kleine Spielschuld – gut. Ein pikantes Abenteuerchen (wer wirft sich da engherzig zum Sittenrichter auf?) – gut. Das wollen wir diesen Jüngling mit seinem gefälligen Äußern und seinen schwarzen Locken zutrauen. Aber ***Mord?*** *Brutale Verlöschung eines anderen Lebens? Wir denken uns nach bewährter Methode: Man wird ja da sehen! Und wir machen uns auf den Weg.*

Der ermordete Johannes Abel besaß, was bisher nicht bekannt war, das Haus Wiesnerstraße 14, EZ 225/97 des Grundbuchs IX, ein niedrigeres, ziemlich altes Proletarierhaus, dessen erstes Stockwerk der Tote vor Jahren selbst bewohnt hat. Man weist uns an **Frau Aloisia Gutjahr**, die damals Abels Wirtschaftsdame war und noch im Hause wohnt. Die leidende alte Dame, die uns in einem peinlich sauberen Stübchen empfängt, ist untröstlich über den Tod ihres früheren Brotgebers. Es bedarf aller Überredungskünste des erfahrenen Journalisten, ehe sie sich davon überzeugen läßt, daß sie es dem öffentlichen Gewissen schuldet, uns Rede und Antwort zu geben. »Mein toter Gönner war stets ein edeldenkender Charakter,« sagt sie, »und daß dieser Ruben Feuerbach ihn umgebracht hat –« Wir glauben unterbrechen zu sollen: »Sie kennen diesen Feuerbach?« Ein Lächeln umspielt den Mund der alten Dame in dem sie antwortet: »Er ist hier im Hause geboren **und habe ich seiner Mutter in ihrer schweren Stunde geholfen.«** Wir fragen: »Halten sie ihn für den Mörder?«

»Nein!«

ist die entschiedene Antwort! »Dieser Feuerbach ist ein geistig zurückgebliebener Bursche, ein **Halbidiot** und kein Mörder. Herr Abel hat in seinen letzten Lebensjahren **die absonderlichsten Gewohnheiten gehabt. Ihn hat wohl einer seiner Kumpane oder einer seiner Geschäftsfreunde erschlagen.«**

»Haben Sie da eine bestimmte Vermutung?« werfen wir wie absichtslos hin. Aber Frau Gutjahr, die um ihre Ruhe besorgt zu sein scheint und offenbar nach den Annehmlichkeiten eines Verhörs bei Herrn Hofrat Meier nicht lüstern ist, weiß nicht mehr zu berichten. Sie hat jedoch noch die Freundlichkeit, uns zu weiterer Auskunftserteilung an ihren Sohn zu weisen, der bis vor kurzem gleichfalls im Hause wohnte und inzwischen in ein besseres Apartment in der Hechtgasse 32 verzogen ist.

Dort erfahren wir leider, daß Herr Gutjahr derzeit verreist ist. Dagegen wies man uns an den mit Gutjahr befreundeten **Anton Horak**, Kaufmann, wohnhaft ebenfalls Wiesnertraße 14, als weitere Auskunftsperson. Herr Horak bewohnt im Souterrain des Hinterhauses ein sehr bescheidenes Zimmer. Er empfängt uns in einem größeren Forderraum, in dem zahlreiche schlichte Schlafstellen für sogenannte Bettgeher zu sehen sind. Herr Horak ist

Kaufmann und, wie heute so viele, auf mehrere Branchen gleichzeitig angewiesen. Er handelt mit Kleidern und mit Fleisch, daß er vom flachen Land hereinbringt. Außerdem ist er Polizeivertrauter und es entbehrt nicht der Pikanterie, daß er, ein Untergebener des Herrn Hofrat Meier, ***erst durch uns erfahren muss, daß Johannes Abel ermordet worden ist.*** *»Ich lese keine Zeitungen,« sagt er entschuldigend. Tatsächlich ist Herr Horak offenbar ein Arbeitsmensch, der ganz in seinen Geschäften aufgeht und für nichts anderes Zeit findet. Den Ermordeten kannte er flüchtig, wie eben ein wenig bemittelter Mieter des Hinterhauses den Hauseigentümer zu kennen pflegt. Dagegen kennt er den Feuerbach. »Glauben Sie, daß er Herrn Abel ermordet hat?« wollen wir wissen. Da gerät Horak in große Erregung.*

»Nein!«

ruft er, »nein!« und nach der Art solider Kleinkaufleute, die alles noch einmal überdenken, sagte nach einer Weile noch einmal leise: »Nein.« Dann sind eigentlich wir es, die ihm über den Stand des Mordfalls Abel Auskünfte geben müssen. Trotzdem wir also hier an einen wenig Informierten, ja an einen keine Zeitung lesen und Sonderling geraten sind, erhalten wir auch hier die entschiedene Auskunft:

Ruben Feuerbach ist kein Mörder.

Und in dieses schlichten Mannes Munde wiegt, so will uns bedünken, solch ein Wort fast ebenso schwer, als in dem eines geschulten Psychologen oder Reporters.

Wir geben uns aber mit den Resultaten unseres kriminalistischen Streifzuges noch immer nicht zufrieden. Wer ist dieser Ermordete? fragen wir uns immer wieder, wer ist dieser Abel, der einen um mehrere Jahrzehnte jüngeren, halbidiotischen Burschen nachts in seine Wohnung lässt? Wie ist

sein wahres Gesicht?

Wir haben also auch einen weiteren Weg nicht gescheut und uns zu Abels Wohnung Zutritt verschafft. Um es gleich zu sagen: diese Wohnung birgt unserer Überzeugung nach des Rätsels Lösung. Diese Wohnung ist – man kann es nicht anders sagen –

sardanapalisch.

Es wirft ein grelles Schlaglicht auf die Verhältnisse unserer Zeit, daß dieser Johannes Abel ein ***Doppelgesicht*** *hatte. Nach außenhin Bankier, Industrieller, Großkaufmann, Präsident immerhin mächtiger Teile des Wirtschaftskörpers, mit einem Wort, um ein Zitat zu brauchen, eine Stütze der Gesellschaft – und auf der Kehrseite ein Wollüstling, der sich nicht scheute, sein graues Haar durch nächtliche Trunk- und noch schlimmere Gelage in seiner luxuriös eingerichteten Wohnung zu besudeln. Wir sind keine Moralisten. Aber wenn wir uns vorstellen, wie da in diesen lauschigen Winkeln und bequemen Klubsesseln neugebackene Kavaliere leichte Dämchen auf den Knien wiegten, wie sie, während die Champagnerpfropfen knallten, ihre dicken Importzigarren zu blauem Dunst verpafften, dann fragen wir uns:* ***mußte es nicht so kommen,*** *wie es gekommen ist? Mußte es nicht so kommen, daß, vielleicht nach solch einem Gelage, als schon die Champagnerkelche übermütig zerschmettert am Boden lagen, einer hinging und den erschlafften Mann mit dem Doppelgesicht erschlug?*

Aber wer?

Ruben Feuerbach? Ein Halbidiot, den er offenbar zur Erlustigung für seine Dämchen sozusagen als Hofnarren an diesen Gelagen teilnehmen ließ? Der also ein Nutznießer dieser Ausschweifungen war? Man muss schon Hofrat Meier heißen und Privatsorgen wegen einem schuldenmachenden Schwiegersohn haben, um da noch mit Blindheit geschlagen zu sein. Der Kriminalist hat zu fragen: ***Cuibono?*** *Wem brachte es Vorteil, wenn Abel nicht weiter praßte? Den Mitprassern?* ***Oder nicht vielmehr seinen Kompagnons,*** *die zusehen mußten, wie ihm das gemeinsame Kapital* *durch die Finger rann? Man erinnert sich, was Abgeordneter Birkmeier in diesen Blättern letzten Mittwoch über seine Erfahrungen in dieser Gesellschaft mitgeteilt hat. Wir fragen: Was ist diesen Menschen* ***nicht*** *zuzutrauen? Sie sitzen wegen Betrug in Untersuchungshaft. Sie sitzen wegen betrügerischer Krida in Untersuchungshaft. Sie sitzen wegen Zollschwindel in Untersuchungshaft. Wir fragen Herrn Hofrat Meier und wir fragen den Staatsanwalt mit aufgehobenen Händen:* ***Ist er sicher, daß diese zwei nicht auch das Leben das Kompagnons Johannes Abel auf dem Gewissen haben?*** *Unsere Hypothese ist: Es gibt nur einen Fall Abel. Der Abel-Mord und die Abel-Pleite gehören in einen Topf. Die an der Pleite Schuldigen haben sich durch den Mord ein Alibi geschaffen, dem sie alle kommerziellen Verfehlungen die Schuhe schieben können! Und die Justiz? Sie* ***hat*** *die Schuldigen – aber sie wirft sich in ihrer ganzen Schärfe auf einen zurückgebliebenen, schwächlichen Hübschling, der den schweren Leuchter, mit dem der Mord geschah, nicht einmal heben kann. Wer glaubt das? Herr Hofrat Meier! Die Öffentlichkeit greift sich an die Brust und fragt sich: Warum geht ein Beamter mit so viel Privatsorgen nicht in Pension? Wir warten auf seine Antwort.*

Ja, das war Emmerich Farkas' Handschrift. Ich las den Aufsatz dreimal, eh ich die Zeitung verschwinden ließ. Ich war verwirrt. Daß Ruben Feuerbach nicht der Mörder sein konnte – vom wahren Sachverhalt wußte ich ja damals noch nichts – davon war ich von Anfang an überzeugt gewesen. Farkas' Angriff gegen Klein und mich nahm ich, wie begreiflich, nicht ernst und dachte im übrigen lächelnd des guten Doktor Mondschein, der, schien es, des Glaubens war, etwas werde an dieser Mordbeschuldigung der *Wahrheit* schon wahr sein.

Eine Folge hatte dieser Artikel übrigens sozusagen schon über Nacht. Der Aufsatz war an einem Mittwoch erschienen – am Donnerstag abends lag zwischen den zwei Scheiben Brot, die wir Untersuchungsgefangenen aus der Kantine faßten, ein gefaltetes Stück Papier, das, da ich es auseinanderbreitete, als ein abgerissener halber Bogen eines ganz billigen Briefpapiers sich erwies und seltsamerweise sehr stark und derb parfümiert war. Hurenpapier, dachte ich. Der Brief war von ungeübter Hand auf einer offenbar immer wieder versagenden Schreibmaschine geschrieben, auf einer Schreibmaschine mit jenen großen und abgearbeiteten Lettern, die man auf den Schriftstücken niederer Ämter und Polizeistuben sieht. Ich las dies:

> »Inen wird geraten alles zugeben wo ohnedem die Öffentliche Zeitung es schon weiß. Nicht den jungen belasten nachdem derselbe eine arme Weise sein Vater tot und die Mutter ist verrückt. Würde auch *nichts helffen* denn wen sie herauskommen arbeitet sofort das Messer. Auch der andere Schieber Jud soll zugeben ist das beste für ihm sonst krepiert er draußen. Die Rächende Schwarze Hand.«

Diesen Brief las ich ein paarmal mit großer Sorgfalt. Gruß vom Mörder, sagte ich mir und schob das Papier in die Tasche. Aber als andern Tags der aushilfsweise arbeitende Schließer eine Weile bei mir in der Zelle gewesen war, konnte ich das Blatt nicht mehr finden. Es war verschwunden. Ich erzählte Doktor Mondschein davon. Er zuckte die Achseln. Nein, er glaubte mir nicht. In Angelegenheit dieser Mordbeschuldigung wurde ich übrigens nicht einmal einvernommen, und beschäftigte mich auch noch gelegentlich jener eingeschmuggelte Zettel und sein Abhandenkommen – ich hatte bald andres und mich näher Betreffendes zu bedenken. Denn man hatte gewissermaßen über Nacht gegen Klein, mich und Balogh den Prozeß anberaumt – auch gegen Balogh, der aber, in Änderung seines Verhaltens, der Staatsanwaltschaft gegenüber sehr gesprächig geworden war und, reuiger und noch dazu mitteilsamer Sünder, den Freispruch offenbar verbrieft in der Tasche hatte. Der Vorsitzende, ein dicker Mann, in einen schwarzen Talar gepackt, schweinsäugig, mit Brillen und einem schwarzen Bürstchen von Schnurrbart auf der verkürzten oberen Lippe, nannte ihn darum auch »Herr Balogh«, mit Öl in der Stimme, während ich und Klein nur »Angeklagter« hießen und auch die Wohltat, während der Aussage sitzen bleiben zu dürfen, verwehrt bekamen. Im übrigen hatte Balogh ja nur zu den Fakten des Zollschwindels vernommen zu werden – Fakten, deren Durchleuchtung man offenbar als vergleichsweise einfach betrachtet und darum aus Gründen der Prozeßtechnik an die Spitze des Verfahrens gesetzt hatte.

Aber auch da war Baloghs Rolle alsbald stark eingeschränkt. Was er aussagte, war schlichte Wahrheit, ja er sparte nicht mit der Aufführung ihn stark belastender Umstände, wenn er nur mich oder Klein dadurch mit zu belasten vermochte. Der Staatsanwalt, Knochengeier, Gerippe in Rot, nickte zu seinen Sätzen im Takt mit dem Kopf wie ein Lehrer zum gut repetierten Pensum des Zöglings. Diese Angaben waren bei aller Offenheit für uns wenig gefährlich. Balogh stand da, an der Barre, kleiner Mann, in dem peinlich neuen und allzu modernen Anzug, den er sich von Kleins Gelde damals gekauft hatte, stand also da und – es läßt sich nicht anders sagen: er funktionierte. Das ging wie geölt. Klein habe ihm unverzollten Kakao übergeben und ihn beauftragt, die Ware zu schmuggeln und als Schmuggelgut an die Abelwerke zu verkaufen. Er sprach eine Stunde und eine halbe – auch von seinen Familienumständen, seiner Notlage, seiner sonst unbestrittenen Rechtschaffenheit (»ein Balogh«, sagte er) – ohne daß man ihn unterbrochen hätte. Der Vorsitzende – er hieß Porak – nickte zum Staatsanwalt hinüber. Nein, keine Frage. Aber Doktor Mondschein erhob sich, ganz schwammige Wucht, und begann mit einer falschen Biedermannsstimme seine Fragen zu stellen. Bei der dritten stutzte, über die fünfte stolperte Balogh. Nein, welches Interesse Klein gehabt haben sollte, eines unverläßlichen Mittelsmannes sich zu bedienen, um mit seinem »alten Freunde Abel« (so sagte Mondschein und hob mit einer grundlos beteuernden Bewegung die Hände flach in die Luft) anrüchige Geschäfte zu machen – nein, dafür wußte Balogh bei Lichte gesehen keine Erklärung. Und als der Staatsanwalt ihm zu Hilfe kam, mit einem Gemeinplatz – »Schieber hin, Schieber her,« sagte er, oder »Schieber ist Schieber« – schwoll Mondschein plötzlich auf wie ein Frosch und sang im Tenor berufsgewohnter und unglaubhafter Entrüstung seinen Protest gegen solche Beleidigung seines Klienten. Der Vorsitzende mußte ihn erst aufmerksam machen, daß, wenn überhaupt, in diesem Falle doch nur von einer Beleidigung von Klein oder Abel die Rede sein könne; und von denen sei der eine tot und der andre – Ja, Klein war vertreten. Aber wie war er vertreten! Sein Anwalt, ich habe den Namen vergessen, war eine lispelnde Null, ein Männchen, das hinter dem Barreau kurzsichtig in einen Abgrund versank. (Der Anwalt großen Namens, den Klein gleich nach seiner Verhaftung gewählt hatte, war im Zug des Verfahrens mit dem Vorsitzenden in Meinungsverschiedenheiten geraten und hatte, eitel und rücksichtslos, eine Woche vor der Verhandlung seine Vollmacht zurückgelegt; einem zweiten Mann von Rang den verlangten Kostenvorschuß zu bezahlen, hatte Klein nicht das Geld – und so verteidigte ihn also die Null ex officio.)

Da blieb also der polemische Teil der Angelegenheit meinem Mondschein vorbehalten, und seine Fangfragen waren so plump wie erfolgreich. Nach einer halben Stunde war von Baloghs blendend hingelegter Aussage nicht so viel übrig, wie Schwarzes unter den polierten Fingernägeln seiner beteuernden Rechten saß. Daß er, der jetzt so fügsam Geständige, bei seiner ersten Verhaftung alles geleugnet hatte, war nicht aus der Welt zu schaffen. (Mondschein schlug, indes er das feststellte, den Rücken der linken Hand gezählte acht Mal gegen das in seiner schwammig bewegten Rechten wedelnde Polizeiprotokoll.) Daß keineswegs Balogh, daß vielmehr Klein und ich es gewesen waren, die die Zollschwindeleien der Behörde angezeigt hatten – Mondscheins Zeigefinger dolchte ins Leere – nein, auch dies war nicht aus der Welt zu schaffen. »Woher also der plötzliche Umschwung?« fragte Mondschein und wandte sich Balogh zu. Und vertraulich: »Um aus Rache die Anzeiger mit in den Abgrund zu reißen?« (So sagte er!) Und in falschem Biedermannston: »Oder, Herr Balogh, hat Ihnen vielleicht, wie wir übrigens noch beweisen werden, der Herr Staatsanwalt irgendwelche Versprechungen gemacht für den Fall –« Nein, hier kam er nicht weiter und der Vorfall endete im Geschrei berufsmäßig leerer und von keinem geglaubter Erregtheit, die alsbald verebbte. Der Knochengeier hackte noch ein paarmal gegen Mondscheins qualligen Bauch – Kleins Anwalt kroch hinter den Tisch – und das Paket auf dem Präsidentensessel ließ die Frage nicht zu. Doktor Mondschein meldete für alle Fälle die Nichtigkeitsbeschwerde an und verzichtete im übrigen auf alles weitere. Stille war einen Augenblick. Nur de Letter, der in der ersten Reihe des Auditoriums über die Bank quoll und leise nach Knoblauch roch, meckerte hörbar. Das gab dem Paket endlich Anlaß zur Entfaltung asthmatischer Energie. Der Knoblauch versank. Das Paket war laxiert und sagte milde: »Die Zeugen.« Und der Saaldiener schnarrte in einen Nebenraum: »Birkmeier! Birkmeier! Hereinkommen!«

Da stand er schon, ein apoplektischer Elegant – ja, Elegant, ganz in Hellgrau, gebügelt; nur der Schnitt des Rockes hatte noch einen touristischen Einschlag. Vor allem beschwerte er sich über den Ton des Ausrufers. Er sei Abgeordneter, erklärte er, und er verbitte sich das. Das Paket wurde weich und der Diener bekam den Verweis. Dann deponierte der Vollbart die Personalien. Abgeordneter war er wohl nicht, aber er hatte es immerhin in der Zwischenzeit zum völkischen Bezirksdelegierten gebracht. Beruf? »Politiker,« sagte Herr Birkmeier. Mondschein sagte: »Und wenn schon,« aber als der Vorsitzende ihn fragte, ob er diese Zwischenbemerkung zu Protokoll geben wolle, dankte er kühl. Dann begann das Verhör.

Da ging es nicht um die Schmuggelgeschichten. Von ihnen auch nur das geringste zu wissen, wies Birkmeier ganz entschieden von sich. Sein Vollbart zitterte, so fest war seine Stimme dabei. Die Staatsanwaltschaft hatte ihn auch in ganz anderen Belangen als Zeugen geführt. Da ging es vor allem um die Affäre mit den vermotteten Zigaretten, um jene umgewandelte Erhöhung des Aktienkapitals, die, anders gedreht, eine doppelte Volte nötig gemacht und das Leben eines armen Teufels von Aristokraten gekostet hatte. Birkmeiers Aussage war von großer Nachdrücklichkeit – als er in irgend einem Zusammenhang zu beantworten hatte, wie groß der Arbeiterstand einer polnischen Filialfabrik wäre, beantwortete er auch das so entschieden, als gälte es, einen Feind zu entlarven. »Hundertunddreißig,«

sagte er hart, laut und unwiderleglich. Aber als Doktor Mondschein treuherzig ihn fragte, wie er es denn selbst anläßlich jener Kapitalserhöhung mit seinen eigenen Abelaktien gehalten habe, begann er an plötzlicher Gedächtnisschwäche zu leiden. Das sei lange her, sagte er. »Begreiflich,« sagte der Staatsanwalt, und Doktor Mondschein sagte kameradschaftlich: »Reden wir also von etwas anderem.« Nämlich von jenen Schokoladesurrogaten der Kriegszeit, die zwar von Klein erfunden, von Birkmeier aber hergestellt worden waren. Mondschein sagte weltmännisch diskret: »Gibt es da nicht etwas eine kleine Vorstrafe, Herr Zeuge?« Nein, das war lange her; Birkmeier erinnerte sich nicht so genau. Er begann schlechte Figur zu machen. Der Staatsanwalt wurde unruhig, Doktor Mondschein wurde immer gemütlicher, der Vorsitzende suchte zu retten, was zu retten war, und sagte grundlos kreischend: »Wir sind da in keinem Kaffeehaus!« Man sammelte sich.

Und aus der zurückgenommenen Linie stieß der Rote neu vor und meinte: »Das ist ja alles von minderer Wichtigkeit –« Mondschein fragte dazwischen: »Sie lassen also in puncto Zigaretten und Lehensmittelverfälschung die Anklage fallen?« Der Geier sagte: »Dazu werde ich mich jetzt nicht äußern.« Und Mondschein: »Aber wenn –« Kreischt der Rote: »Ich bitte, mich nicht zu unterbrechen!« Und sagt unvermittelt in Ruhe, fast werbend – man wußte nur nicht um wen und warum: »All das ist nicht wichtig. Wir kommen zur Hauptsache.« Und zu Birkmeier hingeneigt: »Herr Abgeordneter, Sie haben in der Voruntersuchung einiges angegeben über jene tief verabscheuungswürdige und verbrecherische –« Mondschein sagte für alle Fälle: »Ich verbitte mir das!« – aber der Staatsanwalt betonte nur schmetternd: »verbrecherische Untergrabung der wankenden Landeswährung durch Verkauf der Inlandsdevise in Hamburg und London!« Birkmeier fing den Happen. Er sah seine Stunde gekommen. Nach mir und Klein hin wandte er sich, er hob den dicken Zeigefinger, sein Bart klaffte auf und er brüllte: »Die beiden! Die beiden waren das!« Das Paket wachte auf und sagte ölig: »Der Reihe nach, Herr Abgeordneter, bitte.«

Und Birkmeier deponierte, daß die Platte des Stenographentisches sich bog. Käufer, Verkäufer, Hand, Zwischenhand – jede kleinste Einzelheit der planvoll verwirrten Unternehmungen war ihm bekannt. Woher? Er sprach wie ein Buch, und was auffiel: er sprach höchst sachlich. »Verweigerte eine Stelle«, so sagte er, »die Entgegennahme der im Ausland verkauften und also hier nach der Disposition des ausländischen Käufers zu erlegenden Kronen, verlangte eine Stelle vor Annahme dieser Kronen den Nachweis einer Bewilligung der Devisenzentrale, so verschaffte man sich diese Bewilligung, indem man der Devisenzentrale an der Hand falscher Fakturen vorschwindelte, man habe lebensnotwendige Waren importiert und müsse sie nun in Kronen an das Ausland bezahlen.« Er knöpfte seinen hellgrauen Rock auf, zog ein Päckchen aus der inneren Tasche und sagte: »Eine Anzahl dieser seitens der Angeklagten zu volksverräterischen Zwecken betrügerisch hergestellten Fakturenformulare lege ich hiemit auf den Gerichtstisch.« Und er tat es.

Das war allerdings ein Trumpf. Das war allerdings schlimm. Das Paket und der Rote nickten einander Verständnis zu, Mondschein schwieg, die Null war nicht, sichtbar, in der letzten Reihe des Auditoriums feixte de Letter (er aß dazu Käsebrote aus dem Büfett), und was mich anlangt, so beugte ich mich ein wenig vor und seitlich, um Samuel Klein in die Augen schauen zu können – zwischen uns saß der Justizsoldat, der uns vorgeführt hatte.

Klein saß dort und schwieg. Er hatte sich tatsächlich während der Untersuchungshaft einen Bart wachsen lassen, einen rötlichen, breit verwilderten und dabei armseligen Stoppelbart, der ihm unsagbar traurig ums Kinn hing und ringelig gelockt an den Schläfen hochkroch ins ergrauende Haar. Dieser schmächtige, schiefschultrige Mann stak noch in einem abendländischen Anzug, aber sein Körper hatte schon zurückgefunden in die Ghettowildnis und auf die Steppenstraße der Väter. Steppenstraße, Steppe – das waren diese traurigen Augen, in denen alle Gier des Greifens, aller Triumph des hellen Hirnes, alle Inbrunst des Sichbehauptens in dem halben Jahr Haft so sehr verlöscht war, so ausgebrannt, daß ich dort, zwischen Richter und Staatsanwalt, dort, wo sprunggeducktes Angespanntsein Gebot war, dort, wo es uns, wo es mir an den Kragen ging – daß ich selbst einen Atemzug lang tief erschrocken die Wange an die alterspolierte Glätte dieser Klagebank lehnte und nach dem Blute horchte, das in meinen Adern schwoll und schwand. Einen Atemzug lang wußte ich, daß – ade, Kumpan, Kamerad – daß da etwas endgültig zu Ende war, daß die Larven ringsum nicht über uns zu Gerichte saßen, sondern über einer Zeit, sondern über einem Naturereignis, sondern über sich selbst. Einen Atemzug lang – aber zum nächsten war ich wieder ich selbst, war ich wieder ein Wacher, geduckt und zum Sprung bereit, da sie mir an den Leib wollten. (Auch das wurde in den späteren Tagen dieses Prozesses ganz anders. Davon wird noch die Rede sein.) Damals aber – zum nächsten Atemzug hörte ich schon wieder Birkmeiers Stimme, die in der Stille stand. Es ging um Abels Versicherungsverträge und Güterkauf. Birkmeier war informiert, informiert, informiert. »So brachte man es zustande,« sagte er, »daß Volksvermögen – denn ein Waldgut ist Volksvermögen – durch einen andern Teil des Volksvermögens – denn auch eine Versicherungsgesellschaft ist Volksvermögen – daß also ein Wert durch den andern, daß eine Institution durch die andre zunichte gemacht, daß sie – daß sie vernichtet wurde.« Er schloß und atmete ein. Der paketierte Schweinskopf schwamm in Öl, als er fragte: »Sind Sie zu Ende, Herr Abgeordneter?« Er war zu Ende.

Nein, er war nicht ganz zu Ende. Denn Mondschein hatte noch ein paar kleine Fragen zu stellen – belanglose Fragen, Fragen des Fragens halber, um Zeit zu gewinnen. Seine Stimme war ganz Biedersinn, und zwischen ihm und Birkmeier stellte sich für Augenblicke geradezu eine Art bärbeißiger Vertraulichkeit ein. Dem schwammigen Manne war dabei anzusehn, wie sein Hirn arbeitete. Dann endlich dolchte sein Zeigefinger schräg vor nach dem Vollbart – ein Zeigefinger, seitlich verbogen, Pfropfenzieher, der die Flasche der Argumente entkorkt. Die Falle war plump, aber Birkmeier war schon gefangen, ehe der Rote vorzubeugen vermochte. Es war nichts von Wichtigkeit, es war nur eine harmlose Information, die Mondschein sich erbeten hatte. Er fragte ihn, wie denn das mit der Lombardierung einer Barpolice eigentlich sei. Eine bezahlte Police sei ja doch wohl ein erworbener Wert. Sei also die Krediterlangung auf Grund erworbenen Wertes seiner, Birkmeiers, Meinung nach kriminell? Birkmeier verneinte. Kriminell sei also die andre Hälfte der Transaktion? Birkmeier bejahte bedenkenlos. Und Mondschein sagte trocken: »Diese andre Hälfte besteht in der Aufnahme einer Hypothek auf ein mit barem Geld erworbenes Waldgut.« Und mit milder Stimme, wie man zu einem reizbaren Pensionär einer Anstalt für geistig Zurückgebliebene spricht: »Wissen Sie, was eine Hypothek ist, Herr Abgeordneter?« Birkmeier antwortete ein wenig zu rasch – und er antwortete falsch. Und Mondschein war ganz gütiger Vorsitzender eines Abiturientenexamens, als er die sinnlose Frage stellte: »Wissen Sie vielleicht, was eine Bibliothek ist, Herr Abgeordneter?« Im Auditorium lachte man. Nein, Birkmeier machte keine gute Figur. Seine Sicherheit – sogar seine Eleganz war dahin; sein Anzug saß mit einemmal schlecht. Der Staatsanwalt kam ihm zu Hilfe und erklärte, er verbitte sich das. Mondschein sagte leise, doch vernehmlich: »Und wenn schon,« und zu Birkmeier, wieder ganz Milde: »Und jetzt noch vier kleine Fragen, Herr Abgeordneter.«

Aber da hatte Birkmeier sich endlich gefunden. Er wandte sich an das Paket und trompetete: »Ich bitte, mir die Fragen der Verteidigung ex praesidio vorzulegen. Einem Juden antworte ich nicht.« Das gab eine kleine Sensation und das Paket erklärte stimmschwach, er werde den Herrn Abgeordneten in Disziplinarstrafe nehmen. Erst als der linke der beiden Votanten, der mit der Glatze, der geschlafen hatte, jäh aufschrak und an seinem Ohr etwas tuschelte, verbesserte er sich: er werde also im Wiederholungsfälle ein Auslieferungsbegehren stellen – wegen der Immunität. Aber da schrak nun der andre Votant hoch und mußte einiges flüstern, und das Paket, irritiert und nicht mehr ganz höflich, sagte: »Übrigens – das ist ein Irrtum. Sie fallen ja nicht unter das Immunitätsgesetz als Bezirksdelegierter. Warum nennen Sie sich eigentlich Abgeordneter?«

Es war sehr unruhig geworden im Saal. Man sprach miteinander. Der Rote trat zum Paket und sie flüsterten. Mondschein schrieb indessen vielerlei in fliegender Eile an den Rand einer Zeitung. Dann erhob er sich und sagte in die plötzliche Stille: »Ich verzichte darauf, den Zeugen weiter unmittelbar zu befragen. Dagegen bitte ich den hohen Gerichtshof« – seine Hand war ein Löffel – »dem Zeugen folgende Fragen vorzulegen.« Er entzifferte langsam von dem Rande der Zeitung: »Erstens: Ist es richtig, daß der Zeuge nach dem Zusammenbruch der Abelwerke durch einen Strohmann, und zwar durch seinen Vetter, den pensionierten Generaloberst Viktor Schostelka von Schlachtensieg, zwei der Konzernfabriken, und zwar das Unternehmen Deliciosa in Czernowitz und das Unternehmen Meyer Borscht et Asessohn in Nagykanisza erwerben ließ? Zweitens: Ist es richtig, daß er diese Verkäufe auf Grund seiner noch nicht gelöschten Prokura der Abelwerke selbst getätigt, also selbst an sich selbst – Herr Staatsanwalt! – selbst an sich selbst verkauft hat? Drittens: Ist es richtig –« Das weitere ertrank leider schon in Geschrei. »– falschen Wechsel seines Sohnes Reinhard einzulösen,« hörte ich noch einen Fetzen. Aber da standen schon alle und es wurde gebrüllt. Der Staatsanwalt brüllte irgend einen Protest. Doktor Mondschein gab brüllend – unhörbar – seine Fragen zu Protokoll. »– Kokainschmuggel vermutlich aus Nationalismus, weil –« hörte ich einen Fetzen. Der Vorsitzende brüllte und entzog Doktor Mondschein das Wort. Darauf meldete Mondschein brüllend zum zweitenmal Nichtigkeit an. Auch Birkmeier brüllte. Aber der Vorsitzende entließ den Zeugen und unterbrach mit Kreischen die Sitzung zur Einholung eines Gerichtsbeschlusses. Man beruhigte sich. Der Vorfall hatte keine volle Minute gedauert.

Nur Birkmeier brüllte weiter, und als der Gerichtshof schon das Verhandlungszimmer verlassen hatte, brüllte er nur noch lauter. Er hatte sich nach dem lüstern horchenden Auditorium hingewandt und erklärte, er werde sein Recht finden – selbst in dieser jüdischen Republik. Und die Fremdrassigen sollten alle nach Palästina auswandern – dort gehörten sie hin. Und dann werde er, er selbst, den Grundstein legen zu einem *deutschen* Nationalfond, damit man auf Kosten aller zivilisierten Nationen – »auch der Welschen!« rief er vorurteilslos – rings um Palästina eine Mauer errichten könne. »Mit Scharfschützenpatrouillen,« schrie er, und in seinen Augen war ein prophetischer Glanz, »damit, wenn einer herauskriechen will – peng! hat er die Kugel!« Der Saaldiener hängte sich devot in ihn ein und sagte: »Herr Abgeordneter –,« aber Birkmeier verließ ungeleitet und erhobenen Hauptes den Saal. Da er eben die Türe hinter sich schloß, wurde plötzlich Kleins Verteidiger sichtbar. Nun endlich bekam auch die Null ihren Schreikrampf. Der kleine Mann zuckte. Er sei Jude und er sei Anwalt und er sei Deutscher und er sei Zionist und er habe auch seinen Eid geleistet. Man hörte ihm nicht recht zu. De Letter hinten aß Käsebrote. Dann erschien der Gerichtshof und das Paket verkündete eine Verwarnung für Doktor Mondschein und eine Unterbrechung der Verhandlung bis nachmittags. De Letter aß Käsebrote, als er mit den andern hinausging.

Der Nachmittag und der dann folgende Tag sind mir aus dem Gedächtnis wie ausgelöscht. Soviel bleibt immerhin, daß aus dem Troß Zeugen, der da an der Barre vorüberstrich – Fenichel, Warre, Bostensohn, Ducrède, zwei Zollorgane, zwei Huren, sieben geschädigte Aristokraten, drei Anwälte – daß aus diesem Troß Zeugen kein günstiger Wind wehte. Unser Boot lag zwischen Klippen, und alle Künste Mondscheins versagten vor dem Gutachten des Buchsachverständigen, eines weißhaarigen Schwätzers, Friedrich hieß er, der, immer auf dem qui vive, ob er nicht etwa ironisiert werde, immer in irgendwelchen Eitelkeiten verletzt, scharfsichtig und borniert all unsern Schlichen und Handstreichen nachwitterte wie ein Spürhund, der statt eines Hirnes nur eine Nase hat. Da wuchs jede kleinste Volte auf zum Verbrechen. Da waren periodische Bonifikationen über Unkostenkonto verbucht – er sprach drei Viertelstunden darüber, daß man sie richtiger, ehrlicher, ehrlich über Gehaltkonto hätte verbuchen müssen. Da waren Warenposten zu niedrig bewertet – oder zu hoch bewertet – oder zu summarisch bewertet. Und jene Kapitalserhöhung! Er behandelte sie wie einen Fall von Mord, Notzucht, Inzest. Er behandelte sie, als wäre sie von uns extra gemacht worden, damit er sie entlarven und einem hohen Gericht explizieren könne. Er sprach nicht mehr von dieser Kapitalserhöhung, er sprach, so rechtschaffen wie borniert, von kaufmännischer Moral. Er sprach von Moral schlechtweg. Er sprach drei Stunden und eine halbe. Selbst der Staatsanwalt und das Paket schliefen ein.

Nein, da hatte Doktor Mondschein nichts zu bestellen. Als wir am zweiten Nachmittag aus dem Saal gingen, sagte er: »Mies steht es, Freunderl.« Ich zuckte die Achseln. Er faßte mich am Arm und sagte: »Mensch! Was ist los mit Ihnen? Nicht das Rennen aufgeben!« Ich gab das Rennen nicht auf. Nur – da wurde nicht meine Sache verhandelt. Ich hatte gekämpft – und nun war mir mit einem Schlage nichts befremdlicher, als daß ich gekämpft hatte. Geld raffen, Kavalierspielen, Automobile – ich war in dem Augenblick schon wieder viele Jahre und viele tausend Meilen von all dem entfernt. Ich weiß noch, daß ich mitten in Bostensohns Aussage, als alle sich an irgend einem kleinen Schwindel erhitzten – daß ich mitten darin und mitten durch den schwarzen Talar des Mannes am Präsidententisch mit einemmal die kahle Mauer des Saales sah. Diese Mauer war grob getüncht wie die Mauer jenes Ruhrlazaretts in Walakowsk – jammerten da nicht die Schrapnelle in der Nachtluft? Nein, all das ging mich nichts an. Und es war Mondschein, der nun die Achseln zuckte, als ich eng im Gleichschritt mit dem Justizsoldaten nach meiner Zelle ging.

Dann kam also jener dritte Verhandlungstag. Er begann mit einer Vernehmung des Emmerich Farkas – sie war mir nicht wichtig, sie weckte mich nicht, aber sie muß hier ihrer Folgen wegen mitgeteilt werden. Der Zeitungsmann war weder von der Staatsanwaltschaft noch von der Verteidigung als Zeuge geführt worden. Nach Abschluß der Zeugenvernehmungen hatte er seine Aussage freiwillig angeboten, in einem Briefe an den Gerichtspräsidenten, einem sensationelle Enthüllungen in Aussicht stellenden Schreiben, das übrigens fast zu gleicher Zeit fett gedruckt in der *Wahrheit* erschien. Das verständlich zu machen, muß hier gesagt werden, daß es mit der *Wahrheit* zu der Zeit bergab zu gehen begann. Eine sozialistische Zeitung – Farkas war Monarchist geworden! – hatte eine der üblichen Meinen Annoncenerpressungen aufgegriffen und an die große Glocke gehängt. Farkas' Inseratenchef wurde verhaftet und alle Journaille erhob nun darob ihr Geschrei, die Reinheit ihrer eigenen Hände so glaubhaft zu machen. An sich ein geringfügiger, fast ein lächerlicher Zwischenfall, aber dennoch – von da ab hörte Farkas es rascheln in allen Winkeln des papierenen Baus; und was schlimmer war: die Auflage des Blattes sank in zwei Wochen um zwanzigtausend. Mit einem Worte – die *Wahrheit,* sollte ihr wieder auf die Beine geholfen werden, brauchte eine Sensation großen Stils, und das war der erste und einzige Grund für Farkas' Eingreifen in den Prozeß gegen Samuel Klein und Genossen. Sein Sensationsartikel, auf Grund einer läppischen Reportage Klein und mich des Mordes bezichtigend, hatte keinen Erfolg gehabt. So schlug er also die eigene Person in die Schanze und meldete, wissend, daß man ihn hören müsse, seine Aussage an.

Diese Aussage des Emmerich Farkas war kurz und dramatisch. Er trat an die Barre und gab mit schreiender Stimme seine Personalien an. Der Vorsitzende bat ihn, ein wenig leiser zu sein. Dann fragte er ihn, was er zu deponieren habe. Farkas holte eine Nummer der *Wahrheit* hervor, eine alte Nummer, und begann, sehr erhobenen Tones jene Reportage zu lesen. Was das solle, fragte ihn der Vorsitzende. Farkas sagte, das sei das Fundament seiner Aussage. Darauf nahm der Vorsitzende ihm das Zeitungsblatt ab und erklärte, den Artikel selbst zur Verlesung bringen zu wollen. Das tat er. Aber bei der zweiten Erwähnung jenes Hofrates Meier erhob sich der Staatsanwalt und stellte Farkas wegen Amtsehrenbeleidigung unter Strafverfolgung. Der Vorsitzende las weiter, und als er zu der Stelle kam, da Klein und ich des Mordes oder der Mordteilnahme bezichtigt wurden, stemmte sich Mondschein von seinem Sitze hoch und kündigte einen Strafantrag gegen Farkas wegen Verleumdung an. Selbst die Null tat in Kleins Namen ein gleiches. Kein Zweifel – Farkas war in die Justizmaschine geraten. Er begann zu gestikulieren. Das sei noch nicht alles, erklärte er und schaute um sich. (De Letter aß Wurst. Einer aus dem Auditorium reichte Doktor Mondschein einen Zettel hinüber und der begann, den Rand einer Zeitung mit seinen fliehenden Buchstaben zu beschmieren.) Das sei noch nicht alles, erklärte Farkas nocheinmal. »Nein, das ist tatsächlich nicht alles,« sagte da schon Mondschein und fragte: »Ist es richtig, Herr Farkas, daß Sie vorbestraft sind?« »Nein,« schrie Farkas. Mondschein sagte mit Wärme: »Ich habe nämlich inzwischen in Budapest Ihre Strafkarte ausheben lassen.« Er reichte dem Paket einen Zettel hin. »Ich weiß nicht, ob das vollständig ist. Aber das sind immerhin vierundzwanzig Vorstrafen. Davon elf mit Gefängnis bis zu sechs Monaten: dreimal Beleidigung durch die Presse, einmal Diebstahl, zweimal Betrug und fünfmal Erpressung.« Nein, es war kein Zweifel: Farkas war da in die Justizmaschine geraten. Sein Abgang war kläglich.

Das war um halb elf Uhr. Und um ein Uhr erschien in der *Wahrheit* – Aber da war ja noch vorher die Vernehmung der Blanka Klein; der Lispelnde hatte sie nachträglich als Entlastungszeugin geführt, weil der Buchsachverständige behauptet hatte, jenes Gummigeschäft mit Rumänien gehe eigentlich auf Kleins Schuldkonto – einer war da geschädigt worden und hatte eine Strafanzeige erstattet. Nun war Samuel Klein schon am Vortag, als sein Verteidiger den Antrag auf Blankas Ladung gestellt hatte, von einer großen und allen sichtbaren Unruhe erfaßt worden war– einer Unruhe, die um so stärker auffallen mußte, als er ja bis dahin dem Gang des Prozesses gefolgt war. Er stand plötzlich von seiner Bank auf und hob seine Hand nach dem Lispelnden hin. Aber da war dem Antrag schon stattgegeben und die Ladung angeordnet.

Da war sie – eine elegante Dame in Schwarz. Sie trat schlank, sehr aufrecht, sehr ruhigen Schritts an die Barre. Fräulein Klein? Ja, das sei sie. Richtiger: das sei sie derzeit noch. Sie sei verlobt. Man erfuhr: es war der Vizepräsident des Trabrennvereines, ein Mann von ältestem Namen, mit dem sie verlobt war. Klein saß auf seiner Bank, saß neben dem Justizsoldaten, hatte die Ellenbogen breit auf die Knie gestützt und das Kinn in die Hände gelegt. So saß er und schaute unverwandt aus blicklosen Augen nach der schlank schwarzen Dame, die ihm halb abgewandt vor den Richtern stand. Blankas Aussage war so entschieden wie reserviert. Von geschäftlichen Dingen wußte sie wenig. »Sie werden das verstehen,« sagte sie und lächelte ein wenig dem Staatsanwalt zu – er hieß von Richthofen, und es war mir, als kennte sie ihn von irgend einer privaten Geselligkeit her. »Sie werden das verstehen,« sagte sie, die Worte ein wenig zerdehnend, »daß man jedem Milieu ein wenig ausgeliefert ist. Wird man unter Neger verschlagen, so macht man seine Konversation eben mit Negern. Das ist ennuyant, aber es geht nicht anders. Ebenso: ist man unter – unter diesen Geldmenschen – wie soll ich es sagen? Die Fingerspitzen werden dabei ein wenig – unsauber. Aber es gibt ja Eau de Cologne und schließlich bleibt man ja doch, wer man ist. – Ich weiß nicht, ob ich mich da ganz verständlich exprimier,« sagte sie mit leicht österreichischem und aristokratischem Anschlag.

Ja, sie exprimierte sich richtig. Der Staatsanwalt erhob sich leicht von seinem Sitz und verbeugte sich. Das Paket schien mir schmaler geworden zu sein und zeigte verbindlich lächelnd zwei kannibalische Zahnreihen. Es war eine Luft vornehmster Konkordanz um die drei. Nur Samuel Klein dort hinten auf seiner Bank war noch unscheinbarer geworden. Die spärliche Wildnis des roten Bartes deckte ihm die zuckenden Finger und seine ausgebrannten Augen waren wie ein Abgrund der Klage. So mag Hiob geklagt haben, ohne Regung und ohne Laut.

Der Vorsitzende besann sich zu der Zeit seines Amtes und sagte: »Frau Zeugin wissen also von nichts?« Ein Quentchen zurückgehaltener Ungeduld und ein Quentchen Befremdung schwang schon in Blankas Stimme mit, als sie antwortete: »Von nichts.« Der Vorsitzende: »Einer der Herren eine Frage?« Der Staatsanwalt dankte nach Kavaliersart. Der Lispler versank. Nur Doktor Mondschein – obgleich es ihn ja nichts anging – quoll hoch und war ganz ein Mann von Welt, als er sagte: »Gnädigste müssen aber doch aus den persönlichen Unterhandlungen, persönlichen, sage ich, Prokurist Oppenheim hat ja hier ausgesagt

– Gnädigste müssen also doch wenigstens das eine im Gedächtnis behalten haben –« seine Stimme schnappte plötzlich um und er sagte trocken: »– daß die von Ihnen gemeinsam mit Oppenheim nach Rumänien geschobene Partie Präservativs –« Weiter kam er nicht. Der Staatsanwalt und das Paket waren Alte Herren schlagender Couleurs – das sah man ihnen an, da sie wie ein Mann von ihren Sitzen hochschnellten und krähten. Blanka hatte mit einem Ruck sich zu Mondschein gedreht. Mit der linken Hand warf sie sich den Schleier hoch und über den Hut zurück, so daß man die haßvoll entfachte Glut der schwarzen Augen in ihrem weißen Gesicht sah. »Was haben Sie da zu fragen?« sagte sie knapp und laut und stemmte die rechte Hand in die Seite. Der Vorsitzende suchte sie zu beruhigen, er sprach auf sie ein, und man konnte wohl mit ihr Mitleid haben, da sie, neu gefaßt, doch mit Tränen des Zornes in den prachtvollen Augen, ihm und dem Staatsanwalt wieder sich zuwandte und sagte: »Weil das kein Benehmen ist. Weil man als Dame nicht gewöhnt ist, daß jeder – jeder premier venu –« Der Vorsitzende hob sich leicht von dem Sitz und drückte ihr sein Bedauern aus. Aber Mondschein, Mondschein ließ noch nicht locker. Seine Stimme zerging zu einem breiten und befremdlich singenden Tonfall, als er sagte: »Also was diese diversen Gummiwaren betrifft – ich red jetzt nicht von den andern, sondern meinetwegen nur von den Saugern für die Kindermilchflaschen –« Nein, er kam nicht weiter. Aus Blanka brach etwas vor. Ihre linke Hand warf sie klatschend sich an die Brust und nach dem qualligen Gegner drüben schmiß sie sie in die Luft, und den Schenkel schlug sie sich, und eine rauhe Stimme, einer Urmutter Ghettostimme brach aus ihr auf und strömte ihr durch die Kehle. »Infame Lüge,« so kreischte sie, »daß ich an den Präservativs einen Groschen verdient hab. Oppenheim? Oppenheim! Sie werden mich schrekken mit Oppenheim. Herkommen soll er. Da soll er es mir ins Gesicht sagen. Ich kenn ihn überhaupt nicht. Die ganze Gesellschaft da kenn ich nicht. Und den – den Angeklagten dort hätt ich – auch nie kennen sollen.« Tränen rannen ihr mit einemmal die Wangen hinunter. Sie besann sich. Den Schleier ließ sie sich vors Gesicht fallen. Sie beruhigte sich. Nach dem Präsidenten hin wandte sie sich und sagte kraftlos mit einer dünnen, sehr hohen Stimme: »Kann ich jetzt gehn?« Man entließ sie.

Aber da stand Samuel Klein von seiner Bank auf und ging auf sie zu. Schweren Trittes, wie einer, der das Gehen verlernt hat, ging er auf seine Tochter zu und sagte – und es waren die ersten Worte, die er seit hundert Jahren gesprochen hatte – sagte also mit einer gewichtlosen Stimme: »Blanka, mein Kind!« Sie zuckte auf, doch sie sah ihn nicht an. Da sagte er etwas, und das mochte hebräisch sein. Und es mochte ein Segensspruch sein, was er sagte – so hob er die schirmenden Hände nach ihrem Kopf.

Die Türe des Zeugenzimmers ging auf, ein sehr hochgewachsener, sehr schlanker Herr mit ergrauten Schläfen erschien, neigte sich leicht grüßend vor dem Gerichtshof und reichte Blanka Klein seinen Arm. Die beiden verschwanden. Samuel Klein, schwerschuhig, ein wenig gebückt, roten Bart um das Kinn – Klein drehte sich langsam im Kreis. Einmal. Und noch einmal. Dann stützte ihn der Justizsoldat und führte ihn nach der Bank.

Dann kam die Mittagspause, um zwölf Uhr. Als ich gegen halb zwei von neuem in den Verhandlungssaal gebracht werden sollte, geschah dies: Auf dem Korridor, vor dem Publikumseingang, der noch nicht geöffnet war, wartete schon vierfach gereiht eine Menschenschlange, achtzig oder hundert Personen. Die mußte ich abschreiten, wollte ich zu der kleinen Nebentüre gelangen, die unmittelbar zum Barreau führte. Schon als ich mit dem Justizsoldaten um die Ecke des Korridors bog und diese Wartenden von ferne und von hinten her sah, ihre Rücken – da schon war es mir, daß etwas verändert sei gegen vormittags: ein Wogen, irgend eine Bewegtheit. Um so seltsamer war es, daß ich diese Reihe, nahe vorüberstreifend, schon zur Hälfte abgeschritten hatte, ehe der erste mich bemerkte. Hinter einem Zeitungsblatt – alle hatten sie Zeitungsblätter, das sah ich erst jetzt – hob ein weisender Finger sich nach meinem Gesicht. Eine Stimme kreischte: »Da ist er!« Ich sah nur das klaffende Maul und einen gesträubten Katerschnurrbart darüber. »Er!« hörte ich. Und drei, zehn, zwanzig Stimmen flatterten durcheinander. »Abel,« verstand ich, und endlich einzeln, klar, gellend: »– Abel ermordet!« Ich blieb stehen. Da hieb mir einer die Faust mit dem zerknüllten, drucknassen Blatt ins Gesicht. Der Justizsoldat riß mich am Arm nach der kleinen Tür und stieß mich in das schützende Zwielicht des Nebengangs.

Fünf Minuten später wußte ich, daß die *Wahrheit,* eine eben kolportierte Extraausgabe der *Wahrheit,* an der Hand kaum widerleglicher Einzelheiten behauptet hatte: Samuel Klein und ich seien mit dem des Mordes an Abel beschuldigten Ruben Feuerbach seit Jahrzehnten bekannt. Im übrigen sei dieser Ruben Feuerbach sehr vermutlich ein unehelicher Sohn des ermordeten Abel – sei das auch nicht erwiesen, so behaupte das doch ein Gerücht, »dem« – so stand da – »der Geschulte mehr Glauben schenkt als den verworrenen Beteuerungen einer pflichtvergessenen Mutter«. Den also, diesen jungen Feuerbach, einen homosexuellen Kokainisten, hätten Samuel Klein und ich »auf Abel losgelassen«, um mit seiner Hilfe nächtlicherweile in die Wohnung des alten Mannes dringen zu können – ein Vorgehen, das uns um so eher zuzutrauen sei, als wir beide etwa ein halbes Jahr zuvor die Schwester jenes Feuerbach, Mirjam Feuerbach, auf ganz gleiche Weise gegen ihn selbst, gegen Farkas, »losgelassen« hätten, um ihm gewisse redaktionelle Geheimnisse zu entreißen. Nächtlicherweile seien wir also in Abels Wohnung gedrungen. Dort habe sich dies abgespielt: Klein sagte: Der Abelkonzern steht vor dem Bankrott. Wir werden alle eingesperrt werden. Es gibt jetzt nur einen Ausweg: Sie, Präsident, lassen sich wegen gewisser Alterserscheinungen entmündigen und geben die Verwaltung Ihres Vermögens in unsere Hand. Dann wird Ihnen von uns alles in die Schuhe geschoben – Ihnen kann nichts passieren und wir sind gerettet. Auf diesen verbrecherischen Plan einzugehen, weigerte sich Abel entschieden. Niemals, sagte er. Da wies Samuel Klein »mit einem bösen Blicke« – so schrieb die *Wahrheit!* – mich an, den ohnehin schon kokainberauschten Ruben Feuerbach – im Kokainrausch hatte er ja mit Abel jene Kneipe verlassen und zwei Männer, Klein und ich offenbar, hatten draußen gewartet – den Ruben Feuerbach also durch eine neue starke Prise des Giftes unschädlich zu machen. Das tat ich und bettete den seiner Sinne Beraubten auf jenen Schlafzimmerfauteuil, aus dem er dann morgens anläßlich der Entdeckung des Mordes sich erhob, um – häufige Erscheinung bei schweren Kokainisten – sich selbst in der Erinnerung in den Mittelpunkt der durch den Schleier des Giftrausches wahrgenommenen Vorgänge zu stellen. Ich, sagte er also, ich habe es getan.

In Wirklichkeit sei der Mord so verlaufen, daß Klein Abels Weigerung, sich entmündigen zu lassen, mit der Drohung beantwortete: Dann werden wir einen andern Weg finden. Und dann haben Klein und ich, zwei Männer also, von denen wenigstens der eine, ich, über große Körperkräfte verfügt, den Mord ausgeführt, die Leiche entkleidet und auf ihr Bett getragen, das Blut weggewaschen und uns entfernt – den Knaben, den wir zum Mörder machen wollten, durch Versperrung der Flurtür am Tatort zurückhaltend. Sei aber all das noch nicht schlüssig – schlüssig werde es restlos durch die Tatsache, daß wir selbst dann nach alter Verbrechergewohnheit andern Morgens an die Mordstelle rückkehrend die Entdeckung der Tat inszenierten. Unser Verhalten dabei, unsre plötzliche Flucht – das sei ja alles durch Zeugenaussagen erhärtet und in Protokollen verwahrt. »Wir fragen,« so schloß dieser sensationelle Artikel der *Wahrheit,* »wir fragen den Staatsanwalt: Wann wird er einem Justizskandal ohnegleichen ein Ende machen? Wann wird er die Mordanklage gegen die wahren Mörder erheben?«

Die fortgesetzte Verhandlung begann mit einer halben Stunde Verspätung: der Gerichtshof beriet. Dann erhob sich das Paket und erklärte: das Verfahren gegen Klein und Genossen sei abgebrochen und der Akt an den Untersuchungsrichter zu weiterer Erhebung zurückverwiesen; die Staatsanwaltschaft werde vermutlich neue Anträge stellen wollen. Die stelle er schon jetzt, erklärte der Staatsanwalt. Er beantrage, den Gerichtsbeschluß zu reassumieren und nur die im Gesetze vorgesehene dreitägige Unterbrechung des Verfahrens eintreten zu lassen. Bis dahin werde man klarer sehen. Er wolle veranlassen, daß Johannes Abel aus der Erde gehoben werde. »Morgen vormittag«, sagte der Staatsanwalt, »werden Ruben Feuerbach und die beiden hier Angeklagten dem Toten gegenüber gestellt.« Mondschein fragte: »Wozu?« Der Staatsanwalt erklärte: »Im Obduktionsprotokoll steht nichts darüber, ob die tödlichen Hiebe von einem schwächlichen Menschen geführt worden sein können. Das muß konstatiert werden.« Mondschein fragte: »Aber was haben die heute hier Angeklagten dabei zu suchen?« »Sie stehn unter Mordverdacht,« sagte der Staatsanwalt. Mondschein beharrte: »Aber die Konfrontation mit der Leiche –« »Das ist mein Recht. Ich bestehe darauf. Ich bitte um einen Gerichtsbeschluß,« sagte der Staatsanwalt. Die Verteidigung hatte dagegen nichts zu erinnern. Zwei Minuten später sah ich mich unter Gesichtern, Gesichtern auf einem Korridor, Gesichtern, geborsten in vielfältigem Schrei, unter Leibern, die mich umdrängten, unter Zeitungsblättern, die einer dem andern aus der Hand riß. Stand da de Letter? Einem saß ein Katerbart über dem schreienden Maul. Eine Wand war das, eine speiende Wand. Dann brachen sechs Justizsoldaten sich Bahn. Und zwei Minuten später war ich in meiner Zelle.

Folgenden Morgens – es war ein verspäteter Hochsommertag, schwül und blau – brachte man uns nach dem Institut für gerichtliche Medizin. Uns – das will sagen: mich, Klein und Ruben. Als ich in den Wagen des Inquisitenspitals kletterte, einen vergitterten Krankenwagen mit zwei Pritschen und mit drei Sitzen auf einer Querbank – dort hatte ich meinen Platz, von einem Justizsoldaten und einem Krankenwärter flankiert – da lag also auf der einen der beiden Pritschen Samuel Klein. Er war völlig angekleidet, er lag ohne Decke und ohne Polster auf dem Rücken, geordneten Leibes, als läge er in einem Sarg, und er hatte den leeren Blick angestrengt nach einem Punkte der rüttelnden Decke des Gefährtes gerichtet. Auf der andern Pritsche, offenbar angezogen auch er, doch in Decken vermummt, daß kaum mehr zu sehen war als die blasse Hälfte eines blassen Gesichtes, lag Ruben Feuerbach. Er hatte die Augen geschlossen und es schien mir, daß sein Körper von leichten Stößen geworfen wurde. »Das ist die Kur,« sagte der Krankenwärter, »er macht eine Entwöhnungskur von dem Opium oder was er genommen hat. Der Primarius hat gar nicht wollen, daß er vorgeführt wird.« Er beugte sich vor und fuhr mit einer gelinden Schlächterhand unter die Decke. »Na?« sagte er. Aber Ruben regte sich nicht.

Die schweigsame Fahrt währte lang – es mochte gegen zwölf Uhr sein, als wir anlangten. Dabei erwies es sich, daß die offenbar durch die Morgenblätter verbreitete Nachricht von der Wendung des Abelprozesses und von unserem Ausflug eine Menge Menschen angelockt hatte: als ich den Wagen verließ, standen da ihrer vielleicht sechzig, Männer aus dem Volke, Arbeiterfrauen, vornehmlich aber halbwüchsige Knaben, die zu pfeifen begannen, da sie uns sahn. Die Luft war sehr schwül. Ich wandte mich und half Samuel Klein aus dem Wagen – er hatte sich von seiner Pritsche erhoben und stand jetzt schwerschuhig auf dem sonnigen Pflaster. Nur Ruben Feuerbach blieb auf der Bahre und wurde getragen (nun sah ich, daß ein ungehemmtes Frieren ihn warf). Es ging durch ein schmiedeeisernes Gitter, an der sehr weitläufigen Leichenhalle des großen Krankenhauses und am klaffenden Eingang einer mit schwarzen Tüchern ausgeschlagenen Aufbahrungskapelle vorüber, wir kletterten noch eine Treppe hoch und dann eine einsame Stiege nieder – und fanden uns in einem Raum, der »Keller VIII« hieß, sein Licht von oben her durch dicke grüne Scheiben empfing und, die Wand entlang nebeneinandergereiht, von einem Dutzend hoher, grau steinerner Ruhelager erfüllt war. Auf dem vierten dieser Steinsockel lag ein einsamer Körper, ganz in eine graue Pferdedecke mit rostbraunen Flecken gehüllt – ein Geräderter wohl, der da der Agnoszierung oder namenlosen Verscharrung entgegenharrte. Auf dem sechsten der Lager war ein so kleines Paket, daß einem das Herz sich zusammenzog. Die dann folgenden Platten waren mit Eimern Wassers (deren ein paar in der Ecke standen) blankgespült und warteten leer. Nur die letzte, ganz hinten schon an der Wand, trug wieder einen schweigsamen Schläfer. Neben diesem letzten Lager, zu Füßen, stand ein vierschrötiger Knabe in derb sonntäglichem Anzug; wir durchquerten den Raum so schnell, daß ich sein Gesicht nicht sah – und seltsamerweise nur eine lächerlich massige Uhrkette, die sich ihm quer über die Weste zog. Aber da hasteten wir schon über einen schmalen Korridor und fanden uns endlich in einer Art Vorraum, Nebenraum, Privatarbeitsraum – durch eine klappende Glastür mit Milchscheiben sah man Bruchteile einer Sekunde lang einen kurzen Seziersaal mit einem grell hell elektrischen Oberlicht. »Die Leute sollen hier warten,« sagte einer, der irgend ein Funktionär war, und so setzten die beiden Träger die Bahre mit Ruben an die verschattete hintere Querwand der Kammer – die Helle kam da von rechts oben her, durch einen Licht- und Luftschacht, dessen schmutzig grüne Glasklappe gehoben war, so daß man einen schmalen Strich Spitalshof und hinter Rauchfängen einen Fetzen lügnerisch blauen Himmels sah. Was uns anlangt, Klein und mich – wir standen, von Rubens Tragbahre zehn Schritt entfernt, an der Längswand, schräg unter der offenen Lichtklappe, schräg gegenüber der Milchglastür des Seziersaals, an deren Spalt der Justizsoldat äugend und hinaushorchend stand; der Krankenwärter, Rubens Begleiter, hatte in einem riesenhaften Saaldiener oder Leichenwäscher ohne Gesicht und mit nackten Athletenarmen einen alten Bekannten gefunden und mit ihm die Kammer verlassen. Zu sagen ist noch, daß in dieser Kammer nicht eigentlich ein medizinaler Geruch war, sondern einer nach Feuchtigkeit und nach frischem Fleisch, wie man ihn im Keller eines Schlachthauses findet – ganz zweifellos ein Geruch nach Frischem, kürzlich noch lebendig Gewesenem, obgleich die vier- oder fünfhundert menschlichen Zungen, gelb und rissig oder rosenrot oder blaß aus vier- oder fünfhundert menschlichen Rachen gerissen und in herzlos funkelnden Gläsern reihenweise, regimenterweise an der Längswand verstaut – obgleich, sage ich, diese Menschenzungen, wie man den Etiketten auf diesen Gläsern entnehmen konnte, seit zehn und seit zwanzig und seit dreißig Jahren verstummt waren.

Ruben lag mit geschlossenen Augen; ich weiß nicht, ob er schlief zu der Zeit. Klein hatte sich ohne Wort neben mir an die Wand gelehnt, und mir war, als kämpfte er gegen eine Müdigkeit, die trotz der weckenden, aufpeitschend raubtierhaft gefährlichen Witterung der Dinge ringsum doch irgendwie in der lastenden Luft lag. Zwei Geräusche waren da wach: Das Ticken einer billigen Taschenuhr; es mochte die des Justizsoldaten sein, der an der Spalte der Türe stand. Und hinter dieser Türe, im Seziersaal draußen, der summende Tonfall einer gedämpften Stimme, die gleichgültig plätschernd und ohne sinnvolle Hebung etwas verlas; ich horchte minutenlang, eh ich erkannte: es war, umständlich, nichtssagend, das erste Sektionsprotokoll in Sachen Abel. »– klaffend vom rechten unteren Orbitalrand über den Rand der Mandibula in der Höhe des rechten Caninus, die Fascia colli lateralis durchtrennend bis in den Körper des Musculus sternocleidomastoideus, jedoch ohne daß die Arteria carotis verletzt wäre,« hörte ich. Es war, als schwänge diese Stimme allein zwischen tropfenden Kellermauern; und doch fühlte ich, spürte ich, roch ich Menschen draußen in jenem Raum, Menschen, viele Menschen, um einen lichtgrellen Tisch gedrängt, auf dem ein Etwas lag, in einer langen hölzernen Kiste und von einer braun befleckten Pferdedecke verhüllt.

Ebenda blickte ich nach rechts oben, nach jenem offenen Lichtschacht – es war mir, als hätte einer da zu uns heruntergeschaut. Tatsächlich glaubte ich, den entgleitenden Schatten eines forttauchenden Kopfes wahrzunehmen. Das ist ein Neugieriger, der das Schauspiel mit ansehn will, dachte ich. Ich sah droben den Streifen Spitalshof und darüber den Himmel, einen Fetzen nur, einen durch den Lukenrand lächerlich gezähnten und eingerissenen Ausschnitt, aber so satt blau, so alle Ferne ahnen lassend, so hirnverrückend licht, leicht und gefährlich – daß ich mit einemmal nicht mehr atmen konnte in dieser Gruft. Wieder war etwas wach in mir und fragte: Warum stehst du da? Was geht dich das an? Tausend Meilen weit bist du von dem, was da vorgeht. Es wird über einen andern zu Gericht gesessen als über den, der die Tat getan hat. Darum ist kein Recht Recht. – Drinnen die Stimme sagte: »– selbst dann ein letaler Ausgang durch Verblutung zu diagnostizieren gewesen wäre, wenn nicht die Infiltration des Bindegewebes –« Der Justiz lehnte vorn am Türspalt, mir abgewandt, Ruben hatte die Augen geschlossen, die Augen geschlossen hatte Samuel Klein, hinter böse blitzenden Gläsern bleckten fünfhundert Gespenster ihre Zungen nach mir – ich drückte lautlos die Türe nach jenem Schlauch von Korridor auf, ich zog diese Türe hinter mir zu, ich glitt zurück in den Keller mit den zwölf steinernen Ruhelagern.

Den auf Nummer zwölf, an der Mauer hinten, hatten sie inzwischen fortgeschafft; das war wohl sein Sohn gewesen, der Kleine mit der lächerlichen Uhrkette, und er hatte ihn wohl richtig erkannt. Da war es sehr still. Eins sah ich: der Aufgang zur Eisentreppe, über die wir gekommen waren, war abgesperrt. Und fast gleichzeitig sah ich: oben am Lichtschacht, oben an den trüb schmutzigen Gläsern stand einer und lauerte. Ich machte keine Bewegung – eine Minute lang. »Pst,« sagte der. Ich schwieg. »Pst,« sagte der. Ich sah ihn nicht, ich sah nur einen durch die hochstehende Tageshelle abenteuerlich in sich geschobenen Schatten, ein Schattenuntier auf dem grün milchigen Glas. Ich schwieg. »Pst, du,« sagte der. »Was ist?« fragte ich. Der oben flüsterte: »Wies ihm geht – wies dem Kleinen geht –?« Ich sagte: »Mach die Türe auf von außen. Oder drücks Fenster ein.« Der flüsterte: »Wies dem Ruben Feuerbach geht –?« Ich sagte: »Mach auf, Mensch.« Der flüsterte: »Pst! Jetzt is kra. Jetzt kusch. Jetzt kommt einer.« Der Schatten, riesige Sohlen auf Glas, tappte fort. Dann war es unversehens wieder da. »Pst,« sagte der. Ich fragte: »Ja?« Der flüsterte. »Nichts is. Sie sind im Leberkabinett hinten.« »Wo?« »In der Lebersammlung.« Und dann sah ich, daß der Schatten sich bückte, und durch den offenen Lichtschacht tauchte ein Arm herab. In einer breiten Pranke ruhte ein kleines Paket. Der flüsterte: »Zigaretten. Das gib dem Kleinen.« Ich sagte: »Laß mich hinaus!« Und der sagte: »Das kannst nicht. Da gehst gleich wieder verschütt. Der ganze Hof ist voll Kiwerer.« Und nach einer Pause, leise: »Das Paket gib dem Kleinen.« Ich nahm es und fragte: »Von wem?« »Das geht dich einen Dreck an,« flüsterte der. Ich ging ein paar Schritte, da rief der wieder: »Pst, du!« Und nach einer Weile kam es ganz leise von droben: »Habens ihn ausgegraben?« Ich hörte Schritte nebenan; so schob ich das Zigarettenpaket in die Tasche und trat zurück in die Korridortür und antwortete nicht. Da kam noch einmal die Stimme vom Lichtschacht, aber nun war sie furchtbar aufgebrochen und doch kaum mehr hörbar – ein stimmloses Lallen: »Pst, du! Der Alte – Hat der Alte – noch ein Gesicht?«

Aber da ging links drüben die Tür und der Schatten am Lichtschacht tauchte jäh fort. Eintrat der Krankenwärter, und hinter ihm rollte jener Leichenwäscher, jener Athlet einen fahrbaren Tisch. Auf dem lagen Lebern, ein rotbrauner Haufen, naß glänzend, fast lebendig und wie Gallerte zitternd bei jeder Bewegung. Diesen Tischkarren, der einen Schweif gefährlichen Mordgeruchs hinter sich ließ, schob der Riese quer durch den Raum und verschwand. Ich trat auf den Wärter zu und fragte: »Wo kann man da austreten?« Er brüllte nur: »Schauns, daß hineinkommen!« Und so stolperte ich zu Klein und Ruhen in jene Kammer zurück.

Dort hatte inzwischen das Bild sich verschoben. Klein stand inmitten des Raumes, das Gesicht der Seziersaaltüre zugekehrt, und etwas in ihm war bereit. Dann stand da aber auch Ruben – man mochte ihn aufgerufen haben von seiner Pritsche. Er stand neben Klein, leicht schwankend zwar, doch irgendwie in militärischer Haltung, und nur sein Kopf war rechts seitwärts und zurück ins Genick geknickt, so daß er nach oben schaute, nach der Lichtklappe und hinauf, hinaus in die Luft. Tauchte dort der Schatten eines Kopfes zurück? Der droben, der mit dem Arm, der mit den Zigaretten mochte den Leichenkeller umstreichen. Der Himmel war so unsagbar blau, daß es einem das Herz zerriß. Hinter mir polterte der Justizsoldat in die Kammer und fluchte: er habe nach mir gesucht. »Wenns noch einmal so aus dem Zimmer gehn, kriegens das Ketteri zwischen die Füß,« sagte er leise – leise, denn nebenan war offenbar etwas zum Abschluß geraten. Man hörte Bewegung. Auf dem Steinboden kreischte ein Fahrtisch, Füße scharrten, Stimmen schwirrten gedämpft. Dann ging jene Tür auf und herein in die Kammer traten Kleins Anwalt und Doktor Mondschein. Der Dicke trocknete mit dem Taschentuch sich den Nacken und sagte: »Schwül!« Er hatte seinen Arm in den des Lisplers geschoben: der kleine Mensch war dort drinnen von einer schweren Übelkeit befallen worden und mußte gelabt werden. Aber er setzte das Glas Wasser, das ihm der Krankenwärter hinreichte, sofort wieder ab. »Alles schmeckt danach,« sagte er stimmenschwach. Mondschein schaute durch die Luke hinauf. »Die Sonne ist weg, das wird jetzt gleich besser werden,« sagte er und wischte sich den Schweiß von der Stirn. Und zu uns: »Jetzt Achtung! Jetzt kommt ihr hinein.« Plötzlich war es so heiß im Raum, daß man kaum zu atmen vermochte.

Nebenan die Vorbereitungen gingen weiter. Offenbar sollte es jetzt erst zur Aufnahme des neuen Befundes kommen. Dort drinnen brauste ein Wasserhahn, Geräte wurden hin und her gerückt, und durch die Türe, die jetzt fast ununterbrochen in Bewegung war – immer mehr der dort drinnen Stehenden, die beiden Votanten und der Protokollführer unter ihnen, zogen sich in unsere Kammer zurück– durch diese Türe also sah man Augenblicke lang aufleuchtend die weißen Kittel zweier Prosektoren und eines hünenhaften Mannes mit schneeweißem Vollbart, der sich die Hände wusch. »Der Professor,« sagte der Wärter, der neben mir stand. Auch jener Athlet war jetzt sichtbar; er hantierte am Mitteltisch. Und – war es schon eine Vorstufe dessen, was kommen sollte, oder war es noch Zufall? – eben da riß der Professor die Tür weit auf und befestigte sie an der Wand. Er stand breit in der Öffnung und sprach lachend in den Seziersaal zurück: »Jetzt werden wirs gleich haben, Herr Präsident.« Ja, dort standen – das war durch die offene Tür jetzt zu sehen – außer den weißen Kitteln noch zwei Menschen im Straßenanzug: der Vorsitzende des Gerichts und, gleich ihm ganz hinten irgendwo an die Wand gelehnt, der knöcherne Staatsanwalt. (Nun erst, da er ohne Robe sich zeigte, konnte man erkennen, wie absonderlich hager und dürr dieser Mensch war.) Und dann arbeitete dort drinnen also noch der Athlet. Er zog jene fleckige Decke vom Tisch fort. Sichtbar ward ein Sarg, ungehobelte Bretter, schwarz angelaufen und mit Erdspuren überall. Der Mann suchte die Nägel des Deckels mit einer kleinen Zange zu fassen, einzeln, aber das dauerte allzu lang. Der Professor rief hinüber:

»Brechen Sie auf.« Und so stemmte der am Tisch ein Messer zwischen Deckel und Sargwand.

Diesen Sargdeckel als ganzen zu heben – das mißlang: das Holz war schon morsch. Nur ein Stück sprang aus, und dann noch eins und noch eins; Splitter faulen Holzes wirbelten durch den Raum. Dann lag endlich der Kopfteil frei. Von unserer Kammer aus sah man nicht mehr als ein grün-braun-gelbliches Tuch, ein Totenlinnen, das einmal weiß gewesen sein mochte. Dieses Linnen – »auf!« sagte der Professor – faßte der Gesichtlose mit zwei Fingern der linken Hand, hob es hoch, stieß nah am Sargrand ein kurzes Messer darein und tat, diesem Sargrand folgend, einen derben und doch umständlichen Schnitt. Eben da mochte eine Welle aufsteigenden Gestanks die beiden Gerichtsfunktionäre dort drinnen erreicht haben – bis in unsere Kammer drang sie noch nicht – denn der Präsident und der Staatsanwalt, ja, kein Zweifel: als hätte ein Unsichtbarer sie vor die Brust gestoßen, so taumelten sie zurück. Einen Augenblick lang noch hielten sie sich, dann kamen sie mit sehr raschen Schritten, fast mit Sprüngen, flüchtend zu uns herüber, stolperten herein in die Kammer – da standen wir, militärisch nebeneinander, Klein, Ruben und ich –stolperten also zwischen uns durch, aller Würde bar, und setzten sich ganz links hinten auf die Bahre, die Ruben verlassen hatte (er stand mit offenen Augen, wankte leicht und sah nichts von dem Vorgang).

Die nächsten Augenblicke brachten eine aufwühlende Gleichzeitigkeit vielfältigen Vorgangs – ich wenigstens, da ich zurückdenke, kann ein Nacheinander nicht mehr entwirren, sehe nur Bilder, wie von Gewitterblitz überzuckt. Vor allem: es brach zu der Zeit draußen tatsächlich ein schweres Gewitter los, eines jener fessellosen und verheerenden Spätsommergewitter, wie man deren in jenem Jahre drei oder vier beobachtete. Der Himmelsfetzen rechts droben wurde bleigrau und in der Kammer war es mit einem Schlag so finster, daß einer kaum des andern Gesicht sah. (Nur drinnen im Seziersaal brannte das Licht.) Auf das Glasdach prasselte Hagel. Wind peitschte Regenschwaden darüber hin. Regenschwaden, ein Regensturz brach durch die offene Lichtluke nieder und überschüttete uns zwanzig Menschen, die wir da zusammengepfercht in der Kammer standen, mit einer durchdringenden Nässe. Links hinten drängten wir uns alle zusammen. Uns klebten schon die Kleider am Leib. Auch der Professor und die beiden Prosektoren zwängten sich unter uns. Denn gab es in dieser Nebenkammer einen einzigen Lichtschacht – im Seziersaal drinnen, zu beiden Seiten, waren ihrer zwanzig, die offenstanden. Wind, kalter Zugwind und zwanzig Sturzbäche Wassers klatschten dort drinnen auf den Steinboden nieder. Da, dort, drüben splitterte Glas.

Gleichzeitig: der Professor brüllt: »Die Luftschächte schließen!« Die beiden Prosektoren stoßen vor in den Guß. Glas, Splitter – es geht nicht. Neben mir schlugen einem die Kiefer im Takt aneinander. Es war der Lispler, die Null. Wäre er nicht zwischen die beiden Votanten, den Journalisten und den und jenen gepreßt gewesen, er wäre gestürzt.

Gleichzeitig: Gestank. Jene Welle, für Augenblicke niedergedrückt durch die Regenluft, flutete nun in die Kammer herein. Es war ein Geruch, unsäglich, von unsäglicher Gräßlichkeit. Neben mir das Klappern verstummte. Der Lispler war ohnmächtig geworden. Aber er lehnte da, eingekeilt, in nassen Kleidern, den Kopf auf der Schulter – er stürzte nicht. Im Seziersaal drinnen, auf den überfluteten Fliesen, stand unter dem grell hellen Licht am Leichentisch breitbeinig ein einziger: der Athlet. Er mochte mit seiner Arbeit zu Ende gekommen sein, denn nun wandte er den gesichtlosen Kopf uns zu – dem Professor zu. Und der, gleichzeitig – Schrapnelle platzten und Maschinengewehre hämmerten gegen das Glasdach – gleichzeitig also rief der hinüber: »Den Lappen zurück!«

Gleichzeitig – aber nein, da war noch dieses, und das sah nur ich: auf dem gläsernen Dach, neben einer der Luken, durch die der Regen rann, droben, im prasselnden Wasser, das aus den bleigrauen Wolken stürzte, und das Gesicht in die Luke gebogen – dort lag ein Mensch und schaute herunter. Nur einen Augenblick lang erschaute ich dieses Gesicht; aber Wasser strömte darüber und verwischte die Züge. So sah ich nicht mehr, als daß es ein

Menschengesicht war. Und gleichzeitig – gleichzeitig also: Dort drinnen: grün, grauenvoll gedunsen ein Mensch – nein, kein Mensch. Ein Popanz. Eine Puppe, wie sie Kinder aus Fetzen machen oder Bauern zum Schreck der Vögel – aber eine Puppe, riesenhaft aufgequollen zu einem gräßlichen Übermaß, quer klaffend die Kugel des Kopfs von einem schwarz-grün-gelben Ohrknorpel zum andern und speiend, speiend Gestank.

Gleichzeitig: Ruben. Indes wir andern alle, Ankläger, Angeklagte, Wärter, Ärzte, von der Gemeinsamkeit des Entsetzens zu einander getrieben in der hintersten Ecke der Kammer uns drängten, trat Ruben drei, vier, fünf ganz kurze Schritte vor in die Mitte des Raumes. Er zitterte nun nicht mehr. Er stand unbeirrt aufrecht im Regensprühen, das der Wind durch die Luken niederstürzend noch immer zu uns herübertrug, und er blickte gradaus; nicht nach dem Seziersaal, auch nicht nach der Wand des Seziersaals – als blickte er durch diese Wand, so war es mir. Es flüsterte neben mir: »Sein Gesicht!« Auch dieses Gesicht hatte ich schon einmal gesehen, vor zweihundert Jahren, als ich nach einem einmal die brennende Lampe warf. Ruben sagte: »Zum Erben setz mich ein, lieber Vater!« Er hob die Hand nach dem grünen Spukbild drüben im Saal und sagte: »Vater! Vater! Vater!« Sein Gesicht zerging – als wär es verschwunden, so sehr waren plötzlich nur seine Augen da. Durch die Wand starrte er, durch die Wand. Und dann brach es aus ihm auf, als sähe er etwas, als sähe er einen Vorgang, den wir andern nicht sahn, als sähe er jenes grüne Spukbild dort drinnen noch atmend, noch lebendig. »Nein!« kreischte er plötzlich, »nein, nicht! Nicht den Leuchter! Nein, nicht schlagen! Nicht erschlagen! Die Tür auf! Laß mich zu ihm! Was singst du? Nicht den Leuchter! Die Tür –« Sein Kreischen ging über in einen sehr langen, sehr gellenden Schrei – als geschähe da etwas, als sähe er etwas, das wir andern nicht sahn. Dicht gedrängt standen wir, indes der Regen stob, standen da mit erblaßten Gesichtern und starrten nach dem Entrückten. Dem tropften schwere Tränen aus den Augen. Gekrümmten Mundes sagte er ganz leise und langsam: »Jetzt – ist – er – tot.« Ein Schweigen hüllte er um sich wie ein

Trauerkleid. Nein, wir alle, die wir da standen, wußten den Vorgang uns nicht zu deuten.

Aber auch das mag nicht länger gedauert haben als zwei Minuten. Dann faßten wir uns, ja mehr, dann kam über uns alle eine überhitzte Lebendigkeit. Der als erster die Sprache fand, war der Professor. Er rief: »Ein Hebephrener! Ist der überhaupt schon psychiatriert worden?« Und Doktor Mondschein: »Wozu wird diese ganze Farce da überhaupt aufgeführt?« Der Krankenwärter: »Der Herr Primarius wollte gar nicht –« Der Staatsanwalt: »Ich habe das Recht dazu, die Verdächtigen –« Einer: »Schluß! Schluß! Naß bis auf die Knochen! Man hält ja den Gestank nicht mehr aus!« Der Professor: »Was wollen Sie noch? Daß der Junge da diesen Hieb nicht geführt haben kann, ist hiemit durch mich konstatiert. Es tut mir leid, aber der Polizeiarzt –« Der Staatsanwalt: »Aber ich habe das Recht –« Doktor Mondschein brüllte: »Wenn Sie ein Sadist sind, lassen Sie sich in einem Sanatorium internieren!« Einen Augenblick lang war es still, der Regen versiegte so plötzlich, wie er eingesetzt hatte. Es stank. Dann kreischten sie gleichzeitig zu fünft. »Disziplinaranzeige –« der Staatsanwalt. Mondschein: »Und ich beantrage –« Der Professor ging zur Leiche hinüber, tat seine Griffe und Schnitte und diktierte schmetternd und unbeirrbar das Obduktionsprotokoll. Er war ein rechtschaffener und eigensinniger Mann und tat das, nun er seine Meinung sich gebildet hatte, in größerer Eile, als man nach all den Vorbereitungen hätte erwarten sollen. »– hiemit die Tagsatzung als geschlossen,« sagte der Vorsitzende. Man drängte hinaus.

Aber das war noch nicht das Ende. Denn Ruben ging nicht. Die Kammer war fast schon leer – Ruben ging nicht. Ruben wandte sich nicht. Mit seinem Lächeln stand Ruben dort und sagte: »Vater –« und hob die Hand nach dem Erdgewordenen hin. Klein stand neben ihm, schwerschuhig und ernsthaft, einer im Leide. Er hatte die Finger ineinander verschränkt – es war mir, als stünde er in stummem Gebet. Summte er? Es war ein großer, klagender Rhythmus in diesem Summen. »Vater,« sagte Ruben nach dem Erdgewordenen hin. Auch ich stand ihm zur

Seite – nun, da ich aus der Kellergruft hätte fort dürfen, hielt mich dort etwas fest. Etwas brach aus mir auf, aber es war kein Gesang, der mir von den Lippen strich. Wer schrie da? Plötzlich war die Kammer leer – nur wir drei standen dort. Wer hieb da dem Justizsoldaten die Faust in die Fratze? Aber es waren ihrer zu viele, die auf mir lagen. Von unten her, schon auf dem nassen Steinboden liegend, sah ich Rubens Gesicht. Er lächelte unberührt und er hob die Hand nach dem Erdgewordenen hin. Nicht so, Hunde. Nicht in euern Käfig zurück. Eine gellende Stimme hörte ich. War das ich, der da schrie? Eine Kette klirrte an meinen Füßen. Aber dem Athleten schnellte ich doch noch das Knie ins Gesicht. Wankte der breite Wandschrank? Glas splitterte, Glas. Auf dem Steinboden überall – fünfhundert ausgerissene Menschenzungen bleckten mich an. Dann hatten sie mich auf die Bahre geschnürt. Dann trugen sie mich. Auf dem Spitalshof war ein ärmlicher Grasstrich. An den Halmen jubelte vielfarbig der Regentau unter einem schon wieder makellos blauenden Himmel.

All das löste sich dann viel schneller, als zu erwarten stand. Wohl versuchte man, den Spuren jenes letzten Artikels der *Wahrheit* nachzugehn, aber nicht einmal daß Ruben tatsächlich Abels Sohn sei, ließ sich erweisen. Was man von Nachbarn und dergleichen zu hören bekam, war Gerede. Und Frau Feuerbach, die einzige, die hätte sprechen können, kam als Zeugin nicht in Betracht. Sie hatte, ihr Kind aus der Untersuchungshaft zu befreien, hundert untaugliche Bittgänge und Versuche gemacht, hatte hundertmal ihre Aussagen abgeändert, wenn sie glaubte, Ruben so nützen zu können. Man protokollierte gar nicht mehr, was sie erzählte. »Eine Närrin,« sagte der kleine Untersuchungsrichter. Wer sonst? Von Feuerbach wußte man nichts. Und Mirjam tauchte nicht auf: sie hatte eben damals – nach einer Versammlungsrede– zwingende Gründe, bei der Behörde sich nicht zu zeigen.

Ruben Feuerbach kam auf die Psychiatrie und wurde dann freigelassen. In Sachen des Mordes an Abel ward nach unbekannten Tätern gefahndet. Klein und ich wurden gar nicht ernsthaft in Untersuchung gezogen: uns gelang ohne Mühe der Nachweis des Alibi. Aber wegen Zollschwindels, wegen Kreditbetrugs und betrügerischer Krida bekamen wir jeder ein Jahr; fünf Monate Untersuchungshaft wurden eingerechnet. Klein sah ich damals nicht mehr – hörte nur, er habe nach sieben Monaten richtig das Gefängnis verlassen.

Bei mir war das anders. Da war noch der Exzeß bei der Obduktion. Der brachte weitere fünf Monate ein, im Gerichtsgefängnis, kahl geschoren, mit mancherlei andern – Düten klebten wir, Düten.

Drittes Buch
Der Schrei

Die Erniedrigten

Es war eben zu der Zeit, zwei Monate nach der Freilassung Samuel Kleins – ich hatte noch drei Monate meiner Zusatzstrafe abzubüßen – daß Suwarow, oder richtiger: die Müllerowa Anlaß hatte, eines Gesprächs zu gedenken, geführt vor vielen Monaten mit einem jungen, schiefschultrigen, brillentragenden Menschen, der den beiden einmal nachts in ihr Zimmer gefolgt war. Das ergab sich so: Am 13. Juli, gegen sechs Uhr abends, zu einer Zeit also, da die Gaststuben leer sind, kam Jablonski, der Pole, Arm in Arm mit Anton ins Wirtshaus zur Schäferin, lärmend beide, angeheitert beide; mit Rohrstöckchen, die sie einem Hausierer abgehandelt oder geklaut haben mochten und die sich gefährlich und drollig in ihren schweren Händen verbogen, hieben sie im Takt auf die Tischplatte, bis der Wirt, finster, riesig, auf seinen Filzschuhen hereinkam. »Wein, Heurigen,« sagte Anton. Der Wirt zwang Jablonski mit einem Augenwink in eine entferntere Ecke. »Bist verrückt, Mensch,« fragte er, »daß du den Kerl herschleppst?« Jablonski machte ein belustigtes Gesicht nach dem Tisch hin, von dem Anton herüberschaute, und sagte leise: »Halts Maul und hör zu.« Der Große brummte: »Badele hat verboten, daß ich ihn hereinlaß.« Jablonski nickte zu Anton hin und zischte kaum hörbar: »Ich bin kein Trottel. Halts Maul, Mensch. Hör zu, Mensch.« Drüben stand Anton von seinem Platz auf und kam schwankend ein paar Schritte näher. »Was will er?« fragte er. Er taumelte, doch seine Augen waren ganz wach. Jablonski lachte: »Geld! Er will nicht mehr aufschreiben!« Über Antons Blick lag wieder der Schleier. Er fuhr mit der Hand in die Tasche und sagte: »Da, Geld.« Es war eine größere Note.

Dann tranken sie schweigend zwei Liter. Nur »prost« sagte immer der eine, und der andere »prost«. Dann lehnte Jablonski unvermittelt den Oberkörper leicht vor und sang seinem Gegenüber nah ins Gesicht:

»Rote Rosen habe ich gepflückt.
Schöne Mädchen habe ich geküßt.
Aber es ist schon lange, lange, lange her.
Aber es ist schon lange, lange her.«

Und dann sangen sie es zu zweit: »– schon lange, lange, lange her,« und Anton weinte. Kein Zweifel – nun war er besoffen. Er legte seine breite, rote Hand auf den Tisch und sagte schwer: »Da kann keiner, wo ich bin. Hab ich ihn am Kragen – sitzt er schon.« »Recht hast du,« sagte Jablonski und »prost«. Aber Anton wollte es noch einmal hören und fragte: »Hab ich recht?« »Recht hast du,« sagte Jablonski und war wach. Dann legte Anton unvermittelt den Oberkörper leicht vor, und zweistimmig, in einem wehleidigen Schriftdeutsch, sangen sie es einander nah ins Gesicht:

»Rote Rosen habe ich gepflückt –«

Sie tranken schweigend – so sehr waren sie zu Tränen gerührt. Dann stieß Jablonski den Ungeschlachten an – mit der Faust, nicht ganz leicht – und sagte: »Aber der Gutjahr.« Der andre wollte aufstehn und konnte nicht. »Der Gutjahr – ist kein Freund,« sagte er mit schwerer Zunge. »Sagt: kriegst nichts mehr. Sagt: krepier. Ist das Freundschaft? Sagt: (er spreizte sich und ahmte gehässig verzerrt eine vornehme Stimme nach) – sagt: Ich kenne Sie nicht! Ist das Freundschaft? Sagt: Zupfen Sie sich, sonst hole ich einen Schutzmann!« Er trank. »Ist das Freundschaft? Na? Hab ich recht? Ist das Freundschaft, Polack?« Er wollte es zweimal hören. Er hatte recht.

Dann tranken sie. »Schöne Mädchen habe ich geküßt –« sang Jablonski. Dann sagte er in eine Stille: »Jetzt hast aber Geld.« Er blickte auf und sah die Augen des Bezechten, die gegen Schleier sich wehrten. »Weißt du, was ich glaub?« sagte Anton langsam und wacher, »ich glaub, Polack, du willst mich auslaufen lassen. Dann – bist nicht der erste –« Er legte Jablonski die Schlächterhand aufs Genick und der Wirt kam von hinten her einen

Schritt näher. Aber dann mußte Anton sich kratzen und der Wirt trat in den Schatten zurück und Jablonski lachte, daß der weiße Haarschopf ihm in die Stirn fiel, und Nebel hingen wieder zwischen Stirne und Weinglas. Der Pole sagte: »Aber jetzt hast wieder Geld.« Und Anton stemmte sich an der Platte des Tisches hoch und brüllte: »Einen Dreck hab ich! Er! Das vom Sturmtrupp hat er genommen. Das vom Warschauer hat er genommen. Und das –« er wurde leise und flüsterte mit einem schaurig belustigten Augenzwinkern – »das vom Abel – hat er auch genommen.« Der Wirt dort hinten bewegte sich. »Warschauer?« sagte Jablonski. Aber Anton beugte sich vor und sang das von den roten Rosen. Sie sangen es beide. »Warschauer?« sagte Jablonski. Doch dann fuhr er selbst fort und nickte. »Ich weiß,« sagte er, »unser Kurier, der Genosse, der das Geld bringt aus Warschau.« Anton legte die schwere Hand auf den Tisch; seine Finger, rohes Fleisch, waren Tiere und duckten sich. »– Geld bringt aus Warschau,« äffte er dem andern nach; er trank und sagte: »Glaubst, das gibt man den Kiwerern? Die Zettel, wo alles drauf steht – da zahl und da hast. Aber Geld?« Er mußte so sehr lachen, daß er zu husten begann. Jablonski schlug ihm die flache Hand wohl zwanzigmal zwischen die Schulterblätter, ehe er sich beruhigte. »Nicht alles den Kiwerern –?« sagte der Pole blöde, und dann lachten sie einander lang ins Gesicht. Es war, als horchte Jablonski nach einem Witz, da er fragte: »Der Warschauer –?« Und Anton hielt den Finger hoch und flüsterte, als vertraute er ihm ein lächerliches Geheimnis an: »Schwimmt! Im Wasser!« Er wurde plötzlich wortkarg. War es der Wein, der ihn übermannte? Er lallte kaum hörbar: »Sieht man – nicht – das Gesicht.« Er blieb stumm.

Das war eigentlich alles. Eine Viertelstunde später trug der riesige Wirt den tödlich Betrunkenen wie ein Kind auf den Armen in seine Schlafkammer und bettete ihn auf eine Pritsche. Eine Viertelstunde später war eine Sitzung des E-Komitees nach der Schäferin einberufen. Rote Frontkämpfer patrouillierten schon die Straße ab, als eine Viertelstunde später Suwarow im Automobil kam. Die andern warteten schon. »212 ist aus Warschau seit fünf Tagen überfällig,« begann die Adlerowa und zuckte.

»Ist ja jetzt klar,« sagte Suwarow fischäugig und schnitt ihr mit einer Bewegung der Eishand die Rede ab. Er war noch kälter, noch ruhiger als sonst und irgendwie furchtbar. Der Vorfall kam ihm nicht ungelegen – »striegeln« nannte er es – um in seinem Schwenken zu jener schärferen Gangart hier fortzufahren. Er stand also auf, erbat sich – in der Komiteesitzung ging es sonst nicht so feierlich zu – das Wort und hielt eine Rede. War er wirklich mit Worowski identisch – Worowskis Rednergabe gehört der Geschichte der transuralischen Revolution an. Wer hätte da aufstehen sollen und nein sagen, als er darlegte, nun sei dem Faß der Boden ausgeschlagen und nun gelte es Taten, nicht Worte! »Wir alle,« sagte er, »wir alle, Genossen, haben unser Leben einer Idee geweiht. Unser Leben gehört nicht uns. Wir haben es zu bewahren.« Er machte eine Pause, dann sagte er trocken: »Genosse Badele hat diesen Gutjahr seit mehr als einem Jahr auf der Liste. Ich war es, der damals gewarnt hat. Es ist nichts geschehen. Gut, ihr sagt, ihr habt nichts beweisen können. Aber was nun?« Er warf die Hand auf den Tisch. »Jetzt ist bewiesen! Ich frage: Was nun? Es ist der dritte Kurier, der angegriffen wird. Der erste ist gelaufen. Der zweite ist fast erschlagen worden. Der dritte jetzt. Ersoffen. Wie sagt man? Ersäuft. Drei Kuriere. Dreimal der Gutjahr. Anton Horak? Dieser Horak gilt nicht, ist Werkzeug. Werkzeug kann man benützen. Aber der Gutjahr! Ich frage: was nun? Dieser Gutjahr hat Parteigeld, hat Parteigeheimnisse gestohlen und an die Polizei verkauft – wer weiß wie lange schon. Und ich frage zum letztenmal: was nun?« Er hatte mit sehr erhobener Stimme geendet und schaute nun fischäugig von dem zu dem, als verlangte er Antwort. »Was soll geschehen?« fragte Strohbach von der Elektrizität. Und drei andere fragten: »Was soll geschehen?« Und die Adler fragte mit zuckenden Mundwinkeln: »Was soll geschehen mit Gutjahr?«

Eine kurze Stille trat ein. Die Gaslampe sang. Suwarow antwortete nicht und blickte dem Dutzend Menschen im Raum der Reihe nach ins Gesicht. Dann griff er mit seiner farblosen Hand nach dem Bleistift, der vor ihm lag – es war ein langer, gelber, mit peinlicher Sorgfalt gespitzter Bleistift, wie er ihn zu benützen liebte; ein bürgerlicher Bleistift, wenn man es recht überlegte – griff also nach diesem Stab von Bleistift, hob ihn in beiden Händen wagrecht halb hoch vor sich hin, und statt jeder Antwort, nachdem er allen in die Augen geschaut hatte, brach er diesen Bleistift in zwei Stücke.

Diese stumme Handlung ließ in den Anwesenden einen tiefen Eindruck zurück. Die Adlerowa zuckte mit ihrem zerstörten Gesicht und es stand zu befürchten, daß einer ihrer Anfälle nahte. Die Müller, die Sekretärin, hatte leuchtende Augen. Die aus den Gewerkschaften, Strohbach vornehmlich, aber auch Kern vom Transport und Kandelka von den Metallarbeitern, waren entfacht und bedrückt zugleich. Ihrer vier erhoben sich, gingen nach hinten in einen Winkel und verhandelten leise. Zwei folgten ihnen und noch einer. Still saß nur einer, jener Graukopf mit aufgebürstetem Haar. Er war ein alter Parteimann, dessen rosigem Gesicht man nicht ansah, in wie vielen Kerkern er schon für seine Überzeugung gesessen hatte. In ihm arbeitete etwas, und es schien, er bereite sich zu einer Rede vor. Dann saß da noch Berggrün, der Redakteur des Parteiblattes, sichtbar peinlich berührt und sehr nachdenklich; er zeichnete Schußwaffen an den Rand einer Zeitung. Wirklich ruhig war eigentlich nur Badele; der ernste Mann sah bekümmert drein, doch er schwieg. Ja – noch Mirjam: Sie saß – ganz hinten, wo das Licht nicht voll hindrang – auf ihrem Sessel, hatte das Kinn in die Hand gestützt, hatte die Augen geschlossen und war tief errötet. Es hätte sie einer gut kennen müssen, zu sehen, wie schwer sie erregt war.

Aber diese Pause nach dem Zerbrechen des Bleistiftes dauerte durchaus nicht so lange, wie das hier den Anschein erwekken muß. Es mögen im ganzen zwei oder zweieinhalb Minuten gewesen sein. Suwarow blickte noch immer von einem zum andern. Die Müllerowa, die ihn kannte, sah genau, daß er mit dem Ergebnis seines Vorstoßes noch nicht zufrieden war. Er blickte auf seine Hände nieder und sagte scharf: »Ich muß da noch ein bißchen deutlicher werden. Was ihr tut, Genossen, ist nicht Revolution. Was ihr tut, ist Spielerei.« Der Grauhaarige ihm gegenüber hob jäh den Kopf, aber der Redner wiederholte noch schärfer: »Spielerei! Das wäre nicht ganz wichtig für uns in Moskau. Wir würden sagen: jenes Land schläft noch; gut, es wird aufwachen. Aber ihr seid von der Dritten Internationale! Das ist Pflicht – wie sagt man? – Verpflichtung. Darum –« Der Grauhaarige unterbrach: »Aber der Fall Gutjahr –« Die kalte Hand schnitt ihm durch die Rede. Suwarow sagte: »Wer spricht von dem Fall Gutjahr? Gutjahr ist ein Symptom. Allerdings – in der Politik muß man auch die Symptome bekämpfen. Vielleicht Symptome in erster Linie. Der Fall Gutjahr? Ich spreche von der Situation. Nach dem großen Krieg habt ihr eine kleine Revolution gemacht. Habt den Kaiser verjagt. Habt ihr ihn verjagt? Er ist selbst gegangen. Ihr habt geschrien: ›Hurra‹ – das war eure Revolution. Ein Spaziergang auf der Straße – gut, auch ein paar Revolverschüsse. Dann?« Er ballte die farblosen Finger zu einer Faust und klopfte knöchern gegen den Tisch: »Ist es besser von Bürgern beherrscht werden als von einem Kaiser beherrscht werden? Dem Proletarier ist gleich, wer frißt – er hat nicht zu fressen. Republik? Genossen, die Banken saugen Blut. Genossen, die Werksherren schmeißen den Arbeiter auf die Straße. Genossen – die Gerichte? Die Gerechtigkeit? Ein Arbeiter ist erschossen worden von einem Hakenkreuzler – der Hakenkreuzler ist freigesprochen. Drei Arbeiter haben Steine geworfen – sechs Monate Kerker. Ein Sturmtrupp, ein Rotzbub, erwürgt im Wald einen, weil er den ›Roten Falken‹ beitreten will – kommt statt ins Zuchthaus auf die Psychiatrie. Soll ich weitererzählen? Zwei Arbeiter sind erschossen worden in Orth; wer will wetten, die Mordbuben kommen wieder mit einer kleinen Strafe davon?« Der Graue erregte sich. »Das nicht, diesmal nicht,« sagte er. »Wenn man den Prozeßbericht liest –« Aber Suwarow überschrie ihn und warf die Hand nach einer Ferne, in die man nicht sah. »Gehen Sie hin,« schrie er, »seit drei Tagen verhandelt man. Gehen Sie in den Schwurgerichtssaal. Morgen wird das Urteil sein. Und wenn die Mordbuben mehr als ein Jahr bekommen, bin ich nicht, der ich bin.« Der Graue versank in sich und sagte leise: »Dann kostet das viel Blut.« Nun hatte der Russe erzielt, was er wollte. Alle, wie sie da standen und saßen, waren einer schweren Erregung voll. Vornehmlich die von den Gewerkschaften waren entfesselt. Einer schrie auf: »Unsre Leute lassen wir nicht mehr schlachten!« Und in dem Augenblick hob Suwarow schnell, knapp und sehr bezwingend die Hand. In der nächsten Sekunde war es tief still. Der Russe schrie plötzlich: »Das ist der Fall Gutjahr!« Und sagte leise: »Darum muß der Gutjahr erledigt werden.«

Nun war wieder Stille. Badele sagte, und er hatte den Blick gesenkt, als schämte er sich: »Sie müssen verstehen, Genosse Suwarow – es ist hier das erstemal, daß wir – daß hier einer zum Tod verurteilt wird.« Der Grauhaarige nickte sehr eifrig. Aber Suwarow, der es nun erst recht auf eine Kraftprobe ankommen lassen wollte, nahm davon keine Notiz und sagte trocken: »Bleibt also noch die Frage: Wie? und die Frage: Wer? Eigentlich nur die eine Frage: Wer übernimmt das?« Ein längeres und peinliches Schweigen trat ein, indes Suwarow mit klappenden Augendeckeln den einzelnen ins Gesicht schaute. Berggrün, der Redakteur, erhob sich in plötzlichem Entschluß und sagte: »Man muß mich entschuldigen. Ich gehe jetzt. Ich habe Umbruch.« Auch die Vertreter der Gewerkschaften waren mit einemmal ernüchtert. Wieder standen sie langsam auf, einer nach dem andern, und der von den Gasarbeitern sagte: »So nicht.« Sie verständigten sich durch Blicke, gingen nach dem Winkel im Hintergrund, redeten leis miteinander. Dann riefen sie »Rot Front, Genossen« herüber und gingen fort. Nur der Grauhaarige war auf seinem Platze sitzen geblieben. Suwarow wandte sich ihm zu und sagte spöttisch: »Und Sie?« Aber er verstummte, als der andre ihn ansah.

Da saßen also noch neben dem Grauhaarigen und Suwarow. Badele, Mirjam, die Adler und – selbstverständlich – die Müllerowa. Sie sahen einander nicht an und jeder von ihnen wußte, daß Suwarow eben eine Niederlage erlitten hatte. Suwarow lächelte ironisch und überlegte. Nein, diese Menschen waren für seine Pläne nicht reif. (»Sie müssen in ihre Freiheit hineinfallen, wie einer ins Wasser fällt. Selbst springen – dazu sind sie nicht reif,« schrieb er später nach Moskau.) Indes er noch lächelte, hatte er seinen Plan schon von Grund auf umgestellt. Sie wollen fallen, dachte er, und so muß man Gelegenheiten machen, sie eventuell auch zu stoßen. Nun erst recht war diese Sache mit Gutjahr ihm wichtig. Wenn etwas diese Menschen kettete, kittete, so war es gemeinsame Schuld – oder was man so nannte. Er lächelte noch immer und sagte leichthin, als wäre nichts geschehen, als wäre nicht eine Weltenpause zwischen seinem letzten Wort und diesem verstrichen: »Also Gutjahr – wer übernimmt das?« Wieder trat eine kleine Stille ein, und darein, darein also sagte die Müllerowa mit ihrer schönen Stimme: »Wie hieß der junge Mann, der damals bei uns war? Damals, nachts, im Zimmer?« Suwarow schlug sich mit zwei Fingern – es klatschte irgendwie – an die Stirn und sagte: »Der!« Und die Müllerowa: »Klein! Isidor, glaube ich.« Badele sagte ein wenig bestürzt: »Ignaz Klein!« Und Suwarow, abschließend: »Er will schießen.« Anzunehmen ist, daß es eben schon seinen geänderten Absichten entsprach, diesen aufgeregten und kurzsichtigen Menschen ins Treffen zu schicken. (»Zündeln, nicht zünden will ich jetzt,« sagte er auf dem Heimweg der Müllerowa.) Und so wiederholte er: »Er will schießen! Er soll also schießen.«

Aber er fand noch einmal unerwarteten Widerspruch. Es war Mirjam Feuerbach, die aus dem Unerleuchteten jetzt herübersprach. Sie hob ihr Gesicht und sagte: »Ich kenne den Ignaz Klein. Lassen Sie ihn ein Huhn umbringen – er fällt in Ohnmacht.« Suwarow blieb ruhig. »Jetzt soll man ihn zuerst einmal holen,« sagte er und nickte der Müllerowa zu, die sogleich aus dem Zimmer ging. Er rief ihr nach: »Mit dem Auto!« Dann erst wandte er sich zu Mirjam und antwortete: »Ein Huhn vielleicht nicht. Aber einen Verräter.« »Das sind so Worte,« sagte der Grauhaarige, ohne aufzublicken. »Traurig, Genosse, wenn Ihnen das Worte sind,« sagte Suwarow scharf, aber da kam eben die Müllerowa aus dem Nebenzimmer zurück und legte ihm beruhigend die Hand auf den Arm. Der Graue erregte sich. »Ich war in Zürich mit Lenin befreundet, Genosse, da gingen Sie wahrscheinlich noch in die Elementarschule,« sagte er zu Suwarow, der nun grell beschienen, teuflisch zwischen Weiße und Schatten, unter der Gaslampe stand. Auch Mirjam trat jetzt näher; nur die Adlerowa blieb hinten im Dunkeln (man sah nicht viel mehr als ihre Augen). »Ich war zehn Jahre im Kerker,« sagte der Graue und in seiner Stimme wankte etwas.

Nun suchte Badele eine Brücke zu schlagen. »Genosse Suwarow wird uns sagen, warum es gerade dieser Klein sein soll,« sagte er ruhig, und Mirjam, die nun straff und erregt im Licht stand, ergänzte laut: »– dieser Klein, der, wenn er schon schießt, im nächsten Augenblick verhaftet ist und im übernächsten uns lächerlich macht.« Suwarow sagte mit seinem Lächeln: »Das tut nichts.« »Wir haben Bessere,« sagte Mirjam. Und Suwarow: »Ausgezeichnet. Dann ist nicht schade um ihn.« Mirjam wurde plötzlich wieder tief rot und Suwarow hatte das schlimme Gefühl, zu viel ausgeplaudert zu haben. Sie ist eine Katze, sagte er sich. Sie schaut mir in die Karten, sagte er sich, und hatte bei allem Unmut doch die Freude des Spielers. Nah seinem Ohr tönte kaum vernehmlich die weiche Stimme der Müllerowa: »Wie schön sie jetzt ist, Iwan Ilitsch!« Aber er hatte keine Zeit, das zu sehn. Denn in das knappe Schweigen sagte Mirjam laut: »Genosse Suwarow, ich verlange, daß diese Aufgabe einem andern übertragen wird. Wenn es sein muß – ich habe nicht zu entscheiden. Zu entscheiden haben Sie. Sie sind Führer. Wenn es also wirklich geschehen muß, dann nicht durch ein Schlachtopfer. Dann durch einen Aufrechten.« Suwarow, Debatter, geschult, den Gegner außer Gefecht zu setzen, sagte mit zuckenden Lippen sehr schnell: »Also durch Sie zum Beispiel?« Mirjam war mit einem Schlage sehr blaß. Aber sie hielt stand. Fest, doch ganz leise, sagte sie: »Zum Beispiel durch mich.« Und da nun unverhüllt jenes Lächeln über Suwarows Gesicht lag, sagte sie in Trotz, Empörung und Selbstzucht: »Genosse Suwarow, ich verlange, daß diese Aufgabe mir übertragen wird.«

Nun war es durchaus still. Nur die Augen der Adlerowa glommen hinten im Unerhellten, und vorn am Tisch der Graukopf nickte viele Male, ohne den Blick zu erheben. Suwarow setzte sich auf seinen Sessel und sah unjung und gedankenbekümmert ins Licht. »Wir leben nicht unser Leben,« sagte er nach einer Weile mit veränderter Stimme, und dann, mit einem vollen Blick auf das Mädchen: »Wissen wir, Genossin, wozu Sie noch aufgespart sind?« Er überlegte: sie sind doch wie Kinder alle – ob jung oder grauhaarig. Mirjam sagte laut in seine Gedanken: »Dann verlange ich, daß gelost wird.« »– daß gelost wird!« wiederholte der Graue belebt, als wäre das der Ausweg. »Auch in Zürich –« sagte er und verstummte dann jäh. Sie sind wie die Kinder, dachte Suwarow. Dann hatte er sich wieder gefunden und lächelte. Diese Wendung kam seinen Plänen nicht ungelegen. Sie sollten gekettet, gekittet sein. »Dann losen wir alle,« sagte er ruhig, »ich mit, du mit, alle mit.« Und zu Mirjam gewandt, fast herzlich: »Ist es jetzt recht?« Von draußen klopfte einer drei Morsezeichen ans Fenster. »Genosse Isidor Klein kommt,« sagte Suwarow, ohne seinen Platz zu verlassen. »Ignaz Klein,« berichtigte Badele ernst. Man blieb ohne Wort, bis vor dem Hause die Sirene eines Automobils fünfmal kurz aufschrie. »Genosse Klein kommt, sagte Suwarow noch einmal. Dann ging die Tür auf.

Über die dann folgende Szene ist eigentlich nicht viel zu sagen. Wenn Suwarow damals dieses Losen um eine Mordtat guthieß, wenn er, ohne mit der Wimper zu zucken, sich einbezog, und wenn er mit solcher Ruhe der tiefen Erregung der andern gegenübertrat – nur die Müllerowa und Badele waren, aus sehr verschiedenen Gründen, eigentlich still; die Adler zuckte wie in einem beginnenden Anfall, der Grauhaarige ging im Raum auf und ab, auf und ab, und Mirjam, sehr rot, schwer atmend, hielt ihre Nerven, wie man eine Koppel Hunde mit letzter Kraft noch an den Strängen zurückhält – wenn, sage ich, Suwarow seine Ruhe bewahrte, so war das ein leichtes: er hatte keinen Augenblick daran gedacht, diese Auslosung wirklich und rechtens vornehmen zu lassen. Er hatte Erfahrung in Auslosungen. Daß er keinen für diese Nebensache mit Gutjahr ausspielen wollte als Ignaz, stand von Anfang an bei ihm fest. Das Weitere? Das Theater? »Striegeln« nannte er es. Es mochte doch richtig sein, daß er mit Iwan Ilitsch Worowski identisch war.

Ja – Ignaz Klein. Die Türe ging also auf und eintrat Ignaz Klein. Er war zu der Zeit, in den ersten Sekunden nach seinem Kommen, weniger erregt als all die andern. Denn als Jablonski und ein Jugendlicher ihn im Automobil aus dem Kaffeehaus geholt hatten – dort saß er täglich zwischen fünf und sieben und spielte Schach – ja als er Jablonski nur in der Eingangstüre dieses Kaffeehauses auftauchen gesehn hatte, war er seltsamerweise keinen Atemzug lang darüber im Zweifel gewesen, worum es da ging. Er war noch niemals geholt worden. Jenes Gespräch, sein einziges mit Suwarow, war in ihm wach, als hätte es Tags vorher stattgefunden. Er erhob sich, er nahm seinen Hut und ging mit den beiden, die nach ihm fragten. Er trat in den Raum, er wurde von den sechs Menschen mit stummem Händedrucke begrüßt – oh, er war nicht ohne hellsichtige Bitterkeit in dem Augenblick. An dem, was Suwarow ihm mit zuviel rednerischem Aufwand darlegte – sprachen nicht Hauptleute so im Krieg beim »Freiwillige vor«? – löste nur das eine in ihm eine blasse Verwunderung aus, daß da noch gelost werden sollte, daß seine Sendung also im Grunde genommen doch nicht feststand. Und indes Suwarow zu dieser Auslosung seine Anstalten traf – ein Zeitungsblatt zerschnitt er zu Streifen, und wer davon den kürzesten aus seiner Hand zöge, sollte die Tat tun – überfiel den Bestellten, den, der sich gemeldet hatte, den, der zum Mörder werden sollte, plötzlich ein Blitz, der Gedanke: Wenn das Los nicht auf mich fällt? Wenn ich gar nicht hingehen muß, die Hand heben und einen Revolver abschießen? Wenn dieser Kelch noch einmal an mir vorübergeht? – So kam es, daß er, der sich gemeldet hatte, im Augenblick des Losens unter diesen sieben Menschen doch noch der erregteste war – nicht sichtbar, nicht vernehmlich, doch angespannt in einer Angespanntheit, die ihm die Adern an den Schläfen fast bersten ließ.

Suwarow als erster – aus Badeles Hand – dann Badele, die Müllerowa, die Adler, der Graue hatten gezogen; blieben noch Mirjam und Klein. »Sie jetzt, Genosse?« wandte Suwarow sich mit einem Lächeln an Ignaz. Der trat mit zwei langen Schritten – militärisch irgendwie – nah vor ihn hin und blickte auf diese schmale, farblose Hand nieder, aus der zwei Papierenden vorragten. Suwarows Augen zwangen die seinen hoch. Die beiden standen einen Atemzug Blick in Blick. Der Russe lächelte. Ignaz fühlte mit einemmal Schweiß auf seiner Stirn und sagte mühsam: »Die Genossin Feuerbach – vor mir.« Suwarow lächelte und schwenkte mit der Bewegung eines Croupiers – voilà – die geschlossene Hand zu Mirjam hinüber. Die war sehr rot. Sie zog ohne Zögern. Der Russe lächelte und wandte sich Ignaz zu: »Sie haben den kürzesten Streifen. Ich gratuliere Ihnen, Genosse. Sie haben, was Sie wollten. – Ich gratuliere Ihnen,« sagte er nochmals sehr laut und schüttelte Ignaz die Hand. Der überließ ihm die seine. In der Linken hielt er das schmale Stück Zeitungspapier, das der andre ihm übergeben hatte. War dieser Streifen nicht an einem Ende abgerissen, als hätte ein Daumennagel im letzten Moment ihn gekappt? Da also, indes er seine Rechte dem Händedruck des Russen ganz überließ – da also lächelte auch Ignaz Klein. Oh, er war nicht ohne hellsichtige Bitterkeit in dem Augenblick.

Gutjahr, Herr Gutjahr – das war damals ein vermöglicher Mann, längst aus dem Haus verzogen in ein gutes Quartier, ein Bürger, der Hut, Stock und Handschuhe trug und seinen Geschäften lebte – und den das eine nur drückte, daß diese Geschäfte ihre Farbe nicht wechseln wollten. Eines schleppte das andre hinter sich her, er kam nicht davon los, und ihm hatte der Schrekken über Ruben Feuerbachs Auffindung am Bette des ermordeten Abel (beim überstürzten Aufbruch damals hatte er den Knaben nicht dazu vermocht, von der Leiche zu weichen, und ehe er imstande gewesen wäre, Gewalt anzuwenden, hatte ein Geräusch im Treppenhaus ihn und Anton vertrieben) – ihm hatte also dieser Schrecken angesichts der unfaßlichen Selbstanklage und offenbaren Geistesverrückung des jungen Menschen kaum sich in eine jähe und wilde Freude gekehrt, als ihm schon neue Sorgen sich türmten.

Anton, dumpfer Mitwisser, begann ihm lästig zu werden. Anton, schwer, doch beharrlich denkend, begriff seinen Vorteil und forderte Geld. Anton, von ihm niedergehalten noch, war die Gefahr. Wohl bekam Gutjahr es noch einmal mit der Angst zu tun, als man Ruben unschuldig befand und aus dem Gefängnis ließ, wohl dachte er einen Augenblick daran, des jungen Menschen sich neu zu bemächtigen – aber dann sah er, daß der tatsächlich und nun offenbar erst wirklich verwirrt war, harmlos verwirrt und, freigelassen, Märtyrer, Wundertäter, alsbald von einer Gemeinde Beladener und Entfachter umlagert, die fast noch harmloser waren als ihr Prophet. Nein, da drohte keine Gefahr mehr. Gefahr lag nur bei Anton. Ja es ist anzunehmen, daß der Bedrängte jenen letzten Coup, zum letztenmal noch einen kommunistischen Kurier in eine Falle zu locken, nur mehr unternommen hat, um Anton zu beschäftigen, ihn sich vom Leibe zu halten, ihn bei dieser Gelegenheit nach Möglichkeit selbst in sein Verderben rennen zu lassen. Daß es anders kam, daß der Ungeschlachte wieder einmal ganze Arbeit verrichtete und da war, mit blutigen Händen Geld verlangte – das versetzte den Bürgerling in ein feiges Entsetzen. Er dachte: ich sitze hier in meinem Zimmer; wer mich sucht, kann mich finden. Er dachte: jetzt untertauchen für ein paar Tage. Handschuhe nahm er, Hut, Stock und sperrte die Wohnung ab.

Das war am 11., zwei Tage ehe Anton im Rausch ihn verriet. So brachte der junge Parteimann, den man noch während der Sitzung des E-Komitees auf Rekognoszierung geschickt hatte, nur die Nachricht zurück, der Vogel sei ausgeflogen. Und darum konnte Suwarow, als er Ignaz Klein zum Abschied die Hand gab, nicht mehr sagen als: »Wo Sie den Gutjahr treffen werden, ist mir nicht bekannt. Aber wir lassen den Horak frei. Der weiß, wo Ihr Mann steckt. Oder wird ihn suchen und finden. Wenn Sie wollen, verfolgen Sie diese Spur. Wie Sie wollen, Genosse.« Ignaz nickte, nickte. Er nickte einen Gruß, er wandte sich, er legte schwerelos die Hand auf die Klinke und trat hinaus in die Nacht.

Und sah dies: Anton, halb trunken noch, von dem riesenhaften Wirt unter irgend einem Vorwand auf die Straße gesetzt, geht schwankend die schwarze Straße entlang, an der schwärzeren Schwärze des riesigen Getreidespeichers vorbei, hinüber zur

Querstraße, wo die Helle der ersten Bogenlampe aufs Pflaster platzt. Ignaz steht noch dort ganz hinten im Dunkel. Sehr einsam jammert um ihn der Nachtwand. Er schaut dem Entschreitenden nach. Das trockene Gras klirrt. Eine schwarze Katze huscht über den Weg. Der Mann, ganz ferne, ist der erhellten Straße schon nah. Heut nicht, sagen Ignaz Kleins Lippen fast ohne Laut, nicht heute allein sein, diese Nacht nicht allein sein! Und plötzlich hat der Bebrillte sich in Bewegung gesetzt und läuft. Eine Katze, eine Katze huscht über den Weg. Ignaz läuft. Den Ungeschlachten erreicht er, ein wenig schon außer Atem, an der Ecke der hellen Straße und sagt: »Guten Abend.« Der Trunkene schaut auf, sucht ihn klar ins Blickfeld zu stellen. Das gelingt nicht ganz. Aber was schiert ihn, wer da neben ihm geht? Er hebt die Hand vor sich und spricht laut mit der Nachtluft. Ignaz hält mit ihm Schritt.

Da ist Wein, auf dem Brettertisch an der Bretterbank im lichtlosen Vorgarten einer Kneipe – die Nacht ist lau; nur der Abglanz fern hinter Baumwerk vorüberziehender Straßenbahnwagen läßt ein Glas, eine Stirn, eine Hand, eine Flasche aufschimmern für einen Augenblick. Wie heimatlich gespenstisch singt in der Gaststube hinter geschlossenen Rolladen das Grammophon seine Bauernlieder! Sterne wachen droben, ein Sternbild. Da hebt Anton das Glas und sagt: »Prost, Jud.« Und der andere zuckt auf (so hat er ihn erkannt!) und hebt sein Glas und sagt: »Prost!« Nippt er an diesem fremden und herben Getränk? Er schließt die Augen und trinkt. Das schmeckt übel, doch es macht warm. Und ein Waches in ihm fragt: was tue ich? Mit wem sitze ich da auf einer Bank? Und ein Waches in ihm sagt: Morgen bist du ein Mörder.

Anton zielt mit dem schwanken Zeigefinger – oh, sein Rausch ist ein Wall, eine Brustwehr! – nach einem der erhellt in der Ferne vorübergleitenden Spielzeugwägelchen und sagt: »Pff Huuiii – Pumm. Der is weg.« Der Bebrillte versteht nicht. »Wie?« fragt er. Der Rauschatem neigt sich zu ihm: »Der is weg, Jud. Schrapnell.« Das Rauschhirn begreift des andern Nichtverstehn und ergänzt hinter Glasaugen lachend: »– im Krieg!«

Dann ist wieder Schweigen. Ein schlanker Finger zeichnet Flugbahnen an den Himmel. Sterne zittern dort, herb und fern.

Ignaz schwieg und trank mit scheuen Schlucken ein Glas leer. War er plötzlich kleiner geworden in der gläsernen Finsternis? Kurzsichtig und unscheinbar, so saß er an der Seite des Ungeschlachten auf einer Bank, indes hinten im Gastzimmer das Grammophon einen Marsch trappte. Einen Marsch trappte Anton mit und hob sein Glas nach dem Kleinen hin und sagte: »Jeder Schuß – ein Ruß!« Dann trank er ex, auf die Vergangenheit. Ferne schob sich das erhellte Bild eines Spielzeugwägelchens durchs Geäst. Zu Ignaz nieder beugte sich der Bezechte, stieß den stumpfen Finger in die Schwärze der Nacht und sagte: »Durchhacken. Immer durchhacken, wo der Knochen am schwächsten ist. Denn die Haxen müssen weg. Und das Hüftgelenk kann man nicht ausdrehn.« Den stumpfen Finger stieß er in die Schwärze der Nacht und sagte: »Im Sammelkanal marschieren die Knochen bis in den Fluß!« Und gläsern belustigt: »Knochen – das schwimmt. Weil die Ratten das Fleisch fressen.« Und als sie schon gingen, als sie schon nebeneinander – der Schritt fiel rückgestürzt von den Häuserwänden auf das erschrockene Pflaster – als sie schon die leere Nachtgasse hingingen, sagte Anton und meinte wieder die Russen und zeigte, wie man mit dem Bajonett einen aufspießt, und sagte es immer wieder: »Rrtsch – und umdrahn, Rrtsch eina und umdrahn.«

Weg durch erhellte Straßen, durch eine Gasse, in der jetzt alle Menschen hinter sicheren Hauswänden schlafen. Kein Fenster ist da erhellt, auch kein Fenster des Hauses, vor dem Anton ein paar Minuten sich aufhält. Behäbiges Bürgerhaus. Anton stellt sich auf den gegenüberliegenden Gehsteig und schaut zu diesen schwarzen Scheiben hinauf. In der obersten Reihe ängstet sich ein frierend widergespiegeltes Mondlicht, Schemen eines Schemens; es ist, als lärmte dort droben lautlos in leerem Saal ein Gespensterfest. Anton hat, hinaufblickend immer, zwei Finger an die Lippen gelegt und pfeift einen Triller. Er horcht. Dann pfeift er zum zweitenmal. Und zum drittenmal. Es kommt keine Antwort und kein Fenster erhellt sich. Anton sagt sehr leise etwas, aber das ist nicht zu hören. Dann wendet er sich, und Ignaz, nüchtern mit einemmal – nun ist die Nacht kalt; ihn friert – Ignaz weiß: das ist die Hechtgasse. Es ist Gutjahr, dem der Pfiff galt. Gutjahr versteckt sich. Gutjahr ist es, nach dem der andere sucht. Morgen bist du ein Mörder. – Da war Anton schon so weit voraus, daß er langschrittig hasten mußte, der Brillenmensch, ihn noch zu erreichen. Und da waren sie im Bezirk des Asyls und da saßen sie in einer Kneipe und tranken. Sie waren die einzigen Gäste. Auch hier war nicht Gutjahr. »Huuuiii,« sagte Anton. »Rrtsch eina – und umdrahn,« sagte er. Er zeigte es vor, er hatte ein Bajonett aus Luft inder Hand. Ignaz sagte: »Ein Mensch wie ich –« da schnarrte ein Grammophon auf und spie Geschnarr – »– am besten, er bleibt allein und er lebt allein und er stirbt allein,« schloß er und die Hängelampe spiegelte sich ihm in den Augengläsern. Der Ungeschlachte sagte: »Rrtsch – umdrahn!« Oh, er war der Mond und er hatte ein Bajonett aus Luft in der Hand. Durch Gassen ging man, und man war so groß, daß man droben auf den Dächern der Häuser den Generalmarsch trommelte. Mit dem Zeigefinger stieß man die schwanken Laternen ein. Die Nacht war sehr warm. Ein Grammophon schnarrte irgendwo, ein Grammophon. Ignaz blieb stehen und er sagte der Nachtluft: »Ich bin berauscht!« Nur ein Grammophon schnarrte irgendwo.

Dann – ja, dann war da Gelächter. Verschmitzt auf Sessel stellte man sich und schaute über die spanische Wand in das Extrazimmer. (Drüben im Spiegel – wie gingen diese beiden Gesichter, zwei Monde, auf überm Holzrand!) In dem Extrazimmer saßen ihrer zwanzig. »Er kommt heute spät,« sagte einer, ein Durchsichtiger, der nur mehr ein Stimmchen war in einer schmächtigen Brust. Die Kurila nickte: »Aber er kommt!« Sie nickte es vielemal. Es war ein Leuchten darin. Dann – wer kam da? Anton stützte sich an Ignazens Schulter hoch, um besser sehen zu können. Ja, das war Wurmbrand. Er hatte einen schwarzen Rock, der war hoch am Halse geschlossen. Und er drückte ihnen allen die Hand, die da schon im Zimmer saßen, die Wände entlang. »Er kommt heute spät,« sagte er. Hinter ihm waren sieben, sieben schmale Männer, sieben fadenscheinige Seelchen in zerknitterter

Haut. Die beiden droben auf ihren Sesseln kicherten. Aber da zog der Wirt sie von den Stühlen und schob sie auf die Gasse hinaus. »Auf wen warten die?« fragte Ignaz über die Schulter zurück. »Auf den Ruben Feuerbach,« sagte der Wirt und riegelte von innen die Tür ab.

Dann war schon der nüchterne Morgen grau. Ignaz Klein war müde und ohne Leichtigkeit. Auch Antons Berauschtheit war schon lange verstummt. Nur an der Ecke der Flurstraße, gegen fünf Uhr, als sie gegen den Markt abbogen, auf der Seite des »Gulasch«, wandte er sich unvermittelt dem Bebrillten zu und fragte: »Warum gehst du mit mir, Jud?« Ignaz gab keine Antwort.

Dieses »Gulasch« war ein Mittelding zwischen Kaffeehaus und Wirtsstube, nah gegenüber dem großen Markte gelegen und ursprünglich wohl nur für die Gemüsebauern, Gärtner, Marktleute und ihre früh wachen Helfer bestimmt. Da das Lokal aber eben deshalb als einziges schon um fünf Uhr morgens geöffnet war, fand man darin neben jenen rotgesichtigen, rüstigen und herbe riechenden Gestalten viel anderes Volk, müde Menschen, die, ohne Dach oder auf der Heimkehr nach einer durchwachten Nacht, hinter einem Glas Tee oder Glühwein vor dem Morgenfrost sich verschanzten. Huren saßen da, Musiker aus den Nachtcafés, Provinzleute, die auf dem nahen Bahnhof aus dem ersten Lokalzug gestiegen waren. Ignaz und Anton setzten sich neben den Ofen, der einen engen Umkreis mit einer jähen und zu trockenen Hitze versengte. Sie tranken schweigsam aus großen, bauchigen Tassen ein heißes Malzgebräu. Nebenan schlief ein Mädchen. Dann saßen da drei mit Stulpenstiefeln und redeten hallend. Es war ein wacher Schlaf, eine schläfrige Wachheit, die die Köpfe schwanken ließ rings im Kreis.

Da kam Gutjahr. Man sah ihn schon draußen vor der gläsernen Eingangstüre – Ignaz und Anton bemerkten ihn gleichzeitig. Er stand, dieser Tür abgewandt, er redete mit einem jungen Menschen geraume Zeit, reichte ihm dann die Hand, trat herein. Der Ausdruck seines blau rasierten, vollen Gesichtes war müde und von einer betonten Sorglosigkeit. Er trug einen dunklen, offenbar ganz neuen Anzug und einen kurzen Lederrock. Mit leicht schlenkernden Armen ging er quer durch den Raum, ohne Ignaz und Anton zu sehen. Als er sie sah, stand der Plumpe auch schon vor ihm, der zwischen einer Marktfrau und einem schlafenden Strichjungen saß. Anton also trat sehr langsam, wiegenden Schritts, auf ihn zu – ein Sessel war zwischen beiden, sonst nichts – und sagte: »Habe die Ehre.« Gutjahr zwinkerte leicht mit den Augenlidern (wie einer zwinkert, wenn er eines Hiebes gewärtig ist) und bewegte sich nicht. Anton sagte: »Mir ausweichen. Abpaschen. Dich erwisch ich doch noch, wann ich will.« Er hob eine rote Faust vor. Dem andern zitterten die Lider, er schwieg, regungslos, aber dann schaute er – zwischen beiden war nur ein Sessel – starr auf diese Faust, die ihm nah vorm Gesicht hing. Anton sagte, und es war, als ränge er einem tierischen Groll dieses letzte Menschenwort ab: »Mein Geld.« Die Marktfrau nebenan wurde aufmerksam, auch zwei, drei Männer in Stulpenstiefeln wandten rote Gesichter her. Nur der blasse Strichjunge schlief. »Mein Geld,« sagte eine letzte, fernste Menschenstimme aus Anton. Im Lokal bewegte sich keines. Nur die aufgequollene Wirtin brach sich durch die Gaffenden Bahn.

Ignaz, von seinem Platz her – er saß noch immer; die Beine waren ihm schwach geworden – Ignaz sah, wie drüben Gutjahr plötzlich den Blick hob und Anton starr in die Augen schaute. Er sagte noch immer nichts – als müßte sein erstes Wort, welches immer, eine Urgewalt aus ihren Fesseln befreien. Anton stand still, seine riesige Faust – nur ein Sessel war zwischen beiden – schwankte leicht in der Luft. Die Marktfrau, die neben Gutjahr gesessen hatte, sprang plötzlich auf und flüchtete hinter die Rücken der Gaffer. Nur der Strichjunge schlief. Gutjahr, ganz blasse Angespanntheit – so schweigt einer um sein Leben – ließ den Blick nicht von Antons Gesicht. Das war jetzt rot, kleinäugig und wie verwaschen. Die Faust schwankte, schwankte. Anton drüben lallte einen halblauten Satz – »keine Freundschaft,« hörte Ignaz nur. Aber dann sah er, daß dort drüben die Faust sich löste – zerging. Es war nur mehr eine plumpe Hand, die auf die Lehne des Sessels sich stützte. Und das war der Augenblick, da Gutjahr den Mund auftat und ganz leise zu dem andern zu reden begann.

Das also sah Ignaz. Das sah er und fühlte gleichzeitig ein Schweres in seiner Tasche, einen Revolver. Das sah er und wußte: jetzt hast du ihn gefunden. Also jetzt, jetzt. Jetzt wirst du die Hand heben – jene Dicke wird aufschrein. Der Junge, aus seinem Traum geschreckt – aber nein, das wirst du nicht sehen; denn der Rote hier, der Kutscher, der Lachende, der jetzt aus dem Fenster schaut, wird dir die Faust ins Gesicht schlagen und du wirst stürzen. Fußtritte, ein Polizist. Du wirst schlafen dürfen. Jetzt also. Ignaz hob sich langsam an der Tischkante hoch. Es ist besser, dachte er, ich gehe nah zu ihm hin – so, schlenkernd ein wenig und unbefangen. Aber, dachte er, ich kann jetzt nicht gehen: die Füße sind mir zu schwach. Ich werde also jetzt – vier Minuten vor halb sechs ist es drüben – der 14. – Nun stand er aufrecht und schob die Hand in die Tasche.

»Herr Klein,« sagte einer und streckte ihm die fleischige Rechte hin. Rafael Meier war das, mit einer kurzen Pelzjacke und mit Gamaschen. Er sagte: »Sie da? Was machen Sie da?« und lachte ohne Grund. Ignaz stand noch immer, die rechte Hand in der Tasche. »Danke,« sagte er sinnlos und abwesend und schaute unverwandt nach den beiden hinüber, die in ein leises Gespräch verstrickt waren. Aber Meier redete. Meier sagte: »Ich? Sie wissen vielleicht nicht – ich bin seit einem Monat verheiratet. Mit Frau Band – Sie haben sie ja damals bei mir kennen gelernt.« Ignaz wurde plötzlich tief blaß und die Füße versagten ihm. Er setzte sich kraftlos und er lehnte sich an die Wand. Drüben flüsterte Gutjahr mit Anton. Meier redete. Ich muß jetzt diesen Menschen abschütteln, wußte Ignaz. Ich muß diesen Menschen rasch abschütteln – oder es wird nichts geschehen. Etwas in ihm war sehr wach und sagte: vergebens; zu spät; vergebens. Meier redete. Er sagte: »Sie hat sich scheiden lassen. Die Möbel waren ja von ihr, das Geld auch. So habe ich jetzt das Gurkengeschäft übernommen.« Oh, stöhnte etwas in Ignaz, oh – und erstarb. Meier sagte: »Die Ware kommt in Fässern, aus Znaim und Retz. Wir füllen sie hier auf Gläser ab, für das Platzgeschäft. Nächste Saison werden wir für eigene Rechnung einlegen; einen Keller haben wir schon.« Ignaz schloß die Augen. Als er sie öffnete, sah er Gutjahr mit Anton eben durch die Glastür auf die Gasse hinaustreten. Etwas brauste und rauschte in ihm wie ein Strom. »– nicht glauben,« hörte er wie von ganz fern, »daß wir deshalb das Höhere –« Etwas trug ihn, etwas wiegte ihn und war eine große Ermattung. »– jeden Freitag,« hörte er, »bei uns Sitzung. Wenn Sie nächstens kommen wollen – Aber was haben Sie? Herr Klein! Sie! Ist Ihnen übel?« Etwas schwankte. »– wahrscheinlich nichts gegessen,« hörte er. Dann lag er hinten im Schankzimmer auf einer Bank. Meier sagte: »Wenn Sie eine Anstellung – Inkassant –«

Aber dann war plötzlich Mirjam Feuerbach da und hielt ihn mit einem Pflegerinnengriff unterm Arm und führte ihn auf die Gasse hinaus. »Ich nehme immer hier mein Frühstück,« sagte sie. »Das dort drüben sind meine Fürsorgehäuser. Wenn man nicht vor sieben kommt, trifft man die Leute nicht mehr zu Hause.« Sie war rot, straff und leuchtete. »– die Nacht nicht geschlafen,« sagte Ignaz wie zur Entschuldigung. Die kühle Gassenluft tat ihm wohl. »Ich weiß,« sagte Mirjam und schaute ihm voll ins Gesicht. Und nach einer Weile sagte sie noch einmal und sehr warm: »Ich weiß, Genosse.« Sie hielt noch immer ihren Arm unter seinen geschoben, und ihm war, als flöße ein Strom von Geborgenheit aus dieser Berührung zu ihm herüber. Er schwieg. Er setzte Fuß vor Fuß in der Morgenfrühe und sagte nichts. Dann war wieder Mirjams behutsame Stimme da: »Sie sollen jetzt nach Hause gehn, Ignaz. Ich kann Sie nicht begleiten, es ist sehr viel zu tun.« Sie sah seine Augen und sagte: »Aber wenn Sie nachmittags ein bißchen zu mir kommen wollen?« Die Stadt lärmte, große Wagen mit Krautköpfen fuhren vorüber, Metall klirrte irgendwo, aber die Luft war lau. Mirjam sagte: »Sie wohnen allein? Nein, heute sollen Sie zu Ihren Leuten gehn – das ist besser.« Ignaz verneinte ganz leicht mit dem Kopf. Er sagte leise: »Zu meinen Leuten – seit vielen Monaten nicht. Nicht. Nicht mehr.« Aber Mirjam ließ sich nicht beirren. »Heute,« sagte sie, »heute bleiben Sie nicht allein.« Und behutsam: »Denken Sie nicht zu viel – an das andre. Sie sind zu schwach jetzt. Das kann ja morgen sein. Oder – später.« Da standen sie an der Straßenecke und sie hielt ihm die Hand hin. »Also zu Ihren Leuten! Nicht allein bleiben heute!« sagte sie. Sie blickte ihm nach. Er ging langsam und leicht stolpernd davon. Da rief sie noch einmal: »Ignaz! Um fünf, wenn Sie wollen. Ich bin zu Hause.« Dann schaute sie nach der Uhr und ging sehr rasch die Straße hinunter.

Übrigens: wenn sie ihre Anwesenheit im »Gulasch« zu so früher Stunde Ignaz Klein gegenüber mit ihrer Fürsorgearbeit begründete, so war das wahr – und war doch nicht alles. Man hatte am Abend vorher kurz nach jener Auslosung und Ignaz Kleins Weggehen eine Nachricht empfangen, die den Mitgliedern des E-Komitees zu denken gab: Der Hauptvertrauensmann der freien Gewerkschaft meldete aus der Polizeikaserne, die Mannschaft sei seit einer Stunde in Alarmbereitschaft. Zurückzuführen sei das allem Vermuten nach auf die kaum mehr verschleierte Drohung eines sonst gemäßigten Abendblattes, die für den andern Vormittag erwartete Fällung des Urteils im Orthprozeß werde – »wenn dieses Urteil wieder ein Klassenurteil sein sollte» – werde also »einen Sturm entfachen, wie er über diese Stadt noch nicht hinweggebraust ist. Wir sind,« so stand dort, »bereit und wir warten.« Mit diesem Orthprozeß nun – es war der, von dem Suwarow gesprochen hatte – verhielt es sich so: Waren auch Völkische die Mörder und Arbeiter die Ermordeten und entbehrten auch Suwarows Ausführungen über eine rätselhafte Parteilichkeit der Justiz in ähnlichen Fällen nicht ganz der Grundlage (will sagen: nicht der Justiz, sondern einer an sich sehr bescheidenen Zahl reaktionärer Gerichtspräsidenten, die – schädigend und schändend das Ansehn ihrer tausend Standesgenossen, denen eine leidenschaftlich aufrecht erhaltene Unbestechlichkeit inmitten allgemeiner Wirrnis letzte Zuflucht und bitter erkämpfter Lebensinhalt geworden war – sich darauf verstanden, die Geschworenenbank einzuschüchtern und ihren Absichten gefügig zu machen) – entbehrten, sage ich, solche Ausführungen auch nicht ganz der Grundlage, so waren doch diesmal die Fakten allzu eindeutig aufgehellt, ja durch ein fast rückhaltloses Geständnis der Täter erhärtet, als daß ernsthaft noch ein ernsthafter Mensch hätte glauben mögen, ein

Richter könne und werde anders erkennen als – die Todesstrafe ist in Österreich abgeschafft – auf langjähriges Zuchthaus. Wenn also trotzdem einige Politiker in politischen Zeitungen noch so taten, als sähen sie auch diesmal einen Freispruch im Bereiche der Möglichkeit, so geschah das, weil sie die endliche Verurteilung der Mörder später als einen Erfolg ihres Federfeldzuges hinstellen wollten. Und die im andern Lager bereiteten sich schon darauf vor, die Abgeurteilten dann höchst willkommener Weise als Märtyrer eines Terrors ausgeben zu können. Mit einem Wort: man erhitzte sich, ohne sich zu erhitzen – der Termin der großen Wahlen stand vor der Tür.

Die Möglichkeit also eines Freispruches im Orthprozeß scheinbar in Erwägung zu ziehen, war so etwas wie ein stillschweigendes Übereinkommen unter den Auguren der Politik. Um so auffallender, um so bedenklicher war in Ansehung dessen für jeden Eingeweihten jene Meldung von der Alarmbereitschaft der Polizei. Denn war das auch nur die sogenannte »kleine Bereitschaft« – sie bewies, daß die Polizeileitung, und das hieß: die Regierung, jenen Freispruch, der ja die Voraussetzung des angekündigten »Sturmes« war, immerhin in den Kreis der Erwägungen zog. »Sie spielen. Sie spielen mit dem Gedanken,« sagte Suwarow, »aber ich glaube nicht daran. Übrigens werden wir alle morgen mittag nach der Urteilsfällung gescheiter sein,« schloß er ein wenig scherzhaft. Seine Laune hatte nach Ignaz Kleins Weggehen sich erheblich gebessert. Doch als man schon aufbrach, als man schon mit Mantel und Hut im Tor der Schäferin stand, kam eine zweite Meldung, die aufhorchen ließ: Die sozialdemokratische Partei bereitete in aller Hast eine Massendemonstration vor, einen gigantischen Aufmarsch für den Fall, als im Orthprozeß tatsächlich ein Freispruch gefällt werden sollte. Suwarow ging ins Gasthaus zurück, setzte sich in der zu jener Stunde schon leeren Wirtsstube auf einen Sessel, legte den Hut fort und sagte: »Es muß etwas geschehen.« Und dort, im Gastzimmer, zwischen Tür und Angel gewissermaßen, wurde nach einem Wechselgespräch von ganz wenigen Minuten die entscheidende, die – das Wort ist statthaft – tragische Entschließung gefaßt.

Suwarows Überlegung: Auch die Sozialdemokraten spielen also mit dem Gedanken eines möglichen Freispruchs. (»Ihre Demonstration nur ein Wahlmanöver? Noch besser! Dann werden wir ihr Wahlmanöver diskreditieren!«) Diskreditieren – zwei ihm feindliche Gewalten, Polizei und Sozialdemokraten, voreinander zu diskreditieren, das war Suwarows Plan. »Wie?« fragte der Graukopf. »Hat man das«, sagte Suwarow und zündete sich eine Zigarette an, »in Zürich damals noch nicht gekonnt? Die Demonstration wird gestört. Wir sorgen dafür, daß die Demonstranten ein wenig Radau machen. Und daß die Polizei ein wenig dazwischenfährt.« Er unterbrach sich und sagte: »Aber das ist ja auch Spielerei. Es kommt ja gar nicht dazu.« »Bereit muß man sein,« sagte Badele langsam. Suwarow lächelte. »Ihr seid hier immer bereit und tut dann nichts. Auch dieser Klein wäre am liebsten im letzten Augenblick ausgekniffen – wenn er nicht jetzt noch auskneift. Wovon sprachen wir? Also es genügt vorläufig, das Ganze zu überwachen. Wer übernimmt das?« »Ich,« sagte Mirjam. Suwarow blickte ihr in die Augen. »Wieder Sie, Genossin. Ist recht,« sagte er. »Für wann wird das Urteil erwartet?« Die Müllerowa ging zum Telefon. Man wartete. Nach einer geraumen Weile kam sie zurück und sagte mit ihrer schönen Stimme: »Morgen zwölf Uhr mittags. So ist das Programm. Aber der Votant glaubt, daß der Prozeß trotzdem erst spät abends zu Ende sein wird. Es ist tatsächlich möglich, daß ein Freispruch gefällt wird – auf das Sachverständigengutachten heute vormittags. Das Geständnis der Angeklagten ist bedeutungslos, hat der Ingenieur vom Schießfach gesagt, denn in der allgemeinen Schießerei können sie selbst nicht gewußt haben, auf wen sie geschossen und ob sie getroffen haben. Es ist der Ingenieur Löffler vom Deutschen Heimatschützenverein.« Der Graue sprang auf, warf die Faust auf den Tisch und schrie: »Mordbuben! Diese Richter gehören erschlagen!« Auch Mirjam war aufgesprungen, rot im Gesicht; doch sie schwieg. Suwarow blickte verwundert zu ihnen auf, nickte dann der Müllerowa zu und fragte: »Sonst etwas?« Sie sagte mit ihrer schönen Stimme: »Der Aufmarschplan der Sozialdemokraten. Es geht wieder bezirksweise, in den

Bezirksgruppen nach Betrieben geordnet. Für zwölf Uhr nachts, heute, sind in alle Parteilokale Ordnerversammlungen einberufen.« Suwarow pfiff durch die Zähne. Nun standen sie alle. »Sonst etwas?« fragte er. Die Müllerowa sagte: »Sonst nichts.« Man schwieg lange. Suwarow zündete sich eine neue Zigarette an und sagte: »Und trotzdem ist das alles nur Spielerei. Es wird nichts sein. Genossin Feuerbach, kommen Sie morgen vormittags um zehn Uhr zu mir. Ich werde dann klar sehen. Ich habe jetzt noch ein paar Wege.« Er reichte allen ernsten Gesichts seine kalte Hand. Man ging auseinander.

Davon also erzählte Mirjam Ignaz Klein nicht ein Wort. Es war sieben Uhr morgens, als sie von ihm sich trennte. Es war acht Uhr, als sie mit ihren Fürsorgegängen zu Ende war. Zwei freie Stunden lagen vor ihr; bei Suwarow hatte sie erst um zehn Uhr zu sein. Der Tag war warm und sehr klar, sie schlenderte langsam und das Federn des Körpers in jedem Schritt auskostend die Gasse entlang, sie fand sich in der Querstraße und sie beschloß, noch einmal nach der Uhr blickend, zu ihrer Mutter zu gehn.

Mirjam hatte nämlich schon vor geraumer Zeit, kurz nach ihrem Eintritt in die Partei, die elterliche Wohnung verlassen und ein möbliertes Zimmer bezogen, das dem Bezirk ihrer Tätigkeit näher lag. Und da auch Ruben wenig später ein gleiches getan hatte und da Feuerbach, der Vater, verschollen blieb, war Frau Feuerbach nichts übrig geblieben, als die nun zu groß und kostspielig gewordene Wohnung ganz aufzugeben und eine kleinere zu beziehen. Von da ab kam sie nicht mehr recht zur Ruhe. Ohne über die Gründe sich zu verbreiten, wechselte sie jeweils nach ein paar Monaten, ja nach Wochen schon ihre Wohnung. Und da Mirjam durch den Kreis ihres neuen Tuns zu sehr in Anspruch genommen war, um derlei ernsthaft sich zu bekümmern, und da eben zu der Zeit Abel ermordet ward und Ruben ins Gefängnis ging, ließ man die einsam Gewordene tun, was sie wollte. Es ist bald fünf Wochen her, daß ich nicht bei ihr war, sagte sich Mirjam, indes sie die vier Treppen emporstieg. Sie hatte noch eine und eine halbe Stunde vor sich. Sie schellte.

Niemand öffnete ihr. Doch als sie auf die Klinke drückte, ging die Tür auf und Mirjam stand in der Küche. (Hinten gab es noch ein Zimmer, aber das war verschlossen.) In dieser Küche, halb durch den Fenstervorhang verdeckt, und durch dieses Fenster niederblickend in den Hof stand Frau Feuerbach. In der Hand hielt sie ein Stück Leinwand; ihre Nähmaschine stand ein wenig weiter im Winkel – sie lebte zu der Zeit von Weißnäherei, und sie hatte also ihre Arbeit nur unterbrochen, um in den Hof hinunter zu schaun. Als Mirjam eintrat, wandte sie sich nicht nach ihr um und sagte nur: »Still!« Mirjam stellte sich neben sie und sagte leise: »Guten Tag, Mutter«. Sie war erschrocken über das Aussehn der jäh Gealterten. Die antwortete nicht auf den Gruß und sagte: »Still« und strich sich Gedanken, Gedanken mit der Hand von der Stirne fort. Eine Strähne grauweißen Haares hing ihr tief ins Gesicht. Mirjam fragte: »Was neues, Mutter?« Frau Feuerbach sagte, und sie sagte es wie ein Geheimnis: »Ich ziehe um.« »Warum?« fragte Mirjam. »Still,« sagte Frau Feuerbach und schaute durch den Vorhangspalt in den Hof. Ihre Lippen bewegten sich. »Warum willst du umziehen, Mutter?« fragte Mirjam und legte der andern den Arm um die furchtbar mageren Schultern. »Still,« sagte Frau Feuerbach, als sagte sie ein Geheimnis, und dann flüsterte sie: »Sie hat die Wohnung wieder ausspioniert.« Mirjam fragte: »Wer, Mutter, wer?« Die wandte ihr nun zum erstenmal das Gesicht zu und schaute ihr blicklos neben die Augen. »Die Gutjahr,« sagte sie leise. Mirjam erschrak sehr tief. Ich habe mich nicht gekümmert, ich bin vorübergegangen, sagte sie sich. Und ruhig, indes ihr Arm sie fester umschlang, zu der alten Frau: »Niemand spioniert dir nach, Mutter. Die Gutjahr liegt irgendwo, ist gelähmt.« Frau Feuerbach hob einen schwanken, schwankenden Pendelfinger nach dem Hof, über den viele Menschen gingen – das Haus war ein Durchhaus – und flüsterte, als flüsterte sie ein Geheimnis: »Da – alle Detektiv. Sie schauen nicht offen herauf, damit ich nichts merke. Aber sie blinzeln. So blinzeln sie.« Sie zeigte es vor. Sie flüsterte: »Aber ich merke es.« Mirjam fühlte, wie es ihr kalt durch die Adern rann. »Mutter,« sagte sie leise. Allein gelassen habe ich sie, klagte eine Stimme in ihr. »Mutter,« sagte sie leise, »warum denn? Warum sollten sie dir nachspionieren?« Frau Feuerbach drehte sich nach ihr um und schaute ihr blicklos verwundert neben die Augen. »Wegen Ruben,« sagte sie plötzlich klar, als sagte sie ein Selbstverständliches, »wegen Ruben. Um Vater das von Ruben zu sagen. Aber ich werde zu ihr gehn. Zu ihr. Ich werde zu ihr gehn.« »Mutter,« flüsterte Mirjam; in gläsernen Tränen schwamm die Küche mit einemmal. Aber die alte Frau war schon fern. Gedanken, Gedanken strich sie sich von der Stirn.

Dann griff sie in Hast nach einem wollenen Umhängtuch und schlug es sich um die Schultern. »Mutter –?« fragte Mirjam ganz leise; in Glas, in gläsernen Tränen erfroren lag die Welt. Die alte Frau schaute blicklos herüber und sagte strenge: »Heute ist Donnerstag. Heute muß man um Fleisch stehn.« Mirjam senkte den Blick. Staub lag auf der Diele, Staub vieler Wochen. War das Spinngewebe im Winkel? Ich bin vorübergegangen, dachte Mirjam. Sie sagte: »Heute abend komme ich, Mutter. Essen bring ich mit. Eine Flasche Wein. Und die Küche wird aufgeräumt. Und das Zimmer.« Nach dessen Türe, nach der geschlossenen, wandte sie sich, doch die alte Frau hatte ihren Arm umklammert und flüsterte: »Nicht hinein! Ruben schläft!« Dann sagte sie wieder: »Donnerstag. Da muß man um Fleisch stehn.« Mirjam ging hinter ihr. Sie blickte nach der Uhr. Ihre freie Zeit war bis auf eine Viertelstunde zerschmolzen. Zum Glück wohnte Suwarow nicht weit. Sie lief. In der Kleiststraße stand in der Auslage eines Gemüsehändlers eine Flasche billigen Bauernlikörs. Sie überlegte. Sie hatte Geld. Sie lächelte, als sie weiterlief. Auch Orangen gab es da an der Ecke. »Die Geschäfte werden schon geschlossen sein, wenn ich abends zu ihnen gehe,« sagte sie sich wie zur Entschuldigung ihrer Torheit. Dann sah sie Sardinen, billige, einen Ausverkauf. Sie trug sieben Päckchen, als sie zu Suwarow ins Zimmer trat.

Dieses Zimmer fand sie so: das Messingbett war ganz nach rechts an die Wand geschoben. Auf ihm lag ein Mensch, ein fremder Mann, dessen Kopf bandagiert war. Er stöhnte. Daneben auf einem Sessel saß die Adlerowa und hielt seinen Puls. Daneben auf dem Nachttisch im elektrischen Kochapparat brodelte Wasser, Instrumente staken darin, Injektionsnadeln. Daneben an der Wand saßen zwei mit Abzeichen der Roten Frontkämpfer. Der eine von ihnen, der Schwarze, hatte den Arm in der Schlinge. Dann standen da ein paar Vertrauensleute von den Gewerkschaften, zwei, drei Jugendliche in Uniform, ein paar Männer, die Mirjam nicht kannte, auch ein paar Frauen – das war nicht so leicht festzustellen, denn der Raum war voll Menschen, und doch war ein Auf- und Niederfluten, wie eine Strömung, die vom Tisch am Fenster gegen die Tür und von der Türe zu diesem Tisch vor dem Fenster wies. An diesem Tisch vor dem Fenster saß Suwarow; er trug einen schwarzen, ganz neuen und auf eine besondere Weise modischen Anzug, der dennoch irgendwie an die russischen Arbeiterblusen erinnerte. Neben ihm die Müllerowa stand über die Platte des Tisches gebückt, hatte die linke Hand auf das Telefon gelegt, jeden Augenblick bereit, den Hörer zu heben, und schrieb mit der rechten vielerlei in ein Stenogrammheft.

Als Mirjam also in dieses Zimmer trat, hörte sie Suwarow – und ihr fiel auf, daß er eine andre Stimme hatte: scharf, knapp – zu einem der Männer sagen, der in militärischer Haltung vor ihm stand: »Ich wiederhole: ohne Abzeichen, ohne Legitimation, ohne Parteibuch. Übrigens ist Genosse Badele auf einer Rundfahrt. Im Parteilokal warten.« Der Mann grüßte und ging. Suwarow wandte sich zur Müllerowa und sagte leiser: »Wo waren wir?« Mit ihrer schönen Stimme las die Frau aus dem Heft: »– fällt das Blut dieser zwei toten Kameraden zurück auf die Richter und ihre Schergen im Klassenkampf.« Suwarow sagte: »Schreib: Aber wehe ihnen, wenn der Zorn des betrogenen Volkes sie wegfegt. Wehe ihnen – hast du das? – ihnen, wenn der Massentritt der Arbeiterbataillone –« Das Telefon schrillte. »Hier Silberstein,« sagte die Müller, und dann durch eine Weile nur: »– ja – ja – ja.« Suwarow hatte inzwischen das Heft zu sich herübergezogen und schrieb. Die Müllerowa sagte: »Genosse vierzehn. Er fragt –« ihre Stimme wurde ganz leise – »ob das mit den Maschinengewehren –« Suwarow riß ihr das Telefon aus der Hand und schrie darein: »Werden montiert!« Und wieder ruhig: »Wo sind wir stehen geblieben, Natascha?« Auf dem Bett der Mann mit dem Kopfverband stöhnte. Die Adler sagte zum Fenster hinüber: »Lungenstich. Er muß ins Spital. Puls 36. Ich kann nicht garantieren.« Suwarow bestimmte: »Spital geht nicht. Spital ist Polizei.« »Aber ich kann nicht garantieren,« sagte die Adlerowa und zuckte. »Dann stirbt er,« sagte Suwarow, und zu dem mit dem Kopfverband, fast schreiend: »Willst du sterben für die Revolution, Genosse?« Aber der hörte ihn nicht. »Wo waren wir, Natascha?« fragte Suwarow. Die Müllerowa las sanft: »– wenn der Massentritt der Arbeiterbataillone –« Suwarow sagte: »Schreib: – und das Klirren der Scheiben sie aus dem Schlafe schreckt. Dann ist es zu spät! Ist die Brandfackel einmal geschleudert – Nein, streich das. Schreib: Ist das Beil einmal niedergesaust –« Die beiden blickten einander ins Gesicht und lächelten leicht. »Benzinkannen,« sagte die Müllerowa nur mit den Lippen, und Suwarow sagte: »Erledigt.« Da blickte er auf und bemerkte Mirjam, die noch immer im Hintergründe des Zimmers stand. Er rief: »Endlich! Wollte Sie suchen lassen!« Er brach sich Bahn mit den Ellenbogen, stieß zu ihr durch und zog sie in die Nebenkammer, einen winzigen Raum, in dem übereinandergetürmt Kisten, Koffer verwahrt waren, ein Garderobekasten, ein Waschtisch und allerlei, so daß die beiden im plötzlichen Zwielicht nahe nebeneinander stehend eben noch Platz fanden. Drüben im Zimmer war das gedämpfte Summen überkreuzter Gespräche. Dann hörte man die ruhige Stimme der Müllerowa. »Herr Silberstein ist gestern nach Prag verreist – ja, leider,« sagte sie ins Telefon. Durch die Wand, an der drüben das Bett stand, drang kaum hörbar ein schwerer Atem oder ein Stöhnen.

Suwarow setzte sich auf eine Kiste und sagte: »Sie sind bereit, Genossin?« Mirjam stand sehr aufrecht und sagte leise: »Ich bin bereit.« Suwarow sagte: »Dann wollen Sie jetzt ein paar Minuten ganz genau aufmerken. Das dort drinnen –« er nickte gegen das Zimmer – »ist Spielerei. Die wirkliche Aufgabe« – er schaute ihr plötzlich voll ins Gesicht– »haben Sie.« »Ich bin bereit,« sagte Mirjam noch einmal leise und fühlte plötzlich die sieben

Päckchen an ihrem Arm. Suwarow sagte: »Dann hören Sie.« Er zog einen Plan der Stadt aus der Tasche und breitete ihn über Kiste und Waschtisch. »Diese roten Linien,« sagte er, »sind die Aufmarschwege der sozialdemokratischen Demonstration. Hier sehen Sie überall die Zeit des Abmarsches der Teilgruppen von den Bezirksversammlungsplätzen, hier die Zeit der voraussichtlichen Ankunft vor dem Parlament. Die kleinen roten Vierecke – da, da – sind die sozialdemokratischen Versammlungslokale. Bei den doppelten Vierecken haben sie Waffen liegen – das dort draußen ist das Hauptdepot – viel altes Zeug, alte Flinten, Werndlgewehre. Dann diese kleinen grünen Vierecke: das sind die Polizeireviere – wie sagt ihr hier? – Wachstuben. Diese Gebäude sind besetzt. Da in den Gärten liegen Reserven. Sie verstehen? Die Polizeidirektion – da – ist mit Kasematten gesichert; das haben wir erst vor einer halben Stunde erfahren. Maschinengewehre – da.« Er redete schneller. »Dann haben sie vor einer Stunde von der Wehrmacht sechs Panzerautomobile angefordert. Ob sie die bekommen, weiß man noch nicht. Der Wehrmacht sind wir übrigens sicher: die greift nicht ein. Also jetzt hören Sie: all das ist Kriegsspielerei, eine Parade, wegen der Wahlen. Die Sozialdemokraten nehmen Frauen mit, sogar Kinder, das heißt: es wird nicht geschossen werden. Denken gar nicht daran.« Er war ungeduldig, weil nebenan ununterbrochen die Telefonglocke rasselte. Er redete sehr schnell. »Also zum Ende. Das Blaue – sind wir. Hier Quadrate. Hier Doppelquadrate. Sie verstehen? Kommandiert Badele. Die Linien, die dünnen – Einzelgänger mit dem Flugzettel. Sterne: wird ein wenig in den Himmel geschossen. Da – Straßenkreuzung. Ein Pferd wird da scheu. Schreien fünf, glauben fünfzig oder fünfhundert, man hat sie erschlagen.« Nebenan schrillte, schrillte das Telefon. Suwarows Stimme raste: »Jetzt hier. In der Zentralgarage und im Garten liegt berittene Polizei. Ist Geschrei, kommt sie vor, riegelt ab. Dann stehen nach meiner Berechnung hier die Leute von der Lokomotivfabrik. Hier das Dreieck – das sind nur kleine Feuerwerkskörper, Frösche, Sie verstehen? Unter die Pferde. Sie verstehen? – Aber Sie verstehen nicht! Sie hören nicht zu!« Er brach ab.

Mirjam blickte nicht auf die Karte. Sie stand mit geweiteten Augen und schaute dem Mann ins Gesicht. »Ich verstehe nicht,« sagte sie mühsam. »Das ist sehr viel – auf einmal.« Das Herz war ihr ein wenig schwach und sie lehnte sich an den Garderobeschrank. Suwarow war ungeduldig; er sagte ein wenig schärfer, doch langsam: »Ist auch nicht unbedingt nötig, daß Sie das alles wissen. Ich sage Ihnen also nur Ihre Ordre. Hören Sie mir jetzt zu!« Mirjam stand wieder aufrecht. »Ein Schachspiel,« sagte sie leise, »Schachfiguren. Marionetten.« Suwarow schaute ihr voll ins Gesicht und es schien ein paar Atemzüge lang, als hätte er alles um sich vergessen und wäre nicht mehr als die andern, nicht mehr als ein grüblerischer und gedankenbekümmerter Mensch. »Marionetten, nennen Sie es, Genossin,« sagte er von Zweifeln gespalten, »wir sind alle Marionetten. Ich wie Sie. Wir wie die anderen drüben.« Nebenan schrillte das Telefon; Suwarow schien es nicht zu hören. »Marionetten,« sagte er langsam. »Das ist vielleicht das Geheimnis dieser Zeit. Tragische Marionetten. Die Tragödie einer Zeit der Gesichtlosen.« Nebenan schrillte das Telefon. Mirjam schaute dem Manne voll ins Gesicht und sagte mit dem erschlossenen Lächeln eines ganz jungen Mädchens: »Ja, Gesichtlose. Ja, Gespenster. Aber das macht nichts. Man muß es nur überleben. Man muß nur am Leben bleiben.«

Doch da war der Wall und Zauber, der ein paar Atemzüge lang um die zwei sich gelegt hatte, auch schon wieder geborsten. Nebenan schrillte das Telefon. Es war, als schrillte es dem Manne quer durchs Gehirn. Er zuckte auf, er hatte sich schon zurückgesammelt, er sagte: »Ja. Wo waren wir? Sie. Also Sie. Sie treten heute abend noch in Aktion. Das Urteil wird erst zwischen zwölf und zwei Uhr nachts gefällt werden. Man hat das so arrangiert, um größere Demonstrationen hintanzuhalten. Nachmittags, nach der Mittagspause, ist das Plaidoyer des Staatsanwaltes. Wir kennen den Text. Er wird fast vier Stunden reden. Was er sagt ist weich, windig, eine Entschuldigungsrede und keine Anklage. Es kommt also ein Freispruch. Die Sozialdemokraten marschieren zwischen fünf Uhr und fünf Uhr zwanzig morgens von der Peripherie nach dem Zentrum. Sind kurz nach sechs Uhr vorm

Parlament. Also Sie. Sie sind um zehn Uhr abends am hintern Asyleingang. Sie finden dort zwanzig bis dreißig Asylisten unter einem Genossen von der Asylpartie, den Sie kennen werden – entweder 32 oder Hadrawa. Diese Asylisten führt der Genosse dann vor das Strafgericht, wo sie nach der Urteilsfällung demonstrieren und wahrscheinlich verhaftet werden. Vorher muß er Sie aber zu den Frauen bringen. In der Baracke 12, das ist die vorletzte, haben wir fünfzig Frauen. Dreißig davon sind Arbeitslose und Bettlerinnen mit Kindern, aus dem Asyl. Zwanzig sind alte Prostituierte, Geschlechtskranke aus dem Spital. Wir müssen sie über Nacht in der Baracke halten. Die Asyldirektion hat geheimen Auftrag, die Leute morgen früh statt um fünf erst um neun aus den Schlafsälen auf die Straße zu lassen, damit sie an dem sozialdemokratischen Demonstrationszug nicht teilnehmen können. Neun, das wäre zu spät. Diese fünfzig Frauen brauche ich pünktlichst um sechs Uhr morgens bei Ankunft der Spitze des großen Demonstrationszuges« – er wies auf die Karte – »hier. An der Ecke der Schillerstraße. Gegenüber der Zentralgarage mit der kaschierten Polizeikavallerie. Dort ist ein Neubau, der Hilfsarbeiterinnen sucht. Die Frauen müssen sich anstellen, als wollten sie Arbeit. Das fällt nicht auf. Um sechs Uhr, wenn die Kavallerie ausrückt und die Straße abriegelt, stoßen diese Frauen vor, zwischen Demonstranten und Polizei. Dann kommen von hier drüben die Feuerwerkskörper unter die Pferde. Das geht Sie nichts an, das ist arrangiert. Die Pferde werden scheu – das ist alles. Sie verstehen?«

Mirjam hatte sich verfärbt und lehnte wieder leicht an dem Kasten. »Ich werde tun, was befohlen ist, Genosse Suwarow,« sagte sie leise. Ihr Blick blieb mit einemmal wie verwundert an den kleinen Paketen haften, die ihr noch immer am Arm hingen. Sie nahm sie, eines und eines und noch eins, und legte sie langsam auf die große Kiste, die neben ihr stand. »Es wird geschehen, Genosse Suwarow,« sagte sie leise. Er sagte eilig: »Gut. Ich habe die Frauen auflesen lassen, wie es gerade kam. Sie werden ihnen erzählen, daß sie leichte Arbeit bekommen, vollen Normallohn mit Naturalzuschuß, Brot, Mehl. Die Frauen glauben, sie sind eine Arbeitspartie und Sie sind Vorarbeiterin. Sie verstehen?« »Ja,« sagte Mirjam sehr blaß. Nebenan schrillte das Telefon. Suwarows Worte flogen: »Also fertig. Ich habe Eile. Um zwei Uhr geht mein Zug. Ich fahre nach Konstantinopel – Ihnen kann ich es sagen: ich fahre nach Paris. Vielleicht komme ich wieder – irgendwann. Also gescheit sein! Schweigen! Erst eine Viertelstunde vor sechs beginnen Sie die Frauen zu hetzen – weil man ihnen keine Arbeit geben will oder so. Und dann schärfer. Sehr scharf. Und dann vor zwischen Polizei und Demonstranten. Nicht loslassen! Sie verstehen?« »Ich verstehe, Genosse Suwarow,« sagte Mirjam mit weißen Lippen. Sie sah, wie die Müllerowa den Kopf durch den Türspalt schob. »Das Auto ist unten,« sagte sie sanft. Mirjam fühlte einen Augenblick lang eine eisige Hand in der ihren. In der Türe wandte sich der Mann noch einmal. Es war, als besänne er sich, »Marionetten,« sagte er mit einem kaum merklichen Lächeln. »Ich fahre. Anderswohin. Eine neue Aufgabe. Eine andere Bühne.« Er schaute ihr in die Augen. »Wie war das, Genossin?« Und leise: »Sie werden am Leben bleiben.« Er nickte kurz und verschwand. Als Mirjam eine halbe Minute später das große Zimmer durchquerte, hatten all die Menschen sich schon verzogen. Nur am Rand des Messingbettes saß noch die Adler. Der Mann mit dem Kopfverband war gestorben.

Wetterleuchten

Ignaz Klein hatte Mirjams Rat, zu seinen Anverwandten zu gehen, nach einer Zeitspanne zögernder Zerrissenheit und schmerzlicher Selbstanklage – »zu feig, allein zu bleiben; und du sollst den Mut haben, diesen Mann zu erschießen?« – hatte also Mirjams Rat verworfen, hatte sein Zimmer aufgesucht und sich zu Bette gelegt. Eine halbe Stunde später, ohne den herbeigesehnten Schlummer gefunden zu haben, kleidete er aufs neue sich an. Er setzte sich an den Tisch, der ihm als Schreibtisch diente, und schrieb einen Brief, den Brief, Brief an die Welt– ein Dokument im übrigen, das man später nicht auffand. Auf die Gasse trieb es ihn, und trotz der Schläfrigkeit, die ihn fast übermannte, ging er in das Kaffeehaus, in dem er den späten Nachmittag hinzubringen gewohnt war. Der Raum war fast leer, von den Schachspielern keiner anwesend zu der Stunde. Der Kellner redete ihn an und verbreitete sich über den Orthprozeß – denn hieß Ignaz »Herr Doktor«, wenn er anwesend war, so hieß er »der Kommunist«, wenn er den Rücken gekehrt hatte; er hätte nicht sagen können, wie in diesem Umkreis solcher Beiname ihm zugeflogen war. Ignaz sagte: »Verrat, Herr Josef. Verrat. Schießen sollte man« – und unterbrach sich, durchzuckt von der Vorstellung, wie nach kürzerer oder längerer Frist dieser plattfüßige Kellner in dürftig schwarzem Anzug in einem gewissen Prozeß an der Barre erscheinen würde und Zeugnis ablegen über dieses Gespräch. Er empfahl sich – zu hastig; auch das wird er sagen, dachte er – und ging wieder die drei, vier Gassen nach seinem Zimmer. In Kleidern warf er sich auf das Bett und schlief sofort ein.

Um dreiviertel zwölf erwachte er vom kurzatmigen Schnarchen einer Parkettbürste, wie sie von Frauen in fanatischem Schleiftakt manchmal in Bewegung gesetzt werden. Im Nebenzimmer war also seine Hauswirtin rüstig. Sie vergaß ihre Tätigeit, als sie ihn sah. Er sei daheim, stellte sie fest. Das habe sie nicht gewußt. Und sie habe nun schon zweimal einen Mann weggeschickt. Der habe nach ihm gefragt, um neun, um halb elf. Ein Kleiner, Magerer mit einem Bart. Wer fragt nach mir? dachte Ignaz. Und er dachte: Von der Partei? Ein Widerruf? Und ich muß nicht einen Revolver heben – Aber das verwarf er und haßte sich für seine Hoffnungen. »Um zwölf kommt er wieder,« sagte die Hauswirtin. Und vier Minuten vor zwölf Uhr kam Samuel Klein zum drittenmal zu seinem Sohn.

Er kam, er trat in den Rahmen der leise und langsam geöffneten Türe, stand da schwerschuhig wie ein markloser Bauer mit seinem wilden und spärlichen roten Bart um das Kinn und sagte: »Ignaz. Guten Tag, Ignaz.« Nun war es so, daß Ignaz seit Kleins Verhaftung tatsächlich um den Vater sich nicht mehr gekümmert hatte. »Das Tischtuch zerschneiden zwischen mir und meiner

Vergangenheit,« hatte er es damals wenig bildhaft in einem Briefe genannt. Hatte er den Untersuchungshäftling schon nicht besucht – vom Strafgefangenen, dessen Prozeß er mit heißen Wangen, brennend vor Scham, in der Zeitung verfolgt hatte, hielt er sich nicht nur körperlich, hielt er sich fast auch schon in Gedanken fern. Jetzt ist er wieder auf freiem Fuß – soviel dachte er. Die Wohnung in der Goethestraße hat man ausgepfändet, beschlagnahmt – soviel erfuhr er. Sie sind dann hinausgezogen in irgend ein schlechtes Quartier – soviel drang noch zu ihm. Und da stand also dieser Mensch, der sein Vater war, unversehens im Rahmen der Tür und sagte noch einmal leise: »Ich bin das, Ignaz.« Er hielt seinen runden, schmalkrempigen Hut in der Hand und sagte: »Selma hat mich geschickt. Selma will mit dir sprechen.« Und sagte: »Wir fahren nämlich heute weg. Wir fahren nach Lemberg alle, und da wollten wir – da wollte Selma –« Er verstummte und schaute auf seine Schuhe nieder. Als sie die Treppe hinuntergingen, sagte Samuel Klein: »Malzgasse 64. Es ist nicht weit. Wir gehen über die Brücke.« Aber am Haustor hemmte er plötzlich den Schritt und sagte: »Geh voraus, Ignaz.« Ignaz, dem das Herz sehr verwirrt war, fragte: »Warum?« Und der Vater blickte auf seine Schuhe nieder und sagte: »Wenn du vielleicht nicht mit mir gehn willst über die Gasse.« Es war viel Schweigen zwischen den beiden und eine Mauer von Luft.

Diese Wohnung in der Malzgasse – da war ein Haus im jüdischen Viertel, das hatte zweiundachtzig Wohnungen, und statt der Flure liefen offene Holzgalerien in jedem Stockwerk rund um den Hof, und auf den ergoß sich Hämmern, Kindergeschrei, Gestank, der ganze Atemauswurf und Lebensbrodem zweiundachtzig zusammengepferchter Familien – diese Wohnung also, bestehend aus Zimmer, Küche und Kabinett, lag im obersten Stockwerk, nach hinten hin, nach einem Bauplatz. In dem Zimmer war Selma und schlief, als Klein den Sohn zu ihr führen wollte. So wandte er den Kopf in der Tür und flüsterte: »Nicht wecken. Sie hat eine schlechte Nacht gehabt, Selma, mein Leben. Und dann die Fahrt. Sie soll schlafen jetzt.« Aber auch im Kabinett fand sich für sie kein Platz; denn da türmten sich Koffer,

Bündel, Schachteln, alle verschnürt und für die Reise bereitgestellt, und dabei saßen Kleins Schwester und Moritz, der Bruder, hoch aufgeschossen und mit einem kalt häßlichen, feindselig aufgeweckten Gesicht. Die beiden stritten mißtönig im Flüsterton; es war eine Geldverrechnung, um die es ging. So setzten Klein Vater und Sohn sich in die Küche, auf die Küchenbank der eine, der andere auf den Schemel, und warteten.

Zeit strich. Klein Vater sagte: »Es sind jetzt zweieinhalb Monate, daß ich draußen bin.« Zeit strich. Ignaz sagte: »Also Lemberg. Nach Lemberg geht ihr zurück.« Er dachte: man wird mich verhören, in Lemberg, wenn ich Gutjahr erschossen habe. Zeit strich. Klein Vater sagte: »Ich bin gekommen heraus, bin ich gegangen in der Wohnung – war sie versperrt. Pascholl. Gefunden hab ich Tante Rifke und Selman und Moritz schon hier in der Malzgasse. Sag ich noch: Selma, mein Leben, laß mir zwei Wochen, hast du wieder was zu essen und wo zu schlafen. Sagt sie noch: Vatterle, wenn du nur da bist, sagt sie. Sagt noch Rifke: Was wirst du tun, Bruder? Zugehn und handlen, sag ich und lach. Frisch anfangen, sag ich, und Selma setzt sich mir auf die Knie. Das war Samstag. Kommt Montag, geh ich ins Kaffeehaus und telefonier und hör mich herum. Klein ist heraußen, sagen sie. Einer gebt mir die Hand. Wie man gebt einen Orden. Aber Geschäft? Ich renn. Weißt du, was heißt rennen, Ignaz? Von früh sieben bis Abend zehn. Nichts. Weißt du, was ist ein Konkurs? Du sagst, du weißt. Du weißt nicht. Annoncier ich, kommt in der Früh der Exekutor: Du willst machen Geschäft, also hast du Geld. Hast du Geld, also geb. Selma, mein Kind, sag ich, geh mir Zeit noch zwei Wochen und du wirst haben was und wo.« Er schwieg und trocknete sich die Stirn, und Ignaz blickte den Mann an, der da saß und sein Vater war. Er hat eine andre Stimme, sagte sich Ignaz, er hat eine andre Sprache. Bäche rinnen so. Klagelieder rinnen so, wenn einer gestorben ist.

Samuel Klein sagte: »In der siebenten Woche war nicht mehr Brot für uns, und Selma hat es gemerkt und hat nicht wollen essen. Und es war nicht mehr der Arzt für Selma in der siebenten Woche und es war nicht das Geld für die Miete. In der siebenten Woche bin ich gegangen zu Birkmeier. Weißt du von Birkmeier?« – wie Klagelieder rinnen, wenn einer gestorben ist, dachte Ignaz. Die Stadt ist abgefallen von ihm, er wird lesen in Lemberg – »Birkmeier,« hörte er wie von ferneher, »ist eingesetzt worden vom Gläubigerausschuß als Berater für den Masseverwalter. Birkmeier ist zu gleicher Zeit delegiert worden von den Völkischen ins Ernährungsministerium. Birkmeier kandidiert – wo jetzt bald sind die Wahlen. Birkmeier ist gefallen nach oben. Sein Sohn ist da – das mit die gefälschten Wechsel ist weggelöscht. Schwamm darüber. Birkmeier hat bezahlt. Sein Sohn ist der Obermacher beim Sturmtrupp! Birkmeier wird Abgeordneter durch den Sohn. Birkmeier wird werden Ernährungsminister durch seinen Sohn, was die Wechsel gefälscht hat. Was sag ich? In der siebenten Woche –« das Klagewasser rann, rann – »in der siebenten Woche bin ich gegangen zu Birkmeier. Nicht im Gefängnis – damals erst, wie ich bin gegangen zu Birkmeier, hab ich abgebüßt meine Schuld. Helfen Sie, sag ich. Ich will nicht geschenkt, sag ich, ich will zugehn und arbeiten. Ich sag: Mein Kind verhungert.« Klein wischte sich den Schweiß von der Stirn und sagte leise: »Er hat nicht gesagt: nein. Er hat nicht gesagt: gehn Sie fort. Er hat mich lassen reden bis zu End und hat zugehört. Denk ich noch, wie ich fertig bin: ein Goj, aber er hat ein Herz, ich muß ihm abbitten, denk ich. Dem Diener hat er geläutet. Vom Diener hat er mich schleppen lassen, schleppen, da, am Arm, wie einen – Verbrecher. Über den Korridor, durch die Menschen. Über die Stiege. Zum Tor.« Klein wischte sich den Schweiß von der Stirn. Er sagte kaum hörbar: »Am andern Tag, ich sitz da, mit Selma, ich sag ihr: jetzt, Kindleben, jetzt wird es besser, jetzt, heute, iß, Selma, ich hab verdient, ich verdien – kommt ein Detektiv. Ist geloffen gegen mir eine Anzeige wegen Bettelei.« Er nickte still vor sich hin, vielemal, und sagte: »Hat er mich angezeigt.« Die dünnen Hände lagen ihm auf den eckigen Knien. So mag Hiob geklagt haben.

Ignaz sagte: »Besitz. An Besitz hängen. Nach Besitz greifen. Das ist unser Erbteil.« Er sagte das ohne Heftigkeit und nickte dazu. Auch der Vater nickte. »Lemberg,« sagte er, »zurück nach

Lemberg. Vor sechzehn Jahren, wie wir sind gekommen, warst du ein Kind. Und Siegmund hat gelebt. Und Blanka – Blanka hat auch –« Da saßen sie wieder und da rann wieder die Zeit. Ignaz sagte: »Das ist das Erbteil.« Ich werde einen erschießen, dachte er. Der weiß es nicht, der Mann, der Fremde, der da drüben auf der Küchenbank sitzt. Erschießen werde ich einen. Die Zeit rann. Samuel Kleins Augen schauten schwarz durch die Wand, als er sagte: »Zum Rebbe von Sadagora. Ich werd ihn suchen. Ich hab zu klären mit ihm. Ich werd ihn fragen nach dem Sinn, daß ein jüdischer Mann nicht darf groß sein. Daß ein jüdischer Mann immer wieder muß klein werden.« Er beugte sich zu dem andern und sagte tief in Gedanken: »Weißt du, was ich glaub, Ignaz, mein Kind, warum Gott immer wieder nemmt weg, wenn einer von uns zu viel hat aufgesammelt? Ich glaub, für einen Juden darf nicht sein zuviel Reisegepäck.« Ignaz sah, daß des alten Mannes Blick plötzlich hell wurde von einer mühsamen Heiterkeit. Nach der Türe schaute er. Dort stand Selma.

»Ignaz,« sagte sie und schob ihren Arm unter seinen. Sie war dick und sehr schön – eine bleiche Schönheit von einem handgreiflichen Liebreiz, der sonderbar verschoben, verrückt war, als lägen Schleier zwischen diesem Gesicht und der Wirklichkeit. »Ignaz,« sagte sie, »Ignaz.« Samuel Klein hatte sich zu einer kraftlosen Munterkeit aufgerafft und sagte mit einer frischen Stimme, künstlich beschwingt: »Wir fahren also. Ignaz bringt uns zur Bahn.« Das Mädchen blickte den Bruder voll an, hob das schwere, schwarze Haar aus der Stirn (sie kann nur denken, wenn sie diese Last aufhebt von ihrem Kopf, wußte Ignaz) und fragte langsam: »Ignaz bleibt?« Klein Vater sagte fröhlich und in Bewegung: »Ignaz kann nicht fort von der Stadt. Ignaz muß in der Stadt bleiben. Ignaz ist ein Schriftgelehrter. Ignaz wird werden ein großer Mann in der Stadt.« Ignaz schwieg. Selmas langsame Augen hingen am Bruder. Sie sagte – und eine Welt ging unter in den zwei Worten –: »Ignaz bleibt.« Der alte Mann blickte hilflos auf seine schweren Schuhe nieder, und Ignaz, oh, Ignaz schwieg.

Moritz schob den scharfen Kopf durch die Türe – sein Zwist mit Kleins Schwester hatte durch Sekunden jäher und erregter geflammt und war dann plötzlich verflacht. Moritz sagte: »Für Geschmus ist nicht Zeit. Der Zug geht.« Er sagte das heftig und doch ohne Heftigkeit; das war so seine Art. Und da faßten sie auch schon alle nach Koffern, Bündeln, Schachteln und schleppten sie in Hast, in Hast die gewundene Treppe hinunter, hinunter in den Hof mit den Galerien. Da, dort droben lungerten ihrer zwanzig und gafften. Ein höhnischer Zuruf fiel unverstanden nieder in eine Pfütze. »Die Gemüsehändlerin borgt den Handwagen,« sagte Kleins Schwester. Da bepackte man das schmutzige Fahrzeug auch schon in Hast und Moritz sagte »sechsunddreißig Minuten« und zerrte kraftlos an der Deichsel. Klein Vater half ihm; sie stritten. Aber erst als Ignaz und die Frau von hinten her sich gegen die Last stemmten, kam das Gefährt in Bewegung und rollte kreischend durch die Hauseinfahrt auf die Gasse hinaus. Nur Selma half nicht. Selma ging unbeschwert nebenher auf dem Gehsteig. Selma hob sich das schwere Haar aus dem schönen, strengen, ein wenig unwirklichen Gesicht, vor dem unsichtbar ein Schleier hing.

Als sie den Bahnhof erreichten, fuhr eben ein langes Automobil mit Gepäck vor; Farkas, Emmerich Farkas beugte sich aus dem Schlag und schrie: »Träger!« Es war keiner zur Stelle. Doch sah er ein paar Leute, die einen Handkarren mit Gepäck schoben. »Sie – pst!« brüllte er. »Helfen Sie! Mein Zug! Trinkgeld! Sie – pst!« Da drehte Samuel Klein sein Gesicht herüber und Farkas – ja, Emmerich Farkas errötete. Aber schon schob sich ein andres Automobil zwischen ihn und die um den Karren. Und zwei Träger kamen. Und er hatte Eile. Sein Zug nach Paris ging in acht Minuten. Er hatte die *Wahrheit* verkauft. Eine Strafanzeige lief noch, wegen Erpressung.

Dann: Man nimmt Abschied auf dem Perron vorm Personenzug. Man gibt einander die Hand ohne Wort. »Ihr werdet es warm haben,« sagt Ignaz mühsam zu dem Fenster hinauf. Er denkt: wenn ich mitführe? Suwarow Suwarow sein ließe und mit diesen Menschen führe? Er denkt: nein, auch dazu bist du zu schwach. (Wäre er minder kurzsichtig gewesen – er hätte Suwarow einen Augenblick lang sehen können. Der war in dem

Automobil gesessen, das zwischen Farkas und Klein sich geschoben hatte. Er saß dann im Abteil neben dem Zeitungsmann. Im Speisewagen wechselten sie ein paar Worte.) Nein, auch dazu bist du zu schwach, denkt Ignaz. »Es zieht auf dem Perron. Erkält dich nicht, Ignaz,« sagt der alte Mann aus dem Fenster und lächelt blaß. Da fährt endlich der Zug.

Und erst jetzt, da der Zug fährt, hackt das Tier Jammer plötzlich dem Menschen auf dem Perron die Pranken ins Herz. Die Arme hebt er nach dem entgleitenden Fenster und läuft. Läuft und schreit. Schreit kein Wort. Schreit den Tierschrei der alten Klage nach dem entgleitenden Fenster, aus dem Arme sich strecken nach ihm, ein Gesicht – sein Gesicht, nur viel älter, alt wie ein Volk, leidwissend wie ein Volk und im wachsenden Wind von der spärlichen Wildnis eines roten Bartes umflattert.

Aber da hatte der Zug schon volle Fahrt gewonnen und ratterte, ratterte.

Zu der Zeit war Mirjam in ein heißes Gespräch verstrickt mit einem Schlossergehilfen. Es ging darum, daß der nicht dazu sich verstehen wollte, zu einem Kinde sich zu bekennen, das eine Hilfsarbeiterin – sie hatte mit ihm gelebt – unterm Herzen trug. »Sie hat noch mit einem andern geschlafen,« grollte er. Und endlich: »Bis es da ist, ist Zeit genug. Ob es mir ähnlich schaut, will ich sehn.« Und das war nicht unklug und da wäre es richtig gewesen, zu warten. Aber Mirjam blieb zäh; sie wollte erledigen, erledigen in dem Tag noch. Es waren viele Einzelheiten des Körperlichen, die der Schlosser zu seiner Entlastung umständlich vor dem Mädchen auseinanderzulegen begann. Es war eine Viertelstunde nach drei, als der Mann endlich sich bereitfand, seine Unterschrift aufs Papier zu setzen.

Es blieben Mirjam sieben Viertelstunden bis fünf. Sie ging ins alte Haus, zu dem Kind. Aber in der Querstraße traf sie den Kohl, den alten Kutscher. Der trug noch immer seine schwere, vielfarbig farblos verwaschene Pelerine durch den Sonnenschein, obgleich Pferd und Wagen und die Zeit, da er die hätte lenken können, längst ihm versunken war; und da er schwerhörig war, fragte er langsam und deutlich, was man ihm langsam und deutlich beantworten sollte. Von der Versorgung allerlei wollte er wissen. Und wie das einmal sein werde im kommunistischen Staat: ob der den Kutschern auch die Pferde und Wagen beistellen werde. Oh, Mirjam mußte es ihm langsam und deutlich sagen, und es waren nur mehr vier Viertelstunden bis fünf Uhr, als sie vor der Türe der Meier stand und auf die Klingel drückte.

Es wurde nicht geöffnet. Die Meier mochte ausgegangen sein. Aber Kinderstimmen, Kinderstimmchen waren hinter der Glastür. Mirjam pochte. Da kam eins getrippelt und sagte: »Die Tante ist nicht zu Hause!« Mirjam sagte: »Ich bin das, Kind, ich bin das!« Und da kletterte das Kleine drüben hinter der Scheibe auf einen Sessel; so war die Klinke nicht mehr zu hoch.

Das Zimmer war hell, es hatte einen rohen, rein gescheuerten Bretterboden, zwei Käfige mit Kanarienvögeln am Fenster und acht kleine Lager die drei Wände entlang. An der vierten Wand stand ein mächtiges Schlafgestell mit getürmten Federbetten und Kissenwerk. Ein sehr langer, sehr schmaler Tisch stand inmitten des Raumes – Speisetisch, Wickeltisch, Tisch für jede Verrichtung. Außer Mirjams Sohn, der damals drei Jahre alt war, gab es da noch elf Kinder: kleinste Säuglinge mit rot verrunzelten Greisengesichtern, durch ein Gemächte aus weißem Chiffon, einen Saugbeutel, Beutelchen mit irgendwelchen Kräutern, um ihre Wachheit betrogen; einjährige, schlaffe, die leise wimmerten; und all die ältern, die, der Haft des Gitterbetts schon entwachsen, auf ihren rosigen Hintern, schmutziges Weiß zufälligen Kleidungsstückes hinter sich zerrend, dahin, dorthin sich schoben auf den Brettern der Diele. Derer, die gehen konnten, waren nur vier, und Mirjams Kind war unter denen das älteste.

Da Mirjam in diesen Raum trat, waren die größeren Kinder – die zwei und drei Jahre alten – bei einem Spiel. Eins der ganz kleinen, das sein Saugbeutelchen zwischen den Lippen hatte und beängstigend unstörbar schlief, hatten sie in eine Schachtel gelegt – eine blaue, deckellose Schachtel, in der Würfelzukker gewesen war – und diese Schachtel zerrten, als wär sie ein Schlitten, ein Wagen, zwei der Kinder mit papierenen Mützen aus dem Zimmerwinkel gegen den Tisch; vier kleinere folgten, hintereinander – eins ging, eines kroch, zwei glitten auf ihren Hintern. Mirjam stand an der Türe. Da lief ihr auch das Kind von der Hand – das Kind war sehr zart, sehr blaß, sehr gelenkig, mit rötlichem Haar und mit den erschreckten Augen der Feuerbach – und alle zusammen, zu viert, hoben die Menschlein die Schachtel mit dem Schlafenden und schoben sie auf die Platte. Mirjams Kind sagte: »Jetzt Kerzen.« Neben dem breiten Holzbett stand ein altmodischer Nachttisch, den konnte man unten aufschließen, und da fanden sich in der Tat außer dem Blechgeschirr und Pantoffeln aus Filz acht kleine zinnerne Leuchter. Auch Kerzen lagen dort in einer Schachtel. Die wollten sie alle an der Tischkante ordnen, im Kreis, aber Mirjams Kind war das größte, und so rückte es alles zurecht. Mirjam lehnte am Pfosten der Türe. »Was – tut ihr da?« fragte sie schwach. Aber das Kind, dem die Röte auf den schmalen Wangen erblüht war, sagte: »Jetzt Streichhölzer« – und im gleichen Augenblick erwachte das Kleine, das in der Schachtel lag, und begann leise zu weinen, und im gleichen Augenblick ging die Tür und die Meier kam, und im gleichen Augenblick huschte, stolperte, tappte erschreckt sich entwirrend der Knäuel Kinder nach seinen Betten zurück. Nur der Knabe floh zu Mirjam, faßte diese Frau, die jede Woche kam und die seine Mutter war, an der Hand, und so, geborgen gegen jegliche Unbill, erklärend, kameradschaftlich, zwinkernd fast, flüsterte er ihr zu, entfacht noch, noch mit dem heißen Atem der Leidenschaft: »Die Tante schlägt, wenn man Leiche spielt.« Das Kind auf dem Tisch in der Schachtel weinte hell auf und fiel dann ganz plötzlich wieder in Schlaf.

Die Meier, die dicke Frau, war ein wenig außer Atem vom Stiegensteigen. Sie lachte hart, als sie Mirjam sah, und sie schüttelte ihr die Hand. »Eingebrochen!« sagte sie dröhnend; sie liebte das nicht. Mirjam sagte: »Ich wollte zahlen, Frau Meier.« Aber die Meier legte Wert darauf, ihr noch zu sagen: »War nur auf zwei Minuten drüben bei der Gutjahr – Sie kennen sie, denk ich. Hat Angst, das Weib, daß wer zu ihr kommt. Wer? frag ich sie. Sagt sie nicht. Aber Angst hat sie. Bei ihr soll man sein. Nun, man hat seinen Spaß. Sagt man ihr: Haben Sie mich bedacht im Testament, Frau Gutjahr? Ihr Kaffeegeschirr will ich erben, Frau Gutjahr! Was haben Sie da eingenäht in der Matratze, Frau Gutjahr? Wenn eins in die Grube fährt, brauchts dazu kein Auto, Frau Gutjahr!« Sie prustete los, sie faßte sich, sie sagte: »Da solln Sie sehn. Kasserollen schmeißt sie, Messer. Und will man gehn, winselt sie: Bleiben! Zwei Minuten noch bleiben! Nicht mich allein lassen!« Sie lachte lange und setzte sich auf einen Stuhl. Auch Mirjam hatte neben der Türe sich auf einen Sessel gesetzt. Der Knabe stand neben ihr. Sie hielt seine Hand und sagte: »Zahlen will ich, Frau Meier.« Aber die war mit ihren Gedanken noch nicht zu Ende. Sie sagte: »Muß auch etwas mit dem Sohn dahinter sein, mit dem Falotten. Geld hat auf einmal der Gutjahr gehabt. Wenn er gekommen ist – das Taxi hat vorm Tor gewartet. Und jetzt?« Sie beugte sich zu Mirjam hinüber und flüsterte: »Abends, gestern, ist er geschlichen gekommen, wie es schon dunkel war. Auf dem Kanapee bei der Mutter hat er geschlafen! Und wie ich jetzt dort war – ein Mann hustet nebenan in der Kammer. Versteckt!«

Mirjam senkte die Lider. Des Knaben Hand war sehr dünn. Und unter den Augen lagen ihm Schatten. Und der Hals – nein, das Kind war seit langer Zeit nicht gewaschen. »Ich werde jetzt zahlen, Frau Meier,« sagte Mirjam, und dann sagte sie leise: »Für ein Jahr im voraus.« Die Meier wurde sehr aufmerksam. Mirjam brachte eine Brieftasche zum Vorschein und reichte der andern die abgezählten Banknoten hinüber – oh, sie hatte Geld; das hatte Badele ihr aus der Kasse gegeben, aus dem Aktionsfond. Dann nahm sie das Kind auf den Schoß und sagte kaum hörbar: »Leb wohl, du.« Sie hatte da auch ein Päckchen mit Zuckerwerk, und das Kind aß davon, viel und sehr schnell; es hatte die Backen voll. Die Meier hatte aufmerksame Augen und sagte: »Hören Sie, da hatt ich ein Mädchen, die hatt ein Kind bei mir. Kommt einmal und sagt: Da, Frau Meier, Kostgeld für vier Monat im voraus! Ich sag ihr: Anna, nicht dumm sein. Ein anständiges Mädel geht nicht ins Wasser. Ein anständiges Mädel, wenn da wieder was kommen will – Pech kann jeder haben, mein Gott. Wozu ist die

Meier da? Ich bring Sie zur Hebamme, die repariert das. Heute? Heute ist sie verheiratet. Selcherin. Und hat wollen ins Wasser.« Mirjam lächelte still. Mirjam sagte: »Nein, nein. Nicht so –« Da zuckte die Meier die Achseln und schob das Geld in die Tasche. Ja sie schien mit Geflissentlichkeit dem Gespräch eine andre Wendung geben zu wollen. »Schlechte Zeiten,« sagte sie. »Rafael ist verheiratet, mein Sohn – ich weiß nicht, ob Sie ihn kennen. Hat geheiratet wie ein Graf. Ein Geschäft hat er. Sein Zimmer hab ich jetzt vermietet, nur tagweise. Nicht daß Sie denken als Absteigquartier. Das hätt ich hundertmal können. Ich will nicht. Aber Rafael hat gesagt: Mutter – meine Freunde. Ich kenn sie nicht, ich weiß von nichts, ich seh sie nicht. Heute nachts kommen sie wieder. Okkultisten. Eine Art Religion.« Sie plapperte. Mirjam hielt eine schmale Hand in der ihren. Das Kind hatte die Backen voll. Mirjam küßte es und erhob sich. »Frau Meier –« sagte sie und nickte der dicken Frau einen Abschied zu. Dann hatte sie lang die Hand auf der Klinke. Das Kind hatte die Backen voll und die Meier plapperte und wollte nichts sehn. Mirjam sagte, aber das war kaum zu hören: »Seien Sie – gut –« Die Meier redete, das Kind aß Zuckerwerk, Mirjam drückte die Klinke nieder. Die Türe stand schon halb offen. Mirjam wandte sich und ging, schwankend ein wenig, quer durch die kleine Küche zur Korridortür. Hinter ihr, drinnen im Zimmer, auf dem Tisch in der kleinen Schachtel, wimmerte etwas. Mirjam ging rasch. Es war eine Viertelstunde vor fünf.

Da saß Ignaz Klein schon in ihrem Zimmer und wartete. Mirjam nickte ihm zu, hängte Mantel und Hut an den Haken und setzte sich, die Füße hochgezogen, auf den kleinen Divan, den sie aus einem Strohsack, ein paar Matratzen und einem Stück Vorhang als Überwurf sich zurechtgemacht hatte. Oh, das war eine Lage, in der man geborgen war und ein wenig ausruhen konnte. Ignaz Klein, der nach der Abfahrt der Seinen drei Stunden lang in Parkanlagen herumgeirrt war – ein Schutzmann, deren es an dem Tag viel auf den Straßen gab, hatte ihn schließlich gefragt, was er da suche – Ignaz Klein, alt geworden in drei Stunden Lebens, beugte sich zu ihr hin und sagte: »Bei meinen

Leuten gewesen.« Mirjam nickte (sie dachte, daß es klug gewesen wäre, von der Meier sich eine Bestätigung geben zu lassen) und sagte: »Gut. Bei Ihren Leuten. Das ist gut.« Ignaz sagte: »Nach Lemberg sind meine Leute gefahren, nach Hause, ein Verwandter hat Geld geschickt, elend sind sie, elend, im Elend.« Mirjam dachte: Was sagt er? Sie dachte: Bestätigung – für wen? Wer wird kontrollieren? Kind, mein Kind! Mirjam nickte und sagte: »Nach Lemberg.« Ignaz hatte den Blick in sich gekehrt und flüsterte: »Ich bin geblieben. Ich bin geblieben. Ein Schriftgelehrter.« Mirjam nickte und dachte: Mein Kind. Nicht gewaschen war er. Aber Ignaz schrie auf: »Warum mir? Warum ich?« Und da war Mirjam wieder ganz aufmerksam und blickte ihn an.

Ignaz sagte: »Meine Augen schauen Sie an, Genossin. Kurzsichtig und klarsichtig, klarsichtig und kurzsichtig – so sind unsere Augen.« Mirjam dachte: Er wird es nicht tun können. Sie fragte: »Wann werden Sie es tun, Ignaz?« Der warf sich die Hand vielemal an die schmale Brust und sagte: »Da – da drinnen hab ich es schon getan, zwölfmal in den letzten zwölf Stunden. Zwölfmal in den letzten zwölf Stunden hab ich es durch gelebt. Zwölfmal bin ich zertreten worden. Zwölfmal bin ich vor dem Richter gestanden.« Mirjam blickte ihm in die Augen und bewegte die Lippen. Armer Teufel, dachte sie. Sie fragte: »Wann werden Sie es tun, Genosse? Denken Sie heute nicht daran. Tun Sies morgen, übermorgen.« Sie dachte: Morgen ist ein andrer Tag. Er weiß von nichts. Morgen muß er es nicht mehr tun. Ignaz sagte: »Zwölfmal in zwölf Stunden. Warum ich? Warum mir?« Mirjam sagte: »Hören Sie ein vernünftiges Wort, Genosse. Heute machen Sie nichts. Heute schlafen Sie.« (Man darf ihm nichts sagen, er ist ein armer Teufel und er ist ein Wirrkopf, dachte sie.) Sie sagte: »Schlafen Sie heute nacht. Sie müssen nicht suchen. Ich weiß, wo der Gutjahr ist. Er wohnt bei seiner Mutter, im Haus, in der Kammer, dort hat er sich verkrochen. Übermorgen gehn Sie zu ihm.« Morgen ist ein andrer Tag, dachte sie, und übermorgen wird er nicht hingehn müssen; übermorgen ist eine andere Welt. Ignaz nickte und sagte: »Im Haus also, im Haus bei der Alten.« Er lächelte zerstört: »Da steht man auf einmal im Mittelpunkt. Keiner hat einen angespuckt in der Partei. Und jetzt steht man im Mittelpunkt.« Mirjam schaute ihm in die Augen. Hellsichtig und kurzsichtig, dachte sie. Armer Teufel, dachte sie und schwieg still.

Sie erhob sich, sie trat neben ihn und sagte: »Also bis übermorgen warten Sie, Ignaz.« Sie dachte: Knabe, mein Kind, oh, mein Kind. Es war viel Leid in der Welt. Da saß einer und quälte sich ohne Sinn. Armer Hund, dachte sie und legte ihm die Hand auf das Haar. Ignaz zitterte unter dieser Berührung. Er dachte: Ja, jetzt kennen sie einen, jetzt kümmern sie sich um einen, jetzt steht man im Mittelpunkt. Jetzt legt sie mir die Hand auf den Kopf. (Schuppen habe ich, dachte er.) Er sagte: »Zuschrein werd ich ihm: Mörder, Verräter, Schuft! Und gleich schießen.« Er ist lächerlich, dachte Mirjam. Lächerlich bin ich, dachte er und errötete. Nun erlebe ich das alles zum dreizehntenmal in zwölf Stunden. Sie hat mir die Hand auf das Haar gelegt. Erlebe ich das Zertretenwerden voraus – warum nicht auch den Dank? Auch Dank muß sein! Sie hat mir die Hand auf das Haar gelegt, sie, Mirjam. Ist sie mir gut? Nein, hellsichtig sind wir: sie will zu mir gut sein, weil man mich in ein paar Stunden zertreten wird. Zu ihr soll ich kommen, um fünf – sie hat es zweimal gesagt. Henkersmahlzeit – fast mußte einer lachen, ein Delinquent. Das Zimmer war eng, aber so etwas wie ein Sofa war da. Von drüben sah man nicht so leicht durch die Scheibe herein – die Frau hat sie früher schräg gestellt, daß keiner hereinschaut. Ob ich den Schlüssel im Schloß drehe? Oh, nur nicht zittern jetzt.

Mirjam dachte: Armer Hund, armer Hund. Es wäre besser gewesen, ich hätte von der Meier die Quittung verlangt, du armer Hund da. Etwas umschlang sie, etwas mit Brillen und krausem Haar. Etwas war da kraftlos entfacht. Etwas küßte sie. Oh, sie war stärker. Finger um den Hals! Da lag das Bündel auf dem Divan – ein Rücken, der zuckte. »Sie sind toll geworden,« sagte Mirjam und atmete. Er ist toll geworden, Knabe, mein Kind, dachte Mirjam und sagte sanft: »Sie müssen jetzt nach Hause gehen und schlafen, Genosse.«

Da klingelt es. Zwei kamen mit Zetteln. »Dringend, Genossin.« Es waren Ordres, Marschordres, von Badele ausgestellt. Die bedurften, gültig zu sein, einer zweiten Unterschrift. Sie trat an das Tischchen am Fenster, schrieb stehend, mit Bleistift, unter vielerlei Unverständliches ihr ruhiges Zeichen: F 82. Das war sie. Als sie sich wandte, war Ignaz Klein schon gegangen. Aber all dessen vergaß sie bald. All dessen dachte sie dann nicht mehr. All das ging dann schon unter im erwachenden Wind.

Da steht gegen zehn ein Trupp Menschen am hintern Asyltor. Der Hauswart brüllt hinaus auf den dunklen Platz: »Tschik wegschmeißen und herein jetzt! Zugesperrt wird in drei Minuten!« Keiner rührt sich. Sie reden kaum miteinander. Einer sagt leise: »Heut haben die nicht den dritten Teil von den Pritschen belegt. Alles bleibt draußen.« Ganz drüben auf dem Gehsteig schlendern ihrer dreißig in Gruppen zu zwein und drein auf und ab und tun fremd. »Herein jetzt!« brüllt der Hauswart; ihm könnte das gleichgültig sein, aber er ist ein umgänglicher Mann. »Was ist los?« fragt er einen, der in der Nähe steht. Der sagt: »Ermordet haben sie zwei.« »Wo?« der Hauswart. Der Befragte sagt ruhig: »In Orth.« Ein paar lachen. Nur hinten sagt einer mit ganz krummen Beinen: »Die Arbeitermörder. Zerschnitten gehören sie.« Stille ist um ihn. Keiner antwortet. Der Pförtner zuckt die Achseln und zieht das Tor zu.

In dem Augenblick steht drüben an der Gassenecke eine Frau ohne Hut. »Das sind die dreißig, Genossin Feuerbach,« sagt Jablonski. »Nummer 34 hat fort müssen. Vertraute waren da. Er will hören, was los ist.« Die dreißig promenierten, einer, ein Verlotterter, ließ schlendernd eine kurze Eisenstange wie einen Spazierstock zwischen den Fingern spielen. Er trat zu Jablonski, verbeugte sich spaßhaft und sagte in verzogenem Schriftdeutsch: »Dürfte ich den Herrn Doktor um Feuer ersuchen?« Drei lachten. Jablonski sagte leise zu Mirjam: »Die Frauen sind schon in der Baracke, soll ich Ihnen sagen, Genossin. – Wozu die Frauen?« fragte er nach einer Weile. »Hilfsarbeiterinnen,« sagte Mirjam karg. Jablonski schaute ihr in die Augen und sagte mit einem warmen Blick halben Wissens: »Dann soll es Ihnen gut ausgehn, Genossin.« Sie gab ihm die Hand und er lachte jungenhaft. Da kam 34, ein Kriegsverletzter mit einem halben Gesicht. Er trat zu den beiden ohne Gruß. »Na?« fragte Jablonski. »Anton Horak suchen sie, den Anton,« sagte der andre leise. Der Pole pfiff leicht durch die Zähne und war ganz wach. »Mordverdacht,« sagte 34 noch leiser. Jablonski nickte und flüsterte: »Warschau.« Der Mann antwortete nicht und pfiff eine Melodie, weil eben ein paar vorübergingen; dann hauchte er: »Nein. Hat gesoffen und im Wirtshaus im Rausch renommiert. Irgend einen Börsenschieber hat er erschlagen.« Mirjam erregte sich. »Wen?« fragte sie. Aber den Namen wußte er nicht. Jablonski sagte: »Einer mehr. Auf einen mehr kommts bei dem Horak nicht an.« Der mit dem halben Gesicht flüsterte: »Daß er seine Strichbuben umbringt? Ist ja nicht wahr. Was die Leute reden. Ein paar sagen, er verkauft Menschenfleisch.« Jablonski sagte: »Jeder weiß, was er weiß. Was da wahr ist, wird auch noch ans Licht kommen. Bis jetzt hat er mit den Kiwerern gepackelt. Bis jetzt haben sie nicht hingeschaut. Aber jetzt hat er einen Schieber erschlagen – da können sie ihn nicht mehr halten, da müssen sie losgehn.« Zu Mirjam sagte der mit dem halben Gesicht: »Ja. Die Frauen. Sie warten auf Sie, Genossin. Sind vorbereitet. Jablonski führt Sie hin.« Er stand schon bei dem mit der Eisenstange und einigen andern.

Der Pole ging mit Mirjam drei Gassen entlang, dann durch ein leerstehendes Magazin und über das unerhellte Gelände halb verfallener Krankenbaracken aus der Kriegszeit – ein Hilfsspital war da gewesen. Von den meisten dieser Baracken stand eigentlich nur mehr das Betonfundament. Der Rest, nicht nur Türen und Fenster – selbst das Mauerwerk war gestohlen, verschleppt worden. Nur ihrer wenige mochten noch zur Not als Magazine Verwendung finden: Zementfässer lagen da, Baugerät. Und die vorletzte, eben jene mit Nummer 12, war fast leer. Auf dem Weg sprach Mirjam mit Jablonski kaum ein paar Worte. Er trug den Kasten mit seinen Puppen. »Selten, daß ich sie jetzt noch spielen lasse,« sagte er. »Nur in den Wirtshäusern. Wenn Auftrag ist. Wenn ich einen suchen muß in den Wirtshäusern.« Er verstummte. Als sie angelangt waren, trat er in die matt erhellte Tür und rief in den Raum: »Sie ist da!« Von drinnen sagten Frauenstimmen ein Unverständliches. Ehe Mirjam hineinging, stand sie noch einige Augenblicke neben dem Polen. »Ja,« sagte er, und nach einer Weile: »Also viel Glück.« Mirjam sagte leise: »Ich finde mich nicht zurecht. Welche Straßen sind das dort drüben?« Jablonski wies mit dem Arm dahin, dorthin nach den gedrängten Giebelsilhouetten der Häusergruppen ringsum, nannte Namen. »Ich muß dann zur Schillerstraße,« sagte Mirjam. »Mit den Frauen?« fragte der Pole verwundert. »Sie suchen dort Arbeit,« sagte Mirjam kurz. Der Mann schwieg. Dann: »Am besten, Sie führen sie dort über den Bauplatz und dann durch die Querstraße. Sie kommen an der Wiesnerstraße vorüber, am Haus – das ist keine fünf Minuten von hier.« Er schwieg, er sagte leise: »Ich wohne noch immer dort.« Und nach einer Weile: »Wenn Sie etwas von mir brauchen, Genossin –« Er war plötzlich sehr ernst. Dann nickte er, ging, fiel in Finsternis. Mirjam stand allein und ließ sich den Wind um die Stirne gehn. Aber da die gedämpften Stimmen drinnen in der Baracke lauter wurden, ineinander verstrickt, wandte sie sich und strich sich das Haar fort und trat in den Raum.

Dort war Streit ausgebrochen. An der Decke schwankte die dunkle Helle einer Petroleumlampe. Was weiter hinten lag, in Geruch frischen Holzes und in den Dunst und Stimmenlärm vieler Menschen gehüllt, war nur mehr ein bewegtes blasses Gelb vor der Dunkelheit: Hockende, Liegende, Schlafende, Wachende – in Klumpen geklebt an einen Berg Bauholz oder Bretterwerk, der lässig geschichtet von der Barackenwand gegen die Raummitte vorsprang. Dort also war Geschrei. Auf einer der oberen Zinnen dieser jämmerlichen Estrade, durch einen Wall von rastenden Leibern geschützt, stand ein Knabe, zwölfjährig vielleicht, mit dem Leib eines blutleeren Kindes, in schlotternden Mannskleidern, mit dem Gesicht eines lungenleidenden Vierzigers, und spie Worte, spie Beschimpfung wie Dreckbomben nieder auf eine alte Frau, die drunten stand. Daneben und schräg davor waren Bretter über leere Zementfässer hingelegt, und an diesen

Tischen saßen, ja, saßen auf Sesseln, denn auch Sessel gab es, ein Dutzend Weiber, fleischige Arme vor sich gestützt, und horchten anfeuernd, dazwischenrufend oder sich entrüstend dem Streit. Worum es eigentlich ging, konnte Mirjam nicht erfahren, denn da waren andre zehn oder fünfzehn, die von rechts her, von der Seite her in den schwanken Lichtkreis vorstießen, als sie durch die Türe trat, und mit Geschrei und geschwenkten Armen von ihr verlangten, sie solle ein Machtwort sprechen, Platz solle sie ihnen schaffen drüben, dort, auf den Brettern, die die andern besetzt hielten. Hinten wimmerte, klagte ein Kind – wie überhaupt mit einemmal viele Kinder da waren, zwanzig vielleicht, die zwischen Mirjam und den Platzheischenden durch nach einem lichtlosen Winkel drängten, schweigsam vergleichsweise, planvoll beflissen, ein Zug, ein stummer Zug dürr gelenkiger Wesen mit Leinwandgesichtern. Nur links vorne, neben der Türe, saßen ein Dutzend Frauen ruhig auf Sesseln, hohläugig, hohlwangig, alle auf eine gleiche Weise gepflegt und verwittert. Nach diesen Sitzenden hob eine, der drei Kinder zwischen den Beinen stolperten, entfesselt den weisenden Arm und kreischte Mirjam ins Gesicht: »Die drüben sitzen! Die Huren haben Sessel, wir nicht!« Von den Schweigsamen drehte eine den Kopf und warf gleichmütig ein Schimpfwort herüber; aber das verstand man nicht. Ganz still war nur eine, eine sanfte, schönhaarige Frau, die mit zwei schlafenden, schlafgelösten Kindern ganz recht hinten neben der Mauer auf dem nackten Erdboden kauerte, dort, wo die andern nicht bleiben wollten.

So war da nur Geschrei. Die auf den Brettern hatten es schlecht, aber die auf dem Erdboden hatten es schlechter und zeterten. Und die, denen ein Mann irgendwo im Stacheldraht hängen geblieben war und die nun mit ihren Kindern verkamen, verachteten die alten Huren, die da auf den Sesseln saßen. Und die Huren verachteten die Weiber in Lumpen, die so blöde gewesen waren, Bankerte in die Welt zu setzen, daß sie verhungerten. Geschrei war, Geschrei. Mit ein paar andern trat eine Dralle streitbaren Aussehens auf Mirjam zu und wollte Bescheid wissen, warum man sie jetzt schon, abends schon hieher getrieben habe in diesen Stall. Mirjam sagte ihnen von dem späteren öffnen der Asyltore und so machten sie ihrer Zanksucht in Verwünschungen gegen den Asyldirektor Luft. Die Streitbare sagte: »Als ob unsereine Zeit hätt für den politischen Dreck. Fressen wollen wir, schuften müssen wir, daß das Blut aus den Nägeln springt.« In der Runde zeigte sie ihre Hände, die von irgend einer wilden Arbeit zerrissen waren. Und von den Prostituierten war eine nähergetreten, eine kränkliche, sehr saubere Frau, und fragte friedfertig: »Schwere Arbeit?« Mirjam sagte: »Leichte Arbeit, Gemeindebau, Mörtel rühren, Mörtel tragen, Genossin.« Die Blasse nickte und ging langsam zu ihrem Sessel zurück. »Leichte Arbeit, Genossinnen,« sagte Mirjam noch einmal, und es war ihr plötzlich, als schwänge ihre Stimme allein und allzu hörbar im Raum. »Leichte Arbeit,« sagte sie zum drittenmal kaum vernehmlich.

Aber da waren alle schon nach hinten zu den Brettern gegangen. Mirjam fuhr sich über die Augen – denn es war ihr einen Atemzug lang, als sähe sie Suwarows Gesicht nah vor sich. Er sagte – was sagte er? Nein, eine Frau stand da, die Sanfte, die mit den schönen Haaren war herübergekommen und fragte – und horchte gleichzeitig zurück nach dem Schlafatem ihrer Kinder, die an der Wand auf der Erde lagen –: »Wieviel wird Lohn sein?« »Voller Normallohn,« sagte Mirjam. »Es ist, weil ich die Kinder –« Die Frau lächelte wie zur Entschuldigung. »Naturalzuschuß,« sagte Mirjam. Die Frau sagte sanft: »Weil der Mann gestorben ist. Ich muß sie in die Arbeit mitnehmen.« Sie ging behutsam nach ihrem Winkel zurück, sie ging auf den Zehenspitzen, sie hatte den Finger an die Lippen gelegt, als wäre den Schlafenden eine Stille zu wahren. Bei den Fässern, bei den Sesseln drüben war Gelächter und es sangen ein paar.

Mirjam wandte sich zur Türe, mit unfreien Schritten, stieß sie auf und starrte hinaus in die Finsternis. Sie sagte ein Wort, vielemal, und wußte gar nicht, daß sie es sagte. »Kind,« flüsterte sie. Der Giebel des alten Hauses lag dort hinten in Dunkelheit, nah und nicht nah. »Morgen,« flüsterte Mirjam. Von einem Kirchturm schlug es Mitternacht. »Heute,« flüsterte Mirjam, und dann sagte sie so laut, als spräche sie zu einem, der neben ihr stand: »Jetzt. Jetzt. Jetzt beginnt es. Jetzt, in einem Saal, steht einer auf im Talar und fängt an zu lesen. Das Urteil.« Hinter ihr in der Baracke war Lärm. »Das Urteil,« flüsterte Mirjam. Hinter ihr in der Baracke ein Knabe, zwölfjährig, mit dem Leib eines blutleeren Kindes, in schlotternden Mannskleidern, spie Beschimpfung auf eine alte Frau. Die hörte ihn nicht. Die sagte in die Leere: »Vielleicht werden sie mir keine Arbeit geben. Vielleicht werde ich ihnen zu alt sein. Wieder zu alt.« Und von den Huren eine wandte langsam den Kopf zu der andern und sagte: »Jetzt bin ich wieder gesund. Jetzt hab ich wieder Kraft nach den drei Monat Ruh im Spital. Jetzt kommt es, das neue Leben.« Und Kinder waren da, ein Zug gespenstisch gelenkiger Kinder mit Leinwandgesichtern. Und ein Knabe schlief dort drüben in schwarzem Haus. Oh, Gesichter, oh, Masken.

Aber da war der Nachtwind, und der kam von weit her, der trug unbeirrt von den fernen, unsichtbaren Hügeln her den Atem schlafender Landschaft: Hauch gemähten Grases, ein Blätterrauschen, Moordunst und den einsam geborgenen Traumruf eines Vogels in einem Waldwinkel irgendwo. Unbeirrbar, herbe riechend und kühl wie Erde – so strich das über die nachtlahmen Dächer der Stadt her. Mirjam zog diese kraftvolle und trächtige Luft in die Lungen, sie stand da atmend, sie strich sich über Augen und Stirn, als gälte es, vieles und vielerlei fortzustreichen, abzubürden, ungedacht und ungelebt zu machen mit diesem Streichen; und wäre einer, ein Sehender, neben ihr gestanden in dieser Dunkelheit – er hätte wahrnehmen können, daß Mirjam ihr sehr irdisches, sehr wissendes, leidvertrautes und lebensmutiges Gesicht an ein fast schon unbeschwertes Lächeln verloren hatte.

Da schlug es Mitternacht auch von allen andern Türmen der Stadt, und den hohen, wimmernden Ton vom Turm der Gefängniskirche werde ich nicht vergessen. Sonst schliefen wir zu der Zeit – um achteinviertel wurde das Licht gelöscht. Aber daß in dieser Nacht das Urteil im Orthprozeß fiel, das wußten wir.

Und den Orthprozeß kannten wir wie einer draußen. Nicht nur die Zeitungsnachrichten. (Zeitungen sahen wir, aber es kamen nur die Regierungsblätter ins Haus, und auch die halb heimlich. Dafür schenkte man uns jeden Sonntag zugleich mit dem Mittagsfraß die *Christliche Gefangenenzeitung*, ein Wochenblatt, von den Pfaffen herausgegeben, in dem die Welt ohne Unterleib war.) Nein, da hatten wir schon kräftigere Kost, wir siebenhundert, die wir da in den Käfigen saßen wie Kanarienvögel. Der meine war ganz hoch unters Dach geklebt, im fünften Stockwerk, und er ging nach der Straße hinaus, so daß ich, wenn ich am Gitter des Zellenfensters mich hochzog, über die äußere Mauer weg sogar sehen konnte, was drunten auf dem Gehsteig vorm Strafgerichtseingang sich abspielte. Denn mich hatten sie im Gerichtsgefängnis gelassen und nicht in die Strafanstalt abgeschoben: meine zwölf Monate waren nur sieben und fünf – das war unter der Grenze. Nein, was das draußen anlangt und das drunten in den Schwurgerichtszimmern, hatten wir schon derbere Kost als das Pfaffenblatt. Da waren die neu eingebrachten Untersuchungsgefangenen; die hockten zwar in der Käfigreihe im Unterstock, vier Stockwerk entfernt, aber die Zwischenmauer lief durch bis zum Dach, und der Küchenkamin lief durch, und die blecherne Regenrinne konnte man mit dem Zinnlöffel antippen, wenn man sich hochzog und durchs Fenster hinauslangte. Und die Morsezeichen kannten wir jeder wie ein Telegraphist.

So warteten wir also in unsern Vogelkäfigen auf das Urteil im Orthprozeß. Drunten vor dem Tor war die Straße von Menschen schwarz. Jetzt zu Mitternacht waren es immer noch ihrer tausend, die drunten standen. Nur Köpfe sah ich, Kappen und Hüte. Das murrte dumpf. Bisweilen spritzte der Brandungsschaum eines Pfiffes oder helleren Schreis herauf bis zu uns. Dann lags wieder glatt. Der nebenan, 137, der Soldat, klopfte: »Achtung«. Drunten sprang eine Nachricht, ein Funken aus dem Tor in das Schwarz. Das quirlte, Kappen aneinandergedrängt, um einen Mittelpunkt. Doch es mochte noch nicht das richtige sein: das floß träg auseinander und murrte dumpf. Aber Gischtpfiffe flatterten – eins, zwei, drei, vier – ein Signal. Im Haus drunten klopfte einer:

»Pfiffe waren Signal.« Und 137 noch einmal: »Achtung«. Legtest du das Ohr an die Mauer – kein Laut war im Haus. Immer weiter liefen drunten aus den Nebengassen schwarze Menschenbäche in die schwarze Lake vorm Tor. Die lag da schon wie ein Polyp und hatte sich festgesogen, Fangarme weit ausholend um die Ecken des Gebäudes gekrallt.

Doch als dann das Tor plötzlich aufging und der große Funken hinaussprang, wars doch wieder nur Brandungswirbel, Windpfiff und Brandungsschrei: »Jiii!« und »Pfui!« Im gleichen Augenblick zuckte auch im Haus der Funken von Käfig zu Käfig, und die Kanarienvögel in den fünf Etagen fingen zu zwitschern an. »Pfuiii!« pfiff es drunten. An den Mauern telegraphierten sie mit den zinnernen Löffeln: »Freigesprochen!« Aber mit den Löffeln war das zu leise; so telegraphierten sie mit der Faust. Drunten waren dreißig Kappen und pfiffen. Was pfiffen sie? Gischt auf der Brandung, flatterte der Revolutionsmarsch herauf. »Revolutionsmarsch,« hämmerte 137, der Soldat, nebenan mit der Faust. Fäuste hämmerten. Da das zu leise war, trappte man die Morsezeichen mit den Füßen den andern zu. Die dreißig drunten lösten sich wie Tropfen von der Brandung ums Tor und rannten. Pfiffe gellten und aus vielen Kehlen der Schrei: »Mörder! Arbeitermörder!« Doch da waren Tellerkappen, schoben sich, ein Riegel, die Straße quer. Füße trappten, und mit den Kochgeschirren schlugen sie es an die Käfigwand: »Polizei!« Drunten pfiffen sie den Revolutionsmarsch. Aber da war viel Polizei. Polizei war auf allen Seiten des Platzes. Die drunten waren zu wenige. Wir Vögel in unsern Käfigen – an die Wände hämmerten wir. 137 telegraphierte mit Fäusten: »Hinaus! Ausbrechen! Hinaus!« Mit dem zinnernen Kochgeschirr schlug er es an die Wand. Drunten pfiffen sie, pfiffen sie, pfiffen sie im Takt den Revolutionsmarsch. Im Takt, im Takt, so hieben wir ihn an die Mauern, so trappten wir ihn, so dröhnten wir ihn all denen draußen, all der Stadt, all der Nacht ins Ohr. Einer brüllte das Lied, und wir brüllten es alle, an den Gittern rüttelten wir, an den Gittern zogen wir uns hoch und brüllten das Lied, das Lied in die Finsternis. Die Stadt schlief. Drunten war Polizei. Aber wir in den Käfigen brüllten.

Wir in den Käfigen trappten den Takt in die Nacht. Wir in den Käfigen, aufgerissen, von Freiheit geborsten die Brust, die Kehle verbrannt – wir marschierten.

Der Schrei

Die Nacht, da sich verwirrten die Schnüre, an denen die Welt hing, die Nacht, da Knoten geschürzt und Knoten zerhauen wurden und da in der Finsternis so viel Zeit gestapelt lag, so viel Strähnen Zeit nebeneinander und ineinander verflochten, daß du in ein paar dunklen Stunden leben mochtest ein volles Leben – die Nacht war die vom 14. auf den 15. Juli.

Ruben schlief lang. Die Mutter weckte ihn. »Spät,« sagte sie. Er ging nach dem Haus, denn da hatten die, die um ihn sich geschart hatten, als er aus dem Gefängnis gekommen war, die ihm anhingen, weil er die Schuld auf sich genommen hatte – »alle Schuld wird er auf sich nehmen, aller Menschen Schuld wird er auf sich nehmen,« sagten sie – da hatten die also ihre Sammlungsstunde angesetzt im Zimmer des Rafael Meier. Sie ging mit ihm, die Mutter. »Besuch machen,« sagte sie und blickte an ihm vorüber, »Besuch machen« und zog ihr Wolltuch zurecht. Ehe sie aus dem Haus traten, mußte sie noch einmal in den Hof schauen, nach dem Kandelaber, der dort unterhalb ihres Küchenfensters befestigt war. »Der Kandelaber ist ein Spion: sie hat ihn befestigen lassen,« flüsterte sie und strich sich mit den Fingern Gedanken über den Augen fort von der Stirn. Die laue Nacht sang Ruben um Schläfen und Haar. Da war Sternenlicht und Laternenlicht, das rieselte ihm von den Wimpern und über die Hände, indes er Fuß vor Fuß setzte schwerelos. Die alte Frau neben ihm bewegte die Lippen. »Mirjam ist nicht gekommen,« sagte sie streng. Stille war. »Besuch machen,« flüsterte sie und zog das Wolltuch um sich. Ruben hörte es nicht.

Als sie im alten Hause standen, im großen Hof, wandte er sich nach links, klomm die Winkelstiege nach der Wohnung der Meier hoch. Frau Feuerbach ging gradeaus zu der Gutjahr. Im Treppenhaus war kein Licht mehr. Von Stufe zu Stufe tastete sich die Frau und bewegte die Lippen. Die Türe kannte sie: auf dem zweiten Korridor, rechts die dritte. Dünnes Licht fiel durch Ritzen heraus in die Finsternis. Die Frau klopfte nicht, sie drückte die Klinke nieder, trat ein. Die Gutjahr saß drüben in der Matratzengruft, aufrecht. »Sie –« sagte sie nur ohne Stimme. Da war das also, worauf sie gewartet hatte; schreien hätte sie mögen. Frau Feuerbach setzte sich ihr zu Häupten auf einen Sessel und sagte: »Besuch« – wie man etwas aussagt, etwas hinstellt, ohne Frage, ohne Lächeln, unerbittlich. Die andre schaute ihr auf die Lippen. Schreien hätte sie mögen. Und als wollte sie dem nächtlichen Gaste dartun und einprägen: ich bin nicht allein, da sind viele, die aus und ein gehen, jeden Augenblick kann einer kommen; wag es nicht, hüt dich – sagte sie: »Die ganze Zeit Besuch heut. Die Meier kommt dann noch einmal herüber. Gleich kommt die Calé. Der Sohn kommt.« Frau Feuerbach stand langsam auf, ging streng, eine Puppe, ein Uhrwerk, nach der Türe der kleinen Kammer und schaute hinein. »Niemand,« sagte sie blicklos und setzte sich auf ihren Sessel zu Häupten der Lahmen.

Schreien hätte die mögen. Sie plapperte, schlug Brücken von Gerede über die Einsamkeit: »Vor zwei Stunden war die Polizei da. Anton suchen, den Horak. Warum, frag ich. Er hat einen erschlagen. Wen, frag ich. Brüllt der Schuft: Maul halten! Das wissen Sie wahrscheinlich genauer als wir! Sie kommen auch noch dran, brüllt er. Ich. Eine Lahme, halb tot. Mit der jeder Hund muß Mitleid haben – nicht wahr?« Eine Puppe saß Frau Feuerbach auf ihrem Sessel. »Nicht wahr?« fragte die Gutjahr noch einmal leise; ihre Stimme wankte. Frau Feuerbach schwieg. Die andre – schreien hätte sie mögen – baute Brücken über die Einsamkeit. »Vor einer Stunde,« sagte sie, »vor einer Stunde kommt einer, sucht den Sohn, ein Herr, Kopf geschoren wie eine Kugel. Den Gutjahr, sagt er. Da ist er nicht, sag ich. Den Gutjahr, sagt er, seit vier Tagen such ich ihn, er ist nicht in seiner Wohnung, verkrochen hat er sich, da muß er sein. Da ist er nicht, sag ich, und von den Geschäften weiß ich nichts, sag ich. Nicht Geschäft, sagt er und zittert, nicht Geschäft, etwas auszumachen haben wir miteinander, etwas geben soll er mir, etwas kaufen, Frau, will ich von ihm. Vier Tage such ich ihn. Und zittert. Sag ich: da ist er jetzt nicht, vielleicht ist er unten; wissen Sie, Herr, wo Anton – sag ich. Weg ist er. Ja.« Die Frau ihr zu Häupten saß streng auf dem Sessel und schaute an ihr vorbei. »Aber jetzt kann er jeden Augenblick kommen,« sagt die Gutjahr. Oh, ich einsames Luder, ich verlassener Hund, denkt sie. »Jeden Augenblick,« plappert sie noch einmal. Und fährt doch auf, schrickt doch hoch, da ein Tritt auf der Treppe ist.

Zu der Zeit sagte Ruben droben im Zimmer – die Wand entlang auf Sesseln saßen sie, die Kurila und Wurmbrand und die sieben, die nickten, und die drei von der Heilsarmee und die andern, deren Gesichter schon aus dem Bezirk der Petroleumlampe gerückt waren – da also, auf dem Sofa sitzend, das altmodisch geschweift vor dem Tisch stand (und auf dem Tisch stand die Lampe und unter der Lampe, aufgeschlagen, lag die Bibel, das Buch) – da also sagte Ruben und hob die Stirn in die Helle: »Einen seh ich. Er ist von einem Weib gegangen in Groll. Weil er in Groll gegangen ist, wird er erniedrigt sein.« »Wie heißt er?« stand eine Frauenstimme im Zwielicht. Ruben sagte: »Er heißt Mensch Mensch.« Dann schwiegen sie.

Das also war zu der Zeit, als die Gutjahr Ignaz Kleins Tritt auf der Treppe hörte und aufschrak. Er war von Mirjam gegangen in Groll. In seines Grolles Einsamkeit hob er die Faust wider sich, hob Anklage wider sich. Jetzt schnell, sagte er, als die Sonne verbrannt war nach Qualstunden und als die Nacht sank, jetzt schnell, solang du noch aufrecht gehst, als wärst du ein Mensch, und ehe du noch ganz ein winselnder Hund bist – schnell jetzt, mach den Weg voll, ein Ende mach. Bis morgen sollst du warten, bis morgen darfst du atmen, hat die Frau dir gesagt. Heute, jetzt, mach ein Ende. So kam er des Nachts, den Revolver in der Tasche, die dunkle Treppe herauf. Vor den Augen der Mutter ihn niederschießen? Warum nicht vor den Augen der Mutter? Auf dem Korridor rechts die dritte Türe – Licht fiel durch Ritzen – die dritte Tür stieß er auf und fand nicht, den er suchte, und fand zwei Frauen, deren eine starr auf dem Sessel saß und deren die andere ihn nicht mehr fort ließ. Bleiben, bleiben sollte er. Ein Täßchen Kaffee sich nehmen vom Herd. Nein, nicht fortgehn – plaudern. Nein, nicht plaudern – schweigen, brüten in Gottes Namen wie auf dem Sessel zu Häupten des Bettes die Steinerne. Eine Lahme plappert und läßt ihn nicht. Einer Lahmen Angst schlägt Krallen in seine Einsamkeit und läßt ihn nicht fort. Kaffee! Es steht Kaffee auf dem Herd!

Zu der Zeit war Gutjahr drunten in Antons Kammer schon wach. Zu der Zeit schlief er nicht mehr, in Schlaf gefallen nach vier Nächten Flucht, nach vier Tagen Sichverkriechen vor aller Welt. In Schlaf gefallen in der Kammer des Freund-Feinds, des Mensch-Tiers, des Sklaven, der Macht hatte, durch Mitwissen Macht, dessen Mitwissen aufstehen konnte wider ihn oder vielleicht schon aufgestanden war wider ihn. Nach jenem morgendlichen Zusammentreffen im »Gulasch« war Gutjahr Anton in sein Quartier gefolgt, den Drohenden wieder kirre zu machen. Er hatte den Riegel vor die Türe geschoben, sich auf Antons Bett gesetzt, zu sprechen begonnen – und war fünf Minuten später auf die Seite gesunken, von Nachtwachen mürbe. Er kann mich erdrosseln, dachte er noch. Aber das Bett war weich und von Blei die Lider. Wach sein! dachte er. Und schlief ein.

Aber damals war es schon eine Weile, daß er aus dem Schlaf gefahren war. Es war dunkel. Anton war nicht bei ihm. In der offenen Kammertüre stand einer mit einer Kerze, die schwankte und blendete – man mußte blinzeln. Der mit dem Kugelkopf, der im Gesellschaftsanzug stand da. Er sagte: »Da sind Sie.« Gutjahr war vom Bett gesprungen, mit einem Satz nach der Türe, aber der andre, der Zitternde, der Ungelenke war schneller und legte den Riegel vor. »Langsam,« sagte er und lachte leicht auf. (Das war, als Ignaz Klein die dunkle Treppe hinauf ging, Gutjahr bei seiner Mutter zu suchen.) »Langsam,« sagte der mit dem Kugelkopf mit einer grollenden Stimme, die zum weit pendelnden Zittern der Hände (er hielt den steifen Hut in der Linken, in der Rechten hielt er noch immer die brennende Kerze) in einem bedrohlich lachhaften Gegensatz stand. Er sagte: »So. Langsam.

Jetzt hab ich Sie. Schuft. Vier Nächte hab ich Sie gesucht, Schuft. Jetzt gib das Kokain. Da ist Geld.« Er sagte das stark, doch seine Augen, kleine, blicklos glitzernde Wasserkiesel, waren Bettleraugen, Hundeaugen, die um Verzeihung baten für die Rede, deren der unbeherrscht zuckende Mund sich erkühnte. »Langsam,« zuckte der Mund. »Jetzt gib das Kokain, oder ich geh auf die Polizei, Herr. Sie haben mich zugrunde gerichtet. Ich war ein gesunder Mensch.« »Eben,« sagte Gutjahr und schaute ihm ins Gesicht. »Eben. Darum ist jetzt Schluß.«

Des andern Glitzeraugen wurden fast groß. Der Kugelkopf fiel schief in Hohn auf das Frackhemd. Die Hand mit dem steifen schwarzen Hut schwankte vor und er kreischte: »Jetzt Schluß! Jetzt und Schluß!« Er lachte, wie eine Eule lacht, schnell schnell schnell. »Jetzt und Schluß,« sagte er. »Da antworte ich gar nicht. Hören Sie, Sie Schuft.« (Seine Augen baten.) »Hören Sie. Wenn Sie jetzt nicht das Paket mit dem Koks dort aus Ihrer zweiten Westentasche hervorziehn – aber echtes, volles, nicht Gips, hören Sie – dann, wissen Sie, was geschieht? Hier, hier erschieß ich mich, zu Haus liegt ein Brief. Die Quartierfrau hat einen Brief an die Polizei, den schickt sie ab, heute abend. Da steht es drinnen. Da steht alles drinnen. Dann werden Sie aufgehängt.« Gutjahr sagte ihm in die Augen: »Zyankali sollte man Urnen eingeben, Sie.« Er war müde. Er hatte andre Sorgen. Kleinigkeiten legten sich ihm in den Weg. Er hatte kein Kokain bei sich. Er war all dem nicht gewachsen. Da hatten die Glitzeraugen auch schon den Ausdruck gewechselt, schelmisch blickten sie, grauenvoll schelmisch. Der Mund wurde groß und zuckte bettelnd: »Zwei Gramm! Zwei Gramm nur!« Und eine hohle Hand war mit einemmal da und schwankte.

Das war, als die Gutjahr droben zu Ignaz Klein sagte: »Nicht! Nicht gehen! Kaffee steht auf dem Herd!« Ignaz starrte an der Starren vorüber über die Lahme weg durch das Fenster in Schwärze. (In Schwärze, jenseits der Hofmauer in der Quergasse draußen, stand Anton. Er wußte, man hatte ihn gesucht. Das Haustor war nun schon zugesperrt. Den Hauswart herauszuklingeln, der mit der Polizei gut Freund war – er mußte über diese halbhohe Mauer, wollte er in den Hof. In Schwärze, diese Mauer musternd, schlenderte er die Quergasse hin.)

Und zu der Zeit hob Ruben die weiße Stirn in die Lampenhelle und sagte: »Einer ist, der quält sich mit Wollen. Er schaut in Schwärze. Er schaut durch Schwärze. Er trägt eine Kerze. Die schwankt und brennt schwarz. Erhebt die hohle Hand und sagt: Gib!« – »Wie heißt er?« fragte die Kurila im Halblicht. Ruhen senkte die Stirne und sagte leise: »Er heißt Mensch Mensch. Und der es ihm verwehrt und ihn hetzt und der es ihm verwehrt und ihm nein sagt – er heißt Mensch Mensch.« Von den sieben, die nickten, einer begann leise zu weinen. Die Lampe sang.

Irgendwo im Haus geschah dies: Die Gutjahr sagte: »Kaffee! Noch Kaffee!« Aber Ignaz stand plötzlich auf und wurde blaß. »Ich werde jetzt gehen,« sagte er schroff, griff nach dem Hut, stand zögernd – Frau Feuerbach, eine Bildsäule, saß auf ihrem Sessel und regte sich nicht – stand also zögernd, raffte sich dann jäh auf und stolperte hinaus auf den dunklen Korridor und nieder die Treppe. Als er in den stummen Hof trat, hörte er eine Glocke Mitternacht schlagen (es war die gleiche, die auch Mirjam hörte, stehend in Finsternis vor der Barackentüre) und wenig später, sehr fern und nur in der großen Stille vernehmlich, die für eine ganz kurze Weile über der Stadt lag (als zauderte dem neuen Tag der erste Herzschlag und Atemzug) – sehr fern und fein durch die Nachtstille schwang der verwirrte Ton vieler Stimmen: Geschrei. Dort liegt das Strafgericht, wußte Ignaz. Aber er hing dem nicht nach und wandte sich nach Antons Quartier. (Ein Mann stieg gleichzeitig über die Hofmauer ein; Ignaz sah den nicht, aber ihn sah der andere, sah einen, der auf seine Wohnstelle zuging, und drückte sich darum links in den Schatten neben der versperrten Hintertreppe des Hauses Calé.)

Gleichzeitig stand droben im Zimmer Frau Feuerbach von ihrem Sessel auf und schritt zur Kammertüre. Sie blickte in den kleinen Raum und sagte: »Niemand.« Die Gutjahr – es ging ihr schlechter seit ein paar Tagen, auch die Arme begannen ihr lahm zu werden – fragte: »Was tun Sie?« Frau Feuerbach kehrte sich zur Türe des Korridors. »Was tun Sie?« fragte die Gutjahr mit wankender Stimme. Strengen Gesichtes drehte Frau Feuerbach den Schlüssel im Schloß und zog ihn ab. »Was tun Sie?« flüsterte die Gutjahr und wurde plötzlich ganz schwach. Aber die andre, unberührt, ging nach ihrem Sessel zurück, zu Häupten der Liegenden, und setzte sich und saß starr. Nur Gedanken, Gedanken strich sie sich von der Stirn.

Gleichzeitig sprang drunten Gutjahr mit einem Tigersatz aus der Kammer in den vorderen Raum mit den leeren Pritschen und schmiß die Türe hinter sich zu und versperrte sie. Drinnen polterte, tobte gefangen, überlistet der mit dem Kugelkopf. Am Holz kratzte er. Wurde still. Kratzte. Winselte. Atmend, allein im verlassenen Schlafkeller lehnte Gutjahr sich mit dem Rücken gegen die versperrte Türe des Käfigs (am Holz kratzte der) und lachte. Er lachte lang. Er war müde von Lachen, als er sich auf eine der Pritschen setzte. »Erledigt,« sagte er in die Finsternis. Es war so, daß er Angst hatte. Er hatte nun bei drei Banken Geld liegen – unter falschen Namen, versteht sich. Er dachte: Komm ich durch, so kauf ich mir das kleine Gut an der Westbahn. Einmal noch, einmal noch durchkommen. Er war nicht mehr der alte, seit er Hut und Handschuhe trug. Er hatte Angst. »Ich werde ihm Zyankali geben,« sagte er vernehmlich. Er saß auf der Pritsche, und drinnen kratzte der und lallte der etwas hinterm Holz. Ich werde ihm kein Zyankali geben, wußte er. Er war ein andrer. Am Holz, am Holz drinnen kratzte ein Gestern, das ihn nicht losließ.

Gleichzeitig drückte sich Anton die Hoffront des Vorderhauses entlang (es war ein ruhiger Abend oben bei der Calé, die Fenster verschlafen, da, dort ein Licht) und dann das Seitenhaus entlang (nur bei der Meier, im Zimmer, das der Sohn gehabt hatte, war Helle), das Seitenhaus entlang bis zum Winkel des Hinterhauses (dort brannte noch die Lampe droben im Zimmer der Gutjahr), aber in diesem Winkel dann doch seitlich nach links, die Wendeltreppe hoch, die zur Meier und weiter führte zur Dachbodentüre. Schwärzer schwarz war das Loch des Treppenzugangs. Dort trat er ein und verlosch.

Gleichzeitig: Ignaz, niedergestiegen, klinkt die Tür auf, steht in dem Keller mit den verlassenen Pritschen, sieht Licht, von der Decke einsam pendelnde Glühbirne mit einem Drahtnetz, sieht den Raum, sieht neben Antons Kammertüre (hinter der ein Lebendiges lallt) auf einer der Pritschen – nein: von einer der Pritschen jäh auffahrend Gutjahr. Ignaz – Lichtbäche fließen ihm durch die Augen – aus Ignaz kreischt einer: »Schuft! Verräter!« In die Tasche fährt er, holt den Revolver hervor, kreischt: »Warschau! Für Warschau!« Der drüben hat verstanden. Der drüben wird langsam – ja, er wird weiß im Gesicht. Nicht springt er auf ihn zu. Nicht schlägt er ihn nieder. Gutjahr fürchtet sich. Nicht schießen, will er sagen. Er hat Geld auf der Bank, er wird ein Gut an der Westbahn sich kaufen. Seine Lippen bewegen sich – er sagt nichts. Ignaz hebt die Hand – eine schwächliche Judenhand, die leicht schwankt – und er zielt. Jetzt, sagt er sich, jetzt ist es nicht mehr schwer, jetzt wird es sein.

Die Weltstille, die gehängt ist zwischen eine Revolvermündung und ein Gesicht, währt nicht länger als eine halbe Sekunde. Und dieser Sekunde andre Hälfte bringt dies: Drinnen der mit dem Kugelkopf hat gehorcht. Drinnen der mit dem Kugelkopf hat verstanden. Drinnen der mit dem Kugelkopf – in dem Augenblick schmeißt er seinen Leib an die Tür, daß sie kracht, und brüllt: »Schieß!« Brüllt und lacht: »Schieß ihn nieder! Niederschießen, ja ja ja niederschießen den Schuft!« Lacht und schmeißt sich, schmeißt sich, schmeißt sich tobend in einem glucksenden Triumph an das Holz.

All das geschieht in der Sekunde andrer Hälfte. Die nächste bringt dieses: Gutjahr, unter dem Peitschenhieb dieses Tobens, springt über zwei Pritschen weg auf Ignaz Klein zu, schlägt ihm den Revolver aus der Hand, hat die Stiege, die Hoftür erreicht, reißt sie weit auf – Wind ist draußen – und rennt. Rennt in Nacht. Stürzt in Nacht. Gleichzeitig: der Tobende hat Antons Kammertür aufgebrochen, fegt, entfachter Wirbel, Angsttraum des Irrsinns, glucksend Gelächter, schwingend alle Geisseln wahnsinnigen Verfolgertriumphes hinter dem Flüchtigen quer durch den Pritschenkeller die Stiege hinauf und hinaus in den Hof und die

Dunkelheit. Dort verlischts. Zurück bleibt nur einer. Einer, der ungeschickt den verlorenen Revolver unter einer Pritsche hervorholt. Einer, der sich den Staub von dem Ärmel klopft. Angespannt, als gälte es dort etwas zu finden, schaut er auf seinen Schuh. Dann steigt er langsam die Treppe hoch, tritt langsam hinaus, geht schiefschultrig, bebrillt und langsam in einem Bogen über den Hof und verschwindet irgendwo in der Finsternis.

Das war, als Ruben droben die Stirn in die Helle hob und sagte: »Einer flieht. Er flieht vor sich selbst. Einer verfolgt ihn und weiß nicht: fände er ihn in der Dunkelheit – er fände sich selber. Einer ist im Leide, der kommt die Treppe herauf und wird ein treten. Er heißt Mensch Mensch.« Er verstummte und wandte sein Gesicht nach dem Eingang. Und auch die andern alle wandten ihre Gesichter und warteten. Aber keiner trat ein. Eine große Stille war. Doch die Stille war nicht so groß und so weit, daß man hätte hören mögen: es stieg wirklich einer die Treppe hoch. Das war Ignaz. Als er den Stiegenabsatz des zweiten Stockwerks erreicht hatte, sah er die Tür der Frau Meier, die gläserne Küchentür, erhellt und halb angelehnt. Ruben, Rubens Freunde, sagte Ignaz zu sich ohne Laut. Einmal werde ich noch in sein Gesicht schauen, sagte er sich. Er trat näher – etwas hieß ihn, leise zu sein.

Doch in dem Augenblick sah er dort drinnen einen Mann und fuhr zurück. Dort drinnen in der erhellten Küche an der geschlossenen Türe des Nebenraumes, niedergebückt, geduckt wie ein Raubtier, Ohr, Auge am Schlüsselloch, horchend, spürend, breitbeinig behutsam – so stand dort Anton und lauerte. Ignaz Klein wandte sich, Ignaz Klein schrie, schrie ohne Laut, jagte die Treppe hoch – jetzt nur zu Ende, jetzt schnell – und erreichte die Dachbodentüre, die offen stand, und floh schiefschultrig und unscheinbar, eine Ratte, weiter, tiefer tief ins unerhellte Gesparr.

Das war in dem Augenblick, da Ruben das angespannte Gesicht von der Tür abwandte, da er es senkte in Schmerz und sagte: »Da ist keiner, der kommt.« Eine Stille war. Nur von den Nickenden einer legte den Arm um eines andern Schulter und sank, versank. Unter denen allen, die auf den Sesseln saßen die Wand entlang, war jetzt eine leichte Bewegung – Buchenblätter in einem Lufthauch schwanken und flüstern so. Sie rückten näher und nah, in geschlossenem Kreise saßen sie nun um den Tisch, ein Ringwall ums Licht – hinter ihren Rücken in Winkeln gestaut lag die Finsternis. Abseits blieb nur einer, und da alle anderen nun sehr stille waren, hörte man seinen Schlafatem. Dort war einer eingeschlummert, auf drei Sessel gestreckt. Wurmbrand ging hin, mit seinen schmalen, ruckenden Schultern, die aussahn, als wollte er jetzt und jetzt in Gelächter ausbrechen, und schaute ihm ins Gesicht. Dann wandte er sich nach dem Lichtkreis zurück und legte die Finger seltsam verschmitzt an die Lippen und sagte leise: »Er schläft.« Einen schmächtigen Koffer hatte jener wie ein Kissen sich unter den Kopf geschoben. So sprachen die um den Tisch nur mehr im Flüsterton.

Was da verhandelt wurde, war von geringer Wichtigkeit. Eine Frau mit sehr hohlen Wangen (sie hatte die Schwindsucht) las ein Stück aus dem Hohen Lied Salomonis, und an dieser Nachricht von allen bräutlichen Seligkeiten – die Frau las trocken, leise, ganz tonlos – entzündete sich die Kurila, rückte noch näher an den Tisch (nun sah man, daß unter schlichtem Weißhaar die schmalen Backen ihr rosig aufblühten) – und dieses Fräulein Kurila, mit Tüchern die Füße umwunden, gichtbrüchig entfacht, verbreitete sich in einer gesteigerten, fast erbittert verzückten Ausdeutung des eben Vernommenen. Aber die weckte Widerstand aus irgend einem gewichtig nichtigen Grund bei den drein von der Heilsarmee, bei dem alten Mann mit der Kappe und bei dem jungen Mann mit der Kappe und bei dem Mädchen mit dem altmodischen, streng lieblichen Ordenshut – und so ergab es sich, daß man über kurz diese enterbten Menschen, Mühselige und Beladene, sich ereifern sah und streiten wider einander um die Braut Zion und viel jenseitige Seligkeit. »Schreiten werden sie in Gesang,« sagte einer, dem die Finger verdorrt waren. »Trinken werden sie Morgentau,« sagte einer, der im Gefängnis gesessen hatte zehn Jahre sündelos. Sieben waren, die nickten. Die Blicke wandten sie dahin und dorthin und nickten einander mit großen, ernsten, leuchtenden Augen in die abgezehrten Gesichter. Nur die gelesen hatte, die Hagere, hustete tief erschöpft, und das war vernehmlich zu hören, denn all der Vorgang hatte, wenn auch nicht mehr im Flüsterton, so doch in einem Zwielicht der Sprache sich abgespielt – hinten im Winkel, über drei Sessel gestreckt, den kleinen Koffer unter den Kopf geschoben, schlief jener alte Mann und atmete ruhig. Da aber die Wechselrede müder wurde und die Verzückung schon matter leuchtete wie erblaßtes Metall, sagte einer: »Ruben!« Und »Ruben« sagten sie alle und wandten ihm die Gesichter zu.

In sich versunken saß der Jüngling zumitten des Sofas, vor dem Tische, auf dem die Lampe stand, und unter der Lampe aufgeschlagen lag die Bibel, das Buch – saß also, das weiße Gesicht tief gesenkt, und schaute nicht auf. Die Lider waren ihm über die Augen gefallen, und blickte einer scharf hin, so konnte er sehn, daß sie leise zitterten. Mit einemmal war im Raum nicht ein Laut. (Nur der Schlafende hinten im Winkel atmete schwerelos.) Es war die Kurila, die langsam – sie war ohne Kraft – sich erhob und mit einer weiten, weichen Bewegung (Fledermausflügel streichen so) über den Kreis hin die Worte sagte: »Still. Er ist nicht unter uns.«

Was nun kam, ging mit viel größerer Schnelligkeit vor sich, als es sich hier mitteilen läßt. Rubens Gesicht – sie sahen es alle, denn die Lampe beschien es unverstellt – war in einer bewegten Starrheit erfroren (wie Ströme ziehen unter grün gläsernem Eis). So aufgehellt und verschattet zugleich in einer ergreifenden, grauenvoll lieblichen Leichenlebendigkeit trieb der Eingeschlafene durch viel Zeit, und in einem befremdlichen Nacheinander, Nebeneinander flatterten von seinen Lippen Fetzen Leben, gelebtes, vermodertes, ungezeugtes, Fetzen und Fetzenfahnen, wie von einem ungehörten Sturmwind zersplissen. »Wenn sie die Zündhölzer findet,« sagte er, »wenn sie die Zündhölzer nur nicht findet.« Und nach einem tiefen Seufzer, als läge ihm eine Last auf der Brust: »Dann – brennts.« Es trat eine Stille ein. Ein Abgrund klaffte. (Nur der Schäfer atmete.) In die Stille lallte Ruben, und sein Mund war alt: »Katzen. Katzen. Die Katzen.«

Vor ihm die Kurila, auf die Platte des Tisches gestützt, stand noch immer. Sie zitterte so sehr, daß der gläserne Schirm der Lampe leise zu klirren begann, mit einem hellen, bösen, klanglosen Klirren, das den Menschen, die da mit schreckweiten Augen reglos im Kreise saßen, den Rücken hochkroch und ins Gehirn stach. Die Kurila sagte mühsam: »Ist – einer da?« Und Rubens Mund ging auf und ein Unsagbares, aus Klüften, aus der Ätherschwärze hinter den Sternen, röchelte: »Ackermann. Ackermann. Aus – Triest.« Die alte Frau stand noch immer an den Tisch mit der klirrenden Lampe gelehnt, und mit einem Male seufzte auch sie, als lasteten Steine von schwarzer Luft auf ihrem einsam flatternden Herzen. Ihr Kopf mit dem glatten Weißhaar lag schräg. Schräg über den Schirm der Lampe weg schaute sie angestrengt in Rubens Gesicht. Sie öffnete die Lippen, eine neue Frage zu tun.

Doch ehe ihr Wille den ersten Laut aus der Kehle zwang, erstarrte sie und war nur mehr Blick. Das Eis in Rubens Gesicht kam jäh in Bewegung – Schollen schieben sich so ineinander, ehe sie bersten, zackig grell, mit Gekrach – und plötzlich (zerrte da einer an Strängen? Schleppte da einer die Lippen fort?) barst wirklich dieses Glasgesicht, Eisgesicht, und der Mund, roter Mund, brach klaffend auf. (Die Zunge sah man. Sie schwankte.) »Nicht die Zündhölzer! Nicht die Zündhölzer!« kreischte es. »Das Geld,« kreischte es, »das Geld gib ihr, reiß die Matratze auf, gib ihr das Geld. Aber die Zündhölzer darf sie nicht finden!« Die Stimme wurde ruhig und schwer. »Sonst– brennts,« sagte sie. Und unversehens war es wieder Ruben – die Lider zitterten ihm –, der ganz leise sagte: »Oh – viel ist da. Viel liegt da. Viel muß da fortgetragen werden. Es ist keine Wand im Haus. Wand Glas. Hinter Zimmern Zimmer. Hinter Betten Betten. Dahinter – rauscht Finsternis.« Es war, als schaute er angestrengt irgendwohin – sogar den Kopf hob er vor – und plötzlich, die Lider sprangen ihm von den Augen hoch, plötzlich ein Wacher, plötzlich mit der eigenen Stimme kreischte er ins Winkelzwielicht, durch kahle Mauer ins Nichts: »Nicht die Zündhölzer! Reiß die Matratze auf!« Und nun war es, als quöllen, sprängen, sprudelten hundert gleichzeitig ihm die Worte gestürzt auf der Jagd, auf der Flucht aus der Gurgel in die klaffende Wirklichkeit: »Die Matratze reiß auf! Türe abgesperrt. Warum redet sie nicht? Biet ihr Geld, vielleicht läßt sie dich. Hast Geld von ihr genommen – biet ihr Geld. Zimmer im Kreis – warum geht sie? Zündhölzer – nein nein nein nein die findet sie nicht. Biet ihr Geld! Matratze reiß auf unter dir – klirr ihr Geld! Vielleicht läßt sie dich. Hat sie die Hölzer gefunden? Jetzt schrei! Schrei schrei. Wag brennt? Biet ihr Geld! Nicht die Flamme jetzt – nein! Klirr, klirr, klirr ihr das Geld hin! Nur nicht die Matratze –« Er verstummte jäh. Durch die Mauer starrte er. »Aiiii,« kreischte er plötzlich, hob die Arme weit und warf sich vorschnellend und zugleich furchtbar erschlaffend über den Tisch. Die Lampe schwankte und war plötzlich verloschen. Auf dem Zimmer, auf der fahlen Stille, auf den fahlen Gesichtern lag eine fahle Helle vom Fenster her. Wurmbrand und der jüngere von der Heilsarmee wankten hin und rissen die Flügel auf.

Drüben am Hintertrakt aus dem Fenster der Gutjahr brach eine große gelbweiße Flamme hoch bis ans Dach. Es war so unsagbar still in diesen ersten Augenblicken, daß man nichts hörte als ein abgelöst einsames Knistern und das leise, hohe Heulen der Feuerluft. Viel später erst, Jahrhunderte später brachen die ersten Schreie auf.

Das war die Flamme, die ich vom Dach aus sah, vom Dach des Gerichtsgefängnisses. Hinter Dunkelheiten stand sie und blaffte die Nacht an. Ich hob die Hand hin und sagte: »Dort brennts.« »Laß brennen,« sagte der Soldat, 137, und lag noch immer über der Luke, hinunterhorchend ins Haus. Dann erhob er sich und trat neben mich. »Laß brennen,« sagte er noch einmal, und dann mußte er wieder kichern, wie schon während des ganzen Schleichwegs den Korridor IV entlang und über die Bodentreppe und den Mansardenraum mit den Aktenfaszikeln. Das war, weil das Bild ihn nicht ließ, wie er dem Schließer, der nach dem Toben die Zellen noch einmal abschritt, die zinnerne Kanne von hinten her auf den Kopf geschwenkt hatte, daß die drauf sitzen blieb wie ein Helm und der Mann niederbrach ohne Laut gleich einem Ochsen unter der Spitzaxt. Kichern mußte er und sagte: »Laß brennen.« Aber dann standen wir eine Weile nebeneinander am Dachrand – nah unter uns die Schlucht Straße war ausgelöscht, Giebelwirrnis, rechts, links, floh verschieft und stürzte in Finsternis – standen und schauten zu, wie ganz hinten dort die Flamme einen First entlang kroch und breiter ward. »Großfeuer,« sagte der Soldat, »eins von den alten Häusern draußen.« Ich sagte: »Die Häuser kenn ich. Das ist nicht weit.« Er sagte: »Dann hinunter und hin. Wir brauchen Kleider. Einmal hab ich bei einem Feuer –« Er verstummte und ging voraus. Ich folgte ihm das flache Dach des langen Gerichtstrakts entlang. Es war ein Ziegeldach, über Ziegel ging es sich leicht; nur am Rande neben der Regenrinne, wo die Blechplatten lagen, mußte man sehr behutsam auftreten: jeder Schritt machte Lärm, und dann war da schon mehr als ein Ausbrecher ins Gleiten gekommen und die fünf Stock tief in die Gasse hinuntergetanzt. »Achtung,« sagte der 137. Die Schindeln des Nebenhauses lagen drei Meter tiefer. Wir ließen uns darauf nieder, einer hängend an den Händen des andern. Dann war nicht mehr viel Schwierigkeit: eine Dachluke offen, eine alte Tür aufzubrechen, ein hallendes Treppenhaus niederzuschleichen, eine Glastür, ein Hof, eine Wagenremise (ein Schlossermantel aus blau schmutziger Leinwand hing da; den nahm ich. 137 warf seine Zwilchjacke fort, stand athletisch in einem zerfetzten Hemd. Eine alte Radfahrermütze fand er in einem Winkel.) Und endlich die Gasse. Die begann da schon lebendig zu werden. Man tauchte unter und drückte sich. »Zum Feuer,« sagte 137. Wir trotteten hintereinander. Aber das hatte doch eine halbe Stunde gedauert – viel Zeit für ein Haus, in dessen Fenstern die Flamme steht.

Das Haus nach dieser halben Stunde Verlauf fand ich so: In der Quergasse Menschen, Weiber und Kinder vornehmlich, gaffend, angenehm erschrocken und belustigt erhitzt, von drei oder vier Schutzleuten im Zaum gehalten – die Männer, Nachtschwärmer, Nachtgesichter, aber auch Arbeiter und viel Leute mit der Kappe der Straßenbahn, waren an diesen Schutzleuten vorüber in die Gasse selbst eingebrochen, so daß dort fast nur Männer und halbwüchsige Burschen zu sehen waren, breit schwarzer Knäuel, gespalten nur der Zufahrt der Feuerwehrautos, deren eine lange Kolonne schon vor der klaffend aufgerissenen Hauseinfahrt hielt. Ein Regiment praller Schläuche lief dort hinein, schluckende Riesengurgeln unter dem Atem des Pumpdrucks, da, dort dünnsten Wasserstrahl aufsprühen lassend aus der Undichte einer Vernietung oder einem plötzlichen Hüllenriß. Über diese Schläuche weg durch den breiten Flur war ein ständiges Hasten hofwärts und gassenwärts – unbehindert, denn seltsamerweise waren außer jenen drei Schutzleuten am Zugang der Quergasse keine Polizisten zur Stelle. (Keine Polizei auf die Gasse, solang es noch zu umgehen ist, lautete, auf andres zielend, für diese Nacht ein Regierungsbefehl.) »Keine Polizei,« sagte einer der Hausleute, der mich meines Mantels wegen für einen Mechaniker der Feuerwehr hielt, »keine Polizei – und das ganze Pack von der Straße kommt in den Hof.«

Tatsächlich drängten sich dort, im Winkel bei der hinteren Treppe der Café, gegen zweihundert Menschen, schweigsam vergleichsweise, Gesichter bedrohlich und erschrocken überflackt vom Widerschein des Feuers, das nun den ganzen Hintertrakt des Gebäudes mit Geprassel umhüllt hielt – viel Holzwerk war da eingebaut, morsche Tragbalken, sommerlich ausgetrocknetes Dachgesparr, in dem die Wasserstrahlen der Feuerwehr ohne Wirkung veraschten. Einer, ein Schuster, der im Hinterhaus wohnte und von dessen armseliger Habe ein paar gerettete Stücke im Hofe standen, erzählte jedem, der es hören wollte, daß der Brand sehr vermutlich in der Wohnung neben der Gutjahr entstanden sei, bei der Näherin, oder – doch sei das minder wahrscheinlich – bei der Gutjahr selbst. »Wie man noch hat über die Stiege können,« sagte er, »ist der Jablonski hinauf. Aber bei der Gutjahr ist die Türe von innen zugesperrt. Er hat gerufen. Keine Antwort. Nur Prasseln. Er ist hinunter, das Beil holen. Aber ein zweites Mal hat er nicht mehr hinauf können: war schon das Feuer dort.« »Was sagt er? Was ist?« fragte einer und streckte den Kopf herüber. »Nichts,« sagte einer, »die Gutjahr ist droben verbrannt.« »Wer? Jablonski?« fragte einer, der ferner stand. »Der mit dem Haarschopf?« fragte ein Weib und sagte: »Der lebt. Der ist dort drüben im Seitenhaus. Dort sollen Kinder sein, im zweiten Stock, dort, wo der Rauch jetzt beim Fenster ist.«

»Die Feuerwehr,« sagte ein Weib. Es schien, als änderte die Hilfsmannschaft nun ihre Absicht. Das Hintergebäude ließ man brennen und wendete die Wasserstrahlen gegen das Dach des Seitentraktes, der noch fast unversehrt stand. Nur im Winkel, wo er an das aufgegebene hintere Haus stieß, glommen Balken und schwelte Feuerluft aus ein paar Fenstern, vornehmlich aber aus der Öffnung der Winkeltreppe, die dort zur Meier führte und auf den Dachboden. Dort, vor dem Treppeneingang, schon in bedrohlicher Nähe des Brandes, standen trotz des Scheltens der behinderten Feuerwehrleute zehn oder fünfzehn Menschen und husteten in den Rauch. Ich ging hinüber. »Jablonski ist droben bei den Kindern,« sagte einer und wies nach der Treppe, über die schon unter Schwaden schwarzer Stickluft das Glimmen kroch, »aber er kann nicht mehr herunter. Eben hat man ihn noch rufen gehört.« Alle standen sie und horchten in das Prasseln und den Dampf des verzischenden Wassers. »Zwanzig Kinder,« sagte einer. Sie schwiegen. »Die gehört zerschnitten, die Engelmacherin, die dicke; sie ist davongerannt,« sagte ein Krüppel mit ganz krummen Beinen (ich hatte ihn einmal irgendwo gesehen, vor Jahren, vielleicht vorm Asyl). Die fünfzehn schwiegen wieder und horchten. »Jetzt,« schrie einer. Auf der Treppe droben, unsichtbar, hinter Dampf und Prasseln, war eine Stimme – ein Brüllen. Eine mächtige Stimme brüllte Worte, immer die vier, fünf gleichen Worte offenbar – man verstand sie nicht. Die fünfzehn horchten. Nun war wieder nur mehr Prasseln und Dampf. »Auch ein Weib ist droben,« sagte einer. »Viele Weiber,« wollte ein andrer wissen. »Nein, die sind ja dort hinten,« sagte der erste und wies rückwärts nach dem Hofwinkel bei der Café. Nun erst sah ich, daß dort auf der Holztreppe (die hatten sie aufgebrochen oder man hatte sie aufgesperrt) gegen dreißig oder gar fünfzig Weiber mit Kindern gelagert waren – ja, gelagert, als gälte es eine Nächtigung und nicht das Gaffen in einen Brand. Und da eben ein paar Männer mit Schaftstiefeln und energischen Schnurrbärten zu den fünfzehn stießen und einen fragten, ob er vielleicht einen Anton Horak kenne und wann er ihn gesehen habe zuletzt, drückte ich mich und ging aufs neue zu den vielen zurück.

Doch zu jenen Weibern stieß ich nicht durch, denn da waren andre, ihrer zwanzig, Männer und Frauen, abgezehrte, die aufgeregt hin und wider schwankten und hasteten, als suchten sie wen. »Nicht, nicht da!« sagte eine mit glattem Scheitel, »nicht da!« Sie trug Tücher um die Füße gewickelt; ich kannte sie – nur ihres Namens entsann ich mich nicht. Aber der drüben, der ratlose, haltlose, der neben dem mit der Heilsarmeekappe, war Wurmbrand. Mit gerundeten Bewegungen berichtete er: »Wie die letzten hinausgehen – Flammen schlugen ja drüben schon aus dem Fenster – bleibt er noch ein wenig zurück. Ruben, sage ich, kommen Sie, Ruben. Ich gestehe, ich ging in Hast. Auf dem Flur noch – Ruben! – wandte ich mich. Er stand in der Küchentüre, sprach leise mit einem Mann; der muß dort auf ihn gewartet haben, ihm aufgelauert haben. Den Mann kenne ich. Er ist kein guter Mensch. Ein Fleischhändler.« »Horak?« sagte einer der wenigen, die ihm zuhörten, »Anton Horak? Da können Sie ja die Ergreiferprämie –« Drüben im Dachstuhl des Hinterhauses krachten jetzt viele Balken und eine Funkengarbe stieg hoch. »– eben noch hier gesucht,« sagte der. Über mir aus dem Fenster beugte sich die Calé – Haar verwirrt, Seidenschlafrock, ein Albtraum – beugte sich weit herunter zu einer Gruppe Lauschender, warf beide Arme weisend schräg hinüber nach Winkelstiege und Seitentrakt – Dampf quoll aus dem Treppeneingang – und kreischte: »Drinnen – dort! Die Rote, die Mirjam! Mit den schmutzigen Weibern da ist sie gekommen und dann in die Flammen gerannt.« Sie kicherte: »Auch der Pole!« Über ihrer Schulter erschien einen Augenblick lang das dicke Gesicht der Frau Meier. Wurmbrand sagte: »– gestehe es, ich war neugierig. Im Flurdunkel trat ich näher, um besser zu hören.« Er berichtete weiter.

Was er wußte und was er nicht wußte von dem Geschehnis, das zwischen Ruben und Anton dort drinnen sich aufgebaut hatte, war dieses: Ruben sagte zu Anton: »Du suchst mich.« Anton sagte zu Ruben und schaute an ihm vorüber: »Alle suchen dich. Alle fragen dich. Alle beichten dir, Mensch.« Und leise sagte er: »Auf mir liegt es auch.« Ruben schaute ihm ins Gesicht und wurde sehr blaß. Einen Atemzug lang suchten seine Augen die Flurtür, als wollte er fliehn. Aber dann hatte er seine kraftlose Stärke wiedergefunden und hob den Kopf und sagte: »Man soll bereit sein. Ich bin bereit. Du willst sprechen, Mensch Mensch. Sprich es aus.« Der Ungeschlachte duckte sich unter diesem Blick, aber dann glomm es ihm wieder in der Tiefe der Augen, dann tastete seine Wachsamkeit wieder den Kreis ab, dann schob angespannt im Schleifschritt sein Raubtierleib sich durch die offene Tür in das verlassene Zimmer Rafael Meiers und er wandte sich und redete über die Schwelle zu Ruben zurück: »Beichten, ja. Da ists still. Da ist keiner.« Und es war fast keine Menschenstimme mehr, die sagte: »Herein. Da. Komm herein.« »Man muß bereit sein,« sagte Ruben leise mit weißen Lippen und trat durch die Türe.

Anton drehte den Schlüssel im Schloß. Er blickte an dem Schlanken vorüber und sagte stimmlos: »Allein. Wir zwei. Kein Mensch ist jetzt mehr im Haus.« Es war nur der Flammenschein vor dem Fenster, der das Zimmer erhellte. In diesem zwiespältigen Licht trat Ruben nahe zu Anton hin, so kraftlos stark, daß in einem Winkel des Herzens die Angst fast ganz einschlief, und legte ihm die Hand auf den Arm und sagte mit weißen Lippen: »Ja, allein wir beide. Sprich es aus, Mensch Mensch, was du sprechen willst.« Mit einem Ruck der Schulter warf Anton Rubens Hand von seinem Arm. »Laß das,« sagte er mühsam. Er ging mit tastenden Schritten quer durch den Raum nach der hinteren Ecke und setzte sich dort, das Gesicht im Dunkel, auf einen Sessel. Quer durch das Zimmer – draußen auf dem Hof war Flammenlicht und Geschrei – quer durchs Zimmer sagte er: »Was willst du hören? Alle Todsünden kannst du hören.« Auch Ruben, zwischen Tür und Fenster, im zwiespältigen Licht, so daß sein Gesicht zu sehen war, ließ sich auf einen Sessel nieder und legte lauschend Hand und Hand auf die Knie. Eine Stille war.

Dann kam aus dem dunklen Winkel die Stimme her: »Wie die Burschen immer zu mir gekommen sind – im Krieg war das und es waren keine Weiber da – wo ich gesessen bin wegen dem Popen in Strij. Er hat eine Sau versteckt gehabt. Gib her, sag ich. Er hat die Sau nicht hergegeben – im Krieg. Wie ich gesessen bin wegen Totschlag im Militärgefängnis in Krakau, war da ein Bursch, vom vierundsechziger Landsturm, der hat mich noch von Mielec gekannt, wo das mit den Judenweibern war, die sich dann aufgehängt haben. In Krakau, ja. Da ist er immer zu mir aufs Brett gekrochen. Das war der Anfang, aber das waren nicht Buben wie später nach der Amnestierung, wo wir schon wieder in die Häuser gegangen sind und requiriert haben. Bei mir – zu mir sind sie gekommen. Da hat es dann – angefangen –« Die Stimme starb, die Stimme raffte sich auf und sagte aus dem Dunkel herüber: »Da hat es angefangen – das – Blut.« Es war so still, daß das Heulen der Flammenluft draußen zu hören war. Dann kam es aus dem Dunkel herüber: »Ich hab nicht wollen. Ich hab keinen umbringen wollen. Aber sie sind immer wieder gekommen, von selbst. Geh, hab ich gesagt, fahr ab, verschwind. Wenn ich wieder meine Tour hab, dann passiert was – das weiß ich ja. Ich hab ge – ja, ich hab geweint: Nicht mich wild machen! Nicht immer mich wild machen. Wenn ich wild geworden bin – Gebalgt haben wir stundenlang. Dann – langsam – wild geworden bin ich nur langsam. Es sind immer mehr geworden, immer mehr, immer mehr. Und ich denk immer: Gott, Gott – wo soll das hin? Die Gesichter!« Das erstarb, und in die Stille heulte die Flammenluft.

Das wachte auf und lallte aus der Dunkelheit quer durchs Zimmer: »Wenn einer matt war – mit dem ganzen Leib hab ich mich auf ihn geworfen. Gewürgt. Gedrosselt. Durchgebissen den Hals.« Das erstarb, und in die Stille heulte die Flammenluft, und in die Stille flüsterte Ruben mit Zittern: »Und – dann?« Das wachte auf und lallte aus dem Dunkel herüber: »Wenn einer tot war – wenn ich wieder aufgewacht bin – Kaffee. Ja. Da hab ich mir schwarzen Kaffee gemacht. Den Toten hab ich auf den Boden gelegt. Ein Tuch hab ich ihm übers Gesicht gelegt.« Das starb, das lallte stimmlos: »Tuch aufs Gesicht. Dann schaut er einen nicht so an.« Einen Augenblick war es still. Dann tauchte dort eine rote Pranke aus dem Dunkel des Winkels vor, eine Pranke flatterte Verneinung, eine Stimme sprang auf und gellte: »Aber das mit dem Fleisch ist nicht wahr! Daß ich das Fleisch gefressen hab, ist nicht wahr!« Das zerbrach. In die Stille heulte die Flammenluft.

Ruben erhob sich mühsam von seinem Sessel, Ruben stand schwank und hauchte mit einer schwanken Stimme: »Und – dann?« Es kam keine Antwort. Ruben setzte Fuß vor Fuß und ging quer durch das Zimmer. Da saß das zusammengekauert auf seinem Sessel im Dunkel und bewegte sich nicht. »Und – dann?« hauchte Ruben und hob einen schwanken Arm und legte bebend und kraftlos stark eine schwanke Hand auf die Schulter des in sich Gekrümmten. Da schaute der auf. »Laß mich,« sagte er und grub sich die Nägel in den Ballen der Hand. »Trau mir nicht,« sagte er leise und heiser. »O du Mensch Mensch,« sagte Ruben mit einer traurig heiteren Stimme, in der keine Angst mehr schwang, und trat ganz nahe neben den Kauernden. Und es war keines Menschen Laut mehr, als der den glimmenden Blick zu dem Reinen aufhob und gurgelte: »Trau mir nicht!« Da waren draußen plötzlich die Flammen blasser und das Zimmer trank Nacht aus den vier Winkeln, bis die Finsternis in der Mitte wie ein schwarzes Wasser zusammenschlug. Letztes Licht fiel nur mehr auf eine riesige Hand, die, fleischiges Ungeheuer, zu einem nachtwandlerischen und gräßlichen Tappen sich aufhob.

Aber von dem wußte man zu der Stunde nur das wenige, das Wurmbrand zu sagen vermochte. Er stand inmitten des Hofes in einem Kreise Horchender und griff mit blinden Fingern vor in die Luft und redete. »Ich lief,« sagte er, »ich lief, als sie ins Zimmer hineingingen.« Die Funken schwirrten drüben so stark, daß die zweihundert Gaffer im Hofe aufgeregt sich durcheinanderschoben. Auch die Huren der Calé waren unter ihnen – das sah ich jetzt – und einen Augenblick lang gewahrte ich 137, den Soldaten, der ganz vorne nahe den Flammen stand, das Gesicht übergrellt, und über etwas laut lachte. Viele lachten jetzt – ich wußte nicht warum und worüber. Aber dann sah ich: die Vorderwand des hinteren Hausteils war eingefallen, und mit einemmal schaute man da in fünfzig oder achtzig Küchen, Kammern und Korridore, nebeneinander und übereinander geschachtelt; sinnlos wand sich querdurch die geborstene Treppe hoch. Da war kein Geheimnis mehr. Hundertfach durch hundert Jahre Verborgenes stand da nackt und spielzeughaft geordnet im Brandlicht, Flammen hatten es kahl gefressen, Flammen hatten es blank geleckt, und nur ganz droben irgendwo in einem Kabinett nah unter der Spur des hingesunkenen Firstes stand noch – das sah man! – ein runder eiserner Waschtisch, und die Fetzenfahnen einer rot verkohlten Tapete wehten über der Feuerluft in den Winden der Finsternis. Oh, es war lächerlich, lächerlich, als sähe man plötzlich wen in Unterwäsche über die Straße gehn – und darum waren sie auch alle lachhaft erhitzt, weiß verzerrte Gesichter von den Flammen beschienen: der Soldat und die wartenden Weiber und die Gaffer und die Huren und die sogar, deren Haus und Wohnstatt dort drüben verbrannte. Da wimmelte es wie aufgescheuchtes Rattenvolk durcheinander. Von den sieben, die nickten, einer hob die gespreizten Hände hoch und krähte: »Es brennt!«

Es war eben da, daß im Winkel zwischen Seiten- und Hinterhaus etwas vorging. Ihrer zwanzig liefen hinüber – ich unter ihnen. »Man hat ihn wieder schreien gehört,« sagte einer von denen, die vor dem qualmenden Treppenzugang ausgeharrt hatten, und wirklich standen wir noch keine Minute dort, als von droben her durch Rauch und Glimmen die hustende Stimme kam: »Auf die Treppe, zum Teufel! Alles Wasser auf die Treppe!« Ein paar Augenblicke später spien fünf oder sieben Schläuche eine tolle Flut weißen Wassers ins zischende Treppendunkel, einer der Feuerwehrscheinwerfer flammte auf, und in seiner Grelle sahen wir plötzlich: die Stiegenmauer; glimmende Treppenbalken und über ihnen weißgrau-bräunlichen Rauch, von Kaskaden rieselnden Wassers niedergehalten – immer spien die Schläuche noch; über die Treppe niederrennend, niederpolternd einen geschwärzten Koloß, Brandfetzen, Kleiderfetzen,

Hemdfetzen um den halbnackten Körper; zwei Bündel in seinen Armen, Kinder, schreiend, die Augen von Rauch gebeizt; dann näher, nahe, lachend: Jablonski. Er rannte an uns vorüber, noch fünf, zehn Schritte hinaus in den Hof, setzte sich, lachend immer, plump auf die Erde, hielt uns die Kinder hin und schrie: »Da!«

Indes wir ihn noch umstanden, stieß auch die Frau durch den Sturzbach Wassers über die Treppe nieder heraus auf den Hof: Mirjam, Haar versengt, Kleid in Fetzen. Mirjam, ein Kind im Arm, einen Knaben, der ihren Hals umklammert hielt und grell schrie. Sie wankte, schwankte an uns vorüber, schwankte, das schreiende Kind auf dem Arm, bis in die Mitte des Hofes, stand dort und drehte sich mit einem Blick, als erwachte sie, langsam im Kreis. Eine schöne, stille Frau mit zwei Kindern – von denen, die hinten im Calé-Winkel lagerten – kam herüber. Sie empfing den Knaben aus Mirjams Arm und trug ihn, ruhig schreitend, nach jenem Winkel zurück. Mirjam wandte sich. Mit der Hand strich sie sich über die Stirn, als traute sie der Wirklichkeit des Geschehens nicht ganz, als wollte sie sich einen Traum von den Augen streichen. Dann hatte sie sich schon wieder gestrafft und sagte vielen vernehmlich zu Jablonski das eine Wort: »Weiter?« Der nickte.

Aber des Vorgangs achtete man nicht lang. Da gab es andres. Da waren über die noch glimmende, doch schon gesicherte, gerettete Stiege – das Wasser siegte zu der Zeit – ein paar Menschen vorgestoßen und im Hause verschwunden. »Droben ist alles in Ordnung; nur die Treppe hat gebrannt,« hustete Jablonski, auf der Erde sitzend noch immer, und winkte fröhlich mit den Händen wie ein Hanswurst. Ein paar lachten. »Die Polizisten sind auf dem Dachboden; einer soll oben versteckt sein, ein Mörder,« sagte ein Mann. Ein andrer wußte: »Der Gutjahr hat der Polizei gesagt, daß der droben ist.« Man stand und wartete. Über die Treppe war jetzt ein Kommen und Gehen. Viele Kinder brachte man nun herunter und schaffte sie fort. Einer, der oben gewesen war, trat zu uns und sagte: »Zwei sind erstickt. Fünfzehn leben. Alle in einem Zimmer.« Er ging wieder, wandte sich und sagte noch über die Schulter zurück: »Bei der Engelmacherin in der

Küche nach der andern Seite ist auch eine Tür. Aber die ist versperrt.« Drüben, hinten im Winkel, flatterte Wurmbrand mit den Armen und erzählte irgendwem eine Geschichte.

Dann: die Gamaschenmenschen. Sie kommen zu viert die Dachbodentreppe herunter und tragen auf einem Brett in ein schwarzes Tuch gehüllt einen Körper. Man drängt hin. »Sie haben ihn, den Mörder,« sagt einer. Die Männer reden nichts, sind unwirsch, brechen sich Bahn. Dem Feuerwehroffizier gehen sie Auskunft: »Nein, nicht verbrannt. Nein, den wir gesucht haben, der ist nicht oben. Der? Hat sich aufgehängt, an den Dachsparren. Muß dann draußen noch agnosziert werden. Ein Magerer mit einer Brille. Ein Jud.« Durch die Hauseinfahrt, über die prallen Schläuche steigend, tragen sie die stille Last auf die Gasse hinaus.

Nein, man hatte nicht Zeit, mit all dem im einzelnen sich viel zu befassen. Denn eben als der Soldat wieder zu mir stieß und mir zuraunte: »Jetzt hinauf, Kleider suchen,« und eben als wir mit den andern (Jablonski, auch Mirjam war unter ihnen, aber sie sah mich nicht) die Treppe hinaufliefen, zielsicher beflissen und mit hilfsbereitem Gehaben – eben also, da wir unser acht oder zehn auf den Korridoren des zweiten Stockwerks uns umtrieben (einige standen auf der Dachbodenstiege), stieß die Feuerkatze, die den Ball Haus im Spiel nur ein wenig hatte fahren lassen, neu vor und schlug Krallen ein. Im gleichen Augenblick glommen die Treppenbalken trotz aller Güsse Wassers neu auf, im gleichen Augenblick – ein paar Niederflüchtende sah ich noch durch die Schwaden – quoll Rauch hoch, und so fielen wir auseinander und tasteten uns in der Dunkelheit dahin, dorthin, suchend Ausgang und Atemluft. Was mich anlangt – wieviel Türen es waren, die ich aufstieß und zuschlug, weiß ich nicht. Kammern, Küchen und Korridore, leer, ausgestorben alle und von den Fenstern her durch die Fackel Hinterhaus schwankend und bedrohlich erhellt. In einem Zimmer – jene Flammenreflexe gespensterten da auf der braunen Politur altmodischen Möbelwerks – traf ich wieder mit 137 zusammen. Einen Kleiderschrank und eine Kommode hatte er aufgerissen und war im Begriff, den engen Anzug eines kleingewachsenen Menschen sich über den Körper zu ziehen. »Requiriert,« schrie er mir zu – draußen prasselte es – und zeigte die Zähne. Auch ich sprengte die Lade einer Kommode auf, aber da lag nur Frauenwäsche, sehr sorgsam geschlichtet. Im Kasten fand ich einen steifen, schwarzen Hut, der mir viel zu klein war. »Requiriert,« sagte ich und stülpte ihn mir auf den Kopf. Wir lachten uns, wie wir da standen in diesem todfremden Zimmer mit seinen tödlich fremden Familienphotographien unter Rahmen und Glas. Da fielen durch die offene Korridortüre Schwaden Gestanks und beizenden Rauchs herein und trieben uns auseinander. Kammern, Küchen und Korridore – ich weiß nicht, wieviel Türen ich aufriß und hinter mir zuschlug. Leicht war etwas in mir, wilder Takt war in mir. Dann fand ich die Küche der Meier – ich erinnerte mich der Milchglasscheibe zur großen Stube links hinten. In dieser Küche auf einen Sessel warf ich mich und spreizte die Beine. Des Soldaten mußte ich denken und sagte laut: »Requiriert!« Es war lächerlich.

Dies geschah: Nach rechts hin führte eine massive Holztür – dort war Rafael Meiers Zimmer gewesen, entsann ich mich, dort hatte einer, den ich kannte, gestern oder vor vierhundert Jahren eine brennende Petroleumlampe geschmissen nach einem Gespenst. Diese Türe sah ich genau. Ich saß nicht weitab und sie war vom schwanken Fensterlicht blaß übergrellt. Ihre Klinke wurde lautlos langsam niedergedrückt. Ein strichschmaler Spalt tat sich auf. Dort drinnen lauerte einer. »He, du, Bruder!« schrie ich. »Heraus, Bruder,« lachte ich. Antwort kam keine. Aber der Spalt wurde breiter. Dunkelheit war dahinter und darin zwei Augen, die brannten. »Heraus,« lachte ich und spannte die Gelenke und ließ das Messer aufschnappen im Hosensack. Das gab einen knappen, klanglos harten Metallaut. Der Spalt ward breit, die Fläche einer mächtigen Hand tauchte vor, plump wuchtiges Halt, und eine dunkle Stimme lallte: »Messer laß stecken.«

Dann schob gebückt der ganze schwere Mensch auf den Zehn sich heraus und ließ Flackeraugen im Kreis gehn. »Anton,« sagte ich und mußte lachen. »Du,« sagte der, und es war mir, als müßte er den Laut aus der Kehle zwingen – so rauh und schwer war die eine Silbe. Er schlich gebückt an die Korridortür und horchte. Da er mir sein abwegig stumpfes Gesicht wieder zuwandte und es im Licht lag, sagte ich: »Drunten suchen die Kiwerer einen, der einen Börsenschieber umgebracht hat.« Eine Hand schwankte auf und winkte leicht ab – wie einer, der schwer denken muß, eine Fliege fortscheucht. »Einen Börsenschieber hat er umgebracht,« sagte ich und schob mir den kleinen steifen Hut aus der Stirn. Eine Hand winkte ab. Nun erst, da diese Hand im Lichte stand, sah ich, daß sie klebrig war von etwas Rotem. Der Mann lehnte an der Korridortür, gebückt, nicht wie einer, der lauert – wie einer, der eine Last trägt. Und da sagte er auch aus rauher Kehle mit Lallen: »Viele, auf denen Last liegt.« Das war so sinnlos, daß ich lachen mußte. Den steifen schwarzen Hut schob ich mir aus der Stirne und lachte lang. Der an der Korridortüre hob sein Gesicht zu mir auf und schaute flackernd blicklos an mir vorüber. Auch auf seiner rechten Wange und um seinen Mund klebte Blut. Und mit einemmal sah ich, daß seine Kleider, grau karierter Anzug, lächerlich modisch mit seinen aufgenähten Taschen und dem flotten Taillenschnitt in dem Augenblick, ganz durchtränkt war, ganz vollgesogen mit rot schwarzer, klebriger Feuchtigkeit. Den steifen Hut schob ich mir aus der Stirn und lachte. »Geschlachtet,« lachte ich, »geschlachtet,« und nickte nach der Zimmertür nebenan, »hast gleich noch einen andern geschlachtet!« Da tat der geduckte Mensch an der Türe den Mund auf und lallte: »Nein!« Die plumpe Hand hob er vor mit gespreizten Fingern und sagte mühsam: »Nein. – Das – macht – keinen – froh.« Seine schweren Hände, Schlächterhände, schaute er an, nah und neu, als wäre das fremdes Leben, von ihm getrennt, nicht er selbst. Sein Gesicht verschloß sich und er wandte sich nach dem Korridor.

»Nicht über die Stiege,« rief ich ihm nach, »drunten warten die Kiwerer!« Er blieb stehen, er wandte mir nocheinmal sein Gesicht zu und hob die Hand schwer nach mir, abwinkend, als verscheuchte er eine Fliege. »Die Kiwerer –« sagte er lallend, und plötzlich blitzte ihm im Mund das mächtige, breit und blank gefletschte Gebiß auf – »die Kiwerer können –« Er brach ab.

Und nach einer Weile, tonlos und furchtbar ruhig, sagte er: »Die ganze Welt kann mich im Arsch lecken.« Trappend, polternd setzte er Fuß vor Fuß und verschwand hinter Zügen Dampfes in Dunkelheit. Auf meinem Sessel saß ich noch immer. Ich schwenkte den kleinen schwarzen Hut in der Hand und winkte hinter ihm drein. Lachen mußte ich, lachen. Es dauerte eine ganze Weile – Geschrei war drunten, Holz prasselte, und in den Pausen zwischen Laut und Laut heulte die Stille – bis ich wieder aufstand und auf die Jagd ging.

Ich rannte mit dem Rauch um die Wette. Der Rauch war es, der mich berauschte. Küchen, Kammern und Korridore – alle Korridore waren mir da vertraut. Rechts seitab in einem Zimmer brach ich den Kasten auf. Einen Rock fand ich nicht, aber ein Seidentuch. Das faltete ich glatt und schob es mir in die Tasche. »Requiriert,« sagte ich. »Requiriert,« sagte ich, als ich in der Küchentischlade die Handtasche mit dem Silbergeld fand. Draußen prasselte es. Nichts war wirklich. Mit dem Rauch um die Wette rannte ich, mit dem Rauch. Zu der Zeit war es, daß die Feuerkatze zum zweitenmal zubiß. Die Mauer zwischen Hinter- und Seitenhaus brannte durch. Jede Bresche spie Qualm, und nun liefen auch schon wie kleine Bäche die Flammen vor. Hüpfen, hüpfen mußte ich über sie weg. Die Treppe zum Hof brannte jetzt wie Stroh. Aber die zum Dachboden war noch heil. Ich nahm so viel Stufen auf einmal, daß der kleine schwarze Hut auf dem Scheitel mir hüpfte. Der Dachboden lag unversehrt, brannte noch nicht. Dort wollte ich nach dem Vorderhaus und hinunter und hinaus auf die Straße. Durch Gerümpel tappte ich, über Gesparr.

Vor mir war jemand. »Jablonski?« fragte eine Frauenstimme heiser und sagte: »Jablonski, ich kann nicht mehr. Die Füße tragen mich nicht. Jetzt ist kein Lebendiger mehr im Haus, nichts zu tun, nichts zu retten. Jablonski, ich muß hinunter, Morgen wird es. Ich muß noch schlafen, drunten, im Hof, bei den Frauen. Über das Vorderhaus kann man hinunter.« Die Stimme verstummte. Ich regte mich nicht. »Bist auch matt, was?« sagte die Frau. Ich fühlte, wie sie ins Dunkel horchte. Dann war die

Stimme ganz weich und sagte: »Das Kind schläft jetzt.« Und sehr leise sagte sie: »Jablonski, Kamerad. Ich dank dir für alles, Kamerad, lieber.« Dann wars, als erschräke sie. Ein Streichholz flammte auf, ein Kerzenstumpf brannte. Mirjam stand da, das sehr müde, frauliche Gesicht schwank von Licht überschattet. Im Prasseln – draußen, drunten prasselte es jetzt sehr laut – trat ich auf sie zu und schwenkte den kleinen schwarzen Hut und sagte: »Ein Irrtum, eine kleine Personenverwechslung!« Schreien mußte ich, mich verständlich zu machen. »Sie sind das,« sagte sie und nickte ohne Verwunderung. Ich schwenkte meinen Hut und wollte lachen. Aber die hellen Augen der Frau strichen über mich hin und sie sagte: »Im Gefängnis waren Sie. Ein armer Hund sind Sie auch.« Ich hustete – mich hatte der Rauch betrunken gemacht: »Tut nichts,« sagte ich und mußte es schreien, denn draußen war Prasseln und das wilde Feuerlicht schaute durch eine Luke des Daches herein, »tut nichts! Unten und oben – das Rad dreht sich.« Ich schrie: »Das Rad dreht sich weiter!« Den kleinen schwarzen Hut schwenkte ich, und jetzt lachte ich wieder. Die hellen Augen musterten mich ernst. »Ein armer Hund sind Sie,« sagte Mirjam unbeirrt. Sie hatte den Kerzenstumpf auf eine Kiste gestellt, und so war ein naher Umkreis des Gerümpels nun ruhig erhellt.

Da war ein Kinderbett, umgekehrt, Füße nach oben, über einen Koffer gelegt. Bildrahmen. Ein Trog. Zwei Eimer aus Blech. Ein Kasten mit auf gebrochener Flanke. Ein großer Blumentopf mit dem Stumpf einer Palme. Drei Kisten. Waschtisch aus Eisen. Spinngewebe, grau, dichte Fetzen. Dahinter hockte das Dunkel. Ich starrte darein. Die hellen Augen lagen auf mir. Das Gerümpel sahen sie nicht. Oh, ich starrte darein. Und mit einemmal kroch mir die hingesunkene und verfallene Zeit an den Beinen hoch. Und mit einemmal riß ich mir die Brust auf und krallte mir die Nägel ins Herz und schrie, schrie Angst, schrie Einsamkeit in dem einen Wort: »Mirjam!«

Aber da prasselten ja draußen die Balken. Ein Haus brannte ab. Und ein Mann mit einer Kerze stand an der Dachbodentüre, den Anzug von Brand zerfetzt, die Haare versengt, geschwärzt das Gesicht. Der Mann stand da, breit und jung, und lachte durch den Rauch. »Komm, Genossin,« sagte er, »noch zwei Kinder im ersten Stock. Ohnmächtig. Hilf hinuntertragen.« Er drehte sich, weiße Zähne lachend im geschwärzten Gesicht, und hustete heiser. Die Frau nickte. Mit ihm, neben ihm, an seiner Seite ruhig im Kerzenlicht stieg die Frau die Treppe hinunter und war verschwunden.

Was bleibt dir? Den Stock da pack und hau in den Lichtstumpf, daß nur mehr hinter dem offenen Dachbodenfenster draußen die Flamme johlt. Was bleibt dir? Das Haus brennt. So tapp dich durch das Gerümpel fort. Mit dem Stiefel tritt, was dir im Weg ist. Das Haus brennt. Drück dir den kleinen steifen Hut ins Gesicht und troll dich. Das Haus brennt. Mit deinem Prügel, Mensch, schlag dir und trapp dir den Takt dazu in die Dunkelheit. Das Haus brennt – so schrei! Das Haus brennt – so findest du doch endlich die vordere Treppe und über die Treppe nieder und zurück in den Hof.

Ja, da waren wieder Menschen. Da war man wieder nüchtern und nicht allein. Da war die Luft kühl von der Kühle vor Morgengrau. In der Kühle vor Morgengrau hatte das Bild sich verschoben. Rechts im Winkel bei der Calé waren noch immer die hundert oder zweihundert Menschen zusammengepfercht, auf der Treppe die lagernden Weiber, davor, wie früher haltlos durcheinandergeschoben, die zwanzig um Wurmbrand und die Kurila, und um die und zwischen denen, erhitzt und ohne Rast in Bewegung, die Gaffer, die Nachtgesichter, die Huren. Links hinten die Feuerwehr, schien es, verlor ihre Schlacht. Denn da war ein träg mächtiger Spätnachtwind aufgestanden und schleppte die Flamme nun schon das Dach des Seitentraktes entlang bis ans Vorderhaus. Da half kein Spritzen; Wasser verzischte in der Luft, noch ehe es auf das Holz traf. Das Hinterhaus war nun nur mehr ein Ofen in Rotglut; da, dort trat schon schwarz erloschen das Gerippe der Mauern vor. Im Seitenhaus, im Seitenhaus saß nun das Feuer. Wo ich vor kurzen Minuten noch durch Gerümpel gestolpert war, stand Flamme an Flamme. Durch ein Fenster – geschlafen hatte dort vor hingesunkenen Jahren ein Kind, das mir jetzt fremder war als ein fremder Hund – durch diese Fenster johlte breit und hoch bis zum prasselnden Dachfirst der Brand. Hinter den Fenstern daneben in Stubendämmerung glomm es erst auf; da waren die Scheiben noch nicht zersprungen. An die Scheiben droben im Feuerzimmer – preßte sich da nicht ein blasses Gesicht, die Augen von Träumen schwarz? Hing da nicht aus dem Spalt eine grüne Gardinenschnur in den Hof? Was hat da gewartet? Hoho, ein Gespenst. Wisch fort das Gespinst. Mit der Hand von der Stirne wisch dir das Grauen und brüll. Das Haus brennt. So brüll. Der Soldat hinten scheucht die Weiber vom Treppenwerk auf, hetzt sie hoch und sie schrein. Das Haus brennt. So brüll. Um Wurmbrand die Fledermäuse flattern und warten auf einen, der nicht mehr kommt. Von den sieben Nickenden der siebente festlich erhitzt mit Glimmaugen schmeißt gespreizte Finger auf nach dem Feuerhaus und kreischt, schluchzt: »Es brennt!« Dahinter, hinter Flammen, hinter der Nacht fahl nüchtern kroch schon östlich das Grau hoch.

Dies geschah: Gamaschenmenschen schwärmten in breiter Linie über den Hof, unter ihnen ein Geschmeidiger in kokettem Anzug, kreischend erregt, der immer wieder nach dem brennenden Haus wies. »Dort, dort!« kreischte er. Unter den Näherdrängenden war ich und sah, daß das Gutjahr war, der da kreischte. »Dort,« kreischte er, »dort,« und hatte schlotternd einem der Uniformierten die Hand um den Arm gekrallt. Und plötzlich sahen wir es alle: ein Mensch war im Haus. Durch die brennenden Zimmer zu ebener Erde polterte einer. »Dort!« kreischte Gutjahr, und fünfzig kreischten: »Hoho!« Der drinnen hörte es. Der drinnen trat an ein Fenster – Qualm war um ihn – und schaute heraus. Nur einen Augenblick; als er die ihm zugewandten Gesichter und die Kette der Jäger sah, tauchte er zurück, war verschwunden. Nun war da wieder nur mehr Flamme und Qualm. Aber da hatte man ihn schon erkannt. »Anton,« schrien ihrer zwanzig, »der Horak!« Und als sie nun alle herüberströmten aus dem Café-Winkel und in die Flammen starrten, sagten sie es jeder zu jedem: »Der Mörder. Sie fangen den Mörder. Der Mörder ist im Haus.« Einer schrillte: »Er ist verbrannt!«

Das dachten wir alle. Das dachten auch die Gamaschenmenschen, die da in Schwarmlinie standen, Revolver in der Hand. Plötzlich, als hätte einer ein Zeichen gegeben, verstummten wir. Prasseln war, lange war nichts als das Prasseln. Aber dann hörte man ein Gepolter, als stolperte einer, als bräche einer sich Bahn, und da tauchte auch schon berußt der Kopf des Mannes zwischen Flammen aus einem glimmenden Fensterrahmen des ersten Stockwerks hervor. Wilde Augen waren da und ein Mund, der atmete. »Dort!« kreischte Gutjahr und hob die Hand hin und schlotterte. Und von den Gamaschenmenschen formte einer, durchs Geprassel sich verständlich zu machen, aus der hohlen Hand einen Trichter und schrie hinauf: »Im Namen des Gesetzes – herunter!« Hatte der droben gelacht? Das Gesicht war verschwunden. Von uns im Hofe schrie keiner mehr. Nun horchten wir alle stumm ins Geprassel. Drinnen im brennenden Hause bewegte sich einer. Poltern hörten wir ihn. Dann wars still. Und in diese Stille erst sagte halblaut und doch allen vernehmlich eine Stimme: »Jetzt. Jetzt ist er verbrannt.«

Aber da schmiß Gutjahr schlotternd schon wieder die Arme hoch und kreischte: »Dort! Dort!« Im zweiten Stockwerk war der Mann, in dem Zimmer, das Rafael Meier gehört hatte. Einen Augenblick lang trat er ans Fenster, zwischen Flammen und Flammen. Wilde Augen waren da und ein Mund, der in die Atemluft sich hinausbog. Da schossen sie. Die Gamaschenmenschen alle gleichzeitig hoben ihre Revolver und schossen. Aber der Mann droben – hatte er gelacht? – der Mann droben tauchte jählings hinter Flammen zurück. Man sah ihn im Zimmer. Man sah, daß er droben im brennenden Zimmer Rafael Meiers sich bückte und etwas hob. Eine Last hob er auf. Eine lange, schwanke Last hob er sich auf die Schulter. Einer kreischte: »Ein Mensch!« Die Revolver knallten. Aber der Mann droben war schon hinter Flammen verschwunden. Durch das brennende Haus schritt er, einsam polterte er durch das brennende Haus. Wir im Hof, die Gesichter hatten wir also gehoben und horchten stumm, wie dieses Poltern irgendwo sich verlor und im Geprassel erstarb. »Jetzt,« sagte einer ganz leise – nicht mehr. Ein paar nahmen die Kappen ab.

Dies geschah: Auf dem brennenden Dach, aus dem prasselnden Dach eine Lukenklappe flog hoch, und der Mensch, von einer gelbweißen Flamme aufgejagt, schwarz versengt und halb nackt schwang der Mensch sich hinaus auf den Dachrand. Über die Schulter geschwenkt mit sich schleifte er einen, der tot war. Rot gebeizte Brandaugen hatte der Mensch und die gefletschten Zähne schimmerten ihm im verkohlten Gesicht. Er heulte. Die drunten schossen, aber die Revolver trugen nicht bis hinauf. Der Mensch droben zwischen den Flammen heulte Gelächter und schwenkte die Hand nach uns. Hoch zog er sich, hoch kroch er und schleifte den Toten hinter sich her. Nun saß er rittlings auf dem qualmenden Dachfirst. So ritt er das brennende Haus wie ein Roß. »Hoho,« lachte er, »hoho,« daß es uns ins Genick kroch. Den Toten hatte er quer vor sich in den Sattel gelegt und ritt, ritt. Qualm war darum und rennende Flammen. »Hoho,« lachte der. Dann hob er den Toten und hob des Toten Gesicht und wies es uns, von Flammenschein übergrellt: ein schlafendes, schmales Schmerzgesicht, kraftlos auf die Schulter geneigt, von Schwarzhaar umflossen. »Ruben Feuerbach!« schrie einer im Hof. »Ruben,« kreischten sie. »Ruben!« kreischten ihrer zwanzig. Eine Frau, weißhaarig, die Füße mit Fetzen umwickelt, taumelte vor und warf sich, warf kraftlos klagende Arme gegen das brennende Haus. »Hoho,« sang der droben und ritt und hatte breit die linke Pranke um den Toten gekrallt. Feuer liefen um ihn. Mit der Rechten riß er brennende Schindeln ab, heulend mit der Rechten schwenkte er brennende Sparren als Fackel und Wurfgeschoß.

Dies geschah: Nah vor mir hatte Gutjahr plötzlich ein kurzes Gewehr in der Hand, einen Karabiner. Er ließ sich aufs Knie nieder, wie man das bei den Soldaten lernt. Er zielte lang nach dem Tier auf dem Dachfirst und schoß. Nur ein einziges Mal. Ob er traf, ward nicht sichtbar. Denn im gleichen Augenblick stürzte droben das Dach ein. Das Gelächter und die geschwenkte Fackelhand und das Tier und der Tote waren unter krachenden Balken verschwunden. Man fand sie nicht. Viele Feuer liefen darüber hin und Flammen johlten und verglommen im Morgengrau.

Das war gegen halb fünf. Um fünf heulte hell eine einzelne Fabriksirene und drei gaben Antwort. Um fünf war es Tag. Um fünf war der Spuk zerstoben. Drei Fabriksirenen heulten und zehn gaben Antwort. Um fünf hatte ich einen hellgrauen, modischen Anzug am Leib und ging mit den andern, die aus dem Hof des ausgebrannten Hauses strömten, auf die Gasse hinaus. Denn um fünf heulten zehn Fabriksirenen und nun heulten alle Fabriksirenen der Stadt ihr Signal. Da war man wach, und nach Stunden zum erstenmal sagte einer wieder die Worte Orthprozeß und Demonstration. »Zerschnitten gehören sie,« sagte einer mit krummen Beinen, ein Krüppel. Aber zunächst war es doch nur Mirjam mit den Frauen, die sich beiseite schlug. Der Trupp Frauen brach auf. Den kleinen Trupp Frauen sah ich, Kinder damitten, zielsicher in Hast um eine Ecke schwenken und in einer Gasse verschwinden. Bewegung war auf den Straßen – Arbeiter, einzeln, in Gruppen, feiertäglich und erbittert zugleich.

Aber zunächst war es doch nur Mirjam mit den Frauen, die sich beiseite schlug. Denn die Gaffer, die Nachtgesichter hatten noch etwas zu schauen und ihre Belustigung: Wurmbrand und die Kurila mit ihren zwanzig waren, schien es, tollwütig geworden oder besoffen. Wie die Frau, die Füße mit Fetzen umwickelt, gegen das brennende Haus sich geworfen hatte, so waren sie alle nun – die von der Heilsarmee und Wurmbrand und die sieben, die nickten, und die andern alle – aufgestört und kraftlos entfesselt. Entfesselt, mit geschwenkten Gebärden hielten sie aus auf dem Hof des verkohlten Hauses. Mit geschwenkten Gebärden, eine verstörte Herde, führerlos durcheinander rannten sie und redeten. Jeder zu jedem redeten sie, und horchte einer hin, so konnte er den Namen Ruben hören hundertmal und viele Worte aus der Heiligen Schrift. Einer mit einer Kappe war es, der sagte: »Geschrieben steht: Aber ich werde bei dir sein, so du auch nicht Augen hast, mich zu sehen, und ich werde wandeln an deiner Seite.« Sieben waren, die nickten. Sieben waren, die weinten. »Ruben,« sagte einer. Sieben redeten kraftlos entfesselt und hatten Gebärden geschwenkt. Einer sagte: »Geschrieben steht: So du schreitest, werde ich sein wie ein Stern vor deinem Schreiten, und so du ausziehest, mich zu suchen, werde ich sein eine Helle vor deinem Auszug.« Und sieben waren da, die schluchzten in zerrissenem Glück und die riefen: »Er lebt!« Wer von ihnen als erster durch den Torweg auf die Gasse hinausbog, ist unbekannt. Zu dreien und dreien gingen sie und sie sangen. Als sie an mir vorüberzogen – ich stand dort mit den andern auf der Gasse und lachte – da sah ich, wie unter den ersten drei der mittlere den Kopf zurückwandte nach einer krüppelhaft humpelnden Frau in der hinteren Reihe, und wie er aus einem hohlen Gesicht mit schimmernden Augen ihr winkte: »Er lebt! Ruben lebt!« Oh, sie schritten und sangen. Gaffer und Huren und Nachtgesichter trotteten noch ein Stück neben ihnen, dann rieselte nur mehr Gelächter, und dann bogen singend die zwanzig ganz hinten irgendwo um eine Ecke und waren verschwunden.

Das war um halb sechs. Die Fabriksirenen hatten da schon zu heulen aufgehört. Der Aufmarsch rollte. Aber hätte zu der Zeit einer in die Getriebe der drei großen Maschinen – Sozialdemokraten, Polizei, Kommunisten – zu blicken vermocht, er hätte wahrnehmen können, daß diese Maschinen jede für sich wohl liefen, wie vorgesehn, daß aber zwischen Maschine und Maschine sich die Berechnung verschob. Zwischen Maschine und Maschine die Zahnräder griffen wohl ineinander, das rollte wohl, das bewegte sich wohl – aber anders, dämonisch anders und dabei doch dämonisch exakt, als hätte ein Taschenspieler des Schicksals alle Gleichungen umgestoßen und im Handumdrehen neu aufgebaut. Das klappte. Nur daß der sozialdemokratische Zug XIV sieben Minuten später anrückte als vorgesehn, weil in der Wassergasse ein Straßenbahnwagen entgleist war. Dadurch wurden im Hauptaufmarsch die Gasarbeiter unter Henkel nicht vor der Elektrizität eingereiht, sondern erst vier Gruppen später, hinter den Frauen der Postgewerkschaft. So marschierten an ihrer Stelle vorne die Hilfsarbeiter und die Jugendlichen mit ihren Fahnen. Das klappte. Nur hatte Badele eben unter die Hilfsarbeiter jene kommunistischen Zellen – vier Mann immer – eingeteilt, die an der Ecke der Bergstraße die Einzelgänger und Flugblattverteiler zu schützen hatten. Da nun also die Hilfsarbeiter an der Bergstraßenecke sieben Minuten früher vorüberzogen als vorgesehn, blieben die Zettelverteiler ohne Schutz und wurden in einer kurzen Keilerei von Straßenbahnern verprügelt, bis ein kleiner Trupp Polizei sie in Gewahrsam nahm und zwei Schaffner verhaftete. So gab es da doch noch, wenn auch aus anderm Grund, den Tumult, der in Suwarows Plan für die Ecke der Bergstraße vorgesehn war. Es klappte. Und als mit den Zettelverteilern zugleich auch der von der Asylpartie der Polizei in die Hände fiel, der gelbhaarige, der beauftragt war, von der Bergstraße bis an die Ecke des Kirchplatzes mitzuziehn und dort in die Luft zu schießen – löste jener dämonische Taschenspieler an der Ecke des Kirchenplatzes einem Polizisten, da er, eine Meldung zu erstatten, von einem Laternensockel zur Erde sprang, die Sicherung am Revolver. Und knallte ihm der Schuß auch so in den Schenkel und nicht in die Luft – so war doch ein Knall da. Es klappte. Zu der Zeit stand die blanke Sonne des 15. Juli schon über dem Horizont, die ihr entgegenmarschierten, breit schwarze Masse mit Trappen, blinzelten in das Licht und hatten braune Gesichter, ihr Lied flog auf, ihre Fahnen flogen und irgendwo waren Trommeln und trommelten. Man war jung, man winkte zu den Fenstern hinauf, einem Dicken platzte die Hose, man lachte – die Hilfsarbeiter, unter ihnen die Kommunisten, an der Straßenecke die von der Polizei. Man war ausgezogen, gegen ein Klassenurteil zu protestieren, man war ausgezogen, diesen Protest zu unterstreichen, man war ausgezogen, die Ordnung zu wahren – das gab nicht viel Unterschied. Man hatte braune Gesichter, Fahnen wehten, die Sonne schien. Man war ausgezogen, weil Befehlende es befahlen – da war alles gleich.

Nur: daß an der Biegung der Tuchmachergasse aus einem Trupp Gaffender einer der jungen Stute eines Polizeioffiziers unvermerkt einen Reißnagel unter den Sattel schob, so daß das Tier, eben als die Standarte mit der Aufschrift »Fort mit dem Polizeistaat!« von zwei sonntäglich gekleideten Knaben vorübergetragen ward, angesichts dieser Standarte jäh bockte und im nächsten Augenblick der Leutnant blöd blickend unter hundert Auseinanderstiebenden auf dem Pflaster saß, erregte eine erbitterte Heiterkeit. Und daß in der Mantelgasse unter die Frauen der Postgewerkschaft – als eine, eine blasse, »pfui« rief angesichts eines Polizistenkordons – eben der Flügelmann dieses Kordons, ein dicker Inspektor, sich zwängte, um die blasse Ruferin zu arretieren (worauf fünf sich dazwischen stellten, worauf der Polizist eine in die Brüste stieß, daß sie aufschrie, worauf eine andre dem Mann die Scheide seines Säbels wie einen Hebel von hinten her zwischen die Beine klemmte, daß er ins Stolpern kam und die Kappe verlor, worauf der Mann brutal eine hinschmiß, worauf vom Gehsteig, von den Zuschauern her, ein Mächtiger mit einer Eisenstange, die er trug wie einen Spazierstock, federnd, graziös, fast tänzelnd herüberkam und dem Polizisten klatschend die flache Hand ins Gesicht schlug, daß er rücklings aus der Reihe der Frauen hinaus aufs sonnennackte Pflaster geschleudert ward, alles indes man marschierte, marschierte – daß, sage ich, inmitten Hin- und Widerzerrens zwischen Ernst und Unernst derlei geschah, das – lachten auch schließlich alle und schien die Sonne und wehten Fahnen und wachte eine Trompete auf mit einem fröhlichen Marschlied – das war es doch, was die ersten, hellsten, nüchternsten zur Ernüchterung brachte. Da, dort ein Fenster, aus dem eben noch Winkende sich gelehnt hatten, wurde sorgfältig geschlossen, und als an einer Straßenecke eine Frau schrie – es war nichts, ihre Handtasche war ihr im Gedränge gestohlen worden – waren es schon ihrer zwanzig, die in Hast sich beiseite schlugen und um Gassenecken und in dem und jenem Haustor verschwanden. Aber der Aufmarsch rollte. Die Sonne schien.

Übrigens war es zu der Zeit – ich war von hinten her, dem großen Zug zuvorzukommen, durch ruhigere Nebengassen gelaufen und stand da auf dem Sockel des Dreifaltigkeitsbrunnens auf dem Kirchenplatz, und eben die Brunnentreppe, damit die renovierten Figuren nicht litten, säuberte ein Kordon Polizei und drängte uns Schimpfende (um den guten Aussichtsplatz war es uns zu tun, sonst um nichts) durch den Zwickel alter Häuser über die verkürzte Marktstraße gegen den Goetheplatz – da also, zu der Zeit also, auf einer der Gassen, die gegen die Schillerstraße hinaufführt, sah ich Mirjam mit ihrem Frauentrupp. Die fünfzig gingen sehr hastig – sie mochten irgendwo aufgehalten worden sein und sich verspätet haben. Überstürzt, fast im Sturmschritt, kurzer Trupp, Leiber vorgelehnt, vorgebeugt, viele in Fetzen, Kinder mit sich schleppend, die Gesichter gespannt, als gälte es, ja noch zurecht zu kommen, ja noch ein Niewiederkehrendes sich zu ergattern, so rannten sie, Mirjam, Führerin, barhaupt voran, in die Schlucht einer Nebengasse und waren wieder verschwunden.

Ich war da also mit viel andern Abgedrängten – wir mochten damals unser zweitausend gewesen sein – gepfercht in diesen Zwickel alter Häuser, der, das weiß man ja, keilförmig links zwischen Kirchenplatz und Kirchenstraße, rechts zwischen Goetheplatz und verlängerte Goethestraße gebettet ist. An dieses Keiles Schneide, wo Kirchenstraße und Goethestraße in spitzem Winkel aufeinanderstoßen, ergibt sich ein dreieckiger Platz, der eigentlich keinen besonderen Namen hat, und von dort strömen die ineinandergeflossenen Straßenbäche vereint in der breiten Schillerstraße weiterhin ab in ein anderes Stadtquartier. Ein Straßendreistern also – wenn man von einer sehr schmalen Nebengasse absieht, die links ganz nahe neben der Mündung der Kirchenstraße von jenem Dreieckplatz abzweigt und dann, der Kirchenstraße stets parallel, ein unscheinbares und doch nie versickerndes Rinnsal, zurückführt in die Arbeiterviertel. Nach dem Aufmarschplan, den die Sozialdemokraten der Polizei offiziell bekanntgemacht hatten, sollten ihre geschlossenen Massen die Kirchenstraße bis zum Dreieckplatz hinaufziehn und dann, nach Anhörung der gemäßigten Rede eines politischen Führers, durch die schmale Gasse in die Vorstadt zurückkehren, wo eine neuerliche Versammlung mit politischen Reden auf freiem Felde zwischen den Lokomotivfabriken vorgesehn war. Diesen Marschplan hatte die Polizei zur Kenntnis genommen.

Was die Sozialdemokraten der Polizei nicht gesagt hatten, war, sorgfältig auch vor den jüngeren Parteimitgliedern geheimgehalten, die Absicht, nach jener Versammlung auf dem Dreieckplatz keineswegs die ganze aufgebotene Menge durch die Schmalgasse in die Vorstadt zurückzuleiten. Sie wollten vielmehr, mit dem Gepräge einer spontanen Aktion der Entrüstung, gerade die verläßlichsten und diszipliniertesten Gruppen – also Metall und Transport – nach der Schillerstraße vorbrechen lassen bis zu dem dort liegenden Gebäude des Nationalrats: dort tagte zu der Zeit der Justizausschuß, in dem die Genossen stark in der Minderheit waren und eine kleine Unterstützung von der Straße her, Volk vor den Fenstern, wohl brauchen konnten.

Andererseits hatte aber auch die Polizei im Geheimen ihren besonderen Plan. Die Aktienmehrheit der Lokomotivfabriken, unter deren Mauern jene zweite Vorstadtversammlung der vom Dreieckplatz zurückgekehrten Arbeiter hätte stattfinden sollen, war in völkischen Händen. Diese völkischen Großaktionäre fürchteten von der Erbitterung des so bedenklich nahe versammelten Proletariates einen Schaden für ihre Maschinen und hatten darum in letzter Stunde die Behörde vermocht, in aller Heimlichkeit eine Gegenaktion vorzubereiten. Plan war, nach außen hin veranlaßt durch irgend einen geringfügigen Zwischenfall – und deren fand man einen, wenn man nur wollte – die Menge vom Dreieckplatz nicht durch die schmale Gasse in den bedrohten Bezirk der Fabriken abziehn zu lassen, sondern vom Platz sie abzudrängen nach rechts, spitzwinkelig in die Goethestraße und weithin in ungefährdet entferntes Quartier, wo die Trupps dann einzeln leicht zu zerstreuen waren. Im Sinn dieses Planes wartete, einquartiert auf dem Dreieckplatz in der Zentralgarage links zwischen der Schmalgasse und dem Anfang der Schillerstraße, jene berittene Polizeimacht, die also nur zwanzig Schritte vorstoßen mußte, um die Schmalgasse abzuriegeln, und im Sinn dieses Planes lag es auch, wenn die Polizei uns Zuschauer durch den Keil alter Häuser gegen die Goethestraße abdrängte, wo, gelang ihre Absicht, der nach der Versammlung auf dem Dreieckplatz willkürlich abgeleitete Strom uns fernab in jene ungefährdeten Vorstadtbezirke hinaustragen mußte. (Die Straßenbahn feierte; und langer Heimweg kühlt, so dachten sie, auch die heißeste politische Leidenschaft.)

Da griffen also die Zahnräder wieder einmal reibungslos ineinander, aber – die Maschinen wurden toll an dem Tag – sie taten es falsch. Die Goethestraße – nach Polizeiabsichten hatte sie vergleichsweise leer zu sein für den Abzug – war schwarz von Marschierenden, und die marschierten nicht gegen die Vorstadt, sondern auch ihrerseits gegen den Dreieckplatz. Das waren versprengte Verbände der Sozialdemokraten, vierzehn von hundertsiebenunddreißig im ganzen, Zuspätgekommene, die, wissend, man würde dann nicht durch die Schmalgasse abziehn, sondern in die Schillerstraße vorzustoßen versuchen, von ihren Wohnbezirken diesen kürzeren Aufmarschweg sich gesondert gewählt hatten, um zur Versammlung auf dem Platz noch zurechtzukommen. Das war aber unter diesen Marschierenden der kleinere Teil. Denn da ihrer wenige waren, hatte eine große Zahl Unbeteiligter, Gaffer und Mitläufer, die Gelegenheit wahrgenommen, von allen Gassenecken zuströmend in die lockeren Verbände sich einzureihn, um so bis zum Dreieckplatz mitgetragen zu werden. So kam es, daß auch wir, die vom Kirchenplatz Abgedrängten und ich unter ihnen, unversehens eingeteilt unter rote Fahnen, Getrapp und Gesang, in die Sonne blinzelnd die Goethestraße hinaufmarschierten gegen das Dreieck.

Dort erst – der menschenschwarze Platz lag keine fünfzig Schritte vor uns, die Zentralgarage sah ich und ihr gegenüber, an der andern Ecke der Schillerstraße, das Gerüst eines Neubaus, vielfältig Gesparr, von einem Dutzend Knaben erklettert, die das Schauspiel von oben her sich betrachten wollten – dort erst trat uns ein dünner Polizistenkordon entgegen. Da sie zu schwach waren, uns aufzuhalten, zogen sie ihre Säbel. Vorn war Geschrei. Einer schoß in die Luft und ich sah, wie die Schutzleute ihn aus der Menge holten und schleiften. Geschrei war. Gleichzeitig sah ich in einer Nebengasse, in einen Winkel gedrückt, einen Zug zum Angriff bereitgestellter Polizeikavallerie. Vorne pfiff einer mit einem leeren Rucksack und einem Tuch um den Hals das Signal lang-kurz-lang. Es hätte der Warnung gar nicht bedurft: wir waren unser fast hundert, die unversehens aus dem Zug auf den Gehsteig traten und wieder Zuschauer waren. Wir drückten uns. Eine Gassenöffnung war da und an der Ecke ein Bierhaus.

All das war viel schneller gegangen, als es sich hier darstellen läßt. Damals war es erst fünf Minuten vor sechs, auf dem Platz, von der Kirchenstraße her, rückte die Spitze des sozialdemokratischen Zuges an – nicht die Lokomotivfabriksarbeiter, wie Suwarow gerechnet hatte, sondern Gruppe II des Transports. Fünf Minuten vor sechs, auf dem Dreieckplatz, geschah dies: Da war auf dem Platz zwischen Kirchenstraße und Schmalgasse ein Kiosk, ein hölzerner Zeitungskiosk, der einem kommunistischen Kriegsinvaliden gehörte. Dieser Kiosk war gesperrt. In ihm hatten während der Nacht der Graue und B 52 sehr behutsam ein hochgelegenes Stück der Bretterwand ausgesägt, in der Richtung gegen die Schmalgasse und die Garage – die Öffnung sah von draußen aus wie ein Luftfenster. Hinter der Öffnung und von der Straße her durchaus nicht, zu sehen hatten B 52 und 14, der von den Waffen, einen Minenwerfer montiert – man hatte deren ein paar nach Kriegsende aus den Schützengräben als Demobilisationsgut nach hinten gebracht und verschwinden lassen. Diesen Minenwerfer lud man mit vier Kilogramm kleinen Feuerwerkskörpern und richtete ihn auf den Platz, wo später die aus der Zentralgarage aufziehende Polizeikavallerie sich rangieren mußte. Und indes 14 den automatischen Auslöser montierte, der auf sechs Uhr und vier Minuten gestellt ward, suchte der Graue jenen Kriegsinvaliden in seinem Quartier auf: er war nicht gekommen und man brauchte ihn, weil er es sein sollte, der, nahe vor dem versperrten Kiosk, ein in Zeitungspapier geschlagenes Paket mit Feuerwerkskörpern in der Hand, in Funktion treten sollte, wenn der Minenwerfer aus irgend einem Grunde nicht funktionierte. Der Invalide lag mit Grippe auf seinem Strohsack und phantasierte, einen andern suchte der Graue und fand ihn nicht, doch traf er, umkehrend, vor der Hausruine mit Jablonski zusammen. So kam es, daß Jablonski fünf Minuten vor sechs Uhr, ein in Zeitungspapier geschlagenes Paket in der Hand, nicht weit von einem versperrten Kiosk auf dem Dreieckplatz stand und dies sah:

Von der Kirchenstraße bog der Zug der Transportarbeiter herein, grell in Sonne, mit Fahnen; eine Trommel trommelte irgendwo. In der Goethestraße, hinten, hinter einem dünnen Polizeikordon, stauten sich Menschen, – einer schoß in die Luft und drei Polizisten schleppten ihn fort. Die Schillerstraße, weit hinunter, war leer. In die Quergasse sah man nicht: sie bog nach wenig Schritten nach links ab. Die Tore der Zentralgarage waren geschlossen. Rechts hinten an der gegenüberliegenden Ecke der Schillerstraße auf einem Baugerüst hing eine Traube halbwüchsiger Knaben und winkte. Drunten im Ebenerd, wo der Bezirk des Neubaus verplankt war, sah man das Ende einer Schlange von Weibern, die dort vor einer Türe standen und warteten. »Mirjam,« sagte Jablonski leise und nickte; er war sehr ernst. Die Transportarbeiter hatten die Mitte des Platzes erreicht. Eine Trommel trommelte. Sie schwenkten in breiter Front halbrechts, standen still. Die Trommel war stumm. Von der Kirchenstraße, unübersehbar, rückten die Gruppen an.

In dem Augenblick öffneten sich gleichzeitig vier der fünf Tore der Zentralgarage. Jablonski sah gegen zweihundert Polizisten auf gut gehaltenen, empfindlichen Pferden, die sehr schnell hervorkamen und nah dem Eingang der schmalen Gasse Front machten gegen den Platz, vier Reihen tief, die Garage im Rücken. An der Spitze, die Jablonski zunächst lag, hielt ein sehr junger bartloser blonder Polizeioffizier. Zwischen den Pferdeköpfen und der Kolonne der aufziehenden Arbeiter – immer neue Gruppen kamen die Kirchenstraße herauf, mit Trompeten, mit Fahnen – lag leeres Pflaster, ein grell sonnenbeschienener Streifen, fünfzig, sechzig Meter breit. In der Kirchenstraße die Kirche setzte zum sechsten Stundenschlag ein. Jablonski nickte. Er fühlte, in Zeitungspapier geschlagen, das Paket unterm Arm. Er nickte und sagte leise: »Vier Minuten noch.«

Dies geschah: Vor dem Neubau an der Ecke der Schillerstraße unter den Frauen erwachte etwas. Eine stand auf einem Balken und redete – es war zu weit bis dorthin, als daß Jablonski sie hätte erkennen können. Geschwenkte Arme waren drüben, Geschrei. Und plötzlich setzte dort der Trupp Weiber sich in Bewegung und schickte sich an, auf dem freien Pflasterstreifen zwischen Demonstranten und Pferdeköpfen quer nach der Öffnung der

Schmalgasse über den Platz zu ziehn. Jablonski sah das und nickte. Um sechs Uhr vier Minuten, wußte er, wenn der Minenwerfer das Feuerwerk unter die Pferde speit, werden die Frauen in der Mitte des Platzes sein. Jablonski nickte und sagte leise: »Suwarow«. Er legte sein Paket auf den Sockel des versperrten Kioskes und rannte. Die Front der Demonstranten entlang ein Einzelner auf dem grell sonnigen Pflasterstreifen rannte er den Frauen entgegen. Rufe flatterten um ihn, Zurufe der Arbeiter, Rufe der Polizei. Jener semmelblonde Offizier vornehmlich rief ihm sein Halt nach.

Er sah, wie Jablonski rannte, einem Trupp Frauen entgegen, der verbotenerweise von der andern Seite des Platzes kam. Er sah, wie der Laufende diese Frauen erreichte und auf sie einschrie. Ein Ordner, die Leute halten Ordnung, sagte sich der Semmelblonde und lächelte. Er sah, wie der Trupp Frauen stand, wie die Frauen sich wandten und – noch immer schrie der Mann – nach dem Neubau an der Ecke der Schillerstraße zurückrannten. Als Jablonski mit Mirjam unter den Weibern und Kindern dort an der Planke stand, rasch atmend vom Laufen, zog er seine schwere Uhr aus der Tasche und sagte: »Sechs Uhr fünf. Die Maschine im Kiosk funktioniert nicht. Ich muß noch einmal langsam hinüber, Genossin.« Er schwieg. Dann sagte er leise: »Denken Sie manchmal an mich.« Mirjam, neben ihm, das Kind an der Hand, hoch aufgerichtet, antwortete nicht. Sie blickte angespannt quer über den Platz nach der Mündung der Schmalgasse. Sie ward plötzlich blaß. »Dort,« sagte sie.

Aus der Mündung der schmalen Gasse quoll ein kleiner Trupp Menschen vor, ihrer zwanzig, zu dreien und drein. Krüppel waren das, Schmächtige, Männer und Weiber, kraftlos entfacht. Mit Gesang, mit Singen, die Gesichter entrückt, reisig erdferne Streiter, so zogen sie die Front der Pferdeköpfe entlang, von Gelächter umschwirrt, nach der Mitte des Platzes. So sehr lächerlich war das, daß selbst die Polizisten vergaßen, sie aufzuhalten. Eine alte Frau, in Fetzen die Füße, schwankte voran, mit Gesang, gespenstisch lachhafter Tambourmajor, die Arme geschwenkt. Auf dem leeren Streifen grell sonnigen Pflasters zwischen Pferdeköpfen und Demonstranten, von Gelächter umschwirrt – oh, sie sangen. Drüben an der Planke des Neubaus zog Jablonski, blaß auch er, noch einmal seine Uhr hervor und sagte leise: »Sechs Uhr acht. Gott sei Dank – der Dreck funktioniert nicht.«

Er sagte den Satz nicht zu Ende. Denn im gleichen Augenblick war drüben eine kraftlos abgedämpfte Detonation. Im gleichen Augenblick flog drüben aus dem wankenden Zeitungskiosk durch ein Loch in der Bretterwand ein Paket den Pferden vor die Füße und barst. Die kleinen Feuerwerkskörper hüpften dahin, dorthin mit Flammen und kleinen Knallen. Pferde bäumten sich, warfen Reiter ab, brachen vor. Durch die Wolke dichten Staubes, die langsam vom trockenen Pflaster sich aufhob, sah man diese Pferdeköpfe am längsten: große runde Augen der Kreatur, irrsinnig in Angst. Das trappte und trappelte. Staub quoll hoch. Einen Augenblick lang hörte man noch Gesang. Zu sehen war nichts mehr. Viel später erst war Geschrei.

Du, Mensch? Viel Bier hast du zu der Zeit schon in deinem Bauch. In der Kneipe euer hundertfünfzig habt ihr euch zusammengedrängt, die mit leeren Rucksäcken auf den Schultern, als wären sie ausgezogen zu einem Ausflug, und die Matrosen, Rumänen, Bulgaren von den Schiffen im Flußhafen. Saufen? So sauf. So schwemm dir ein Jahr Käfigluft, ein Jahr Pritschenlager die Kehle hinunter. Huren räkeln sich da. Was sagt der? »Sie schießen.« Die Rolladen nieder! Jetzt sauf und laß die Füße Flüchtender draußen vorübertrappen. Kraftlos eine einsame Glühlampe flammt überm Schanktisch. Den Huren greif an die Brüste und sauf. Auf einer Insel stehst du, Mensch. Dir geht keine Uhr. Füße Flüchtender draußen, laß sie vorübertrappen. Hoho, deine Uhr steht still. Dein Zeiger ist es nicht, der dort draußen gerückt wird.

Du, Mensch? Du sauf! Denn dich kümmert es nicht, daß dort draußen irgendwo zweihundert Polizisten die Garage geräumt haben und daß sie rennen. Alle Straßen rennen sie hinunter, um alle Gassenecken huschen sie, die Gamaschenschufte, und kriechen in ihre Löcher wie Ratzen. Da ist die Straße so blank und glatt im grell flammenden Sonnenlicht wie eine Kegelbahn.

Fliehende, die sind vertrappt. Kein Gesicht mehr. Nur auf dem leeren Dreieckplatz über zwanzig Zertretene, über fünf Pferdeleichen steigt ein winziger Mann, ein Gespenst, ein Gespinst, der ist dreihundert Jahre alt und hat einen Hausiererkasten sich vor die Brust geschnallt. Aus einem Haustor oder aus einer Nebengasse ist er hervorgekrochen oder auch aus der Luft. Über Leichen steigt er, über zwanzig Zertretene. Was hält er in seiner Hand? Ein Männchen aus Gummi. Das ist mit Wasser gefüllt, und drückt er darauf, dann pißt es. Pißt es, dann lacht er auf. Ha – ha – ha – ha, viermal kurz. Über Zertretene steigt er auf dem grell sonnigen Platz und er lacht viermal kurz. Aber das hört keiner. Denn die Straße ist leer – eine Kegelbahn, so blank glatt und ohne Gesichter. Du, Mensch, du sauf.

Sauf und den Huren greif an die Brüste. Nicht deine Zeit reift dort draußen. Tritt da einer an deinen Biertisch? Er sagt: »Matrosen such ich. Meine sind mir davongelaufen. Fünf hab ich. Einen brauch ich noch. Komm, Mensch, wenn du willst. Heut nacht den Strom hinunter nach Galatz.« Du, Mensch, du lach. Der vom Schiff sagt: »Dann nach Odessa.« Du, Mensch, du lach und hack die Faust in den Tisch und schrei »Topp!« Topp, den Strom hinunter, noch einmal hinunter den Strom, weiter weit, wie der will, der die Kugeln rollen läßt wie sie rollen, planlos und so grauenvoll lachhaft, daß dir das Herz sich zusammenkrampft. »Topp,« schrei. Aber dann drück dich durch eine Hintertüre, Mensch Mensch, und hinüber nach dem Flußhafen schleich über Hinterhöfe, denn nicht deine Zeit reift dort draußen, wo die leere Straße flirrt im flammenden Sonnenlicht.

Topp, Mensch. Den Strom fahr hinunter. Roll, Kugel, weiter, lachhaft und grauenvoll. Dich kümmert es nicht, daß da die Gruppen Metall und Transport schon über die Toten gestiegen sind und marschieren. Nichts ist, nur ihr Tritt. Hundert Mann breit und tausend Mann tief, so marschieren sie die Straße hinauf, Fahnen, Fahnen über den Köpfen entrollt. Zwei von denen an der Planke des Neubaus marschieren im Takt mit dem großen Zug: eine Frau, blondrote Haare über der Stirn, und ein Mann, dem die Augen lachen. Langsam marschieren die Hunderttausend, mächtig und ohne Wort. Nur eine einzelne helle Trompete schmettert vorn fast zerrissen.

Du, Mensch, kriech in den Schiffsbauch. Der geht schwanger mit deiner Zukunft. In deine Koje kriech. Drück dich tiefer ins stinkende Stroh. Drüben, draußen, sonnengrelle Straße hinauf die Hunderttausend marschieren. Aber da liegt ihnen etwas im Weg. Da ist ein Riegel Gamaschenschufte mit Karabinern. Diese Karabiner heben sie und rufen ihr Halt. Stumm trappt die Masse. Halt, rufen die. Die Masse trappt stumm. Die ersten Schüsse gehen über die Marschierenden fort und holen drei, vier Kinder vom Baugerüst an der Straßenecke. Die kleinen Körper überschlagen sich noch im Sturz. Da erst kommt aus den Hunderttausend der erste Schrei. Ein Schrei nur. Doch da ist wieder die einzelne helle Trompete, die schmettert vorn fast zerrissen. Musik! Sie trappen im Marschtakt. Standarten flattern, Standarten! Immer neue Massen die lange Gasse herauf. Sie singen! Drüben rattert schon das erste Maschinengewehr. Da ist es, daß eine Frau nach eines Mannes Hand greift und sagt: »Jetzt, Kamerad.« Der Tod? Kein Tod, wenn die Hunderttausend marschieren! Sie singen! Noch kannst du nicht verstehn, was sie singen. Aber der Takt, schon der Takt schwellt das Herz. Schon die mißtönig wilde, die kreischende Melodie sprengt dir das Herz, daß du schreist, schreist und trappst, schreist und flattern läßt deine Fahnen im Wind, im Wind.

Im Stall des Augias

Ein Nachwort von Erik Lehnert

»Menschen, die in der Lektüre Unterhaltung, Zerstreuung, Ablenkung suchen, und Gefühlvolle, die es lieben, sich in die Schicksale ihrer Bücherhelden hineinzuträumen, seien vor dem Roman aufrichtig gewarnt. In ihm geht es durchaus hart auf hart, – er ist für Männer geschrieben, die sich jener höchsten Aufgabe des Dichters bewußt sind: in seiner Zeit zu stehen, Zeugnis abzulegen, Zeuge zu sein. Das Buch berichtet von einer Apokalypse. Und eine Apokalypse kann man nicht mit Pastellfarben malen.«

Das sind Worte, die vorgeben, abschrecken zu wollen, zweifellos aber nicht so gemeint waren, denn Robert Neumann veröffentlichte sie 1929, um seinen gerade erschienenen Roman *Sintflut* zu bewerben. Aber sie spekulieren nicht nur auf das »Jetzt erst recht« der Käufer, sondern enthalten implizit die Bitte an den Leser, von den Schilderungen des Romans nicht auf die Einstellungen des Autors zu schließen.

Als *Sintflut* 1929 im Verlag J. Engelhorns Nachfolger in Stuttgart erschien, war Robert Neumann bereits ein bekannter Autor, hatte allerdings noch keinen Roman veröffentlicht. Zu erstem Ruhm verhalfen ihm seine literarischen Parodien *Mit fremden Federn* (1927), die von Thomas Mann als einem der aufs Korn genommenen Autoren als bestes Buch des Jahres gelobt wurden. Bis dahin war das Leben des 1897 in Wien als Sohn eines jüdischen Bankbeamten geborenen Neumann eher eine unstete Suche nach dem richtigen Weg gewesen. Vom Militärdienst befreit, studierte er von 1915 bis 1919 einige Semester Medizin, Chemie und Germanistik und veröffentlichte zwei Gedichtbände, die er später als völlig mißlungen beurteilte. 1927 erschien seine erste Erzählung, *Die Pest von Lianora,* der er in den nächsten Jahren noch weitere Kurzprosa folgen ließ, unter anderem *Die Hochstaplernovelle.*

Zur Inspiration für *Sintflut* wurden allerdings seine Versuche, sich jenseits der Literatur eine Existenzgrundlage zu schaffen. Von 1919 bis 1921 war er in der Effektenabteilung eines Wiener Bankhauses beschäftigt, bevor er 1922 unter dem Namen R. Neumann & Co. KG eine Lebensmittel-Importfirma gründete, die allerdings bereits ab 1924 in eine finanzielle Schieflage geriet und 1926 insolvent war. Neumann bekannte anläßlich des Erscheinens des Romans über diese Jahre: »[...] es ist mir von damals nicht mehr geblieben als Erkenntnis, als Kenntnisse, als eine Milieuvertrautheit – jene Milieuvertrautheit, die mich jetzt befähigt hat, in meinem Roman *Sintflut* eine Darstellung der Zeit nach dem Kriege aus größerer Nähe und mit tieferem Sachverständnis zu geben, als das einem in jene Vorgänge minder Verstrickten, einem Außenseiter möglich gewesen wäre«.

Das merkt man dem Buch, das sich stilistisch zur Neuen Sachlichkeit rechnen läßt, durchaus an. Neumann hat viel Mühe darauf verwandt, die Geschichte durch zahlreiche menschliche Schicksale anzureichern, die alle in einem Mietshaus ihren Ausgang nehmen. *Sintflut* spielt offensichtlich in Wien, auch wenn das im Buch an keiner Stelle ausdrücklich erwähnt wird und Neumann selbst von einer »süddeutschen Großstadt« sprach. Der Roman beginnt mit einem Vorspiel, das den Ich-Erzähler vom Kindesalter an bis zur Einberufung 1914 begleitet. Die Verwerfungen der Nachkriegszeit werden in den drei folgenden Büchern geschildert. Die Handlung setzt allerdings erst 1922 wieder ein, als der Ich-Erzähler aus der russischen Kriegsgefangenschaft heimkehrt. Der Krieg selbst wird ausgespart, lediglich in Gesprächen und Erinnerungen taucht er auf. Das Buch konzentriert sich auf die Inflationsjahre, als Schieber und Spekulanten es in kürzester Zeit zu märchenhaftem Reichtum brachten und andere ebenso schnell verarmten. Der Ich-Erzähler beteiligt sich daran und schildert die Ereignisse als vergangene aus einer distanziert-nüchternen Position.

Am Schluß des Romans steht der offene Kampf der Weltanschauungen, den Neumann in bürgerkriegsähnliche Zustände münden läßt. Für letztere bilden die Julirevolte in Wien, die am 15. Juli 1927 begann, die Vorlage. Damals kam es bei einer Demonstration, die sich gegen den Freispruch von wegen Mordes angeklagten Männern eines Wehrverbandes richtete, zu schweren Zusammenstößen mit der Polizei, die zahlreiche Todesopfer forderten, und zum Brand des Wiener Justizpalastes. Das gleiche Schicksal erleidet auch das Haus, in dem die Handlung ihr Zentrum hat.

Auch wenn *Sintflut* sich nicht auf die Inflation beschränkt, stehen die Inflation und ihre zersetzende Wirkung im Mittelpunkt des Buches: »Held des Buches ist nicht, wie das in Romanen wohl sonst so üblich ist, diese oder jene Einzelperson, sondern eine Zeit – die Zeit nach dem Kriege, die Inflation«. Neumann führt uns das ganze Panoptikum dieser Zeit vor: das Elend der Proletarier, den Luxus der Neureichen, den Niedergang der alten Elite, Kriegsgewinnler, den Wahnsinn der Börsenspekulation, Laster jeder Art, einen Haarmann-ähnlichen Perversen, kommunistische Hetzer, viele nationalistische Verschwörer, Inflationsheilige, skrupellosen Intriganten, korrupte Pressemenschen vom Schlage eines Imre Békessy und natürlich die reine Seele, an der von all dem Schmutz dieser Welt nichts hängenbleibt.

Die Inflation in Österreich hatte wie in Deutschland ihre Ursache im Ersten Weltkrieg, der das Bruttoinlandsprodukt stark sinken und die Verschuldung sowie den Bargeldumlauf stark steigen ließ. Bereits zwischen 1915 und 1918 lag die durchschnittliche Inflation jährlich bei 84 Prozent, 1922 bei 2877 Prozent. In den zehn Jahren zwischen 1914 und 1925 erhöhten sich die Verbraucherpreise um das 14000fache. In Österreich wurde die Inflation durch eine internationale Anleihe (Völkerbundanleihe), für die andere Länder garantierten, beendet. Diese Garantien waren an zahlreiche Währungs- und Fiskalreformen gebunden, von denen eine die Einführung des Schillings anstelle der Krone zum 1. Januar 1925 war. Gewinner der Inflation waren Besitzer von Sachwerten sowie Schuldner, die sich billig entschulden konnten, wozu auch der Staat gehörte. Verlierer gab es viele – sie, die »hundertgesichtige Masse«, bilden den Hintergrund für die dramatische Handlung des Romans.

Der Roman erschien im März 1929 zunächst in einer Auflage von 5000 Exemplaren, ein Jahr später folgte eine zweite Auflage in gleicher Höhe. Die Aufnahme durch die Zeitgenossen war zwiespältig. Bekannt ist die enthusiastische Rezension, die Stefan Zweig bereits Anfang März 1929 in der Wiener *Neuen Freien Presse* veröffentlichte. Dort nannte er den »breitströmigen, tausendwelligen Roman« eines »der wichtigsten Bücher, die wir seit Jahren aus Wien bekommen haben, halb Epos, halb zorniges Pamphlet der Schieberjahre, reich an unvergeßlichen Einzelheiten und kühn in der Wölbung«. Der Autor wate bis zu den Knien »durch den ganzen Stall des Augias, den ganzen Unrat fegt er heraus ans Licht, unnachgiebig, unbarmherzig«. Die Kommunisten vermißten den Klassenstandpunkt (Otto Heller: »misslungen!«), die Nationalisten das Positive (Börries von Münchhausen: »unselig-einseitige Bilder«).

Neumann hat die Fortsetzung der *Sintflut* 1932 mit dem Roman *Die Macht* veröffentlicht. Auch wenn hier einige Personen wieder auftauchen, handelt es sich um eine ganz neue Geschichte, die sich um eine Verschwörung von Geldfälschern mit gesamteuropäischen Auswirkungen dreht. Dieser Roman wurde von Neumann im Rahmen seiner *Gesammelten Werke* (1959 – 1972) nach dem Krieg, den er im Londoner Exil überlebte (1958 siedelte er von dort in die Schweiz über), in überarbeiteter Fassung erneut veröffentlicht, die *Sintflut* nicht, obwohl er sich mehrfach darum bemühte. Mit Blick auf die schonungslose Schilderung der jüdischen Protagonisten des Romans wird man wohl in dieser Offenheit, die ihm auch bei seinem Roman über die jüdische Diaspora (*An den Wassern von Babylon,* 1939/1945) zum Vorwurf gemacht wurde, das größte Hindernis für die Neuauflage zu sehen haben.

Robert Neumann, der keinem Konflikt aus dem Weg ging und nach 1945 den Versuch der Wiederetablierung von ehemaligen NS-Schriftstellern ebenso bekämpfte wie den wachsenden Einfluß der Gruppe 47, starb 1975 in München.